엑셀을 활용한 마케팅 분석 기법

엑셀을 활용한
마케팅 분석 기법

초판 인쇄일 2015년 2월 20일
초판 발행일 2015년 2월 25일

지은이 웨인 윈스턴
옮긴이 김세희
발행인 박정모
등록번호 제9-295호
발행처 도서출판 **혜지원**
주소 (413-120) 경기도 파주시 회동길 445-4(문발동 638)
전화 031)955-9221~5 팩스 031)955-9220
홈페이지 www.hyejiwon.co.kr

기획·진행 엄진영
디자인 김보라
영업마케팅 김남권, 황대일, 서지영
ISBN 978-89-8379-846-6
정가 28,000원

Marketing Analytics : Data-Driven Techniques with Microsoft Excel by Wayne L. Winston

Copyright © 2014 by Wayne L. Winston
All rights reserved.
This translation published under license with the original publisher John Wiley & Sons, Inc.
Korean edition copyright © 2015 by Hyejiwon Publishing Company

이 책은 한국어 판 저작권은 대니홍 에이전시를 통한 저작권사와의 독점 계약으로 도서출판 혜지원에 있습니다.
신저작권법에 의해 한국내에서 보호를 받는 저작물이므로 무단전재와 복제를 금합니다.

이 도서의 국립중앙도서관 출판예정도서목록(CIP)은 서지정보유통지원시스템 홈페이지(http://seoji.nl.go.kr)와
국가자료공동목록시스템(http://www.nl.go.kr/kolisnet)에서 이용하실 수 있습니다.(CIP제어번호: CIP2015003206)

엑셀을 활용한 마케팅 분석 기법

Marketing Analytics
: Data-Driven Techniques with Microsoft Excel

혜지원

소개 | Introduction

최근 20년간 마케팅에서 있어서 분석 기법을 사용하는 경우가 크게 늘어났다. 2013년 4월 기준으로 포브스(Fobes)지에 따르면 마케팅 관련 분석 분야에 채용수가 전년에 비해 67% 증가했고, 최근 3년간을 기준으로 했을 때는 136% 증가했다.

마케팅 분석 분야에 대한 관심의 증가를 보고 여기에 필자가 잘하는 분야인 엑셀 모델링을 합쳐서, 2004년 인디애나 대학 Kelley 경영대학원에서 7주짜리 MBA 선택과목인 마케팅 분석(수강번호 K509)을 개설했다. 물론 마케팅 분석 분야에서 매우 훌륭한 책들이 있다(필자가 특히 추천하고 싶은 책은 Robert Blattberg, Byung-Do Kim, Scott Neslin의 Database Marketing(Springer, 2008)이다). 하지만 MBA 선택과정이나 학부생을 위한 고급 코스로 쓸 수 있는 엑셀 기반의 마케팅 분석 방법을 차근차근 제시한 책을 찾기는 어려웠다. 적당한 책이 없어서 수업을 위한 교재노트를 직접 만들어서 10년간 사용했다. 수업은 매우 성공적이었고, Kelley 경영대학원 학생 중 거의 65%가 수업을 수강했다. 덕분에 2013년 5월 Eli Lilly MBA 수업에 대한 상을 수상하는 영예를 안았고, 대부분의 업적은 K509 수업 덕분이었다. 2011년 11월, Wiley 출판사의 Robert Elliott가 나에게 연락해서 수업노트를 책으로 출판하는 것에 대해 제안했고 이 책이 그 결과이다. K509 수업에 사용하기도 했지만, 이 책을 가지고 Deloitte 컨설팅, Booz Allen Hamilton 컨설팅 그리고 3M 마케팅 분석의 상위 관리자를 위한 교육에도 사용했다.

책의 구성에 대해

1992년부터 수업에서 엑셀을 사용하면서 진행하고 있다. 이 책도 예외는 아니다. 책의 거의 모든 장에서 예제를 사용하는 방법을 통해 개념을 이해시키고 있다. 각각의 예는 다음으로 구성되어 있다.

- 모든 과정에 대한 순서
- 데이터와 해결 방법을 담고 있는 엑셀 파일을 다운로드 받을 수 있다.

- 각 과정에 대한 화면과 엑셀 파일에서 해당 부분

엑셀 파일을 다운로드 받으면 이 안에 예제에 대한 완전한 해답을 가지고 있다. 하지만 될 수 있는 대로 답을 보지 않고 스스로 과정을 따라가면서 답을 찾아보는 것을 권장한다. 다운로드 받은 엑셀 파일을 사용하면, 빈 셀에서 작업을 해본 다음 여러분의 답을 해답과 비교해볼 수 있다.

이 책은 총 11가지의 주제로 구성되어 있다.

1편 : 엑셀을 이용해 마케팅 데이터 요약하기

1편에서는 엑셀 도구를 이용하여 마케팅 분석을 할 수 있는 방법을 소개하고 있다. 피벗 테이블(1장), 차트(2장) 그리고 엑셀 통계 함수(3장)를 소개하며 3장에서는 아주 유용한 함수인 COUNTIF, COUNTIFS, SUMIF, SUMIFS, AVERAGEIF, AVERAGEIFS 등을 소개하고 있다.

2편 : 가격 평가(pricing)

이익을 극대화하는 가격 정책 전략을 결정하기는 항상 어려운 일이다. 4장에서는 수요 곡선을 빨리 추정하고 엑셀 해찾기를 이용해서 이익을 극대화하는 가격을 결정해보도록 하겠다. 다음 엑셀 해찾기를 사용해서 묶음 가격(price bundling)을 최적화하고(5장), 비선형 가격(6장) 그리고 초기 고가 전략(price skimming)(7장)을 다뤄보겠다. 8장에서는 수익 관리(yield management)라고도 알려져 있는 수익 관리(revenue management)[1]에 대해 소개하겠다.

3편 : 예측(forecasting)

비즈니스에서는 장래의 판매에 대해 정확한 예측이 필요하다. 판매 예측(sales forecast)을 통해 생산 일정, 재고 관리, 인력 운영 계획 그리고 비즈니스의 여러 가지 부분에 대해 결정을

---

[1] yield management와 revenue management는 모두 수익 관리로 번역할 수 있다.

내릴 수 있다. 이 편에서는 가장 많이 사용되는 예측 도구에 대해 알아보겠다. 또한 단순 선형 회귀(9장), 단순 다중 회귀(10장, 11장) 그리고 판매의 트렌드와 계절 요인을 추정하는 법(12장)에 대해 알아보겠다. 또 두 가지 공통 보외법(extrapolation) 예측을 사용해서 직접 예상해 보도록 하겠다. 우선 비율에 대한 이동 평균법(moving average method)(13장)과 추세와 계절 요인에 대한 Winter의 지수평활법(exponential smoothing) 모델(14장)을 이용해보자. 다음 15장에서는 신경망(neural network)에 대해 알아보자. 신경망은 일종의 인공지능으로써 마케팅 예측분야에서 매우 각광받는 분야이다.

4편 : 고객이 원하는 것은?

모든 브랜드 매니저는 다양한 제품의 특징이 어떻게 판매에 기여하는지 알고 싶어한다. 예를 들어 차를 선택하는데 있어서 소비자가 가장 중요하게 생각하는 요소는 무엇일까? 가격, 브랜드, 엔진의 마력, 스타일, 아니면 연비의 경제성? 이 편에서는 컨조인트 분석(conjoint analysis)(16장)과 이산 선택(discrete choice)(18장)을 알아보고 이것을 이용해서 제품 특징의 중요도의 순위를 매기고 제품 특징의 수준도 순위를 매겨보겠다. 예를 들어 SUV에서 어떤 스타일 타입을 가장 선호할까? 그리고 가장 널리 사용되는 도구인 로지스틱 회귀(logistic regression)(17장)에 대해 알아보겠다. 로지스틱 회귀를 사용해서 두 개의 결과를 예측해야 하는 상황을 포함하는 확률을 추정할 수 있다. 예를 들어 인구통계정보를 이용해서 잡지를 구독할지에 대한 확률을 예상할 수 있다.

5편 : 고객 가치

각 기업이 그들의 고객이 원하는 가치를 이해하지 못한다면 고객의 마음을 얻기 위해 비용을 써야 할 때 제대로 된 결정을 내릴 수 없을 것이다. 만약 고객 한 명을 확보하는데 400불을 사용했지만, 장기적으로 그 고객은 300불의 이윤만을 창출한다면 결국은 사업이 문을 닫게 될 것이다. 이 편에서는 어떻게 고객 가치를 측정하는지(19장), 고객 가치 개념에 기반한 가치 회사들(20장), 고객 가치 모델에서 불확실성(21장) 그리고 고객 확보와 유지 사이에서 자원을 효과적으로 할당하기 위해 고객 가치를 어떻게 이해할 것인지(22장) 등을 다뤄보자.

6편 : 시장 세분화(market segments)

여러분이 어떤 제품을 판매하건 간에 시장은 세분화되어 있다. 예를 들어 23장에서는 군집 분석(cluster analysis)을 사용해서 미국 내 모든 도시를 네 개의 인구 구성 세그먼트 중 하나로 분류할 수 있다. 25장에서는 분류 트리(classification tree)를 사용해서 시장을 세분화하는 법을 배울 것이다. 다음 협업 필터링(collaborative filtering) 뒤에 숨어있는 재미있는 개념에 대해 소개하겠다(24장). 이 개념은 Amazon.com이나 Netflix의 추천 엔진의 기반이 된다.

7편 : 신제품 판매 예측하기

과거에 제품이 어떻게 판매되었는지에 대한 기록이 없으면 앞으로 이 제품이 어떻게 팔릴 것인지 예상하기도 어렵다. 데이터 포인트가 조금이라도 있으면 S 곡선(26장)을 사용해서 앞으로의 제품 판매를 예상할 수 있다. 유명한 Bass 확산 모델(Bass diffusion model)(27장)을 써서 제품 판매가 시간이 지나면서 어떻게 변하는지 그리고 제품이 실제 시장에 들어오기도 전에 얼마나 팔릴 지 예상할 수 있다. 잘 알려지지는 않았지만 코페르니쿠스 원칙(Copernican Principle)(28장)을 사용하면 제품이 팔릴 때까지 얼마나 시간이 남아있을지 예상할 수 있다.

8편 : 소매(retailing)

분석 기법을 쓰면 소매업계의 여러 가지 중요한 문제들을 해결하는데 도움을 얻을 수 있다. 장바구니 분석(market basket analysis)(29장)으로 소매업자가 상호 보완하는 상품들이 같이 잘 판매가 될 수 있도록 가게 내 배치를 어떻게 할 것인지 알 수 있다. 최신, 빈도, 비용가치 분석(30장)으로 DM(다이렉트 메일, 직접 발송 우편, Direct Mail)에서 이익을 극대화하도록 도와줄 수 있다. 잘 알려진 SCAN*PRO 모델(31장)로 소매업자가 제품 판매에 미치는 영향 중 계절별 요인, 가격, 프로모션과 같은 요인의 영향력을 결정할 수 있도록 도와준다. 32장에서는 분석 기법을 사용하여 가게에 배치하는 상품간에 매장에 얼마나 공간을 할당할 것인지 결정할 수 있도록 하고, 판매 인력의 최대한 활용할 것인지 도와준다. 마지막으로 33장에서는 몇 가지의 데이터 포인트를 가지고 제품의 총 판매를 예측할 수 있을지에 대해 알아보자.

9편 : 광고

백화점 소유자였던 존 워너메이커(John Wanamaker)는 이렇게 말했다. "내가 광고에 사용하는 돈 중 절반은 낭비된다. 문제는 그 절반이 어떻게 낭비되는지 모른다는 것이다" 34장에서는 존 워너메이커의 입장에서 ADSTOCK 모델을 사용해서 광고 지출의 효용성에 대해 측정해보도록 하겠다. 35장에서는 광고에 사용할 여러 최종 미디어들 간에 광고 효과를 극대화하기 위해 광고를 어떻게 할당할 것인지 배워보겠다. 36장에서는 온라인 광고 경매 뒤에 숨어있는 수학에 대해 다뤄보자.

10편 : 마케팅 리서치 도구

때때로 마케팅 분석에서는 여러 가지 변수를 포함하는 데이터 집합을 다뤄야 하는 경우가 있다. 주성분(Principal components)(37장)과 다차원 척도법(Multidimensional Scaling)(38장)을 쓰면 여러 변수를 포함하는 데이터 집합을 좀 더 쉽게 이해할 수 있는 변수로 데이터 집합을 줄일 수 있다. 때때로 마케팅 분석에서는 목적을 분류해서 몇 개의 그룹으로 나눠야 한다. 나이브 베이즈(Naive Bayes)와 판별 분석(discriminant analysis)(39장)은 분류 규칙을 만드는 데 아주 훌륭한 도구이다. 마케팅 분석에서 한 개의 요인이나 요인들의 쌍이 제품 판매에 심각한 영향을 주는지 알고 싶으면 ANOVA(40장, 41장) 또한 훌륭한 도구가 될 수 있다.

11편 : 인터넷과 소셜 마케팅

최근 20여년동안 인터넷은 전 세계를 완전히 바꿔왔고 마케팅도 예외는 아니다. 페이스북이나 트위터같은 소셜 미디어는 마케터에게 여러 가지 재미있으며 특히 주의 깊은 분석이 필요한 기회를 만들어주었다. 42장에서는 네트워크 이론으로 여러분의 제품에 대한 이야기를 퍼뜨리는데 있어서 중심인물이 되는 사람이 누구인지 알아내는 방법을 배울 것이다. 43장에서는 말콤 글래드웰의 베스트셀러인 티핑포인트[2](Back Bay Books, 2002)에 숨어있는 수학에 대해 다루겠다. 44장에서는 비디오(예를 들어 싸이의 '강남 스타일')가 입소문을 타는데 숨어

---

[2] 한국에서는 2004년 21세기북스에서 번역되어 출판되었다.

있는 수학에 대해 다루고, 45장에서는 텍스트 마이닝을 사용해서 트위터, 블로그, 페이스북의 게시물로부터 유용한 통찰력을 이끌어내는 방법에 대해 배우겠다.

누가 이 책을 읽어야 하는가

이 책의 분량은 MBA나 고급 학부 과정을 대상으로 한 마케팅 분석 과목의 한 학기 분의 분량이며 내용이 상당히 많다. 물론 이 책은 기업의 마케팅 분석 업무에도 유용하다고 믿는다. 이 책을 읽기 전에 필요한 선수 과목은 아마 엑셀에서 복사 명령을 사용하는 것 정도일 것이다. 적어도 엑셀식에서 언제 어디에 $ 기호를 넣어야 할지는 알고 있어야 한다. 그 외에는 이 책을 열심히 공부하면 알 수 있으므로 걱정할 필요가 없다.

필자는 항상 책을 쓸 때 모듈 방식을 채택해왔으므로 여러분이 책을 읽으면서 필요한 부분만 골라서 읽어도 된다. 만약 처음부터 죽 책을 읽어나갈 시간이 없다면 아래의 표가 도움이 될 것이다.

장	사전에 읽어야 하는 장
1장 : 피벗 테이블로 마케팅 데이터를 자르고 다지기	없음
2장 : 엑셀 차트를 이용하여 마케팅 데이터 요약하기	1
3장 : 엑셀 함수를 이용하여 마케팅 데이터 요약하기	2
4장 : 수요 곡선을 추정하고 해찾기로 가격을 최적화하기	없음
5장 : 묶음 가격	4
6장 : 비선형 가격	5
7장 : 초기 고가 전략과 할인 판매	5
8장 : 수익 관리	4
9장 : 단순 선형 회귀와 상관	3
10장 : 다중 회귀를 사용하여 판매 예측하기	9
11장 : 특별한 이벤트의 존재 예측하기	10
12장 : 트렌드와 계절 요인 모델링	5, 11
13장 : 비에 대한 이동 평균 예측 모델	3, 12
14장 : Winter's 방법	12
15장 : 신경망을 사용하여 판매 예측하기	10
16장 : 컨조인트 분석	10
17장 : 로지스틱 회귀	16
18장 : 이산 선택 분석	17

장	사전에 읽어야 하는 장
19장 : 장기 고객 가치 계산하기	3
20장 : 비즈니스를 가치 있게 하기 위해 고객 가치 사용하기	19
21장 : 고객 가치, 몬테카를로 시뮬레이션, 그리고 마케팅 결정 내리기	19
22장 : 고객 확보와 유지 사이에서 마케팅 자원 할당하기	4, 19
23장 : 군집 분석	5
24장 : 협업 필터링	23
25장 : 분류 트리를 사용하여 시장 세분화하기	24
26장 : S 곡선을 사용하여 신제품의 판매 예측하기	5, 12
27장 : Bass 확산 모델	26
28장 : 코페르니쿠스 원칙을 사용하여 장래 판매 지속기간을 예상하기	없음
29장 : 장바구니 분석과 리프트	19
30장 : RFM 분석과 다이렉트 메일 캠페인 최적화하기	29
31장 : SCAN*PRO 모델과 변형 모델 사용하기	12
32장 : 판매 자원과 소매 공간 할당하기	5
33장 : 소수의 데이터 포인트로부터 판매 예측하기	31
34장 : 광고의 효과 측정하기	31
35장 : 미디어 선택 모델	4, 21, 34
36장 : 온라인 광고에서 클릭 당 지불(PPC)	없음
37장 : 주성분 분석(PCA)	10, 23
38장 : 다차원 척도법(MDS)	37
39장 : 분류 알고리즘 : 나이브 베이즈 분별과 판별 분석	37, 38
40장 : 분산 분석 : 일원 ANOVA	10
41장 : 분산 분석 : 이원 ANOVA	40
42장 : 네트워크	없음
43장 : 티핑포인트에 숨겨져 있는 수학	42
44장 : 바이럴 마케팅	10, 15, 39
45장 : 텍스트 마이닝	3

예를 들어 5장을 읽기 전에 미리 4장을 읽어야 하고, 34장을 읽기 전에 미리 31장을 읽어야 한다.

필요한 툴

이 책의 대부분의 내용에서 엑셀 2007, 2010, 혹은 2013[3]을 사용한다. 15, 21, 35장에서는

---

[3] 역자는 엑셀 2013을 사용했다.

Palisade.com의 Decision Tools Suite을 사용한다. www.Palisade.com에서 15일 트라이얼 버전을 다운로드받을 수 있다.

참고할 웹사이트

혜지원 출판사 홈페이지(www.hyejiwon.co.kr) 자료실에서 이 책에서 사용하는 엑셀 파일과 각 장의 끝 부분에 나오는 연습문제에 대한 답을 다운로드받을 수 있다.

요약

중국에 유명한 속담이 있다(이 속담은 경영학의 대가 故 스티븐 코비[4]에 의해 유명해졌다.) "만약 어떤 사람에게 물고기 한 마리를 주면 하루를 살게 할 수 있다. 하지만 그 사람에게 물고기 낚는 법을 가르치면 평생을 살게 할 수 있다" 이 책을 통해 여러분이 마케팅 분석에 대해 충분히 알게 돼서, 여러분이 맞닥드리게 되는 대부분의 문제에 대한 마케팅 모델을 계량화할 수 있도록 되기를 바란다. 행복한 모델링이 되길 빌며!

---

[4] 코비 리더쉽 센터의 창립자이자 프랭클린 코비사의 공동 회장. 한국에서는 "성공하는 사람들의 7가지 습관"으로 유명하다.

목차 Contents

PART 1 엑셀을 이용해 **마케팅 데이터 요약하기**

Chapter 01 피벗 테이블로 마케팅 데이터를 자르고 다지기 … 25
- Analysis 1 트루 칼라 철물점 판매 데이터 분석 … 25
- Analysis 2 라 쁘티 베이커리 판매 데이터 분석 … 37
- Analysis 3 인구 통계정보가 판매에 어떤 영향을 주는지 분석 … 45
- Analysis 4 GETPIVOTDATA 함수를 이용하여 피벗 테이블에서 데이터 뽑아내기 … 50
- Summary … 51
- Exercises … 52

Chapter 02 엑셀 차트를 이용해 마케팅 데이터 요약하기 … 54
- Analysis 1 콤보 차트 … 55
- Analysis 2 피벗 차트를 이용하여 시장 조사 결과를 요약 … 62
- Analysis 3 새 데이터를 추가했을 때 자동으로 차트 갱신 … 65
- Analysis 4 차트 레이블을 자동으로 바뀌게 하기 … 66
- Analysis 5 월간 영업인력 순위 보여주기 … 70
- Analysis 6 차트 내의 데이터를 제어하기 위해 확인란 사용하기 … 72
- Analysis 7 스파크라인을 사용하여 여러 데이터 계열을 요약하여 보여주기 … 76
- Analysis 8 GETPIVOTDATA를 사용하여 주말 판매 보고서 만들기 … 80
- Summary … 83
- Exercises … 83

Chapter 03 엑셀 함수를 이용해 마케팅 데이터 요약하기 … 86
- Analysis 1 히스토그램으로 데이터 정리 … 87
- Analysis 2 통계 함수를 사용하여 마케팅 데이터 정리 … 92
- Summary … 109
- Exercises … 110

PART 2 가격 평가

Chapter 04 수요 곡선을 추정하고 해찾기로 가격을 최적화하기   113
- **Analysis 1** 선형 수요 곡선과 거듭제곱 수요 곡선을 추정하기   113
- **Analysis 2** 엑셀 해찾기를 사용하여 가격을 최적화하기   119
- **Analysis 3** 주관적으로 추정한 수요 곡선으로 가격 매기기   125
- **Analysis 4** SolverTable을 사용하여 여러 제품의 가격 책정   129
- **Summary**   133
- **Exercises**   134

Chapter 05 묶음 가격   137
- **Analysis 1** 왜 가격을 묶을까?   137
- **Analysis 2** Evolutionary 해찾기를 이용하여 최적의 묶음 가격 찾아내기   141
- **Summary**   150
- **Exercises**   150

Chapter 06 비선형 가격   154
- **Analysis 1** 수요 곡선과 구매 의사   155
- **Analysis 2** 비선형 가격 정책으로 이익을 극대화하기   156
- **Summary**   163
- **Exercises**   163

Chapter 07 초기 고가 전략과 할인 판매   167
- **Analysis 1** 일정 시간 후 가격 급락   167
- **Analysis 2** 왜 할인 판매가 필요한가?   171
- **Summary**   175
- **Exercises**   175

Chapter 08 수익 관리   177
- **Analysis 1** Bates 모델의 수요 추정과 고객 구분   179
- **Analysis 2** 불확실성 다루기   185
- **Analysis 3** 가격 인하   189

| Summary | 192 |
| Exercises | 192 |

PART 3 예측

Chapter 09 단순 선형 회귀와 상관	195
Analysis 1 단순 선형 회귀	195
Analysis 2 상관을 이용하여 선형 관계 요약	205
Summary	209
Exercises	209

Chapter 10 다중 회귀를 사용하여 판매 예측하기	212
Analysis 1 다중 선형 회귀 소개	213
Analysis 2 데이터 분석 추가 기능으로 회귀 분석 수행	215
Analysis 3 회귀 분석 결과 해석하기	217
Analysis 4 회귀에서 정성 독립 변수	
(Qualitative Independent Variables) 사용하기	223
Analysis 5 상호작용과 비선형성 모델링	229
Analysis 6 회귀 가정의 타당성 검증	233
Analysis 7 다중공선성	242
Analysis 8 회귀 분석 검증하기	246
Summary	248
Exercises	248

Chapter 11 특별한 이벤트의 존재 예측하기	251
Analysis 1 기본 모델 만들기	251
Summary	261
Exercises	261

Chapter 12 트렌드와 계절 요인 모델링	263
Analysis 1 이동 평균을 사용하여 데이터의 잡음을 없애고 계절 요인을 제거	263
Analysis 2 추세와 계절 지수를 이용한 가산 모델	266

Analysis 3 추세와 계절 지수를 이용한 승법 모델	270
Summary	273
Exercises	273

Chapter 13 비에 대한 이동 평균 예측 모델 — 274

Analysis 1 비에 대한 이동 평균법 사용하기	274
Analysis 2 비에 대한 이동 평균법을 월간 데이터에 적용하기	277
Summary	278
Exercises	278

Chapter 14 Winter's 방법 — 279

Analysis 1 Winter's 방법의 파라미터 정의	279
Analysis 2 Winter's 방법 초기화	281
Analysis 3 평활 상수 추정하기	282
Analysis 4 다음 달을 예측하기	284
Analysis 5 평균 절대 백분비 오차(Mean Absolute Percentage Error, MAPE)	285
Summary	286
Exercises	286

Chapter 15 신경망을 사용하여 판매 예측하기 — 287

Analysis 1 회귀 분석과 신경망	287
Analysis 2 신경망 사용하기	288
Analysis 3 NeuralTools를 사용하여 판매 예상하기	292
Analysis 4 NeuralTools로 항공 마일 예측하기	298
Summary	298
Exercises	299

PART 4 고객이 원하는 것은?

Chapter 16 컨조인트 분석 — 301

Analysis 1 제품, 속성 그리고 수준	302
Analysis 2 전체 프로파일 컨조인트 분석(Full Profile Conjoint Analysis)	304

Analysis 3 제품 프로파일을 만들기 위해 Evolutionary 해찾기 사용하기	312
Analysis 4 컨조인트 시뮬레이터 만들기	317
Analysis 5 다른 형태의 컨조인트 분석 알아보기	320
Summary	322
Exercises	322

Chapter 17 로지스틱 회귀   325

Analysis 1 왜 로지스틱 회귀가 필요한가?	326
Analysis 2 로지스틱 회귀 모델	329
Analysis 3 로지스틱 회귀 모델의 최대 우도 추정법	330
Analysis 4 StatTools를 사용하여 로지스틱 회귀 가정을 추정하고 검증하기	333
Analysis 5 개수 데이터로 로지스틱 회귀 수행	338
Summary	340
Exercises	341

Chapter 18 이산 선택 분석   343

Analysis 1 임의 효용 이론	344
Analysis 2 초콜릿 선호도에 대한 이산 선택 분석	345
Analysis 3 이산 선택 분석에 가격과 브랜드 자산 함께 사용하기	350
Analysis 4 동적인 이산 선택	357
Analysis 5 무관한 선택 대상으로부터의 독립(IIA) 가정	359
Analysis 6 이산 선택과 가격 탄력성	360
Summary	361
Exercises	362

PART 5   고객 가치

Chapter 19 장기 고객 가치 계산하기   369

Analysis 1 기본 고객 가치 템플리트	370
Analysis 2 이원 테이블로 민감도 분석 측정하기	372
Analysis 3 승수의 명시적 식	373
Analysis 4 변하는 마진	374
Analysis 5 DIRECTV, 고객 가치 그리고 Friday Night Lights(FNL)	376
Analysis 6 고객이 여전히 유효한지 확률을 추정하기	378

Analysis 7 기본 고객 장기 가치 모델보다 좀 더 깊게 연구해보자 378
Summary 379
Exercises 380

Chapter 20 비즈니스를 가치있게 하기 위해 고객 가치 사용하기 382

Analysis 1 가치 평가의 기본 사항 382
Analysis 2 비즈니스를 평가하기 위해 고객 가치 사용하기 384
Analysis 3 일원 테이블로 민감도 분석 측정하기 387
Analysis 4 기업의 시장 가치를 추정하기 위해 고객 가치를 사용 388
Summary 388
Exercises 389

Chapter 21 고객 가치, 몬테 카를로 시뮬레이션 그리고 마케팅 결정 내리기 391

Analysis 1 고객 가치의 마코프 체인 모델 392
Analysis 2 몬테 카를로 시뮬레이션으로 마케팅 계획의 성공을 예상하기 398
Summary 405
Exercises 405

Chapter 22 고객 확보와 유지 사이에서 마케팅 자원 할당하기 411

Analysis 1 고객 유지와 고객 확보를 위한 비용 사이의 관계를 모델링하기 411
Analysis 2 확보 비용과 유지 비용을 최적화하기 위한 기본 모델 414
Analysis 3 기본 모델을 발전시키기 417
Summary 419
Exercises 419

PART 6 시장 세분화(Market Segmentation)

Chapter 23 군집 분석 423

Analysis 1 미국 내 도시의 군집화 424

Analysis 2 시장을 세분화하기 위해 컨조인트 분석 사용하기	433
Summary	437
Exercises	438

Chapter 24 협업 필터링   439

Analysis 1 사용자 기반 협업 필터링	439
Analysis 2 아이템 기반 필터링	445
Analysis 3 사용자 기반 협업 필터링과 아이템 기반 협업 필터링 비교	448
Analysis 4 Netflix 경연대회	449
Summary	449
Exercises	450

Chapter 25 분류 트리를 사용하여 시장 세분화하기   451

Analysis 1 결정 트리 소개	451
Analysis 2 결정 트리 만들기	452
Analysis 3 가지치기와 CART	458
Summary	459
Exercises	460

PART 7 신제품 판매 예측하기

Chapter 26 S 곡선을 사용하여 신제품의 판매 예측하기   463

Analysis 1 S 곡선 점검해보기	463
Analysis 2 펄 곡선(로지스틱 곡선) 만들기	466
Analysis 3 계절 요인으로 S 곡선 만들기	469
Analysis 4 Gompertz 곡선 만들기	471
Analysis 5 Pearl 곡선 대 Gompertz 곡선	473
Summary	474
Exercises	474

Chapter 27 Bass 확산 모델   476

| Analysis 1 Bass 모델 소개 | 476 |

Analysis 2	Bass 모델 추정하기	478
Analysis 3	Bass 모델을 사용하여 새 제품의 판매 예측하기	480
Analysis 4	의도한 데이터 부풀리기	483
Analysis 5	새 제품의 판매를 시뮬레이션하기 위해 Bass 모델 사용하기	485
Analysis 6	Bass 모델 개선	487
Summary		488
Exercises		488

Chapter 28 코페르니쿠스 원칙을 사용하여 미래 판매 지속 기간을 예상하기   490

Analysis 1	Copernican 원칙 사용하기	490
Analysis 2	상품의 잔여기간 시뮬레이션하기	492
Summary		493
Exercises		493

PART 8 소매(retailing)

Chapter 29 장바구니 분석과 리프트   495

Analysis 1	두 상품에 대한 리프트 계산하기	495
Analysis 2	3원 리프트 계산하기	500
Analysis 3	데이터 마이닝 전설의 진실	504
Analysis 4	리프트를 사용하여 가게 배치를 최적화하기	505
Summary		507
Exercises		507

Chapter 30 RFM 분석과 다이렉트 메일 캠페인 최적화하기   509

Analysis 1	RFM 분석	509
Analysis 2	RFM 성공 사례	516
Analysis 3	Evolutionary 해찾기를 이용하여 다이렉트 메일 캠페인 최적화하기	516
Summary		519
Exercises		519

Chapter 31 SCAN*PRO 모델과 변형 모델 사용하기   521

Analysis 1 SCAN*PRO 모델 소개   521
Analysis 2 스니커즈 바 판매 모델링   522
Analysis 3 소프트웨어 판매 예측   525
Summary   530
Exercises   531

Chapter 32 판매 자원과 소매 공간 할당하기   534

Analysis 1 판매와 마케팅 노력간의 관계 알아내기   534
Analysis 2 영업 인력 노력에 대한 마케팅 응답을 모델링하기   535
Analysis 3 판매 노력 할당을 최적화하기   541
Analysis 4 Gompertz 곡선을 사용하여 슈퍼마켓 진열대 공간 할당하기   544
Summary   544
Exercises   544

Chapter 33 소수의 데이터 포인트로부터 판매 예측하기   546

Analysis 1 영화 매출 예상하기   546
Analysis 2 예측 정확도를 높이기 위해 모델 수정하기   549
Analysis 3 영화 매출을 예측하기 위해 3주 매출 데이터를 사용하기   551
Summary   553
Exercises   553

PART 9 광고

Chapter 34 광고의 효과 측정하기   555

Analysis 1 Adstock 모델   555
Analysis 2 광고 효과를 추정하는 또 다른 모델   559
Analysis 3 광고 최적화하기 : 펄싱 대 지속적인 비용집행   562
Summary   565
Exercises   566

Chapter 35 미디어 선택 모델 — 567
Analysis 1 선형 미디어 할당 모델 — 568
Analysis 2 물량 할인 — 571
Analysis 3 몬테 카를로 미디어 할당 시뮬레이션 — 573
Summary — 578
Exercises — 578

Chapter 36 온라인 광고에서 클릭당 지불(PPC) — 580
Analysis 1 클릭당 지불 광고 정의 — 580
Analysis 2 구글 AdWords Auction — 584
Analysis 3 입찰을 최적화하기 위해 Bid Simulator 사용하기 — 588
Summary — 589
Exercises — 590

PART 10 마케팅 리서치 도구

Chapter 37 주성분 분석(PPC) — 593
Analysis 1 PCA 정의 — 593
Analysis 2 선형 결합, 분산 그리고 공분산 — 594
Analysis 3 주성분 분석 나눠보기 — 602
Analysis 4 PCA의 다른 적용 — 610
Summary — 612
Exercises — 612

Chapter 38 다차원 척도법(MDS) — 613
Analysis 1 유사성 데이터 — 613
Analysis 2 미국 도시 거리에 대한 MDS 분석 — 614
Analysis 3 아침 식사에 대한 MDS 분석 — 620
Analysis 4 고객의 이상점 찾아내기 — 624
Summary — 628
Exercises — 629

Chapter 39 분류 알고리즘 : 나이브 베이즈 분별과 판별 분석 — 630

- **Analysis 1** 조건부 확률 — 631
- **Analysis 2** 베이즈 이론 — 633
- **Analysis 3** 나이브 베이즈 분류 — 635
- **Analysis 4** 선형 판별 분석 — 641
- **Analysis 5** 모델 검증 — 648
- **Analysis 6** 나이브 베이즈의 엄청난 장점 — 648
- **Summary** — 649
- **Exercises** — 649

Chapter 40 분산 분석 : 일원 ANOVA — 651

- **Analysis 1** 그룹 평균이 서로 다른지 검증하기 — 652
- **Analysis 2** 일원 ANOVA의 예 — 652
- **Analysis 3** ANOVA에서 분산의 역할 — 654
- **Analysis 4** 일원 ANOVA 예측하기 — 656
- **Analysis 5** 대비 — 657
- **Summary** — 660
- **Exercises** — 661

Chapter 41 분산 분석 : 이원 ANOVA — 662

- **Analysis 1** 이원 ANOVA의 예 — 662
- **Analysis 2** 분산 분석 : 반복 없는 이원 배치법 — 663
- **Analysis 3** 분산 분석 : 반복 있는 이원 배치법 — 666
- **Summary** — 672
- **Exercises** — 672

PART 11 인터넷과 소셜 마케팅

Chapter 42 네트워크 — 675

- **Analysis 1** 노드의 중요성 측정 — 675
- **Analysis 2** 링크의 중요성 측정 — 681

Analysis 3 네트워크 구조 요약	682
Analysis 4 불규칙 네트워크와 규칙 네트워크	686
Analysis 5 Klout 점수	693
Summary	695
Exercises	695

Chapter 43 티핑포인트에 숨겨져 있는 수학 — 697

Analysis 1 네트워크 감염	697
Analysis 2 티핑포인트의 Bass 버전	703
Summary	707
Exercises	707

Chapter 44 바이럴 마케팅 — 708

Analysis 1 Watts 모델	709
Analysis 2 좀더 복잡한 바이럴 마케팅 모델	710
Summary	716
Exercises	717

Chapter 45 텍스트 마이닝 — 718

Analysis 1 텍스트 마이닝 정의	719
Analysis 2 구조화되지 않은 텍스트에 구조를 부여하기	720
Analysis 3 텍스트 마이닝과 영화 리뷰	724
Summary	728
Exercises	728

Index — 730

PART 1

엑셀을 이용해 마케팅 데이터 요약하기

USING EXCEL
TO SUMMARIZE
MARKETING DATA

Slicing and Dicing Marketing Data with PivotTables

Chapter 01

피벗 테이블로 마케팅 데이터를 자르고 다지기

-
-
-
-

많은 마케팅 분석에 있어서 데이터로부터 통찰력을 얻기 위해서는 데이터를 분석, 즉 "자르고 다지는" 과정이 필요하다. 엑셀의 피벗 테이블을 이용하면 여러 가지 다른 방법으로 여러분의 데이터를 요약하고 설명할 수 있다. 이 장에서는 피벗 테이블을 이용하여 아래와 같은 작업을 수행하겠다.

- 점포별, 월별, 제품 종류별 판매량과 비율을 검사한다.
- 여러분이 좋아하는 베이커리의 주별, 계절별, 전체 판매 추이의 영향력을 분석한다.
- 여러분이 좋아하는 베이커리에서 판매 촉진 마케팅 프로모션을 진행했을 때의 효과를 조사한다.
- 나이, 수입, 성별, 지역과 같은 인구 구성에 의해 특정 소비자가 ESPN 잡지를 구독할 것인지의 가능성에 미치는 영향력을 결정한다.

Analysis 1 트루 칼라 철물점 판매 데이터 분석

판매 분석을 하려면 우선 작업할 데이터가 있어야 한다. PARETO.xlsx 파일(혜지원 출판사 홈페이지 자료실에서 다운로드 받을 수 있다)의 data 워크시트에는 두 철물점의 판매 데이터가 있다(업타운 가게는 Billy Joel씨의 가게이고, 다운타운 가게는 Petula Clark씨의 가게이다). 각 가게는 10가지 종류의 테이프, 10가지 종류의 접착제 그리고 10가지 종류의 안전장비를 판다. 그림 1-1에서는 이 데이터의 샘플을 보여주고 있다.

이 절에서는 엑셀의 피벗 테이블을 이용하여 이 데이터를 분석하고 다음 질문에 답하게 된다.

- 각 가게의 판매 비율은?
- 매달 발생한 판매의 비율은?
- 각 제품별 매출은 얼마인가?
- 총 매출의 80%에 기여하는 제품은?

	Y	Z	AA	AB
7	제품	월	가게	가격
8	테이프 10	4월	다운타운	$2.50
9	안전장비 8	8월	업타운	$10.00
10	안전장비 2	2월	업타운	$10.00
11	안전장비 8	11월	업타운	$10.00
12	테이프 10	10월	업타운	$2.50
13	안전장비 8	1월	업타운	$10.00
14	안전장비 8	12월	다운타운	$10.00
15	안전장비 1	9월	다운타운	$12.00
16	안전장비 2	5월	업타운	$10.00
17	접착제 4	7월	업타운	$7.00
18	접착제 9	3월	업타운	$7.00
19	안전장비 8	8월	다운타운	$10.00
20	안전장비 8	10월	다운타운	$10.00
21	테이프 10	7월	다운타운	$2.50
22	안전장비 2	2월	다운타운	$10.00

그림 1-1 : 철물점 데이터

각 가게의 판매 비율 계산

피벗 테이블을 만들 때는 우선, 데이터의 첫 번째 행에 항목들이 있는지 확인해야 한다. data 워크시트에 있는 예에서 7행을 보면 '제품', '월', '가게', '가격'이라고 이름표가 있다. 이렇게 이름표가 있으면 피벗 테이블을 바로 만들 수 있다. 다음과 같은 과정을 수행해보자.

1. data 워크시트에서 데이터 셀 아무 곳에나 커서를 놓은 다음, '삽입' → '표' → '피벗 테이블'을 클릭하자. 그러면 엑셀에서 그림 1-2와 같은 피벗 테이블 대화상자가 보이고 대화상자가 자동으로 데이터 영역을 추출해서 Y7:AB1333처럼 데이터 영역을 보여준다.

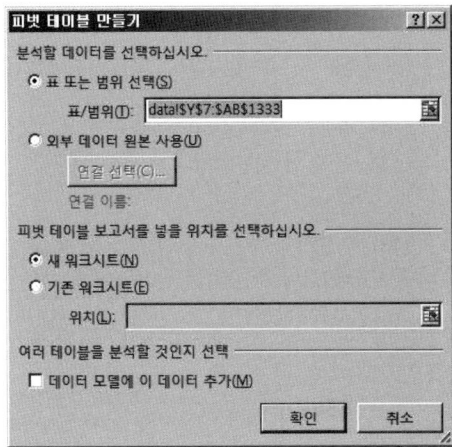

그림 1-2 : 피벗 테이블 대화 상자

Note

여기에서 '외부 데이터 원본 사용'을 선택하면 피벗 테이블에 사용할 데이터로 데이터베이스를 참조하도록 할 수 있다. 이 장 마지막 부분의 연습문제에서 다른 워크시트나 다른 워크북의 데이터를 사용해서 피벗 테이블을 만드는 방법을 연습해보겠다.

2. '확인'을 클릭하면 그림 1-3과 같이 피벗 테이블 필드 목록이 보인다.

그림 1-3 : 피벗 테이블 필드 목록

3. 피벗 테이블 필드 목록에서 필드(데이터의 이름표)를 아래 영역의 상자에 마우스로 끌어서 놓자. 다음 네 개의 영역 중에서 선택할 수 있다.

- **행** : 여기에 끌어다 놓은 필드는 테이블의 왼쪽 부분에 목록으로 보이며 영역에 끌어다 놓은 순서대로 보인다. 현재 예에서는 '가게' 필드를 행 영역으로 끌어놓아야 하는데 이렇게 해야 데이터가 가게별로 요약 정리되어 보인다.
- **열** : 여기에 끌어다 놓은 필드의 값은 피벗 테이블의 가장 위쪽 행에 가로질러 정렬되어 보인다. 현재 예에서는 열 영역에 놓은 필드가 없다.
- **값** : 여기에 끌어놓은 필드는 피벗 테이블에서 숫자 값으로 요약해서 보인다. '가격' 필드를 이 영역에 끌어놓는다. 엑셀은 여러분이 이 필드에 수행하고자 하는 계산의 종류를 추측한다. 이 예에서 엑셀은 여러분이 모든 가격을 더하려고 한다고 추측한

다. 여러분은 총 매출을 구하고자 하므로 이 추측은 올바르다. 만약 계산의 방법을 바꿔서 데이터 필드의 평균값, 혹은 개수, 다른 계산을 구하려고 하면 데이터 필드를 더블 클릭하거나 값 필드 설정을 바꾸면 된다. '값 필드 설정'을 바꾸는 방법은 뒤에서 설명하겠다.

- **필터** : 엑셀 2007에서 페이지 필드 영역의 이름이 '필터'로 바뀌었다. '필터' 영역에 필드를 끌어다 놓으면 필드 값의 부분집합(subset)을 쉽게 구할 수 있다. 피벗 테이블은 사실 이런 부분집합에 기반한 결과를 보여준다. 엑셀 2010, 엑셀 2013에서는 슬라이서(Slicer)라는 재미있는 기능을 사용해서 피벗 테이블 계산에서 사용하는 필드의 부분집합을 선택할 수 있다. 필터와 슬라이서의 사용 방법은 이 장 "필터와 슬라이서"절을 참고하자.

> **Note**
> 필드 목록을 보려면 피벗 테이블의 필드 안에 있어야 한다. 필드 목록이 보이지 않으면 피벗 테이블의 아무 셀에서 마우스 오른쪽 버튼을 클릭한 다음 '필드 목록 표시'를 선택하자.

그림 1-4에서는 전체 피벗 테이블 필드 목록을 보여주고, 그림 1-5에서는 결과로 나온 피벗 테이블을 FirstorePT 워크시트상에 보여준다.

그림 1-5에서 보면 다운타운 가게에서는 전체 $4,985.50 만큼의 상품을 팔았고, 업타운 가게에서는 $4,606.50 만큼의 상품을 판매했다. 전체 판매량은 $9592이다.

가게별로 판매량을 퍼센티지로 나눠서 보고 싶으면 엑셀에서 데이터를 표시하는 방법을 바꿔야 하므로 '값' 영역에서 변경해야 한다. 다음과 같은 과정을 따라가보자.

1. FirstStorePT 워크시트에서 요약된 데이터에서 마우스 오른쪽 버튼을 클릭한 다음 '값 필드 설정'을 선택하자.
2. '값 표시 형식' 탭을 클릭한 다음 드롭다운 상자에서 오른쪽에 있는 아래 방향의 화살표를 클릭한다.
3. 그림 1-6에서처럼 '열 합계 비율'을 선택한다.

그림 1-4 : 전체 피벗 테이블 필드 목록

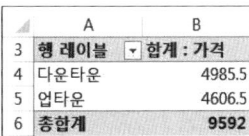

그림 1-5 : 전체 피벗 테이블

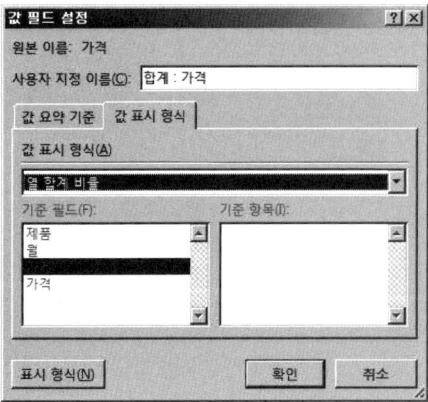

그림 1-6 : 가게별로 퍼센티지 나눠보기

그림 1-7에서는 새로 퍼센티지로 표시한 피벗 테이블을 보여주고 있다. 다운타운 가게에서 전체 판매의 약 52%가 발생했고, 업타운 가게에서 전체 판매의 48%가 발생했다. PARETO. xlsx 파일에서 이것을 다시 매출액으로 볼 수 있다.

> **Note**
>
> 만약 다른 곳에 있는 데이터 집합을 이용해서 피벗 테이블을 만들고자 하면, '분석' 탭 → '데이터' 그룹 → '데이터 원본 변경'을 선택한 다음 '데이터 원본 변경'을 선택한다.[1] 원래 사용하던 데이터를 변경했으면 마우스 오른쪽 버튼을 클릭한 다음 '새로 고침'을 선택하면 피벗 테이블에 반영된다. 원래의 데이터 아래에 새 데이터를 추가해서 피벗 테이블에 새로 추가한 데이터도 반영이 되게 하고 싶으면 2장 "엑셀 차트를 이용하여 마케팅 데이터 요약하기"에서 설명하는 엑셀의 기능을 이용해야 한다.

	A	B
1		
2		
3	행 레이블	합계 : 가격
4	다운타운	51.98%
5	업타운	48.02%
6	총합계	100.00%

그림 1-7 : 가게별로 퍼센티지로 나눠서 보여주기

월별로 매출 집계

1. 다시 data 워크시트로 돌아가서 '삽입' → '피벗 테이블'을 클릭하여 '피벗 테이블 필드' 목록을 보자.
2. '월' 필드를 '행' 영역으로 끌어놓고 '가격' 필드를 '값' 영역으로 끌어놓는다. 이렇게 하면 월별로 총 판매량을 볼 수 있다. 월별로 나누어진 퍼센티지도 보고 싶으므로 '가격' 필드를 다시 '값' 영역에 끌어다 놓는다.
3. 그림 1-8처럼 보이게 하기 위해 값 영역의 첫 번째 열에서 마우스 오른쪽 버튼을 클릭한 다음 '값 필드 설정'을 선택하고 '값 표시 형식'에서 '열 합계 비율'을 선택한다. 이제 총 매출을 월별로 나눈 퍼센티지를 볼 수 있다.
4. 열의 머리말 부분을 더블 클릭해서 사용자 지정 이름을 '월별 판매량 퍼센티지'와 '매출'

---

[1] 이 메뉴의 순서는 엑셀 2013을 기준으로 하고 있다. 버전에 따라 '피벗 테이블 옵션' 항목에 있을 수도 있다.

로 변경하자.

5. 이제 '총 매출' 열의 영역을 선택한 다음, '셀 서식'을 선택하자. 데이터 범주를 통화로 선택한 다음 기호는 $로 설정한다.

	행 레이블	월 별 판매량 퍼센티지	매출
4	1월	8.81%	$845.00
5	2월	8.55%	$820.00
6	3월	6.58%	$631.00
7	4월	8.10%	$776.50
8	5월	8.48%	$813.00
9	6월	8.87%	$850.50
10	7월	8.77%	$841.00
11	8월	7.13%	$684.00
12	9월	8.71%	$835.50
13	10월	7.85%	$753.00
14	11월	9.11%	$873.50
15	12월	9.06%	$869.00
16	총합계	100.00%	$9,592.00

그림 1-8 : 총 매출을 월별 퍼센티지로 나누어서 보여준다

테이블에서 보면 1월에 $845 만큼의 상품이 팔렸고, 총 판매의 8.81%가 1월에 발생했다는 것을 알 수 있다. 각 월의 판매 퍼센티지는 모두 약 1/12(8.33%)이므로 판매가 계절 요인을 띄지는 않는다. 3파트 "예측"에서는 계절 요인을 어떻게 추정할 것인지 그리고 마케팅 분석에서의 계절 요인의 중요성에 대해 집중적으로 다뤄보겠다.

각 제품에 대한 매출 계산

데이터 분석에서 또 중요한 부분은 각 상품별 매출액을 알아내는 것이다. 예제 데이터에서 각 상품별 매출액을 알아내기 위해 다음 과정을 따라가보자.

1. data 워크시트로 돌아가서 '삽입' → '피벗 테이블'을 클릭하여 '피벗 테이블 필드' 목록을 보자. '제품' 필드를 '행' 영역에 끌어놓고 '가격' 필드를 '값' 영역에 끌어놓자.
2. '합계: 가격' 열을 더블 클릭하여 '사용자 지정 이름'을 '매출'로 바꾸자. 그리고 전체 영역을 선택한 다음 '셀 서식'을 선택하자. 데이터 범주를 통화로 선택한 다음 기호는 $로 설정한다.

3. 셀 A3의 드롭다운 화살표를 선택해서 '텍스트 오름차순 정렬'을 선택하면 피벗 테이블은 products 워크시트상에 그림 1-9처럼 보인다.

	A	B
3	행 레이블	매출
4	안전장비 1	$732.00
5	안전장비 10	$90.00
6	안전장비 2	$740.00
7	안전장비 3	$140.00
8	안전장비 4	$90.00
9	안전장비 5	$50.00
10	안전장비 6	$220.00
11	안전장비 7	$420.00
12	안전장비 8	$5,050.00
13	안전장비 9	$40.00
14	접착제 1	$24.00
15	접착제 10	$70.00
16	접착제 2	$63.00
17	접착제 3	$49.00
18	접착제 4	$238.00
19	접착제 5	$168.00
20	접착제 6	$42.00
21	접착제 7	$70.00
22	접착제 8	$42.00
23	접착제 9	$91.00
24	테이프 1	$93.00
25	테이프 10	$490.00
26	테이프 2	$25.00
27	테이프 3	$15.00
28	테이프 4	$35.00
29	테이프 5	$47.50
30	테이프 6	$67.50
31	테이프 7	$340.00
32	테이프 8	$20.00
33	테이프 9	$30.00
34	총합계	$9,592.00

그림 1-9 : 제품별 판매액

이제 각 제품별로 발생된 매출액을 알 수 있다. 예를 들어 '안전장비 1'같은 경우는 $732 만큼의 매출을 발생한다.

파레토의 80-20 법칙

데이터를 자르고 다지다 보면 아마 어떤 상품의 집합이 전체 판매에서 얼마나 많은 부분을 차지하는지 궁금하게 될 것이다. 유명한 파레토 80-20 법칙에 따르면 대부분 기업의 상품 20%

가 전체 매출의 80%를 만들어낸다고 한다. 파레토 법칙의 또 다른 예는 다음과 같다.

- 인구의 20%가 수입의 80%를 차지한다.
- 고객 불만이 일어날 수 있는 문제의 20%가 모든 불만의 80%를 차지한다.

제품별 판매량의 퍼센티지를 알아보려면 다음과 같은 과정을 따라가보자.

1. products 워크시트의 피벗 테이블에서 셀 A3의 드롭다운 화살표를 클릭하자.
2. '값 필터'를 선택한 다음 '상위 10…'을 선택하자.
3. 설정값을 그림 1-10처럼 변경해서 매출의 80%를 차지하는 제품을 선택하도록 하자.

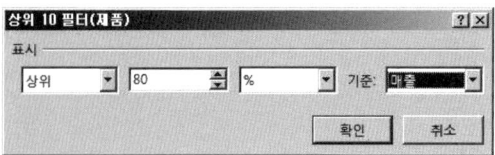

그림 1-10 : 값 필터를 사용하여 판매의 80%를 차지하는 제품을 선택하자

결과 피벗 테이블은 Top 80% 워크시트(그림 1-11)에서 볼 수 있다. 그림 1-11에서 보이는 여섯개의 제품은 전체 매출의 80%를 차지하는 가장 최적화된 집합이다. 총 제품의 20%(30개 중 6개)가 총 매출의 80%를 책임지고 있다.

Note

필터를 없애려면 깔때기 모양의 아이콘을 클릭하자.

	A	B
3	행 레이블	매출
4	안전장비 8	$5,050.00
5	안전장비 2	$740.00
6	안전장비 1	$732.00
7	테이프 10	$490.00
8	안전장비 7	$420.00
9	테이프 7	$340.00
10	총합계	$7,772.00

그림 1-11 : 6개의 제품이 매출의 80%를 차지한다.

필터와 슬라이서

데이터를 분석하기 위해 도움이 되는 도구로 리포트 필터와 엑셀 2010, 엑셀 2013에 등장한 슬라이서가 있다. 예를 들어 여러분이 예제 데이터에서 판매를 월별과 가게별로 나눠보고자 한다고 하자. 하지만 '열' 영역이나 '행' 영역에 제품 목록을 보여주면 뭔가 피벗 테이블이 정리되지 않은 느낌이 들 수 있다. 대신 '월' 필드를 '행' 영역에 끌어다 놓고, '가게' 필드를 '열' 영역에 끌어다 놓자. 그리고 '가격' 필드를 '값' 영역에, '제품' 필드를 '필터' 영역에 끌어다 놓자. 이렇게 하면 Report filter unfiltered 워크시트상 피벗 테이블은 그림 1-12처럼 보인다.

	A	B	C	D
1	제품	(모두)		
2				
3	합계 : 가격	열 레이블		
4	행 레이블	다운타운	업타운	총합계
5	1월	$482.00	$363.00	$845.00
6	2월	$363.00	$457.00	$820.00
7	3월	$299.00	$332.00	$631.00
8	4월	$407.00	$369.50	$776.50
9	5월	$408.50	$404.50	$813.00
10	6월	$400.50	$450.00	$850.50
11	7월	$446.00	$395.00	$841.00
12	8월	$372.50	$311.50	$684.00
13	9월	$446.50	$389.00	$835.50
14	10월	$394.00	$359.00	$753.00
15	11월	$503.50	$370.00	$873.50
16	12월	$463.00	$406.00	$869.00
17	총합계	4985.5	4606.5	9592

그림 1-12 : 슬라이서(slicer)를 보여주는 피벗 테이블

필터의 드롭다운 화살표를 클릭하면 제품에 따른 가게별, 월별 총 매출을 볼 수 있다. 예를 들어 Filtered with a slicer 워크시트의 피벗 테이블에서 제품을 '안전장비 1', '안전장비 7', '접착제 8'을 선택하면 그림 1-13과 같은 결과를 볼 수 있다. 5월달에 다운타운 가게에서 이 제품에 대한 매출은 $10.00이었고, 업타운 가게에서는 $34.00이었다.

	A	B	C	D
1	제품	(다중 항목)		
2				
3	합계 : 가격	열 레이블		
4	행 레이블	다운타운	업타운	총합계
5	1월	$46.00	$22.00	$68.00
6	2월	$44.00	$68.00	$112.00
7	3월	$51.00	$63.00	$114.00
8	4월	$44.00	$44.00	$88.00
9	5월	$10.00	$34.00	$44.00
10	6월	$89.00	$56.00	$145.00
11	7월	$49.00		$49.00
12	8월	$10.00	$36.00	$46.00
13	9월	$88.00	$44.00	$132.00
14	10월	$102.00	$87.00	$189.00
15	11월	$56.00	$70.00	$126.00
16	12월	$32.00	$49.00	$81.00
17	총합계	621	573	1194

그림 1-13 : 피벗 테이블에서 '안전장비 1', '안전장비 7', '접착제 8'에 대한 매출액만을 보여주고 있다.

그림 1-13에서는 어떤 제품을 피벗 테이블 계산에 사용했는지 알아내기 어렵다. 엑셀 2010과 엑셀 2013의 새로운 기능 슬라이서(Filtered with a slicer 워크시트 참고)를 사용하면 이런 문제를 쉽게 고칠 수 있다. 이 새 기능을 사용하려면 다음과 같은 과정을 따라가보자.

1. Filtered with a Slicer 워크시트의 피벗 테이블 안에 커서를 위치한 다음, '삽입' 탭 → '필터' 그룹 → '슬라이서'를 선택한다.
2. 대화상자에서 '제품'을 선택하면 슬라이서에서 여러분이 원하는 제품의 집합을 선택할 수 있다(한 제품을 선택하고 또 다른 제품을 선택하려면 〈Ctrl〉 키를 누른 채 선택하도록 하자). 이 제품은 한 개의 열로 보인다.
3. 슬라이서 안을 클릭하면 리본 탭에 '슬라이서 도구'가 보인다. '단추' 그룹에서 '열'을 5로 바꿔보자. 이제 제품은 총 다섯 개의 열로 보인다(그림 1-14).

제품				
안전장비 1	안전장비 10	안전장비 2	안전장비 3	안전장비 4
안전장비 5	안전장비 6	안전장비 7	안전장비 8	안전장비 9
접착제 1	접착제 10	접착제 2	접착제 3	접착제 4
접착제 5	접착제 6	접착제 7	접착제 8	접착제 9
테이프 1	테이프 10	테이프 2	테이프 3	테이프 4
테이프 5	테이프 6	테이프 7	테이프 8	테이프 9

그림 1-14 : 슬라이서에서 '안전장비 1', '안전장비 7', '접착제 8' 을 선택하여 해당 매출을 볼 수 있다.

슬라이서는 일종의 '대시보드' 역할을 하여 피벗 테이블 필드에서 끌어낸 아이템들의 집합들을 필터링하는 역할을 한다. Filtered with a slicer 워크시트의 슬라이서를 사용하여 피벗 테이블이 '안전장비 1', '안전장비 7', '접착제 8'에 대해서 계산하는지 확실히 알 수 있다. 〈Ctrl〉 키를 누르고 있으면 슬라이서의 크기를 쉽게 조절할 수 있다.

> **Note**
>
> 피벗 테이블 안의 셀을 더블 클릭하면 엑셀은 해당 셀의 계산에 사용한 원본 데이터를 자세하게 보여주며 원본 데이터를 다른 워크시트에 분리해서 새로 보여준다. 예를 들어 Report filtered unfiltered 워크시트에서 1월-다운타운에 해당하는 셀을 더블 클릭하면, January downtown 워크시트상에 그림 1-15처럼 필요한 원본 데이터를 볼 수 있다.

피벗 테이블을 사용하여 판매 데이터를 자르고 다지는 방법을 배웠다. 값 필드 설정 기능을 잘 쓰면 여러분이 필요로 하는 계산을 쉽게 수행할 수 있다.

	A	B	C	D
1	제품 ▼	월 ▼	가게 ▼	가격 ▼
2	안전장비 7	1월	다운타운	10
3	안전장비 1	1월	다운타운	12
4	안전장비 1	1월	다운타운	12
5	안전장비 1	1월	다운타운	12

그림 1-15 : 1월 다운타운 가게의 판매를 자세하게 조사할 수 있다.

Analysis 2 라 쁘티 베이커리 판매 데이터 분석

라 쁘티 베이커리는 케이크, 파이, 쿠키, 커피 그리고 스무디를 판매한다. 가게 주인은 여러분을 고용해서 이런 상품의 판매에 미치는 여러 요소들을 분석하도록 요청했다. 피벗 테이블과 현재 여러분이 현재 가지고 있는 분석 기술로 판매에 영향을 미치는 중요 요소를 간단히 설명할 수 있다. 이 예는 이 책 3파트에서 설명할 좀 더 자세한 분석의 맛보기가 될 것이다. BakeryData.xlsx 파일을 보면 이 예에 대한 데이터가 있고, LaPetitBakery.xlsx에는 피벗 테이블들이 있다. Bakerydata.xlsx 워크북에는 2013년에서 2015년에 걸친 매일매일의 판매 데이터가 있다. 그림 1-16에서는 이 데이터의 일부를 볼 수 있다.

	A	B	C	D	E	F	G	H	I	J	K	L	M
4					요일	요일코드	날짜	케이크	파이	쿠키	스무디	커피	프로모션
5					화요일	2	2013-01-01	79	46	518	60	233	없음
6		1	월요일		수요일	3	2013-01-02	91	50	539	161	427	없음
7		2	화요일		목요일	4	2013-01-03	47	60	222	166	347	없음
8		3	수요일		금요일	5	2013-01-04	89	64	734	153	358	없음
9		4	목요일		토요일	6	2013-01-05	112	73	764	240	392	없음
10		5	금요일		일요일	7	2013-01-06	89	57	922	259	510	없음
11		6	토요일		월요일	1	2013-01-07	70	50	476	120	334	없음
12		7	일요일		화요일	2	2013-01-08	70	48	496	222	316	없음
13					수요일	3	2013-01-09	59	37	587	181	156	없음
14					목요일	4	2013-01-10	71	36	488	178	298	없음
15					금요일	5	2013-01-11	74	50	645	100	490	없음
16					토요일	6	2013-01-12	119	71	438	162	416	없음
17					일요일	7	2013-01-13	90	51	568	137	434	없음
18					월요일	1	2013-01-14	96	48	585	194	573	프로모션

그림 1-16 : 라 쁘티 베이커리 데이터

'요일코드' 열에서 값 1은 월요일을 나타내고 값 2는 화요일을 나타낸다. 날짜에서 요일을 나타내는 수를 구하기 위해서는 식 = `WEEKDAY(G5,2)`를 사용해서 이 식을 셀 F5에 입력한 다음 동일한 식을 영역 F6:F1099에 복사한다. 이 식에서 두 번째 인자값을 2로 쓰면 월요일은 1로 기록하고 화요일을 2로 기록한다. 다음 셀 E5에 식 =`VLOOKUP(F5,lookday,2)`을 입력하면 '요일코드' 열의 1을 '월요일'이라는 단어로 바꾸고, 2는 '화요일'이라는 단어로 바꾼다. 이 식의 두 번째 인자 `lookday`는 영역 A6:B12를 의미한다.

> **Note**
>
> 특정 영역을 `lookday`라고 이름 붙이려면 우선 영역을 선택한 다음에 이름상자(함수 마법사 바로 왼쪽에 있는 상자)에 `lookday`라고 입력한 다음 엔터키를 누르면 된다. 특정 영역에 이름을 붙이면 엑셀에서는 식이나 함수에서 `lookday`라는 단어를 포함하고 있으면 이를 바로 영역으로 인식한다.

`VLOOKUP` 함수는 셀 F5의 값 2를 `lookday` 영역의 첫 번째 열에서 찾아본다. 그리고 이 값을 동일한 열의 두 번째 열에서 해당하는 값인 화요일을 찾아서 반환해준다. E5의 식 =`VLOOKUP(F5,lookday,2)`를 E6:E1099로 복사하면 각 값에 대한 해당 요일을 구할 수 있다. 예를 들어 2013년 1월 11인 금요일에는 프로모션이 없었고, 케이크 74개, 파이 50개, 쿠키 645개, 스무디 100개 그리고 커피 490잔이 팔렸다.

이제 피벗 테이블을 사용하여 라 쁘티 베이커리의 판매가 다음과 같은 요소에 의해 영향을 받는다고 정리할 수 있다.

- 한 주의 요일
- 월
- 판매의 상향 트렌드(혹은 하향 트렌드)
- 가격 할인과 같은 프로모션

제과점에서 요일의 영향 요약

라 쁘티 베이커리는 요일별 판매가 어떻게 변하는지 알고자 한다. 이렇게 하면 제품의 생산 계획을 좀 더 효과적으로 세울 수 있다. day of week 워크시트에서 피벗 테이블을 만들어서 요일별 각 제품의 평균 판매 개수를 알 수 있다(그림 1-17).

피벗 테이블을 만들기 위해 다음 과정을 따라가보자.

1. '요일' 필드를 '행' 영역으로 끌어다 놓고, 각 제품을 '값' 영역으로 끌어다 놓자.
2. 각 제품을 더블 클릭한 다음 값 요약기준을 '합계'에서 '평균'으로 변경하자. 이제 일요일에는 평균 96.5개의 케이크가 팔렸다는 사실을 알 수 있다.

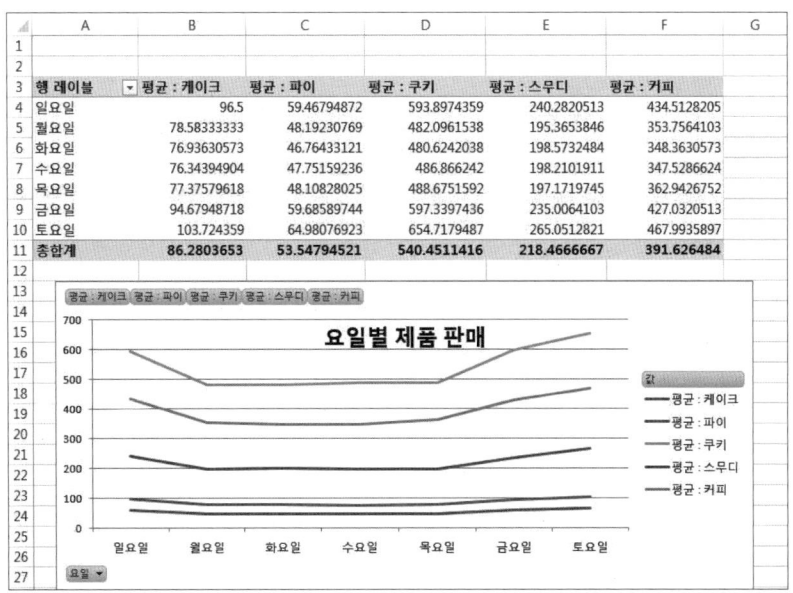

그림 1-17 : 제품 판매의 요일별 내역

흔히 속담에서는 "백문이 불여일견"이라고 한다. 피벗 테이블을 클릭한 다음 '삽입' 탭 → '차트' 그룹 → '피벗 차트'를 클릭하면 데이터를 요약 설명해서 보여줄 수 있는 엑셀의 차트를 선택할 수 있다(2장 "엑셀 차트를 이용하여 마케팅 데이터 요약하기"에서는 엑셀의 차트에 대해 더 자세하게 다룬다). 그림 1-17(Daily Breakdown 워크시트)에서는 차트 타입 중 선형 차트의 예를 보여주고 있다. 차트의 종류를 변경하려면 차트에서 마우스 오른쪽 버튼을 클릭해 보자. 예제 차트를 보면 모든 제품은 주중보다는 주말에 더 많이 팔리는 경향이 있다. 차트의 왼쪽 아래에 '요일' 단추를 이용하여 여러분이 원하는 요일만 필터링해서 볼 수도 있다.

제품의 계절 요인 분석

매 월별 제품 판매가 거의 비슷하다면 이는 계절 요인이 없다고 볼 수 있다. 하지만 특정 기간에 제품 판매가 평균보다 특별히 높거나 낮다면 제품은 계절성을 띤다고 볼 수 있다. 마케팅 관점에서 여러분은 계절 요인이 있는지 그리고 이것이 얼마나 중요하게 영향을 주는지 알고 있어야 하는데 이것을 통해 광고 계획, 프로모션, 생산 결정, 투자 계획 등을 결정할 수 있기 때문이다. 계절 요인의 예로는 다음과 같다.

- 아마존의 4/4분기 매출은 타 분기의 평균 매출보다 약 33% 높다. 크리스마스 시즌에는 판매가 피크를 치며 증가하기 때문이다.
- 마이크로소프트나 시스코 같은 기업들은 각 분기의 가장 마지막 달에는 매우 높은 판매량을 보이고, 회계 년도의 가장 마지막 달에는 판매가 가장 많이 이루어진다. 분기 매출이나 연간 매출을 맞추지 못하면 영업 인력들이 보너스를 받지 못하므로 이때 가장 영업 마감에 최선을 다하기 때문이다.

라 쁘티 베이커리의 상품이 계절 요인을 띠는지 알아보려면 다음 과정을 따라가보자.

1. BakeryData.xlsx의 데이터 아무 곳에 커서를 위치한다. 다음 '삽입' 탭 → '표' 그룹 → '피벗 테이블'을 클릭하면, 피벗 테이블 필드 목록이 보인다. 이전처럼 '날짜' 필드를 '행' 영역으로 끌어다 놓고 각 제품은 '값' 영역으로 끌어다 놓은 다음 '값' 영역의 각 값 필드 설정

을 '평균'으로 바꾼다.

2. 처음에는 모든 날짜에 대한 판매기록이 보인다. 하지만 여러분은 이 기록을 월별로 그룹화하고자 한다. 이렇게 하기 위해 커서를 아무 날짜에나 올려놓은 다음 마우스 오른쪽 버튼을 클릭해서 '그룹...'을 선택하자. 그림 1-18과 같은 대화상자가 보일 것이다.

3. 매일 매일의 판매 데이터를 월별로 묶으려면 그림 1-18의 대화상자에서 '월'을 선택한다.

그림 1-18 : 월별로 데이터 그룹 짓기

4. 이제 '삽입' 탭에서 '피벗 차트'를 선택하자. 메뉴에서 꺾은선형 차트를 선택하면 LaPetitBakery.xlsx 파일의 monthly breakdown 워크시트상에 보이는 것과 같은 피벗 테이블과 차트를 볼 수 있다(그림 1-19를 참고).

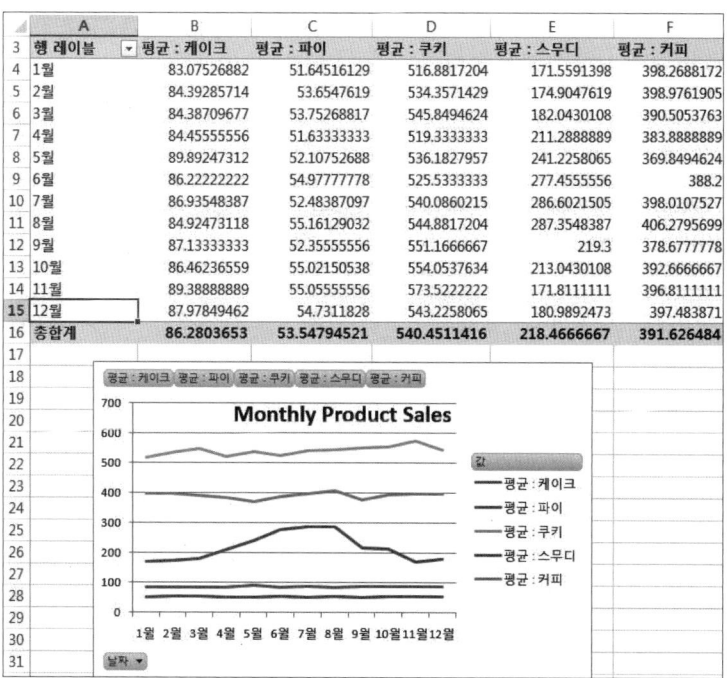

그림 1-19 : 제품 판매의 월별 내역

이 차트를 보면 스무디가 여름철에 특히 많이 팔리는 것을 알 수 있다. 하지만 다른 제품들에는 계절 요인이 거의 눈에 띄지 않는다. 이 책의 3파트에서는 계절 요인을 어떻게 추정할 것인지에 대해 더 깊게 다뤄보도록 하겠다.

스무디가 여름에 특히 잘 팔리는 계절성을 띄므로 제과점에서는 4월과 8월 사이에는 스무디를 광고하고 프로모션할 비용을 따로 들이지 않아도 된다. 혹은 여름에는 스무디가 특히 많이 팔리므로 스무디를 만드는데 필요한 재료를 주문하고 구입하는데 더 신경을 써야 한다. 같은 이유로 제과점에서 늘어난 주문에 대해 손님에게 응대하는 것이 힘들 수 있으므로 여름에만 직원을 좀 더 채용하는 것도 고려해볼 수 있다.

> **Note**
> 아무 월이나 마우스 오른쪽 버튼을 클릭한 다음 '그룹 해제...'를 선택하면 월별로 그룹 지은 것을 해제하고 이전의 매일 판매량 데이터로 돌아갈 수 있다.

제과점에서 트렌드 분석

라 쁘티 베이커리의 주인은 판매 상황이 나아지고 있는지 알고자 한다. 계절별 요인이 있는 거라면 월별 각 제품 판매에 대한 그래프를 보면 여기에 대한 답을 줄 수 없다. 예를 들어 Amazon.com의 1월 매출은 이전 달의 크리스마스 때문에 항상 가장 매출이 낮다. 이런 종류의 트렌드를 분석하는 가장 좋은 방법은 매년의 일 평균 판매량을 계산하여 차트로 보여주는 것이다. 이런 분석을 수행하기 위해 다음 과정을 따라가보자.

1. `BakeryData.xlsx` 파일의 `Data` 워크시트에 있는 데이터에 커서를 위치한 다음 피벗 테이블을 만들어보자. 각 제품을 '값' 영역에 끌어다 놓고 각 값 필드 설정을 '합계'에서 '평균'으로 바꾼다.
2. '날짜' 필드를 '행' 영역으로 끌어다 놓고 아무 날짜에나 커서를 올려놓은 다음 마우스 오른쪽 버튼을 클릭하여 '그룹...'을 선택하고 '연'을 선택한다. 그러면 각 월과 연에 대한 평균 일 판매량의 월별 요약을 볼 수 있다.
3. '날짜' 필드를 '행' 영역에서 빼면 그림 1-20과 같이 연도별 제품 판매의 요약 정보를 볼 수 있다(`by Year` 워크시트를 참고).

4. 앞에서 한 것처럼 꺾은선형 피벗 차트를 만들자. 차트를 보면 각 제품의 트렌드가 우상향인 것을 볼 수 있다. 이것은 고객에게 좋은 소식이다.

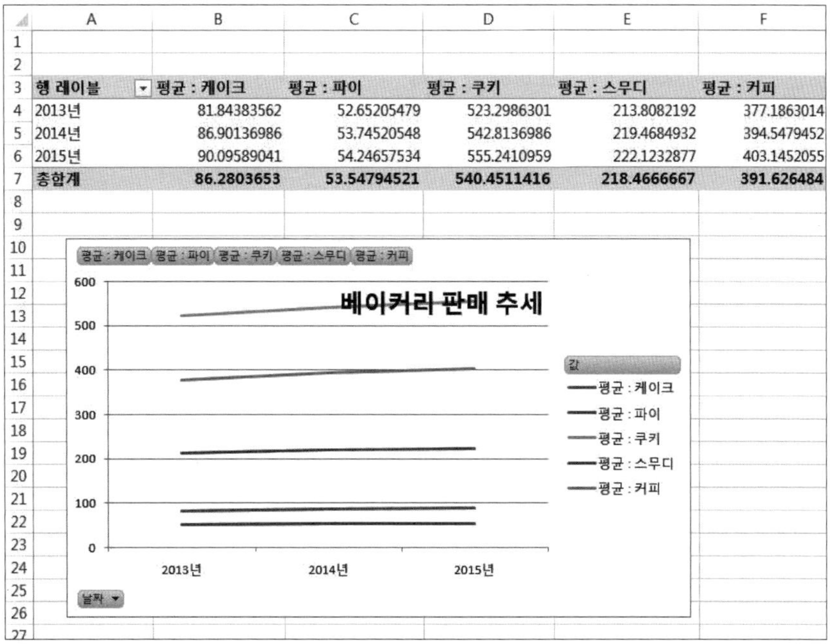

행 레이블	평균 : 케이크	평균 : 파이	평균 : 쿠키	평균 : 스무디	평균 : 커피
2013년	81.84383562	52.65205479	523.2986301	213.8082192	377.1863014
2014년	86.90136986	53.74520548	542.8136986	219.4684932	394.5479452
2015년	90.09589041	54.24657534	555.2410959	222.1232877	403.1452055
총합계	86.2803653	53.54794521	540.4511416	218.4666667	391.626484

그림 1-20 : 연도별 판매 내역

제품별 연도별 성장률은 1.5%에서 4.9% 사이이다. 케이크의 성장률이 가장 빠르지만 전체 판매량에서 보면 아주 작은 부분을 차지한다. 쿠키와 커피의 성장률은 느리지만 전체 매출에서 차지하는 부분은 훨씬 크다.

판매에서 프로모션의 효과 분석

프로모션이 판매에 얼마나 영향을 주었는지 알고자 하면 각 제품의 평균 판매량을 프로모션을 한 날과 하지 않은 날로 나눠서 비교해보면 될 것이다. 이러한 계산을 하기 위해 '값' 영역에는 동일한 필드를 유지하고, '프로모션' 필드를 '행' 영역으로 끌어놓도록 하자. 다음 꺾은선 피벗 차트를 만들고 나면 그림 1-21과 같은 결과를 볼 수 있다(`promotion` 워크시트를 보자).

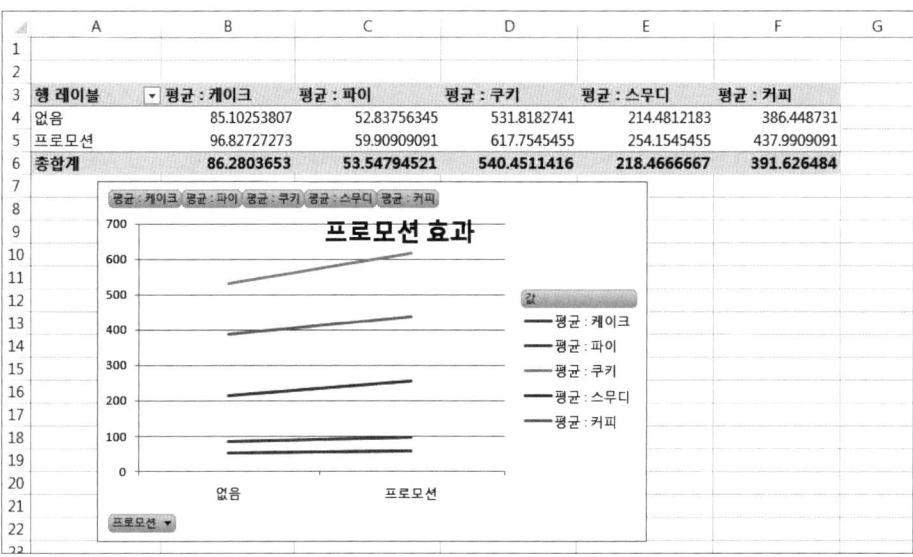

그림 1-21 : 판매에서 프로모션의 효과

차트에서 보면 프로모션을 했을 때 확실히 판매가 증가한다. 하지만 '프로모션을 하면 판매가 증가한다'는 결론을 내리기 전에 판매에 영향을 줄 수 있는 다른 요소들도 '조정'해야 한다. 예를 들어 스무디 프로모션을 여름 동안에 진행했으면 계절 요인으로 인해 프로모션을 진행하지 않은 경우에 비해 프로모션을 진행한 날 더 큰 영향을 주었을 수도 있다. 아니면 프로모션이 판매에 전혀 영향을 주지 않았을 수도 있다. 그리고 또 고려해야 할 점은 프로모션에 필요한 비용이다. 만약 프로모션 비용이 이익보다 높다면 프로모션을 진행하면 안된다. 마케팅 분석에서는 프로모션의 이점에 대해 계산할 때 매우 주의해야 한다. 만약 프로모션을 통해 새로운 고객을 창출할 수 있다면 프로모션의 이익에는 고객의 장기 가치도 포함해야 한다(5파트를 참고하자). 8파트와 9파트에서는 프로모션, 가격 변동, 제품에 대한 광고 효과와 같은 마케팅 결정을 위한 좀 더 엄격한 분석을 수행하게 된다.

Analysis 3 인구 통계정보가 판매에 어떤 영향을 주는지 분석

마케팅 분석가들이 제품을 어디에 광고하라고 권하기 전에(9파트를 보자), 우선 어떤 종류의 사람들이 그 제품을 구매할 가능성이 높은가에 대해 이해해야 한다. 예를 들어 헤비메탈 팬 잡지는 퇴직자들이 구매수요가 높을 것 같지 않다. 따라서 이 제품을 퇴직자들이 좋아하는 TV쇼 등에 광고하는 것은 광고비용을 효과적으로 사용한다고 볼 수 없다. 이 절에서는 피벗 테이블을 사용하여 제품을 구매하는 사람들의 인구 통계정보에 대해 알아보도록 하겠다.
espn.xlsx 파일의 data 워크시트를 보자. 여기에는 ESPN 잡지를 구독하는 사람들 중 임의로 1024명을 선택하여 그들의 인구 통계 정보를 실어놓았다. 그림 1-22에서보면 이 데이터 일부를 볼 수 있다. 예에서 첫 번째 구독자는 72세의 남자이며 시골에 살고 있고 전체 가족 수입은 $72,000이다.

구독자의 나이 분석

인구 통계 정보에서 가장 중요한 정보 중 하나는 바로 나이이다. 구독자의 나이를 알아보기 위해 다음과 같은 과정을 따라가보자.

1. '나이' 필드를 '행' 영역에 끌어놓고 '나이' 필드를 '값' 영역에 끌어놓아서 피벗 테이블을 만든다.
2. 엑셀에서는 자동으로 여러분이 나이의 합계를 구하려 한다고 가정하므로 '합계 : 나이'를 클릭해서 '개수 : 나이'로 계산을 바꾸도록 하자.
3. 값 필드 설정에서 '열 합계 비율'을 선택해서 나이별로 분류한 백분율을 보여주도록 하자.
4. 마지막으로 피벗 테이블의 나이 목록에서 아무 나이나 오른쪽 클릭한 다음 '그룹...'을 선택하자. 이렇게 해서 나이를 10년 단위로 분류할 수 있다. 다음 피벗 차트에서 꺾은선형 차트를 선택하여 차트를 만들자(age 워크시트와 그림 1-23을 참고). 이렇게 해서 구독자의 나이 분포를 보여줄 수 있다.

	G	H	I	J
3	나이	성별	수입	지역
4	72	남성	72	시골
5	29	남성	68	교외
6	33	남성	57	교외
7	25	남성	62	교외
8	38	남성	164	도심
9	33	남성	44	도심
10	18	여성	62	시골
11	17	남성	68	도심
12	32	여성	53	도심
13	24	여성	92	도심
14	26	여성	54	교외
15	40	남성	88	도심
16	26	여성	46	시골
17	21	남성	83	교외
18	29	남성	144	시골
19	51	여성	30	교외
20	17	남성	47	도심
21	29	남성	61	도심
22	92	남성	123	도심
23	20	남성	76	교외
24	20	여성	57	시골
25	65	남성	104	도심
26	26	남성	46	도심
27	74	남성	113	도심
28	37	여성	109	시골

그림 1-22 : ESPN 잡지 구독자의 인구 통계 정보

그림에서 보면 잡지 구독자의 대부분은 18-37세 나이 그룹에 들어간다. 이 정보를 이용하면 ESPN 잡지가 어떤 TV 프로그램에 광고를 내서 올바른 나이의 고객을 목표로 할 지 도와줄 수 있다.

구독자의 성별 분석

이 정보를 가지고 ESPN 잡지 구독자의 성별 정보도 분석할 수 있다. 이 정보를 가지고 광고 비용을 어디에 써야 할 지 결정하는데 도움을 줄 수 있다. 만약 모든 구독자가 남성이라면 여성이 좋아하는 프로젝트 런웨이 같은 프로에 광고를 할 필요는 없을 것이다.

1. `data` 워크시트에서 '성별' 필드를 '열' 영역으로 끌어놓고 다시 '성별' 필드를 '값' 영역으로 끌어놓자.
2. 데이터를 마우스 오른쪽 버튼으로 값 필드 설정을 사용하여 값 표시 형식을 '행 합계 비율'로 변경하자. 그러면 `gender` 워크시트상에 피벗 테이블이 그림 1-24와 같이 보인다.

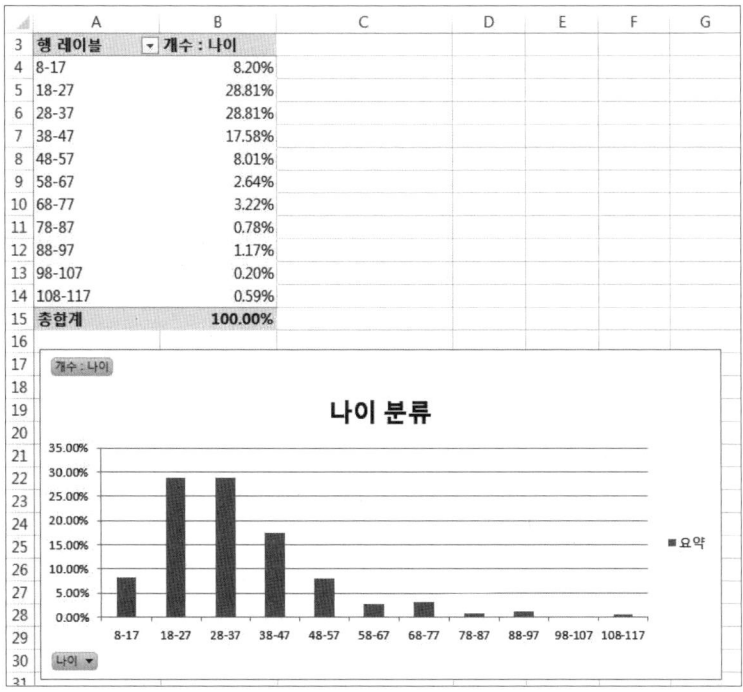

그림 1-23 : 구독자의 나이 분포

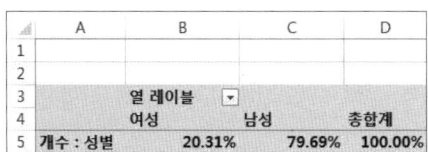

그림 1-24 : 구독자의 성별 분포

구독자의 약 80%가 남성인 것을 알 수 있다. 따라서 ESPN은 여성 잡지 등에는 광고할 필요가 없다.

구독자의 수입 분포 설명

Income 워크시트(그림 1-25)를 보면 여러분은 구독자를 수입 별로 분류해놓은 비율을 볼 수 있다. 이 정보를 구하려면 다음과 같은 과정을 따라가보자.

1. data 워크시트에서 '수입' 필드를 '행' 영역으로 끌어놓고 다시 '수입' 필드를 '값' 영역으로 끌어놓자.
2. '값' 영역의 '수입' 필드의 값 요약 기준을 '개수'로 변경한다(만약 이미 '개수'로 설정되어 있지 않으면). 그리고 $25,000 단위로 수입을 그룹 짓는다.
3. 마지막으로 '값 필드 설정' → '값 표시 형식' → '열 합계 비율'로 변경해서 각 수입 단위당 구독자의 비율을 구한다.

결과에서 보면 구독자 대부분의 수입은 $54,000 - $103,000 범위에 있다. 더 자세히 보면 잡지 구독자 85% 이상의 수입이 국가 전체 가구 수입 중위값 이상에 있다. 따라서 이들에 대해 ESPN에서는 더 매력적인 마케팅 노력을 추가로 기울여서 더 많은 매출을 창출할 수도 있을 것이다.

	A	B
1		
2		
3	**행 레이블**	**개수 : 수입**
4	29-53	13.18%
5	54-78	35.06%
6	79-103	29.20%
7	104-128	14.55%
8	129-153	5.66%
9	154-178	1.56%
10	179-203	0.59%
11	229-253	0.10%
12	254-278	0.10%
13	**총합계**	**100.00%**

그림 1-25 : 구독자의 수입 분포

구독자의 지역 설명

다음 ESPN 잡지 구독자의 지역을 시골, 교외, 도심으로 나누어보겠다. 이렇게 해서 어떤 지역의 TV 방송국에 잡지를 광고하는 것이 좋겠는지 결정할 수 있다.

1. data 워크시트상의 데이터 안에 커서를 놓고 피벗 테이블 필드 목록을 보이도록 한 다음 '지역' 필드를 '열' 영역과 '값' 영역으로 끌어놓는다.
2. 값 필드 설정에서 '값 표시 형식'을 '행 합계 비율'로 바꾸면 Location 워크시트의 피벗

테이블이 그림 1-26과 같이 보인다. 여기에서 보면 구독자의 46%가 교외 지역에서 살고 있고, 40%는 도심 그리고 15% 가 시골지역에서 살고 있음을 알 수 있다.

	A	B	C	D	E
1					
2					
3		열 레이블			
4		시골	교외	도심	총합계
5	개수 : 위치	14.55%	45.70%	39.75%	100.00%

그림 1-26 : 구독자의 지역 분포

나이와 수입에 대한 크로스탭 분석 구성

때때로 마케팅에서는 두 가지 인구 정보를 가지고 동시에 고객 분석을 해야 할 수도 있다. 이런 분석을 크로스탭 분석(crosstabs analysis)이라고 한다. data 워크시트에서 나이와 수입에 대해 동시에 크로스 탭 분석을 수행할 수 있다. 다음 과정을 따라가보자.

1. '나이' 필드를 '열' 영역에, '수입' 필드를 '행' 영역과 '값' 영역에 끌어다 놓자.
2. 나이는 10년 단위로, 수입은 $25,000 단위로 그룹을 짓는다.
3. 마지막으로 값 필드 설정에서 값 표시 방식을 '행 합계 비율'로 변경한다. Income and Age 워크시트(그림 1-27)를 보면 결과 피벗 테이블을 볼 수 있는데, 여기서 보면 구독자의 28.13%의 수입은 $54,000-$78,000에 해당하고 나이는 28 - 37그룹에 있다.

크로스탭 분석을 통해 기업을 특정 조합의 인구 그룹을 찾아내서 좀 더 마케팅 비용이나 프로모션을 진행할 고객 계층을 결정할 수 있다. 크로스탭 분석은 또한 기업이 또한 어디에 투자를 하지 않을 지 결정할 수 있도록 한다. 예를 들어 78세 이상의 나이 계층이나 가계 수입이 $229,000 이상인 계층에서는 구독자가 거의 없다. 따라서 부유한 퇴직자들이 즐겨 보는 TV 프로그램에 이 잡지를 광고하는 것은 거의 의미가 없다.

	A	B	C	D	E	F	G	H	I	J	K	L	M
1													
2													
3	개수: 수입	열 레이블											
4	행 레이블	8-17	18-27	28-37	38-47	48-57	58-67	68-77	78-87	88-97	98-107	108-117	총 합계
5	29-53	11.11%	31.85%	25.19%	15.56%	8.15%	3.70%	0.74%	0.74%	0.74%	0.74%	1.48%	100.00%
6	54-78	8.08%	27.86%	28.13%	17.27%	9.47%	2.51%	3.62%	1.11%	1.39%	0.28%	0.28%	100.00%
7	79-103	7.69%	28.43%	29.43%	18.73%	7.02%	3.34%	3.01%	1.00%	1.00%	0.00%	0.33%	100.00%
8	104-128	9.40%	25.50%	34.90%	15.44%	8.72%	1.34%	2.68%	0.00%	1.34%	0.00%	0.67%	100.00%
9	129-153	1.72%	37.93%	29.31%	18.97%	3.45%	1.72%	6.90%	0.00%	0.00%	0.00%	0.00%	100.00%
10	154-178	12.50%	37.50%	12.50%	25.00%	0.00%	0.00%	6.25%	0.00%	6.25%	0.00%	0.00%	100.00%
11	179-203	0.00%	0.00%	0.00%	50.00%	16.67%	0.00%	16.67%	0.00%	0.00%	0.00%	16.67%	100.00%
12	229-253	0.00%	100.00%	0.00%	0.00%	0.00%	0.00%	0.00%	0.00%	0.00%	0.00%	0.00%	100.00%
13	254-278	0.00%	0.00%	100.00%	0.00%	0.00%	0.00%	0.00%	0.00%	0.00%	0.00%	0.00%	100.00%
14	총 합계	8.20%	28.81%	28.81%	17.58%	8.01%	2.64%	3.22%	0.78%	1.17%	0.20%	0.59%	100.00%

그림 1-27 : 구독자의 크로스탭 분석

Analysis 4 GETPIVOTDATA 함수를 이용하여 피벗 테이블에서 데이터 뽑아내기

때때로 마케팅 분석에서는 피벗 테이블에서 직접 데이터를 뽑아내서 이것을 차트나 다른 분석에 사용해야 할 때가 있다. GETPIVOTDATA 함수를 이용하면 되는데, 사용법을 보기 위해서 앞에서 다뤘던 철물점 데이터를 다시 이용해보자. PARETO.xlsx 파일의 products 워크시트를 보자.

1. 빈 셀 아무 곳에 커서를 놓고 = 기호를 입력한 다음 '접착제 8'의 판매 데이터가 있는 셀 B22를 클릭해보자.
2. 빈 셀이 식 =GETPIVOTDATA("가격",$A$3,"제품","접착제 8")으로 바뀐다. E10 셀의 값을 피벗 테이블의 원래 값과 비교해보자. 이 값은 피벗 테이블상 '접착제 8'의 $42.00의 값과 동일하다.

이 식은 제일 왼쪽 위가 셀 A3인 피벗 테이블의 가격에서 '접착제 8'의 판매액을 가져온다. 제품의 집합이 바뀌어도, 이 식은 여전히 '접착제 8'의 판매액을 가져온다.

엑셀 2010, 엑셀 2013에서는 직접 GETPIVOTTABLE 함수를 쓰지 않고, 그냥 피벗 테이블에서 클릭해서 셀 참조 주소를 가져올 수 있다. 그러기 위해서는 '파일' → '옵션' → '수식'에서 '피벗 테이블 참조에 GetPivotData 함수 사용'의 체크를 해제해야 한다(그림 1-28).

	A	B	C	D	E	F	G	H	I
1									
2									
3	행 레이블 ▼	합계 : 가격							
4	안전장비 1	$732.00							
5	안전장비 10	$90.00							
6	안전장비 2	$740.00							
7	안전장비 3	$140.00							
8	안전장비 4	$90.00							
9	안전장비 5	$50.00							
10	안전장비 6	$220.00			42				
11	안전장비 7	$420.00			GETPIVOTDATA("가격",$A$3,"제품","접착제 8")				
12	안전장비 8	$5,050.00							
13	안전장비 9	$40.00							
14	접착제 1	$24.00							
15	접착제 10	$70.00							
16	접착제 2	$63.00							
17	접착제 3	$49.00							
18	접착제 4	$238.00							
19	접착제 5	$168.00							
20	접착제 6	$42.00							
21	접착제 7	$70.00							
22	접착제 8	$42.00							
23	접착제 9	$91.00							
24	테이프 1	$93.00							
25	테이프 10	$490.00							
26	테이프 2	$25.00							
27	테이프 3	$15.00							
28	테이프 4	$35.00							
29	테이프 5	$47.50							
30	테이프 6	$67.50							
31	테이프 7	$340.00							
32	테이프 8	$20.00							
33	테이프 9	$30.00							
34	총합계	$9,592.00							

그림 1-28 : GETPIVOTDATA 함수의 예

이 함수는 실무에서 널리 사용되는 함수이며 이 함수를 모르고 있으면 피벗 테이블을 제대로 사용한다고 할 수 없다. 2장에서 이 주제에 대해 더 자세히 다뤄보도록 하자.

Summary

이 장에서는 다음과 같은 사항을 알아보았다.

- ▶ 피벗 테이블 필드 목록에서 필드를 끌어다 놓기 전에 우선 여러분이 어떤 피벗 테이블을 만들고 싶은지 머릿속으로 그려보자.
- ▶ '값 필드 설정'을 사용하여 데이터를 보여주는 방식이나 값 필드에서 계산의 종류(합계, 평균, 개수 등)를 변경할 수 있다.
- ▶ 피벗 차트를 이용하여 피벗 테이블의 의미를 명확하게 할 수 있다.
- ▶ 셀을 더블 클릭하면 셀의 계산에 사용한 원본 데이터를 자세하게 볼 수 있다.
- ▶ `GETPIVOTDATA` 함수를 사용해서 피벗 테이블에서 데이터를 끌어낼 수 있다.

Exercises

1. Makeup2007.xlsx 파일(웹 사이트에서 다운로드 받을 수 있다)을 보면 작은 화장품 기업에 대한 정보를 볼 수 있다. 각 행은 영업사원, 팔린 제품, 판매 지역, 팔린 단위 그리고 매출액을 볼 수 있다. 파일을 이용하여 다음 연습문제를 풀어보자.

a. 총 매출액과 각 제품별, 영업사원별 판매된 단위를 구하시오.
b. 각 지역별 영업사원의 비율을 구하시오. 피벗 차트를 만들어서 이 정보를 구하시오.
c. 각 영업사원의 판매 실적을 지역별로 요약하시오. 단 필터를 사용해서 원하는 때 어떤 제품이라도 찾아 볼 수 있도록 하시오.

2. Station.xlsx 파일에는 각 가족의 크기(대가족, 혹은 소가족), 수입(높은지 낮은지) 그리고 그 가족이 스테이션 왜건 자동차를 구입했는지 여부가 나와 있다. 파일을 이용하여 다음 연습문제를 풀어보자.

a. 가족의 크기나 수입이 스테이션 왜건 자동차를 구입하는데 중요한 결정요소인가?
b. 수입이 높거나 낮은 경우 각각에 대해 스테이션 왜건을 구입하는 비율을 계산하시오.
c. 각 네 개의 카테고리 별로 스테이션 왜건을 구입하는 비율을 계산하시오. 높은 수입의 대가족, 높은 수입의 소가족, 낮은 수입의 대가족, 낮은 수입의 소가족.

3. cranberrydata.xlsx 파일에는 2006년부터 2011년도 각 분기당 작은 야채가게에서 팔린 크랜베리의 무게를 파운드 단위로 보여주고 있다. 그리고 가게에서 판매한 크랜베리의 가격과 경쟁 가격에서 팔린 크랜베리의 가격이 어떻게 변해왔는지 함께 보여준다. 파일을 이용하여 다음 연습문제를 풀어보자.

a. 가격 요소를 배제한 채로 크랜베리 판매가 계절 요인을 나타내는지 차트를 그려보자.
b. 가격 요소를 배제한 채로 판매에서 상향 트렌드나 하향 트렌드가 보이는지 차트를 그려보자.

c. 여러분의 가격이 경쟁자의 가격보다 높았는지, 낮았는지에 따라 나눠서 분기당 평균 판매액을 구해보자.

4. tapedata.xlsx 파일은 2009년부터 2011년도까지 매주 팔린 3M 테이프의 단위, 가격 그리고 광고 캠페인을 했는지 여부(ad = 1 이면 캠페인 진행) 그리고 판매복도 제일 끝에 제품을 전시했는지 여부(endcap = 1이면 제일 끝에 제품 전시)를 보여주고 있다. 파일을 이용하여 다음 연습문제를 풀어보자.

a. 판매에 상향 경향이 나타나는가?
b. 테이프 판매에 있어서 월에 따른 계절 요인이 나타나는지 분석해보자.
c. 광고 캠페인이 판매 증가에 영향을 주었는가?
d. 판매 복도 제일 끝에 제품을 전시하는 것이 판매 증가에 영향을 주었는가?

5. EAST.xlsx와 WEST.xlsx 파일에는 제품 A~H를 1월, 2월, 3월에 판매한 데이터가 있다. 피벗 테이블을 사용하여 판매 데이터를 정리하고자 한다. 이 장에서 다룬 필드 목록으로는 여러 영역에 걸친 데이터로부터 피벗 테이블을 만들 수 없다. ALT 키를 누른 다음 D, P 를 누르면 클래식 피벗 테이블 마법사가 보이고 여러 영역을 선택해서 피벗 테이블을 만들 수 있다. 엑셀을 사용하여 한 페이지에서 피벗 테이블을 만들어서 각 월에 대한 East와 West의 총 판매액을 정리해보자. 필터를 사용해서 제품 A, C, E에 대해서만 1월과 3월의 판매액을 보여주도록 해보자.

Using Excel Charts to Summarize Marketing Data

Chapter 02

엑셀 차트를 이용해 마케팅 데이터 요약하기

비즈니스 분석에서 매우 중요한 요소로 '시각화'를 들 수 있다. 마케팅 분석은 종종 데이터 더미를 체로 쳐서 중요한 결론을 이끌어내야 한다. 많은 경우 이런 중요한 결론은 차트나 그래프로 보여준다. 공자가 말하기를 '백문이 불여일견'이라고 했다. 이 장에서는 엑셀의 차트를 이용하여 마케팅 데이터를 효과적으로 나타내고 요약하는 능력을 기르도록 도와준다. 이 장에서는 다음과 같은 기술들을 다룬다.

- 콤보 차트(combination chart) 사용하기와 보조축(secondary axis)
- 제품 사진을 세로 막대형 그래프에 추가하기
- 데이터 레이블과 표를 그래프에 추가하기
- 테이블 기능을 사용하여 새로 데이터가 추가되었을 때 자동으로 그래프 갱신하기
- 피벗 차트를 사용하여 마케팅 조사 요약하기
- 차트 레이블을 자동으로 바뀌게 하기
- 스파크라인(sparkline)을 사용하여 서로 다른 가게들의 판매 요약하기
- 나만의 아이콘 세트를 사용하여 영업 인력의 성과 추세를 요약하기
- 확인란(Check box)을 사용하여 그래프상에 보이는 데이터 계열 조절하기
- 테이블 기능과 GETPIVOTDATA 함수를 사용하여 자동으로 월말 판매 리포트 만들기

Analysis 1 콤보 차트

기업에서는 많은 경우 실제 월간 판매량과 목표 월간 판매량을 그래프로 그린다. 만약 마케팅 분석가가 이 두 데이터를 그냥 선으로 그리면 어떤 것이 실제 판매량이고 어떤 것이 목표 판매량인지 구분하기 어려울 것이다. 이런 이유로 분석가들은 실제 판매량과 목표 판매량을 그래프로 그릴 때 콤보 차트 기능을 사용하여 두 데이터의 차트를 다르게 보여준다(예를 들어 꺾은선 그래프 대 막대 그래프). 이 절에서는 이러한 콤보 차트를 어떻게 만드는지 알아보도록 하겠다.

이 장에서 다루는 모든 데이터는 Chapter2charts.xlsx 파일에 있다. Combinations 워크시트를 보면 실제 판매량과 목표 판매량에 대한 데이터가 1월부터 7월에 걸쳐 보인다. 우선 각 월에 대해 실제 판매량과 목표 판매량을 차트로 그리기 위해 영역 F5:H12를 선택하고 '삽입' 탭에서 꺾은선형 차트를 선택한다. 이렇게 하면 실제 판매량과 목표 판매량이 모두 꺾은선으로 보인다. 이것이 그림 2-1에 나오는 두 번째 차트이다. 하지만 여기서는 두 선 간의 차이를 알기 어렵다. 선 중 하나를 막대 그래프 형식으로 바꾸면 차이를 알기 쉬워진다. 다음 단계를 따라가보자.

1. 선에서 '실제' 선을 선택한다. 선을 클릭한 다음 선 상에 나타난 아무 점이나 클릭하면 된다.
2. 마우스 오른쪽 버튼을 클릭한 다음 '계열 차트 종류 변경'을 선택한다.
3. '콤보' 화면에서 '실제'에 해당하는 차트 종류를 '묶은 세로 막대형'을 선택하면 그림 2-1과 같은 차트를 만들 수 있다.

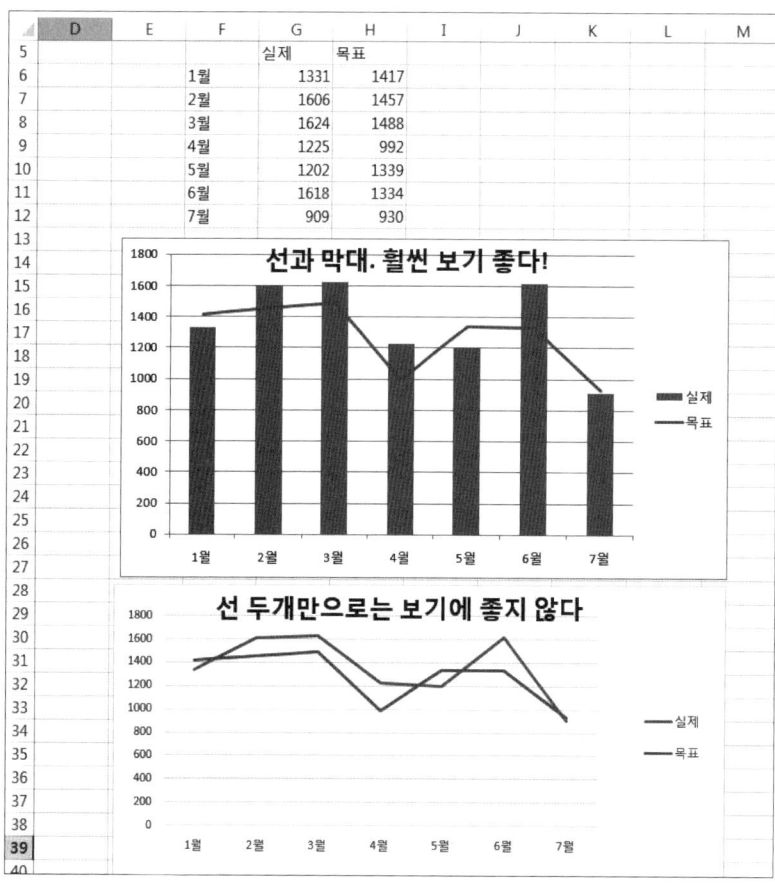

그림 2-1 : 콤보 차트

첫 번째 차트를 보면 각 월에 대해 실제 판매량과 목표 판매량을 쉽게 구분할 수 있다. 이렇게 여러 가지 종류의 차트가 함께 한 차트에 있는 경우를 콤보 차트(combination chart)라고 한다.

두 가지 데이터 계열을 함께 그려야 할 때 두 데이터가 차이가 너무나 심하게 난다면 축을 한 개만 사용하면 다른 한 데이터는 거의 보이지도 않을 정도가 될 수 있다. 이 경우 보조축(secondary axis)을 추가해서 한 계열에서 사용하도록 할 수 있다. 보조축을 선택하면 엑셀은 자동으로 그 계열에 맞도록 축을 조정한다. 보조축을 추가하는 방법을 보여주기 위해 Secondary Axis 워크시트에 있는 데이터를 사용해보자. 이 워크시트의 데이터는 값비싼 다이아몬드를 파는 기업의 판매 개수와 매출액을 보여주고 있다.

다이아몬드의 가격은 매우 비싸므로 당연히 매출액은 팔린 개수에 비해 숫자가 훨씬 차이가 난다. 축이 한 개 밖에 없는 상황에서 매출액과 팔린 판매 개수를 함께 보려면 매우 이상할 것이다. 보조축을 쓰면 팔린 개수와 매출액을 구분할 수 있을 것이다. 다음과 같은 과정을 따라가보자.

1. Secondary Axis 워크시트에서 영역 D7:F16을 선택하자. '삽입' 탭 → '차트' 그룹 → '꺾은선형 차트'를 선택해보자. 그럼 그림 2-2와 같은 차트가 보일 것이다.

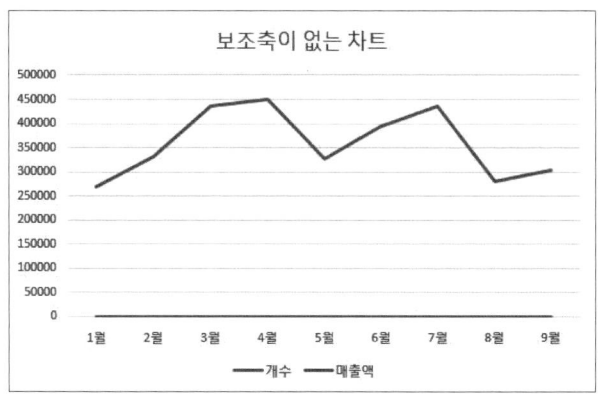

그림 2-2 : 꺾은선형 차트를 보면 보조축이 필요한 것을 알 수 있다.

2. 여기에서 보면 '개수' 데이터가 '매출액' 데이터에 상대적으로 매우 작기 때문에 거의 보이지도 않는다. 이런 문제를 수정하기 위해 차트상에서 '매출액' 계열을 선택하고 마우스 오른쪽 버튼을 클릭해보자.
3. '데이터 계열 서식'을 선택한 다음, '보조 축'을 선택하자.
4. 다음 '매출액' 계열에서 아무 점이나 선택해서 오른쪽 버튼을 클릭한 다음 '계열 차트 종류 변경'을 선택하여 '매출액'의 차트 종류를 '묶은 세로 막대형'으로 변경하자.

결과 차트는 그림 2-3과 같이 보이며, 이제 여러분은 매출액과 개수가 밀접한 관계에 있음을 알 수 있다. 사실 당연한 결과인데 '매출액=평균 가격*개수'이기 때문이고, 특정 달 동안 평균 가격이 고정되어 있으면 매출액과 개수 계열은 나란히 움직이게 된다. 차트상에서 보면 평균 가격은 차트에 나온 기간 동안 일정함을 알 수 있다.

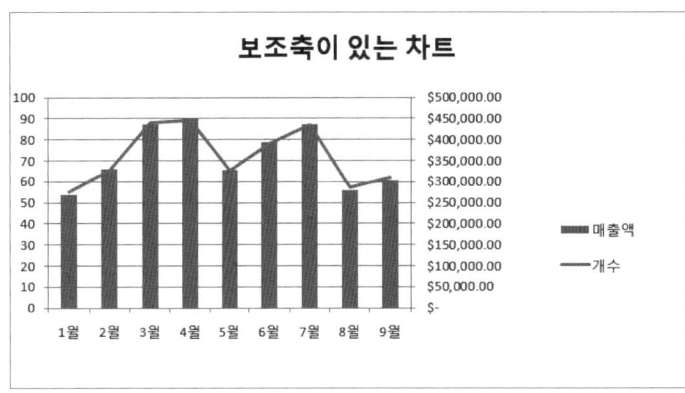

그림 2-3 : 보조축이 있는 차트

상품의 이미지를 막대 그래프에 추가하여 그래프를 강조하기

데이터를 분석할 때 막대 그래프는 매우 유용하지만 매일매일의 추세를 보면 매우 지루해 보이는 경향이 있다. 때때로 잠재 고객을 대상으로 한 중요한 프레젠테이션을 해야 할 때 막대 그래프를 사용하기도 한다. 예를 들어 여러분의 막대 그래프에 기업에서 다루는 상품의 이미지를 추가해서 프레젠테이션을 해보면 어떨까? 만약 여러분이 페라리를 판매하고 있다면 페라리의 bmp 이미지를 사용하여 판매량을 나타낼 때 그래프에서 대신 이용할 수도 있다. 다음 과정을 따라가보자.

1. Picture 워크시트의 데이터를 이용하여 세로 막대형 그래프를 만들어보자. 이 데이터는 L.A의 페라리 딜러에서 팔린 월간 페라리 판매량을 나타낸다.
2. 세로 막대형 그래프를 만들고 나서, 아무 열이나 클릭한 다음 마우스 오른쪽 버튼을 클릭하고 '데이터 계열 서식'을 선택한 다음 '채우기'를 선택하다.
3. 다음 '그림 또는 질감 채우기'를 선택하면 그림 2-4와 같은 화면이 보인다.
4. '다음에서 그림 삽입:' 아래의 '파일'을 클릭한 다음 Ferrari.bmp 이미지를 찾아서 선택하자(이 파일은 예제 파일과 함께 혜지원 출판사 홈페이지 자료실에서 다운로드 받을 수 있다).

5. '다음 배율에 맞게 쌓기'를 선택한 다음 Units/Picture를 200으로 설정한다. 이렇게 하면 차 한 개의 이미지당 자동차 200대를 나타낸다.

결과 차트는 Picture 워크시트에 있으며 그림 2-5와 같이 보인다.

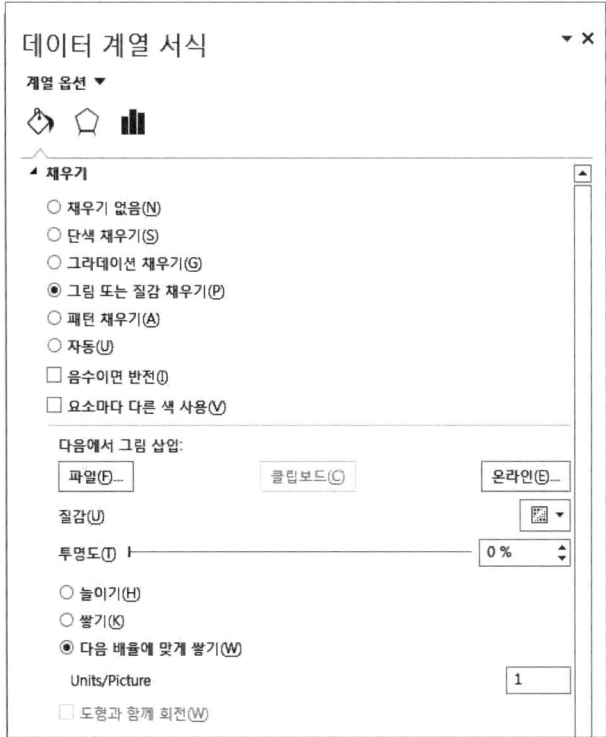

그림 2-4 : 이미지 그래프를 만들기 위한 대화 상자

Note

'데이터 계열 서식' 대화상자의 채우기에서 '늘이기'를 선택하면, 엑셀은 각 월의 판매액을 단지 한 개의 차 이미지로 표현해서 그 달의 판매량에 따라 페라리 이미지를 보여준다.

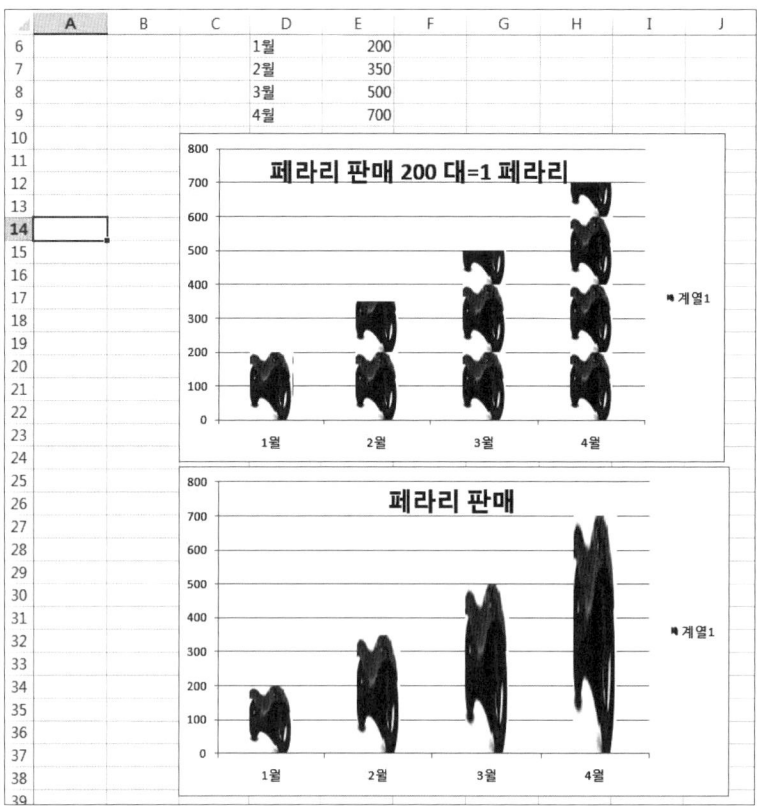

그림 2-5 : 페라리 이미지 그래프

차트에 레이블이나 표 추가

때로는 차트에 데이터 레이블이나 표를 추가해서 숫자 값이 차트상에 나오도록 할 수 있다. 이 방법을 알아보기 위해 앞에서 다뤘던 철물점의 제품들의 판매 데이터를 다시 참고하겠다. 이 절의 예제를 위해 Labels and Tables 워크시트를 보자.

그래프에 레이블을 추가하기 위해 다음과 같은 과정을 따라가보자.

1. C5:D9의 데이터 영역을 선택한 다음, '삽입' 탭 → '차트' 그룹 → '묶은 세로 막대형' 차트를 만들자.
2. 이제 그래프상 아무 열이나 클릭한 다음 리본의 '차트 도구'에서 '디자인' 탭을 선택하자.

3. '차트 레이아웃' 그룹에서 '차트 요소 추가' → '데이터 레이블' → '기타 데이터 레이블 옵션'을 선택한 다음 그림 2-6과 같이 대화 상자를 설정하도록 하자.
4. '레이블 내용'에 '값'과 '항목 이름'을 추가한 다음, '구분 기호'는 '(줄 바꿈)'으로 설정하자.

결과 차트는 그림 2-7과 같으며 데이터 레이블이 함께 보인다.

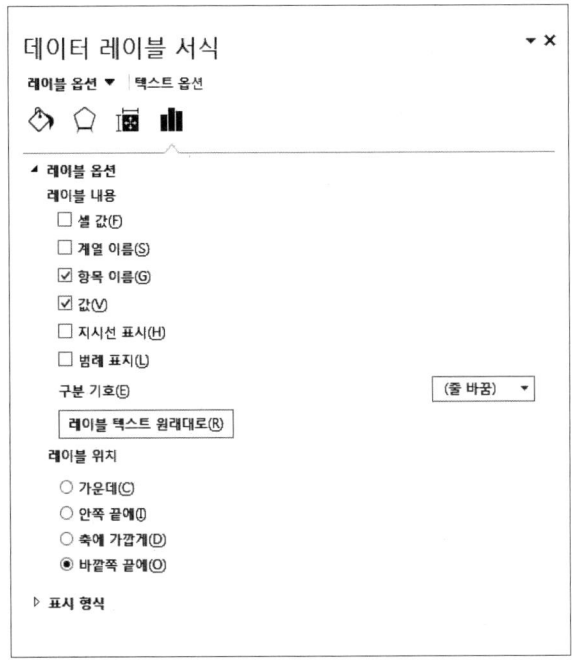

그림 2-6 : 데이터 레이블이 있는 차트를 만들기 위해 보이는 대화상자

세로 막대형 그래프에 데이터 표를 추가할 수도 있다. 표를 추가하기 위해 그래프상에서 아무 열이나 선택하고 다음 과정을 따라가보자.

1. 리본의 '차트 도구'에서 '디자인' 탭 → '차트 레이아웃' 그룹 → '차트 요소 추가'를 선택한다.
2. 여기에서 '데이터 표'를 선택한다.
3. '범례 표지 없음'을 선택하면 그림 2-7의 두 번째 차트와 같은 표를 추가할 수 있다.

그림 2-7 : 데이터 레이블, 데이터 표가 있는 차트

Analysis 2 피벗 차트를 이용하여 시장 조사 결과를 요약

새 제품이 살아남아 잘 팔릴 수 있을지 알아보기 위해 시장 조사에서는 잠재적인 고객을 대상으로 새 제품에 대한 질문을 하곤 한다. 일반적으로는 피벗 테이블(1장 "피벗 테이블로 마케팅 데이터를 자르고 다지기"에서 다뤘다)을 사용하여 이런 종류의 데이터를 요약, 처리한다. 피벗 차트는 피벗 테이블의 내용에 기반한 차트이다. 여러분도 곧 알게 되겠지만 피벗 차트를 이용하면 이런 종류의 시장 조사를 통해 모은 데이터를 쉽게 요약, 정리할 수 있다. Chapter2chart.xlsx 파일의 Survey PivotChart 워크시트에서는 피벗 차트를 이용하여 Survey Data 워크시트로부터 가져온 데이터에 기반한 시장 조사 결과(그림 2-8)를 요

약 정리하고 있다. 예제 데이터에서는 특정 제품에 대한 일곱 가지 질문에 대해 답을 보여주고 있다. 이 답은 '구입할 의사가 있다'와 같은 것이며 1부터 5까지의 기준을 가지고 있다. 점수가 높을수록 제품에 대해 호의적임을 나타낸다.

	I	J	K
5	응답	질문	
6	5	구입할 의사가 있다	
7	3	요리하기 쉽다	
8	3	포장이 예쁘다	
9	2	너무 비싸다	
10	5	요리하기 쉽다	
11	1	요리하기 쉽다	
12	3	너무 비싸다	
13	1	구입할 의사가 있다	
14	2	구입할 의사가 있다	
15	3	맛이 더 좋다	
16	2	너무 비싸다	
17	5	너무 비싸다	
18	3	영양이 풍부하다	
19	2	지인에게 추천하고 싶다	
20	2	영양이 풍부하다	
21	4	구입할 의사가 있다	
22	2	구입할 의사가 있다	
23	5	포장이 예쁘다	
24	4	구입할 의사가 있다	
25	2	구입할 의사가 있다	
26	5	요리하기 쉽다	
27	5	포장이 예쁘다	
28	3	너무 비싸다	
29	4	지인에게 추천하고 싶다	
30	4	구입할 의사가 있다	

그림 2-8 : 피벗 차트 예제에 대한 데이터

이 데이터를 요약, 정리하기 위해 다음 과정을 따라가보자.

1. Survey Data 워크시트에서 데이터를 선택한 다음 '삽입' 탭 → '표' 그룹 → '피벗 테이블'을 선택한 다음 확인을 누른다.
2. 다음 '질문' 필드를 '행' 영역으로, '응답' 필드를 '열'과 '값' 영역으로 끌어다 놓는다.
3. 여러분은 현재 각 질문에 대한 답인 1, 2, 3, 4, 5의 비율을 구하려 한다고 가정했을 때, '값 필드 설정'에서 '값 필드 요약 기준'을 '합계'에서 '개수'로 바꾼다. 다음 '값 표시 형식'에서 '값 표시 형식'을 '행 합계 비율'로 변경하자. 그러면 그림 2-9에 나오는 피벗 테이블을 볼 수 있다.
4. 이제 이 피벗 테이블에서 피벗 차트를 만들 수 있다. '삽입' 탭 → '차트' 그룹 → '피벗 차트'를 선택한 다음 첫 번째에 나오는 '묶은 세로 막대형'을 선택하면 그림 2-9와 같은 피

벗 차트가 보인다.

5. 하지만 이 차트는 뭔가 좀 정신없어 보인다. 따라서 '질문' 버튼 옆에 있는 드롭다운 화살표 키를 클릭해서 '구입할 의사가 있다'와 '지인에게 추천하고 싶다'의 응답만을 보여주도록 바꾸자. 결과는 좀 더 깔끔한 그림 2-10과 같은 차트로 보인다.

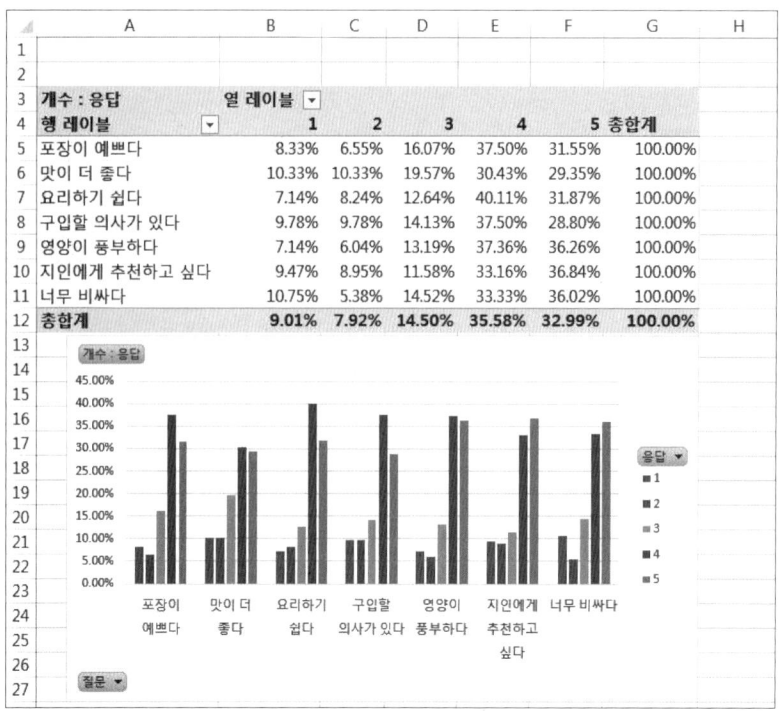

그림 2-9 : 피벗 테이블과 산만한 피벗 차트

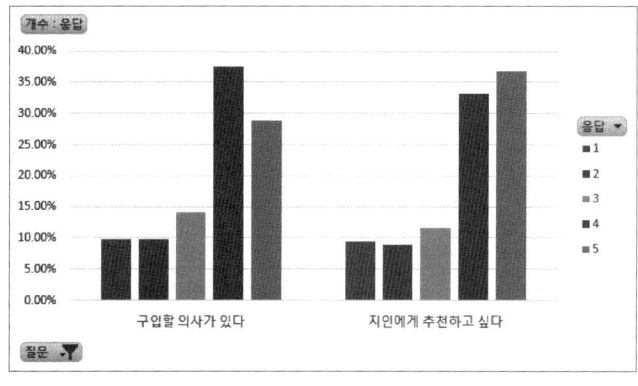

그림 2-10 : 깔끔하게 정리된 피벗 차트

이 두 질문에 대해서 가망 고객의 60% 이상이 새 제품에 대해 4나 5의 점수를 주었다. 매우 고무적인 결과이다.

Analysis 3 새 데이터를 추가했을 때 자동으로 차트 갱신

대부분의 마케팅 분석가는 월말에 판매 데이터를 일괄적으로 다운받아서 그전에 사용하던 수많은 그래프에 새 데이터를 추가하도록 한다. 만약 여러분이 엑셀 2007이나 그 이후 버전을 사용하고 있으면 쉽게 테이블(표) 기능을 써서 새 데이터를 포함했을 때 그래프가 자동으로 갱신되도록 할 수 있다. 이 개념을 설명하기 위해 Housing starts 워크시트를 살펴보도록 하자. 이것은 미국의 월별 주택 착공 건수 데이터이며 기간은 2000년 1월부터 2011년 5월까지의 데이터를 포함한다. 이 데이터를 가지고 그림 2-11과 같은 분산형(X, Y) 차트를 만들 수 있다. 데이터의 아무 곳이나 클릭한 다음 '삽입' 탭 → '차트' 그룹 → '분산형(X, Y) 차트' 옵션을 선택하자.

그림 2-11 : 2011년 5월까지 주택 착공 지수

만약 현재 상태에서 D열이나 E열에 새로운 데이터를 추가해도 차트는 새로운 데이터를 반영해서 자동으로 변경되지 않는다. 새 데이터를 자동으로 반영하려면 우선 차트를 만들기 전에 데이터를 테이블로 만들어야 한다. 이렇게 하려면 우선 데이터를 선택(머리말 이름표도 모두 포함)한 다음 〈Ctrl〉+〈T〉를 클릭한다. New Data 워크시트에서 여러분이 직접 수행해보자.

1. D2:E141 데이터 영역은 선택한 다음 〈Ctrl〉+〈T〉를 눌러서 테이블로 만들자.
2. 분산형(X, Y) 차트를 만든다.
3. 새로 데이터 2개를 142행과 143행에 2011년 6월과 2011년 7월 데이터로 추가한다.
4. 그림 2-12와 같이 차트가 자동으로 새 데이터를 포함해서 갱신된다. 그림 2-11의 차트와 비교해보면 2011년 6월과 7월은 4월과 5월에 비교해서 착공량이 훨씬 크게 늘었기 때문에 차트 끝 부분에서 모양이 다르다. 만약 이렇게 데이터를 반영해야 하는 차트가 15개나 20개정도가 더 있다면, 이 기능으로 시간을 많이 아낄 수 있다.

그림 2-12 : 2011년 7월까지 주택 착공 지수

피벗 테이블에서 이 〈Ctrl〉+〈T〉 기능을 사용할 수 있다. 피벗 테이블을 만들기 위한 데이터가 있으면, 우선 피벗 테이블을 만들기 전에 데이터를 테이블로 만든다. 이렇게 하면 피벗 테이블에서 오른쪽 클릭하고 '새로 고침'을 선택하면 피벗 테이블은 새로 추가한 데이터를 자동으로 반영해서 갱신한다.

Analysis 4 차트 레이블을 자동으로 바뀌게 하기

여러분의 차트는 스프레드시트상의 데이터로 만든다. 따라서 스프레드시트상의 데이터가 바뀌면 차트도 바뀌어야 한다. 하지만 차트의 레이블도 바뀌도록 설정하지 않았으면, 바뀌지 않은 레이블 때문에 혼란스러워질 수도 있다. 이 절에서는 자동으로 바뀌는 차트 레이블을 만드는 법을 알아보자. 차트에서 데이터가 바뀔 때 차트 레이블도 바뀌도록 만들 수 있다.

여러분이 새 제품의 판매에 대한 기획을 요청 받았다고 가정해보자. 만약 한 해 최소 2,000단위가 팔린다면 기업은 손익분기를 넘길 수 있다. Dynamic Labels 워크시트에는 입력을 두 개 할 수 있는데, 하나는 1년간 판매량(셀 D2, Year1sales)[1]이고 다른 하나는 연간 판매 성장률(셀 D3, anngrowth)이다. 손익 분기 목표는 셀 D1(target)에 있다. 엑셀의 '선택 영역에서 만들기' 기능을 이용하여 C1:C3에 각각 해당하는 이름으로 D1:D3의 데이터에 이름을 붙여 보자.

1. 영역 C1:D3를 선택한다.
2. '수식' 탭 → '정의된 이름' 그룹 → '선택 영역에서 만들기'를 클릭한다.
3. '왼쪽 열'을 선택하자. 이제 식에서 'Year1sales'이라는 이름을 사용하면 엑셀은 자동으로 D2를 가리키게 된다.

Note

여기서 영역을 사용하는 중요한 이유는 여러분이 식에서 〈F3〉 키를 이용하여 '이름 붙여넣기' 기능을 사용할 수 있기 때문이다. 이 기능을 이용하면 스프레드시트상에서 여기 저기 이동하며 변수를 찾아볼 시간을 아낄 수 있다. 예를 들어 여러분의 데이터는 A열에 있고 일단 그 영역에 이름을 붙였으면, 다음부터는 〈F3〉 키를 사용해서 A열까지 갈 것 없이 그냥 식에서 바로 데이터를 붙여넣기 해서 사용할 수 있다(여러분이 A열에서 멀리 떨어진 HZ 열 같은 곳에서 식을 입력한다고 생각해보자).

이제 초기 판매량과 연간 성장률에 기반하여 연간 판매량을 차트로 그려보자. 이런 가정이 바뀌면, 차트의 제목과 범례도 함께 바꾸어야 한다. 다음과 같은 과정을 따라가보자.

4. 셀 F5에 1년 동안의 판매량을 입력하기 위해 식 =Year1sales을 입력한다. 다음 식 =F5*(1+anngrowth)를 F6에 입력한 다음 F7:F15에 복사해서 2011년도까지의 예상 판매량을 입력한다.
5. 식 =IF(F5>=target, "예", "아니오")을 G5에 입력한 다음 G6:G15에 복사해서 몇 년도에 손익분기가 일어나는지 알아본다. 여기에서 보면 5년째가 되면 손익분기를 넘는다.

---

[1] 여기에서 target, Year1sales, anngrowth는 모두 식에서 변수 이름으로 사용하므로, 수정하면 안된다.

초기 판매량과 성장률을 가정했을 때 이 값이 바뀌면 가변 레이블(dynamic label)도 바뀌도록 만들기 위해서는 우선 스프레드시트상에 이를 반영하는 타이틀이 함께 있어야 한다.

이제 처음으로 손익분기가 일어나는 해가 언제인지 알아보자. 여기에서는 MATCH 함수를 사용한다. MATCH 함수의 문법은 MATCH(lookup_value,lookup_range,0)이다. 여기서 lookup_range는 행이나 열이어야 한다. 여기서 MATCH 함수는 lookup_range에서 lookup_value 값이 처음으로 나온 위치를 반환해준다. 만약 lookup_range에 lookup_value가 안 나오면, MATCH 함수는 #N/A 에러를 발생한다. MATCH 함수가 제대로 작동하려면 함수의 가장 마지막 인자 0이 있어야 한다.

셀 E19의 식 =MATCH("예",G5:G15,0)는 손익분기가 처음으로 발생하는 년도(여기서는 5)를 반환한다. 셀 D22에서는 가변 차트 제목을 만들기 위해 여러 가지 함수를 사용했다. D22의 식은 다음과 같다.

=IFERROR(TEXT(E19,"0")&"년에 손익분기를 넘음","손익분기를 넘지 못함")

여기서 사용한 함수는 다음과 같다.

- IFERROR는 ,(콤마) 이전에 나오는 식을 평가한다. 만약 식이 에러를 발생하지 않으면 IFERROR는 식의 결과를 반환한다. 식이 에러를 발생하면 IFERROR는 ,(콤마) 이후의 식을 평가한다.
- &(연결 표시)는 & 앞의 문자열과 & 뒤의 문자열을 연결한다.
- TEXT 함수는 셀 안의 내용을 텍스트로 변환하며 원하는 형식으로 바꾼다. 가장 많이 사용하는 형식은 '0'인데, 이것은 정수 형식이다. 그리고 '0.0%' 형식을 사용하면 백분율 형식으로 바꿀 수 있다.

셀 E19의 MATCH 함수가 에러를 반환하지 않으면 셀 D22의 식은 해당 년도에 손익분기를 넘는다는 문자열을 반환하게 된다. 손익분기를 넘지 못하게 되면 해당 문자열은 "손익분기를 넘지 못함"이 된다. 그리고 이 문자열을 차트의 제목으로 삼았다. 또한 판매 데이터와 연간 성장률에 대한 제목도 필요하다. 범례에 대한 문자열은 셀 D23에 만들었고 식은 다음과 같다.

="판매 (판매 성장률="&TEXT(anngrowth,"0.0")&")"

> **Note**
> 성장률은 한 자릿수 성장률만을 가정했다.

이제 가변 레이블로 차트를 만들 준비가 다 되었다. 다음 과정을 따라가보자.

1. 원본 데이터(Dynamic Labels 워크시트에서 영역 E4:F15)를 선택하자.
2. '삽입' 탭 → '차트' 그룹 → '분산형(X, Y)' 차트에서 두 번째 '곡선 및 표식이 있는 분산형'을 선택하자.
3. '차트 도구' → '디자인' 탭 → '차트 요소 추가'를 선택하자. '차트 제목'을 선택하고 '가운데에 맞춰 표시'를 선택하자.
4. 커서를 함수바에 놓은 다음 (=) 기호를 입력하고 D22의 차트 제목을 클릭하고 엔터를 누르자. 이제 여러분은 판매 숫자 가정이 바뀜에 따라 자동으로 바뀌는 차트 제목을 볼 수 있다.
5. 범례를 만들기 위해 차트의 숫자 곡선에서 데이터를 클릭하고 '데이터 선택…'을 선택하자.
6. 여기서 편집을 선택한 다음 '계열 이름'을 선택하자.
7. (=) 기호를 입력한 다음 셀 D23을 클릭하고 엔터를 누르자. 이제 가변 범례 타이틀이 보인다. 그림 2-13을 보면 결과 차트를 볼 수 있다.

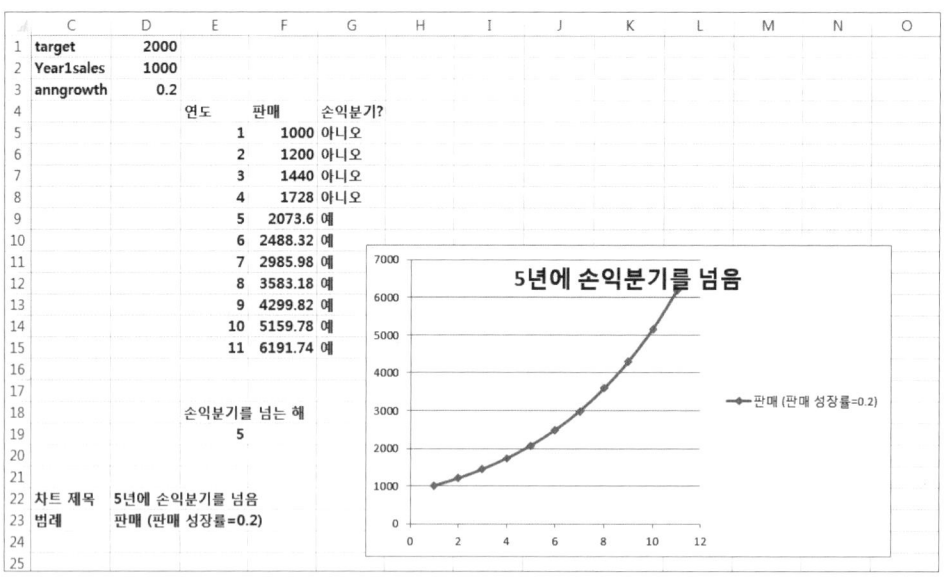

그림 2-13 : 가변 레이블이 있는 차트

Analysis 5 월간 영업인력 순위 보여주기

만약 여러분이 영업인력을 관리하고 있다면 영업인력의 성과가 증가하고 있는지 감소하고 있는지 알아야 한다. 커스터마이즈된 아이콘 세트를 만들어서 특정 영업인력의 성과를 시간에 따라 관리해보자.

Sales Tracker 워크시트의 데이터는 각 영업사원당 월간 판매기록이 있다(그림 2-14). 각 달의 추세에 대해서는 아이콘을 사용하여 현재 영업사원의 순위가 높아지는지, 낮아지는지, 그대로인지 기록하고 있다. 엑셀의 조건 형식(Conditional Formatting) 아이콘 세트(조건 형식 아이콘 세트에 대해서는 Wayne Winston의 "Microsoft Excel 2010 Data Analysis and Business Modeling (Business Skills)" [2] 책 24장을 참고하시오)를 사용할 수도 있는데 이때는 각각의 열에 대해서 별도의 아이콘 세트를 입력해야 한다. 좀 더 효과적인 방법은(별로 보기에 좋지는 않지만) Wingdings 3 폰트를 사용해서 아이콘을 직접 만드는 것이다. 여기서 상향 화살표는 'h', 하향 화살표는 'i' 그리고 옆으로 된 화살표에 대해서는 'g'를 사용한다(그림 2-15).

[2] http://www.amazon.com/dp/0735643369

	D	E	F	G	H	I	J	K	L	M	N	O	P	Q	R
1	p	h	상향												
2	q	i	하향												
3	u	g	동일												
4							순위	순위	순위	순위	순위	추세	추세	추세	추세
5		1월	2월	3월	4월	5월	1월	2월	3월	4월	5월	Feb	1월	4월	5월
6	Lebron	85	66	81	61	56	10	14	13	15	15	↓	↑	↓	→
7	Wade	82	63	74	78	75	12	15	15	12	14	↓	→	↑	↓
8	Dirk	45	100	115	127	150	15	4	3	2	1	↑	↑	↑	↑
9	Manning	75	88	89	76	83	13	10	11	13	12	↑	↓	↓	↑
10	Brady	96	90	98	76	93	9	9	9	13	10	→	→	↓	↑
11	Halliday	75	73	79	91	95	13	13	14	10	9	→	↑	↓	↑
12	Britney	98	91	109	99	84	8	8	4	8	11	→	↑	↓	↓
13	Lindsay	83	84	97	81	98	11	12	10	11	8	↓	↑	↓	↑
14	Paris	106	98	84	93	82	5	5	12	9	13	↓	↑	↓	↑
15	JLO	104	88	109	101	115	6	10	4	6	3	↓	↑	↓	↑
16	Emma	115	94	105	101	107	3	7	6	6	6	↓	↑	→	→
17	Melo	118	98	128	126	108	2	5	1	3	4	↑	↑	↑	↑
18	KD	100	114	104	116	131	7	2	7	5	2	↑	↓	↑	↑
19	Vick	112	122	102	124	107	4	1	8	4	6	↑	↓	↑	↓
20	Rodgers	127	114	116	139	108	1	2	2	1	4	↓	→	↑	↓

그림 2-14 : 월간 판매 데이터

J	K	L
문자	Wingdings 3	
a	⇨	
b	⇦	
c	⇨	
d	⇦	
e	⇨	
f	←	
g	→	
h	↑	
i	↓	
j	↖	
k	↗	
l	↙	
m	↘	
n	↔	
o	↕	
p	▲	
q	▼	
r	△	
s	▽	
t	◀	
u	▶	
v	◁	
w	▷	
x	◣	
y	◤	
z	◥	

그림 2-15 : Wingdings 3 폰트로 만든 아이콘 세트

각 영업사원의 월간 변화를 반영하는 화살표(위, 아래, 옆)를 만들기 위해 다음 과정을 수행해 보자.

1. 각 월에 대해 영업사원의 순위를 만들어 보자. 다음 식 =RANK(E6,E$6:E$20,0)을 J6에 입력한 다음 J6:N20에 복사해서 붙여 넣는다.

    RANK 함수의 마지막 인자 0은 E6:E20에서 가장 큰 숫자가 1이고, 두 번째로 큰 숫자는 2를 매긴다는 의미이다. 만약 RANK 함수의 마지막 인자가 1이면, 가장 작은 숫자가 1이 된다.

2. 다음 화살표에 해당하는 h, i, g를 입력하기 위해 식 =IF(K6<J6,"h",IF(K6>J6,"i", "g"))를 O6에 입력한 다음 O6:R20에 복사해서 붙여 넣는다.

3. 마지막으로 O6:R20의 폰트를 Wingdings3로 바꾼다.

이제 각 영업사원의 동료와 비교해서 추세를 파악할 수 있다. 예를 들어 Dirk 같은 경우는 매월마다 성장하고 있다.

Analysis 6 차트 내의 데이터를 제어하기 위해 확인란 사용하기

때때로 마케팅 분석을 하다 보면 여러 계열(여러 제품의 판매 상황 같은 경우)의 데이터에 대해 한 차트에서 점을 찍어야 할 때가 있다. 이런 경우 차트가 매우 복잡하게 보일 것이다. 이런 경우 확인란(check box)를 쓰면 차트에 어떤 데이터 계열을 보여 줘야 할 지 조절할 수 있다. Checkboxes 워크시트를 사용해보자. 이 워크시트의 데이터는 Quickie Mart라는 편의점에서 팔린 초콜릿, DVD, 잡지, 탄산음료 그리고 핫도그의 주간 판매 매출을 보여주고 있다. 이 데이터를 한 개의 차트에서 보여주면 선이 그림 2-16과 같이 다섯 개가 보일 것이다.

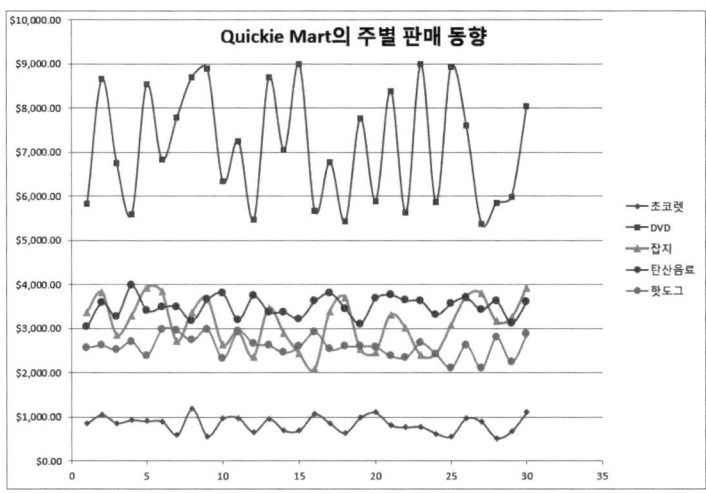

그림 2-16 : Quickie Mart의 판매 매출

우선 차트를 그려보는 것은 좋은 출발점이다. 하지만 여러분도 보면 알겠지만 한 개의 차트에 선이 이렇게 다섯 개 보이는 것은 매우 복잡해 보인다. 따라서 모든 제품의 판매 매출을 한꺼번에 보여주지 않는 것이 오히려 좋을 수도 있다. 확인란을 쓰면 차트상에서 어떤 데이터 계열을 보여줄 것인지 쉽게 조절할 수 있다. 다음 과정을 수행해서 확인란을 사용해보자.

1. 리본에서 '개발 도구' 탭이 있는지 확인하자. 만약 없으면 '파일' → '옵션' → '리본 사용자 지정'에서 '리본 메뉴 사용자 지정'의 '개발 도구'를 선택하자.
2. 워크시트 상에 체크 박스를 놓기 위해 '개발 도구' 탭 → '삽입'을 선택한다.
3. '양식 컨트롤'('ActiveX 컨트롤'을 선택하면 안된다)에서 '확인란'을 선택한다. '확인란'은 첫 번째 행, 왼쪽에서 세 번째에 위치한다.
4. 워크시트상에서 마우스 왼쪽 버튼을 눌러서 확인란을 하나 만들고 나면 리본상에 '그리기 도구'가 보인다. 확인란의 크기를 조절하려면 키보드에서 〈Ctrl〉 키를 누른 채 확인란을 클릭하면 된다.

   확인란은 이 확인란에 연결되어 있는 셀에 단순히 TRUE/FALSE만 나오게 한다. 확인란은 토글 버튼과 같이 작동하여 특정 엑셀의 기능(예를 들어 함수의 인자나 조건 형식 등)을 켜고 끌 수 있다.

5. 이제 확인란과 연결된 셀을 선택해보자. 컨트롤 주변에서 마우스를 움직이다 보면 마우스가 손모양으로 변할 때가 있을 것이다(손가락으로 가리키는 모양의 커서).

6. 이때 마우스 오른쪽 버튼을 클릭하면 메뉴가 보이고 여기에서 '컨트롤 서식...'을 선택한다. 다음 셀 F3을 마우스로 가리켜서 선택한 다음 '확인'을 누른다.

7. 이제 이 확인란을 선택하면 F3에 TRUE라는 문자열이 보인다. 확인란에서 선택을 해제하면 F3에 FALSE가 보인다. 이 확인란에 이것이 제어하는 계열의 이름으로 레이블의 이름을 바꾼다. 이 경우에는 '초코렛'으로 바꾼다.

비슷한 방법으로 확인란 4개를 더해서 G3, H3, I3, J3과 연결한다. 이 확인란은 각각 DVD, 잡지, 탄산음료, 핫도그 계열을 제어한다. 그림 2-17에서는 이러한 확인란을 보여준다.

이제 필요한 확인란을 모두 만들었으므로 원래의 데이터가 아닌 확인란으로 제어되는 데이터를 차트에 그리도록 하자. 핵심은 엑셀에서는 차트를 그릴 때 #N/A 에러 값이 들어가 있는 셀은 차트를 그리지 않는다는 점을 이용하고 있다.

우선 O6의 식 =IF(F$3,F6,NA())을 O6:S35에 복사해서 붙여 넣는다. 이렇게 하면 확인란을 체크했을 때만 데이터가 보인다. 예를 들어 초코렛 확인란을 체크해서 F3에 TRUE가 보이면 O6은 첫 번째 주 초코렛 판매액인 숫자를 그냥 가져온다. 만약 초코렛 확인란을 해제하면 F3은 FALSE이므로 O6은 #N/A를 반환하고 차트상에 아무것도 나타나지 않는다. 필요한 데이터만 가지고 차트를 그리려면, 영역 O5:S35의 수정된 데이터만 선택하여 '삽입' 탭 → '차트' 그룹 → '분산형(X, Y) 차트'를 선택해서 차트를 그리자. '초코렛'과 '잡지'만 선택하면 차트는 그림 2-18과 같이 보이고, 이 차트는 초코렛과 잡지의 매출 동향만을 보여준다.

02 엑셀 차트를 이용해 마케팅 데이터 요약하기

	A	B	C	D	E	F	G	H	I	J
1										
2										
3						TRUE	FALSE	TRUE	FALSE	FALSE
4						원래 데이터				
5					주	초코렛	DVD	잡지	탄산음료	핫도그
6					1	$857.00	$5,820.00	$3,374.00	$3,036.00	$2,564.00
7					2	$1,050.00	$8,656.00	$3,821.00	$3,589.00	$2,615.00
8		☑ 초코렛			3	$863.00	$6,749.00	$2,857.00	$3,279.00	$2,512.00
9					4	$933.00	$5,580.00	$3,284.00	$3,981.00	$2,705.00
10					5	$905.00	$8,534.00	$3,923.00	$3,411.00	$2,386.00
11		☐ DVD			6	$901.00	$6,837.00	$3,837.00	$3,484.00	$2,977.00
12					7	$597.00	$7,794.00	$2,713.00	$3,498.00	$2,946.00
13					8	$1,185.00	$8,708.00	$3,375.00	$3,169.00	$2,729.00
14					9	$565.00	$8,892.00	$3,674.00	$3,660.00	$2,977.00
15					10	$964.00	$6,338.00	$2,640.00	$3,797.00	$2,322.00
16		☑ 잡지			11	$982.00	$7,258.00	$2,926.00	$3,201.00	$2,939.00
17					12	$658.00	$5,468.00	$2,360.00	$3,738.00	$2,648.00
18					13	$961.00	$8,690.00	$3,466.00	$3,374.00	$2,619.00
19		☐ 탄산음료			14	$691.00	$7,054.00	$2,888.00	$3,371.00	$2,449.00
20					15	$695.00	$8,988.00	$2,433.00	$3,211.00	$2,589.00
21					16	$1,065.00	$5,658.00	$2,085.00	$3,622.00	$2,919.00
22					17	$851.00	$6,781.00	$3,392.00	$3,812.00	$2,533.00
23		☐ 핫도그			18	$636.00	$5,423.00	$3,714.00	$3,458.00	$2,590.00
24					19	$989.00	$7,763.00	$2,534.00	$3,101.00	$2,596.00

그림 2-17 : 차트상에 어떤 데이터를 보여줄 지 제어하는 확인란들

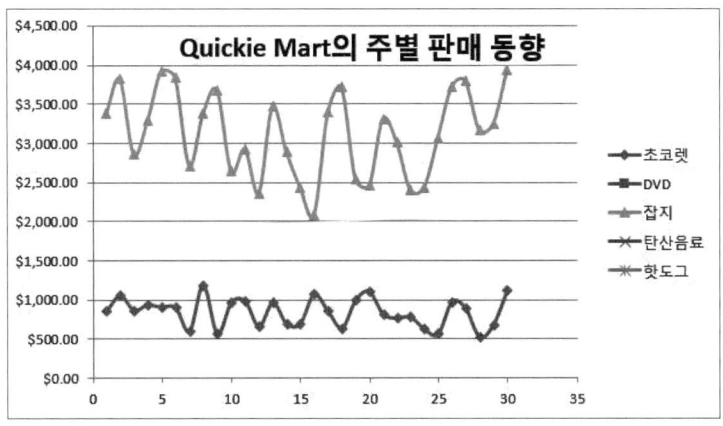

그림 2-18 : 선택한 데이터로만 차트 그리기

Analysis 7 스파크라인을 사용하여 여러 데이터 계열을 요약하여 보여주기

예를 들어 미국 맥도날드의 지점 12,000곳에서 매일 팔린 감자튀김의 판매량을 차트로 그린다고 가정해보자. 각 지점에서의 매출액을 한 개의 차트에 그린다는 것은 사실상 불가능할 뿐만 아니라 차트가 너무 복잡해서 알아볼 수도 없을 것이다. 하지만 각 지점의 매일 판매 추이를 한 개의 셀에 요약해서 볼 수 있는 방법이 있다면 어떨까? 다행히도 엑셀 2010과 그 이후 버전에서는 스파크라인을 사용할 수 있다. 스파크라인은 일종의 차트이며 한 개의 행이나 열에 걸쳐 있는 데이터를 한 개의 셀에 표현할 수 있다. 이 절에서는 엑셀 2010 이후 버전을 사용하여 스파크라인을 만들어보겠다.

Sparklines 워크시트는 스파크라인의 개념을 보여주는 데이터를 포함하고 있다. 이 데이터는 전국적인 보석 프랜차이즈에서 미국 각 도시의 지점에서 팔린 약혼반지의 개수를 보여주고 있다. 이 데이터는 한 주의 매 요일별로 팔린 숫자를 보여주고 있으며 그림 2-19와 같다.

	C	D	E	F	G	H	I	J	K
1									
2		각 스파크라인에 대해 서로 다른 척도 적용							
3		월요일	화요일	수요일	목요일	금요일	토요일	일요일	
4	시카고	2520	3680	3852	3816	4800	5668	3600	
5	뉴욕	6804	9630	8262	7290	10044	11700	9630	
6	로스앤젤리스	6489	8640	8910	8181	11340	12753	8550	
7	샌프란시스코	2184	3000	2673	2646	3528	4134	2970	
8	달라스	3325	4650	4050	4050	6540	6630	5200	
9	휴스턴	4494	6120	5724	5778	6840	8580	5700	
10	아틀란타	3052	4240	3384	3924	4512	4680	4400	
11	시애틀	1890	3300	2700	2619	3960	3939	3030	
12	마이애미	1316	1820	1800	1728	2328	2678	2120	
13	보스톤	3948	6180	5562	5670	7056	7488	5940	
14	내슈빌	1498	2020	1818	1962	2352	2600	1880	
15									
16		각 스파크라인에 대해 동일한 척도 적용							
17		월요일	화요일	수요일	목요일	금요일	토요일	일요일	
18	시카고	2520	3680	3852	3816	4800	5668	3600	
19	뉴욕	6804	9630	8262	7290	10044	11700	9630	
20	로스앤젤리스	6489	8640	8910	8181	11340	12753	8550	
21	샌프란시스코	2184	3000	2673	2646	3528	4134	2970	
22	달라스	3325	4650	4050	4050	6540	6630	5200	
23	휴스턴	4494	6120	5724	5778	6840	8580	5700	
24	아틀란타	3052	4240	3384	3924	4512	4680	4400	
25	시애틀	1890	3300	2700	2619	3960	3939	3030	
26	마이애미	1316	1820	1800	1728	2328	2678	2120	
27	보스톤	3948	6180	5562	5670	7056	7488	5940	
28	내슈빌	1498	2020	1818	1962	2352	2600	1880	

그림 2-19 : 스파크라인 예

매일매일의 매출을 파악하기 위해서는 각 도시마다 한 개의 셀로 표현되는 일일 개수 그래프를 보면 된다. 다음 과정을 따라가보자.

1. 우선 어디에 스파크라인을 둘 것인지 선택하자(Sparklines 워크시트에서는 K4:K14를 사용했다. 여러분이 시험 삼아 만들어보려면 L4:L14를 사용하도록 하자). 그리고 나서 '삽입' 탭 → '스파크라인' 그룹 → '꺾은선형'을 선택하자.
2. 그림 2-20과 같은 대화상자가 보일 것이다. 스파크라인이 필요한 데이터(D4:J14)에 맞추어 대화상자 내용을 채우자.

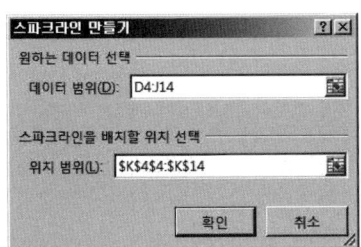

그림 2-20 : 스파크라인 대화상자

이제 선으로 된 그래프가 보이며(그림 2-19를 참고) 이 그래프는 각각의 도시에서 매일매일의 판매 결과를 요약해서 보여준다. 스파크라인에서 보면 한 주에서 토요일이 가장 바쁜 날인 것을 알 수 있다. 스파크라인을 포함하고 있는 셀 아무 곳이나 클릭하면 '스파크라인 도구'의 '디자인' 탭이 보인다. 여기서 '디자인' 탭을 클릭하면 스파크라인에 여러 가지 변화를 줄 수 있다. 예를 들어 그림 2-21에서는 '높은 점'이나 '낮은 점'을 표시할 것인지 보여주고, 그림 2-22에서는 결과로 나온 스파크라인을 보여준다.

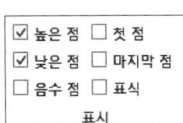

그림 2-21 : '높은 점'과 '낮은 점' 선택하기

	N	O	P	Q	R	S	T	U	V
1									
2		각 스파크라인에 대해 서로 다른 척도 적용							
3		월요일	화요일	수요일	목요일	금요일	토요일	일요일	
4	시카고	2520	3680	3852	3816	4800	5668	3600	
5	뉴욕	6804	9630	8262	7290	10044	11700	9630	
6	로스앤젤러	6489	8640	8910	8181	11340	12753	8550	
7	샌프란시스	2184	3000	2673	2646	3528	4134	2970	
8	달라스	3325	4650	4050	4050	6540	6630	5200	
9	휴스턴	4494	6120	5724	5778	6840	8580	5700	
10	아틀란타	3052	4240	3384	3924	4512	4680	4400	
11	시애틀	1890	3300	2700	2619	3960	3939	3030	
12	마이애미	1316	1820	1800	1728	2328	2678	2120	
13	보스톤	3948	6180	5562	5670	7056	7488	5940	
14	내슈빌	1498	2020	1818	1962	2352	2600	1880	

그림 2-22 : 높은 점과 낮은 점을 표시한 스파크라인

이 스파크라인을 보면 각 지점 모두 토요일이 가장 바쁜 날이고, 월요일이 가장 한가하다. 디자인 탭을 써서 스파크라인에 여러 가지 변화를 줄 수 있다.

- 스파크라인의 종류를 바꿀 수 있다(선, 열, 승패). 열과 승패 스파크라인은 이 장 나중에서 다루겠다.
- '데이터 편집' 기능을 사용해서 스파크라인에 사용한 데이터를 바꿀 수 있다. 뿐만 아니라 디폴트 설정을 바꿔서 숨겨진 셀의 데이터가 스파크라인에 포함되도록 할 수 있다.
- 높은 점, 낮은 점, 음수 점, 시작 점, 마지막 점 등을 표시할 수 있다.
- 스파크라인과 표시점의 스타일이나 색깔을 바꿀 수 있다.
- '축' 메뉴를 사용하면 각 스파크라인의 축 설정을 바꿀 수 있다. 예를 들어 각 스파크라인의 X축과 Y축의 스케일을 동일하게 만들 수 있다. 영역 K18:K28에서는 동일한 스케일을 사용하여 스파크라인을 그렸다. 이렇게 하면 내슈빌 같은 경우는 다른 도시에 비해 팔리는 반지의 개수가 매우 적다는 사실을 알 수 있다. 스파크라인을 그릴 때 디폴트는 각각의 스파크라인은 데이터에 따라 각자의 스케일을 가지도록 되어 있다. 그림 2-22에서는 K4:K14 스파크라인 스케일링이 디폴트 설정으로 되어 있었다. '사용자 지정 값'으로 각각의 축에서 경계의 최솟값, 최댓값을 직접 설정할 수 있다.
- 데이터가 매일매일 발생하는 것이 아니라 불규칙적으로 발생할 때는 '축' 메뉴에서 빠진 날짜만큼 비워진 채로 보이도록 할 수 있다.

스파크라인 아무 곳이나 클릭하고 '디자인' 탭에서 '열'을 선택하면 열 스파크라인으로 쉽게 바꿀 수 있다.

엑셀로 또 승패 스파크라인을 만들 수 있다. 승패 스파크라인은 모든 양수를 상향 블록으로, 모든 음수를 하향 블록으로 다룬다. 0은 그래프에서 그냥 빈 공간이 된다. 승패 스파크라인으로 판매 목표대비 성과를 한눈에 요약해서 볼 수 있다. 영역 D32:J42는 각 도시의 영업 목표액이다. 식 = `IF(D18>D32,1,-1)`를 D45에 입력한 다음 D45:J55에 복사해서 붙여 넣자. 목표액을 달성했으면 1이 보이고 달성하지 못했으면 −1이 보인다. 승패 스파크라인을 만들려면 스파크라인이 위치할 영역을 선택한 다음(영역 K45:K55) '삽입' 메뉴에서 '승패 스파크라인'을 선택한다. 다음 데이터 영역을 D45:J55으로 지정한다. 그림 2-23에 보면 승패 스파크라인을 볼 수 있다.

	C	D	E	F	G	H	I	J	K
30		목표							
31		월요일	화요일	수요일	목요일	금요일	토요일	일요일	
32	시카고	3193	3592	3592	3991	3991	5188	3991	
33	뉴욕	7241	8146	8146	9051	9051	11767	9051	
34	로스앤젤리스	7413	8340	8340	9266	9266	12046	9266	
35	샌프란시스코	2415	2717	2717	3019	3019	3925	3019	
36	달라스	3937	4429	4429	4921	4921	6397	4921	
37	휴스턴	4941	5559	5559	6177	6177	8030	6177	
38	아틀란타	3222	3625	3625	4027	4027	5236	4027	
39	시애틀	2450	2756	2756	3063	3063	3981	3063	
40	마이애미	1576	1773	1773	1970	1970	2561	1970	
41	보스톤	4782	5380	5380	5978	5978	7771	5978	
42	내슈빌	1615	1817	1817	2019	2019	2624	2019	
43		월요일	화요일	수요일	목요일	금요일	토요일	일요일	
44		목표를 달성했는지?							
45	시카고	-1	1	1	-1	1	1	-1	
46	뉴욕	-1	1	1	-1	1	-1	1	
47	로스앤젤리스	-1	1	1	-1	1	1	-1	
48	샌프란시스코	-1	1	-1	-1	1	1	-1	
49	달라스	-1	1	-1	-1	1	1	1	
50	휴스턴	-1	1	1	-1	1	1	1	
51	아틀란타	-1	1	-1	-1	1	1	-1	
52	시애틀	-1	1	-1	-1	1	1	-1	
53	마이애미	-1	1	1	-1	1	1	1	
54	보스톤	-1	1	1	-1	1	1	-1	
55	내슈빌	-1	1	1	-1	1	-1	-1	

그림 2-23 : 승패 스파크라인

새 데이터를 추가할 때마다 새 데이터도 스파크라인에 포함되게 하려면, 데이터를 테이블로 만들면 된다.

Analysis 8 GETPIVOTDATA를 사용하여 주말 판매 보고서 만들기

대다수의 마케팅 분석가들은 매주의 판매 데이터를 다운로드 받으면 그것을 바로 반영해서 차트 한 개에서 보기를 원한다. 엑셀 테이블 기능과 GETPIVOTDATA 함수를 쓰면 쉽게 이 과정을 자동화할 수 있다. 우선 간단히 요약해보면 End of Month dashboard 워크시트의 D열과 G열에 걸쳐 다운로드 받은 원본 데이터를 놓는다. 그림 2-24의 각 행은 각각 주, 판매 상품, 어떤 가게에서 팔렸는지 그리고 매출액이다. 여기서는 각 제품을 선택했을 때 가게별로 판매 상황을 보여주는 꺾은선 그래프를 그리고자 하는데 이 파트는 새로 데이터를 추가하면 자동으로 갱신이 된다. 다음 과정을 따라가보자.

주	상품	가게	매출
3	연마제	Loews	2043
12	안전장비	Menards	2343
3	테이프	Home Depo	1414
12	벽걸이	Target	1820
9	테이프	Home Depo	943
7	테이프	Target	1219
7	벽걸이	Menards	1156
11	연마제	Loews	2127
12	안전장비	Menards	1315
3	테이프	Target	1580
10	연마제	Home Depo	1598
4	벽걸이	Loews	1000
7	테이프	Menards	1087
7	연마제	Menards	1728
1	연마제	Target	1911
7	연마제	Menards	1563
2	테이프	Target	2482
7	안전장비	Loews	1534
12	안전장비	Menards	1471
2	연마제	Loews	990
11	테이프	Loews	1580
1	안전장비	Target	2389

그림 2-24 : 주간 판매 데이터

1. 원본 데이터를 테이블로 만든다. 이 예에서는 영역 D4:G243를 선택한 다음 '삽입' 탭 → '표'를 선택하면 된다.

2. 원본 데이터에 대해 피벗 테이블을 만들어보자. '주'를 '행' 영역으로, '상품'과 '가게'를 '열' 영역으로 그리고 '매출'을 값 영역으로 끌어다 놓자. 결과로 나온 피벗 테이블은 각 가게와 상품에 대해 매주 판매액을 요약해서 보여준다. 그림 2-25에는 피벗 테이블의 일부분이 나와있다.

	J	K	L	M	N	O	P	Q	R	S	T	U
11	열 레이블											
12	⊟ Loews				Loews 요약	⊟ Menards				Menards 요약	⊟ Home Depot	
13	연마제	안전장비	테이프	벽걸이		연마제	안전장비	테이프	벽걸이		연마제	안전장비
14		1065		1247	2312	3772	526	3466		7764	3272	1984
15	2349	4510			6859	6220	3296	2159		11675	1921	2167
16	2797	1233	2046	6335	12411	3472		959	2369	6800		3352
17	1501	3822	1180	1000	7503	6018	2212			8230		
18	1940		833	2945	5718	708		501	597	1806	1758	3755
19			1918	6494	8412	4145	6205	4653		15003		2253
20	3049	3228			6277	3291	2303	6472	1156	13222	3580	4218
21	4208	2890	1873		8971	910		1494	3776	6180	2445	5496
22			2052	2825	4877	6265		1888		8153		
23	6117		1875		7992			2138		2138	4807	2325
24	2127	1971	4461	2394	10953	3596	1169			4765		810
25		1542	4786	850	7178	1124	7565	7264	2431	18384	2471	
26				1196	1196				3400	3400		
27	1455				1455							
28	25543	20261	21024	25286	92114	39521	23276	30994	13729	107520	20254	26360

그림 2-25 : 주간 판매 보고서를 위한 피벗 테이블

3. 셀 AG8에 가게를 선택할 수 있는 드롭다운 박스를 하나 만들어보자. '데이터' 탭 → '데이터 도구' 그룹 → '데이터 유효성 검사'를 선택하자.

4. '데이터 유효성 검사' 대화 상자에서 그림 2-26처럼 설정을 바꾸자. 여러분이 커서를 셀 AG8에 놓으면 드롭다운 상자가 하나 보이면서 가게 이름을 보여주는 목록이 나온다(이 목록은 영역 F5:F8에서 가져왔다).

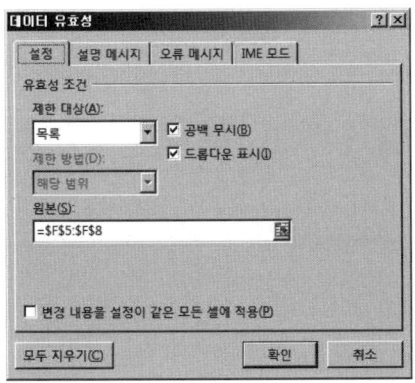

그림 2-26 : 데이터 유효성 드롭다운 박스 만들기

5. 다음 보여주고자 하는 주를 영역 AG11:AG24에 숫자로 입력하고, 영역 AG10:AK10에는 상품의 이름을 입력한다. 다음 GETPIVOTDATA 함수를 써서 피벗 테이블에서 필요한 데이터를 가져와보자. 식을 입력하기 전, 우선 GETPIVOTDATA 함수를 얻기 위해 피

벗 테이블 아무 곳이나 클릭해보자. 그리고 함수를 복사해서 다음 식 안에 붙여넣기한 후에 '주', '상품', '가게' 등에 대한 인자를 아래와 같이 수정하자. 다음 이 식을 셀 AH11에 입력한다.

=IF(AH$9=FALSE,NA(),IFERROR(GETPIVOTDATA("매출",$I$11,"주",$AG11, "상품",AH$10,"가게",$AG$8)," "))

6. 이 식을 영역 AH11:AK24에 복사하자. 이 식은 AG8에 표시한 가게에 대해서 9행의 값이 TRUE이면 10행의 해당 상품에 대해 GETPIVOTDATA를 써서 매출을 가져온다. 만약 해당 주에 대해 선택한 가게에서 해당 상품의 매출이 없으면 IFERROR를 써서 빈칸을 입력한다.

7. 원본 데이터를 AG10:AK24 표로 하면 새 데이터를 추가했을 때 자동으로 차트에 들어간다. 표(테이블)를 사용하면 새로운 한 주에 대한 판매 데이터를 입력했을 때 GETPIVOTDATA식이 자동으로 데이터에서 필요한 정보를 갱신된 피벗 테이블에서 가져온다.

8. 확인란을 사용해서 AH9:AK9에 TRUE/FALSE가 보이도록 하자. AG10:AK24 영역을 표로 만든 다음 원본 데이터를 AG10:AK24로 해서 분산형(X, Y) 차트를 만들자. 결과는 그림 2–27과 같다.

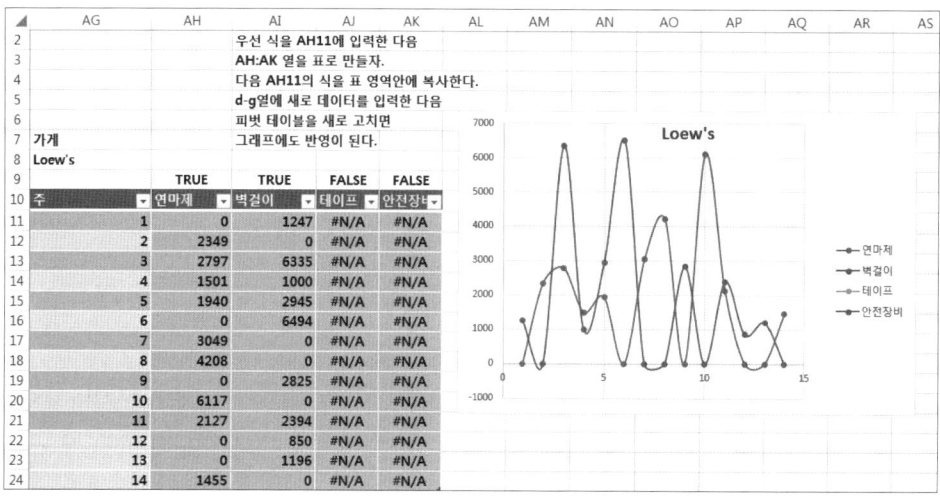

그림 2-27 : 판매 요약 보고서

9. 이제 데이터에 15주 데이터를 입력한 다음 피벗테이블을 새로 고쳐보자. 셀 AG25에 15주의 데이터를 추가하면 그래프는 자동으로 알아서 갱신이 된다. 차트에 대한 원본 데이터를 표로 만들었으므로 엔터를 입력하면 엑셀이 알아서 자동으로 식을 복사해서 넣는다.

Summary

이 장에서는 다음과 같은 사항을 알아보았다.

- 차트의 계열을 선택하여 마우스 오른쪽 버튼을 클릭하면 계열의 차트 종류를 바꿀 수 있고, 콤보 차트를 만들 수 있다.
- 차트의 계열을 마우스 오른쪽 버튼으로 클릭한 다음, '데이터 계열 서식'을 선택하면 차트에 보조선을 추가할 수 있다.
- 세로 막대형 그래프에서 마우스 오른쪽 버튼을 클릭한 다음, '채우기'에서 '그림 또는 질감 채우기'를 선택하면 평범한 모양의 열을 파일이나 클립아트에서 가져온 그림으로 채울 수 있다.
- '디자인'의 '차트 요소 추가'에서 데이터 레이블이나 데이터 표를 차트에 쉽게 추가할 수 있다.
- 차트를 만들기 전에 미리 차트에 대한 원본 데이터를 표로 만들면('삽입'에서 '표'를 선택) 새 데이터를 추가했을 때 차트를 자동으로 갱신되게 할 수 있다.
- 피벗 차트를 이용하면 길다란 분량의 시장 조사 결과를 쉽게 요약할 수 있다. 질문을 필터링해서 여러분이 원하는 결과만을 차트에 보여줄 수 있다.
- 차트의 제목과 범례를 셀의 식으로 입력하면 시트상에서 입력이나 가정이 바뀌면서 제목과 범례도 자동으로 바뀌도록 할 수 있다.
- IF식과 Wingdings 3 폰트를 이용해서 판매 데이터에서 추세를 시각적으로 정리해서 보여줄 수 있다.
- 확인란을 사용해서 차트상에 어떤 계열을 보여줄 것인지 조절할 수 있다.
- 표, 피벗 테이블, GETPIVOTDATA, 확인란 그리고 데이터 유효성 검사 드롭박스를 가지고, 새 데이터가 추가되었을 때 동적으로 바뀌는 여러분만의 차트를 만들 수 있다.

Exercises

다음에 나오는 1~6까지 연습문제는 Chapter2exercisesdata.xlsx 파일의 데이터를 사용한다.

1. Weather 워크시트는 Indiana 주, Bloomington의 월 평균 기온과 강수량 정보를 가지고 있다. 꺾은선과 세로 막대선을 사용한 콤보 차트를 만들고 보조축을 추가해서 기온과 강수량에 대해 차트를 그려보자.

2. Weather 워크시트는 Indiana 주, Bloomington의 월 평균 기온과 강수량 정보를 포함하고 있다. 꺾은선과 영역형 차트를 사용한 콤보 차트를 만들고, 보조축을 추가해서 기온과 강수량에 대해 차트를 그려보자.

3. Pictures and Labels 워크시트에는 Farmer Smith 농장의 월간 토마토 판매량 정보가 있다. 이 데이터를 토마토 이미지, 데이터 레이블, 데이터 표를 이용하여 차트를 만들어 정리해보자.

4. Survey 워크시트에는 영업사원 교육 세미나 평가 결과가 있다. 피벗 차트를 사용하여 각 평가 결과를 요약해보자.

5. checkboxes 워크시트의 데이터는 2010년부터 2011년도까지의 월간 판매 정보이다. 확인란을 사용하여 차트를 만들고 사용자가 차트에서 어떤 데이터 계열을 볼지 결정할 수 있도록 하자.

6. Income 워크시트는 1984년부터 2010년까지 각 주의 년간 수입 중간값 데이터를 가지고 있다. 스파크라인을 사용하여 이 정보를 요약해보자.

7. 잭 웰치(Jack Welch)[3]의 GE 성과 평가 시스템에 따르면, 관리자는 직원의 상위 20%, 중간 70%, 하위 10%를 구분해야 한다. Chapter2data.xlsx 파일의 Sales Tracker 워크시트의 데이터를 이용하여 아이콘 집합을 가지고 20-70-10 규칙에 따라 직원을 분류해보자.

> **Note**
> 여기서 PERCENTILE 함수가 필요하다. 예를 들어 PERCENTILE(A1:A50,.9) 함수는 영역 A1:A50에 있는 데이터 중 90번째 백분위수에 있는 데이터를 반환한다.

다음의 8번과 9번은 1장에서 다룬 LaPetitbakery.xlsx 파일을 사용한다.

---

[3] 제너럴일렉트릭(GE)의 최고경영자. 퇴임까지 '경영의 달인', '세기의 경영인' 등 많은 별칭으로 불리며 1,700여건의 기업 인수 합병을 성사시킨 미국의 기업인.

8. 엑셀 표 기능을 이용해서, 새 데이터가 추가되었을 때 매일매일의 케이크 판매 현황을 반영하도록 차트를 만들어보자.

9. 라 쁘티 베이커리의 어떤 제품에 대해서도 총 월 합계를 쉽게 볼 수 있도록 차트를 만들어보자. 물론 새 데이터가 추가되었을 때의 상황도 반영이 되어야 한다.

10. 마케팅 제품 라이프 사이클에서 신제품은 한동안 판매가 증가한 다음, 다시 판매가 감소한다고 한다. 다음 5가지 입력을 지정해보자.

- 1년간의 판매액
- 판매 증가 년도
- 판매 감소 년도
- 판매 증가 년도 동안의 연간 평균 성장률
- 판매 감소 년도 동안의 연간 평균 감소율

'데이터 유효성 검사' 상자를 만들고 판매 증가 년도와 판매 감소 년도를 3에서 10이 되도록 하자. 다음 1년에서 20년까지의 판매를 결정하자. 예를 들어 1년에 10,000개가 팔려야 손익분기를 넘는다고 가정해보자. 연간 판매량에 대한 그래프를 그린 다음 차트 제목을 자동으로 바뀌도록 만들어서 어느 해에 손익분기를 넘을 것인지 보여주도록 하자. 다음 범례는 다섯개의 입력 파라미터를 포함시켜야 한다.

Using Excel Functions to Summarize Marketing Data

Chapter 03

엑셀 함수를 이용해 마케팅 데이터 요약하기

1장 "피벗 테이블로 마케팅 데이터를 자르고 다지기"와 2장 "엑셀 차트를 이용해 마케팅 데이터 요약하기"에서는 피벗 테이블과 차트로 마케팅 데이터를 요약 정리하는 법에 대해 알아보았다. 엑셀은 또한 마케팅 데이터를 요약하는데 필요한 매우 강력한 함수들을 제공한다. 이 장에서는 이러한 엑셀 함수를 이용하여 마케터들이 어떻게 데이터에서 통찰력을 이끌어내며, 이러한 함수들을 이용하여 어떻게 하면 더 좋은 정보를 이용할 수 있는지 알아보겠다.

이 장에서는 다음과 같은 사항을 알아보겠다.

- 엑셀 표 기능을 사용하여 새로운 마케팅 데이터를 추가했을 때 자동으로 이를 반영하는 히스토그램을 만들 수 있다.
- 엑셀의 AVERAGE, STDEV, RANK, PERCENTILE, PERCENTRANK와 같은 통계 함수를 이용하여 마케팅 데이터를 요약 정리해보자.
- 개수를 세고 합산하는 강력한 함수(COUNTIF, COUNTIFS, SUMIF, SUMIFS, AVERAGEIF, AVERAGEIFS)를 이용하여 마케팅 데이터를 요약 정리해보자.
- 배열 수식을 사용하여 어떤 데이터 부분에서도 복잡한 통계 계산을 수행해보자.

Analysis 1 히스토그램으로 데이터 정리

히스토그램(histogram)은 데이터를 요약 정리하는데 많이 사용하는 도구이다. 히스토그램을 보면 얼마나 많은 데이터가 특정 값 구간 안에 들어오는지 한눈에 알 수 있다. TRANSPOSE나 FREQUENCY 같은 배열 수식을 포함하여 여러 함수를 이용해서 스프레드시트에 새 데이터를 추가했을 때 히스토그램을 바로 바로 바뀌도록 할 수 있다.

배열 함수를 사용할 때는 다음과 같은 규칙을 따라야 한다.

1. 배열 함수에서 결과를 보여줄 영역을 선택해야 한다. 때로 배열 함수의 결과는 셀 한 개 이상이 될 수 있으므로 결과 영역을 선택하는 과정은 매우 중요하다.
2. 다른 수식을 입력하는 방법과 동일하게 함수를 사용하자.
3. 식을 입력한 다음 그냥 엔터를 누르면 안된다. 대신 ⟨Ctrl⟩+⟨Shift⟩+⟨Enter⟩를 사용해야 한다. 이것은 식을 배열로 입력하도록 하는 방법이다.

FREQUENCY 함수는 좀 복잡한 배열 함수이므로 좀 더 간단한 배열 함수인 TRANSPOSE 함수부터 시작해보자.

TRANSPOSE 함수 사용하기

배열 수식을 설명할 때 TRANSPOSE부터 이해하면 훨씬 더 쉽다. 우선 Chapter3bakery.xlsx 파일의 Histogram 워크시트를 보자. 그림 3-1에서 셀 N27:Q27은 우수 학생의 명단이다. 하지만 이름을 행으로 나열해서 한눈에 들어오지 않는다. 열로 나열되어 있으면 훨씬 더 쉬울 것이다. 우선 N27:Q27을 복사한 다음 커서를 R28에 놓자. 그리고 마우스 오른쪽 버튼을 클릭한 다음 '붙여넣기 옵션:'에서 '바꾸기'를 선택하거나 '선택하여 붙여넣기'에서 '바꾸기'를 선택하자.

	N	O	P	Q	R	S
27	Scarlett	Lindsay	Britney	Paris	선택하여 붙여넣기	TRANSPOSE 함수
28					Scarlett	Scarlett
29					Lindsay	Lindsay
30					Britney	Britney
31					Paris	Paris

그림 3-1 : Transpose 함수

하지만 여러분이 원본 데이터를 바꾼다면(예를 들어 Scarlett을 Blake로 바꾸면) 행에서 열로 변환된 R열의 데이터는 이 바뀐 상황을 반영하지 못한다. 만약 이렇게 변환된 데이터가 원본 데이터가 바뀌는 상황도 반영하도록 하게 하려면 TRANSPOSE 함수를 사용해야 한다. 다음 과정을 따라가보자.

1. S28:S31 영역을 선택한다.
2. 셀 S28에 식 =TRANSPOSE(N27:Q27)를 입력한 다음 〈Ctrl〉+〈Shift〉+〈Enter〉를 입력한다. 이제 함수바에 보면 이 식은 배열 수식으로 입력되었으므로 수식 앞뒤로 {} 기호를 볼 수 있다.
3. N27의 Scarlett을 Blake로 바꿔보자. 그러면 S28의 Scarlett이 Blake로 바뀌는 것을 볼 수 있다. 하지만 R28에서는 바뀌지 않는다.

FREQUENCY 함수 사용하기

FREQUENCY 함수를 사용하여 특정 범위 안에 들어가는 데이터가 얼마나 있는지 셀 수 있다. 예를 들어 NBA 농구선수들의 키 목록이 있다고 하자. FREQUENCY 함수를 사용하여 7피트가 넘는 선수가 몇 명인지, 6피트 10인치와 7피트 사이의 선수는 몇 명 인지 등을 셀 수 있다. FREQUENCY 함수의 문법은 FREQUENCY(array,bin range)와 같다. 이 절에서는 FREQUENCY 함수를 이용하여 히스토그램을 만들어보겠다. 이 히스토그램에서는 케이크가 팔리는 날이 어떤 범위에 들어오는지 세어 보겠다. 그리고 새 데이터가 추가되면 자동으로 히스토그램이 갱신되도록 하겠다.

Histogram 워크시트에는 라 쁘티 베이커리의 케이크 판매량이 나와 있다. 이 데이터를 히스토그램으로 요약해보자. 이미 워크시트상에 히스토그램을 만들어 놓았지만, 만약 여러분이 직접 처음부터 만들어보려면 D7:E1102의 데이터를 빈 워크시트에 복사한 다음 해야 한다. 우선 이 영역의 데이터를 5~15개의 동일한 크기의 영역으로 나누어보자. 이것을 FREQUENCY 함수의 인자에서 bin 영역(bin range)이라고 하며 기준을 나누는 영역이다. 다음 과정을 따라가보자.

1. 원본 데이터(영역 D7:E1102)를 선택한 다음, '삽입' 탭 → '표' 그룹 → '표'를 선택해서 이 영역을 표로 만들자. 이 영역이 이미 표로 되어 있었으면 '삽입' 탭 안의 '표'가 선택할 수 없도록 비활성화되어 있다.
2. 셀 E5를 선택한 다음, 케이크가 가장 적게 팔렸을 때의 실적을 알기 위해 =MIN(Table1[케이크])라고 식을 입력하자.
3. 비슷한 방법으로 셀 E6을 선택한 다음 케이크가 가장 많이 팔렸을 때의 실적을 알아보자. 히스토그램을 만들 bin 영역은 32와 165사이가 된다. bin 영역은 <= 30, 31-50, 51-70, …, 151-170…, > 170 으로 한다.
4. 영역 I9:I17에 이 bin 영역의 경계값을 입력한다. 그림 3-2에서 이 과정을 보여주고 있다.

이제 FREQUENCY 함수를 써서 케이크가 팔린 개수에 따라 해당 날들을 각각의 bin 영역에 할당해보자. FREQUENCY 함수의 문법은 FREQUENCY(array, bin range)이다. 배열을 입력하면 이 함수는 array 영역 안의 얼마나 많은 값이 bin range로 정의된 영역에 해당되는지 개수를 센다. 이 예에서 이 함수는 날짜의 개수를 센다. 기준은 bin 영역에 따르며 케이크가 얼마나 팔렸는지에 따라 결정된다. 그림 3-2를 보자. FREQUENCY 함수를 사용하기 위해 다음 과정을 따라가보자.

1. Histogram 워크시트의 영역 J9:J17을 선택한 다음 식 =FREQUENCY(E8:E1102, I9:I17)을 입력한다.
2. 엔터 대신 ⟨Ctrl⟩+⟨Shift⟩+⟨Enter⟩로 입력하여 배열 수식으로 입력한다. 이 식은 표의

얼마나 많은 숫자가 ≤30에 해당하는지, 31과 50 사이에 있는지, 151과 170 사이에 있는지 그리고 170보다 큰지 센다.

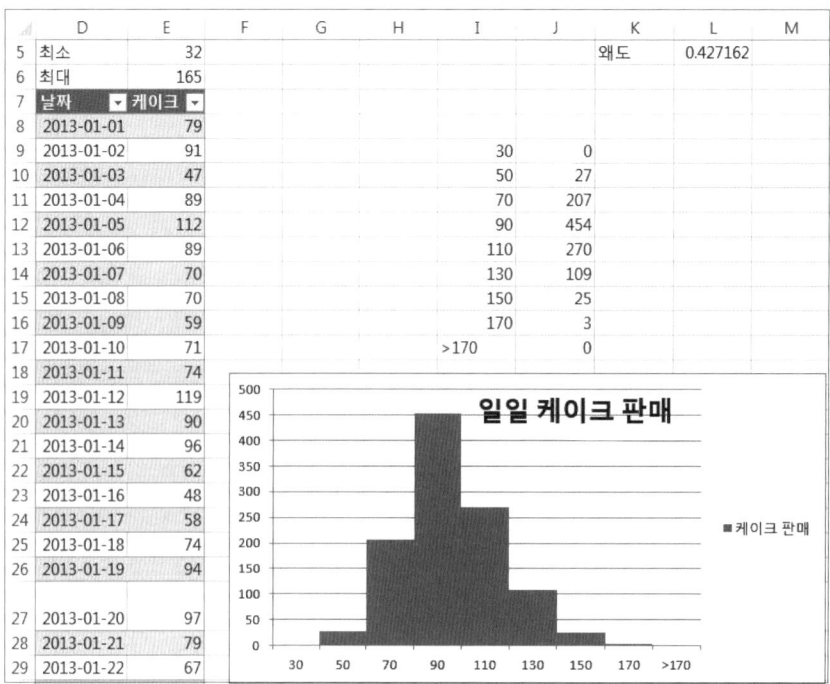

그림 3-2 : 케이크 판매를 자동으로 반영하는 히스토그램

예를 들어 결과에서 보면 케이크가 151개에서 170개 사이에 팔린 날은 총 3일밖에 없다. 만약 새로 데이터가 추가되면 이 개수는 자동으로 갱신된다.

3. 영역 I9:J17을 선택한 다음 '삽입' 탭에서 '묶은 세로 막대형' 차트를 선택한다.
4. 아무 열에서나 마우스 오른쪽 버튼을 클릭한 다음 '데이터 계열 서식…'을 선택하고 '간격 너비'를 0%로 한다. 이렇게 하면 그림 3-2와 같은 모양의 히스토그램을 그릴 수 있다.
5. E열에 더 많은 데이터를 추가하면(예를 들어 170에 10을 입력한다던가) 히스토그램은 새로 입력한 데이터를 반영해서 자동으로 바뀐다. 이렇게 하기 위해서는 원본 데이터를 반드시 표로 만들어야 한다.

왜도와 히스토그램 형태

마케팅 데이터를 보다 보면 여러 가지 모양의 히스토그램을 볼 수 있다. 하지만 대부분의 형태는 다음 세 가지 종류 중 하나로 정리된다(Skewexamples.xlsx 파일과 그림 3-3을 참고).

- **대칭 히스토그램**: 히스토그램의 모양이 대칭이며 가장 높은 꼭대기를 기준으로 왼쪽과 오른쪽의 모양이 거의 비슷하다. 그림 3-3의 IQ가 대칭 히스토그램의 예이다.
- **양의 방향으로 치우침(오른쪽으로 치우침)**: 양의 방향으로 치우친(오른쪽으로 치우친) 히스토그램은 한 개의 가장 높은 꼭대기가 있을 때 이 오른쪽으로 값들이 더 많이 위치하는 경우이다. 그림 3-3에서 가계 수입이 양으로 치우친 히스토그램의 예이다.
- **음의 방향으로 치우침(왼쪽으로 치우침)**: 음의 방향으로 치우친(왼쪽으로 치우친) 히스토그램은 한 개의 가장 높은 꼭대기가 있을 때 이 왼쪽으로 값들이 더 많이 위치하는 경우이다. 그림 3-3에서 '임신에서 출산까지 소요 날짜'가 음으로 치우친 히스토그램의 예이다.

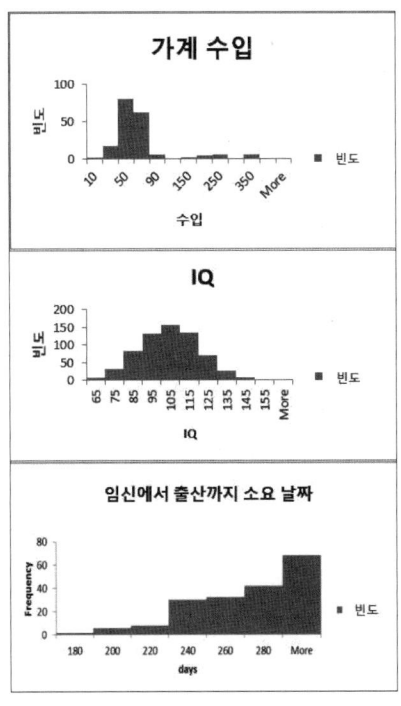

그림 3-3 : 대칭, 양의 방향으로 치우침, 음의 방향으로 치우친 히스토그램

엑셀의 SKEW 함수로 데이터 집합의 왜도를 측정할 수 있다. 왜도값이 +1보다 크면 양의 방향으로 치우쳤고, -1보다 작으면 음의 방향으로 치우친 것이다. 그리고 왜도값이 -1과 +1 사이에 있으면 비교적 대칭임을 나타낸다.

이 함수값을 보고 히스토그램이 대칭인지, 양이나 음의 방향으로 치우쳤는지 빨리 알아낼 수 있다. 식을 사용하려면 Histogram 워크시트의 셀 L5에 =SKEW(Table1[케이크])이라고 입력해보자. 왜도값은 .43인데 케이크 판매 분포가 비교적 대칭임을 알 수 있다. 원본 데이터를 표로 만들었으므로 새 데이터를 추가하면 이 왜도값은 자동으로 다시 계산된다.

다음 절에서는 데이터 집합에서 왜도의 정도를 이용하여 마케팅 분석가가 데이터 집합의 대표값을 어떻게 잘 기술할 수 있는지 알아보겠다.

Analysis 2 통계 함수를 사용하여 마케팅 데이터 정리

마케팅 분석을 하다 보면 굉장히 큰 데이터 집합을 처리해야 할 때가 종종 발생한다. 데이터가 너무 크면 이 데이터를 일일이 처리하는 것은 매우 어려운 일이므로 두 가지 측면에서 데이터를 요약하는 것이 필요하다.

- **데이터의 대표값** : 예를 들어 고객들이 슈퍼마켓에서 보낸 시간을 어떤 숫자 하나로 설명, 요약해볼 수 있다.
- **대표값의 범위 혹은 분산** : 예를 들어 작은 편의점을 방문하는 회수와 식료품점을 방문하는 회수를 비교해보면 식료품점 방문 회수의 분산이 더 크다.

엑셀에는 많은 통계 함수가 있으며 이것을 이용하여 데이터 집합의 대표값과 평균에 대한 데이터의 범위를 알아낼 수 있다. 이 절에서는 이러한 통계 함수에 대해 자세히 알아보도록 하자.

엑셀 함수를 사용하여 데이터 집합의 대표값 계산

Chapter3bakery.xlsx 파일에는 1장에서 다뤘던 라 쁘티 베이커리의 판매 데이터가 있다. 각 제품에 대해 여러분이 하루에 팔린 각 제품의 일반적인 통계값에 대해 알고 싶다고 가정하자. 데이터 집합을 설명하는 대표값(typical value)은 세 가지가 있다.

- 평균(mean, average)[1]은 데이터 집합의 숫자를 모두 합한 다음 데이터 집합의 개수로 나눠서 구한다. 평균값은 엑셀의 AVERAGE 함수로 구할 수 있다. 예를 들어 1,3,5의 평균은 (1+3+5)/3 = 3로 구할 수 있다. 데이터 집합의 평균은 $\bar{x}$로 표시한다.
- 중간값(median)은 데이터 집합에서 약 50% 중간에 위치하는 값이다. 중간값을 기준으로 전체 데이터의 약 반이 아래에, 나머지 반이 위에 위치한다. 좀 더 정확하게 말하면 n개의 값이 있고, 작은 순서에서 큰 순서로 $x_1, x_2, \cdots, x_n$이라고 표시한다고 가정한다. 만약 n이 홀수면 중간값은 $x_{.5(n+1)}$이고 n이 짝수면 중간값은 $(x_{.5n} + x_{.5n+1})/2$이다. 예를 들어 데이터 집합이 1,3,5라고 가정하면 중간값은 3이다. 데이터 집합이 1,2,3,4이면 중간값은 2.5이다. MEDIAN 함수를 써서 데이터 집합에 대한 중간값을 구할 수 있다.
- 최빈값(mode)는 데이터 집합 중 가장 많이 나오는 값을 말한다. 만약 모든 값이 한번 밖에 안 나오면 최빈값은 없다. MODE 함수를 사용해서 데이터 집합 중 최빈값을 구할 수 있다. 데이터 집합에는 최빈값이 한 개 이상 나올 수 있다. 만약 엑셀 2010이나 그 이후 버전을 사용하면 배열 함수 MODE.mult를 이용하여 모든 최빈값을 구할 수 있다. 예를 들어 데이터 집합이 1, 3, 5이면 여기에는 최빈값이 없다. 하지만 데이터 집합이 1, 2, 2, 3이면 최빈값은 2이다.

Descriptive stats 워크시트를 보면 엑셀 함수를 사용하여 매일매일의 케이크, 파이, 쿠키, 스무디, 커피에 대한 판매 개수에 대해 이 세 가지 통계량을 구했다. 다음 단계를 따라하고 그림 3-4를 참고하자.

---

[1] 평균(average)과 평균(mean)은 서로 다르다. 두 값을 더해서 2로 나눈 것은 보통 산술 평균(arithmetic mean)이라고 하며 이때는 평균(mean)을 사용한다. 평균(average)는 더 큰 의미이며 대표하는 값을 말한다. 평균(average)에는 평균(mean), 중간값(median), 최빈값(mode)를 모두 포함하고 있는데 산술평균이 대표적이다 보니 일상에서 구분 없이 사용하고 있다. (http://www.differencebetween.net/science/difference-between-average-and-mean/ 참고)

1. 셀 H5에서 매일 케이크 평균 판매 개수를 구해보자. 다음 식 =AVERAGE(H12:H1106)을 입력하자.
2. 셀 H6에서 매일 케이크 판매 중간값을 구해보자. 다음 식 =MEDIAN(H12:H1106)을 입력하자.
3. 셀 H7에서 매일 케이크 판매 최빈값을 구해보자. 다음 식 =MODE(H12:H1106)을 입력하자.
4. 이 식을 영역 I5:L7에 복사한 다음 라 쁘띠 베이커리의 다른 상품에 대해서도 값을 구해보자.

평균 86.28개의 케이크가 매일 팔리고, 매일매일에서 약 절반 정도는 85개보다 적게 팔리며, 가장 흔하게 팔리는 개수는 90개이다.

	G	H	I	J	K	L	M
1	5번째로 가장 큰 케이크 날	148					
2	세번째로 작은 케이크날	38					
3	케이크 136개의 순위	0.979					
4							
5	평균	86.280365	53.54795	540.451142	218.4666667	391.626484	
6	중간값	85	52	533	206	388	
7	최빈값	90	46	397	166	375	
8	표준 편차	20.276672	13.37189	132.354363	74.35093017	102.930517	
9	95% 값	122	77.2	764.8	352.2	568.4	
10	왜도	0.4271621	0.474088	0.44028656	0.785999912	0.36074486	
11	날짜	케이크	파이	쿠키	스무디	커피	프로모션
12	2013-01-01	79	46	518	60	233	없음
13	2013-01-02	91	50	539	161	427	없음
14	2013-01-03	47	60	222	166	347	없음
15	2013-01-04	89	64	734	153	358	없음
16	2013-01-05	112	73	764	240	392	없음
17	2013-01-06	89	57	922	259	510	없음
18	2013-01-07	70	50	476	120	334	없음
19	2013-01-08	70	48	496	222	316	없음
20	2013-01-09	59	37	587	181	156	없음
21	2013-01-10	71	36	488	178	298	없음
22	2013-01-11	74	50	645	100	490	없음
23	2013-01-12	119	71	438	162	416	없음
24	2013-01-13	90	51	568	137	434	없음
25	2013-01-14	96	48	585	194	573	프로모션

그림 3-4 : 기술 통계량

어떤 대표값이 가장 좋을까?

사실 이 질문에 대해 정답은 없다. 하지만 유용한 일반적인 규칙을 몇 가지 정리해놓았다. 만약 모자 가게에서 모자를 한 치수만 재고로 가져가면서 판매를 최대화하려면 최빈값이 제일 필요할 것이다. 하지만 대부분의 경우 마케팅 분석가들은 깔끔하게 숫자 한 개로 데이터를 정리하고 싶어하므로 제일 많이 사용하는 것은 평균이나 중간값이다. 하지만 분포가 심각하게 왼쪽이나 오른쪽으로 치우친 경우 평균값은 이러한 극단적인 값에 의해 영향을 많이 받게 된다. 따라서 중간값이 일반적인 데이터 집합에서 가장 흔하게 사용하는 지표이다. 하지만 중간값을 쓰면 중요한 정보를 놓쳐버리는 경우가 있기 때문에 데이터 집합을 요약하는데 평균값도 필요하다. 정리해보자.

- 만약 왜도가 1보다 크거나 −1보다 작으면, 분포에 잠재적인 왜곡이 있을 수 있으므로 데이터 집합을 설명하는 대표값으로 중간값을 쓰는 편이 좋다.
- 왜도가 −1과 1 사이에 있으면 데이터 집합을 설명하는 대표값으로 평균을 쓰는 편이 좋다.

케이크의 예를 들면, 데이터 왜도는 −1과 1 사이에 있으므로 평균값 86.28을 매일 매일의 케이크 판매량을 요약하는 값으로 삼는 편이 좋다.

왜도가 평균을 왜곡할 수 있는 예로써, 1984년 노쓰 캐롤라이나 대학(UNC)을 졸업한 학생의 시작 임금을 생각해보자. 지리학을 전공한 학생의 시작 임금이 평균 임금보다 훨씬 높았다. 하지만 UNC를 제외한 다른 학교에서는 경영학을 전공한 학생의 평균 임금이 높았다. 왜 이런 일이 벌어졌을까? 농구 황제 마이클 조던은 UNC에서 지리학을 전공했으며 조던의 천문학적 연봉 때문에 지리학 전공의 평균 임금을 크게 왜곡했다. 1984년 UNC의 시작 임금 중간값을 보면 경영학 전공이 제일 높았다.

VAR와 STDEV 함수를 사용하여 분산 요약

어떤 데이터 집합을 설명할 수 있는 대표값에 대해 알고 있다고 해서 데이터 집합 전체를 완전히 알고 있다고 볼 수는 없다. 예를 들어, 매주 고객 1은 한 주에 $40을 식료품을 사는데 쓰고 있고, 고객 2는 식료품을 사는데 $10, $20, $30, $100 만큼을 쓴다. 각 고객에 대해서 한 주에 $40만큼을 식료품을 산다고 가정할 수 있지만 고객 2가 얼마나 쓸지는 확신할 수 없다. 이러한 이유로 데이터의 평균을 알고 있지만 데이터의 범위를 모른다면 그 데이터를 완벽히 파악하고 있다고 할 수 없다. 이 절에서는 분산과 표준 편차를 사용하여 어떤 집합의 평균에 대한 범위를 측정해보도록 하자.

어떤 데이터 집합 $x_1, x_2, \cdots, x_n$이 있을 때 데이터의 표본 분산(s^2)(sample variance)은 평균과의 편차의 제곱 평균이며 식으로 계산하면 다음과 같다.

$$s^2 = \frac{1}{n-1} \sum_{i=1}^{i=n} (x_i - \bar{x})^2$$

여기에서 $\bar{x}$는 데이터 값의 평균이다. 예를 들어 데이터 집합이 1, 3, 5이고 평균이 3이면, 표본 분산은 다음과 같다.

$$\frac{1}{2}\{(1-3)^2 + (3-3)^2 + (5-3)^2\} = 4$$

만약 모든 데이터가 동일하면 표본 분산의 값은 0이 된다. 평균과의 차이인 편차를 제곱하므로, 평균과의 차이가 음수이던 양수이던간에 상관없다.

분산의 단위는 데이터와 동일한 단위가 아니므로 분석할 때는 표본 분산의 제곱근을 구해서 표준 편차(s)(standard deviation)를 구해야 한다. 데이터 집합이 1, 3, 5이면 표본 분산의 크기는 4이고 표준 편차 s=2이다.

엑셀의 VAR 함수는 분산을 구하고, STDEV 함수는 표준 편차를 구한다. 그림 3-4 (Descriptive stats 워크시트)를 보면 H8의 식 =STDEV(H12:H1106)를 K8:L8로 복사해서 모든 제품의 매일 판매량에 대해 표준 편차를 구했다. 예를 들어 매일 케이크 판매량의 표준 편차는 20.28 케이크이다.

데이터 집합을 요약하는 일반적인 규칙

만약 데이터에 특별한 왜도가 없으면 통계학자들이 흔히 사용하는 일반 규칙을 사용하여 데이터 집합을 특징 지을 수 있다. 규칙은 다음과 같다.

- 데이터의 약 68%가 평균으로부터 1 표준 편차 사이에 위치한다.
- 데이터의 약 95%가 평균으로부터 2 표준 편차(2s) 사이에 위치한다.
- 데이터의 약 99.7%가 평균으로부터 3 표준 편차 사이에 위치한다.

표준 편차(2s) 바깥에 위치하는 점은 사실 흔하지 않은 경우이며 아웃라이어(outlier, 특이점)라고 부른다. 이 장 뒷부분("일반적인 규칙 검증하기"절을 참고)에서 매일 케이크 판매량에 대해 알아보면, 일반적으로 95%의 판매는 45.3과 126.83에 있음을 알 수 있을 것이다. 따라서 케이크가 45개보다 적게 팔리거나 127개보다 많이 팔리는 경우는 아웃라이어이다. 그리고 데이터상에서 매일 케이크 판매의 95.62%가 평균으로부터 2 표준 편차 안에 위치함을 알 수 있다. 일반적인 규칙에 거의 근접하다.

Percentile.exc와 Percentrank.exc 함수

생산관리에서 일반적인 추가 주문의 원칙은 상품이 떨어질 가능성을 5% 미만으로 하도록 제품을 생산해야 한다. 예를 들어 케이크 같은 경우는 여러분이 케이크를 만들 때 x개를 만든다고 가정하면 x개보다 더 많은 주문이 들어올 가능성은 5%로, x개보다 적거나 동일한 수준으로 주문이 들어올 가능성은 95%가 되도록 케이크를 만들어야 한다. x값을 구하려면 케이크 수요량의 95% 값으로 정할 수 있다. 엑셀 2010과 그 이후 버전에서는 PERCENTILE.EXC(range, k)(k는 0과 1사이)라는 함수를 지원하며 이 함수는 영역 안에서 100*k퍼센트에 해당하는 백분위수를 반환한다. Descriptive stats 워크시트에서 H9에 식 =PERCENTILE.EXC(H12:H1106,0.95)을 복사한 다음 I9:L9에 복사하자. 그러면 각 제품의 매일 판매량에서 95번째 백분위에 해당하는 값을 구할 수 있다. 예를 들어 케이크가 하루에 122개보다 더 많이 팔릴 가능성은 5%이다.

때로는 이례적인 일이 얼마나 이례적인지 알고 싶을 수 있다. 예를 들어 2015년 12월 27일 같은 경우는 케이크가 136개 팔렸다. 이 값은 평균 케이크 판매량에서 2 표준 편차를 벗어나므로, 아웃라이어, 즉 이례적인 경우이다.

엑셀 2010 그리고 이후 버전에서 PERCENTRANK.EXC 함수를 사용하면(그 이전 버전의 엑셀에서는 PERCENTRANK를 사용하자) 데이터 집합에서 다른 값들에 비교하여 관찰값의 백분율 순위를 구할 수 있다. PERCENTRANK.EXC의 문법은 PERCENTRANK(range, x,[significance])이다. 이 함수는 주어진 영역에서 x값의 백분율 순위를 소수로 구해준다. 함수 인자 중 significance는 옵션 인자이며 함수에서 소수로 순위를 반환할 때 소수점 아래 자릿수를 몇 자리로 할 것인지 정한다. 셀 H3의 식 =PERCENTRANK.EXC(H12:H1106, H1102)을 보면 136개 이상의 케이크가 팔린 날은 모든 날 중에 2.1% 밖에 안 됨을 알 수 있다.

LARGE와 SMALL 함수

때로는 배열에서 다섯 번째로 큰 값이나 세 번째로 작은 값을 찾아보려고 할 수 있다. LARGE(range,k) 함수를 쓰면 영역에서 k번째로 큰 값을 찾아서 반환해주고, SMALL(range,k) 함수는 영역에서 k번째로 작은 값을 찾아서 반환해준다. 그림 3-4에서 H1에 식 =LARGE(H12:H1106,5)을 입력하면 일간 케이크 판매 개수 중 다섯 번째로 많이 팔린 경우는 148개가 팔렸음을 알 수 있다. 이와 비슷하게 셀 H2에 식 =SMALL(H12:H1106,3)을 입력해보면 케이크가 세 번째로 안 팔린 날은 총 38개가 팔렸음을 알 수 있다.

마케팅 매니저는 이러한 강력한 함수를 사용해서 5% 안에 드는 우수 고객은 누구인지 혹은 가장 비용을 많이 지불하는 상위 세 명의 고객은 누구인지 혹은 별로 구매를 많이 하지 않는 고객의 비율은 얼마나 되는지 등을 알아낼 수 있다.

COUNTIF와 SUMIF 함수

SUM이나 AVERAGE 같은 수학 함수 외에도 마케팅 분석에서 아마 COUNTIF나 SUMIF 같은 함수도 많이 사용하게 될 것이다. 이 함수를 사용해서 시트내의 데이터 중 특정 데이터만을 뽑아내서 여기에 계산(개수, 더하기, 평균 등)을 수행할 수 있다. 이 절에서 설명하는 함수는 마케팅 분석 도구에서 매우 필수적인 함수라고 할 수 있겠다.

첫 번째 예에서는 COUNTIF와 SUMIF를 사용하고 있다. COUNTIF 함수의 문법은 COUNTIF(range, criteria)와 같은데, 영역 안에서 조건에 맞는 셀이 몇 개나 있는지 개수를 세서 반환한다. SUMIF 함수의 문법은 SUMIF(range, criteria, sum_range)와 같다. SUMIF는 range 영역에서 조건을 만족하는 셀이 있으면 이 셀에서 같은 열로 연장된 영역에 있는 sum_range의 값을 더한다.

다음 절에서는 이 함수의 실제 예를 보자. 예제는 라 쁘티 베이커리 데이터를 사용하며 Sumif Countif 워크시트에서 작업한다. 그림 3-5를 참고하자. '선택 영역에서 만들기' 기능(2장에서 설명)을 이용하여 F열에서 O열까지 10행에 이름을 붙였다.

	F	G	H	I	J	K	L	M	N	O	P	Q	R
1													
2			아웃라이어										
3	평균-2표준편차	45.72702047	13										
4	평균+2표준편차	126.8337101	35										
5	총계	1095											
6	2표준편차 안	1047											
7	비율	95.62%											
8													
9													
10	주	날짜	케이크	파이	쿠키	스무디	커피	프로모션	월	월의 이름			
11	2	2013-01-01	79	46	518	60	233	없음	1	1월			
12	3	2013-01-02	91	50	539	161	427	없음	1	1월			
13	4	2013-01-03	47	60	222	166	347	없음	1	1월		프로모션은 얼마나?	
14	5	2013-01-04	89	64	734	153	358	없음	1	1월		프로모션	110
15	6	2013-01-05	112	73	764	240	392	없음	1	1월		없음	985
16	7	2013-01-06	89	57	922	259	510	없음	1	1월			
17	1	2013-01-07	70	50	476	120	334	없음	1	1월		팔린 날 >=122 케이크	56

그림 3-5 : 일반적인 규칙

>> 프로모션의 개수 세기

엑셀의 COUNTIF 함수를 사용해서 영역에서 조건을 만족하는 행의 개수를 셀 수 있다. 예를 들어 COUNTIF 함수를 사용하여 라 쁘티 베이커리가 프로모션을 한 날과 하지 않은 날을 셀 수 있다. 식 =COUNTIF(promotion,Q14)을 R14와 R15에 복사하자. 그러면 프로모션에 110일, 프로모션을 하지 않은 날에 985일을 볼 수 있다. Q14는 조건이며 프로모션을 한 날만 세고, Q15 역시 조건이며 프로모션을 하지 않은 날만 센다.

>> 일반적인 규칙 검증하기

"데이터 집합을 요약하는 일반적인 규칙"절에 따르면 대부분의 날(즉 95%)에 케이크는 평균에서 2 표준 편차 안의 개수만큼 팔릴 것이다. COUNTIF를 사용하여 라 쁘티 베이커리의 데이터도 이런 규칙을 따르는지 검증해보자. 셀 G3에서 =AVERAGE(Cakes)-2*STDEV(Cakes)을 입력하여 일일 케이크 판매량의 평균-2s 값을 구할 수 있다. G4에서는 식 =AVERAGE(Cakes)+2*STDEV(Cakes)로 평균+2s 를 구할 수 있다.

그리고 케이크가 평균-2s보다 적게 팔린 날을 구해보면 13일이라는 것을 알 수 있다. 이 값을 구하기 위해서 셀 H3에 식 COUNTIF(Cakes,"<"&G3)를 입력해보자. 식에서 &은 결합 부호이며 여기서는 < 부호(< 부호를 " " 안에 넣어서 텍스트로 처리하고 있다) G3값과 합해서 케이크 열에서 평균 − 2s(s는 표본 표준 편차)보다 적은 날을 센다.

셀 H4에서 식 COUNTIF(Cakes,">"&G4)의 값은 35인데, 이 값은 평균 +2s보다 케이크가 많이 팔린 날을 세었다. 평균에서 +− 2s의 바깥에 위치하는 데이터를 아웃라이어라고 한다. 10장과 11장에서는 아웃라이어의 개념을 자세하게 살펴보도록 하자.

COUNT 함수를 사용하면 숫자 데이터를 입력한 영역에서 개수를 셀 수 있지만, COUNTA를 사용하면 영역에서 빈칸이 아닌 셀의 개수를 셀 수 있다. COUNTBLANK 함수는 영역에서 빈칸인 셀의 개수를 셀 수 있다. 예를 들어 셀 G5의 식 =COUNT(Cakes)는 케이크 열에 숫자가 몇 개 있는지 셀 수 있다. COUNTA 함수는 영역에서 빈칸이 아닌 셀(텍스트이건 숫자이건 상관없다)이 몇 개나 있는지 셀 수 있고, COUNTBLANK 함수는 영역에서 빈칸인 셀의 숫자를 셀 수 있다. G6의 식은 =G5-H3-H4이며 평균에서 +−2s 안에 셀이 몇 개있는지 세고 있다(1047개). G7에서는 평균에서 +−2s안에 들어오는 셀의 비율을 구하고 있고 이 값은 95.62%이다. 일반 규칙과 거의 비슷한 숫자이다.

>> 일일 평균 케이크 판매량 계산

SUMIF와 COUNTIF 함수를 사용하여 요일별 평균 케이크 판매량을 계산해보자. 다음 과정을 따라가보자.

1. S20에 식 =SUMIF(daywk,Q20,Cakes)을 입력한 다음 S21:S26에 복사해서 각 요일에 대한 총 케이크 판매량을 구한다.

2. R20에 식 =COUNTIF(daywk,Q20)을 입력한 다음 R21:R26에 복사해서 각 요일별로 총 해당하는 날짜가 얼마나 있는지 구한다.

3. 마지막으로 T열에서 SUMIF의 결과를 COUNTIF의 결과로 나눠서 각 요일에 대한 평균 케이크 판매량을 구한다.

요일별 평균 케이크 판매량의 순위를 정하기 위해 U20에 식 =RANK(T20,$T$20:$T$26,0)을 입력하고 U21:U26에 복사하자. U20의 식은 요일별 판매량 가운데 '월요일'의 판매량에 대해 순위를 매긴다. 영역 T20:T26에 대해서는 $ 표시를 사용했기 때문에 이 식을 U1로 복사해도 전체 요일에 대해서 해당 요일의 순위를 매기게 된다. 만약 T20:T26에 $ 기호를 사용하지 않으면 식을 U21에 복사했을 때 비교하는 영역은 T21:T27이 된다. 이렇게 되면 '월요일'의 매출이 빠져버리게 되므로 제대로 된 순위를 매길 수 없다. RANK 함수의 마지막 인자 0은 가장 순위가 높은 요일에 대해서 1위라고 표시하도록 한다. 마지막 인자를 1이라고 하면, 가장 실적이 적은 요일에 대해서 1이라고 표시한다. 여기서는 가장 매출이 높은 날에 대해서 1이라고 표시하게 하고 싶으므로 인자를 0으로 사용한다. 결과에서 보면 토요일이 가장 판매가 잘 되는 날이고 수요일이 제일 안되는 날이다.

그림 3-6과 동일한 방법으로 Q28:U40에 월별 평균 스무디 판매량을 계산할 수 있다. 결과로 보면 여름(6월부터 8월)이 스무디가 가장 많이 팔리는 계절이다.

	Q	R	S	T	U
18	케이크				
19	요일별 총 판매량	요일별 총 날짜	총계	평균 일일 판매량	순위
20	월요일	156	12259	78.58333	4
21	화요일	157	12079	76.93631	6
22	수요일	157	11986	76.34395	7
23	목요일	157	12148	77.3758	5
24	금요일	156	14770	94.67949	3
25	토요일	156	16181	103.7244	1
26	일요일	156	15054	96.5	2
27	스무디				
28	월별 총 판매량	월별 총 날짜	총계	평균 일일 판매량	순위
29	1월	93	15955	171.5591	12
30	2월	84	14692	174.9048	10
31	3월	93	16930	182.043	8
32	4월	90	19016	211.2889	7
33	5월	93	22434	241.2258	4
34	6월	90	24971	277.4556	3
35	7월	93	26654	286.6022	2
36	8월	93	26724	287.3548	1
37	9월	90	19737	219.3	5
38	10월	93	19813	213.043	6
39	11월	90	15463	171.8111	11
40	12월	93	16832	180.9892	9

그림 3-6 : 케이크 판매량 일일 요약

다음 절에서는 AVERAGEIF 함수를 사용하여 이 계산을 좀 더 간단하게 만들어보자.

COUNTIFS, SUMIFS, AVERAGEIF, AVERAGEIFS 함수 사용하기

COUNTIF와 SUMIF 함수는 매우 강력하지만 함수에서 적용할 수 있는 조건이 한 가지밖에 없다는 단점이 있다.

다음의 예제에서는 엑셀 2007에서 처음 소개된 함수 COUNTIFS, SUMIFS, AVERAGEIF, AVERAGEIFS를 사용하는 방법을 보여주겠다(New 2007 Functions 워크시트를 참고). 조건을 여러 개(총 127가지까지) 사용할 수 있는 이 함수의 간단한 문법 설명은 다음과 같다.

- COUNTIFS의 문법은 COUNTIFS(영역 1, 조건 1, 영역 2, 조건 2... 영역 n, 조건 n)이다. COUNTIFS는 영역 1에서 조건 1에 만족하는 데이터의 행 개수를 세고, 영역 2에서 조건 2에 만족하는 데이터의 행 개수를 세는 식으로 해서 이 과정을 조건n을 만족하는 영역 n까지 반복한다.
- SUMIFS의 문법은 SUMIFS(합_영역, 영역 1, 조건 1, 영역 2, 조건 2, ..., 영역 n, 조건 n)이다. SUMIFS는 영역 1에서 조건 1을 만족하는 합_영역, 영역 2에서 조건 2를 만족하는 합_영역, 식으로 반복하여 영역 n에서 조건 n을 만족하는 합_영역을 모두 합산한다.
- AVERAGEIF의 문법은 AVERAGEIF(영역, 조건, 평균_영역)이다. AVERAGEIF는 조건을 만족하는 영역에 대해 해당 평균_영역의 산술 평균을 구한다.
- AVERAGEIFS의 문법은 AVERAGEIFS(평균_영역, 조건 1, 영역 1, 조건 2, 영역 2, ..., 조건 n, 영역 n)이다. AVERAGEIFS는 영역 1에서 조건 1을 만족하는 평균_영역, 영역 2에서 조건 2를 만족하는 평균_영역, 식으로 반복하여 영역 n에서 조건 n을 만족하는 평균_영역을 모두 산술평균을 구한다.

이제 이 강력한 함수들을 사용하여 중요한 계산들을 수행해보자. 다음 예들은 New 2007 Functions 워크시트에서 볼 수 있다. 그림 3-7을 참고하자.

	Q	R	S	T	U	V
1	요일별 프로모션			요일별 평균 쿠키 판매량		
2	COUNTIFS	프로모션 수		AVERAGEIF	평균 판매량	
3	월요일	23		월요일	482.096154	
4	화요일	14		화요일	480.624204	
5	수요일	17		수요일	486.866242	
6	목요일	13		목요일	488.675159	
7	금요일	13		금요일	597.339744	
8	토요일	14		토요일	654.717949	
9	일요일	16		일요일	593.897436	
10						
11	판매 총계					
12	SUMIFS					
13		케이크	파이	쿠키	스무디	커피
14	1월	7726	4803	48070	15955	37039
15	2월	7089	4507	44886	14692	33514
16	3월	7848	4999	50764	16930	36317
17	4월	7601	4647	46740	19016	34550
18	5월	8360	4846	49865	22434	34396
19	6월	7760	4948	47298	24971	34938
20	7월	8085	4881	50228	26654	37015
21	8월	7898	5130	50674	26724	37784
22	9월	7842	4712	49605	19737	34081
23	10월	8041	5117	51527	19813	36518
24	11월	8045	4955	51617	15463	35713
25	12월	8182	5090	50520	16832	36966

그림 3-7 : 월간 판매 보고서

>> 프로모션이 있는 요일 개수 세기

R3의 식 COUNTIFS(daywk,Q3,promotion,"프로모션")은 월요일에 발생했던 프로모션의 수(23)를 센다. 이 식을 R4:R9에 복사해서 요일별 프로모션의 횟수를 세어보자.

>> 요일 별 평균 쿠키 판매량 계산

U3의 식 =AVERAGEIF(daywk,T3,Cookies)는 월요일에 팔린 쿠키의 평균 개수를 구하고 있다. 이 식을 U4:U9에 복사하여 모든 요일에 대한 평균 쿠키 판매량을 알아보자.

>> 각 제품에 대해 월간 판매량 계산

R14의 식 =SUMIFS(INDIRECT(R$13),Namemonth,$Q14)은 1월달의 총 케이크 판매량 (7726)을 계산한다.

1. R13을 참조하기 전에 INDIRECT 함수를 사용하면 엑셀에서는 '케이크'라는 단어를 영역 이름으로 인식한다.

2. 이 식을 영역 R14:V25에 복사하자. 월별로 각 제품에 대한 총 판매량을 계산할 수 있다.

INDIRECT 함수를 쓰면 영역 이름을 포함하는 식을 쉽게 복사할 수 있다. 이 예에서 INDIRECT를 사용하지 않으면 엑셀은 R30에 있는 텍스트를 영역 이름으로 인식하지 못한다.

>> 각 제품에 대해 월별로 일일 평균 판매량 계산하기

셀 R29의 식 =AVERAGEIFS(INDIRECT(R$28),Namemonth,$Q29)은 1월달의 평균 케이크 판매량을 계산한다. 위의 식을 R29:V40에 복사하여 각 월별로 제품의 평균 판매량을 계산할 수 있다. 그림 3-8에서 예제를 보여주고 있다.

부분합으로 데이터 정리

마지막으로 이 장에서 다룬 마케팅 데이터를 요약하는 방법으로 부분합(subtotal)을 설명하겠다. 부분합을 사용하면 데이터를 효과적으로 요약할 수 있다. 하지만 새 데이터를 추가했을 때 부분합을 새로 갱신하기는 매우 어렵다. 예를 들어 여러분이 요일별, 제품별로 프로모션이 있던 날과 없던 날의 판매가 어떻게 다른지 알아보려 한다고 가정해보자(Subtotals Bakery 워크시트를 참고). 부분합을 계산하기 전에 우선 부분합을 계산하고 싶은 순서로 데이터를 정렬해야 한다. 부분합에서는 요일과 함께 '프로모션' 혹은 '프로모션 없음'을 보고자 한다. 따라서 데이터를 이 순서로 정렬해야 한다. 데이터를 정렬하기 위한 대화상자는 그림 3-9와 같이 보인다.

	Q	R	S	T	U	V
27	평균 판매					
28	AVERAGEIFS	케이크	파이	쿠키	스무디	커피
29	1월	83.0752688	51.64516129	516.8817204	171.55914	398.268817
30	2월	84.3928571	53.6547619	534.3571429	174.904762	398.97619
31	3월	84.3870968	53.75268817	545.8494624	182.043011	390.505376
32	4월	84.4555556	51.63333333	519.3333333	211.288889	383.888889
33	5월	89.8924731	52.10752688	536.1827957	241.225806	369.849462
34	6월	86.2222222	54.97777778	525.5333333	277.455556	388.2
35	7월	86.9354839	52.48387097	540.0860215	286.602151	398.010753
36	8월	84.9247312	55.16129032	544.8817204	287.354839	406.27957
37	9월	87.1333333	52.35555556	551.1666667	219.3	378.677778
38	10월	86.4623656	55.02150538	554.0537634	213.043011	392.666667
39	11월	89.3888889	55.05555556	573.5222222	171.811111	396.811111
40	12월	87.9784946	54.7311828	543.2258065	180.989247	397.483871

그림 3-8 : AVERAGEIFS를 사용하여 월간 판매량 요약

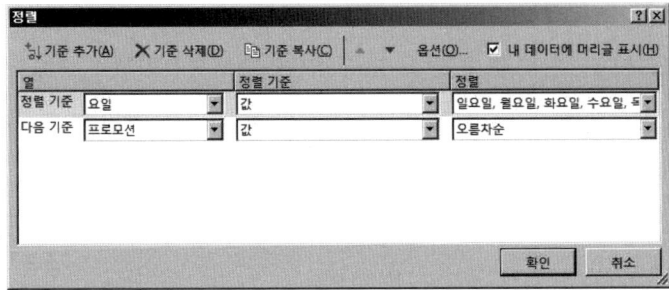

그림 3-9 : 부분합을 준비하기 위해 데이터 정렬

데이터를 정렬하고 나면 프로모션이 없는 일요일 다음에 프로모션을 한 일요일 순서로 나온다. 다음 과정을 수행해보자.

1. 데이터 아무 곳에나 커서를 놓은 다음, '데이터' 탭 → '윤곽선' 그룹 → '부분합'을 선택해보자.

2. 그림 3-10과 같이 부분합 대화상자의 항목을 채워서 요일별 각 제품에 대한 부분합을 계산하자.

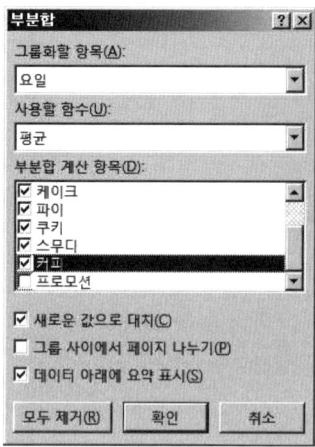

그림 3-10 : 일일 요약을 위한 부분합 설정

3. 다음 프로모션이 있는 날과 없는 날에 대해 요일별로 부분합을 겹쳐서 보여주자. 부분합을 보여줄 때 제품별로 프로모션이 있는 날과 없는 날을 구분하기 위해, '데이터' 탭 → '부분합'을 클릭하여 그림 3-11과 같이 대화상자 내용을 선택한다.

4. '확인'을 선택하면 부분합은 각 제품에 대해 요일별 총 판매량을 보여준다. 화면 왼쪽 위의 숫자 2를 클릭하면 그림 3-12와 같은 요약을 볼 수 있다.

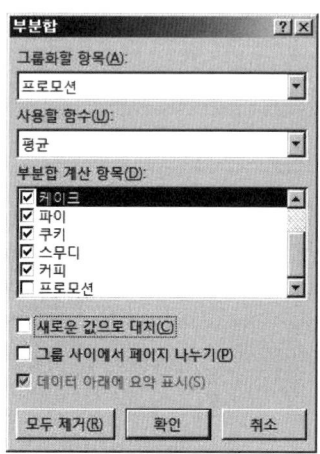

그림 3-11 : 최종 부분합 대화 상자

'새로운 값으로 대치' 체크상자를 해제하면 프로모션에 대한 부분합을 구하며 평균을 계산한 값을 대치하지 않음을 의미한다. 화면 왼쪽 위 부분에 숫자 3을 클릭하면 프로모션을 했을 경우와 안했을 경우를 나눠서 각 제품의 평균 판매량을 볼 수 있다(그림 3-13). 결과에서 보면 요일과 제품에 상관없이 프로모션을 진행했을 때가 진행하지 않았을 때에 비해 판매량이 높다.

	D	E	F	G	H	I	J	K	L	M
9										
10		요일	주	날짜	케이크	파이	쿠키	스무디	커피	프로모션
169		일요일 평균			96.5	59.467949	593.897436	240.2820513	434.512821	
328		월요일 평균			78.5833333	48.192308	482.096154	195.3653846	353.75641	
488		화요일 평균			76.9363057	46.764331	480.624204	198.5732484	348.363057	
648		수요일 평균			76.343949	47.751592	486.866242	198.2101911	347.528662	
808		목요일 평균			77.3757962	48.10828	488.675159	197.1719745	362.942675	
967		금요일 평균			94.6794872	59.685897	597.339744	235.0064103	427.032051	
1126		토요일 평균			103.724359	64.980769	654.717949	265.0512821	467.99359	
1127		전체 평균			86.2803653	53.547945	540.451142	218.4666667	391.626484	

그림 3-12 : 요일별 부분합 요약

	D	E	F	G	H	I	J	K	L	M
9										
10		요일	주	날짜	케이크	파이	쿠키	스무디	커피	프로모션
151					95.3785714	58.678571	584.757143	236.0428571	428.478571	없음 평균
168					106.3125	66.375	673.875	277.375	487.3125	프로모션 평균
169		일요일 평균			96.5	59.467949	593.897436	240.2820513	434.512821	
303					76.0451128	47.308271	469.015038	194.4135338	342.62406	없음 평균
327					93.2608696	53.304348	557.73913	200.8695652	418.130435	프로모션 평균
328		월요일 평균			78.5833333	48.192308	482.096154	195.3653846	353.75641	
472					76.1398601	46.335664	469.944056	194.8391608	346.013986	없음 평균
487					85.0714286	51.142857	589.714286	236.7142857	372.357143	프로모션 평균
488		화요일 평균			76.9363057	46.764331	480.624204	198.5732484	348.363057	
629					75.0214286	47.064286	476.978571	195.75	343.264286	없음 평균
647					87.2352941	53.411765	568.294118	218.4705882	382.647059	프로모션 평균
648		수요일 평균			76.343949	47.751592	486.866242	198.2101911	347.528662	
793					76.5694444	47.347222	478.25	194.1597222	360.972222	없음 평균
807					86.3076923	56.538462	604.153846	230.5384615	384.769231	프로모션 평균
808		목요일 평균			77.3757962	48.10828	488.675159	197.1719745	362.942675	
952					93.965035	59.076923	589.839161	227.2377622	421.811189	없음 평균
966					102.538462	66.384615	679.846154	320.4615385	484.461538	프로모션 평균
967		금요일 평균			94.6794872	59.685897	597.339744	235.0064103	427.032051	
1110					102.147887	63.78169	650.71831	258.028169	459.577465	없음 평균
1125					119.714286	77.142857	695.285714	336.2857143	553.357143	프로모션 평균
1126		토요일 평균			103.724359	64.980769	654.717949	265.0512821	467.99359	
1127		전체 평균			86.2803653	53.547945	540.451142	218.4666667	391.626484	

그림 3-13 : 최종 부분합 요약

☞ 엑셀 부분합 기능으로 윤곽선(OUTLINE) 사용하기

여러분이 부분합 기능을 사용하면 스프레드시트 왼쪽 위 부분에 숫자들을 볼 수 있을 것이다(이 경우에는 1, 2, 3, 4) 이것은 엑셀의 윤곽선 기능의 예이다. 숫자가 클수록 원래의 데이터에 가깝고, 숫자가 작을수록 데이터를 모아서 보여주게 된다. 4를 선택하면 원래의 데이터가 보이고(관련 데이터 아래쪽에 부분합이 추가되어 있다) 3을 선택하면 요일별로 프로모션을 했을 때와 하지 않았을 때에 대해 나눠서 보여준다. 2를 선택하면 요일별 평균 판매량을 보여주고 1을 선택하면 제품별 전체 평균 데이터를 보여준다. 부분합을 지우려면 원래의 데이터 안에 커서를 놓은 다음 '데이터' 탭 → '부분합'의 대화상자에서 '모두 제거' 버튼을 클릭하면 된다.

배열 수식을 사용하여 ESPN 잡지 구독자 인구 통계 정보 요약

앞에서 설명한 6가지 함수를 사용하면 조건이 있는 개수, 합계, 평균을 계산할 수 있다. 하지만 조건이 있는 중간값, 표준 편차, 백분율 혹은 다른 통계 함수를 사용하려면 어떻게 하면 될까? 배열 식을 사용하여 여러분만의 MEDIANIF, STDEVIF 등 조건 통계 함수를 만들 수 있다.

> **Note**
> "히스토그램으로 데이터 정리"에서 다뤘던 배열 수식의 규칙은 여러분이 작성하고자 하는 배열 수식에도 동일하게 적용된다.

1장에서 다뤘던 ESPN 구독자에 대한 정보를 다시 보자. Slicing with arrays 워크시트와 그림 3-14를 참고하시오.

	A	B	C	D	E	F	G
8	나이	성별	수입	지역			
9	72	남성	72	시골		77	50세 이상 구독자의 수입 중간값
10	29	남성	68	교외		80	50세 미만 구독자의 수입 중간값
11	33	남성	57	교외		27.36277	시골에 사는 구독자의 수입의 표준 편차
12	25	남성	62	교외			
13	38	남성	164	도심			
14	33	남성	44	도심			
15	18	여성	62	시골			
16	17	남성	68	도심			
17	32	여성	53	도심			
18	24	여성	92	도심			
19	26	여성	54	교외			
20	40	남성	88	도심			
21	26	여성	46	시골			
22	21	남성	83	교외			
23	29	남성	144	시골			
24	51	여성	30	교외			

그림 3-14 : 배열을 사용하여 조건에 따른 중간값과 표준 편차 계산하기

만약 여러분이 50세가 넘는 구독자의 수입 중간값을 알아보려고 한다고 가정하자. 다음 과정을 따라가보자.

1. 셀 F9에 식 =MEDIAN(IF(Age>=50,Income,""))을 〈Ctrl〉+〈Shift〉+〈Enter〉로 입력하자. 이 식은 Income열을 검사해서 다음과 같은 새로운 배열을 만들어낸다. 즉 Age열을 조사하여 50보다 크거나 같은 값이 있으면 배열은 해당하는 수입 값을 반환한다. 그렇지 않으면 빈칸을 반환한다. 이제 MEDIAN 함수는 적어도 나이가 50세 이상인 구독자만 있는 행에 대해서 계산을 수행한다. 나이가 50세 이상인 구독자의 수입의 중간값은 $77,000이다. 배열 수식에서 반환하는 값은 셀 한 개에만 나오므로 식을 반환하기 전에 여러 셀을 포함하는 영역을 선택하지 않아도 된다.

2. 비슷한 방법으로 셀 F10에 식 =MEDIAN(IF(Age<50,Income,""))을 입력하여 나이가 50세 미만인 구독자의 수입 중간값을 구하자. 나이가 50세 미만인 구독자의 수입의 중간값은 $80,000이다.

3. 마지막으로 셀 F11에 배열 수식 =STDEV(IF(Location="rural",Income,""))을 입력하여 시골에 사는 구독자들의 수입의 표준 편차를 구해보자. 값은 27.36이다. 이 식은 시골에 사는 구독자만 뽑아내서 그들의 수입으로 이루어진 배열을 만든 다음 여기에서 표준 편차를 계산한다.

Summary

이 장에서는 다음과 같은 사항을 알아보았다.

- FREQUENCY 배열 함수와 표 기능을 이용하여, 데이터를 요약 정리해서 보여주는 히스토그램을 만들 수 있고 새 데이터를 추가했을 때 자동으로 갱신되도록 할 수 있다.
- 중간값(MEDIAN 함수로 계산)을 사용하여 한쪽으로 심하게 쏠린 데이터를 설명하는 대표값을 구할 수 있다. 데이터가 한쪽으로 심하게 쏠리지 않았다면 평균(AVERAGE 함수로 계산)을 사용하여 데이터의 대표값을 구할 수 있다.
- 데이터 집합의 평균에 대한 범위를 구하려면 분산(VAR 함수로 계산)이나 표준 편차(STDEV 함수로 계산)를 사용할 수 있다. 일반적으로는 데이터와 동일한 단위를 사용하는 표준 편차를 사용한다.
- 왜도가 심각하게 크거나 작지 않은 데이터라면 데이터의 약 95%가 평균으로부터 2 표준 편차 사이에 들어온다.
- PERCENTILE.EXC 함수로 주어진 데이터 집합에서 백분위 수를 구할 수 있다.
- PERCENTRANK.EXC 함수로 데이터 집합 내에서 주어진 수의 백분율 순위를 구할 수 있다.
- LARGE와 SMALL 함수로 데이터 집합 내에서 k번째로 큰 수나 k번째로 작은 수를 구할 수 있다.

- COUNTIF와 COUNTIFS 함수로 영역 내에서 한 가지 혹은 여러 가지 조건을 만족하는 행의 개수를 센다.
- SUMIF와 SUMIFS 함수로 영역 내에서 한 가지 혹은 여러 가지 조건을 만족하는 행의 값을 합한다.
- AVERAGEIF와 AVERAGEIFS 함수로 영역 내에서 한 가지 혹은 여러 가지 조건을 만족하는 행의 값을 평균 낸다.
- 부분합 기능을 쓰면 피벗테이블과 비슷하게 생긴 데이터 보고서를 만들 수 있다. 부분합 기능을 사용하기 전 원하는 형태로 데이터를 정렬해야 한다.
- 배열 함수를 사용하여 STDEVIF, MEDIANIF, PERCENTILEIF 등과 비슷한 식을 직접 만들 수 있다.

Exercises

1. 연습문제 1번부터 6번까지는 Chapter3bakery.xlsx 파일의 Descriptive stats 워크시트 데이터를 사용한다. 일일 쿠키 판매량을 보여주는 히스토그램을 만들어보자. 단 새로 데이터가 추가될 때 자동으로 갱신되어야 한다.

2. 쿠키 판매량의 분포가 좌우대칭인가? 아니면 한쪽으로 치우쳐져 있는가?

3. 빈칸을 채우시오:

일반 규칙에 따라 일일 스무디 판매량의 95%는 __과 __ 사이에 있을 것으로 기대된다.

4. 스무디가 비정상적(아웃라이어)으로 많이 팔린 날의 비율을 구하시오.

5. 빈칸을 채우시오:

일일 스무디 수요가 __ 개를 넘을 확률은 10%이다.

6. 빈칸을 채우시오:

하루에 600개 이상의 쿠키가 판매될 확률은 __ 이다.

7. 7, 8번 문제는 ESPN.xlsx의 Data 워크시트를 사용한다. 연 수입이 $100,000 이상인 구독자의 평균 나이를 구하라.

8. 위치와 나이 그룹(25세 이하, 25세~39세, 40세~54세, 55세 이상)에 따라 ESPN 구독자의 비율을 구하시오. 각 나이 그룹에서 위치를 나누시오.

9. 9~12번 문제는 Chapter3bakery.xlsx 파일의 Descriptive stats 데이터를 사용한다. 각 요일과 월에 따른 라 쁘티 베이커리의 쿠키 매출의 비율을 조사하시오. 여러분의 최종 결과물에서는 1월달 월요일의 쿠키 판매 매출의 비율을 알 수 있어야 한다.

10. 각 요일과 월에 따라 평균 이윤을 구하시오. 라 쁘티 베이커리의 각 제품의 이윤은 다음과 같이 가정한다.
    - 케이크 : $2
    - 쿠키 : $0.50
    - 파이 : $1.50
    - 스무디 : $1.00
    - 커피 : $0.80

11. 쿠키가 500개 이상 팔린 날의 케이크 매출의 중간값을 구하시오.

12. 빈칸을 채우시오:
    쿠키가 500개 이상 팔린 날 중에서 적어도 쿠키가 _ 개 팔릴 가능성이 있는 날은 5%이다.

13. 1980년~2012년 동안 미국 가계 수입(인플레이션 이후)의 중간값은 떨어졌지만, 평균 가계 수입은 치솟았다. 이것을 외관상 이변이라고 볼 수 있을까?

14. Skewexamples.xlsx 파일의 데이터 집합 세 개에 대해서 왜도를 계산하고 설명하시오.

PART 2

가격 평가

PRICING

Estimating Demand Curves and Using Solver to Optimize Price

Chapter 04

수요 곡선을 추정하고 해찾기로 가격을 최적화하기

•
•
•
•

가격이 매출과 이익에 어떤 영향을 주는지 이해하는 것은 마케팅 관리자가 풀어야 할 문제 중 하나이다. 가격 정책을 이해하기 위해서 관리자는 고객이 가격이 바뀜에 따라 구매의사가 어떻게 바뀌는지 이해해야 하고 바뀌는 가격이 이익에 어떤 영향을 주는지 알아야 한다(즉 마케팅 관리자는 수요 곡선(demand curve)을 이해해야 한다). 이 장에서는 다음과 같은 주제에 대해 다뤄보겠다.

- 엑셀의 추세선(Trend Curve)과 목표값 찾기(Goal Seek)를 이용하여 간단한 수요 곡선 추정하기
- 엑셀 해찾기(Solver)를 이용하여 이윤을 극대화하는 가격 결정하기
- 최적화된 가격에서 제품 끼워팔기의 효과 검증하기
- SolverTable 추가 기능을 이용해서 수천 가지 제품의 가격 결정하기

Analysis 1 선형 수요 곡선과 거듭제곱 수요 곡선을 추정하기

이 절에서는 가장 널리 사용되는 수요 곡선(선형(linear)과 거듭제곱(power))을 특수한 마케팅 상황에 어떻게 끼워 넣을 것인지 알아보겠다. 이러한 추정을 사용하여 이윤을 가장 극대화하

는 가격을 결정할 수 있다. 우선 다음 두 가지 사항을 기억해두자.

- 제품의 단위를 한 개 생산하기 위한 비용(UC(unit cost)라고 한다).
- 제품의 수요 곡선. 간단하게 말하면 수요 곡선은 제품의 가격이 변함에 따라 각각의 가격에 대해 소비자가 제품을 얼마나 구매할 것인지 알려주는 곡선이다. 예를 들어 제품의 한 단위에 가격을 $p로 매겼다고 가정해보자. 수요 곡선에서 나오는 D(p)는 현재 p라는 가격에서 소비자가 사고자 하는 상품의 개수이다. 이 수요 곡선은 끊임없이 바뀌며 생산자가 조절할 수 없는 요인에 의해서 영향을 받기도 한다(예를 들어 전반적인 경제 상태나 경쟁자 가격 등의 요인). 3파트 "예측"에서 이러한 요소를 좀 더 자세히 알아보겠다.

여러분이 UC와 수요 곡선을 알고 있으면 가격이 $p일 때 이윤은 (p − UC) * D(p)이다. 여러분이 D(p)의 식을 구해서 가격이 변할 때 고객이 제품을 얼마나 원하는지 알 수 있으면, 그 다음은 마이크로소프트 엑셀의 해찾기 기능을 이용하여 이윤을 극대화하는 가격을 찾아낼 수 있다.

가격 탄력성

주어진 수요 곡선상에서 가격 탄력성(price elasticity)은 가격이 1% 증가했을 때 수요가 몇 % 감소하는지를 절대치로 나타낸 크기이다. 가격 탄력성이 1보다 크면 수요는 가격에 대해 탄력적이다. 수요가 가격 탄력적이면 가격을 낮추었을 때 매출이 늘어난다. 탄력성이 1보다 작으면, 수요는 가격 비탄력적(price inelastic)이라고 한다. 수요가 가격 비탄력적이면, 가격을 낮추었을 때 매출이 줄어든다. 몇몇 상품에 따라 탄력성을 추정해보았다.

- 소금 : 0.1(매우 비탄력적)
- 커피 : 0.25(비탄력적)
- 변호사 수수료 : 0.4(비탄력적)
- 텔레비전 : 1.2(약간 탄력적)

- 레스토랑 식사 : 2.3(탄력적)
- 외국 여행 : 4.0(매우 탄력적)

예를 들어 외국 여행 같은 경우 가격이 1% 내려가면 수요는 4%가 증가한다고 한다. 마케팅 관리자는 가격의 각 지점에서의 가격 탄력성을 이해해야 최적화된 가격 결정을 내릴 수 있다. 다음 절에서 가격 탄력성을 이용하여 제품의 수요 곡선을 추정해보겠다.

수요 곡선의 형태

마케팅 데이터를 분석할 수 있는 수요 곡선은 여러 가지 형태가 있다. q를 제품의 수요 수량이라고 할 때 수요 곡선을 추정하기 위해 가장 많이 사용하는 두 가지 곡선이 있다.

- **선형 수요 곡선(Linear demand curve)** : 이 경우 수요는 직선을 따르며 식은 q = a − bp와 같다. 여기서 q는 수요 수량이고 p는 단위 가격이다. 예를 들어 q = 10 − p라고 하면 이것은 선형 수요 곡선이 된다(여기에서 a와 b는 "선형 수요 곡선 추정하기"절에서 나오는 방법으로 결정할 수 있다). 수요 곡선이 직선일 때 탄력성이 바뀐다.
- **거듭제곱 수요 곡선(Power demand curve)** : 이 경우 수요 곡선은 $q = ap^b$(a>0, b<0)와 같은 식을 따르는 거듭제곱 곡선이다. a와 b를 결정하는 법은 이 장의 나중에 나오는 절에서 설명하겠다. 예를 들어 $q = 100p^{-2}$는 거듭제곱 곡선의 예이다. 수요가 이런 거듭제곱 곡선을 따르면, 어떤 가격에 대해서도 가격 탄력성은 −b가 된다. $q = 100p^{-2}$와 같은 곡선의 가격 탄력성은 항상 2이다. 연습문제 11번의 설명을 보면 거듭제곱 수요 곡선의 중요한 특징에 대해 알 수 있다.

>> 선형 수요 곡선 추정하기

제품의 수요 곡선이 선형 수요 곡선을 따른다고 가정해보자. 제품에 대한 현재 가격과 수요 그리고 제품의 수요에 대한 가격 탄력성이 주어지면 수요 곡선을 쉽게 만들 수 있다. 다음은 선형 수요 곡선을 만드는 예를 보여주고 있다.

예를 들어 제품의 현재 가격은 $100이고 수요는 500단위라고 가정해보자. 수요에 대해 가격 탄력성은 2이다. 수요 곡선이 선형이라고 가정하면, 이제 수요 곡선의 식을 만들 수 있다. 답은 그림 4-1의 Linearfit.xls 파일을 참고하자.

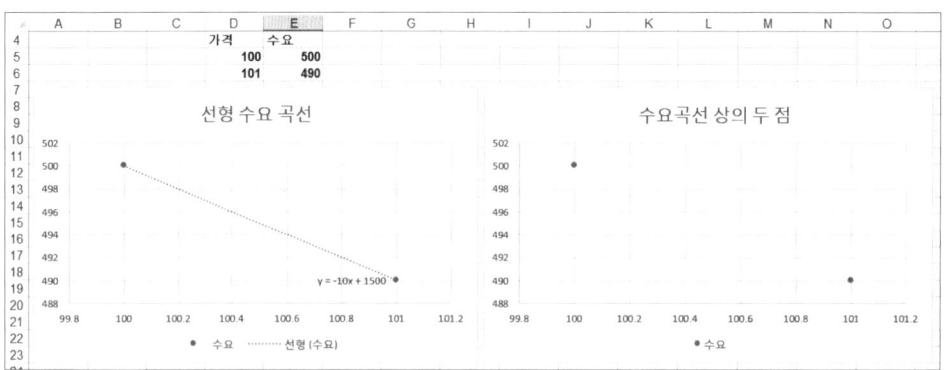

그림 4-1 : 선형 수요 곡선 만들기

주어진 점이 두 개이면 이 두 점을 동시에 잇는 선은 유일하다. 여러분은 사실상 수요 곡선 상의 두 점을 알고 있다. 한 점은 p=100, q=500이다. 탄력성이 2이므로 가격이 1% 증가하면 수요는 500의 2%, 즉 10단위가 감소해서 490이 된다. 따라서 p=101, q=490이 수요 곡선에서 두 번째 점이 되며 수요 곡선상에 위치한다. 이제 엑셀의 추세선(Trendline) 기능을 이용하여 두 점(100,500), (101,490)을 잇는 선을 그어보자. 셀 영역 D5:E6(그림 4-1)에 이 값을 입력한 다음 '삽입' 탭 → '차트' 그룹 → 분산형(X, Y) 차트에서 '분산형'을 선택하자.

1. Linearfit.xls 워크시트의 영역 D5:E6(그림 4-1 참고)에 점을 입력하자.
2. 영역 D4:E6를 선택하자.
3. '삽입' 탭 → '차트' 그룹 → 분산형(X, Y) 차트 → '분산형'을 선택하자. 이렇게 하면 그래프가 양의 기울기를 가지는 것으로 보인다. 이것은 가격이 높아질수록 수요가 높아짐을 의미하는데, 사실은 그렇지 않다. 여기서 문제는 데이터로 삼은 점 때문인데 엑셀은 디폴트로 여러분이 그래프를 그리고자 하는 점이 열로 분리되어 있다고 가정한다(행이 아니다).
4. 엑셀이 두 점이 열이 아니라 여러 행에 걸쳐있다고 이해하게 하려면 우선 차트를 클릭하자.

5. '차트 도구' 탭 → '디자인' 탭을 클릭하자.
6. '데이터' 그룹 → '행/열 전환'을 클릭하자.

> **Note**
> 여기서 '데이터 선택'을 클릭하면 차트를 만드는 원본 데이터를 변경할 수 있다.

7. 다음 점 하나를 클릭해서 마우스 오른쪽 버튼을 클릭한 다음 '추세선 추가...'를 선택한다.
8. '추세선 옵션'으로 '선형'을 선택한 다음 '수식을 차트에 표시'를 선택한다.
9. '추세선 서식...'을 닫는다.

이제 그림 4-1에서 직선과 이 선에 대한 수식을 볼 수 있다. x가 가격이고 y가 수요이므로, 수요 곡선 식은 q = 1500 - 10p이다. 이 식은 가격이 $1 증가함에 따라 10단위의 수요가 감소함을 나타낸다. 여기서 모든 p에 대해 수요가 선형인 것은 아닌데 p값이 커지면 수요 곡선 값이 음수가 된다. 어쨌든 현재의 가격과 비슷한 가격 정도면 선형 수요 곡선은 상품의 실제 수요 곡선과 비슷해진다.

>> 거듭제곱 수요 곡선 추정하기

선형 수요 곡선에서의 예를 보면 가격 탄력성은 모든 가격에 대해 달라진다. 만약 마케팅 분석가가 가격이 변함에 따라 탄력성이 상대적으로 일정하다고 가정한다면 거듭제곱 수요 곡선(가격 탄력성이 일정하다)을 사용해서 상품의 수요를 디자인해야 한다.

현재 상품이 $100에 팔리고 있고 수요는 500단위라고 가정해보자. 그리고 상품의 가격 탄력성은 2로 고정되어 있다고 가정하자(31장과 32장에서 가격 탄력성을 추정하는 방법에 대해 다루겠다). 이 정보를 거듭제곱 수요 곡선에 적용해보겠다. 그림 4-2의 Powerfit.xls 파일에서 다음 과정을 수행해보자.

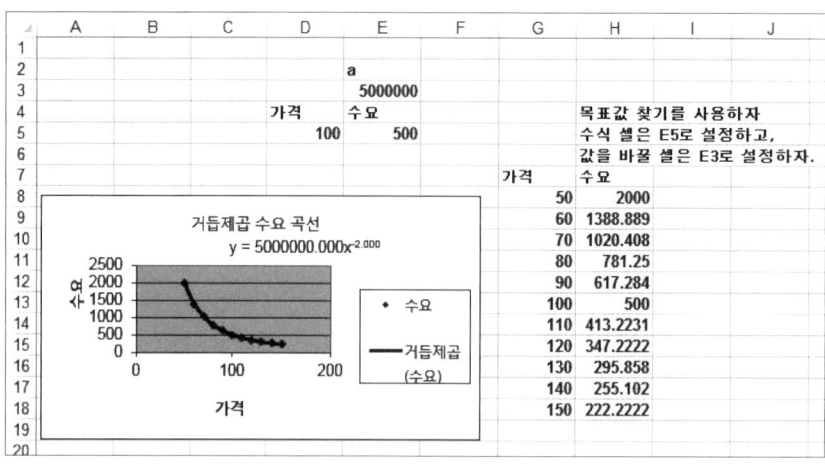

그림 4-2 : 거듭제곱 수요 곡선 적용하기

1. 셀 E3을 a라고 이름 붙이자.
2. 셀 D5에 현재의 가격 $100을 입력하자. 수요에 대한 탄력성이 2이므로 수요 곡선은 $q=ap^{-2}$이며 현재 a는 알려져 있지 않다.
3. 셀 E5에 단위 가격이 $100일 때의 수요를 계산하는 식 a*D5^-2를 입력하자. 수요는 여러분이 셀 E3에 어떤 값을 입력하는가에 따라 달라진다.
4. 이제 Global Seek 명령을 사용하여 a의 값을 결정하자. 이 식은 가격이 $100일 때 수요량은 500단위가 되도록 한다. 목표값 찾기(Goal Seek)를 사용하여 식('수식 셀'이라고 한다)이 원하는 값을 만족하도록 하는 스프레드 시트상 셀('값을 바꿀 셀'이라고 한다)의 값을 찾아보자. 이 예에서 여러분은 E3의 값을 바꿔서 셀 E5의 식이 500이 되도록 한다. 셀 E3의 값을 바꿔서 E5의 값이 500이 되도록 해보자.
5. 목표값 찾기(Goal Seek)를 사용하기 위해 우선 '데이터' 탭 → '데이터 도구' 그룹 → '가상 분석'을 선택한 다음 드롭다운 메뉴에서 '목표값 찾기…'를 선택하자. 다음 대화상자를 그림 4-3과 같이 채운다. 이렇게 설정하면 엑셀은 셀 E5가 여러분이 원하는 값인 500이 될 때까지 셀 E3의 값을 바꿔본다.

a값이 5,000,000이 되면 수요가 500일때 가격이 $100이 된다. 따라서 수요 곡선(그림 4-2를 보자)은 $q = 5{,}000{,}000p^{-2}$이 되며 가격이 얼마가 되던 이 수요 곡선에서는 가격 탄력성이 2가 된다.

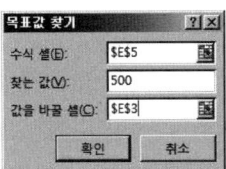

그림 4-3 : 목표값 찾기 대화상자

Analysis 2 엑셀 해찾기를 사용하여 가격을 최적화하기

마케팅 분석을 하다 보면 이익을 극대화하거나 혹은 다른 목표값을 최소화하거나 최적화해야 한다. 엑셀 해찾기(Excel Solver)는 마케팅의 여러 가지 최적화 문제를 풀 수 있는 강력한 도구이다(물론 반드시 마케팅 문제가 아니어도 된다). 해찾기는 추가 기능이므로 해찾기를 활성화하려면 다음과 같은 과정을 따른다.

엑셀 2010, 엑셀 2013 :

1. '파일' → '옵션'을 선택한다.
2. '추가 기능'의 아래 쪽 '관리'에 'Excel 추가 기능'을 선택한 다음 '이동…'을 선택한다. 다음 '추가 기능' 창에서 '해 찾기 추가 기능'을 선택한 다음 '확인'을 클릭한다.
3. 이제 '데이터' 탭의 오른쪽 부분에 '해 찾기' 버튼이 있는지 확인한다.

엑셀 2007 :

1. 오피스 버튼(리본 왼쪽에 있는 둥근 버튼)을 클릭한 다음 '옵션'을 선택한다.
2. '추가 기능'의 아래 쪽 '관리'에서 'Excel 추가 기능'을 선택한 다음 '이동…'을 선택한다. 다음 '추가 기능' 창에서 '해 찾기 추가 기능'을 선택한 다음 '확인'을 클릭한다.
3. 이제 '데이터' 탭의 오른쪽 부분에 '해 찾기' 버튼이 있는지 확인한다.

이 장에서 예제에서는 엑셀 2010 해찾기를 사용했다. 엑셀 2010의 해찾기는 이전 버전보다 훨씬 더 강력하다. '데이터' 탭 → '분석' 그룹 → '해 찾기'를 선택하면 그림 4-4와 같은 창을 볼 수 있다.

해 찾기 모델을 정의하기 위해 해찾기 대화상자에서 다음 세 가지 사항을 지정해야 한다.

- **목표 설정** : 목표가 되는 셀에는 여러분이 최대화하고자 하는 목표(예를 들어 이윤)나 최소화하고자 하는 목표(생산 비용)가 있어야 한다.
- **변수 셀 설정** : 이 셀은 여러분이 바꾸거나 목표 셀을 최적화하기 위해 조정할 수 있다. 이 장에서는 각 제품의 가격을 바꾸기 위해 셀을 변경한다.
- **제한 조건** : 바꾸는 셀에 대한 제한 조건이다. 예를 들어 각 제품의 가격이 경쟁사 가격의 10% 안에 들어오도록 제한을 둘 수 있다.

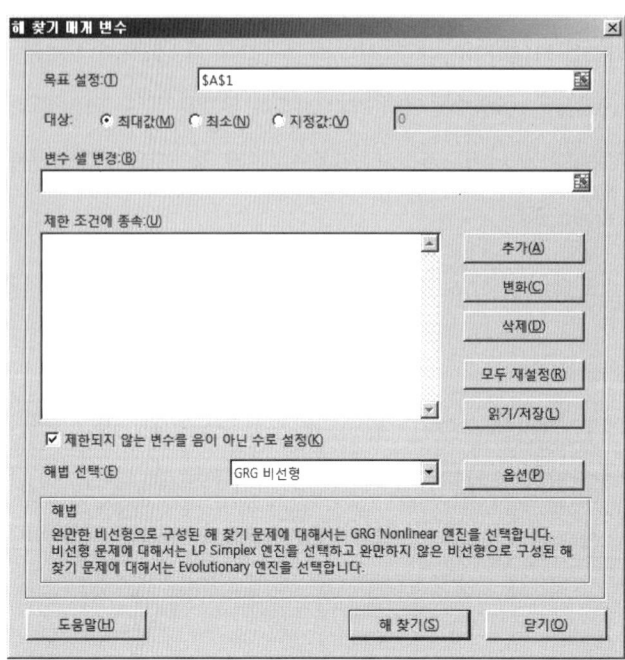

그림 4-4 : 해찾기 창

엑셀의 해찾기는 엑셀 2010에서 크게 기능이 향상되었다. 가장 크게 바뀐 점은 '해법 선택' 드롭다운에서 해법을 선택할 수 있다는 점이다. 여러분이 최적화하는 문제에 따라 적절한 해법 엔진을 선택할 수 있다. 다음과 같은 옵션이 있다.

- **단순 LP(Simplex LP) 엔진** : 선형 최적화 문제에 사용한다. 선형 최적화 문제는(변수 셀)*(상수) 항을 더해서 목표 셀과 제한 조건을 만들게 된다. 대부분의 마케팅 모델은 비

선형이다. 예외적으로 35장 "미디어 선택 모델"에서 다루는 고전적인 광고 미디어 선택 모델은 비선형이 아니다.

- GRG(Generalized Reduced Gradient) 비선형 엔진 : 목표 셀과 제한 조건의 일부가 모두 비선형 혹은 목표 셀이나 제한 조건의 일부가 비선형인 최적화 문제를 풀기 위해 사용한다. 계산할 때는 변수 셀을 곱하거나 나누는 등의 단순 계산 혹은 변수 셀을 거듭 제곱에 사용하거나, 지수 함수나 삼각 함수 등에 사용하는 것을 포함한다. GRG 엔진을 사용하면 옵션에서 'Multistart' 옵션을 사용할 수 있는데 이 옵션을 사용하면 이전 엑셀 버전에서 오답을 내던 문제들을 푸는데 제대로 사용할 수 있다. 이 책에서는 Multistart 옵션을 많이 사용할 것이다.

- Evolutionary 엔진 : 목표 셀과 제한 조건 혹은 목표 셀이나 제한 조건에 변수 셀을 참조하는 완만하지 않은 비선형 함수가 들어있을 때 사용한다. 예를 들어 여러분의 목표 셀이나 제한 조건에 변수 셀을 참조하는 IF, SUMIF, COUNTIF, SUMIFS, COUNTIFS, AVERAGEIF, AVERAGEIFS, ABS, MAX, MIN 등의 함수가 들어있으면 최적화된 답을 찾아내는데 이 Evolutionary 엔진이 최선의 선택일 것이다. 이 책에서 Evolutionary 엔진 또한 많이 사용한다.

목표 셀, 변수 셀, 제한 조건을 입력하고 나면 해찾기 프로그램은 무엇을 수행할까? 만약 변수 셀이 제한 조건을 만족한다면 변수 셀은 가능한 해법이 될 수 있다. 그리고 해찾기는 이런 가능한 해법들 중에서 가장 적절한 해법의 집합을 찾는다(이 값들을 최적값이라고 한다). 이 값은 목표 셀에 대한 최선의 값이다(극대화시킬 때는 가장 크게 만드는 값이고 극소화시킬 때는 가장 작게 만드는 값이다). 만약 최적화할 수 있는 값이 여러 개면 해찾기는 가장 처음에 찾은 값에서 해찾기를 멈춘다.

면도기 가격 매기기(면도날은 제외!)

"선형 수요 곡선 추정하기"절에서 사용한 방법을 사용하면 원래 구매한 상품의 수요 곡선을 쉽게 구할 수 있다. 마이크로소프트 오피스 엑셀의 해찾기 기능을 이용하여 면도기로부터 얻은 이익의 합을 극대화하는 상품의 가격을 구할 수 있다. 다음 면도기 구매자가 면도날도 구입하면 면도기의 이익을 극대화하던 이윤이 어떻게 줄어들게 되는지 보여주겠다.

여러분이 현재 면도기 하나에 $5.00의 가격을 매겨서 6백만 개를 판매한다고 가정해보자. 면도기를 생산하는 비용은 가변적이며 $2.00이다. 그리고 면도기에 대한 가격 탄력성은 2이고 수요 곡선은 선형이라고 가정한다. 면도기 가격은 얼마가 되어야 할까?

여러분은 그림 4-5처럼 수요 곡선(수요 곡선은 선형이라고 가정했다)을 정할 수 있다(이 그림은 razorsandblades.xls 파일의 no blades 워크시트에서 찾아볼 수 있다). 수요 곡선상 두 점은 가격=$5.00, 수요=6,000,000개 면도기 그리고 가격=$5.05(1% 가격인상) 수요=5,880,000(6,000,000개에서 2% 수요 감소)이다.

1. "선형 수요 곡선 추정하기"절에서처럼 차트를 그리고 추세선을 추가해보자. 수요 곡선식은 y = 18-2.4x이다. x는 가격이고 y는 수요이므로 면도기에 대한 수요 곡선식을 다음과 같이 쓸 수 있다.

$$수요(백만 단위) = 18 - 2.4*가격$$

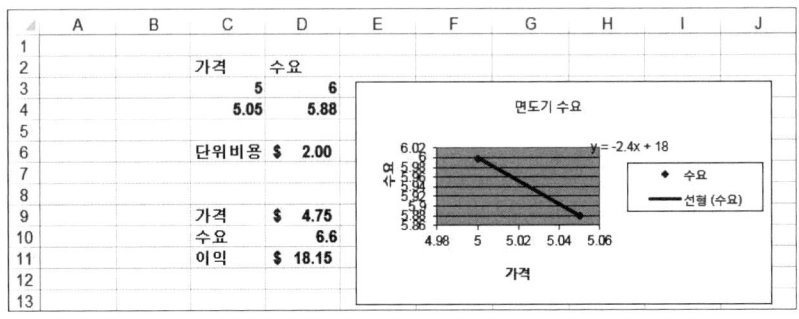

그림 4-5 : 면도기 가격 최적화하기 : 면도날은 제외

2. 셀 D6과 셀 D9:D11에 대해 각각의 영역의 이름을 C6, C9:C11로 정하자.
3. 다음 D9에 시험적으로 가격을 입력해서 그 가격에 대한 수요를 셀 D10에 입력해보자. 식은 =18-2.4*가격이다.
4. 다음 면도기에 대한 이익을 셀 D11에 구하자. 식은 =수요*(가격-단위비용)이다.
5. 이제 해찾기를 이용해야 이익을 극대화하는 가격을 찾아보자. 해찾기 대화상자는 그림 4-6과 같다. 가격(셀 D9)을 바꿔서 이익(셀 D11)을 최대화시키도록 하자.

6. 변수에 따라 바뀌는 두 개의 값('수요'와 '가격-비용')과 목표 셀을 곱하므로 모델은 선형이 아니다. 따라서 GRG 비선형 옵션을 선택하도록 하자. 해찾기 결과로 보면 면도기 가격을 $4.75로 했을 때 이익을 극대화할 수 있다고 알려준다(최대 이윤은 $18,150,000이다).

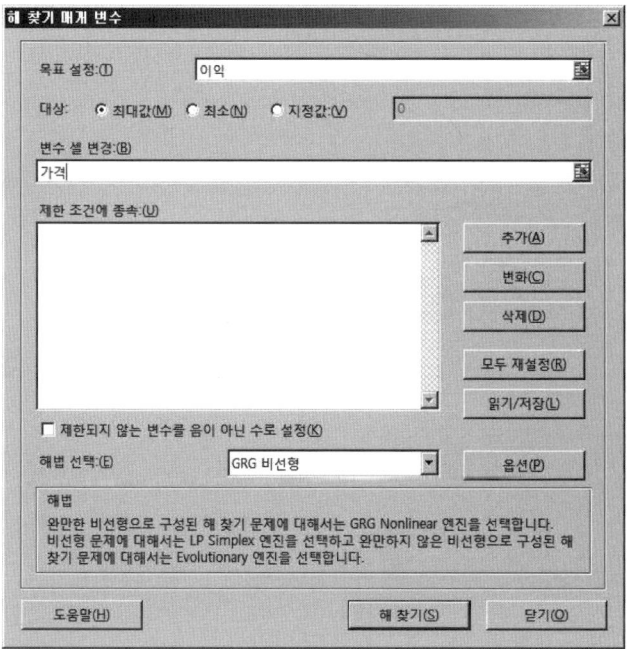

그림 4-6 : 면도날이 없는 경우 면도기의 가격을 위한 해찾기 창

보조 상품 포함시키기

어떤 상품은 상품을 구매할 때 다른 관련된 상품도 함께 구매하는 경향이 있다. 표 4-1은 보조 상품의 예를 보여주고 있다.

표 4-1 : 보조 상품의 예

원래의 상품	보조 상품
남자 양복	넥타이, 셔츠
잉크젯 프린터	프린터 카트리지
Xbox 콘솔	비디오 게임
스마트폰	케이스

만약 보조 상품으로 인한 이익도 목표 셀에 포함되어 있다면 원래 상품(주력 상품)의 이익을 극대화시키는 가격은 줄어들어야 한다. 예를 들어 면도기를 구매하는 구매자는 보통 50개들이 면도날을 함께 구매하며 면도날당 $0.15의 이익을 낸다고 가정해보자. 엑셀의 해 찾기를 사용해서 이런 가정을 적용하면 면도기의 가격이 어떻게 바뀌는지 알아보자. 면도날의 가격은 고정되어 있다고 가정한다(연습문제 3번에서는 면도날의 가격이 바뀐다). razorsandblades.xls의 blades 워크시트의 분석 과정은 그림 4-7과 같다.

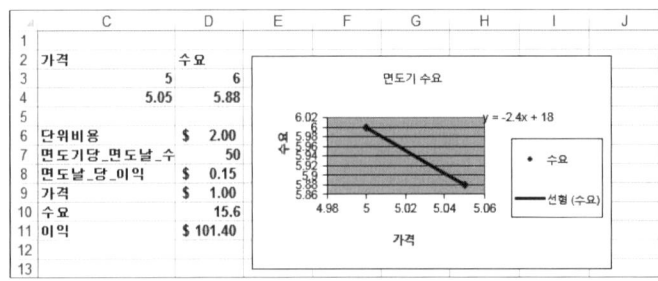

그림 4-7 : 면도날 이익이 포함된 경우의 면도기 가격을 최적화하기

이익을 최대화하기 위해 다음 과정을 수행해보자.

1. '수식' 탭 → '정의된 이름' 그룹 → '선택 영역에서 만들기'를 선택하여 셀 D6:D11에 대한 변수 이름을 셀 C6:C11로 만들자(예를 들어 셀 D10의 이름은 '수요'가 된다).

   > **Note**
   > no blades 워크시트의 셀 D10 역시 이름이 '수요'이다. 수식에서 '수요'라는 영역 이름을 사용하면, 엑셀은 자동으로 현재 워크시트에서 '수요' 영역을 찾아서 참조한다. 즉 '수요' 영역 이름을 blades 워크시트에서 사용하면 엑셀은 해당 워크시트의 셀 D10을 사용하며 no blades 워크시트의 셀 D10을 참조하지 않는다.

2. 셀 D7, D8에 면도날에 대한 정보를 입력한다.
3. 셀 D9에 면도기에 대하여 시험 가격을 입력하고 D10에는 18 - 2.4*가격 식으로 수요를 계산한다.

4. 다음 셀 D11에서 면도기와 면도날로부터 총 이익을 계산한다. 식은 다음과 같다.

수요*(가격-단위비용)+수요*면도기당_면도날_수*면도날_당_이익

여기서 수요*면도기당_면도날_수*면도날_당_이익은 면도날로부터 얻은 이익이다.

5. 해찾기 설정은 그림 4-6과 같다. 가격을 변경하여 이익을 극대화한다. 이제 이익의 식은 면도날로부터 얻은 이익도 포함한다.

면도기의 가격을 $1.00(생산 비용의 절반 밖에 안된다!)로 했을 때 이익이 극대화된다. 이런 가격을 매길 수 있는 이유는 면도날로부터 이익이 나오기 때문이다. 면도기 한 개가 팔릴 때마다 $1.00씩 손해를 본다고 해도 이런 가격으로 판매하는 것이 오히려 이익이다. 많은 기업들이 이런 끼워 팔 수 있는 보조 상품에서 나오는 이익의 중요성에 대해 간과하고 있다. 이런 기업들은 주력 상품의 가격을 심하게 올리지만 전체 이익을 극대화하지는 못한다.

Analysis 3 주관적으로 추정한 수요 곡선으로 가격 매기기

여러분이 상품의 가격 탄력성을 모르거나 혹은 수요 곡선이 선형이나 거듭제곱은 아닐 것이라고 생각하면 제품의 수요 곡선을 결정하기 위한 방법으로 가장 낮은 가격과 가장 높은 가격(이 가격은 소비자가 구매할 것으로 예상하는 합리적인 가격이어야 한다)을 우선 결정해야 한다. 다음 가장 높은 가격에서 수요, 가장 낮은 가격에서의 수요 그리고 중간 가격에서의 수요를 추정해보자. 이러한 방법은 Robert Dolan의 Power Pricing에 기반하고 있다. 이렇게 제품 수요 곡선에 대한 세 점을 결정하면 다음과 같은 2차 방정식에 맞도록 마이크로소프트 오피스의 추세선 기능을 이용할 수 있다.

(1) 수요 = $a(가격)^2 + b(가격) + c$

이런 방식으로 이차 곡선으로 수요 곡선을 만들면 수요 곡선의 기울기가 생각보다 훨씬 가파르거나 평평하게 되는데 이것은 선형 수요 곡선보다는 훨씬 더 현실적이다. 선형 수요 곡선에서는 기울기가 항상 동일하기 때문이다.

수요 곡선 상에서 세 점이 주어지면 세 점을 지나는 식 (1)을 표현할 수 있는 값 a, b, c를 정할 수 있다. 식(1)로 표현되는 곡선이 수요 곡선 상의 세 점을 지나므로 다른 가격에 대해서도 수요를 이 식으로 표현할 수 있을 것으로 보아도 무방하다. 다음 식 (1)과 해찾기를 이용하여 이익을 극대화시키자. 이익은 '(가격-단위비용)*수요'로 표현된다. 다음 예에서 이것이 어떻게 작용하는지 알아보자.

약국에서 챕스틱 한 개에 $0.90로 들어오고 있다. 약국에서는 이 챕스틱 한 개에 $1.50에서 $2.50 사이로 가격을 매기려고 한다. 약국에서는 챕스틱 가격이 $1.50이면 한 주에 60개가 팔릴 것으로 예상한다(ChapStickprice.xls 파일을 참고). 가격이 $2.00이면 51개, $2.50이면 20개가 한 주에 팔릴 것으로 예상한다. 약국에서는 챕스틱 한 개의 가격을 얼마로 정해야 할까?

다음 과정을 따라가보자.

1. 영역 E3:F6에 수요 곡선을 그릴 세 개의 점을 입력하자.
2. E3:F6을 선택한 다음 '삽입' 탭 → '차트' 그룹 → '분산형(X, Y) 차트'를 선택한 다음 첫 번째 옵션인 '분산형'을 선택한다.
3. 데이터 점을 선택하여 마우스 오른쪽 버튼을 클릭한 다음 '추세선 추가...'를 클릭한다.
4. '추세선 서식...' 대화 상자에서 '다항식'을 선택한 다음 '차수'에 2를 선택해서 식(1)에 해당하는 2차 방정식을 만든다. 그림 4-8에서는 추세선의 설정을 보여주고 있다. 수요 곡선을 포함하는 차트는 그림 4-9와 같이 보인다. 추정 수요 곡선은 다음 식(2)와 같다.

$$(2)\ 수요 = -44 * 가격^2 + 136 * 가격 - 45$$

5. 다음 셀 I2에 시험 가격을 입력해보자. 셀 I3의 식 `=-44*price^2+136*price-45`을 가지고 제품 수요를 계산해보자(셀 I2의 이름이 price이다).

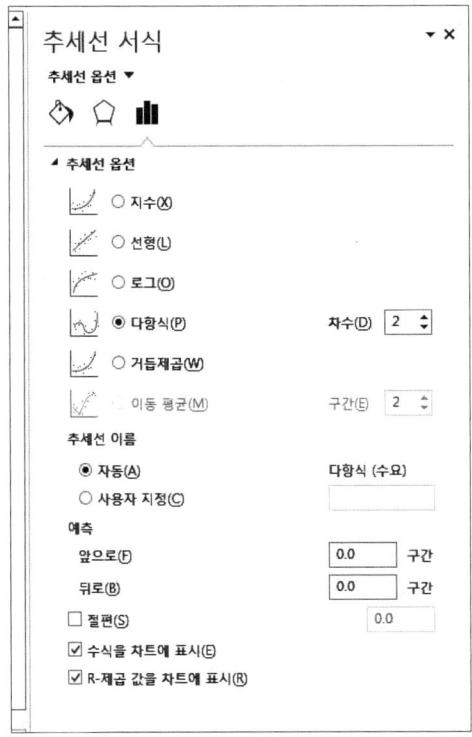

그림 4-8 : 2차 방정식 수요 곡선으로 가격 설정

6. 이제 챕스틱으로부터 주간 이익을 계산해보자. 이익을 계산하는 식은 셀 I4에 있으며 =demand*(price-unit_cost)이다(셀 E2의 이름은 unit_cost, 셀 I3의 이름은 demand이다).

7. 해찾기를 사용해서 이익을 극대화하는 가격을 구해보자. 해찾기 파라미터 대화상자는 그림 4-10과 같다. 가격(price)은 가장 낮은 가격과 높은 가격 사이에서 정해진다($1.50에서 $2.50). 만약 여러분이 이런 제한을 두지 않으면 2차원 수요 곡선의 기울기는 가파르게 우상향하는데 이것은 가격을 높일수록 수요가 증가함을 의미한다. 현실 세계에서는 일어나기 어려운 결과이므로, 가격을 제한해야 한다.

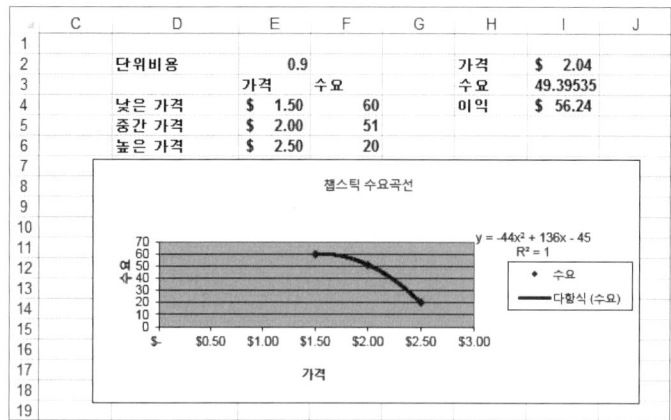

그림 4-9 : 챕스틱 수요 곡선

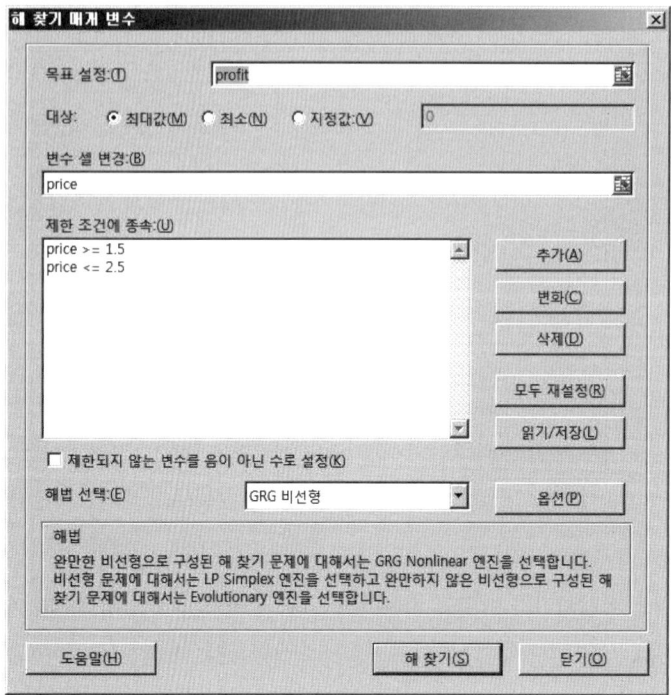

그림 4-10 : 2차 방정식 수요 곡선 예에 대한 해찾기 창

여기에서 보면 이익을 극대화하는 가격은 챕스틱 단위당 $2.04이다. 이 경우 한 주에 49.4단위가 팔리고 주당 이익은 $56.24이다.

> **Note**
>
> 이 절에서 가격을 매기는 과정에서는 가격 탄력성의 개념을 전혀 이해하지 않고 있어도 상관없다. 대신 해찾기에서 이윤을 극대화하는 가격을 찾으면서 각 가격에 대한 탄력성을 고려한다.

> **Note**
>
> 2차원 방정식 수요 곡선을 제대로 사용하려면 가격의 최소범위와 최대범위가 소비자가 생각하는 범위와 어느 정도 맞아야 한다. 가격의 최소범위와 최대범위를 정할 때는 경험이 풍부한 영업사원에게 도움을 요청하도록 하자.

Analysis 4 SolverTable을 사용하여 여러 제품의 가격 책정

이 전 절에서 제품의 가격을 매기기 위해 사용한 방법을 이용해서 기업에서는 수백 개 혹은 수천 개의 상품에 대한 가격을 쉽게 책정할 수 있다. 각 제품에 대해 필요한 정보는 단위 비용, 예상되는 가장 낮은 가격에서의 추정 수요, 중간가격에서의 추정 수요 그리고 가장 높은 가격에서의 추정 수요이다. Chris Albright의 SolverTable 추가 기능(www.kelley.iu.edu/albright/Free_downloads.htm에서 다운로드 받을 수 있다)을 사용하면 각 제품에 대해 2차 방정식 수요 곡선을 사용할 수 있다. SolverTable은 엑셀 추가 기능이며 해찾기 모델에 입력하는 값을 쉽게 바꿀 수 있으며 결과로 나오는 값의 집합을 추적해 볼 수 있다. 수요 곡선을 만든 다음 해찾기를 사용해서 모든 제품으로부터 얻을 수 있는 총 수익을 극대화하는 제품 각각의 가격을 구할 수 있다. 다음 과정을 따라가보자. Fittingmultipledemandcurves.xls 파일의 Data 워크시트를 참고하자. 이 데이터는 낮은 가격, 중간 가격, 높은 가격에서의 세 제품의 추정 수요를 보여준다.

1. HLOOKUP 함수에서 셀 A11로부터 값을 가져온 다음 이것을 키로 사용하여 E14:E16에 있는 각 제품에 대한 수요 정보로부터 해당하는 상품에 대해 수요를 구한다. 해찾기 모델은 상수로 a, 가격에 대한 계수로는 b 그리고 가격 2의 계수는 c로 정해져 있으며, 이 식으로 각 가격에서 상품의 수요를 구할 수 있다.

2. 셀 A11의 값을 1에서 n(제품의 가짓수)까지 변화시키면서 SolverTable을 사용하여 각 제품에 대해 연산을 수행한다.
3. 영역 F6:H10을 lookup이라고 명칭을 붙인다.
4. E14의 식 =HLOOKUP($A$11,Lookup,C14)을 복사해서 E15:E16에 붙인다. 제품 인덱스 A11에 해당하는 각 제품에 대한 수요를 가져올 수 있다.
5. F14의 식 =E$3+$E$4*D14+$E$5*(D14^2)을 F15:F16에 복사해서 E3:E5에 기반한 2차원 수요 곡선에 따른 예측 수요량을 계산한다.
6. G14의 식 =(E14-F14)^2을 G15:G16에 복사해서 각 가격에 대한 예측 수요의 오차제곱을 구한다. 각 가격에 대한 추정 오차는 실제 수요에서 수요 곡선으로부터 구한 추정 수요를 빼서 구한다.
7. 셀 G12의 식 =SUM(G14:G16)을 사용하여 추정 오차의 제곱합을 구한다.
8. E3:E5의 값을 바꿔서 G12를 최소화한다면 해찾기는 오차제곱의 합을 0으로 만들 수 있는 a, b, c를 찾는다. 오차의 합이 아닌 오차의 제곱합을 최소화하는 이유는 만약 오차가 어떤 값은 양이고 어떤 값은 음이라면 이것들을 더했을 때 서로 상쇄할 수 있기 때문이다. 오차의 제곱합을 최소화하는 과정은 다음 절에서 설명한 추세선 다항식 옵션과 매우 유사하다. 해찾기 창은 그림 4-11과 같이 보인다.

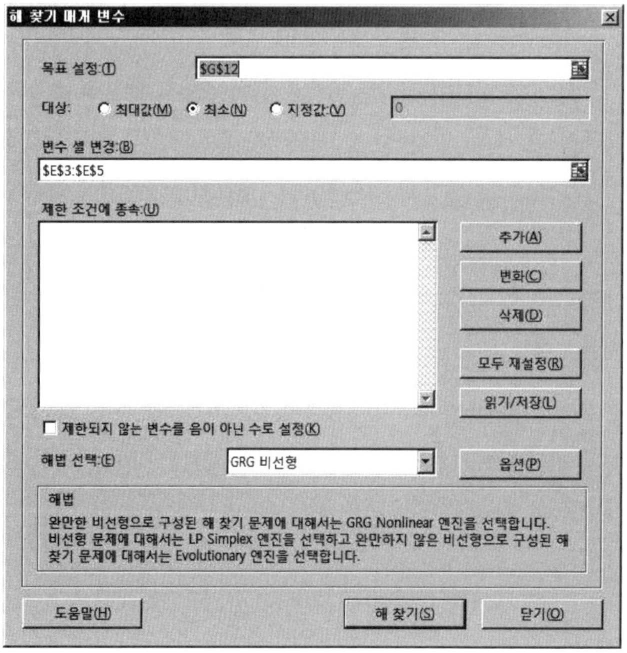

그림 4-11 : SolverTable 예제의 해찾기 창

9. 목표 셀이 (변수 셀) * 상수의 항을 더한 형태가 아니므로 '해법 선택'으로는 GRG 비선형 옵션을 선택하자.
10. 해찾기에서 이 문제에 대한 적절한 해답을 찾도록 하기 위해, '옵션'에서 '단위 자동 설정 사용'에 체크하자. 다음 'GRG 비선형' 탭에서 '미분 계수'를 '중앙'으로 선택한다.
11. 다음 '확인'을 클릭하여 답을 찾을 수 있다(그림 4-12). 오차의 제곱합은 소수 26자리까지 0이 나오며 2차 곡선은 `-73.625+195price+87.5price^2`이다. a, b, c가 음수일 가능성이 있으므로 '제한되지 않는 변수를 음이 아닌 수로 설정'에 체크하면 안된다.

	A	B	C	D	E	F	G	H
1								
2								
3				a	-73.625			
4				b	195			
5				c	-87.5			
6						1	2	3
7				가격		제품1 수요	제품2 수요	제품3 수요
8				Low	1.1	35	32	24
9				Medium	1.3	32	27	17
10	Data set			High	1.5	22	16	9
11		1					SSE	
12							1.00974E-27	
13				가격	수요	예상수요	오차제곱	
14			3	1.1	35	35	2.01948E-28	
15			4	1.3	32	32	8.07794E-28	
16			5	1.5	22	22	0	

그림 4-12 : SolverTable을 사용하여 가격을 최적화하기

SolverTable을 사용하여 모든 제품에 대한 수요 곡선 찾기

워크시트상에서 해찾기 모델을 만든 다음 SolverTable을 사용하여 하나(일원 SolverTable)나 두 개(이원 SolverTable)의 입력값에 대한 값을 찾아보고 결과값에 대해 추적해야 한다. 우선 SolverTable을 설치한 다음 리본에서 'SolverTable' 탭을 클릭하자. 다음 'Oneway table'을 선택한 다음 그림 4-13과 같이 SolverTable 대화상자의 설정값을 채운다.

해찾기를 시작하기 위해 입력 셀(A11)에 1을 입력한 다음 해찾기를 수행해서 결과 셀(a, b, c, 오차제곱)을 추적해보자. 다음 해찾기는 A11에 2를 놓고, 마지막으로 A11에 3을 입력한다. 결과는 새 STS_1 워크시트에 보이며 그림 4-14를 참고한다.

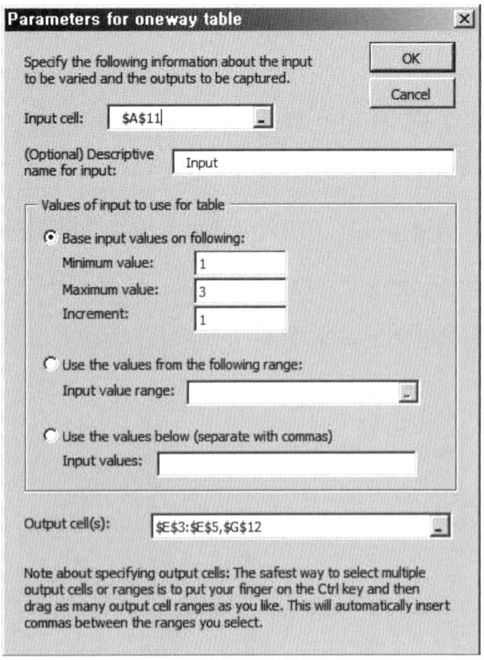

그림 4-13 : SolverTable 설정

	A	B	C	D	E	F	G	H	I
1	data 워크시트의 해찾기를 위한 One-way 모델								
2									33.23375
3	입력값(셀 $A$11)은 왼쪽에 있고, 결과셀은 위 부분에 있다.								
4		a	b	c	$G$12	가격	수요	단위비용	이익
5	1	-73.625	195	-87.5	1.04441E-22	1.389493	28.3907	0.8	16.73611
6	2	-47.75	155	-75	6.31897E-25	1.370568	23.80379	0.9	11.2013
7	3	44.625	-5	-12.5	7.98128E-21	1.367619	14.40715	1	5.296336

그림 4-14 : SolverTable 결과

이제 해찾기 모델을 설정해서 각 제품에 대해 이익을 극대화하는 가격을 구해보자.

1. F5:F7에 각 제품에 대한 시험 가격을 입력하자.
2. F5:F7의 가격에 따라 각 제품에 대한 수요를 계산하자. 셀 G5의 식 =B5+C5*F5+F5^2*D5를 G6:G7에 복사한다.
3. H5:H7에 각 제품의 단위 가격을 입력한 다음 (price-unit cost)*demand 식에 따라 각 제품의 이윤을 계산한다. I5의 식 =(F5-H5)*G5을 I6:I7에 복사하시오.
4. 모든 제품에 대한 총 이익을 계산한다. 셀 I2에 식 =SUM(I5:I7)을 입력하시오.

5. 이제 해찾기(그림 4-15)를 사용해서 총 이익(I2)를 극대화하기 위한 가격을 F5:F7에서 선택하자. 물론 이것은 각 제품에 대해 이익을 극대화하는 가격이다.

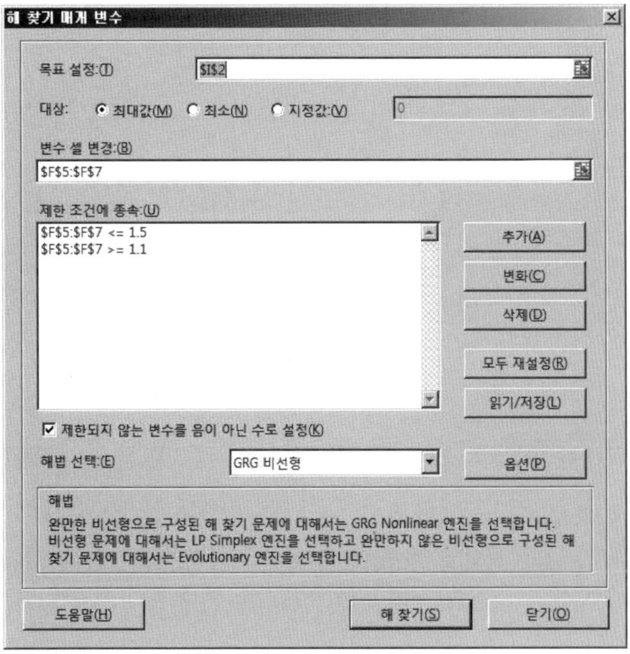

그림 4-15 : 각 제품에 대해 이익을 극대화하는 가격 찾아내기

제품 1에 대해서는 $1.39, 제품 2와 제품 3에 대해서는 $1.37을 책정해야 한다. SolverTable을 사용하면 마케팅 분석에서 여러 제품에 대해 빠르게 수요 곡선을 추정하고 각 제품에 대해 이익을 극대화하는 가격을 결정할 수 있다.

Summary

이 장에서는 다음과 같은 사항을 알아보았다.

- 수요에 대한 가격 탄력성은 가격이 1% 증가할 때 수요가 감소하는 비율이다.
- 현재 가격과 수요 그리고 탄력성이 주어지면 엑셀의 추세선 기능을 사용하여 선형 수요 곡선(수요=a -b*가격)을 구할 수 있다. 선형 수요 곡선에서는 수요 곡선상의 모든 지점에 대해 탄력성이 다르다.
- 현재 가격과 수요, 그리고 탄력성이 주어지면 엑셀의 목표값 찾기 기능을 사용하여 거듭제곱이나 상수 수요 곡선을 구할 수 있다(수요=a(가격)$^{-b}$).
- 수요 곡선이 주어지면, 해찾기를 사용하여 이익을 극대화하는 가격을 구할 수 있다. 이때 이익의 식은 (가격-단위비용) * 수요와 같다.

- 만약 가격 탄력성 값을 모르면 엑셀 추세선에서 다항식 기능을 이용하여 2차 방정식이나 3차 방정식의 수요 곡선 상의 점을 구할 수 있다.
- SolverTable 추가 기능을 사용하여 수많은 제품의 수요 곡선을 쉽게 구할 수 있다. 그리고 해찾기 기능을 이용하여 이익을 극대화하는 각 제품의 가격을 구할 수 있다.

Exercises

1. 여러분의 회사가 개발한 보드 게임을 개당 $60의 가격으로 3,000개 판매했다. 보드 게임에 대한 가격 탄력성은 3으로 알려져 있다. 이 정보를 사용하여 선형 수요 곡선과 거듭제곱 수요 곡선을 구하시오.

2. 여러분은 현재 이익을 극대화하는 비디오 게임 콘솔 가격을 구하고자 한다. 현재 콘솔의 가격은 $180이며 연간 2,000,000대 판매하고 있다. 콘솔을 만드는 원가는 $150이며, 콘솔의 가격 탄력성은 3이다. 콘솔의 가격은 얼마여야 할까?

3. 이제 비디오 게임 콘솔 구매자가 평균 비디오 게임을 10개 구매한다고 가정하자. 그리고 각 비디오 게임당 이익은 $10이다. 콘솔에 대해 가격을 다시 매기면 어떻게 해야 할까?

4. `razorsandblades.xls` 파일 예에서 면도날의 원가비용을 $0.20이라고 가정해보자. 만약 면도날 가격을 $0.35로 하면 소비자는 평균 50개의 면도날을 구매한다. 면도날의 가격 탄력성이 3이라고 가정하면 면도기와 면도날 각각에 가격을 얼마로 해야 할까?

5. 여러분이 극장을 운영하고 있다고 가정하자. 손님은 주당 8,000명이다. 현재 수요, 가격, 티켓 판매의 가격 탄력성 그리고 팝콘, 탄산음료, 사탕에 대한 가격 탄력성은 그림 4-16과 같다. 티켓 매출은 45%를 유지한다. 티켓의 단위 가격, 팝콘, 탄산음료, 사탕의 단위가격 또한 그림 4-16에서 가정한 바와 같다. 선형 수요 곡선이라고 가정할 때, 극장의 이익을 어떻게 극대화시킬 수 있을까? 음식과 음료에 대한 수요는 관객에 각각의 비율을 곱하시오.

	B	C	D	E	F	G	H	I
2								
3			탄력성	현재 가격	수요	비용	티켓 비율	
4	45% 유지	티켓	3	8	3000	0	0.45	
5		팝콘	1.3	3.5	0.5	0.4		
6		탄산음료	1.5	3	0.6	0.5		
7		사탕	2.5	2.5	0.2	1		

그림 4-16 : 연습문제 5번의 데이터

6. 미국에서 조제되어 세계적으로 판매되는 처방약이 있다. 이 약의 단위 생산비용은 $60이다. 독일시장에서 단위당 이 약을 150유로에 판매하고 있다. 현재 환율은 유로당 0.667 달러이다. 현재 이 약에 대한 수요는 100개이며 추정 가격 탄력성은 2.5이다. 선형 수요 곡선이라고 가정했을 때, 이 약의 적절한 가격(유로 단위)를 구하시오.

7. 비디오 게임 콘솔을 만드는데 $250이 든다고 가정하자. 여러분이 이 콘솔을 판매하고자 할 때의 예상 가격 범위는 $200에서 $400사이이다. 이 콘솔의 추정 수요는 다음 표와 같다. 이 비디오 게임 콘솔의 가격을 얼마여야 할까?

가격	수요
$200	50,000
$300	25,000
$400	12,000

8. 게임 콘솔을 구입한 소비자는 평균 10개의 비디오 게임을 구매한다. 비디오 게임당 이익은 $10이다. 비디오 게임 콘솔의 가격을 얼마로 해야 할까? 연습문제 7번의 수요 정보를 사용하자.

9. 새로 창간된 주간 잡지의 가격을 책정하고자 한다. 잡지를 인쇄하고 배포하는 비용은 권당 $0.50이다. 현재 이 잡지의 권당 가격으로 여러분이 예상하고 있는 가격은 $0.50에서 $1.30이다. 이 잡지의 추정 주간 판매량은 다음 표와 같다. 이 잡지의 가격을 얼마로 해야 할까?

가격	수요(백만 단위)
$0.50	2
$0.90	1.2
$1.30	0.3

10. 네 가지 제품에 대해 다음과 같은 정보가 주어졌을 때 각 제품에 대해 이익을 최대화하는 가격을 정하시오.

제품	가장 낮은 가격	중간 가격	가장 높은 가격	가장 낮은 가격에서의 수요	중간 가격에서의 수요	가장 높은 가격에서의 수요	단위 비용
제품1	$1.40	$2.20	$3.00	100	40	5	$1.10
제품2	$2.20	$3.00	$4.00	200	130	25	$1.50
제품3	$45	$75	$95	400	300	130	$50
제품4	$200	$250	$300	600	300	50	$120

11. (계산기 필요) 어떤 제품의 수요가 $q=ap^{-b}$ 식을 따를 때, 임의의 가격 a에 대해서 가격이 1% 증가하면 수요가 1% 감소함을 보이시오.

12. 수요 곡선이 $q=100p^{-2}$ 일 때, p=1, 2, 4, 8, 16인 경우 가격이 1% 증가하면 수요가 약 2% 감소함을 보이시오.

Price Bundling

묶음 가격

Chapter 05

4장 "수요 곡선을 추정하고 해찾기로 가격을 최적화하기"에서는 소비자가 구매하는 상품의 각 단위에 대해 동일한 가격을 지불하는 상황을 다뤘다. 판매자는 선형 가격을 사용할 때 소비자가 각 단위에 대해 동일한 가격을 지불한다. 이 장과 6장 "비선형 가격"에서는 비선형 가격 모델에 대해 설명하겠다. 비선형 가격 모델에서는 어떤 제품의 집합에 대해서 소비자가 지불하는 가격과 그 집합에서의 각 상품 가격을 모두 합했을 때의 가격이 동일하지 않다. 비선형 가격의 가장 흔한 예는 '묶음 가격(price bundling)'이다. 이 장에서는 기업이 이익을 최대화하기 위해 가격 묶음을 어떻게 사용할 수 있는지 도와주는 분석모델을 알아보겠다.

Analysis 1 왜 가격을 묶을까?

상품을 묶어놓았을 때 소비자는 묶어놓지 않았을 경우보다 더 많이 구입하는 경우가 있다. 다음은 묶음 상품의 예이다.

- 케이블 회사에서는 지상파, 무선 전화 서비스, TV 서비스, 인터넷 서비스를 한데 묶어서 제공한다.
- 자동차 회사에서는 내비게이션, 위성통신 라디오, 비접촉 열쇠 등의 인기 있는 차량 옵션을 묶어서 판매한다
- 메일로 컴퓨터를 주문 받는 조립회사는 컴퓨터와 함께 프린터, 스캐너, 모니터를 함께 묶어서 판매한다.
- 마이크로소프트 오피스는 엑셀, 워드, 액세스, 아웃룩같은 소프트웨어 제품을 함께 묶어서 판매한다.

이 장에서는 소비자가 소비자 잉여(consumer surplus)를 기반으로 해서 결정을 내린다고 가정한다. 제품의 소비자 잉여는 간단히 말하면 소비자가 어떤 제품에 대해 스스로 붙인 가치에서 상품의 실제 가격을 뺀 값이다.

> **Note**
> 16장 "컨조인트 분석"과 18장 "비집계 분석"에서는 소비자가 특정 상품이나 상품의 집합에 매긴 가치를 어떻게 결정하는지에 대해 알아보겠다.

소비자의 목적은 선택을 통해 소비자 잉여를 최대화시키는 것이다. 따라서 어떤 상품들을 조합했을 때 이것이 음의 잉여를 가진다면 이런 상품 조합은 전혀 팔리지 않을 것이다. 하지만 소비자 잉여가 양인 선택사항이 하나 이상 있다면 소비자는 이중에서 소비자 잉여를 가장 크게 만족시키는 것을 선택할 것이다. 끼워 넣기 상품(tie)의 가능성은 무시한다. 이 절에서는 세 가지 예제를 사용하여 이익을 어떻게 가장 크게 증가시킬 수 있는지 설명하겠다.

소비자 잉여를 끌어내기 위해 상품을 묶기

만약 여러분이 디즈니월드라는 놀이동산을 운영하고 있다고 가정해보자. 디즈니월드에는 탈 수 있는 놀이기구가 5가지 있다.

- Space Mountain : $10
- Matterhorn : $8
- Tower of Terror : $6
- Small World : $4
- Mr. Toad : $2

디즈니월드는 이 5가지 탈것으로 어떻게 매출을 극대화할 수 있을까? 우선 모든 탈것의 가격은 동일하다고 가정해보자. 만약 디즈니월드가 모든 탈것에 대해 $10을 부과하면 모든 고객은 가장 값이 비싼 Space Mountain으로만 몰릴 것이고 여러분은 고객 한 명당 $10을 얻게 된다. 만약 디즈니월드가 하나의 탈것에 대해 $8씩 부과하면 고객은 두 가지 종류(Space Mountain과 Matterhorn)를 탈 것이고 고객 한 명당 $16을 벌 수 있다. 만약 탈것 한 개에 대해 $6을 부과하면 고객은 세 개(Space Mountain, Matterhorn, Tower of Terror)를 탈 것이며 고객 한 명당 $18을 번다. 탈것 한 개에 대해 $4을 부과하면 여러분은 $16을 번다. 마지막으로 모든 탈것에 대해 $2를 부과하면 한 명당 총 매출은 $10이다. 따라서 각 탈것이 한 가지 가격이라면 고객 한 명당 $18을 벌 때 이익이 최대화된다.

이제 디즈니월드가 탈 것 한 개 한 개에 대한 입장 티켓을 판매하지 않고 단순히 $30에 다섯 가지를 탈 수 있게 해준다고 해보자. 이 다섯 가지 탈것에 대한 고객이 생각하는 가격은 $30(다섯가지 탈것의 입장료를 모드 합한 가격)이므로 디즈니월드 입장 시 $30을 지불할 것이다. 이렇게 하면 매출의 67%가 증가한다. 물론 단일 공원 입장 티켓을 채택하면 고객들이 줄 서는 것도 어느 정도 줄일 수 있는 이점이 있다. 중요한 점은 이 간단한 상품 번들(product bundling)의 예는 기업이 소비자 잉여를 고객으로부터 뽑아내는 것을 보여준다. 이 장의 나중 부분에서 보면 모든 고객이 동일하다는 가정은 이 분석에서 중요하지 않다.

완전 묶음(Pure Bundling)

이제 다른 예를 살펴보자. 예를 들어 여러분이 두 개의 상품을 가지고 있고 두 잠재 고객이 있다고 하자. 이 두 잠재 고객이 각 상품에 대해서 가지는 가치는 표 5-1과 같다.

표 5-1 : 음의 관계로 가치평가를 하는 경우 완전 묶음이 잘 적용된다.

상품	고객 1	고객 2
컴퓨터	$1,000	$500
모니터	$500	$1,000

간단하게 하기 위해 우선 각 제품을 생산하는 비용은 무시해서 모두 생산비용은 $0이라고 가정하자. 따라서 매출과 이익은 동일하다. 이 예에서 고객의 평가가치(valuation)는 음의 관계(negatively correlated)로 상관되어 있다. 고객 1은 고객 2보다 컴퓨터의 가치를 높게 생각하고 있지만 모니터에서는 그렇지 않다. 만약 두 상품의 가격을 따로따로 책정하면 각 상품

에 대해 $1,000씩 가격을 매기면 총 매출은 $2,000이 될 것이다. 하지만 두 상품을 묶어서 $1,500으로 책정하면 두 고객이 모두 이 상품을 구매했을 때 매출은 $3,000이 된다. 따라서 상품에 대해 고객 평가가치가 음의 상관관계에 있으면 묶음 상품으로 이익을 크게 증가시킬 수 있다.

여기서 상품을 묶어서 파는 것이 효과 있는 이유는 판매자가 고객이 상품에 매긴 가치로부터 가치를 이끌어낼 수 있었기 때문이다. 만약 판매자가 고객에게 전체 상품을 다 살 것인지, 아니면 다 안 살 것인지의 선택만 제공한다면 이 상황을 완전 묶음(pure bundling)이라고 한다. 영화 배급사가 극장에 영화를 배포할 때 블록버스터 영화와 그다지 유명하지 않은 영화를 함께 가져가도록 한다. 만약 극장주가 블록버스터 영화만 가져가고 싶다고 하더라도 흥행을 기대하기 어려운 영화까지 함께 가져가지 않으면 영화를 상영할 수 없다.

만약 고객 평가가치가 양의 관계로 관련되어 있으면 이러한 묶음은 아무런 이익이 없다. 따로따로 파는 것에 비해 묶음 상품이 소비자 잉여를 더 이끌어낼 수 없기 때문이다. 예를 들어 표 5-2 같은 경우는 고객 2가 고객 1보다 모든 상품에 대해 더 많은 금액을 지불하고자 하므로 양의 관계(positively correlated)에 있다. 이 경우 판매자가 두 상품에 대해 분리된 가격을 매겨서 컴퓨터에는 $1,000, 모니터에는 $500을 책정했다고 가정해보자. 이 경우 두 고객은 두 상품을 모두 구매하므로 전체 매출은 $3,000이 된다. 만약 판매자가 완전 묶음을 제공해서 묶음 상품을 $1,500에 판매한다고 가정해보자. 그러면 두 고객은 묶음 상품을 구매하고 총 매출은 $3,000이 된다. 이 경우 완전 묶음 상품이나 분리된 상품 모두 이익이 동일하다.

표 5-2 : 양의 관계로 가치평가를 하는 경우 완전 묶음이 잘 적용되지 않는다.

상품	고객 1	고객 2
컴퓨터	$1,000	$1,250
모니터	$500	$750

혼합 묶음

혼합 묶음(Mixed Bundling)은 판매자가 상품의 가능한 여러 조합에 대해 다른 가격을 책정하는 것을 의미한다. 표 5-3의 데이터를 보면 이 경우 혼합 묶음이 최선의 선택이다.

표 5-3 : 혼합 묶음이 최선의 선택이다.

고객	컴퓨터	모니터
1	$900	$800
2	$1,100	$600
3	$1,300	$400
4	$1,500	$200
단위 비용	$1,000	$300

이익을 극대화하기 위해 판매자는 다음과 같은 일을 수행할 수 있다(연습문제 7번 참고).

- 두 상품의 가격을 따로따로 책정했을 때 이익을 극대화하려면 모니터는 $600, 컴퓨터는 $1,300으로 한다. 이 경우 고객 3과 고객 4는 컴퓨터를 구입하고 고객 1과 고객 2는 모니터를 구입하므로 총 이익은 $1,200이다.
- 혼합 묶음의 경우 이익을 극대화하기 위해 모니터는 $799, 컴퓨터는 $1,499로 한다. 그리고 컴퓨터와 모니터를 함께 구입하는 묶음은 $1,700이다. 이 경우 고객 1은 모니터만 고객 4는 컴퓨터만 구입한다. 그리고 고객 2와 고객 3은 묶음 상품을 구입한다. 판매자의 이익은 $1,798이다.
- 모니터와 컴퓨터 묶음만 판매하는 완전 묶음밖에 없는 경우 판매자는 이 묶음을 $1,700에 판매해야 한다. 각 고객은 묶음 상품만 구매하며 이때 이익은 $1,600이다.

Analysis 2 Evolutionary 해찾기를 이용하여 최적의 묶음 가격 찾아내기

이 앞 절에서 설명한 고객이 결정을 내릴 때 소비자 잉여(consumer surplus)를 중요시 한다는 가정과 함께 여기서부터 설명할 엑셀 2010(그 이후 버전도 해당) Evolutionary 해찾기 엔진을 사용하면 복잡한 상품 묶기 문제를 쉽게 해결할 수 있다.

이 절에서는 버라이즌(verizon)[1]의 예를 사용하겠다. 버라이즌은 셀룰러 전화 서비스, 인터넷

---
[1] 미국의 통신 업체

접속 서비스, FIOS TV 서비스 등을 제공한다. 고객은 이 세 가지 상품의 어떤 조합도 구매할 수 있다. 조합한 상품의 예는 모두 7가지이며 상품 목록은 다음과 같다.

- 인터넷(조합 1)
- TV(조합 2)
- 무선전화(조합 3)
- 인터넷과 TV(조합 4)
- 인터넷과 무선전화(조합 5)
- TV와 무선전화(조합 6)
- 인터넷, TV, 무선전화(조합 7)

phone.xls에서는 각 서비스에 대해 매월 구매의사가 있는 소비자의 정보를 담고 있다. initial solver 워크시트의 모델을 사용하여 예제를 수행해보자(그림 5-1). 6행에서 첫 번째 고객은 매월 인터넷에 $3.50, TV에는 $7, 무선 전화에는 $3.50을 지불할 의사가 있다(매우 절약하는 성향의 고객이라고 볼 수 있다). Evolutionary 해찾기 모델과 이 데이터를 사용해서 이익을 극대화하기 위해 각 제품조합에 가격을 얼마로 해야 하는지 결정할 수 있다.

	A	B	C	D	E	F	G	H	I	J	K	L	M	N	O	P
1																
2																
3			제품	1	2	3	4	5	6	7		total	3413.696			
4			가격	74.35303	35	82.16	69.9942	69.99101	69.99127	89.9452						
5	인터넷	TV	무선 전화	인터넷	TV	무선 전화	인터넷 + TV	인터넷 + 무선전화	TV+무선 전화	인터넷 + TV + 무선전화	소비자 잉	구매?	매출			
6	$3.50	$7.00	$3.50	-70.853	-28	-78.7	-59.494	-62.991	-59.4913	-75.945	-27.9987	0	0			
7	$17.50	$35.00	$3.50	-56.853	0	-78.7	-17.494	-48.991	-31.4913	-33.945	0.0013	2	34.9987			
8	$28.00	$28.00	$49.00	-46.353	-7	-33.2	-13.994	7.008987	7.008733	15.0548	15.05482	7	89.94518		제품	빈도
9	$70.00	$70.00	$0.00	-4.35303	35	-82.2	70.0058	0.008987	0.008733	50.0548	70.00576	4	69.99424		0	25
10	$0.00	$7.00	$14.00	-74.353	-28	-68.2	-62.994	-55.991	-48.9913	-68.945	-27.9987	0	0		1	0
11	$0.00	$70.00	$0.00	-74.353	35	-82.2	0.00576	-69.991	0.008733	-19.945	35.0013	2	34.9987		2	19
12	$21.00	$35.00	$10.50	-53.353	0	-71.7	-13.994	-38.491	-24.4913	-23.445	0.0013	2	34.9987		3	0
13	$7.00	$21.00	$0.00	-67.353	-14	-82.2	-41.994	-62.991	-48.9913	-61.945	-13.9987	0	0		4	8
14	$5.25	$7.00	$2.10	-69.103	-28	-80.1	-57.744	-62.641	-60.8913	-75.595	-27.9987	0	0		5	2
15	$21.00	$28.00	$28.00	-53.353	-7	-54.2	-20.994	-20.991	-13.9913	-12.945	-6.9987	0	0		6	1
16	$35.00	$49.00	$21.00	-39.353	14	-61.2	14.0058	-13.991	0.008733	15.0548	15.05482	7	89.94518		7	22
17	$21.00	$21.00	$21.00	-53.353	-14	-61.2	-27.994	-27.991	-27.9913	-26.945	-13.9987	0	0			
18	$14.00	$35.00	$21.00	-60.353	0	-61.2	-20.994	-34.991	-13.9913	-19.945	0.0013	2	34.9987			
19	$14.00	$35.00	$14.00	-60.353	0	-68.2	-20.994	-41.991	-20.9913	-26.945	0.0013	2	34.9987			
20	$70.00	$0.00	$49.00	-4.35303	-35	-33.2	0.00576	49.00899	-20.9913	29.0548	49.00899	5	69.99101			
21	$7.00	$35.00	$14.00	-67.353	0	-68.2	-27.994	-48.991	-20.9913	-33.945	0.0013	2	34.9987			
22	$21.00	$35.00	$42.00	-53.353	0	-40.2	-13.994	-6.99101	7.008733	8.05482	8.054824	7	89.94518			

그림 5-1 : 버라이즌 인터넷 예

여기서는 우선 가능한 모든 제품 조합에 대한 가격을 포함하는 엑셀 워크시트를 만든 다음, 고객 표본으로부터 매출을 얼마나 달성할 수 있는지 알아보자. 다음 Evolutionary 해찾기를 사용하여 매출을 극대화하는 제품 조합의 가격을 찾는다. 제품 조합의 가격으로부터 매출을 얼마나 달성할 수 있는지 알아보기 위해 다음 과정을 따라가보자.

1. 7개 상품 조합에 대해 D4:J4에 시험 가격을 입력한다.
2. 6행에서 첫 번째 고객의 소비자 잉여를 계산하자. 각 제품 조합에 대해 소비자가 생각하는 가격으로부터 제품 조합의 가격을 빼서 소비자 잉여를 구한다. 예를 들어 첫 번째 소비자의 인터넷 + TV 상품에 대한 소비자 잉여는 셀 G6에 있으며 식은 =A6+B6-G$4이다. 6행의 식을 D7:J82에 복사해서 각 상품 조합에 대한 소비자 잉여를 계산하자.
3. 4행의 상품 가격을 고려했을 때 만약 고객이 상품을 고려했다면 가장 크게 얻을 수 있는 소비자 잉여는 얼마인지 계산한다. K6의 식 =MAX(D6:J6)을 K7:K82에 복사해서 각 고객의 소비자 잉여를 구해보자.
4. 이제 가장 중요한 부분인데 L열에 보면 IF와 MATCH 함수(2장 "엑셀 차트를 이용하여 마케팅 데이터 요약하기"에서 소개)를 사용하여 각 고객이 어떤 상품을 구매해야 하는지 보여주고 있다. 여기서 '제품'이 0인 것은 아무것도 구매하지 않았음을 나타낸다. 그리고 나머지 숫자 1~7은 구매상품의 조합 번호를 나타낸다. L6의 식 =IF(K6<0,0,MATCH(K6,D6:J6,0))을 영역 L7:L82에 복사하면 각 소비자가 구매하는 상품 번호를 구할 수 있다.
5. M6의 식 =IF(L6=0,0,HLOOKUP(L6,$D$3:$J$4,2))을 M7:M82에 복사해서 각 소비자당 만들어내는 매출을 계산해보자.
6. 셀 M3의 식 =SUM(M6:M82)은 총 매출을 계산한다. 이제 매출을 극대화하는 가격을 찾아내기 위해 Evolutionary 해찾기를 사용해보자. 우선 Evolutionary 해찾기를 설명하겠다.

Evolutionary 해찾기 소개

4장 "수요 곡선을 추정하고 해찾기로 가격을 최적화하기"에서는 목표 셀과 제한조건이 변수 셀을 포함하는 완만하지 않은 비선형 함수가 들어있을 때 Evolutionary 엔진을 사용한다라고 언급했다. 예를 들어 목표 셀과 제한조건에 IF, SUMIF, COUNTIF, SUMIFS, COUNTIFS,

AVERAGEIF, AVERAGEIFS, ABS, MAX, MIN 등의 함수가 포함되어 있고 이 함수가 변수 셀을 포함할 때 여러분의 문제를 최적화할 가장 좋은 답을 찾기 위해 Evolutionary 엔진이 최선이다. 이 모델에서는 IF를 많이 사용하므로 Evolutionary 해찾기를 사용하는 것이 가장 좋은 방법이다. 목표 셀은 매출(셀 M3)이고 변수는 변경하고자 하는 가격(D4:J4)이다.
Evolutionary 해찾기 엔진을 사용할 때는 다음 규칙을 따라야 한다.

- 변수 셀에 대해 범위(하위, 상위)를 두어야 한다. 이렇게 하면 해찾기에서 최적화된 값을 찾기에 좀 더 쉬워진다. 버라이즌의 상품 묶음에서 범위는 각 상품에 대해 0에서 100사이이다.

> **Note**
> 해찾기 엔진을 사용하다가 변수 셀이 상위나 하위 범위에 걸리면 이 기준을 완화해서 해찾기 엔진이 범위 바깥으로 값을 바꿀 수 있도록 해야 한다.

- 변수 셀의 범위 지정 외에는 제한조건을 따로 두면 안된다. 제한조건을 지키기 위해 목표 셀에서 불이익(penalty)을 사용하는 법에 대해 곧 다룬다.
- '옵션' 탭에서 '최대 시간'을 3600초로 늘린다. 이렇게 하면 해찾기는 총 한 시간을 수행할 수 있다. 그동안 여러분이 컴퓨터를 사용하지 않아도 상관없다. 이 시간은 해찾기가 답을 찾을 수 있도록 충분한 시간을 주어야 한다. 그리고 '최대 부분 문제'와 '최대 최적 해'에 0을 몇 개 더 붙인다. 이렇게 하면 여러분이 반드시 컴퓨터 앞에 앉아있지 않아도 해찾기는 계속 진행된다. 그림 5-2에서 이 설정값을 보여준다.
- '옵션'에서 'Evolutionary' 탭을 선택한 다음 '변이율'을 0.5로 '개선을 포함하지 않는 최대 시간'을 300초로 설정하자(변이율(Mutation Rate)은 추후 설명하겠다). '개선을 포함하지 않는 최대 시간'을 5분으로 설정하면 해찾기가 현재 답을 발전시키다가 5분 내에 실패하면 해찾기를 중지한다. 아무 때고 〈Esc〉 키를 누르면 해찾기를 중지할 수 있다.

Evolutionary 알고리즘(유전 알고리즘(genetic algorithm)이라고도 한다)은 미시간의 컴퓨터 과학 교수 John Holland가 만들었다. Evolutionary 해찾기는 50개에서 200개 사이의 해법들로부터 시작하는데 이 값은 변수 셀의 범위 내에서 임의로 선택한 값으로 만든다. 사용한 해법의 정확한 개수는 그림 5-3의 '모집단 크기'에 나와있다. 디폴트는 100이며 이 정도면 적당하다. 다음 각 해법에 따라 목표 셀을 계산한다. David Goldberg의 Genetic Algorithms (Addison-Wesley, 1989) 책에서 설명된 "reproduction(재생산)"이라는 과정을 거쳐 새로운 100개의 해답을 만든다. 이전 해답 중 좋은 답(최댓값을 구해야 하는 문제에서는 큰 값, 최솟값을 구해야 하는 문제에서는 작은 값)을 낸 해답들은 새로운 해답에 다시 낄 확률이 높다. 이것은 다윈의 적자생존 원칙을 수학적으로 구현한 것이다.

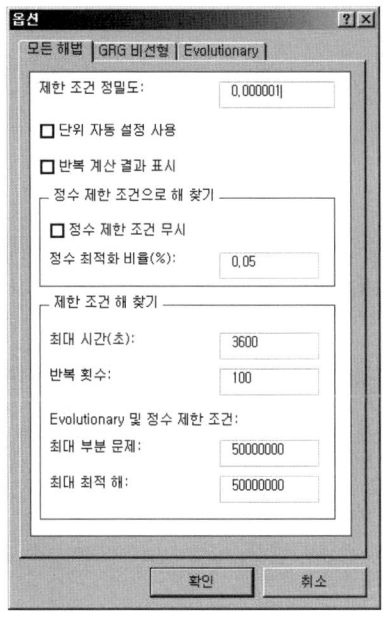

그림 5-2 : Evolutionary 해찾기 설정

엑셀의 해찾기에서는 변이(Mutation)를 통해 해답을 개선한다. 변이가 어떻게 작동하는지 이해하려면 우선 엑셀이 변수 셀의 각 값을 이진수 표기로 바꾸는 것부터 알아야 한다. 예를 들어 숫자 9는 2진수로 표시하면 1001이다($1 * 2^3 + 0 * 2^2 + 0 * 2^1 + 1$).

Evolutionary 해찾기에서 변이는 어떤 0은 1로, 어떤 1은 0으로 바꾸는 것이다. 변이율의 숫자가 높을수록 가능한 답 영역에 다다를 확률이 높지만 변수의 값을 잘못 바꾸면 굉장히 이상한 방향으로 흘러갈 수 있다. 보통 변이율은 .5정도가 적절하며 가장 좋은 결과가 나온다. 그림 5-3에서는 변이율을 .5로 바꾸었다. Evolutionary 해찾기는 굉장히 간단한 방법으로 매우 복잡한 문제를 풀어낼 수 있는 방법이다. Evolutionary 해찾기로 문제를 해결할 때는 임의로 선택을 많이 해야 그중에서 답을 찾을 수 있다. 만약 서로 다른 두 명이 동일한 모델에 대해서 수행했을 때 5분 정도 지나고 나서 찾은 답을 보면 서로 다른 최적의 답을 내놓았을 수 있다. 하지만 계속 하다 보면 거의 비슷한 목표 셀에 다다르게 될 것이다.

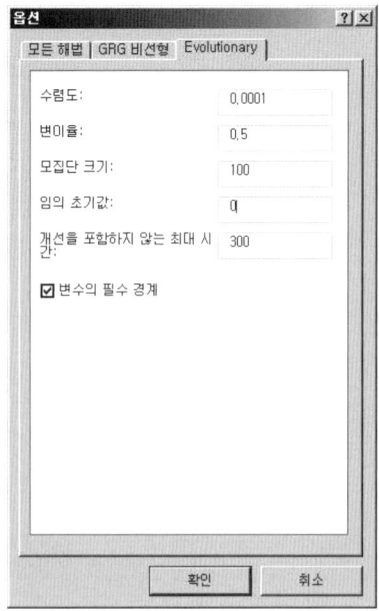

그림 5-3 : 변이율 변경하기

최적의 묶음 가격 찾기

그림 5-4의 해찾기 창에서 각 제품 조합에 대해 매출을 극대화하는 가격 집합을 구하고자 한다. 그림 5-5와 같은 상품 가격 조합으로 최대 이익 $3,413.70(initial solver 워크시트를 보자)를 구할 수 있다.

> **Note**
>
> GRG나 단순 LP 해찾기 엔진과는 달리, Evolutionary 해찾기 엔진은 최적에 거의 근접한 해법을 찾아주는 것만을 보장한다(최적의 해법이 아니다). 따라서 책의 예제에 대해 Evolutionary 해찾기를 수행했을 때, 여러분이 수행해 본 목표 셀 값과 책에 나온 값이 약간 다를 수 있다.

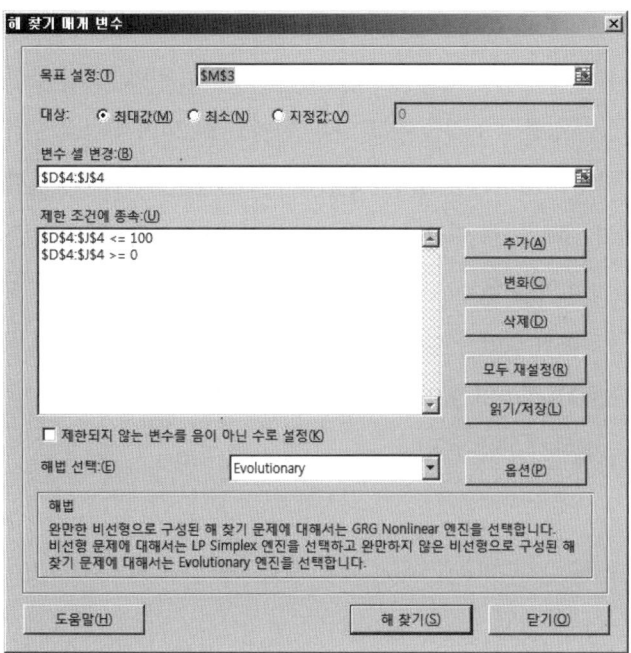

그림 5-4 : 초기 묶음 가격 해찾기 모델

	C	D	E	F	G	H	I	J
3	제품	1	2	3	4	5	6	7
4	가격	74.35303	35	82.16	69.9942	69.99101	69.99127	89.9452
5	무선 전화	인터넷	TV	무선 전화 + TV	인터넷 + TV	인터넷 + 무선전화	TV+무선 전화	인터넷 + TV + 무선전화

그림 5-5 : 초기 묶음 모델에 대한 해법

하지만 불행하게도 여러분은 결과로 나온 요금(인터넷 서비스에 $74.35, 인터넷 + TV 서비스에 $69.99)을 바로 적용할 수는 없다. 왜냐하면 결과상에서는 두 개의 서비스 비용이 한 개의 서비스 비용보다 저렴한데 소비자가 보기에는 불합리해 보이기 때문이다. 이런 상황을 가격 역전(price reversal)이라고 한다. 사실 여기에서 해찾기가 인터넷만 서비스하는 상품에 인터넷 + TV 상품보다 더 높은 가격을 매긴 이유는 데이터상에서 인터넷만 서비스하는 상품은 아무도 구매하지 않았기 때문이다. 해찾기 프로그램 입장에서는 어차피 아무도 구매하지 않으므로 높은 가격을 매김으로써 아무도 사지 않도록 확인하고 있다.

`final solver` 워크시트를 보면, `initial solver` 워크시트의 가격과 동일한 가격이 있다. `final solver` 워크시트의 셀 영역 P70:Q81(그림 5-6[2])에서는 각 제품 조합에 대한 더 큰

---

[2] O열에서 TV는 TV 서비스, I는 인터넷, Cell은 무선전화 서비스를 말한다.

제품 조합에 대해서 가격 역전을 계산하고 있다. P열에서 높은 가격의 상품에서 낮은 가격의 상품의 값을 뺐다. 예를 들어 P71의 식 =D4-G4는 I-(I+TV)이므로 인터넷 서비스로만 구성된 상품에서 인터넷 + TV로 구성한 상품의 가격을 빼고 있다. 차이는 $4.36이며 이것은 인터넷 + TV 구성 상품이 인터넷만으로 구성된 상품보다 $4.36 싸다는 것을 의미한다. 가격 역전 현상이 발생하지 않도록 하기 위해, 가격 역전이 일어날 때 달러당 $500씩 불이익을 준다. 그러면 적자생존의 과정에서 가격 역전 현상이 일어나는 가격은 자동 탈락한다. 불이익을 얼마로 할 것인지 결정하는 것은 일종의 감이지 정확한 과정이 있는 것은 아니다. 불이익을 너무 많이 주면(예를 들어 $1,000,000) 성능이 떨어지고, 불이익이 너무 적으면 여러분이 탈락시키고자 하는 의도를 제대로 반영하지 못할 수 있다.

	O	P	Q
69	불이익	편차	불이익
70	TV-(I+TV)	-35	0
71	I-(I+TV)	-22.5854	0
72	Cell-(I+Cell)	-2.13388	0
73	I-(I+C)	-22.5854	0
74	TV-(TV+Cell)	-35	0
75	Cell-(TV+Cell)	-2.13388	0
76	(I+TV)-All	-19.95	0
77	(I+C)-All	-19.95	0
78	(TV+Cell)-All	-19.95	0
79	TV-All	-54.95	0
80	Cell-All	-22.0839	0
81	I-All	-42.5354	0
82	총합		0

그림 5-6 : 초기 가격에 대한 가격 역전

다음 Q7의 식 =IF(P70>0,P70,0)을 Q71:Q82로 복사하여 가격 역전 현상을 추적해보자. 이 값이 0이면 가격 역전이 발생하지 않은 것이다. 식 =SUM(M6:M82)-500*Q82을 사용하여 목표 셀에 불이익을 반영할 수 있다. 해찾기 창은 동일하다(그림 5-4를 참고). 해찾기를 수행하면 그림 5-7과 같은 최적의 가격을 찾을 수 있다.

모든 계산을 마치고 나면 다음 요금으로부터 최대 이익 $3,413.90을 구할 수 있다.

- 인터넷(조합 1) $47.41
- TV(조합 2) $35
- 무선전화(조합 3) $67.87
- 인터넷과 TV(조합 4) $70
- 인터넷과 무선전화(조합 5) $70
- TV와 무선전화(조합 6) $70
- 인터넷, TV, 무선전화(조합 7) $89.95

	A	B	C	D	E	F	G	H	I	J	K	L	M
1													
2													
3				1	2	3	4	5	6	7		총계	3413.9
4			가격	47.41	35	67.87	70	70	70	89.95			
5	인터넷	TV	무선 전화	인터넷	TV	무선전화	인터넷+TV	인터넷+무선전화	TV+무선전화	인터넷+TV+무선전화	소비자 잉여 최대	구매?	매출
6	$3.50	$7.00	$3.50	-43.91	-28	-64.4	-59.5	-63	-59.5	-75.95	-28	0	0
7	$17.50	$35.00	$3.50	-29.91	0	-64.4	-17.5	-49	-31.5	-33.95	1.38965E-09	2	35
8	$28.00	$28.00	$49.00	-19.41	-7	-18.9	-14	7.000001	7	15.05	15.05000002	7	89.95
9	$70.00	$70.00	$0.00	22.59	35	-67.9	70	6.01E-07	5E-08	50.05	70.00000002	4	70
10	$0.00	$7.00	$14.00	-47.41	-28	-53.9	-63	-56	-49	-68.95	-28	0	0
11	$0.00	$70.00	$0.00	-47.41	35	-67.9	1.9E-08	-70	5E-08	-19.95	35	2	35
12	$21.00	$35.00	$10.50	-26.41	0	-57.4	-14	-38.5	-24.5	-23.45	1.38965E-09	2	35
13	$7.00	$21.00	$0.00	-40.41	-14	-67.9	-42	-63	-49	-61.95	-14	0	0
14	$5.25	$7.00	$2.10	-42.16	-28	-65.8	-57.75	-62.65	-60.9	-75.6	-28	0	0
15	$21.00	$28.00	$28.00	-26.41	-7	-39.9	-21	-21	-14	-12.95	-6.999999999	0	0
16	$35.00	$49.00	$21.00	-12.41	14	-46.9	14	-14	5E-08	15.05	15.05000002	7	89.95
17	$21.00	$21.00	$21.00	-26.41	-14	-46.9	-28	-28	-28	-26.95	-14	0	0

그림 5-7 : 최종 묶음 가격

두 개나 세 개의 상품을 함께 구입하면 고객은 잠재적으로 할인을 받는다. O9의 식 =COUNTIF($L$6:$L$82,N9)를 O10:O16에 복사해서 각 제품 조합을 구매한 사람들의 수를 세어보자. 그림 5-8에서 보면 25명은 아무 것도 구매하지 않았고 인터넷 상품만 구매한 사람도 없다. TV 서비스만 구매한 사람은 19명, 무선 전화 서비스만 구매한 사람은 없다. 인터넷 + TV 를 구매한 사람은 8명, 인터넷 + 무선전화를 구매한 사람은 2명, TV + 무선전화를 구매한 사람은 1명 그리고 모든 상품 묶음을 구매한 사람은 22명이다. 최적화된 가격 정책 덕분에 상품을 인터넷 + 무선전화 서비스만 구입하려고 했던 고객이 TV 서비스까지 구매했다. 즉 인터넷 + 무선전화 서비스의 가격이 세 개를 모두 구입한 가격에 비해 아주 저렴한 것은 아니기 때문에 세 상품을 모두 구입하고자 하는 고객을 늘릴 수 있었다.

	N	O
8	제품	빈도
9	0	25
10	1	0
11	2	19
12	3	0
13	4	8
14	5	2
15	6	1
16	7	22

그림 5-8 : 각 제품 조합에 대해 구매 횟수 세기

이러한 방법을 이용하여 완전 묶음, 혼합 묶음 아니면 가격을 분리하는 것이 좋은지 결정할 수 있다.

Summary

이 장에서는 다음과 같은 사항을 알아보았다.

- 묶음 가격을 사용했을 때 소비자는 좀 더 많은 상품을 구매할 수 있으므로 기업은 소비자로부터 더 많은 소비자 잉여를 이끌어낼 수 있다.
- 만약 여러분이 각 소비자가 가장 큰 소비자 잉여(음수가 아닌 값)를 주는 상품을 구매한다고 가정하면 엑셀을 사용하여 소비자가 구매하는 가격으로 총 매출을 계산할 수 있다.
- Evolutionary 해찾기 기능을 사용하여 매출(혹은 이익)을 극대화할 수 있다.
- Evolutionary 해찾기 기능을 사용할 때는 값의 범위를 조정하고 변이율을 0.5로 설정하며 목표 셀에 일정 불이익을 주는 등의 작업을 해야 한다.

Exercises

1. 독일의 기계 회사는 산업용 기계를 판매하고 판매한 기계를 유지 보수한다. 다음 네 개의 시장이 있다. 그림 5-9에서는 각 시장의 크기와 각 시장이 지불할 금액을 보여주고 있다. 시장이 지불할 가격은 기계, 유지 보수, 기계+유지 보수 각각에 대해 보여준다. 원가 비용은 기계당 $550, 유지 보수 계약당 $470이다. 어느 시장 가격에서 이익이 가장 높은가?

	B	C	D	E
1	고정	기계	유지보수	묶음
2	비용	550	470	1020
3	크기	기계 사용	유지보수	묶음 최대
4	12	1250	1500	2600
5	23	1450	540	1750
6	22	1080	1200	2090
7	43	1390	1100	2350

그림 5-9 : 연습문제 1에 대한 데이터

2. songdata.xlsx 파일의 데이터는 15개의 노래를 다운로드하면서 사람들이 지불한 비용이다. 데이터는 그림 5-10과 같다.

   a. 만약 모든 노래에 대해 동일한 가격을 적용하면 이익을 어떻게 극대화시킬 수 있을까?
   b. 노래마다 서로 다른 가격 2개를 적용하면 이익을 어떻게 극대화시킬 수 있을까?

	C	D	E	F	G	H	I	J
10	사람	노래 1	노래 2	노래 3	노래 4	노래 5	노래 6	노래 7
11	1	$0.76	$0.68	$1.61	$1.82	$0.26	$0.66	$1.51
12	2	$0.74	$0.89	$1.78	$1.87	$0.49	$0.68	$1.42
13	3	$0.36	$0.49	$1.40	$1.42	-$0.02	$0.33	$1.14
14	4	$0.34	$0.45	$1.42	$1.50	$0.07	$0.34	$1.14
15	5	$1.27	$1.31	$2.14	$2.38	$1.02	$1.19	$2.05
16	6	$1.46	$1.55	$2.53	$2.52	$1.15	$1.38	$2.18
17	7	$0.57	$0.70	$1.51	$1.48	$0.11	$0.46	$1.23
18	8	$0.62	$0.74	$1.48	$1.71	$0.31	$0.47	$1.29
19	9	$1.37	$1.50	$2.31	$2.57	$1.09	$1.31	$2.14
20	10	$0.47	$0.38	$1.39	$1.51	$0.10	$0.31	$1.11
21	11	$1.50	$1.61	$2.42	$2.56	$1.13	$1.43	$2.10
22	12	$0.57	$0.73	$1.53	$1.65	$0.37	$0.62	$1.36
23	13	$0.92	$0.87	$1.76	$1.82	$0.51	$0.82	$1.63
24	14	$1.02	$1.13	$2.07	$2.22	$0.65	$1.11	$1.91
25	15	$1.27	$1.32	$2.10	$2.28	$0.77	$1.23	$1.94

그림 5-10 : 연습문제 2에 대한 데이터

3. Kroger[3]에서는 어떤 종류의 바닐라 와퍼 쿠키를 재고로 둘지 결정하고자 한다. Kroger가 받아오는 쿠키 한 상자당 종류에 따른 도매가격은 다음 표와 같다.

National 1	National 2	Generic	Copycat
$1.5	$2.00	$0.90	$1.25

쿠키의 상자당 도매가격은 제품의 품질과 일치하는 것으로 가정하자. 각 고객은 품질에 대해 서로 다른 가치를 둔다. Wafersdata.xlsx와 그림 5-11을 참고하자. 예를 들어 고객 7은 National 1에 대해 1.02*(1.5)라는 가치를 둔다. 이제 각 타입의 쿠키에 대해 가격을 얼마로 해야 할지 결정하고 이익을 극대화하기 위해서 Kroger가 어떤 브랜드의 쿠키를 재고로 가져가야 할지 결정하도록 돕자.

---

[3] 미국의 종합 유통 업체. https://www.kroger.com/

	E	F
7	고객	품질 가치
8	1	1
9	2	1.00333333
10	3	1.00666667
11	4	1.01
12	5	1.01333333
13	6	1.01666667
14	7	1.02
15	8	1.02333333
16	9	1.02666667
17	10	1.03
18	11	1.03333333
19	12	1.03666667
20	13	1.04
21	14	1.04333333
22	15	1.04666667
23	16	1.05

그림 5-11 : 연습문제 3에 대한 데이터

4. 마이크로소프트는 오피스 학생 버전(액세스와 아웃룩 제외)과 오피스 전체 포함 버전을 판매하고자 한다. 세 개의 세분화된 시장이 있을 때 각각의 크기와 오피스 각 버전에 대해 소비자가 느끼는 평가가치는 아래 표와 같다. 마이크로소프트의 이익을 극대화하기 위해 오피스 각 버전의 가격을 얼마로 해야 할까?

시장 구분	학생 버전	전체 버전	크기
학생	110	160	20%
개인(학생 제외)	170	300	40%
비즈니스	240	500	40%

5. 뉴욕 타임즈 신문은 가정 구독과 인터넷 구독에 대해 가격을 매기고자 한다. 물론 가정 구독과 인터넷 구독 모두 구매할 수도 있다. 세 가지 구분되는 시장이 있고, 각 시장에서 가정 구독, 인터넷 구독 그리고 묶음 상품에 대해 생각하는 평가가치를 표로 정리했다. 표에는 각 시장의 크기도 함께 있으며 구독은 월 단위이다. 가정 구독의 경우 원가는 $15이고 인터넷 구독의 경우는 $1이다.

시장 구분	가정 구독	인터넷 구독	가정+인터넷	크기
1	$30	$35	$50	25%
2	$35	$15	$40	40%
3	$20	$20	$25	35%

월간 이익을 극대화하기 위한 가격을 얼마인가?

6. 출판사에서 양장본 책을 출판하기 전에 양장본 책과 종이커버 책에 대해 각각 적절한 가격을 매겨보고자 한다. paperback.xlsx 파일에는 이 책에 대한 잠재 고객 50명이 각각의 책에 대해 평가한 가치를 가격으로 환산한 데이터가 있다. 양장본의 원가비용은 $4이고, 종이커버 책의 원가비용은 $2이다. 서점에서는 출판사에서 사온 가격의 2배로 판매한다. 출판사에서는 양장본 책과 종이커버 책에 대해 서점에 판매할 가격을 얼마로 해야 할까?

7. 표 5-3의 데이터를 이용하여 주어진 혼합 모델로 판매자의 이익을 극대화할 수 있는지 검증하시오.

8. 은행이 묶음 전략으로 이익을 얻을 수 있는 상황에 대해 설명하시오.

9. 여러분의 회사에서는 네 가지 제품을 판매하고 있고 1년동안 고객이 각 상품을 많아야 한 번 구매한다. 여러분의 회사에서는 연말에 판매를 촉진하기 위해 $1,000 이상 제품을 구매하는 고객에게 가격의 10%를 할인해주고자 한다. 이 장에서 다뤘던 방법으로 이 회사의 이익을 극대화시킬 수 있을까?

Nonlinear Pricing

비선형 가격

Chapter 06

비선형 가격은 똑같이 q단위를 구입했으나 단위당 가격이 다를 때를 말한다. 5장 '묶음 가격'에서 다룬 묶음(Bundling)도 비선형 가격의 특수한 경우인데, 세 개의 서비스를 묶음으로 구매했을 때의 가격과 세 개의 서비스를 따로따로 구매했을 때의 가격 합이 서로 다르기 때문이다.

비선형 가격 전략의 다른 예는 다음과 같다.

- **수량 할인(Quantity discount)** : 만약 고객이 ≤CUT 만큼 구입한다면 이 경우 단위당 높은 가격(HP, high price)을 지불해야 한다. 하지만 고객이 >CUT 만큼 구입하면, 이 경우는 단위당 낮은 가격(LP, low price)을 지불해야 한다. CUT은 "가격이 바뀌는 지점"이다. 예를 들어 어떤 고객이 ≤1000 만큼 구매하면, 이때 가격은 $10이다. 하지만 1000개보다 더 많이 구입하면 가격은 모든 수량에 대해 $8이 된다. 이러한 비선형 가격을 비표준 수량 할인(nonstandard quantity discount)이라고 한다. 또 다른 수량 할인 전략의 예는 다음과 같은 것도 있는데 첫 번째 CUT까지는 무조건 HP를 적용하고 CUT을 넘는 수량에 대해서만 LP를 적용한다. 예를 들어 1,500개를 구입한다면 첫 번째 CUT인 1,000개에는 $10을 적용하고, 나머지 500개에 대해서는 $8을 적용한다. 이러한 비선형 가격 전략을 표준 수량 할인(standard quantity discount)이라고 한다. 두 예에서 CUT는 모두 1,000이다.
- **2부 가격제(Two-part tariff)** : q 단위를 구입하려면 고정 비용 K와 함께 구매단위당 $c를 지불해야 한다. 예를 들어 골프장 회원이 되려면 우선 $500을 낸 다음 골프를 치는 라운딩에서는 매번 $30을 지불해야 하는 경우이다.

많은 기업들이 수량 할인과 2부 가격제를 채택하고 있다. 마이크로소프트같은 경우 200개를 구입할 때의 가격은 100개를 구입할 때의 가격의 2배가 안된다. 슈퍼마켓에서 1파운드 땅콩버터와 2파운드 땅콩버터를 비교해보면 온스당 가격은 2파운드 땅콩버터가 더 싸다. 골프장에서는 연간 회원권에 대한 요금을 부과하고도 매번 라운딩을 할 때의 요금을 또 따로 부과한다.

5장에서처럼 Evolutionary 해찾기를 사용하여 상품을 묶었을 때의 가장 최적화된 가격을 찾아낼 수 있다. Evolutionary 해찾기를 이용하여 비선형 가격 정책에서 이익을 가장 극대화하는 파라미터를 찾을 수 있다. 5장에서와 마찬가지로 소비자는 자신에게 가장 큰 소비자 잉여(consumer surplus)를 주는 상품을 구매한다고 가정하자. 소비자 잉여는 반드시 양수여야 한다. 비선형 가격 정책을 쓰면 어떤 경우는 이익을 아주 크게 증가시킬 수 있다. 겉보기로는 무(無)에서 이익을 창조한 것처럼 보일 것이다.

이 장에서는 우선 고객의 수요 곡선을 보고 어떻게 고객이 상품의 각 단위에 대해 구매의사가 생기는지 알아보겠다. 이 정보를 사용하여 Evolutionary 해찾기를 사용하여 이익을 극대화하는 비선형 가격 정책을 어떻게 결정할 수 있는지 알아보자.

Analysis 1 수요 곡선과 구매 의사

수요 곡선을 보면 가능한 가격에 대해 소비자들이 얼마나 구매할지 알 수 있다. 소비자의 구매의사를 나타내는 곡선은 제품의 각 단위에 대해 고객이 최대한 지불하고자 하는 금액으로 정의할 수 있다. 이 절에서는 수요 곡선에서 구매 의사 곡선을 어떻게 구할 수 있는지 알아보겠다.

여러분이 소프트웨어 프로그램을 포춘 500대 기업에 판매한다고 가정해보자. q는 고객이 구입하고자 하는 프로그램의 개수이고, p는 소프트웨어에 대한 가격이라고 가정하자. 여러분은 소프트웨어에 대한 수요 곡선은 $q = 400 - p$라고 추정했다. 물론 여러분의 고객은 늘어나는 소프트웨어 프로그램 단위에 대하여 더 적은 금액을 지불하고자 한다. 이 수요 곡선을 잘 보면 여러분의 고객이 소프트웨어 프로그램 단위 하나당 얼마나 지불하고자 하는지 알 수 있다. 판매로부터 이익을 극대화하기 위해 이 정보는 매우 중요하다.

이제 여러분의 수요 곡선에서 항을 옮겨서 *p = 400 – q*이라고 해보자. *q*는 $1에서 $399까지 변화시켜보자. 이제 여러분의 프로그램 첫 번째 두 단위가 바뀔 때 고객들이 매긴 이 프로그램의 가치를 알아보자. 고객은 항상 이성적으로 판단한다고 가정해보면, 고객은 단위의 가치가 가격을 초과할 때 한 단위를 구매한다. 가격이 $400이면 수요는 0이다. 따라서 첫 번째 단위는 $400이 될 수 없다. 가격이 $399라면 수요는 1단위이다. 따라서 첫 번째 단위의 가치는 $399과 $400 사이에 있다. 같은 방법으로 가격이 $399이면 고객은 두 번째 단위를 구매하지 않는다. 가격이 $398이 되면 고객은 두 단위를 구매하며, 결국 고객은 두 번째 단위를 구매하게 된다. 따라서 고객은 두 번째 단위의 가치를 $399와 $398 사이 어디엔가 두고 있다. 제품의 한 단위에 대해 고객이 구매하고자 하는 의사를 단위의 유보 가격(reservation price)이라고도 한다.

고객이 구매한 i번째 단위의 가치를 추정해보면 수요를 $i-0.5$로 만드는 가격이라고 볼 수 있다. 예를 들어 q를 0.5로 설정하면, 첫 번째 단위의 가치는 $400-0.5=\$399.50$이다. 같은 방법으로 $q=1.5$를 설정하면 두 번째 단위의 가치는 $400-1.5 = \$398.50$이 된다.

수요 곡선을 $p=D(q)$의 형태로 쓴다면 여러분의 예에서 $D(q)=400-q$이다. 독자 중에 미적분을 알고 있다면, 첫 번째 n아이템에 대하여 고객이 부여하는 가치는 $\int_0^n D(q)dq$인 것을 알 수 있을 것이다. 여러분의 예에서 첫 번째 두 단위의 가치는 다음과 같다.

$$\int_0^2 (400-q)dq = [400q-.5q^2]_0^2 = 800 - 2 = 798$$

이 값은 여러분이 첫 번째 두 단위에 대해 추측해본 값 399.5+398.5=798과도 유사하다.

Analysis 2 비선형 가격 정책으로 이익을 극대화하기

이 장에서는 전력 회사를 하나 가정해보자. 이 전력 회사의 이름은 아틀란티스 전력(Atlantis Power and Light)이고 줄여서 APL이다. 이 전력 회사는 고객으로부터 얻는 이익을 극대화하고자 하는데, 전기를 사용하는 고객의 수요 곡선은 *q = 20 – 2p*이고 단위는 시간당 킬로와트(kwh)이다. 전기 단위당 생산비용은 $2이다. 우선 APL이 선형 가격 정책을 사용한다고 가정해보자. 즉 각 전기 단위마다 동일한 가격을 적용한다. 선형 가격 정책을 사용했을 때 최대 이익은 $32이다. 하지만 수량 할인이나 2부 가격제를 적절히 사용하면 APL의 이익을 두 배로 늘릴 수 있다! 이 장에 대한 작업은 `Powerblockprice.xls` 파일로 수행해 보자. 선형 가격 정책상에서 이익을 극대화하려면 $(20 - 2p) \times (p - 2)$ 값을 구하면 된다. `Powerblockprice.xls` 파일의 oneprice 워크시트를 보면, 가격이 $6일때 최대 이익이 $32이다(그림 6-1). 해찾기 모델은 이익인 셀 D12의 값을 최대화시키기 위해 셀을 바꾸면서 단순히 양수로 된 가격을 선택하면 된다. kwh당 $6의 요금을 매기면 최대 이익은 $32.00이다.

	C	D	E
8	가격	$6.00	
9	수요	8	
10	단위 비용	$2.00	
11			
12	이익	$32.00	
13			

그림 6-1 : 이익을 극대화하는 단일 가격 찾기

표준 수량 할인 최적화

표준 수량 할인을 이용하면서 이익을 극대화하는 가격 정책을 결정하려면, 우선 물량 할인 가격 정책을 다음과 같이 정의한다. CUT까지는 가장 높은 가격(HP)에 판매한다. 앞에서 CUT은 어떤 지점이며 이 지점을 지나면 단위당 가격이 떨어진다고 했다. CUT보다 많은 양은 낮은 가격(LP)에 판매한다. 소비자가 전력(kwh)을 얼마나 구매할지 결정할 때는 양의 가격에서 가장 높은 소비자 잉여를 주는 것을 선택한다고 가정한다. Evolutionary 해찾기를 사용하여 이익을 극대화하는 CUT, HP, LP를 결정할 수 있다. 이 작업은 `Powerblockprice.xls`의 qd 워크시트에서 수행한다. 또한 그림 6-2를 보면 수요 곡선은 $p = 10 - (q/2)$로 가정하는데, 이에 따라 첫 번째 단위의 가격은 $10 - (.5/2) = \$9.75$이고, 두 번째 단위의 가격은 $10 - (1.5/2) = \$9.25$이다.

	C	D	E	F	G	H	I	J
1			CUT	5		구입한 단위	16	
2	비용		HP	14.30422		매출	$ 96.00	
3		2	LP	2.2253		생산 비용	$ 32.00	
4					최대 잉여	0.000611745		
5	중간점	단위	가격	누적가격	지불한 가격	잉여	이익	
6	0.5	1	9.75	9.75	14.30421665	-4.554216652		$ 64.00
7	1.5	2	9.25	19	28.6084333	-9.608433303		
8	2.5	3	8.75	27.75	42.91264995	-15.16264995		
9	3.5	4	8.25	36	57.21686661	-21.21686661		
10	4.5	5	7.75	43.75	71.52108326	-27.77108326		
11	5.5	6	7.25	51	73.74638371	-22.74638371		
12	6.5	7	6.75	57.75	75.97168417	-18.22168417		
13	7.5	8	6.25	64	78.19698462	-14.19698462		
14	8.5	9	5.75	69.75	80.42228508	-10.67228508		
15	9.5	10	5.25	75	82.64758553	-7.647585529		
16	10.5	11	4.75	79.75	84.87288598	-5.122885984		
17	11.5	12	4.25	84	87.09818644	-3.098186438		
18	12.5	13	3.75	87.75	89.32348689	-1.573486892		
19	13.5	14	3.25	91	91.54878735	-0.548787347		
20	14.5	15	2.75	93.75	93.7740878	-0.024087801		
21	15.5	16	2.25	96	95.99938826	0.000611745		
22	16.5	17	1.75	97.75	98.22468871	-0.47468871		
23	17.5	18	1.25	99	100.4499892	-1.449989164		
24	18.5	19	0.75	99.75	102.6752896	-2.925289618		
25	19.5	20	0.25	100	104.9005901	-4.900590073		

그림 6-2 : 이익을 극대화하는 표준 수량 할인 정책 찾기

이익을 극대화하는 표준 수량 할인 전략을 완성하기 위해 다음과 같은 과정을 따라가보자.

1. E6의 식 =10-0.5*C6을 E7:E25에 복사해서 각 단위의 가격을 결정하자.

2. F열에서 1부터 19단위까지 구입할 때의 누적값을 구해보자. F6에서는 첫 번째 단위밖에 없으므로 식은 =E6이다. F7의 식 =F6+E7을 F8:F25까지 복사해서 2~20 단위가 될 때까지의 누적값을 계산해보자.

3. G6의 식 =IF(D6<=cutoff,HP*D6,HP*cutoff+LP*(D6-cutoff))을 G7:G25로 복사하여 각 숫자만큼의 단위를 구매하는데 소비자가 지불하는 총 금액을 계산해보자. 만약 비선형 가격 정책과의 차이점을 분석하려면 이 열의 식을 구입한 단위에 대해 소비자가 지불하는 가격을 계산하면 된다.

4. H6의 식 =F6-G6을 H7:H25에 복사하여 구입한 양과 연관된 소비자 잉여를 계산하자. 셀 H4는 =IF(MAX(H6:H25)>=0,MAX(H6:H25),0)식으로 최대 잉여를 계산한다. 만약 이 값이 음수이면 어떤 단위도 구매하지 않을 것이고, 이 경우 잉여로 0을 입력하자.

5. 셀 I1의 식 =IF(H4>0,MATCH(H4,H6:H25,0),0)으로 구입한 단위의 개수를 구한다.

6. 셀 I2의 식 =IF(I1=0,0,VLOOKUP(I1,lookup,4))에서는 총 매출을 계산한다. 영역 D5:G25의 이름이 lookup이다.

7. 셀 I3의 식 =I1*C3은 총 생산비용을 구한다.
8. 셀 J6의 식 =I2-I3은 이익을 구한다.
9. 해찾기를 이용하여 이익을 극대화하는 CUT, HP, LP를 구하자. 해찾기 창은 그림 6-3과 같다.

CUT의 값을 제한하고 각 가격을 최대 $20으로 한정하자. 우선 CUT은 5로 한 다음, 처음 5개의 단위까지의 가격은 $14.30으로 하고 CUT을 넘으면 요금을 $2.22로 하고 시작하자. 결과로 나온 총 이익은 $64이며, 16 단위를 구매한 소비자는 수량 할인의 혜택을 볼 수 있다. 하지만 선형 가격에서는 소비자들이 6단위만 구매한다. 6개를 넘어가면 더 싼데, 왜 소비자는 6개까지만 구매하는 것일까?

비표준 수량 할인 최적화

이제 수량 할인 정책을 바꿔서, CUT까지는 가격이 HP이고 CUT을 넘기면 모두 LP를 적용한다고 해보자. 이렇게 되면 워크시트상에서(qd2 워크시트를 참고) G6의 식을 =IF(D6<=cutoff,HP*D6,LP*D6)로 바꾼 다음 G7:G25에 복사한다. 다음 해찾기를 그림 6-3의 설정처럼 해서 다시 수행하자. 그림 6-4의 결과에서 가격 정책은 이익을 극대화한다. 만약 소비자가 15단위까지 구매하면 $16.79를 내야 하고, 최소 16개를 구매하면 단위당 $6을 내야 한다. 그렇다면 고객은 16단위를 구매하고, 여러분의 이익은 $64가 된다.

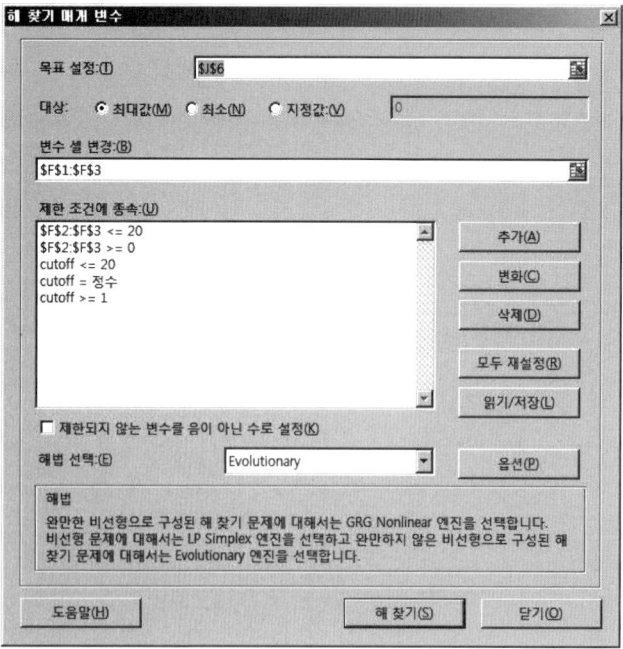

그림 6-3 : 이익을 극대화하는 표준 수량 할인 정책 결정

	C	D	E	F	G	H	I	J
1			CUT	15		구입한 단위	16	
2	비용		HP	16.79609		매출	$ 96.00	
3	2		LP	5.999873		생산 비용	$ 32.00	
4					최대 잉여	0.002031561		
5	중간점	단위	가격	누적가격	지불한 가격	잉여		이익
6	0.5	1	9.75	9.75	16.79608788	-7.046087876		$ 64.00
7	1.5	2	9.25	19	33.59217575	-14.59217575		
8	2.5	3	8.75	27.75	50.38826363	-22.63826363		
9	3.5	4	8.25	36	67.1843515	-31.1843515		
10	4.5	5	7.75	43.75	83.98043938	-40.23043938		
11	5.5	6	7.25	51	100.7765273	-49.77652726		
12	6.5	7	6.75	57.75	117.5726151	-59.82261513		
13	7.5	8	6.25	64	134.368703	-70.36870301		
14	8.5	9	5.75	69.75	151.1647909	-81.41479088		
15	9.5	10	5.25	75	167.9608788	-92.96087876		
16	10.5	11	4.75	79.75	184.7569666	-105.0069666		
17	11.5	12	4.25	84	201.5530545	-117.5530545		
18	12.5	13	3.75	87.75	218.3491424	-130.5991424		
19	13.5	14	3.25	91	235.1452303	-144.1452303		
20	14.5	15	2.75	93.75	251.9413181	-158.1913181		
21	15.5	16	2.25	96	95.99796844	0.002031561		
22	16.5	17	1.75	97.75	101.9978415	-4.247841466		
23	17.5	18	1.25	99	107.9977145	-8.997714493		
24	18.5	19	0.75	99.75	113.9975875	-14.24758752		
25	19.5	20	0.25	100	119.9974605	-19.99746055		

그림 6-4 : 이익을 극대화하는 비표준 수량 할인

2부 가격제 최적화

골프 클럽이나 Sam's Club[1]같은 경우는 고정 비용을 받으면서 동시에 단위당 정해진 낮은 가격으로 물건을 구매할 수 있게 하므로 많이 구매할수록 구매단가가 떨어지는 혜택을 고객에게 제공한다. 이러한 형태의 비선형 가격을 2부 가격제(two-part tariff)라고 한다. 고정으로 내는 멤버십 비용을 감안하면 고객은 더 많은 단위를 구매하고자 한다. 물론 고객이 잠재적으로 생각하고 있는 유보 가격을 초과한다면 구매하지 않을 것이므로, 판매자는 단위 가격이 너무 높아지지 않도록 주의해야 한다.

예를 들어 여러분이 골프 클럽에 가입한다고 가정해보자. 이 경우 멤버십 회비로 고정된 비용을 지불한 다음, 골프 한 라운딩마다 비용을 지불해야 한다. 예를 들어 골프 클럽 회원이 되면서 회원비는 연간 $500이고 골프 한 라운딩마다 $30을 내야 한다. 따라서 회원에 가입한 후 골프를 한 번 쳤다면 비용은 $530이고, 골프를 두 번 쳤으면 비용은 $560이 된다. 만약 2부 가격제가 선형이라면, 구매 단위에 상관없이 단위당 비용이 동일해야 한다. 하지만 골프 한 라운딩의 비용은 $530이고, 두 번 쳤을 때 한 라운딩의 비용은 $560/2 = $280이므로 2부 가격제는 선형 가격제와 일치하지 않는다.

2부 가격제에 대해 좀 더 자세하게 알아보자. `tpt` 워크시트를 보자. 여기에서는 전기 회사가 2부 가격제를 최적화할 수 있는 방법을 알아보겠다.

1. 우선 QD나 QD2의 복사본을 만들자.
2. F2에 고정 비용(멤버십 비용)으로 시험값을 입력하자. 그리고 F3에는 단위당 시험 가격을 입력하자. 다음 셀 F2를 `Fixed`, 셀 F3을 `var`라고 이름 짓자. G열의 '지불한 가격'에 대한 식만 바꾸면 된다(그림 6-5).
3. G6의 식 `=Fixed+D6*Var`를 G7:G25에 복사하여 각 단위를 구매하는데 드는 비용을 구해보자.
4. 그림 6-6과 같이 해찾기 설정을 바꾸자.

고정 비용과 단위당 가격이 $0과 $100 사이에 들어오도록 제한해야 한다. 고정 비용은

---

[1] 미국의 멤버십 기반 창고형 소매점. http://www.samsclub.com/

$60.27, 단위당 비용은 $2.21일 때 이익이 극대화된다. 최대 이익은 $64이며 고객은 16단위를 구매한다.

	C	D	E	F	G	H	I	J
1				0		구입한 단위	16	
2	비용		고정비용	60.57433887		매출	$ 96.00	
3		2	단위당 가격	2.214067061		생산 비용	$ 32.00	
4						최대 임여	0.000588158	
5	중간점	단위	가격	누적가격	지불한 가격	임여		이익
6	0.5	1	9.75	9.75	62.78840593	-53.03840593		$ 64.00
7	1.5	2	9.25	19	65.00247299	-46.00247299		
8	2.5	3	8.75	27.75	67.21654005	-39.46654005		
9	3.5	4	8.25	36	69.43060711	-33.43060711		
10	4.5	5	7.75	43.75	71.64467417	-27.89467417		
11	5.5	6	7.25	51	73.85874123	-22.85874123		
12	6.5	7	6.75	57.75	76.07280829	-18.32280829		
13	7.5	8	6.25	64	78.28687535	-14.28687535		
14	8.5	9	5.75	69.75	80.50094241	-10.75094241		
15	9.5	10	5.25	75	82.71500948	-7.715009476		
16	10.5	11	4.75	79.75	84.92907654	-5.179076537		
17	11.5	12	4.25	84	87.1431436	-3.143143598		
18	12.5	13	3.75	87.75	89.35721066	-1.607210659		
19	13.5	14	3.25	91	91.57127772	-0.57127772		
20	14.5	15	2.75	93.75	93.78534478	-0.035344781		
21	15.5	16	2.25	96	95.99941184	0.000588158		
22	16.5	17	1.75	97.75	98.2134789	-0.463478903		
23	17.5	18	1.25	99	100.427546	-1.427545964		
24	18.5	19	0.75	99.75	102.641613	-2.891613025		
25	19.5	20	0.25	100	104.8556801	-4.855680086		

그림 6-5 : 2부 가격제 최적화

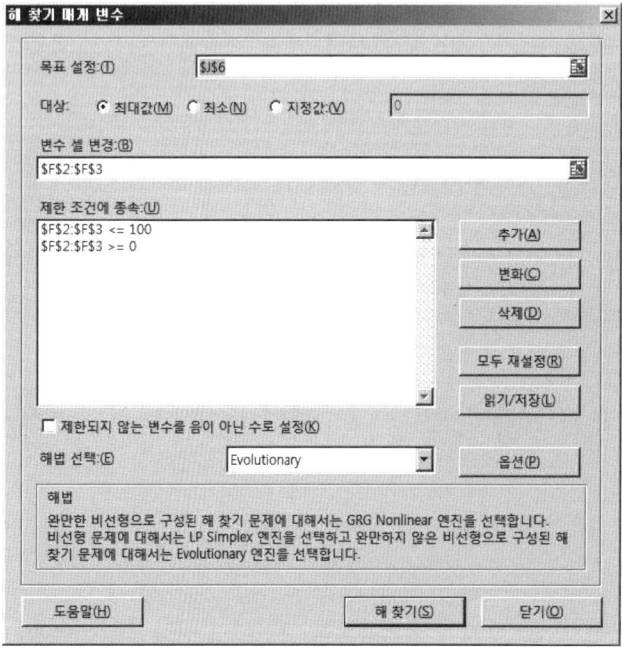

그림 6-6 : 2부 가격제에 대한 해찾기 창

간단한 편인 비선형 가격 정책 세 개가 모두 선형 가격 정책보다 이익을 2배로 늘렸다($64). 여기서 $63보다 더 많은 이익을 만들어 낼 수 있는 비선형 가격 정책은 더 이상 없다. 정확히 16단위의 가격은 $2.25이고, 17단위의 가격은 $1.75임을 알 수 있는데 이 비용은 생산비용인 $2.00보다 싼 가격이다. 만약 소비자가 비용보다 16단위가 더 가치 있다고 생각하면, 16단위를 구매할 것이다. 0부터 16까지 수요 곡선 아래 면적은 96이다(연습문제 5번). 16단위에 대해 소비자가 지불할 수 있는 최선의 금액은 $96이다. 따라서 최대 이익은 $96 − ($2)(16) = $64이며, 이 값은 세 가지 비선형 가격 정책을 사용하여 얻은 값이다. 선형 가격 정책의 문제점은 비용인 $2를 초과하는 값에서 소비자 잉여를 끌어낼 수 없으므로 소비자는 적은 수의 단위만 구매하고 멈춘다. 비선형 가격 정책은 가능한 모든 소비자 잉여를 이끌어낼 수 있다.

독점 기업(예를 들어 국영 전력 회사)같은 경우라면 기업에서 소비자 잉여를 모두 이끌어 낼 수 있다고 가정해도 된다. 하지만 경쟁이 있는 상황이라면 한 기업이 소비자 잉여를 모두 이끌어낼 수 있다고 가정하는 것은 부자연스럽다. 이 장에서 설명한 모델을 경쟁이 있는 상황으로 수정하려면 우선 한 회사가 이미 제품을 팔고 있는 시장에 여러분이 새로 진입하고자 한다고 가정해보자. 현재 제품을 팔고 있는 회사는 소비자 잉여의 80%를 가져가고 있고, 20%는 소비자 측에 남겨주었다. 이 모델에 제한 사항을 두어서 20%가 아닌 한 25%쯤을 남겨둠으로써 더 싼 가격으로 경쟁할 수 있는 비선형 가격 정책을 이끌어낼 수 있다. 연습문제 8번을 보자.

Summary

이 장에서는 다음과 같은 사항을 알아보았다.

- ▶ 비선형 가격 정책은 판매되는 각 단위에 대해 동일한 가격을 부과하지 않는 것을 포함한다.
- ▶ 소비자가 항상 가장 큰 양의 잉여를 주는 상품을 선택한다고 가정하면, Evolutionary 해찾기를 이용하여 이익을 극대화시키는 수량 할인이나 2부 가격제 같은 비선형 가격 정책을 찾아낼 수 있다.
- ▶ 수요 곡선이 선형이면, 비선형 가격 정책이 선형 가격 정책보다 두 배 정도 이익이 많다.

Exercises

1. 여러분은 작은 골프장을 가지고 있다. 고객은 세 가지 타입이 있는데 한 달 동안 골프를 치면서 각 라운드에 대한 가치를 아래 표와 같이 생각하고 있다.

라운드	세그먼트 1	세그먼트 2	세그먼트 3
1	$60	$60	$40
2	$50	$45	$30
3	$40	$30	$20
4	$30	$15	$10
5	$20	$0	$0
6	$10	$0	$0

골프 한 라운드당 $5만큼의 변동 비용이 소요되며, 이 세 가지 타입의 고객은 모두 동일한 수만큼 있다.

2. 제품에 대한 수요 곡선은 $q = 4000 - 40p$이고, 각 단위를 생산하는데 $5의 비용이 든다.

   a. 각 단위에 대해 단일 가격을 적용하면 이익을 어떻게 극대화할 수 있을까?
   b. 2부 가격제를 사용하면 이익을 어떻게 극대화할 수 있을까?

3. 연습문제 1번의 데이터를 이용하여 이익을 극대화하는 수량 할인 방법을 찾아보자. CUT 지점까지는 HP를 적용하고, CUT을 넘은 단위 수량에 대해서만 LP를 적용한다.

4. Finalmusicdata.xls 파일(혜지원 출판사 홈페이지 자료실에서 다운로드 받을 수 있다)은 각각 10개의 노래에 대해 지불하고자 하는 1,000명의 데이터를 보여주고 있다. 예를 들어 그림 6-7에서 사람 1은 노래 1에 대해 38센트를 지불하고자 한다.

	C	D	E	F	G	H	I	J	K	L	M
3		노래 1	노래 2	노래 3	노래 4	노래 5	노래 6	노래 7	노래 8	노래 9	노래 10
4	1	$0.38	$0.94	$1.32	$1.85	$0.57	$1.16	$1.39	$2.23	$1.95	$1.88
5	2	$1.02	$1.83	$2.23	$0.56	$0.30	$2.12	$2.09	$1.63	$1.65	$1.50
6	3	$0.60	$1.44	$1.91	$1.67	$0.82	$2.41	$0.64	$1.00	$1.80	$1.46
7	4	$0.31	$2.10	$1.12	$0.84	$1.30	$0.61	$0.84	$1.95	$0.88	$0.51
8	5	$1.71	$1.22	$1.76	$2.35	$0.99	$1.96	$2.04	$0.65	$2.33	$1.56
9	6	$1.44	$2.35	$2.27	$0.94	$1.20	$0.43	$0.51	$1.97	$1.85	$1.51
10	7	$0.22	$1.04	$1.77	$1.51	$0.91	$2.11	$1.33	$2.10	$2.14	$0.61
11	8	$1.27	$0.93	$2.40	$1.57	$1.91	$0.35	$1.14	$1.24	$1.70	$0.63
12	9	$1.85	$0.36	$0.28	$0.61	$1.75	$1.59	$1.55	$1.00	$0.43	$1.37
13	10	$0.85	$2.12	$1.29	$2.41	$1.02	$0.42	$1.18	$2.32	$1.27	$0.58
14	11	$2.07	$2.24	$1.26	$1.49	$0.25	$0.42	$0.75	$2.09	$1.65	$1.14

그림 6-7: 연습문제 4의 데이터

a. 각 노래에 대해 단일 가격을 책정하면 가격이 얼마일 때 매출이 최대가 될까?

b. 2부 가격제를 사용하면 매출을 늘릴 수 있을까? (예를 들어 어느 노래든 다운로드하려면 $3을 낸 다음, 노래 한 곡마다 40센트씩 추가로 과금)

c. 2부 가격제를 사용하면 매출이 얼마나 될까?

> **Note**
> 두 번째 부분에서 사람들은 아무 곡도 구매하지 않을 수도 있고 가장 좋아하는 노래 1곡만, 가장 좋아하는 노래 2곡만, 하는 식으로 해서 10곡까지 늘려나갈 수 있다.

5. 수요 곡선이 $q = 40 - 2p$일 때 소비자는 처음 16단위에 대해 정확히 $256만큼의 가치를 매긴다는 것을 보이시오.

6. (계산기 필요) 기업 고객이 컴퓨터를 주문했는데 수요 곡선은 $200000 / p^2$ ($p \geq 100$)이다. 컴퓨터 한 대를 생산하는 비용은 $100이라고 가정하자.

a. 컴퓨터 한 대에 모두 동일한 가격을 적용하면 이익을 극대화하는 가격은 얼마일까?

b. CUT까지는 가격을 HP로 부과하고 CUT을 넘어간 물량에 대해서만 LP를 적용하면, 어떻게 이익을 극대화할 수 있을까?

7. 버라이즌의 무선 전화 고객은 오직 세 명이라고 가정해보자. 각 고객의 월별 수요 곡선(단위는 시간)은 아래 표와 같다.

고객	수요 곡선
1	Q = 60 − 20p
2	Q = 70 − 30p
3	Q = 50 − 8p

여기서 p는 가격(단위 달러)이며 각 통화량 시간에 대해 부과되는 요금이다. 무선 전화 서비스를 1시간 제공하기 위한 버라이즌의 원가는 $0.25이다.

a. 모든 통화 시간에 대해 동일한 요금을 적용하면 요금을 얼마로 해야 이익을 최대화할 수 있을까?

b. 이익을 최대화하는 2부 요금제를 구하시오. 최적의 2부 요금제를 적용하면 단일 요금제에 비해 이익을 얼마나 증가시킬 수 있을까?

8. 본문에서 사용한 전력 회사의 가정을 다음처럼 바꿔보자. 전력 회사는 단일 수량 할인 정책을 적용해서 소비자 잉여의 25%를 남겨두는 정책을 만들고자 한다.

Price Skimming and Sales

초기 고가 전략과 할인 판매

Chapter 07

여러 가지 흥미로운 가격 문제를 해결할 때는 소비자들이 최대의 소비자 잉여(consumer surplus)를 주는 상품을 선택한다고 가정하며 5장 '묶음 가격', 6장 '비선형 가격'에서 이를 다뤘다. 이 장에서는 이 가정과 함께 Evolutionary 해찾기를 사용하여 두 가지 흥미로운 가격 정책을 설명해보자.

- 하이테크 상품의 가격은 시간이 지나면 왜 급락할까?
- 왜 많은 가게들이 할인 판매나 가격 프로모션을 할까?

Analysis 1 일정 시간 후 가격 급락

하이테크 제품이나 새로운 패션 스타일의 제품은 시간이 지나면 가격이 급락하는 경향이 있다. 아마 독자 중 처음 VCR이 등장했을 때를 기억하는 사람이 별로 없을 것 같기는 하지만 처음 VCR이 등장했을 때의 가격은 $1,000이 넘었다. 그리고 나서 VCR의 가격은 빠르게 하락했다. 가격이 이렇게 떨어지는 데는 몇 가지 이유가 있는데 이 절에서 그 이유 중 세 가지에 대해 알아보겠다.

학습 곡선

제품의 가격(특히 하이테크 제품)이 시간이 지나면 급락하는 가장 큰 원인은 학습 곡선(learning curve) 혹은 경험 곡선(experience curve) 때문이다. 이 현상은 T.P. Wright에 의해 1936년 처음 관찰되었다. 비행기를 생산하는 비용에 관한 연구를 하던 중 제품을 생산하는 단위 비용이 학습 곡선을 따른다는 것을 발견했다. 예를 들어 y='제품의 x번째 단위를 생산하기 위한 단위 비용'이라고 가정해보자. 많은 경우 $y=ax^{-b}$ (a>0, b>0)이다. 만약 제품의 단위 생산 비용이 이 식을 따르면 학습 곡선을 따른다고 한다. 제품의 생산 비용이 이 학습 곡선을 따를 때 누적 제품이 두 배가 되면 단위 비용은 동일한 비율($1-2^{-b}$, 연습문제 1)로 떨어진다(연습문제 3). 많은 경우, 누적 생산이 두 배가 되면, 생산 비용이 10~30% 정도 떨어진다고 알려져 있다.

만약 단위 생산 비용이 학습 곡선을 따른다면, 더 많은 제품이 팔릴수록 비용은 하락한다. 생산 비용이 떨어지면 시간이 지나서 소비자의 가격에도 반영이 된다. 학습 곡선은 가격 하락에 이점을 주어 기업이 더 많은 양을 판매할 수 있도록 도와주고, 경쟁자에 대해 가격 우위성을 가질 수 있으며, 경쟁자를 몰아낼 수도 있다. 이 이론은 보스턴 컨설팅 그룹의 Bruce Henderson에 의해 1970년대부터 유명해지기 시작했다. 텍사스 인스트루먼트(Texas Instruments)[1]는 1980년대 주머니 계산기를 만들면서 이 이론을 따랐다.

경쟁

이러한 학습 곡선의 효과 말고도 시간이 지나면서 경쟁자가 진입하면서 가격이 하락한다. 경쟁자가 진입하면서 공급이 늘고 가격에 대해 하락 압력이 가해진다.

---

[1] 미국의 반도체 제조 회사

초기 고가 가격

시간이 지나면서 제품의 가격이 하락하는 세 번째 이유는 초기 고가 가격(price skimming)때문이다. 어떤 상품이 처음 시장에 나오면 시장에 있는 모든 사람들은 그 상품에 대해 서로 다른 가치를 매긴다. 따라서 처음 출시할 때 상품의 가격을 낮게 해서 내놓으면 그 상품에 대해 가치를 높게 매기는 소비자로부터 높은 가격을 받을 수 있는 기회를 버리게 되는 셈이다. 시간이 지나면 높은 가치를 매긴 소비자들은 시장에서 점차 떠나므로 기업은 가격을 낮춰서 그 상품에 대한 가치를 낮게 평가하는 소비자들에게 판매하게 된다.

다음 예는 초기 고가 가격이 어떻게 작용하는지 보여준다. 여기에 어떤 제품을 구매하는데 관심 있는 100명의 소비자가 있다고 가정해보자. 어떤 사람은 이 상품의 가치는 $1이라고 여기고, 어떤 사람은 $2라고 여긴다. 제일 마지막 사람은 이 상품의 가치를 $100이라고 생각한다. 여러분은 다음 10년 동안 매해가 시작할 때마다 가격을 설정한다. 여러분이 설정한 가격보다 상품의 가치를 높게 치는 소비자는 모두 상품을 구입한다고 가정하자. Skim.xls 파일을 보면 다음 10년 동안 총 매출을 최대화시킬 가격 정책을 알아볼 수 있다. 다음 과정을 따라가보자.

1. C5:C14에 매년 사용할 시험 가격을 입력하자.
2. D5의 식 =C5-1를 D6:D14에 복사하여 한 해가 끝나고 나서 그 해에 남은 소비자 중 그 상품의 가치를 가장 높게 치는 소비자가 생각하는 평가가치를 죽 기록한다. 예를 들어 첫 번째 해가 끝난 다음에는 제품의 가치를 최소 $91로 치는 소비자와 그 아래로 치는 사람들만 남았다.
3. E5의 식 =D4-D5을 E6:E14에 복사하여 매년 얼마나 팔렸는지 알 수 있다. 예를 들어 첫 번째 해에는 $92보다 상품의 가치를 높게 치는 사람들만 상품을 구매했으며 9명이 상품을 구매했다.
4. F5의 식 =E5*C5를 F6:F14에 복사하여, 매년 매출을 구한다.
5. 셀 F15에서는 =SUM(F5:F14)으로 매출의 총 합을 구한다.
6. 해찾기를 사용하여 매출을 극대화하는 가격을 찾아보자. 해찾기 창은 그림 7-1과 같다. 각 연도의 가격은 $1과 $100사이에 오도록 하고 매출을 최대로 만드는 것이 목적이다. 해찾기로 찾은 가격은 그림 7-2의 C5:C14에 보인다.

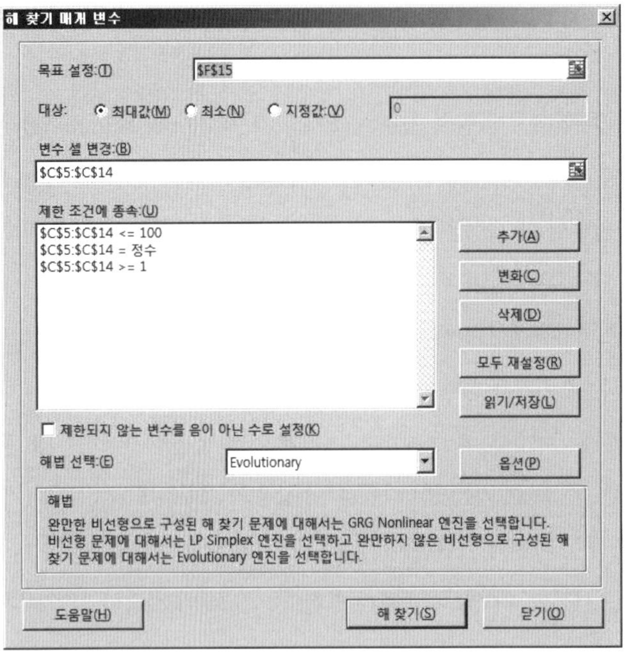

그림 7-1 : 초기 고가 가격 모델의 해찾기 창

	A	B	C	D	E	F
1		초기 고가 가격				
2						
3		연도	가격	남은 수량<=	팔린 수량	매출
4		0		100		
5		1	$ 92.00	91	9	828
6		2	$ 83.00	82	9	747
7		3	$ 74.00	73	9	666
8		4	$ 65.00	64	9	585
9		5	$ 56.00	55	9	504
10		6	$ 46.00	45	10	460
11		7	$ 37.00	36	9	333
12		8	$ 27.00	26	10	270
13		9	$ 18.00	17	9	162
14		10	$ 9.00	8	9	81
15					총합	4636

그림 7-2 : 초기 고가 가격 모델

여러분이 시장에서 상품에 높은 가치를 매기는 소비자들을 일찍 걸러내기[2] 때문에 가격은 점차 내려가는 것을 알 수 있다. 아니면 일찍 상품을 구매한 소비자들이 상품이 낡았던지 하는 이유로 한 3년쯤 있다가 다시 돌아오는 시장을 모델링 해볼 수도 있다. 여러분이 시장의 각

---

[2] Price Skimming에서 skim은 '액체의 표면에서 무엇인가를 걷어낸다'는 의미이다.

단계에서 상태(즉 상품에 대해 어떤 가치를 매기는 소비자가 현재 시장에 얼마나 남아있는지)를 계속 추적한다면 해찾기로 초기 고가 가격 정책을 조정해볼 수 있다.

어떤 기업들은 또 다른 이유로 이렇게 고가 전략을 취하기도 한다. 예를 들어 자신들의 제품이 고급품이라고 인식되기를 원해서 일부러 고가 전략을 취하는 경우가 있다(예 : 애플의 아이폰이나 아이패드 디바이스). 어떤 기업들은 제품의 상황에 따라 인위적으로 수요를 조정하기도 한다(예 : 닌텐도의 Wii 콘솔). 하지만 초기 고가 전략에 좋은 점만 있는 것은 아니다.

- 초기에 고가 전략을 취하여 높은 이윤을 얻게 되면 다른 경쟁자들도 모두 다 이 시장에 들어오고 싶게 만들 수 있다.
- 초기 고가 전략에서는 학습 곡선의 장점을 이용하기 어렵다.
- 초기 고가 전략을 사용하면 시장에 제품이 확산되는 속도가 느려진다. 초기 고가에서 구입하는 얼리어답터 몇 명으로는 제품에 대한 소문을 내기가 어렵기 때문이다. 확산에 대한 모델링은 27장 'Bass 확산 모델'에서 다룬다.

Analysis 2 왜 할인 판매가 필요한가?

소매업자들이 어떤 제품을 판매할 때의 기본 아이디어는 "시장 안에 있는 여러 사람들은 같은 제품이라도 여기에 부여하는 가치가 모두 다르다"이다. 상당히 오래 쓸 수 있는 전기 면도기 같은 제품을 보아도 서로 다른 시기에 이 제품을 원하는 여러 가지 사람들의 조합이 있을 수 있다. 시장에서 제품에 대해 낮은 가치로 평가하는 사람들이 많아지면 여러분은 제품에 낮은 가격을 매긴다. 시장에서 제품에 대해 높은 가치로 평가하는 사람들이 많아지면 여러분은 제품에 높은 가격을 매긴다. 다음 예에서는 엑셀상에서 간단한 모델을 보여주면서 이 개념을 설명한다.

모든 소비자가 전기 면도기에 대한 가치를 $30, $40, $50 중의 하나로 부여한다고 가정해보자. 현재 시장에는 210명의 소비자가 있고, 각각 동일한 수의 사람들이 면도기에 대해 $30, $40, $50의 가치로 평가하고 있다. 매년 20명의 새 소비자가 시장에 진입하는데 모두 면도기에 대해 제 각각의 평가가치를 부여한다. 면도기의 수명은 1년이나 2년이다. Sales.xls의

sales 워크시트(그림 7-3)에서는 앞으로 20년 동안 여러분의 이익을 최대화할 가격 정책을 결정하고 있다.

다음과 같은 과정을 따라가 보자.

1. D4:E6에 코드와 각 코드에 따른 평가가치를 입력하자. 이 코드는 매년 적용되며 변수이고 그 해에 적용되는 가격을 결정한다. 예를 들어 2번 코드는 1년 동안 적용되며 가격은 $40으로 평가한다.
2. B8:B27에 코드를 우선 시범으로 입력한다.

	A	B	C	D	E	F	G	H	I	J	K	L	M
1				신규 유입자	20								
2		왜 판매가 필요한가?					구매자(t+1)=비구매자(t)+(구매자(t)-판매(t))+.5*판매(t)+.5*신규유입자						
3				코드	평가가치		비구매자(t+1)=.5*신규유입자+.5*판매(t)						
4				1	30								총 매출
5				2	40								340037.038
6				3	50						50	40	30
7	기간	코드	가격	높은 가치-구매자	높은 가치-비구매자	중간가치-구매자	중간가치-비구매자	낮은가치-구매자	낮은가치-비구매자	높은 가치 판매	중간 가치 판매	낮은 가치 판매	매출
8	1	2	40	45	45	45	45	45	45	45	45	0	3600
9	2	1	30	77.5	32.5	77.5	32.5	100	10	77.5	77.5	100	7650
10	3	2	40	81.25	48.75	81.25	48.75	70	60	81.25	81.25	0	6500
11	4	1	30	99.375	50.625	99.375	50.625	140	10	99.375	99.375	140	10162.5
12	5	2	40	110.3125	59.6875	110.3125	59.6875	90	80	110.313	110.313	0	8825
13	6	1	30	124.84375	65.15625	124.8438	65.15625	180	10	124.844	124.844	180	12890.625
14	7	2	40	137.57813	72.421875	137.5781	72.421875	110	100	137.578	137.578	0	11006.25
15	8	1	30	151.21094	78.789063	151.2109	78.789063	220	10	151.211	151.211	220	15672.6563
16	9	2	40	164.39453	85.605469	164.3945	85.605469	130	120	164.395	164.395	0	13151.5625
17	10	1	30	177.80273	92.197266	177.8027	92.197266	260	10	177.803	177.803	260	18468.1641
18	11	2	40	191.09863	98.901367	191.0986	98.901367	150	140	191.099	191.099	0	15287.8906
19	12	1	30	204.45068	105.54932	204.4507	105.54932	300	10	204.451	204.451	300	21267.041
20	13	2	40	217.77466	112.22534	217.7747	112.22534	170	160	217.775	217.775	0	17421.9727
21	14	1	30	231.11267	118.88733	231.1127	118.88733	340	10	231.113	231.113	340	24066.7603
22	15	2	40	244.44366	125.55634	244.4437	125.55634	190	180	244.444	244.444	0	19555.4932
23	16	1	30	257.77817	132.22183	257.7782	132.22183	380	10	257.778	257.778	380	26866.6901
24	17	2	40	271.11092	138.88908	271.1109	138.88908	210	200	271.111	271.111	0	21688.8733
25	18	1	30	284.44454	145.55546	284.4445	145.55546	420	10	284.445	284.445	420	29666.6725
26	19	2	40	297.77773	152.22227	297.7777	152.22227	230	220	297.778	297.778	0	23822.2183
27	20	1	30	311.11114	158.88886	311.1111	158.88886	460	10	311.111	311.111	460	32466.6681

그림 7-3 : '왜 할인 판매가 필요한가?' 모델

3. C8:C27에 각 연도에 책정되는 가격을 계산한다. 첫 번째 해의 가격은 셀 C8이며 식은 =VLOOKUP(B8,lookup2)이다.
4. 이 식을 C8:C27에 복사하여 각 연도에 책정되는 가격을 계산하자.
5. 첫 번째 해에 면도기의 가치를 $30, $40, $50이라고 생각하는 사람들의 숫자를 D8:I8에 입력하자(사람들은 '구매자'와 '비 구매자'로 구분한다). 새로운 사람의 절반은 구매자로 분류되고, 나머지 절반은 비구매자로 분류된다. 그리고 이전 년도에서 이월된 숫자 중 또 50%는 구매자이고, 나머지는 비구매자이다.
6. 이 모델에서 가장 중요한 점은 각 연도에서 각각의 평가가치에 따른 구매자와 비구매자의 수를 제대로 파악하고 있어야 하는 것이다. 변수 사이의 관계는 다음 식과 같다.

(1) 구매자(t+1) = 비구매자(t) + (구매자(t) − 판매(t)) + .5 * 판매(t) + .5 * 신규 유입자

(2) 비구매자(t + 1) = .5 * 신규 유입자 + .5 * 판매(t)

7. D9의 식 =E8+(D8-J8)+0.5*J8+0.5*New을 D10:D28에 복사한다. 여기서 New는 '신규 유입자'를 가리킨다. 이 식은 식(1)을 이용하여 2~20 기간 동안 높은 가치−구매자의 수를 계산한다.

8. E9의 식 =0.5*New+0.5*J8을 E10:E28에 복사한다. 이 식은 식(2)를 이용하여 2~20 기간 동안 높은 가치−비구매자의 수를 계산한다.

9. J8:L8에서는 1년 동안 제품을 구입한 사람들이 어떤 그룹에 속하는지 세고 있다. 이 소비자들은 각각 높은 가치, 중간 가치, 낮은 가치의 그룹에 속한다. 가격이 소비자 자신들이 평가하는 가치보다 낮으면 세 그룹 구성원들은 면도기를 구입한다. 따라서 셀 K8의 식 =IF(C8<=$E$5,F8,0)은 1년 동안 상품의 가치를 중간 정도로 보는 그룹 구성원들의 수를 센다. 이 예에 대한 해찾기 창은 그림 7-4와 같다.

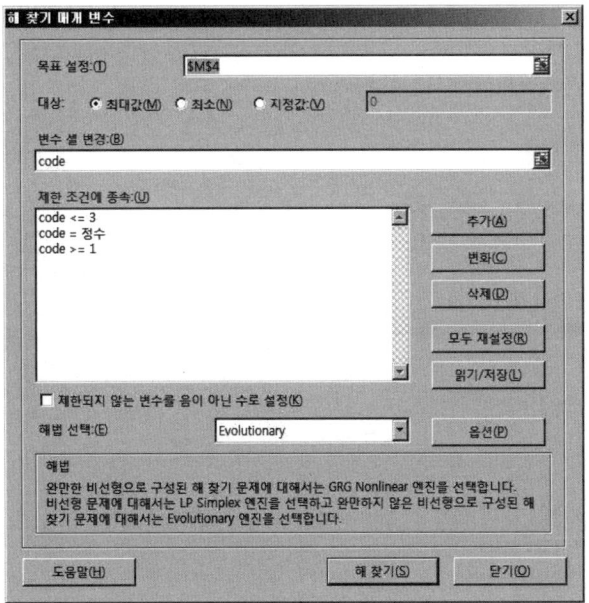

그림 7-4 : '왜 할인 판매가 필요한가?'의 해찾기 창

해찾기 창에서 목표 셀은 총 매출(셀 M4)를 최대화하려고 한다. 변수 셀은 코드(code)(셀 B8:B27)이며 코드는 1과 3 사이에 있어야 한다. 변수 셀을 가격이 아닌 코드로 설정한 이유

는 가격을 변수로 하면 가격은 30과 50 사이에 오도록 해야 하는데, 이렇게 하면 해찾기는 답을 $38같은 엉뚱한 수로 찾을 가능성이 있기 때문이다. 대부분의 경우 $30이 가장 최적화된 가격이고 가끔 $40을 추천하는 경우도 있다. 시장에서 $40으로 가치를 평가한 고객의 수가 $30으로 가치를 평가한 고객의 수를 넘을 때 $40의 가격이 가장 최적화된 가격이 된다. $50으로 평가하는 소비자들은 항상 자신이 생각하는 가치보다 낮은 가격에 면도기를 구입한다. 이 소비자들에게는 이 면도기는 20년 중 절반은 할인 판매를 하는 것이나 마찬가지이다(20년 중 10년은 가격이 $30이다).

이 예에서 변수를 바꾸면 최적화된 가격이 얼마가 될까? 만약 이 상품의 가치를 가장 높게 평가하는 소비자가 이 면도기를 $100으로 평가한다고 가정해보자. 그러면 해찾기는 최적화된 가격을 그림 7-5(Sales.xls 파일의 high price 워크시트 참고)처럼 보여준다. 이때 가격은 최고로 높은 가격과 재고 떨이 가격 사이를 계속 왔다 갔다 하게 된다.

물론 가게들은 여러 가지 이유로 할인 판매를 한다.

- 약국이나 슈퍼마켓 같은 경우 미끼 상품으로 탄산음료 등을 할인 판매하곤 한다. 할인 판매하는 탄산음료를 사러 가게 안에 들어온 손님들이 다른 상품을 사거나 아니면 앞으로 이 가게를 다시 방문하기를 바라기 때문이다.
- 창고를 차지하고 있는 재고 상품을 팔아버리고, 더 잘 팔리는 상품을 위해 공간을 만들기 위해 할인 판매를 한다. 신상품이 출시되면 자주 발생한다(새 PC나 전화기).

그림 7-5 : 높은 가치가 100일 때 결과

- 어떤 가게들은 신상품을 할인 판매해서 소비자들이 그 상품을 써볼 수 있도록 한다. 이 경우는 장기 이익을 극대화하기 위해서인데 마케팅에서 장기 이익에 대한 중요도는 19~22장에서 다루겠다. 여기에서는 평생 고객 가치(lifetime customer value) 등의 개념을 다룰 것이다.

Summary

이 장에서는 다음과 같은 사항을 알아보았다.

- ▶ 하이테크 제품이 처음 출시되면 기업은 그 제품의 값어치를 높게 평가하는 고객에게 높은 가격을 책정한다. 하지만 이런 고객들이 그 제품을 모두 구입하고 나면, 기업은 제품의 가격을 낮춰서 그 제품을 구매하지 않은 고객들에게 접근한다. 따라서 하이테크 상품의 가격은 시간이 지나면 급락한다.
- ▶ 소비자들은 어떤 제품에 대해 생각하는 평가가치가 동일한 편이다. 따라서 여러분이 할인 판매를 하지 않으면, 그 제품의 가치를 낮게 평가하는 고객들에게 제품을 판매할 수 없다.

Exercises

1. Joseph A. Bank[3]는 때때로 양복 한 벌을 사면 두 벌을 공짜로 주는 프로모션을 한다. `Banks.xlsx` 파일에는 50명의 대표 고객에 대한 데이터가 있고 이들이 양복 1벌, 2벌, 3벌의 가치에 대해 평가하고 있다. Joseph A. Banks가 양복을 한 번 만드는데 드는 비용은 $150이다. 어떤 전략을 사용해야 Joseph A. Bank의 이익을 최대화할 수 있을까? 양복 한 벌에 단일 가격을 책정할까? 아니면 양복 두 벌에 단일 가격이나 세 벌에 단일 가격은 어떨까?

2. `Coupons.xls`의 데이터는 Lean Cuisine 식당의 앙뜨레[4]에 대해 각 손님별로 느끼는 가치와 손님에게 쿠폰을 발행해주는 비용이다. Lean Cuisine에서 앙뜨레를 만드는 원가는 $1.50이며 쿠폰을 교환해주는 비용이 $0.1이다. 슈퍼마켓에서는 앙뜨레를 매입가의 두 배 가격으로 판매한다. 쿠폰이 없을 때 Lean Cuisine은 앙뜨레에 대해 가격을 얼마로 해야 할까?

---

3 미국의 중저가 남성 의류 소매업체
4 서양요리의 주요 요리, 혹은 주요 요리 앞에 나오는 요리

3. 어떤 제품의 x번째 단위를 생산하기 위한 단위 비용이 ax^{-b}라는 식으로 주어졌을 때 한 단위를 생산하기 위한 누적 비용을 두 배로 하는 것도 동일한 비율로 하락함을 보이시오.

4. 만약 누적 생산이 2배가 되면 단위 생산 비용이 20% 떨어진다고 가정하면 비용은 80% 학습 곡선을 따르게 된다. 80% 학습 곡선에 해당하는 b값을 얼마일까?

5. (계산기 필요) 레노보(Lenovo)[5]에서 새 컴퓨터 모델을 생산하는데 첫 번째 컴퓨터를 만들기 위해 $800이 들었다. 이전 모델은 85% 학습 곡선을 따랐고 4,000대를 만들었다고 가정해보자. 다음 1,000대를 생산하기 위한 비용을 추정해보자.

---

[5] 중국의 개인용 컴퓨터 제조 업체. 2005년 IBM의 PC사업부를 인수하여 세계적인 대기업이 되었다.

Revenue Managenment

수익 관리

Chapter 08

때때로 여러분은 동일한 상품인데도 불구하고 가격이 다른 경우를 볼 수 있다. 다음은 예이다.

- 딸을 보러 인디애나폴리스(Indianapolis)에서 로스앤젤레스(Los Angeles)로 비행기를 타고 갈 때 왕복 티켓의 가격은 $200에서 $900으로 다양하다.
- LA 다운타운에 위치한 매리어트(Marriott) 호텔에서 묵을 때 평일에는 1박에 $300이고 주말에는 $200보다 싸다.
- Avis[1]에서 차를 빌릴 때 주중에 빌리는 것보다 주말에 빌리는 것이 더 싸다.
- 부활절 다음날에는 부활절 캔디를 그 전날보다 훨씬 싼 가격에 살 수 있다.
- 우리 동네 스테이크 집은 월요일에서 수요일 사이에는 요리 한 가지는 반값에 주문할 수 있다.
- 플로리다 키 웨스트(Key West, Florida) 지역[2]에서는 겨울보다는 여름에 집을 훨씬 싸게 빌릴 수 있다.
- 인디애나 페이서스(Indiana Pacers)[3] 팀은 중요 예선전의 입장료 가격을 훨씬 비싸게 책정한다.
- 우리 동네 극장에서는 오후 7시 이전에는 입장료가 $5지만 7시 이후에는 $10이다.

이런 모든 예는 바로 수익 관리의 좋은 예들이다. 수익 관리(Revenue management, yield management라고도 한다)는 보통 시간에 좌우되는(time-sensitive) 상품이나 소멸되기 쉬운(perishable) 상품을 판매하는 기업에서 사용하는 가격 정책을 설명하기 위해 사용한다. 예를

---

[1] 렌터카 회사
[2] 미국 플로리다주 키웨스트섬. 관광 휴양 도시로 유명하다.
[3] 미국 인디애나주 인디애나폴리스를 연고지로 하는 NBA 소속 프로 농구팀

들어 비행기가 일단 이륙하고 나면 비행기 안의 빈 좌석은 아무 쓸모가 없다. 부활절 다음날, 부활절 캔디의 가치는 크게 떨어진다.

많은 기업들이 수익 관리를 통해 실적을 크게 개선할 수 있었다.

- 아메리칸 에어라인(American Airlines)은 수익 관리를 통해 연 매출 $500,000,000을 증가시킬 수 있었다.
- 2003년, 매리어트(Marriott) 그룹은 수익 관리를 통해 이익이 $6,700,000 증가했다고 발표했다.
- 수익 관리를 통해 National Rental Car는 파산을 편할 수 있었다.

이 장에서는 수익 관리의 기본 개념에 대해 설명하겠다. 수익 관리에 대해 관심 있고 전문적인 내용을 원하면 Kalyan Talluri와 Garrett Ryzin의 저서 The Theory and Practice of Revenue Management(Springer-Verlag, 2004)를 참고하시오.

이 장에서 다룰 수익 관리의 주요 개념은 다음과 같다.

- 소비자들이 제품에 대해 각자 가지고 있는 평가가치에 근접하는 금액을 가격으로 지불하도록 한다. 예를 들어 사업상 목적으로 여행하는 사람들은 비행기 가격을 좀 더 많이 지불하고자 하는 경향이 있다. 따라서 단순히 여행 목적으로 비행기를 타는 사람보다 비행기 요금을 더 비싸게 책정한다.
- 소멸되기 쉬운 상품(perishable good)은 언제 사용할지는 매우 불분명한데 이런 불확실성을 어떻게 관리할 수 있는지 이해해보자. 예를 들어 어떤 승객들이 공항에 나타나지 않을 때를 대비하여 항공 회사는 비행기 좌석보다 더 많은 자리를 판매한다. 그렇지 않으면 빈자리가 있는 채로 이륙해야 하기 때문이다.
- 공급은 고정되어 있을 때 변화하는 수요를 맞추기. 예를 들어 전력 회사는 더운 여름 기간 동안에는 전력 회사는 한낮의 전력 수요에 대해서는 더 비싼 요금을 부과해서 전력 수요를 아침이나 저녁으로 옮기고자 한다.

Analysis 1   Bates 모텔의 수요 추정과 고객 구분

많은 산업계에서 소비자들이 제품에 얼마나 지불하려고 하는지에 따라 소비자들을 구분(segment)한다. 예를 들어 비즈니스 때문에 여행하는 소비자들(이 사람들은 토요일 저녁 목적지에서 숙박하지 않는다)은 비즈니스가 아닌 목적으로 여행하는 소비자들(이 사람들은 주로 토요일 저녁에 목적지에서 숙박한다)에 비해 비행기표에 더 많은 비용을 지불하는 경향이 있다. 그리고 호텔 예약을 할 때도 비즈니스 여행자들은 호텔 비용도 비즈니스가 아닌 목적으로 여행하는 사람들에 비해 더 비싼 비용을 지불한다(비즈니스 여행자들은 예약 날짜가 다되어야 방을 예약하고, 비즈니스 여행자가 아닌 사람들은 미리미리 방을 예약한다). 이 절에서는 호텔 산업의 예에서, 서로 다른 시장 세그먼트에 평가가치를 다르게 함으로써 매출과 이익을 어떻게 증가시킬 수 있는지 보여주겠다.

수요 곡선 추정

Bates 모텔[4]은 300개의 방을 운영하며 2016년 6월 15일에 매출을 최대화하고자 한다. 모텔 측은 잠재 고객의 2%(10명)에 해당하는 고객에게 질문을 해서 2016년 6월 15일 Bates 모텔에서 묶는 경우 그 가치를 얼마나 생각하는지 조사했다(1960년의 사고 이후 Bates 모텔의 사업은 쇠락해왔다). 결과는 그림 8-1과 같으며 작업은 `Batesmotel.xlsx` 파일의 `demand curve` 워크시트에서 해볼 수 있다.

---

[4] 여기에서 예로 든 베이츠(Bates) 모텔은 히치콕의 영화 "싸이코(Psycho)"에 등장하는 모텔이며 TV시리즈의 이름이기도 하다. 1960년의 사고라는 말은 영화 "싸이코"가 1960년에 제작되었기 때문이다.

	D	E	F	G
3			시장의 2%	
4	고객	평가가치		
5	1	323		
6	2	151		
7	3	534		
8	4	378		
9	5	358		
10	6	284		
11	7	50		
12	8	113		
13	9	225		
14	10	456		
15				
16				
17		가격	수요	가격
18		323	5	323
19		151	8	151
20		534	1	534
21		378	3	378
22		358	4	358
23		284	6	284
24		50	10	50
25		113	9	113
26		225	7	225
27		456	2	456

그림 8-1 : Bates 모델의 수요 곡선 추정

수요 곡선상의 점 10개를 알 수 있으면 2016년 6월 15일의 수요 곡선을 추정할 수 있다. 예를 들어 10명 중 5명은 가치를 $323이상으로 두고 있으므로 이 방의 요금을 $323으로 책정하면, 2%의 잠재 고객 중 5명이 요금을 낼 것이다. 수요 곡선상의 점 10개를 계산하기 위해서 E18:E27에 10개의 평가가치를 나열했다. 다음 F18의 식 =COUNTIF($E$5:$E$14,">="&E18)을 F19:F27에 복사한다. F18 같은 경우 이 식은 얼마나 많은 사람들이 이 모델 요금을 $323 이상이라고 평가하고 있는지 센다.

다음 엑셀의 추세선 기능을 이용하여 이 데이터에 맞는 선형 수요 곡선을 찾아보자. 다음 과정을 따라가보자.

1. 영역 G18:G27에 가격을 다시 입력하여 x축에 수량, y축에 가격이 올 수 있도록 수요 곡선을 만든다.

2. 영역 F18:G27을 선택한 다음 '삽입' 탭 → '차트' 그룹 → '분산형'을 선택한다. 점만 있는 첫 번째 그래프를 선택하여 수요대비 가격을 보여준다.

3. 계열을 선택한 다음 마우스 오른쪽 버튼을 클릭하자. '추세선 추가…'를 선택한 다음 '선형' 옵션을 선택한다. 다음 '수식을 차트에 표시' 체크박스를 선택하자. 결과는 그림 8-2와 같다. 이 차트에서 점들을 가장 잘 나타내는 선형 수요 곡선의 식은 $p = 564.87-$

*50.49 * q*이다.

4. 계산을 간단하기 위해서 반올림을 하여 수요 곡선을 좀 더 간단히 만들어보자.
p = 565 − 50q

5. q에 대해서 식을 정리하면 *q = (565-p)/50*와 같다.

6. 이 식은 여러분의 수요 중 2%만 가지고 나타내었으므로 이 대략의 수요에 50을 곱해보자. 분모의 50은 없어지고 전체 수요 곡선식은 *q = 565 − p*이다.

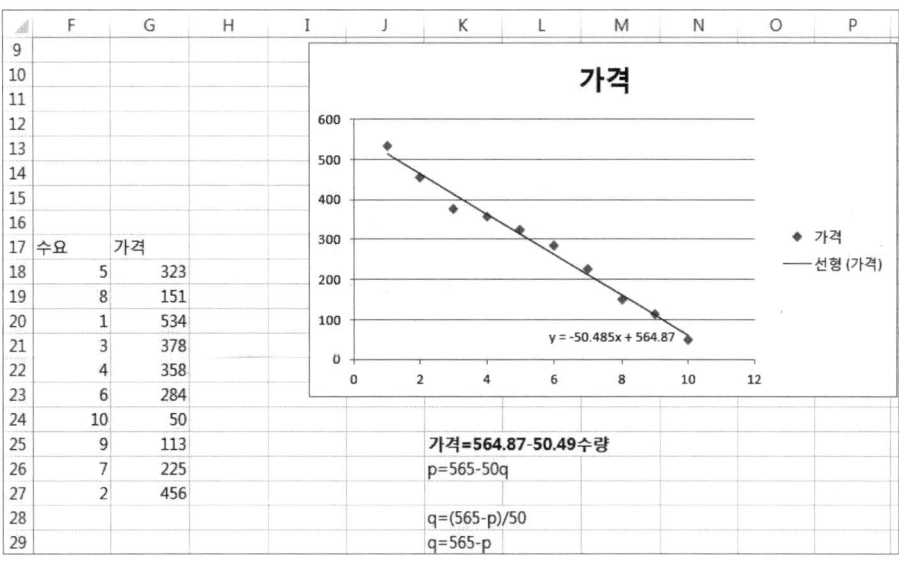

그림 8-2 : Bates 모텔의 수요 곡선 차트

최적의 단일 가격

수익 관리를 통해 어떻게 이익을 증가시킬 수 있는지 보기 위해 우선 수익 관리를 하지 않았을 때의 이익부터 알아보자. 즉 모든 손님에게 동일한 요금을 내도록 한다.

우선 간단히 하기 위해 잠시 Bates 모델에 방이 300개 있다는 제한을 무시하자. 이때, Bates 모델이 이익을 최대화하려면 이익 = 가격 * (565−가격)을 최대화시키는 가격을 선택하면 된다. 4장 "수요 곡선을 추정하고 해찾기로 가격을 최적화하기"에서 설명한 방법을 사용하여 이익을 극대화하는 단일 가격을 찾아보자. Batesmotel.xslx 파일의 single price 워크시트에서 작업한 결과는 그림 8-3과 같고 사용한 해찾기 창은 그림 8-4와 같다. 가격을

$282.50로 했을 때 최대 매출은 $79,806.25이다.

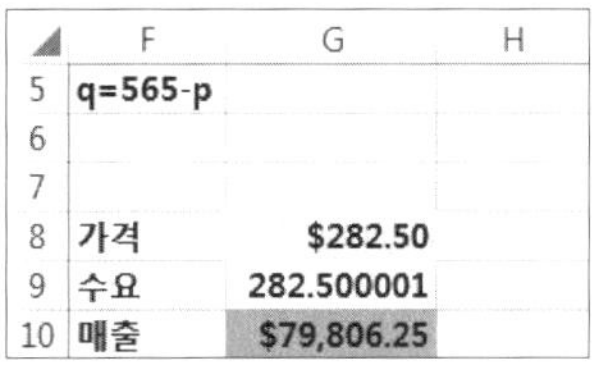

	F	G	H
5	q=565-p		
6			
7			
8	가격	$282.50	
9	수요	282.500001	
10	매출	$79,806.25	

그림 8-3 : 최적의 단일 가격 계산

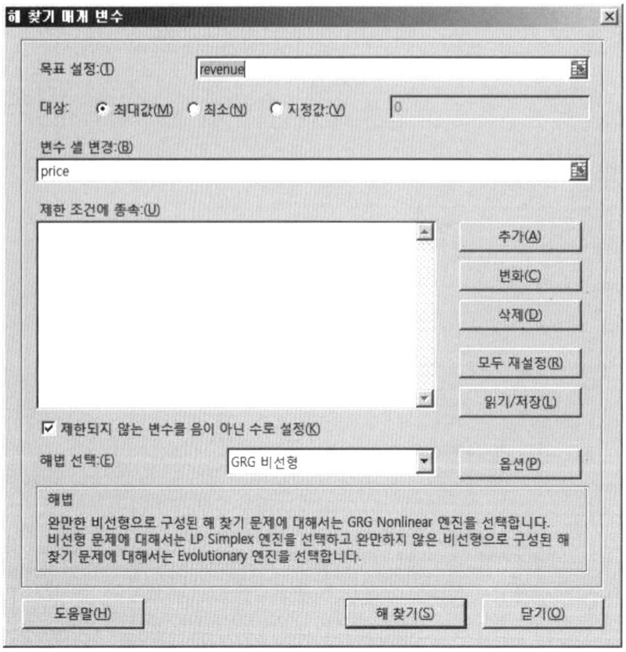

그림 8-4 : 최적의 단일 가격을 구하기 위한 해찾기 창

소비자를 구분하기 위한 두 가지 가격

매출을 극대화하기 위해 Bates 모텔에서는 각각의 손님에게 각자의 평가가치만큼 요금을 내게 하고자 한다. 하지만 이렇게 하는 것은 불법이다. 모든 손님에게는 동일한 요금을 책정해야 한다. 하지만 수익 관리에서는 가격을 차별화해서 매출을 증가시킬 수 있는 합법적인 방법을 제시한다.

만약 손님이 지불하고자 하는 의지와 매우 관련이 깊은 변수가 있다면 Bates 모델은 개개인의 평가가치에 근접할 수 있다. 만약 낮은 가치로 평가하는 손님들은 일찍 구매하고, 높은 가치로 평가하는 손님들은 예약일이 다 되어 구매를 한다고 가정해보자. Bates 모델은 미리 구매하는 손님에게는 낮은 가격을 책정하고 나중에 구매하는 손님에게는 높은 가격을 책정함으로써 손님 개개인의 가격 정책에 가까워질 수 있다. 높은 가치를 두는 모든 손님은 막판에 구매를 한다고 하면, 막판 판매의 수요는 565−(높은 가치)이고, 미리 판매하는 경우의 수요는 (565 − 낮은 가치) − (565 − 높은 가치)이다. 매출을 최대화하는 낮은 가격과 높은 가격을 결정하기 위한 해찾기 모델은 Segmentation 워크시트에서 찾을 수 있다(그림 8-5). 다음 과정을 따라가보자.

	E	F
6	q=565-p	
7		모든 고객의 경우에서
8		>=high면 high요금을 책정하고
9		나머지는 low요금을 매긴다.
10	높은 가격(high)	$376.67
11	낮은 가격(low)	$188.33
12	높은 가격의 수요	188.3336603
13	낮은 가격의 수요	188.3334489
14	높은 가격의 매출	$70,938.95
15	낮은 가격의 매출	$35,469.38
16	총 매출 합계	$106,408.33

그림 8-5 : 손님을 구분한 경우 가격을 계산하는 모델

1. 셀 F12에서는 예약일이 다 되어 막판에 구매하는 수요를 계산한다. 식은 =565-high
2. 셀 F13에서는 미리 구매하는 수요를 계산한다. 식은 =(565-low)-(565-high)
3. 셀 F14에서는 막판에 구매하는 손님으로부터 발생한 매출을 계산한다. 식은 =high*highdemand
4. 셀 F15에서는 미리 구매하는 손님으로부터 발생한 매출을 계산한다. 식은 =low*lowdemand
5. 셀 F16에서는 =SUM(F14:F15)으로 총 매출을 계산한다.
6. 그림 8-6의 해찾기 창을 참고하고, 총 매출을 최대화하는 높은 가격(high)와 낮은 가격(low)를 찾아보자. 두 가격 모두 양수여야 한다.

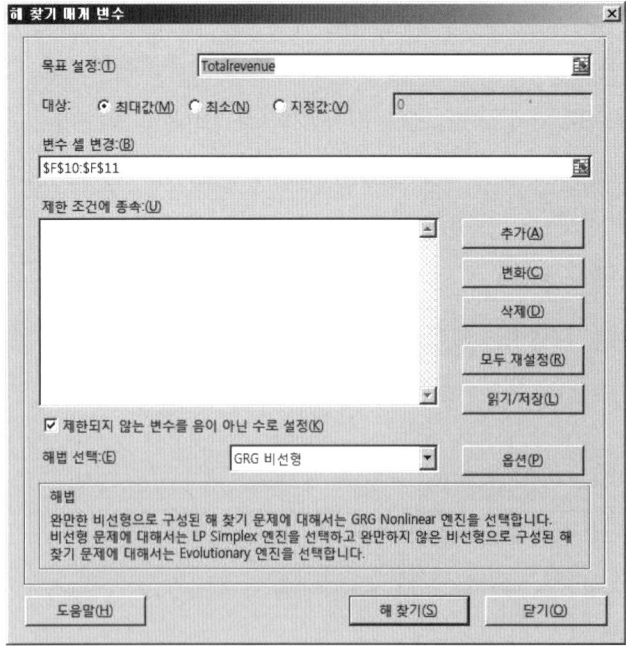

그림 8-6 : 손님을 구분한 경우 해찾기 창

결과에서 막판에 구매하는 고객에게는 $376.67, 미리 구매하는 고객에게는 $188.33의 요금을 책정해야 함을 알 수 있다. 이 경우 Bates 모델의 매출은 33% 증가하여 $106,408.33이 되었다. 물론 고객이 지불하고자 하는 의지와 계산하는 날짜가 완벽한 상관관계에 있어야 이렇게 매출이 증가하게 된다. 정말 상관관계가 있으면, Bates 모델은 합법적으로 높은 평가가치를 두는 고객에게 높은 가격을 매길 수 있다. 이 경우 Bates 모델은 사전에 제한을 두어(예를 들어 최소 2주 전에는 방을 예약해야 한다는 규정을 둔다) 높은 평가 가치의 고객과 낮은 평가 가치의 고객을 구분해야 한다. 항공사에도 이러한 전략을 사용하는데 '토요일 밤 체류 여부'와 같은 조건을 가지고 비즈니스 고객과 단순 여행 고객을 구분한다. 물론 이런 구분은 완전하지는 않다.

하지만 이렇게 하면 호텔이 원래 가지고 있는 방의 수보다 더 많은 사람이 나타나는 문제가 발생한다. 예약을 받을 때 제한조건을 두어 이 문제를 해결할 수 있다.

용량 제한으로 구분

그림 8-7에서는 예약을 받은 방의 개수가 원래의 용량을 초과하지 않게 할 수 있는지 보여준다. 예약을 받은 다음 손님들을 모두 같은 방에 재울 수는 없다. 이런 문제를 해결하기 위해, Segmentation 워크시트를 새 워크시트에 복사하고 이름을 Segmentation with capacity로 정하자. 다음 셀 H16에 예약된 총 방의 수를 계산한 다음, 제한조건으로 H16<=J16을 추가한다. 그림 8-7의 결과에서 보면 막판에 예약한 손님의 요금은 $415이고 미리 예약한 손님의 요금은 $265이다. 각 경우에 대해 예약은 150개가 들어왔으며 매출은 약 4% 떨어져서 $102,000가 되었다. 새 가격에서 보면 예약된 방의 개수와 호텔의 방 개수는 동일하다.

	E	F	G	H	I	J	K
4	q=565-p						
5				모든 고객의 경우에서			
6				>=high면 high요금을 책정하고			
7				나머지는 low요금을 매긴다.			
8	높은 가격(high)	$415.00					
9	낮은 가격(low)	$265.00					
10	높은 가격의 수요	150					
11	낮은 가격의 수요	150					
12	높은 가격의 매출	$62,250.00					
13	낮은 가격의 매출	$39,750.00					
14	총 매출 합계	$102,000.00					
15				호텔의 총 방 개수			
16	예약된 방 개수	300	<=	300			

그림 8-7 : 용량에 제한이 있는 경우 최적의 가격

Analysis 2 불확실성 다루기

앞 절에서 Bates 모델의 예에서 보면 가격을 설정했을 때 이미 Bates 모델측은 얼마나 많은 사람이 미리 예약하고 얼마나 많은 사람들이 막판에 예약할 것인지 알고 있다고 가정한다. 하지만 대부분의 경우에는 이런 일은 일어나지 않는다. 이 절에서는 Bates 모델이 어떻게 불확실성(uncertainty)을 다룰 수 있는지에 대해 알아보자. 수익 관리 시스템을 만들 때 항공사 같은 경우는 비행시간까지 공항에 나오지 않는 사람의 수와 같은 불확실성을 어떻게 처리할 것인지 고려한다.

예약 한계 결정

수익 관리에서 불확실성의 역할을 보여주기 위해 우선 모든 사전 예약은 모든 막판 예약보다 앞서 발생한다고 가정한다. Bates 모델에서는 사전 예약에 대해서는 $105 요금을 책정하고, 막판 예약에 대해서는 $159 요금을 책정한다. 그리고 모든 방을 다 채울 만큼 충분한 수의 손님이 사전 예약을 하고자 한다고 가정해보자. Bates 모델 측은 얼마나 많은 손님이 막판 예약을 할 것인지는 알 수 없다. 따라서 방의 일부분은 막판 예약을 하는 손님들을 위해서 남겨놓아야 한다(protection). 여기에서 보호 한계(protection limit)는 막판에 예약하는 손님들이 더 많은 요금을 지불하므로 사전 예약하는 손님들에게 판매하지 않고 놓아두는 방의 개수를 말한다. 그리고 여기에서 예약 한계(booking limit)는 미리 예약 구매하는 손님을 위해 최대 유지하는 방의 개수를 말한다. 예를 들어 예약 한계가 200이라면, Bates 모델은 최대 200개의 방을 요금 $105로 예약해놓은 것이 된다. 예약 한계가 200개면 보호 한계는 300−200=100으로 방 100개이다.

막판에 예약이 얼마나 들어올 지 알 수 없으므로 막판 예약은 평균이 100이고 표준 편차가 20인 정규분포 변수를 따른다고 가정한다. 이때 막판 예약이 80~120일 확률은 68%이고, 60~140일 확률은 95%이다.

이제 한계 분석(marginal analysis)의 개념을 사용하여 Bates 모델의 기대 이익을 최대화하는 보호 한계 Q값을 결정해보자. 한계 분석에서는 여러 가지 결정 변수를 단위 별로 바꿔 본 다음 바뀔 때마다의 바뀌는 결과값을 비교해서 가장 최적의 혜택을 제공할 수 있는 값을 선택한다. 최적의 보호 수준(protection level)이 얼마인지 결정하기 위해 한계 분석을 사용하려면 Q값이 주어졌을 때 보호 수준을 $Q+1$에서 Q로 줄였을 때 Bates 모델의 이익이 늘어나는지 알아봐야 한다. 다음 과정을 따라가보자.

1. $F(Q)$는 막판 예약이 Q개 이하로 발생할 확률이다. 즉 F(Q)=막판 예약하는 방의 개수≥Q 이다.
2. 모든 방을 다 채울 수 있을 만큼 사전 예약이 들어온다고 가정했으므로 보호 레벨이 1 줄어들면 Bates 모델 측은 $105만큼 수입이 늘어난다.
3. Bates 모델이 $159의 가격으로 $Q+1$개의 방을 판매할 확률은 $1-F(Q)$이다. 따라서 Bates 모델이 보호 수준을 1개씩 줄이면 $(1-F(Q))*159+F(Q)*0=(1-F(Q))*159$의

매출을 잃어버리게 된다. 따라서 105>=(1-F(Q))*159이거나 F(Q)>=54/159=.339 일 때만 보호 수준을 Q+1에서 Q로 줄여야 한다.

4. 엑셀의 NORMINV 함수를 사용하여 33.9%가 되는 Q를 찾을 수 있다. NORMINV(확률, 평균, 표준 편차)는 주어진 평균, 표준 편차에서 F(Q)=확률이 되는 Q를 찾아준다. 엑셀에 =NORMINV(0.339,100,20)를 입력하면 91.70을 반환한다. 따라서 F(91)<.339이고 F(92)>.339 이므로 Bates 모델은 92개의 방을 막판에 예약하는 손님을 위해 비워놓아야 한다.

오버부킹 모델

항공사에서는 보통 여러 가지 요금 체계를 가지고 있으므로, 항공사에서는 좌석 예약 한계(booking limit)를 여러 개 결정해야 한다. 비행시간이 가까워오면, 항공사들은 그때까지 받은 예약 개수에 기반하여 좌석 예약 한계를 갱신한다. 이렇게 갱신할 때는 과거의 비슷한 비행으로부터 얻은 데이터를 이용한다. 대부분의 경우 수익 관리에는 대규모의 IT 투자와 데이터 분석이 필요하다. 따라서 수익 관리 시스템을 만드는 과정은 가벼운 마음으로 시작할 수 없다.

항공사는 항상 예약한 고객이 그날 나오지 않을 수도 있다는 사실을 다뤄야 한다. 만약 항공사에서 "정원 이상으로 예약(overbook)"하여 원래 좌석보다 더 많은 항공권을 팔지 않았다면 비행기들 대부분은 빈 좌석이 있는 채 이륙해야 할 것이다. 물론 너무 많은 항공권을 팔았다면 자신의 좌석을 받지 못하게 된 손님들에게 무엇인가 다른 보상을 해줘야 한다(예를 들어 이코노미 좌석을 예약한 손님에게 비즈니스 좌석 제공하거나 바로 다음 스케줄의 비행기를 제공). 따라서 항공사들은 빈 자리가 생길 위험과 너무 많이 예약을 받아버릴 위험 사이를 잘 조정해야 한다. 한계 분석을 사용하여 이러한 조정과 관련된 문제를 분석할 수 있다.

예를 통해 개념을 살펴보자. 뉴욕에서 인디애나폴리스까지 FBN[5] 항공의 항공권 가격이 $200이라고 가정해보자. 비행기 안에는 100명의 승객을 태울 수 있다. 항공권을 구매한 다음 승객이 나타나지 않는 경우에 대비하기 위해 항공권을 100장 이상으로 판매했다. 연방법에 따

---

[5] 가상의 항공사. Fly by Night의 약자.

르면 항공권을 구매했는데도 불구하고 비행기를 타지 못한 고객에게는 보상으로 $100을 지불해야 한다. 과거의 데이터를 살펴보면 이 비행기의 항공권을 구매하고 나타나지 않는 승객은 평균 20, 표준 편차 5의 정규분포를 따른다. 매출에서 보상비용을 뺀 기대매출을 최대화하려면 FBN은 각 비행기의 항공권을 몇 장이나 판매해야 할까? 사용하지 않은 항공권은 환불 가능하다고 가정했을 때, 다음 과정을 따라가보자.

1. FBN 항공이 판매하고자 하는 항공권 수 Q, NS는 공항에 나오지 않은 사람들의 수라고 하자. NS는 연속된 임의 변수로 모델링하므로 분수값이 될 수 있다. 만약 Q − NS가 99.5와 100.5 사이의 수라면 100명이 비행기를 타려고 공항에 나온 것으로 가정한다.

2. Q값이 주어졌을 때 Q+1에서 Q로 줄여야 하는지 알아보자. 만약 Q − NS >= 99.5면 티켓 한도를 Q+1에서 Q로 줄여서 $100을 아끼게 되었다. 이것으로 과도하게 예약받은 인원 한 명을 줄일 수 있게 되었다. 만약 Q − NS<99.5라면 티켓 한도를 Q+1에서 Q로 줄였을 때 항공권 한 장을 덜 팔게 된다. 이렇게 하면 매출 $200을 잃는 셈이다. $F(x)$를 '나타나지 않은 승객의 수가 x명 이하일 확률'이라고 정의해보자.

   - $F(Q-99.5)$의 확률에서 티켓 한도를 Q+1에서 Q로 줄이면 $100을 아낄 수 있다.
   - $F(Q-99.5)$의 확률에서 티켓 한도를 Q+1에서 Q로 줄이면 $200을 잃어버린다.

   따라서 티켓 한도를 Q+1에서 Q로 줄이면, 이익은 다음과 같다.

   $$100F(Q-99.5)-200(1-F(Q-99.5)) \geq 0$$

   또는

   $$F(Q-99.5) \geq 100/(200+100)= .667$$

3. NORMINV(0.667,20,5)=22.15이므로 Q − 99.5 >= 22.15 즉 Q >= 121.65이면 Q+1에서 Q로 값을 줄여야 한다. 따라서 항공권을 판매할 때 123에서 122로 줄이자. 즉, 예상 매출에서 보상비를 뺀 매출을 최대화하려면 FBN 항공은 항공권을 122장 판매해야 한다.

하지만 실제 항공사가 직면하고 있는 문제들은 이런 단순한 오버부킹보다 훨씬 복잡하다. 매 순간마다 항공사들은 비행기의 항공권이 얼마나 많이 팔렸는지와 같은 정보들을 갱신하여 좌석 예약 한계와 같은 변수들의 최적값을 결정하고 있다.

Analysis 3 가격 인하

많은 소비업자들은 계절이나 타이밍에 따라 제품의 가격을 할인함으로써 직접 수익 관리 시스템을 수행하고 있다. 예를 들어 여름이 끝날 무렵이면 수영복을 할인 판매한다. 부활절 사탕이나 크리스마스 카드는 휴일 다음날에는 할인 판매한다. 지금은 인수되었지만 보스턴의 유명한 Filene's Basement[6]는 다음과 같은 가격 인하(markdown pricing) 정책을 가지고 있었다.

- 한 아이템을 세일하기 시작해서 12일이 지나면 가격을 25% 인하한다.
- 6일이 지나면 가격을 50% 인하한다.
- 6일이 지나고 나면 상품의 원래 가격의 75%로 판매한다.
- 6일이 지나면 상품을 자선단체에 기부한다.

"대부분의 경우 시간이 지날수록 소비자에게 있어 상품의 가치는 하락한다"라는 데에 착안하여 이러한 파격적인 가격 할인 정책을 시도했다. 이러한 논리는 특히 계절상품이나 유행이 빨리 바뀌는 상품, 부패성 상품 등에 적용된다. 예를 들어 4월에 구입한 수영복이 9월에 구입한 수영복보다 훨씬 가치 있는데 4월달에 구입한 수영복은 그해 여름에 입을 수 있기 때문이다. 또 슈퍼마켓에서는 신선 식품의 유통 기한이 다가오면 가격 인하를 통해 상하기 전에 판매하고자 한다. 소비자는 자신이 인식하고 있는 평가가치가 비용을 초과하는 경우에만 구입하므로, 가격의 할인으로 상품의 인식된 가치가 하락한 것을 정당화하고 있다. 다음 예에서 가격 인하 정책에 대해 좀 더 자세하게 알아보자.

3달 동안 수영복을 판매하는 가게를 가정해보자. 상품이 가게에 막 들어왔을 때 가장 잘 팔

---

[6] 자동 가격 할인 정책으로 유명한 소매점. 2009년 Syms에 인수되었다(http://en.wikipedia.org/wiki/Filene's_Basement)

린다. Markdownpricing.xlsx을 이용하여 가격 정책으로 어떻게 이익을 극대화할 것인지 결정해보자. 그림 8-8에서는 가격 할인 모델을 보여주고 있다.

여러분은 판매할 수영복이 400개 있고, 4장에서 사용한 방법을 이용하여 수요 곡선을 다음과 같이 추정했다.

- 첫 번째 달 : 수요 = 300 − 가격
- 두 번째 달 : 수요 = 300 − 1.3가격
- 세 번째 달 : 수요 = 300 − 1.8가격

	C	D	E	F	G	H	I	J	K
1									
2	가격 인하								
3	수영복 400벌을 판매								
4									
5		달	1	2	3				
6		절편	300	300	300				
7		기울기	-1	-1.3	-1.8		총 판매량		가용
8		가격	$162.20	$127.58	$95.53		400	<=	400
9		수요	137.804879	134.146341	128.04878				
10		매출	$22,351.28	$17,114.35	$12,232.30				
11									
12			총 매출						
13			$51,697.94						

그림 8-8 : 가격 인하 모델

매출을 최대로 만들기 위한 가격을 결정하기 위해 다음 과정을 따라가 보자(order 400 워크 시트를 사용하자).

1. 해찾기를 사용하려면 우선 변수 셀에 시험 가격을 입력해야 한다. E8:G8에 해당 달의 판매 가격을 임의로 입력하자.
2. 셀 E9의 식 =E6+E7*E8을 E9:G9에 복사하여 각 달의 실제 수요를 계산하자.
3. 셀 E10의 식 =E8*E9을 F10:G10에 복사하여 각 달의 매출을 계산하자.
4. 셀 E13에 식 =SUM(E10:G10)으로 총 매출을 계산하자.

셀 I8은 팔린 개수가 400이 되도록 제한을 두면서 E8:G8의 가격을 변화시켜서 매출(셀 E13) 을 최대화시킬 수 있다. 해찾기 창은 그림 8-9과 같이 보인다.

첫 번째 달의 가격을 $162.20, 두 번째 달의 가격을 $127.58, 세 번째 달의 가격을 $95.53로

했을 때 최대 매출은 $51,697.94을 얻을 수 있다. 물론 이 결과는 수영복 400벌이 모두 팔린다는 가정하에서이다.

이 모델을 좀 더 현실에 가깝기 만들기 위해 가게에서 여름 시즌이 처음 시작할 때 팔기 위해 들여오는 수영복의 수를 최적화해보도록 하자. 가게에서는 수영복을 도매업자나 공장으로부터 가져올 때 한 벌에 $100씩 지불했다. 그림 8-10의 how many 워크시트에서는 해찾기를 사용하여 이익을 극대화하는 가격을 결정해보도록 하겠다.

영역 E10:G10의 식을 고쳐서 비용도 포함해보자. 셀 E10의 식 =(E8 -cost)*E9을 F10:G10에 복사하자. 해찾기는 그림 8-9와 동일하지만 I8 = 400이라는 제한 조건을 제거해야 한다. 결과로는 첫 번째 달에 수영복 가격은 $200 두 번째 달에는 $165.38, 세 번째 달에는 $133.33이며 245벌만 들여왔을 때 이익은 $17,557.69이 된다.

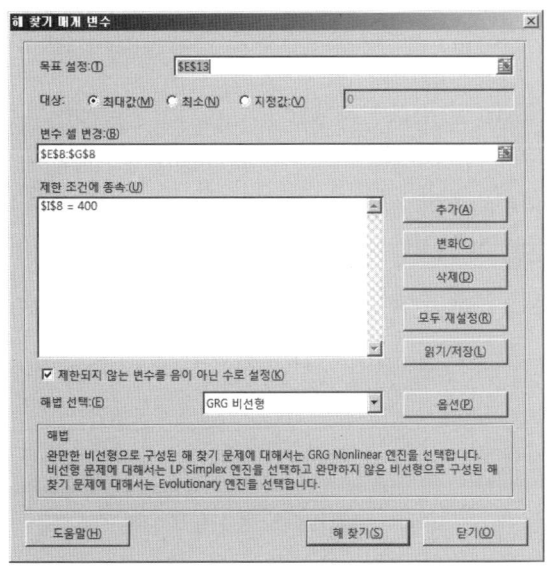

그림 8-9 : 가격 인하의 해찾기 창

	C	D	E	F	G	H	I
1	이익을 최대화						
2	가변 가격						
3		비용	$100.00				
4							
5		월	1	2	3		
6		절편	300	300	300		
7		기울기	-1	-1.3	-1.8		총 판매량
8		가격	$200.00	$165.38	$133.33		245
9		수요	100	85	60		
10		이익	$10,000.00	$5,557.69	$2,000.00		
11							
12			총 이익				
13			$17,557.69				

그림 8-10 : 가격 인하와 구매 결정

Summary

이 장에서는 다음과 같은 사항을 알아보았다.

- 수익 관리를 통해 항공사, 호텔, 렌터카, 식당, 프로 스포츠팀같은 조직은 사용하지 않는 자원(좌석, 호텔방 등)을 줄임으로써 이익을 증가시킬 수 있다. 뿐만 아니라 수익 관리를 통해 해당 자원에 대해 지불하고자 하는 의지가 있는 고객과 맞는 요금을 부과할 수 있다.
- 상품에 대해 높은 가치를 두는 고객과 낮은 가치를 두는 고객을 구분하는 '기준'(예를 들어 항공사의 경우에는 토요일 밤에 머무르는지 여부)이 있으면 수익 관리가 좀 더 성공할 가능성이 높아진다.
- 높은 가치를 두는 고객이 상품을 얼마나 주문할지 알지 못하는 상황을 관리하기 위해 조직은 예약 한계 등을 설정하여 낮은 가치를 두는 고객으로부터 자원을 보호한다. 이렇게 보호한 자원은 나중에 도착한 높은 가치를 두는 고객을 위해 예약해둔다.
- 손님이 공항이나 호텔 등에 나타나지 않는 경우를 대비하기 위해 해당 조직에서는 자신이 가용한 용량보다 더 많은 자원을 판매한다.
- 한계 분석을 통해 예약 한계(booking limit)와 오버부킹(overbooking) 문제를 해결할 수 있다.
- 어떤 상품에 대해 고객이 가지고 있는 평가가치는 시간이 지날수록 하락한다. 소매업자들은 시간이 지남에 따라 가격을 내림으로써 이를 해결한다.

Exercises

1. 수요 곡선이 상수의 가격 탄력성을 가진다고 가정한 다음 첫 번째 절 "Bates 모텔의 수요 추정과 고객 구분"의 분석을 다시 해보자. 엑셀 추세선에서 '거듭제곱' 곡선 옵션으로 수요 곡선을 그려보자.

2. TV 방송사에서 수익 관리를 사용할 수 있을까?

3. 브로드웨이 뮤지컬에서 수익 관리를 사용할 수 있을까?

4. 뉴욕에서 애틀랜타로 가는 비행기에 좌석이 146개 있다. 항공권을 미리 구매하면 $74이고 막판에 구매하면 $114이다. 전체 항공권의 수요는 평균 92, 표준 편차 30의 정규분포를 따른다. 매출을 최대로 하려면 예약 한계를 얼마로 해야 할까? 모든 승객은 탑승을 하며, 전체 비행기를 채울 만큼 미리 구매하고자 하는 수요가 항상 있다고 가정하자.

5. 매리어트 호텔은 주중에 호텔에 숙박할 때의 요금을 $159로 할인해서 책정하고 있다. 할인하지 않은 정상 요금은 $225이며, 호텔에는 방이 총 118개 있다. 현재 날짜는 4월 1일이며 호텔은 5월 29일부터의 예약으로부터 이익을 최대로 하고자 한다. 호텔의 조사에 따르면 할인된 요금으로는 전체 방의 예약을 모두 채울 수 있다. 하지만 이익을 최대로 하기 위해서는 높은 요금을 지불하는 방을 일부 확보해 두어야 한다. 비즈니스 출장으로 호텔에 숙박하는 여행자는 호텔에 늦게 예약하므로 호텔측은 이를 위해 방을 확보해두기로 했다. 그러면 얼마나 많은 방을 확보해두어야 할까? 출장 여행자의 수가 얼마나 될지는 모르므로 평균 27.3, 표준 편차 6인 정규분포를 따른다고 가정한다. 이익을 최대로 만들 수 있는 보호 한계를 결정하자. 그리고 할인 요금으로 팔리지 않은 방을 예약할 손님은 얼마든지 있다고 가정한다.

6. FBN 항공사는 애틀랜타에서 달라스까지 운행하는 210개의 좌석이 있는 비행기가 있고 요금은 $105이다. 오버부킹되서 비행기를 탈 수 없는 승객에게는 $300을 보상해주어야 한다. 항공권을 구매하고도 탑승하지 않는 손님의 수는 평균 20, 표준 편차 5인 정규분포를 따른다. 모든 항공권은 환불해주지 않는다. FBN은 얼마나 많은 항공권을 오버부킹하여 판매할 수 있을까?

7. 크리스마스 전 동네 홀마크[7] 가게의 크리스마스 카드의 수요 곡선은 $q = 2000 - 300p$이고, 크리스마스 이후에는 수요 곡선이 $q = 1000 - 400p$이다. 가게에서는 카드를 공장에서 들여올 때 장당 $1에 가져온다. 이익을 최대화하려면 크리스마스 카드를 몇 장 들여놓아야 할까? 가게에서는 재고 없이 모두 판매하기를 원한다.

---

[7] Hallmark. 다양한 디자인의 생일 카드, 크리스마스 카드 등을 판매(http://www.hallmark.com/)

PART 3

예측

FORECASTING

Simple Linear Regression and Correlation

단순 선형 회귀와 상관

Chapter 09

때때로 마케팅 분석에서는 변수들이 어떻게 관련되어 있는지 결정해야 한다. 이 책 뒷부분의 많은 부분을 할애하여 흥미 있는 변수들 간에 어떤 관계가 있는지 결정하는데 집중하고 있다. 두 변수 사이의 관계를 분석해야 하는 중요한 마케팅 질문들은 다음과 같은 예들이 있을 것이다.

- 가격은 수요에 어떤 영향을 주는가?
- 광고는 판매에 어떤 영향을 주는가?
- 상점 안에서 제품에 할애된 선반 공간은 제품 판매에 어떤 영향을 주는가?

이 장에서는 변수들 간의 관계를 모델링 하는 간단한 도구를 소개하겠다. 우선 두 변수 사이에 인과관계(causal relationship)가 있는지 그리고 이를 설명할 수 있는지 알아보자. 다음 상관(correlation)을 사용하여 두 개 이상의 변수 간 인과관계가 아닌 관계의 특성을 분석해보자.

Analysis 1 단순 선형 회귀

모든 비즈니스 분석가는 중요한 비즈니스 변수 간의 관계를 추정해볼 수 있는 능력이 있어야 한다. 마이크로소프트 오피스 엑셀에서는, 추세선을 사용하여 두 변수 간의 관계를 알아볼 수 있다. 여러분이 예상해보고자 하는 변수는 종속 변수(dependent variable)이고, 이 예상에 사용한 변수들이 독립 변수(independent variable)이다. 표 9-1에서는 여러분이 추정할 수 있는 비즈니스 관계의 예를 보여주고 있다.

표 9-1 : 관계의 예

독립 변수	종속 변수
1달 동안 공장에서 생산된 단위	공장을 운영하는 월 비용
1달 동안 사용한 광고 비용	월 판매량
직원의 수	월간 출장 비용
일일 시리얼 판매량	일일 바나나 판매량
초콜릿에 할당된 진열대 공간	초콜릿 판매량
판매된 바나나의 가격	판매된 바나나의 무게

우선 두 변수가 서로 어떤 관계에 있는지 알아보려면 그래프상에 점을 찍어보는 방법이 있다. 독립 변수는 X축 그리고 종속 변수는 Y축이 기준이 된다. 엑셀의 분산형 그래프를 이용하는 방법도 있는데, 다음과 같은 과정을 따라가보자.

1. '분산형' 차트 옵션을 선택한 다음, 화면상에 보이는 데이터 점을 클릭하자(그래프상에 파란색으로 보이는 점). 그리고 '차트 도구' 탭 → '차트 레이아웃' 그룹 → '차트 요소 추가'에서 '추세선'을 추가하자.
2. 다음 '기타 추세선 옵션…'을 선택하면 그림 9-1과 같은 대화상자를 볼 수 있다.
3. 점과 점 사이를 잇는 적절한 선("R^2 정의하기"에서 '적절하게 잇는다'에 대해 자세하게 설명하겠다)이 직선이라면 '선형' 옵션을 선택한다. 비선형 관계에 대한 내용은 10장 "다중 회귀를 사용하여 판매 예측하기"의 "상호작용과 비선형성 모델링"절에서 설명하겠다.

Mao's Palace 식당의 판매 데이터 분석

두 변수 사이의 선형 관계를 어떻게 모델링 하는지 보여주기 위해, 동네 중국집 Mao's Palace의 매일 판매 현황에 대해 잠깐 살펴보자. Mao's Palace의 주력상품은 쌀, 야채 그리고 주문에 따른 고기를 곁들인 식사 메뉴이다. `Maospalace.xlsx` 파일을 보면 하루에 식사, 탄산음료, 맥주가 몇 개나 팔렸는지 알 수 있다.

그림 9-1 : 추세선 대화 상자

이제 여러분은 식사 가격이 매일매일의 판매량에 어떤 영향을 주는지 알아내고자 한다. 우선 XY 차트(분산형 차트)를 만들어보자. 독립 변수인 '가격'을 x축에 그리고 종속 변수인 '식사 수요'를 y축에 놓는다. x축에 놓고자 하는 데이터 열은 y축에 놓고자 하는 데이터의 왼쪽에 두어야 한다. 차트를 만들기 위해 다음 과정을 수행한다.

1. 영역 E4:F190를 선택한다(셀 E4, F4의 머리말 레이블도 포함하자).
2. '삽입' 탭 → '차트' 그룹 → '분산형' 차트를 선택한 다음 첫 번째 옵션(잇는 선 없이 점만 그리는 차트)를 선택한다. 차트는 그림 9-3과 같이 보인다.

	E	F	G	H
1				
2				
3				
4	식사 가격	식사	탄산음료	맥주
5	$9.30	391	313	90
6	$9.10	418	326	100
7	$8.50	459	358	115
8	$9.50	424	331	81
9	$8.70	447	380	89
10	$9.70	383	291	92
11	$9.80	399	307	96
12	$8.80	440	361	66
13	$8.60	436	344	74
14	$9.60	413	351	62
15	$8.20	428	338	64
16	$8.00	479	374	101
17	$8.10	462	388	69
18	$9.80	387	325	77
19	$8.90	454	341	114
20	$9.40	418	314	88
21	$8.30	447	375	107
22	$9.60	442	376	102
23	$9.90	381	312	95
24	$9.30	401	301	68
25	$8.10	468	370	70
26	$8.70	428	321	64
27	$8.10	480	374	115

그림 9-2 : Mao's Palace의 판매 데이터

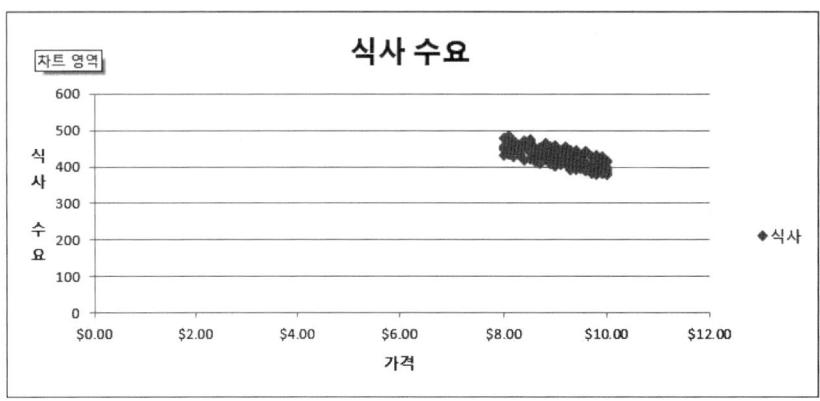

그림 9-3 : 식사 수요 대 가격의 분산형 차트

만약 차트를 수정하려고 할 때 차트 안 아무 곳이나 클릭하면 '차트 도구' 탭이 보인다. '차트 도구' 탭의 '디자인' 탭에서 다음 작업을 수행할 수 있다.

- 차트 종류 변경
- 차트의 원본 데이터 변경
- 차트 스타일 변경
- 차트 위치 이동

특히 '차트 레이아웃' 그룹 → '차트 요소 추가'[1] 에서 다음 작업을 수행할 수 있다.

- 차트 제목 추가
- 축 제목 추가
- 계열의 x, y 좌표를 보여주는 데이터 레이블 추가
- 눈금선 추가

분산형 차트를 보면, 가격과 식사 판매량 사이에 직선(즉 선형 관계) 관계가 있는 것으로 보인다. 추세선을 추가해보면 '선형' 추세선이 가장 잘 맞는 것으로 보인다. 다음 과정을 수행해보자.

1. 차트 안에서 파란색으로 보이는 데이터를 선택하여 마우스 오른쪽 버튼을 클릭하자.
2. '추세선 추가…'를 선택하자.
3. '추세선 서식' 대화상자에서 '선형' 옵션을 선택한 다음 그림 9-4와 같이 '수식을 차트에 표시'와 'R-제곱값을 차트에 표시' 체크박스를 선택한다. R-제곱값은 "R^2 정의하기"에서 설명한다.
4. 서식창을 닫으면 결과가 그림 9-5와 같이 보인다. 차트에 제목을 추가하고, x축, y축에 축 레이블을 추가하자. '차트 도구' 탭 → '디자인' 탭 → '차트 레이아웃' 그룹 → '차트 요소 추가'에서 제목과 축 레이블을 선택하자.
5. 추세선 수식의 소수점 아래에 더 많은 숫자를 보이게 하려면, 추세선 수식을 선택한 후 '차트 도구' 탭 → '서식' 탭에서 '현재 선택 영역'에서 추세선을 선택한 다음 '선택 영역 서식'을 선택하자.

---

[1] 현재 엑셀 2013을 기준으로 하고 있다. 엑셀 2010에서는 '차트 도구' 탭 → '서식' 탭에서 찾아볼 수 있다.

6. '표시 형식' → '범주'에서 '숫자'를 선택한 다음 '소수 자릿수'를 원하는 숫자만큼 설정한다.

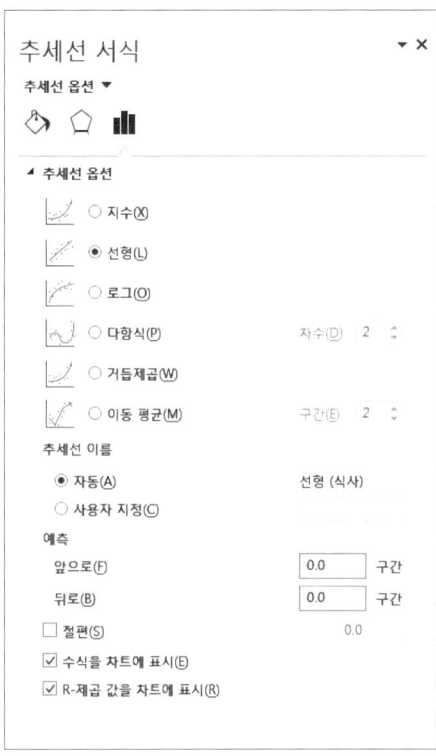

그림 9-4 : '식사 수요'의 추세선 설정

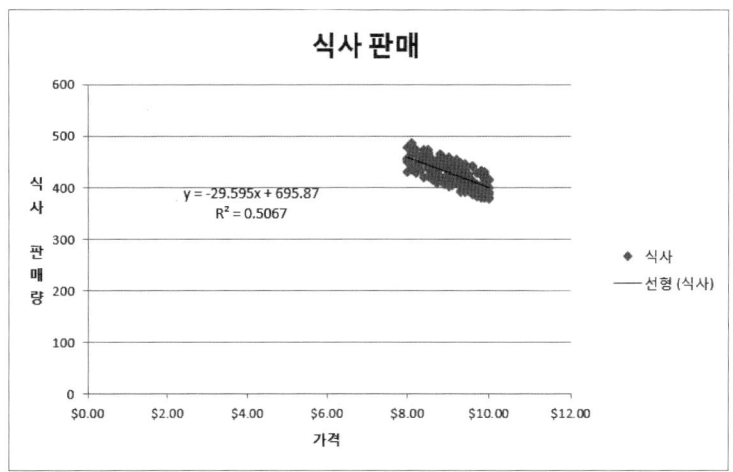

그림 9-5 : '식사'의 추세선

엑셀은 가장 적절한 추세선을 어떻게 찾아낼까

분산형 차트를 만든 다음 추세선 기능으로 추세선을 그리도록 하면, 엑셀은 각 점과 가능한 수많은 선 사이의 수직 거리를 제곱하여 이를 합한 값을 가장 최소로 하는 직선을 선택한다. 각 점과 선 사이의 수직 거리를 오차(error) 혹은 잔차(residual)라고 한다. 엑셀에서 이러한 방식으로 만든 선을 최소 제곱(least-squares) 직선이라고 한다. 오차의 합이 아니라 오차를 제곱하여 합한 다음 이 값을 최소화하는데, 그냥 오차를 합하면 오차는 양수값과 음수값이 있으므로 이를 그냥 합하면 서로 상쇄해서 0이 되어버릴 수 있기 때문이다. 예를 들어 선 위로는 100개의 점이 있고 선 아래로 100개의 점이 있다면, 이 점들은 서로의 오차를 상쇄해버린다. 하지만 오차를 제곱하면 엑셀에서 가장 잘 맞는 선을 찾아내기 위해 이 값을 이용할 수 있다. 만약 모든 점이 한 직선 위에 있다면 오차의 제곱합은 0이 된다. 따라서 오차의 제곱합을 가장 최소로 만드는 선을 찾아낸다면 이것은 이 점들을 가장 잘 설명할 수 있는 선이 되고, 오차의 제곱합은 0에 가까워질 것이다.

따라서 엑셀은 판매량=-29.595*가격+695.87이라는 식과 가격으로부터 식사 판매량을 예상하는 직선을 계산해낼 수 있다. 이 직선의 기울기는 -29.595인데, 식사 가격이 $1 증가하면 주문량이 29.595 그릇 줄어들 것이라고 예상하고 있다.

> **Warning**
> 여러분이 가지고 있는 데이터 외에 있는 독립 변수를 최소 제곱 직선을 사용하여 예상하면 안 된다. 즉 여기서 식사 1개의 가격이 $8과 $10 사이에 있을 때의 판매량만을 예상할 수 있을 뿐이다.

오차(Error)나 잔차(Residual) 계산

Mao's Palace 예제에서 셀 C5의 식 =-29.595*E5+695.87을 C6:C190에 복사하면 매일 식사가 얼마나 많이 팔릴 것인지 예상할 수 있다. 다음 D5의 식 =F5-C5을 D6:D190에 복사해 보자. 이렇게 하여 오차(혹은 잔차)를 계산할 수 있다. 오차는 그림 9-6에서 볼 수 있다. 각각의 데이터에서 최소 제곱을 만드는 직선과 실제 점이 얼마나 멀리 떨어져있는지로 오차를 정의할 수 있다. 오차는 실제 판매량에서 예상 판매량을 뺀 값이다. 오차가 양수이면 이 점은 최소 제곱 직선의 위에 위치하며, 오차가 음수이면 이 점은 최소 제곱 직선의 아래에 위치한다. 셀 D2에서 오차의 합을 계산하면 값이 1.54가 되었다. 사실 어떤 최소 제곱 직선에 대해서도 오차의 합은 0이 되어야 하는데, 이 1.54는 식에서 소수 셋째 자리까지 반올림한 것 때문에 발생한다. 오차가 0이면 직관적으로 이 최소 제곱 직선은 데이터상의 점들을 반으로 구분하게 된다.

B	C	D	E	F	G	H
		오차 합				
		1.537				
	예상 식사 판매량	오차	식사 가격	식사	탄산음료	맥주
	420.6365	-29.6365	$9.30	391	313	90
	426.5555	-8.5555	$9.10	418	326	100
	444.3125	14.6875	$8.50	459	358	115
	414.7175	9.2825	$9.50	424	331	81
	438.3935	8.6065	$8.70	447	380	89
	408.7985	-25.7985	$9.70	383	291	92
	405.839	-6.839	$9.80	399	307	96
	435.434	4.566	$8.80	440	361	66
	441.353	-5.353	$8.60	436	344	74
	411.758	1.242	$9.60	413	351	62
	453.191	-25.191	$8.20	428	338	64
	459.11	19.89	$8.00	479	374	101

그림 9-6 : 식사 판매 예상에서의 오차

R^2 정의하기

Mao's Palace 예에서 보면 매일매일의 식사의 가격과 판매량이 바뀐다. 따라서 월 판매량이 바뀐다면 그중 몇 %가 가격에 의해 영향을 받은 것인지 알아보는 것이 중요하다. 일반적으로 최소 제곱 직선으로 설명되는 종속 변수에서 변화하는 비율을 R^2(결정계수, coefficient of determination)라고 한다. 그림 9-5를 보면, 이 회귀식에서 R^2는 0.51이다. 따라서 이 직선은 월 운영 비용의 변화량 중 51%를 설명할 수 있다.

R^2값을 결정한 다음 매일매일의 식사 판매 비용의 49%는 어떻게 설명할 수 있을까? 이 값은 다른 여러 요소로 설명할 수 있다. 예를 들어 계절별 요인이나 요일 등이 영향을 주었을 수 있다. 10장 "다중 회귀를 사용하여 판매 예측하기"에서는 다중 회귀를 사용하여 운영 비용에 영향을 주는 다른 요소를 결정하도록 하겠다. 대부분의 경우 R^2을 증가시키는 요인을 찾아내면

예상의 정확성을 높일 수 있다. 반대로 R^2을 그다지 증가시키지 못하는 요인의 경우, 그 요인을 사용하여 종속 변수를 예상하면 예측의 정확성이 떨어진다(여기에 대해서는 10장에서 더 자세히 설명하도록 하겠다).

R^2값에 대해 다룰 때 또 많이 나오는 질문은 'R^2값이 얼마 정도여야 좋을까'이다. 이 질문에 대해 정해진 답은 없다. 이 장 연습문제 5번의 경우에서는 추세선이 y값을 제대로 예상하지 못하고 있음에도 불구하고 R^2값이 크다. 물론 종속 변수가 한 개인 경우 R^2값이 작은 것보다는 큰 경우가 데이터를 더 잘 예측한다고 볼 수 있다. 예상의 정확도를 측정할 수 있는 더 좋은 방법은 다음 절에서 설명할 회귀의 표준 오차(standard error)이다.

추세선으로부터 예상한 경우 정확도

점을 설명할 수 있는 직선을 찾아낼 때 여러분은 회귀의 표준 오차를 구하여 최소 제곱 직선 주변에 점이 얼마나 떨어져 있는지 알아낼 수 있다. 최소 제곱 직선과 관련된 표준 오차를 구할 때 STEYX 함수를 사용할 수도 있다. 이 함수의 문법은 STEYX(known_y's, known_x's)이며 여기에서 y영역은 종속 변수의 영역이고, x는 독립 변수의 영역이다. 이 함수를 사용하기 위해 우선 영역 E4:F190를 선택한 다음 '수식' 탭 → '선택 영역에서 만들기'를 선택한 다음 '식사 가격'은 Bowl_Price로, '식사'는 Bowls로 영역에 이름을 붙이자. 다음 셀 K2에 식 =STEYX(Bowls,Bowl_Price)를 이용하여 비용의 표준 오차를 계산하자. 결과는 그림 9-7과 같다.

	J	K	L
1			
2	표준 오차	17.41867	
3	기울기	-29.5945	
4	절편	695.8741	
5	RSQ	0.506748	

그림 9-7 : 회귀의 표준 오차 계산

데이터의 약 68%가 최소 제곱 직선의 1 회귀의 표준 오차(standard error of regression, SER) 안에 위치하며 약 95%가 최소 제곱 직선의 2 회귀의 표준 오차 안에 위치한다. 이 법칙은 2장 "엑셀 차트를 이용하여 마케팅 데이터 요약하기" 기술 통계의 일반적인 규칙에서 본 것과 비슷하다. 이 예에서 오차의 약 68% 절대값이 17.42 이하이고, 오차의 약 95% 절대값이 34.84(17.42*2) 이하이다. 여러분의 데이터에서 보면 57%의 데이터가 최소 제곱 직선으로부터 1 SER 안에 들어오고, 모든 점이 2 SER 안에 들어오는 것을 알 수 있다. 2 SER 바깥에 위치하는 점은 아웃라이어(outlier, 특이점)이라고 한다.

왜 아웃라이어가 발생했는지 원인을 찾다 보면 종종 비즈니스 운영을 발전시킬 아이디어를 얻기도 한다. 예를 들어 예상한 수요보다 34.84 이상으로 더 많이 판매된 날은 좋은 측면의 아웃라이어이다. 만약 여러분이 왜 이런 일이 발생했는지 원인을 알아내어 재현할 수 있다면 이익을 훨씬 더 낼 수도 있을 것이다. 동시에 예상한 수요보다 34.84 이하로 적게 판매된 날은 안 좋은 측면의 아웃라이어이다. 이것의 원인을 알아내어 개선하면 역시 이익을 더 창출할 수도 있다. 10장과 11장에서는 아웃라이어를 사용하여 예측의 정확성을 높일 수 있을지 설명하겠다.

엑셀 기울기, 절편 그리고 RSQ 함수

여러분은 추세선 기능을 사용하여 점들 간의 선형 관계를 가장 잘 설명할 수 있는 직선과 관련된 R^2값을 계산할 수 있다. 하지만 어떤 때는 엑셀 함수를 사용해서 이 값을 계산해야 할 수도 있을 것이다. 이 절에서는 엑셀의 SLOPE와 INTERCEPT 함수를 사용하여 데이터 집합에 가장 잘 맞는 직선을 찾아보도록 하겠다. 그리고 RSQ 함수를 사용하여 R^2값을 계산할 수도 있다.

엑셀의 SLOPE(*known_y's, known_x's*)와 INTERCEPT(*known_y's, known_x's*) 함수는 각각 최소 제곱 직선의 기울기와 절편을 구한다. 따라서 셀 K3(그림 9-7)에 식 SLOPE (Bowls, Bowl_Price)을 입력하면 이 함수는 최소 제곱 직선의 기울기(-29.59)를 반환한다. 셀 K4에 식 INTERCEPT(Bowls, Bowl_Price)을 입력하면 최소 제곱 직선의 절편 (695.87)을 구할 수 있다. 그리고 RSQ(*known_y's, known_x's*) 함수는 최소 제곱 직선과 관련된 R^2값을 구한다. 따라서 셀 K5에 식 RSQ(Bowls, Bowl_Price)을 입력하면 최소 제곱 직선의 R^2값 0.507을 구할 수 있다. 물론 이 R^2값은 추세선에서 구한 값과 동일하다.

Analysis 2   상관을 이용하여 선형 관계 요약

추세선을 사용하면 두 변수 간에 어떤 관계가 있는지 쉽게 알아볼 수 있다. 하지만 두 변수가 관련되어 있다라는 것보다는 더 이해해야 할 것들이 많이 있다. 변수의 쌍에서 상관(correlation)을 통해 여러 변수들이 함께 위로 움직이는 경향이 있는지 혹은 아래로 움직이는 경향이 있는지 알 수 있다. 상관은 인과관계(causation)가 아니라 선형 연관성(linear association)을 측정한다.

두 변수(x와 y라고 한다) 간의 상관(흔히 r로 표시한다)은 x와 y 간의 선형 관계가 얼마나 강한지 측정하는 값으로 단위는 없다. 두 변수 간의 상관은 항상 −1와 +1 사이에 있다. 두 변수 간의 상관을 계산하는 공식은 몰라도 되지만, 두 변수 간의 상관을 해석하는 방법은 반드시 알아야 한다.

상관이 +1에 가까울수록 x와 y는 강한 양의 선형 상관관계에 있다. 즉 x가 평균보다 커지면 y도 평균보다 커지는 경우가 대부분이다. 그리고 x가 평균보다 작아지면 y도 평균보다 작아지는 경우가 대부분이다. 예를 들어 그림 9-8의 데이터(x=생산된 단위, y=월간 생산 비용)를 보면 x와 y의 상관은 +0.95 이다. 그림 9-8의 최소 제곱 직선은 각 점의 추세를 잘 반영하고 있으며 기울기는 양수이다. 따라서 x값이 커지면 y값도 커진다.

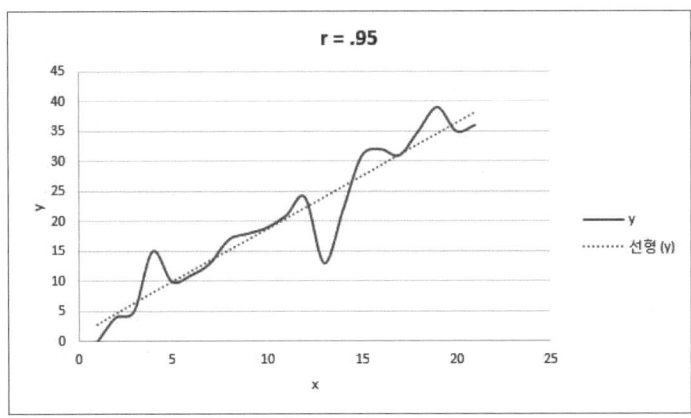

그림 9-8 : 상관값 +0.95

만약 x와 y의 상관이 −1에 가까우면, x와 y 사이에는 강한 음의 상관관계가 있다. 즉 x가 평균보다 커지면 y는 평균보다 작아지는 경우가 대부분이다. 그리고 x가 평균보다 작아지면 y

는 평균보다 커지는 경우가 대부분이다. 예를 들어 그림 9-9의 데이터를 보면, x와 y의 상관은 −0.95 이다. 그림 9-9의 최소 제곱 직선은 각 점의 추세를 잘 반영하고 있으며 기울기는 음수이다. 따라서 x값이 커지면 y값은 작아진다.

상관이 0에 가까우면 x와 y 간의 선형 연관성은 약해진다. 이렇게 되면 x가 커지거나 작아질 때 y값이 어떻게 변할지 알기 어렵게 된다. 그림 9-10의 차트는 판매 경력(x)에 따른 판매량(y)을 보여준다. 몇 년 동안 판매했는지 판매 경력과 판매량의 상관은 0.003이다. 이 데이터에서 보면 평균 판매 경력은 10년이다. 10년 이상의 판매 경험이 있는 판매원의 경우 실적이 매우 좋을 수도 있고 나쁠 수도 있다. 동시에 10년 이하의 판매 경험이 있는 판매원의 경우에도 실적이 매우 좋을 수도 있고 나쁠 수도 있다. 판매 경험과 실제 판매 사이의 선형 관계는 거의 없지만 동시에 매우 강력한 비선형 관계가 있다(그림 9-10의 곡선을 보자). 상관에서는 비선형 연관성의 강도는 측정할 수 없다.

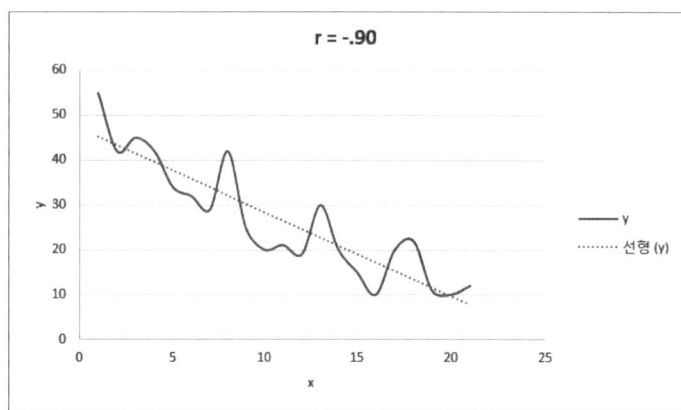

그림 9-9 : 상관값 −0.90

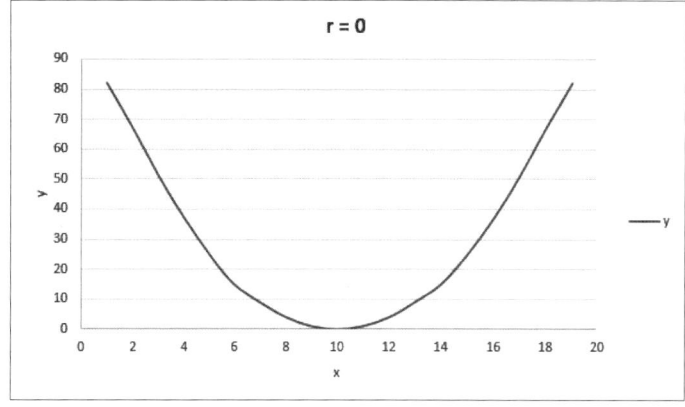

그림 9-10 : 0에 가까운 상관

데이터 분석 추가 기능으로 상관 구하기

이제 엑셀의 데이터 분석 추가 기능과 엑셀의 상관 함수를 사용하여 상관을 계산해보도록 하자. 데이터 분석 추가 기능을 사용하면 많은 변수 간의 상관을 쉽게 찾아낼 수 있다. 데이터 분석 추가 기능을 설치 하기 위해 다음 과정을 따라가보자.

1. '파일' 탭을 클릭한 다음 '옵션'을 선택하자.
2. '추가 기능' 메뉴를 선택 한 다음 아래쪽의 관리부분에서 'Excel 추가 기능'을 선택한 다음 '이동...'을 클릭하자.
3. '추가 기능' 대화상자에서 '분석 도구'를 선택한 다음 '확인'을 클릭한다.

이제 '데이터' 탭 → '분석' 그룹 → '데이터 분석'을 선택하여 통계 데이터 분석 도구를 사용할 수 있다.

이 기능을 사용하여 Mao's Palace 데이터에서 각 변수 쌍들의 상관을 알아보자. 우선 '통계 데이터 분석' 대화상자에서 '상관 분석'을 선택한 다음 그림 9-11처럼 필요한 사항을 입력하자.

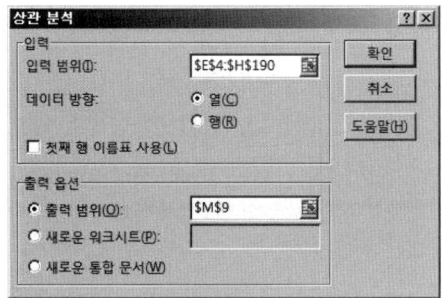

그림 9-11 : 상관 분석 대화상자

데이터 분석 추가 기능에서 상관을 계산하기 위해 다음과 같은 과정을 따라가보자.

1. 관련된 데이터와 이름표가 있는 영역을 선택한다. 가장 쉬운 방법은 데이터 영역의 가장 왼쪽 위 셀인 E5를 선택한 다음 〈Ctrl〉+〈Shift〉+오른쪽 화살표를 누르고, 다음 〈Ctrl〉+〈Shift〉+아래쪽 화살표를 누른다.

2. 입력 영역의 첫 번째 행에 이름표가 있으므로 '첫째 행 이름표 사용' 체크상자에 체크를 한다. 그리고 출력 범위의 왼쪽 위 셀로 셀 M9를 입력한다.
3. '확인'을 클릭하면 그림 9-12와 같은 결과를 볼 수 있다.

	M	N	O	P	Q
3					
4					
5		가격과 식사 매출의 상관			
6		-0.71186			
7					
8					
9		식사 가격	식사	탄산음료	맥주
10	식사 가격	1			
11	식사	-0.71186	1		
12	탄산음료	-0.58095	0.831008	1	
13	맥주	-0.19367	0.338691	0.246803	1

그림 9-12 : 상관 행렬

그림 9-12에 보면 식사 가격과 식사 매출 사이의 상관은 −0.71인 것을 알 수 있다. 즉 아주 강한 음의 선형 상관관계가 있는 것으로 보인다. 탄산음료와 식사 가격 사이의 상관은 0.83인데 강한 양의 상관관계가 있다. 맥주와 탄산음료 간의 상관관계는 +0.25로 탄산음료와 맥주 판매 간에 약한 양의 상관관계가 있는 것을 보여준다.

>> CORREL 함수 사용하기

데이터 분석 추가 기능의 상관 분석을 사용하는 대신 CORREL 함수를 사용할 수도 있다. 예를 들어 셀 N6에 =CORREL(Bowl_Price,F5:F190)을 입력해도 식사 가격과 식사 판매량의 상관이 −0.71이라는 것을 알 수 있다.

>> 상관과 R^2 간의 관계

한 쌍의 데이터 간의 상관은 추세선의 $-\sqrt{R^2}$이다. 이때 추세선의 기울기와 동일하도록 제곱근에서 음수인지 양수인지 선택하도록 하자. 식사 가격과 식사 판매량 간의 상관은 $-\sqrt{.507}=$ −0.711이다.

상관과 평균으로의 회귀

아마 '평균으로의 회귀(regression toward the mean)'라는 말을 들어본 적이 있을 것이다. 이 말의 의미는 독립 변수보다 종속 변수의 예상값이 평균값에 가까워지는 경향이 있다는 뜻이다. 좀 더 정확하게 말하면, 만약 독립 변수 x로부터 종속 변수 y를 예상하려 한다고 가정해보자. 만약 x는 평균보다 k 표준 편차만큼 위에 있다고 하면, y의 예상값은 평균보다 r × k 표준 편차만큼 위에 있을 것이다(여기서 r은 x와 y 간의 상관). r은 −1과 +1 사이에 있으므로, y는 x보다는 평균으로부터 표준 편차 안쪽에 위치하게 될 것이다. 이것이 '평균으로의 회귀'의 정의이다. 연습문제 9번에서는 이 '평균으로의 회귀' 개념을 적용하여 문제를 풀어보자.

Summary

이 장에서는 다음과 같은 사항을 알아보았다.

- 엑셀 추세선 기능을 사용하여 데이터를 잘 설명하는 직선을 찾아낼 수 있다.
- 종속 변수에서 변화가 일어날 때 이중 독립 변수로 변화를 얼마나 설명할 수 있는지 그 비율을 R^2값이라고 한다.
- 최소 제곱 직선으로부터 약 95%의 예측값이 2 SER(회귀의 표준 오차, standard errors of the regression)안에 들어온다.
- 두 변수 x, y가 주어졌을 때, x와 y 간의 상관 r(이 값은 항상 -1과 1사이)로 두 변수 간의 선형 연관성의 강도를 측정한다.
- 데이터 분석 추가 기능이나 CORREL 함수로 상관을 계산할 수 있다.
- 만약 x가 평균으로부터 k 표준 편차 위에 있으면, y값은 평균으로부터 rk 표준 편차 위에 있다고 예상할 수 있다.

Exercises

1. Delldata.xlsx 파일(헤지원 출판사 홈페이지에서 다운로드 할 수 있다)의 데이터는 SP 주가지수(Standard & Poor's stock index)와 델(Dell)[2] 주식의 월간 이익을 보여주고 있다. 주식의 베타(beta)는 주식 시장으로부터 해당 주식의 월간 이익을 예상하기 위해 사용한 최소 제곱 직선의 기울기로 정의한다. 이 파일을 사용하여 다음 연습문제를 풀어보자.

[2] 미국의 컴퓨터 및 서버 제조, 판매 회사(http://www.dell.com)

a. Dell의 베타를 추정해보자.

b. Dell의 베타에 어떤 의미가 있는지 설명해보자.

c. 만약 주식 시장의 침체기가 곧 온다고 믿고 있으면 베타가 높은 주식에 투자하는 것이 좋을까? 아니면 베타가 낮은 주식에 투자하는 것이 좋을까?

d. 주식 시장이 5% 상승한 달에는 95%의 확률로 Dell의 주식 가격도 오른다. 오른 가격의 범위는 어느 정도일까?

2. Housedata.xlsx(혜지원 출판사 홈페이지에서 다운로드 할 수 있다)에는 Washington주 Bellevue 지역의 몇몇 주택에 대하여 주택 면적(제곱 피트)과 가격 데이터를 보여주고 있다. 이 파일을 사용하여 다음 연습문제를 풀어보자.

a. 여러분은 현재 여러분의 집에 500제곱 피트만큼을 추가하려고 한다. 그러면 집의 가격은 얼마나 오를까?

b. 주택의 크기가 바뀔 때, 주택 가격 변화 중 어느 정도만큼을 설명할 수 있을까?

c. 3,000제곱 피트짜리 주택이 $500,000으로 현재 거래 리스트에 올라와 있다. 이 가격은 Bellevue 지역의 다른 부동산 가격에 비교했을 때 보통의 시세를 벗어난 가격인가? 왜 이런 일이 발생했을까?

3. 화씨 32도는 섭씨 0도와 동일하며, 화씨 212도는 섭씨 100도와 동일하다. 추세선을 사용하여 화씨와 섭씨 온도 사이의 관계를 찾아보자. 처음 차트를 만들 때 '확인'을 클릭해서 완료하기 전에, 반드시 데이터가 행이 아닌 열에 있는지 확인해야 한다('차트 도구' 탭 → '디자인' 탭 → '데이터' 그룹 → '행/열 전환'). 점으로 찍은 데이터 점이 두 개밖에 없는 상황에서는, 엑셀은 한 열에 같은 변수가 있다고 가정하기 때문이다.

4. Electiondata.xlsx 파일(혜지원 출판사 홈페이지에서 다운로드 할 수 있다)은 몇 번의 선거 결과에서 얻은 데이터이다. 여기에서는 투표소(선거 날 집계)에서 투표했을 때 공화당이 얻은 표의 비율과 부재자 투표(선거 다음날 집계)에서 공화당이 얻은 표의 비율을 보여주고 있다. 선거 날 공화당이 투표소에서 49% 득표하고 부재자 투표에서는 62%를 득표했다. 민주당 측에서는 이를 '선거 부정'이라고 주장하고 있다. 정말일까?

5. GNP.xls 파일(혜지원 출판사 홈페이지에서 다운로드 할 수 있다)은 1970년부터 2012년까지 미국의 분기별 GNP 데이터를 보여주고 있다. 이전 분기의 GNP로부터 다음 분기의 GNP를 예상해보자. R^2은 얼마인가? R^2값이 앞으로의 GNP를 예상하는데 영향을 줄까?

6. Mao's Palace 데이터를 이용하여 매일매일의 식사 판매량으로부터 탄산음료 판매량을 예상해보자.

7. Parking.xlsx 파일의 데이터는 인디애나 대학 켈리 경영대학원 가까이에 주차된 자동차의 개수이다. 하나는 야외 주차장에 주차된 차의 수이고, 하나는 주차 건물에 주차된 차의 개수이다. 야외에 주차된 차의 수와 주차 건물에 주차된 차의 수 사이의 상관을 찾아낸 다음 그 의미를 설명하자.

8. Printers.xlsx 파일은 매일 판매된 레이저 프린터, 프린터 카트리지, 학교 공급품의 판매액(단위 달러)을 보여준다. 이 물품들 간의 상관을 찾아내고 의미를 해석해보자.

9. NFL(National Football League)[3] 팀들은 정규 시즌 동안 16게임을 치른다. 모든 팀들에 대해 이기는 횟수에 대한 표준 편차는 2라고 가정하고, 연속된 시즌에서 팀이 이기는 횟수 간의 상관은 0.5이다. 어떤 팀이 시즌 동안 12번 이기고 4번 졌다고 하면, 다음 시즌에서 이 팀이 몇 번이나 이길 것인지 예상해보자.

---

[3] 미국 프로 미식축구 리그

Using Multiple Regression to Forecast Sales

Chapter 10

다중 회귀를 사용하여 판매 예측하기

마케팅 분석에서는 제품의 판매에 대해 예측하는 것이 매우 중요한 일이다. 이 장에서는 이를 위해 인과 예측(causal forecasting)에 대해 다뤄보기로 한다. 인과 예측에서는 여러 독립 변수(일반적으로 X_1, X_2, ..., X_n이라고 한다)로부터 종속 변수(일반적으로 Y라고 한다)를 예상해본다. 이 장에서는 종속 변수 Y는 보통 주어진 기간 동안의 제품의 매출을 말한다.

9장 "단순 선형 회귀와 상관"에서 다룬 일변량 회귀는 너무 간단하기 때문에 Y의 변화에 대해 설명하기가 매우 어렵다. 따라서 관심 있는 변수와 예측하고자 하는 변수 간의 복잡한 관계에 대해 좀 더 정확한 통찰력을 얻고, 또 잘 예측하기 위해 독립 변수를 여러 개 사용하는 다중 회귀를 알아보도록 하자. 다중 회귀를 사용하면 예측의 정확성이 좀 더 높아질 뿐만 아니라, Y의 원인이 되는 변수에 대해서도 잘 이해할 수 있다.

예를 들어 다중 회귀 모델을 써서 가격 인하로 어떻게 판매를 증가시킬 수 있는지, 혹은 광고 비용을 줄였더니 어떻게 판매가 줄어들었는지 알 수 있다. 이 장에서는 다음과 같은 경우에 다중 회귀를 사용한다.

- 유럽에서 컴퓨터 판매를 위한 판매 목표량 설정
- 미국 지역에서의 분기별 자동차 판매량 예상
- 가격과 광고로부터 판매를 어떻게 예상하는지 이해하려면 우선 비선형성(nonlinearity)과 상호작용(interaction)을 알아야 한다.

- 다중 회귀에 필요한 가정을 만족하는지를 어떻게 검증할 것인지 이해하기
- 다중공선성(multicollinearity)과 자기상관(autocorrelation)이 어떻게 회귀 모델을 방해할 수 있는지

Analysis 1 다중 선형 회귀 소개

다중 선형 회귀 모델에서는, 독립 변수 $X_1, X_2, \cdots X_n$으로부터 종속 변수 Y를 예상한다. 가정한 모델은 다음과 같다.

$$(1) \quad Y = B_0 + B_1X_1 + B_2X_2 + \cdots B_nX_n + 오차항$$

식(1)에서
- B_0는 절편(intercept) 혹은 상수항(constant term)이라고 한다.
- 각각의 변수 X_i에 대해 B_i를 회귀 계수(regression coefficient)라고 한다.

회귀 모델이 데이터를 완벽하게 다 예측하지 못하며 데이터 간의 관계에 근접하게 예측한다. 따라서 오차항(error term)은 이를 반영하는 임의의 변수이다. 종속 변수의 실제값이 예상값($B_0 + B_1X_1 + B_2X_2 + \cdots B_nX_n$)보다 크면 오차항이 양수가 된다. 종속 변수의 실제값이 예상값보다 작을 때 오차항이 음수가 된다.
오차항은 다음 가정을 만족한다.

- 오차항은 정규분포를 따른다.
- 오차항의 변동성(variability)이나 범위(spread)등은 종속 변수의 값에 의존하지 않는다고 가정한다.
- 시계열 데이터에서 오차항의 연속된 값은 독립적이어야 한다. 예를 들어 한 관찰값에서는 오차항이 매우 큰 양수였지만 그다음 오차항과 이 값은 아무 관련이 없다.

이 장의 "회귀 가정의 타당성 검증"절에서 회귀 분석의 가정을 만족하는지 그리고 가정을 만족하지 않는다면 어떻게 해야 하는지를 다룬다.

회귀 분석을 어떻게 사용하는지 보여주기 위해, 우선 이 장의 나머지에서 사용할 가상의 컴퓨터 기업 HAL[1]을 소개하도록 하겠다. HAL 컴퓨터는 모든 판매 인력에게 지역에 기반하여 판매 목표(sales quotas)를 설정해준다. 목표를 정확하게 설정하기 위해 HAL에서는 각 판매 인력이 위치하는 지역에서의 컴퓨터 판매량을 정확하게 예측할 수 있어야 한다. 이코노미스트(The Economist)에서 만든 자료인 '2007 숫자로 정리한 세계'(Pocket World in Figures)를 보자(그림 10-1과 Europe.xlsx 파일을 참고하자).

- 인구(백만 단위)
- 컴퓨터 매출액(단위 US $1,000,000)
- 인구 대비 매출액(단위 US $)
- 인당 GNP
- 평균 실업률(2002-2007)
- 교육비에 사용하는 GNP 비율

국가	인구(백만 단위)	컴퓨터 매출액	매출액/인구	인당 GNP	실업률	교육비에 사용하는 GNP 비율
Austria	8.4	941.2	$112.05	$49,600	4.2	5.8
Belgium	10.5	1681.9	$160.18	$47,090	8.1	5.9
Bulgaria	7.6	154	$20.26	$6,550	13.5	3.5
Czech Rep.	10.2	1028.7	$100.85	$20,670	6.6	4.4
Denmark	5.5	935.4	$170.07	$62,120	5.2	8.4
Finland	5.3	1971	$371.89	$51,320	9.9	6.3
France	61.9	5928.9	$95.78	$44,510	10	5.7
Germany	82.5	6824.3	$82.72	$44,450	9.1	4.6
Greece	11.2	813	$72.59	$31,670	9.9	3.9
Hungary	10	449	$44.90	$15,410	7.3	5.1
Ireland	4.4	576.9	$131.11	$60,460	6.3	4.3
Italy	58.9	3858.2	$65.50	$38,490	9.3	5
Netherlands	16.5	2168.5	$131.42	$52,960	4.4	5
Poland	38	2847	$74.92	$13,850	14.4	5.6
Portugal	10.7	728.6	$68.09	$22,920	6.3	5.9
Romania	21.3	687.2	$32.26	$9,300	7	3.3
Spain	44.8	4745.8	$105.93	$35,220	14.2	4.4
Switzerland	7.5	1130.4	$150.72	$64,430	3.6	5.6
Sweden	9.2	2113.4	$229.72	$51,950	6.3	7.6
Turkey	75.8	2879	$37.98	$9,940	8.6	3.7
UK	61	9887.2	$162.09	$43,540	5.9	4.8

그림 10-1 : HAL 컴퓨터 데이터

---

[1] 영화 "2001 스페이스 오디세이"에 등장하는 가상의 인공지능 컴퓨터. HAL은 컴퓨터 제조 기업 IBM의 철자에서 한 글자씩 전의 글자를 따서 만든 이름이다.

동일한 종속 변수를 동일 시간대에 여러 지점에서 측정하므로 이 데이터를 크로스섹셔널 데이터(cross-sectional data, 횡단면 데이터)[2]라고 부른다. 시계열 데이터에서는 동일한 종속 변수를 서로 다른 시간에 측정한다.

예제에 다중 선형 회귀를 적용하기 위해, Y=인구당 컴퓨터 소비 액수, n = 3, X_1 = 인당 GNP, X_2 = 실업률, X_3 = 교육비에 사용하는 GNP 비율이라고 정하자.

Analysis 2 데이터 분석 추가 기능으로 회귀 분석 수행

엑셀의 데이터 분석 추가 기능을 사용하여 주어진 데이터에 가장 적합한 다중 선형 회귀식(multiple linear regression equation)을 구할 수 있다. 데이터 분석 추가 기능을 설치하려고 하면 9장을 참고하자.

회귀 분석을 수행하기 위해 '데이터' 탭 → '분석' 그룹 → '데이터 분석'을 선택한 다음 '회귀 분석'을 선택하자. 회귀 분석 대화상자에서 그림 10-2와 같이 내용을 설정하자.

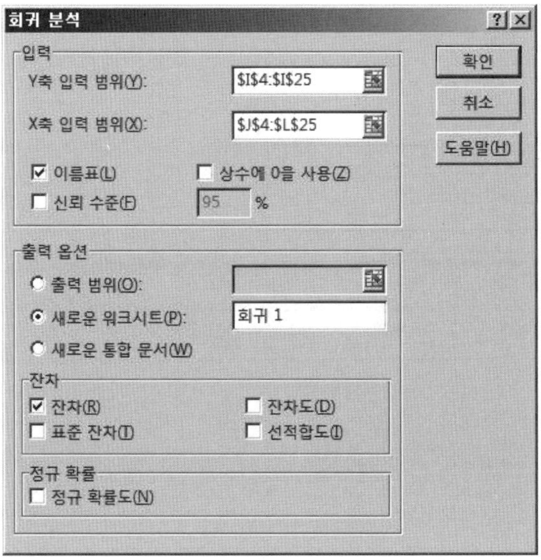

그림 10-2 : 회귀 분석 대화상자

---

[2] 연구 대상의 한 시점에서의 모집단의 특성을 조사하기 위해 주로 이용한다. 예를 들어 특정 날짜에 발생한 선거 조사 등을 들 수 있다. 한 시점에서의 상황을 조사하는 데는 유용하지만, 데이터 안에 시간의 변화가 없으므로 시간에 따라 변화하는 요인을 분석할 때는 적합하지 않다.

- 'Y 축 입력 범위' (I4:I25)는 여러분이 예상하고자 하는 데이터(인당 컴퓨터 매출액)와 열의 이름표도 포함한다.
- 'X 축 입력 범위' (J4:L25)는 각 나라에 대한 종속 변수와 열의 이름표를 포함한다.
- Y축 입력 범위와 X축 입력 범위가 모두 이름표를 포함하고 있으므로 '이름표' 체크상자를 체크하자. 입력 범위에 이름표를 포함하지 않으면 엑셀은 자동으로 Y, X_1, X_2, ⋯, X_n과 같이 이름을 붙이는데 이러면 알아보기 어렵다.
- 워크시트 이름을 '회귀 1'이라고 지정하면 여기에 결과물을 보여준다.
- '잔차' 체크박스에 체크하면 엑셀은 잔차를 출력한다(각 관찰값에 대하여 잔차 = Y의 실제값 − Y의 예상값).

'확인'을 클릭하면 엑셀은 그림 10-3, 그림 10-4와 같은 결과물을 보여준다. 그림 10-4에서 강조한 부분은 이 장 나중에 다시 설명하겠다.

	A	B	C	D	E	F	G	H	I
1	요약 출력								
2									
3	회귀분석 통계량								
4	다중 상관계수	0.731106465							
5	결정계수	0.534516664							
6	조정된 결정계수	0.452372545							
7	표준 오차	58.42625704							
8	관측수	21							
9									
10	분산 분석								
11		자유도	제곱합	제곱 평균	F 비	유의한 F			
12	회귀	3	66638.03186	22212.6773	6.50705949	0.00394022			
13	잔차	17	58031.66769	3413.62751					
14	계	20	124669.6996						
15									
16		계수	표준 오차	t 통계량	P-값	하위 95%	상위 95%	하위 95.0%	상위 95.0%
17	Y 절편	-114.8351503	78.28996449	-1.4667927	0.16068775	-280.01254	50.3422364	-280.012537	50.3422364
18	인당 GNP	0.002297712	0.00095193	2.41374134	0.02735484	0.00028932	0.00430611	0.000289316	0.00430611
19	실업률	4.219524573	4.840005896	0.87180154	0.39546266	-5.9919953	14.4310444	-5.99199526	14.4310444
20	교육비에 사용하는 GNP 비율	21.4226983	12.73611957	1.68204281	0.11083654	-5.4481652	48.2935618	-5.44816518	48.2935618

그림 10-3 : 첫 번째 다중 회귀 결과물

	A	B	C	D
24	잔차 출력			
25				
26	관측수	예측치 매출액/인구	잔차	
27	1	141.105011	-29.05739196	
28	2	153.9361699	6.244782455	
29	3	32.15788817	-11.89473028	
30	4	54.76728846	46.08565272	
31	5	229.7909036	-59.7181763	
32	6	179.8197146	192.0670778	Finland
33	7	151.7406304	-55.95872407	
34	8	124.2402274	-41.52143953	
35	9	83.25520078	-10.66591506	
36	10	60.63088012	-15.73088012	
37	11	142.7851159	-11.67147952	
38	12	119.958849	-54.45460452	
39	13	132.5310691	-1.106826685	
40	14	97.71642325	-22.79537062	
41	15	90.80533021	-22.71187226	
42	16	6.765146383	25.49776442	
43	17	120.2673827	-14.33434696	
44	18	168.3638234	-17.64382339	
45	19	193.9264924	35.79089889	
46	20	23.55600061	14.42552974	
47	21	112.9313707	49.15387525	

그림 10-4 : 첫 번째 회귀에서의 잔차

Analysis 3 회귀 분석 결과 해석하기

회귀 분석을 수행하고 나면 그 결과를 해석해야 한다. 우선 결과물에 나열된 여러 요소들을 분석해야 한다. 결과물의 여러 요소들은 각각의 방식으로 결과물에 영향을 준다. 다음 절에서는 회귀 분석 결과에서 중요한 사항들을 어떻게 해석하는지 알아보겠다.

계수

결과(B17:B20)에서 계수(Coefficients)는 다중 회귀식을 가장 잘 추정해낸 결과이다. 엑셀에서 반환한 식은 다음과 같다.

(2) 인당 예상 컴퓨터 매출 = -114.84 + .002298 * (인당 GNP) + 4.22 * (실업률) + 21.42(교육비에 사용하는 GNP 비율)

엑셀에서는 모든 B_0, B_1, B_2, B_3에 대하여 모든 관찰값에 대한 (종속 변수의 실제값 – 예상값)^{2}의 합을 최소로 만드는 값을 선택하여 이 식을 만들었다. 계수는 바로 B_0, B_1,…,B_n의 최소 제곱 추정값이 된다. 오차를 제곱으로 만들어서 항상 양수로 만들면, 음수가 양수를 상쇄할 수 없다. 만약 회귀식이 모든 데이터에 완벽하게 들어맞는다면 오차의 제곱합은 0이 된다.

귀무가설을 기각하기 위한 F 검정

여러분이 어떤 독립 변수를 회귀식에 포함시켰다고 해서 그 변수가 항상 유용한 예측변수(predictor)가 되는 건 아니다. 만약 각 나라의 국가대표 축구팀이 2007년 몇 번 이겼는지를 독립 변수 여부에 포함시킨다면, 아마 이 변수는 여러분이 예측하고자 하는 컴퓨터 매출액에 영향을 주지 못할 것이고 아무 관련도 없을 것이다. 회귀 분석 결과에서 ANOVA(그림 10-3의 셀 A10:F14)를 이용하여 다음 가설을 검증할 수 있다.

- 귀무가설(Null Hypothesis) : 선형 회귀 관계가 없다. 종속 변수들은 Y를 예상하는데 불필요하다(유의하지 않다).
- 대립가설(Alternative Hypothesis) : Y를 예측하는데 종속 변수들이 필요하다(유의하다).

이 가설 간에 결정을 내리려면, 셀 F12의 '유의한 F' 값을 보자. 여기서 '유의한 F'는 .004인데 1000번 중 4번의 확률로 여러분의 독립 변수가 Y를 예상하는데 별로 도움이 안 될 것이라는 의미이고 따라서 귀무가설을 기각하게 된다. 대부분의 통계학자들의 의견을 따르면 유의한 F('p-값'이라고도 한다)가 0.05 이하일 때 귀무가설을 기각할 수 있다고 한다.

회귀 예측의 적합성이 얼마나 정확하고 적절한가

이제 여러분은 이 독립 변수들이 유의하다고 결론을 내렸다. 그러면 여러분의 회귀식이 데이터에 얼마나 적합할까? 그림 10-3에서 B5의 R^2(결정계수)와 B7의 '표준 오차'로 이 질문에 답할 수 있다.

- R^2값이 .53인데, 이것은 Y의 변동 중 53%만 식(1)로 설명할 수 있다는 의미이다. 따라서 Y의 변화 중 47%는 다중 선형 회귀 모델로 설명할 수 없다.
- 표준 오차가 58.43은 식(2)로 Y를 예상했을 때 Y의 예상값 68%가 1 표준 편차($58.43) 안으로 들어옴을 의미한다. 식(2)로 Y를 예상했을 때 Y의 예상 95%는 2 표준 편차 안에 들어온다($116.86=$58.43*2).

독립 변수의 유의성 결정

여러분은 여러분이 사용하고 있는 독립 변수가 Y를 예상하는데 유의하다고 결론을 내렸다. 이제 어떤 독립 변수가 예측에 유용한지 알아보자. 우선 E17:E20의 P-값을 보자. 어떤 독립 변수의 P-값이 .05 이하이면(식의 다른 모든 독립 변수의 영향을 모두 고려했을 때) 그 독립 변수는 Y를 예측하는 예측변수(predictor)로써 유의하다고 볼 수 있다. 여기에서 보면 '인당 GNP' 변수만이 유의한 예측변수인 것으로 보인다(P-값이 .027이므로 .05보다 작다). 현재 여러분은 다른 데이터와 다른 아웃라이어(outlier)가 있는지 알아보려고 한다. 회귀 분석에서 오차(실제 Y값 − Y의 예상값)의 절대값이 2 표준 오차를 넘는 데이터를 아웃라이어라고 한다. 아웃라이어가 있으면 회귀 계수에 큰 영향을 준다. 따라서 분석할 때 아웃라이어 없이 다시 회귀 분석을 수행할 것인지 결정해야 한다.

잔차 결과와 아웃라이어

각각의 데이터(관찰값이라고도 한다)에 대한 잔차 결과는 그림 10-4와 같다. 여기에서 알 수 있는 정보는 다음 두 가지이다.

- 식(2)로부터의 Y의 예상값. 예를 들어 오스트리아 같은 경우 인당 매출액을 예상하면 다음과 같다.

    ($116.86) + (0.00229) * (49,600) + (4.22) * (4.2) + 21.52 (5.8) = $141.10

- 각 관찰값에 대한 잔차 = 실제 Y값 − Y의 예상값이 된다. 오스트리아 같은 경우 잔차는 $112.05 − $141.10 = $−29.05 이다. 오차의 제곱합을 최소로 만드는 회귀식은 직관적으로 잔차의 합이 0이 되는 특징을 가진다. 따라서 Y를 너무 크게 추정했거나 혹은 작게 추정했으면 이것들이 서로 상쇄해서 0이 된다.

유의하지 않은 독립 변수 다루기

이전 절에서 인당 GNP만이 의미 있는 독립 변수이며 나머지 독립 변수 두 개('실업률'과 '교육비에 사용하는 GNP 비율')는 유의하지 않다고 했다. 독립 변수가 유의하지 않다면(즉 P-값이 .05보다 크다면) 이 변수를 제거한 다음 회귀 분석을 다시 수행한다. 하지만 이전에 아웃라이어(특이점)를 어떻게 할 것인지 결정해야 한다. 회귀의 표준 오차가 58.4이므로, 오차의 절대값이 116.8을 넘는 데이터는 아웃라이어이다. 그림 10-4에서 강조한 부분을 보면 핀란드는 굉장히 특이한 아웃라이어이다. 핀란드의 경우 인당 컴퓨터에 사용하는 비용이 표준 오차의 세 배에 달한다. 핀란드의 경우를 아웃라이어로 취급해서 이를 삭제한 다음 회귀 분석을 다시 수행하면, 결과는 Europe.xlsx 파일의 Regression2 워크시트와 같이 보일 것이다. 그림 10-5를 참고하자.

잔차를 보면 이제는 스위스가 아웃라이어이다(표준 오차*2를 살짝 넘겨서 매출액을 살짝 못 미치게 예상했다). 스위스가 아웃라이어이기는 해도 그렇게 크게 벗어난 것은 아니므로 그냥 놓아 두어도 된다. 실업률이 유의하지 않으므로(P-값이 .84로, .05보다 크다) 독립 변수에서 실업률을 제외한 다음 회귀 분석을 다시 수행해보자. 결과는 Europe.xlsx 파일의 Regression3 워크시트와 같이 보일 것이다. 그림 10-6을 참고하자.

	A	B	C	D	E	F	G
1	요약 출력						
2							
3		회귀분석 통계량					
4	다중 상관계수	0.860805637					
5	결정계수	0.740986344					
6	조정된 결정계수	0.692421283					
7	표준 오차	29.9835813					
8	관측수	20					
9							
10	분산 분석						
11		자유도	제곱합	제곱 평균	F 비	유의한 F	
12	회귀	3	41150.4448	13716.8149	15.2576016	5.9326E-05	
13	잔차	16	14384.2424	899.015147			
14	계	19	55534.6871				
15							
16		계수	표준 오차	t 통계량	P-값	하위 95%	상위 95%
17	Y 절편	-32.20876114	41.8908214	-0.76887395	0.45316899	-121.01334	56.595631
18	인당 GNP	0.001678416	0.00049654	3.3802437	0.00381596	0.0006258	0.00273103
19	실업률	-0.527867146	2.57557964	-0.20495081	0.84019516	-5.9878521	4.93211778
20	교육비에 사용하는 GNP 비율	15.22764461	6.59620292	2.30854702	0.03465789	1.24431908	29.2109701

그림 10-5 : 회귀 분석 결과 : 아웃라이어인 핀란드 제외

	A	B	C	D	E	F	G
1	요약 출력						
2							
3		회귀분석 통계량					
4	다중 상관계수	0.860410573					
5	결정계수	0.740306355					
6	조정된 결정계수	0.709754161					
7	표준 오차	29.12650434					
8	관측수	20					
9							
10	분산 분석						
11		자유도	제곱합	제곱 평균	F 비	유의한 F	
12	회귀	2	41112.68179	20556.34089	24.2308741	1.0542E-05	
13	잔차	17	14422.00534	848.3532553			
14	계	19	55534.68713				
15							
16		계수	표준 오차	t 통계량	P-값	하위 95%	상위 95%
17	Y 절편	-38.48026121	27.79129164	-1.38461579	0.18407551	-97.114761	20.1542388
18	인당 GNP	0.001723168	0.000433202	3.977751106	0.00097301	0.00080919	0.00263714
19	교육비에 사용하는 GNP 비율	15.30973984	6.395825812	2.393708066	0.02848659	1.8157269	28.8037528

그림 10-6 : 회귀 분석 결과 : 실업률을 독립 변수에서 제외

두 독립 변수는 유의하므로, 다음 식을 사용하여 인당 컴퓨터 매출액을 예상해보자.

(3) −38.48 + 0.001723 * (인당 GNP) + 15.30974 * (교육비에 사용하는 GNP 비율)

R^2=0.74이므로 이 식은 인당 컴퓨터 매출액 변동 부분의 74%를 설명할 수 있다. 표준 오차는 29.13이므로 여러분의 예측은 $58.26 이내에서 95% 정확할 것이다. 결과의 잔차 부분에서

보면 스위스(오차 62.32)만이 아웃라이어이다.

회귀 계수 해석

변수의 회귀 계수는 각각 해당 독립 변수가 한 단위만큼 증가했을 때의 영향(회귀식을 추정하기 위해 사용한 다른 독립 변수들을 모두 조정한 다음)에 대해 추정한다. 따라서 식(3)은 다음처럼 해석할 수 있다.

- '교육비에 사용하는 GNP 비율'을 조정한 다음 인당 GNP가 $1,000 늘어나면 인당 컴퓨터 매출액이 $1.72만큼 증가한다.
- '인당 GNP'를 조정한 다음 '교육비에 사용하는 GNP 비율'이 1% 증가하면 인당 컴퓨터 매출액이 $15.31만큼 증가한다.

판매 목표량 설정하기

많은 경우 판매 사원의 보너스나 수수료는 판매 목표(sales quotas)를 달성했는지에 따라 결정된다. 보너스가 공정하게 지불되려면 우선 기업은 판매 목표를 할당할 때 '영업이 잘 되는 좋은 지역'에는 목표를 높게 설정하고 '영업이 잘 안 되는 지역'에는 목표를 낮게 설정해야 한다. 이제 다중 회귀를 사용하여 판매 목표를 어떻게 할당할 수 있는지 알아보자. 다중 회귀를 사용했을 때, 특정 지역에 대한 판매 목표액으로 인구 * 회사의 시장 점유율 * 예상 인당 매출액과 같이 설정할 수 있을 것이다.

프랑스 같은 경우 인당 GNP는 $50,000이며 교육에 GNP의 10% 정도를 사용하고 있다. 만약 프랑스에서 HAL 컴퓨터의 점유율이 30%라면 인구당 적절한 연간 판매 목표량을 식으로 써보면 다음과 같다.

$$0.30(-38.48 + 0.001723 * (50,000) + 15.30974 * (10)) = \$60.23$$

따라서 프랑스에서 인당 적절한 판매 목표는 $60.23이다.

맹목적인 추론을 주의하자

회귀 분석을 사용해서 유용한 정보를 짐작할 수 있지만, 이것으로 회귀식에 맞는 독립 변수의 값과 매우 다른 독립 변수를 예상하려고 한다면 주의해야 한다. 예를 들어 코트디부아르 같은 경우는 인당 GNP가 $1,140이며 유럽의 어느 나라와도 비교가 안 될 정도로 GNP가 낮다. 유럽의 데이터를 이용하여 얻은 식(3)을 이용하여 코트디부아르의 인당 컴퓨터 매출액이 얼마가 될 것인지 예상할 수는 없다.

Analysis 4 회귀에서 정성 독립 변수 (Qualitative Independent Variables) 사용하기

이전 다중 회귀 예에서는 인당 GNP와 교육비에 사용하는 GNP 비율을 이용하여 인당 컴퓨터 판매액을 예측했다. 독립 변수는 정확한 숫자 값을 가지며 이런 변수를 양적 독립 변수(quantitative independent variable, 정량 독립 변수)라고 한다. 하지만 많은 경우에서 독립 변수를 쉽게 숫자로 표현할 수 없다. 이 절에서는 계절 요인 같은 정성적인 요인(qualitative factor)을 다중 회귀 분석에 사용하는 방법을 다루겠다.

만약 여러분이 분기당 미국에서의 자동차 판매에 대해 예상하여 이 분기가 자동차 판매에 영향을 주는지 여부를 결정하고자 한다고 하자. 파일 `Autos.xlsx`의 데이터(그림 10-7)을 사용하자. 판매량의 단위는 1,000대이며 GNP의 단위는 US $1,000,000,000이다.

여러분은 아마도 첫 번째 분기는 1, 두 번째 분기는 2, 세번째 분기는 3, 마지막 분기는 4의 값을 가지는 독립 변수를 정의하려고 할지도 모르겠다. 하지만 이렇게 하면 네 번째 분기는 첫 번째 분기보다 영향력이 네 배가 된다는 의미이므로 이는 적절하지 않다. 사실 분기라는 개념은 정성적인 성질을 가지는 독립 변수이다. 정성 독립 변수(qualitative independent variable)를 모델링 하려면, 우선 이 독립 변수 중 하나를 제외하고 나머지들에 대해 더미 변수(dummy variable)라고 하는 변수를 만들어야 한다. 하나를 제외할 때는 아무 변수나 제외해도 되고 여기에서는 '4분기'를 제외했다. 더미 변수를 쓰면 정성 변수 중 어떤 값이 발생했는지 알 수 있다. 따라서 다음과 같은 특징이 있는 더미 변수 'Q1', 'Q2', 'Q3'을 만들자.

- 더미 변수 'Q1'은 해당 분기가 1분기이며 값이 1이고 그렇지 않으면 0이다.
- 더미 변수 'Q2'는 해당 분기가 2분기이며 값이 1이고 그렇지 않으면 0이다.
- 더미 변수 'Q3'은 해당 분기가 3분기이며 값이 1이고 그렇지 않으면 0이다.

	A	B	C	D	E	F
9	과거 데이터					
10	연도	분기	판매량	GNP	실업률	이자율
11	79	1	Sales	2541	5.9	9.4
12	79	2	2910	2640	5.7	9.4
13	79	3	2562	2595	5.9	9.7
14	79	4	2385	2701	6	11.9
15	80	1	2520	2785	6.2	13.4
16	80	2	2142	2509	7.3	9.6
17	80	3	2130	2570	7.7	9.2
18	80	4	2190	2667	7.4	13.6
19	81	1	2370	2878	7.4	14.4
20	81	2	2208	2835	7.4	15.3
21	81	3	2196	2897	7.4	15.1
22	81	4	1758	2744	8.3	11.8
23	82	1	1944	2582	8.8	12.8
24	82	2	2094	2613	9.4	12.4
25	82	3	1911	2529	10	9.3
26	82	4	2031	2544	10.7	7.9
27	83	1	2046	2633	10.4	7.8
28	83	2	2502	2878	10.1	8.4
29	83	3	2238	3051	9.4	9.1
30	83	4	2394	3274	8.5	8.8
31	84	1	2586	3594	7.9	9.2
32	84	2	2898	3774	7.5	9.8
33	84	3	2448	3861	7.5	10.3
34	84	4	2460	3919	7.2	8.8
35	85	1	2646	4040	7.4	8.2
36	85	2	2988	4133	7.3	7.5
37	85	3	2967	4303	7.1	7.1
38	85	4	2439	4393	7	7.2
39	86	1	2598	4560	7.1	8.9
40	86	2	3045	4587	7.1	7.7
41	86	3	3213	4716	6.9	7.4
42	86	4	2685	4796	6.8	7.4

그림 10-7 : 자동차 판매 데이터

더미 변수 'Q1', 'Q2', 'Q3'가 모두 0이면 해당 분기는 4분기이다. 따라서 더미 변수로 따로 'Q4'를 만들지 않아도 된다. 만약 Q4라는 더미 변수를 만들어서 이를 독립 변수로 하여 회귀 분석에 포함시키면, 마이크로소프트 엑셀에서는 오류 메시지를 반환한다.

만약 독립 변수들 간에 완전 선형 관계(exact linear relationship)가 존재하면 엑셀은 다중 회귀를 수행할 때 0으로 나누는 것과 동일한 계산을 수행하기 때문이다. 0으로 나누는 것은 수학적으로 불가능하므로 오류를 발생한다. 이 경우 'Q4'라는 더미 변수를 포함하면, 모든 데이터는 다음 선형식을 만족하게 된다.

```
(Quarter 1 Dummy)+(Quarter 2 Dummy)+(Quarter 3 Dummy)
+(Quarter 4 Dummy)=1
```

Warning

모든 데이터에 대해 식 $c_0 + c_1x_1 + c_2x_2 + \cdots c_Nx_N = 0$을 만족하는 $c_0, c_1, \cdots c_N$이 있으면 완전 선형 관계(exact linear relationship)를 만족한다고 한다. 여기에서 $x_1, \cdots x_N$은 독립 변수의 값이다.

'생략한' 더미 변수는 '기준'이 되는 시나리오로 여길 수 있다. 이것은 '보통의' 절편에 반영되며, 따라서 더미 변수를 절편에서의 변화로 여길 수 있다.

1분기에 대한 더미 변수 Q1을 만들기 위해 G12의 식 IF(B12=1,1,0)을 G13:G42에 복사한다. 이 식은 분기가 1분기이면 1을 입력하고 아니면 0을 입력한다. 비슷한 방법으로 2분기에 대한 더미 변수를 H12:H42에, 3분기에 대한 더미 변수를 I12:I42에 만들자. 그림 10-8에서는 식의 결과를 보여준다.

계절성 요인에 추가해서 GNP, 이자율, 실업률과 같은 거시경제적인 변수를 더해서 자동차 판매량을 예상해보자. 예를 들어 1979년 2분기의 판매 대수를 추정하고자 한다고 하자. 1979년 2분기가 시작하는 날에는 해당 분기의 GNP, 이자율, 실업률 등이 알려져 있지 않다. 따라서 1979년 2분기의 GNP, 이자율, 실업률을 사용하여 1979년 2분기를 예상할 수는 없다. 대신 그 이전 분기의 GNP, 이자율, 실업률 등을 사용할 수 있다. J12의 식 =D11을 J12:L42로 복사하면 그 이전 분기의 GNP값을 이용할 수 있다. J12:I12 영역에서는 1979년 1분기의 GNP, 실업률, 이자율 정보를 가지고 있다.

이제 '데이터' 탭 → '데이터 분석'에서 '회귀 분석'을 수행하여 다중 회귀를 수행할 수 있다. 'Y축 입력 범위'로 C11:C42를 사용하고, 'X축 입력 범위'로 G11:L42를 사용하자. '이름표' 체크박스에 체크하고(11행에는 이름표가 있다) '잔차' 체크박스도 표시하자. '확인'을 클릭하고 나면 결과를 볼 수 있다. 해당 결과는 Autos.xlsx 파일의 Regression 워크시트에서도 볼 수 있으며 그림 10-9를 참고하자.

	G	H	I	J	K	L
9						
10	Q1	Q2	Q3	이전GNP	이전실업률	이전이자율
11	Q1	Q2	Q3	이전GNP	이전실업률	이전이자율
12	0	1	0	2541	5.9	9.4
13	0	0	1	2640	5.7	9.4
14	0	0	0	2595	5.9	9.7
15	1	0	0	2701	6	11.9
16	0	1	0	2785	6.2	13.4
17	0	0	1	2509	7.3	9.6
18	0	0	0	2570	7.7	9.2
19	1	0	0	2667	7.4	13.6
20	0	1	0	2878	7.4	14.4
21	0	0	1	2835	7.4	15.3
22	0	0	0	2897	7.4	15.1
23	1	0	0	2744	8.3	11.8
24	0	1	0	2582	8.8	12.8
25	0	0	1	2613	9.4	12.4
26	0	0	0	2529	10	9.3
27	1	0	0	2544	10.7	7.9
28	0	1	0	2633	10.4	7.8
29	0	0	1	2878	10.1	8.4
30	0	0	0	3051	9.4	9.1
31	1	0	0	3274	8.5	8.8
32	0	1	0	3594	7.9	9.2
33	0	0	1	3774	7.5	9.8
34	0	0	0	3861	7.5	10.3
35	1	0	0	3919	7.2	8.8
36	0	1	0	4040	7.4	8.2
37	0	0	1	4133	7.3	7.5
38	0	0	0	4303	7.1	7.1
39	1	0	0	4393	7	7.2
40	0	1	0	4560	7.1	8.9
41	0	0	1	4587	7.1	7.7
42	0	0	0	4716	6.9	7.4

그림 10-8 : 더미 변수와 이전 변수들

	A	B	C	D	E	F	G
1	요약 출력						
2							
3	회귀분석 통계량						
4	다중 상관계수	0.884139126					
5	결정계수	0.781701994					
6	조정된 결정계수	0.727127492					
7	표준 오차	190.5240756					
8	관측수	31					
9							
10	분산 분석						
11		자유도	제곱합	제곱 평균	F 비	유의한 F	
12	회귀	6	3119625.193	519937.5322	14.32357552	6.79746E-07	
13	잔차	24	871186.1616	36299.4234			
14	계	30	3990811.355				
15							
16		계수	표준 오차	t 통계량	P-값	하위 95%	상위 95%
17	Y 절편	3154.700285	462.6530922	6.818716525	4.7214E-07	2199.831234	4109.569337
18	Q1	156.833091	98.87110703	1.586237838	0.125774521	-47.22684456	360.8930266
19	Q2	379.7835116	96.08921514	3.95240518	0.000594196	181.4651187	578.1019045
20	Q3	203.035501	95.40891864	2.128055783	0.043800626	6.121171081	399.949831
21	이전GNP	0.174156906	0.05842	2.981117865	0.006490201	0.053583952	0.29472986
22	이전실업률	-93.83233214	28.32328716	-3.312904029	0.002918487	-152.2887238	-35.37594051
23	이전이자율	-73.9167147	17.78851573	-4.155305356	0.000355622	-110.6304067	-37.20302267

그림 10-9 : 자동차 판매 예제의 회귀 분석 결과

그림 10-9에서 보면, 식(1)을 사용하여 자동차 판매 대수를 예상하고 있는 것을 알 수 있다.

예상 분기 판매 대수=3154.7+156.833Q1+379.784Q2+203.036Q3+
.174(이전 GNP($1,000,000,000단위))-93.83(이전 실업률)-73.91(이전 이자율)

그림 10-9에서 보면 Q1을 제외하고 모든 독립 변수의 P-값은 0.05 이하이다. 이전 절에서 언급한 바에 따르면, Q1을 제거한 다음 회귀 분석을 다시 수행해야 한다. 하지만 여기서 Q2, Q3는 유의한 변수인데 Q2, Q3는 모두 계절성을 나타내는 변수이다. 따라서 Q1 하나만을 빼버리는 것은 의미가 없다. Q1, Q2, Q3가 모두 한 묶음으로 계절성을 나타내기 때문이다. 따라서 여기에서 계절성을 나타내는 모든 분기 변수가 모두 유의한 것으로 결정을 내릴 수 있다. 회귀식의 모든 상관계수는 ceteris paribus[3]인것으로 해석한다(회귀식 안에서 다른 변수들의 효과를 모두 조정한 다음, 각 상관계수는 독립 변수에 영향을 준다).

각 회귀 계수는 다음과 같이 해석할 수 있다.

- 지난 분기의 GNP가 $1,000,000,000 증가하면, 자동차 판매 대수는 174 증가한다.
- 지난 분기 실업률이 1% 증가하면 자동차 판매 대수는 93,832 감소한다.
- 지난 분기 이자율이 1% 증가하면 자동차 판매 대수는 73,917 감소한다.

더미 변수의 계수를 해석해보자. 이 변수들은 따로 더미 변수로 지정하지 않은 4분기에 대해서 상대적인 계절성의 효과를 보여준다.

- 1분기에는 자동차 판매 대수가 4분기보다 156,833 초과한다.
- 2분기에는 자동차 판매 대수가 4분기보다 379,784 초과한다.
- 3분기에는 자동차 판매 대수가 4분기보다 203,036 초과한다.

자동차 판매는 2분기(4월부터 6월까지, 세금 환급 기간과 여름 휴가 시작 전)가 가장 높고 4분기가 가장 낮았다(10월부터 12월, 겨울 동안 제설제 때문에 차에 녹이 슬 위험이 있기 때문에 새 차를 안 사는 것일까?).

각 회귀 계수는 식에서 다른 독립 변수들을 모두 조정한 다음에 계산한 것임을 주의하자(이것

---

[3] '다른 사항이 모두 동일하다면'이라는 뜻의 라틴어

을 ceteris paribus, 즉 '다른 사항이 모두 동일하다'라고 한다).

그림 10-9의 결과에서 보면 다음과 같은 사항을 알 수 있다.

- 독립 변수(거시경제적인 요소들과 계절 요인)에서의 변동은 종속 변수(분기당 자동차 판매 대수)의 변동의 78%를 설명할 수 있다.
- 회귀의 표준 오차는 190,524(단위 자동차 1,000대)이다. 예측의 68%가 190,524 안에 들어오고 예측의 95%가 381,048(190,524*2) 안에 들어온다.
- 회귀식을 만들기 위해 관찰값 31개를 사용했다.

그림 10-9의 ANOVA에서 관심 두어야 할 값은 '유의한 F'(0.00000068)이다. 이 값은 사용한 독립 변수가 자동차 판매를 예측하는데 도움이 되지 않을 가능성은 10,000,000 중 6.8번의 확률이라는 것을 알려준다. 이 숫자는 매우 작은 숫자이므로 여러분은 안심하고 여러분의 독립 변수를 사용해서 분기당 자동차 판매량을 예상할 수 있다.

그림 10-10에서는 실제 관찰값과 예상값의 차이인 잔차를 보여준다. 예를 들어 1979년 2분기(관측수 1)같은 경우에는 식(1)로부터 예상한 예상값은 2728.6(단위 1,000대)이고 잔차는 181,400이다((2910 - 2728.6) 잔차의 절대값이 381,000을 넘는 관측값이 없으므로 따라서 여기에서는 아웃라이어가 없다).

A	B	C
잔차 출력		
관측수	예측치 판매량	잔차
1	2728.588616	181.4113836
2	2587.848606	-25.84860587
3	2336.034563	48.96543676
4	2339.328281	180.6717193
5	2447.266343	-305.2663429
6	2400.118977	-270.1189769
7	2199.7408	-9.740800106
8	2076.383266	293.6167341
9	2276.947422	-68.94742189
10	2026.185621	169.8143789
11	1848.731191	-90.73119119
12	2138.394335	-194.3943352
13	2212.298456	-118.2984563
14	2014.216596	-103.2165964
15	1969.394332	61.60566841
16	2166.640544	-120.6405443
17	2440.632301	61.3676994
18	2290.352403	-52.35240272
19	2131.386979	262.6130214
20	2433.681173	152.3188271
21	2739.094517	158.9054833
22	2586.877653	-138.8776532
23	2362.035446	97.96455439
24	2667.994409	-21.99440885
25	2937.601377	50.39862257
26	2838.174893	128.8251074
27	2713.079218	-274.0792178
28	2887.577992	-289.5779921
29	3004.570968	40.42903226
30	2921.225251	291.7747488
31	2781.597472	-96.59747188

그림 10-10 : 자동차 예제의 잔차 결과

Analysis 5 상호작용과 비선형성 모델링

식(1)에서는 각각의 독립 변수들이 Y에 선형으로 영향을 준다고 가정한다. 이 말은 예를 들어 X^1이 한 단위 증가하면 Y는 B_1만큼 증가하고 이것은 $X_1, X_2, \cdots, X_n$에 대해 동일하게 적용된다. 하지만 실제 마케팅 상황에서 이런 선형성은 비현실적이다. 이 절에서는 독립 변수들이 Y와 비선형적인(nonlinear) 방법으로 영향을 주거나 서로 상호작용하는 예에 대해서 살펴보겠다.

비선형 관계

독립 변수는 비선형 관계로 종속 변수에 영향을 줄 수 있다. 예를 들어 다음과 같은 식을 사용하여 판매를 예상한다고 가정해보자. 가격은 판매에 선형으로 영향을 준다.

$$판매 = 500 - 10 * 가격$$

이 식에서 가격이 한 단위 증가하면(가격 선 상의 어느 가격에서건 간에) 판매가 10 감소한다. 하지만 판매와 가격의 관계가 아래와 같다면 가격과 판매는 선형적인 관계에 있지 않다.

$$판매 = 500 + 4 * 가격 - .40 * 가격^2$$

그림 10-11에서의 경우 가격이 크게 증가하면 수요도 크게 줄어든다. 즉 독립 변수에서 한 단위만큼 변화가 생겼을 때 종속 변수의 변화가 일정하지 않으면(즉 상수가 아니면) 종속 변수와 독립 변수 간에 비선형적 관계가 있다고 말한다.

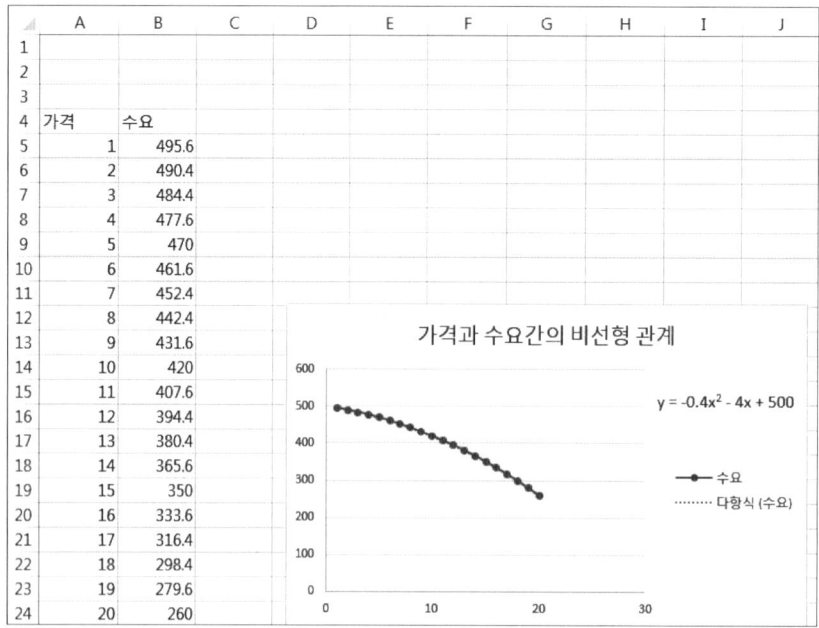

그림 10-11 : 판매와 가격 간의 비선형 관계

상호작용

만약 한 종속 변수에 영향을 주는 독립 변수의 효과가 또 다른 독립 변수에 의해 영향을 받는다면 두 독립 변수는 서로 상호작용(interaction)을 주고받는다고 한다. 예를 들어 가격과 광고 비용을 이용하여 판매를 예상해본다고 가정하자. 만약 가격이 낮을 때 광고 비용을 어떻게 바꾸는가에 따라 영향을 크게 받고, 가격이 높으면 광고 비용을 어떻게 바꾸는가에 따라 그다지 영향을 받지 않는다면 가격과 광고 비용 사이에는 상호작용이 존재한다. 가격과 관계없이 광고 비용을 바꿨을 때 영향이 없다면, 가격과 광고 비용 사이에는 상호작용이 존재하지 않는다. 상호작용에 관해서는 41장 "분산 분석 : 이원 ANOVA"에서 또 다룰 것이다.

비선형성과 상호작용 검정

독립 변수가 종속 변수에 대해 비선형적 영향을 주는지 알아보려면, 해당 독립 변수의 제곱을 회귀 분석에 추가해보자. 만약 제곱항의 P-값이 낮으면(0.05보다 작으면) 비선형 관계에 있다는 뜻이 된다.

두 독립 변수 간에 상호작용이 있는지 알아보려면 두 독립 변수의 곱을 회귀 분석에 추가해보자. 항의 P-값이 낮으면(0.05보다 작으면) 상호작용이 있다는 증거가 된다. `Priceandads.xlsx` 파일에서는 이와 같은 과정을 보여주고 있다. 이 파일의 `data` 워크시트(그림 10-12)에서는 제품의 주별 판매 단위, 주별 가격, 광고 비용(단위 $1,000)을 보여준다.

이 예제를 사용하여 가격과 광고 비용으로부터 주별 판매 단위를 예상해보자. 관계가 비선형인지 상호작용이 있는지 알아보기 위해 다음 과정을 수행하자.

1. H열에 A*P (Advertising*Price, 광고*가격), I열에 Price^2(가격^2), J열에 Ad^2(광고^2)를 추가하자.

2. 다음 'Y축 입력 범위'에 E4:E169, 'X축 입력 범위'에 F4:J169을 입력하자. 다음 회귀분석을 수행한 결과는 `nonlinear` 워크시트(그림 10-13)에서 볼 수 있다.

3. Price^{2}만을 제외하고 모든 독립 변수들이 유의한 P-값을 보여준다(0.05보다 작다). 따라서 Price^{2}를 독립 변수에서 제외한 다음 다시 회귀 분석을 수행하자. 결과는 `final` 워크시트(그림 10-14)에 보인다.

	E	F	G	H	I	J
1						
2						
3						
4	판매	가격	Ad	A*P	Price^2	Ad^2
5	22845	8	1	8	64	1
6	20417	9	8	72	81	64
7	23761	5	3	15	25	9
8	22674	4	12	48	16	144
9	22782	7	5	35	49	25
10	23807	5	3	15	25	9
11	18924	10	9	90	100	81
12	21855	9	5	45	81	25
13	21749	10	4	40	100	16
14	22683	4	12	48	16	144
15	20968	6	11	66	36	121
16	22202	10	2	20	100	4
17	23241	6	5	30	36	25
18	19004	10	9	90	100	81
19	23978	4	1	4	16	1
20	20497	8	9	72	64	81
21	22322	9	3	27	81	9
22	22628	8	4	32	64	16
23	21051	10	6	60	100	36
24	24515	3	3	9	9	9
25	22126	10	2	20	100	4
26	22141	5	11	55	25	121
27	21151	9	7	63	81	49
28	22558	5	10	50	25	100

그림 10-12 : 비선형성과 상호작용 데이터

	A	B	C	D	E	F	G	H	I
1	요약 출력								
2									
3		회귀분석 통계량							
4	다중 상관계수	0.996924531							
5	결정계수	0.99385852			Price^2의 P-값이 0.05보다 크므로 이를 삭제하고 다시 회귀 분석을 수행하자.				
6	조정된 결정계수	0.993665392							
7	표준 오차	135.2764087							
8	관측수	165							
9									
10	분산 분석								
11		자유도	제곱합	제곱 평균	F 비	유의한 F			
12	회귀	5	470861057.7	94172211.54	5146.10495	7.9582E-174			
13	잔차	159	2909653.375	18299.70676					
14	계	164	473770711.1						
15									
16		계수	표준 오차	t 통계량	P-값	하위 95%	상위 95%	하위 95.0%	상위 95.0%
17	Y 절편	24005.74767	111.4951345	215.3075807	5.4666E-198	23785.5452	24225.95014	23785.5452	24225.95014
18	가격	-135.6678621	32.18950019	-4.214661966	4.18203E-05	-199.2420031	-72.09372118	-199.2420031	-72.09372118
19	Ad	660.0035108	16.15110952	40.86428304	3.07056E-86	628.1051307	691.901891	628.1051307	691.901891
20	A*P	-74.12725368	1.425595543	-51.99739438	1.0229E-101	-76.94279947	-71.31170788	-76.94279947	-71.31170788
21	Price^2	-0.178202781	2.349205511	-0.075856616	0.939628534	-4.817874768	4.461469206	-4.817874768	4.461469206
22	Ad^2	-37.37381917	1.019418942	-36.66188416	1.84161E-79	-39.38716772	-35.36047062	-39.38716772	-35.36047062

그림 10-13 : 비선형성과 상호작용 예제의 첫 번째 회귀 분석 결과

	A	B	C	D	E	F	G	H	I
1	요약 출력								
2									
3		회귀분석 통계량							
4	다중 상관계수	0.996924419							
5	결정계수	0.993858298			모든 독립변수의 P-값이 작으므로 이 식을 사용하여 판매를 예상해보자.				
6	조정된 결정계수	0.993704755			Ad(광고)변수는 비선형 효과가 있으며 광고비와 가격은 상호작용한다.				
7	표준 오차	134.8554475			가격이 높으면 광고비는 판매에 미치는 효과가 작다.				
8	관측수	165							
9									
10	분산 분석								
11		자유도	제곱합	제곱 평균	F 비	유의한 F			
12	회귀	4	470860952.4	117715238.1	6472.852287	9.3099E-176			
13	잔차	160	2909758.675	18185.99172					
14	계	164	473770711.1						
15									
16		계수	표준 오차	t 통계량	P-값	하위 95%	상위 95%	하위 95.0%	상위 95.0%
17	Y 절편	24012.24758	71.11479957	337.6547179	3.3475E-230	23871.80285	24152.69231	23871.80285	24152.69231
18	가격	-137.997013	9.633696108	-14.32441001	1.78044E-30	-157.0226144	-118.9714115	-157.022614	-118.9714115
19	Ad	660.0418883	16.09294845	41.01435424	8.35145E-87	628.2598993	691.8238773	628.2598993	691.8238773
20	A*P	-74.12897476	1.420979292	-52.16572641	2.3559E-102	-76.93526898	-71.32268054	-76.935269	-71.32268054
21	Ad^2	-37.37288222	1.016172056	-36.77810466	5.94521E-80	-39.379722	-35.36604245	-39.379722	-35.36604245

그림 10-14 : 비선형성과 상호작용 예제의 최종 회귀 분석 결과

'유의한 F' 값은 충분히 작으므로 회귀 모델은 유의한 수준에서 값을 예상할 수 있다. 모든 독립 변수의 P-값은 매우 작으므로 주별 판매액을 다음과 같은 식으로 예상할 수 있다.

$$\text{예상 판매 단위} = 24{,}012 - 138 * 가격 + 660.04 * 광고 - 74.13 * 광고 * 가격 - 37.33 \cdot 광고^2$$

−37.33 광고² 항은 광고 비용이 $1,000 늘어나면 판매가 오히려 줄어들 수 있음을 나타낸다. (감소하는 결과값) −74.13 * 광고 * 가격 항에서는 가격이 높을 때 광고 비용을 추가로 지출해도 판매에 미치는 영향이 크지 않음을 알 수 있다.

R^2값은 99.4이며 이것은 현재 이 모델이 주별 판매의 약 99.4%를 설명할 수 있음을 의미한다. 표준 오차 134.86은 여러분 예측의 약 95%가 269.71 안에 있음을 나타낸다. 상호작용과 비선형 효과는 다중공선성(multicollinearity)을 야기할 수 있다. 여기에 대해서는 "다중공선성" 절에서 다루겠다.

Analysis 6 회귀 가정의 타당성 검증

이 장 앞부분에서 다중 선형 회귀에서 오차항이 만족해야 하는 회귀 가정에 대해 알아보았다. 앞에서 말한 가정을 여기 다시 반복해보겠다.

- 오차항은 정규분포를 따른다.
- 오차항의 변동성(variability)이나 범위(spread) 등은 종속 변수의 값에 의존하지 않는다고 가정한다.
- 시계열 데이터에서 오차항의 연속된 값은 독립적이어야 한다. 예를 들어 한 관찰값에서는 오차항이 매우 큰 양수였지만 그다음 오차항과 이 값은 아무 관련이 없다.

이 절에서는 이 가정들을 만족하는지, 가정을 위반하면 어떻게 되는지 그리고 가정을 어겼을 때 어떻게 해결할 수 있는지에 대해 알아보겠다.

오차항은 정규분포를 따른다

잔차를 조사하면 알려지지 않은 오차항의 성질을 짐작해서 알아낼 수 있다. 만약 잔차가 정규분포를 따르는 임의의 변수에서 왔다면, 정규분포를 따르는 변수는 대칭으로 분포한다. 이때 왜도(2장에서 소개한 엑셀의 SKEW 함수로 측정할 수 있다)는 0에 가까운 값이 된다.

또한 첨도(kurtosis)를 통해 잔차가 정규 임의 변수에서 온 것인지 알아낼 수도 있다. 첨도값이 0에 가까우면 데이터 집합의 "뾰족함"은 정규분포에 가까워진다. 첨도가 양수이면 정규 임의 변수보다 좀 더 뾰족함을 의미하고 첨도가 음수이면 정규 임의 변수보다 좀 더 뭉툭함을 의미한다. 데이터 집합의 첨도는 엑셀의 KURT 함수로 계산할 수 있다.

그림 10-15에는 크기가 다른 데이터 집합들에 대해 정규 임의 변수에서 뽑은 데이터들의 왜도와 첨도의 95% 신뢰구간을 보여주고 있다.

표본 크기	첨도 2.5	첨도 97.5	왜도 2.5	왜도 97.5
10	-1.74	3.41	-1.37	1.36
20	-1.27	2.46	-1.02	1.03
30	-1.09	2.06	-0.86	0.85
40	-0.99	1.77	-0.73	0.75
50	-0.91	1.62	-0.66	0.67
60	-0.85	1.49	-0.61	0.62
70	-0.80	1.36	-0.57	0.57
80	-0.77	1.27	-0.53	0.54
90	-0.73	1.20	-0.51	0.51
100	-0.71	1.13	-0.48	0.48

그림 10-15 : 정규분포에서 뽑은 표본들의 왜도, 첨도의 95% 신뢰구간

예를 들어 정규 임의 변수에서 뽑은 크기가 50인 표본의 경우, 첨도가 −0.91과 1.62 사이에 있을 확률은 95%이다. 그리고 정규 임의 변수에서 뽑은 크기가 50인 표본의 경우, 왜도가 −0.66과 0.67 사이에 있을 확률이 95%이다. 만약 잔차의 왜도나 첨도가 그림 10-15의 범위를 벗어나면 이 변수가 정규분포를 따르는 변수에서 뽑은 것이 아닐 수도 있다고 의심해야 한다.

유럽 여러 나라에서의 인당 컴퓨터 매출액의 경우에서 보면 왜도는 0.83이고 첨도는 0.18이다. 이 두 숫자 모두 그림 10-15에서 말한 영역 안에 있으므로 잔차가 정규분포를 따른다고 믿어도 된다.

잔차가 정규분포를 따르지 않는다고 하면 독립 변수가 유의한지 결정하기 위해 P-값을 사용했던 과정이나 전체 회귀 절차를 모두 무효로 돌려야 할 수도 있다. 비정규 임의 변수를 따르는 경우 이를 해결하기 위해서 가장 많이 사용하는 해결방법은 종속 변수를 변형하는 것이다. 종속 변수 y를 $\sqrt{y}$, $1/y$ 등으로 바꿔서 오차의 비정규성을 해결할 수 있다.

이분산성(Heteroscedasticity) : 오차의 분산이 상수가 아님

독립 변수의 값이 커지고 오차에서의 분산도 커지면, 오차항의 분산이 상수여야 한다는 가정을 어긴 것이 되며 이분산성(Heteroscedasticity)이 존재하게 된다. 이분산성(Heteroscedasticity)은 잔차가 비정규분포를 따르는 경우처럼 유의성을 검증하기 위해 P-값을 사용한다는 가정을 무효화시킨다. 대부분의 경우 예상값을 x축에, 잔차의 절대값을 y축으로 해서 차트를 그려보면 이분산성(Heteroscedasticity)이 나타나는지를 알아낼 수 있다. 이 과정을 그림으로 알아보기 위해 `Heteroscedasticity.xlsx` 파일을 사용해보자. 데이터 표본은 그림 10-16과 같다.

`Heteroscedasticity.xlsx` 파일에서는 가계의 연간 수입을 보고 식료품을 얼마나 구입하는지 예상해보려고 한다. 회귀 분석을 수행한 다음, 예상 식료품비에 대비하여 잔차의 절대값을 차트로 그려볼 수 있다. 그림 10-17에서는 결과 차트를 보여준다.

차트에서 데이터에 맞는 선의 기울기는 우상향하며, 이는 수입이 많은 가족일수록 예측 정확도가 떨어지며 이분산성이 존재함을 의미한다. 보통 이분산성은 종속 변수 Y를 Ln Y나 $\sqrt{Y}$로 바꾸면 해결된다. 이렇게 바꾸면 종속 변수에서 범위(spread)가 줄어들기 때문에 이분산성이 해결된다. 예를 들어 데이터의 범위가 Y =1, Y = 10,000, Y = 1,000,000이라고 가정해보자. $\sqrt{Y}$로 변환하면 이 세 데이터의 종속값은 각각 1, 100, 1000이 된다.

	I	J
4	수입	식료품 비
5	$74,201.00	$9,646.13
6	$41,659.00	$8,331.80
7	$44,085.00	$9,698.70
8	$63,529.00	$10,799.93
9	$48,436.00	$9,202.84
10	$82,481.00	$13,196.96
11	$35,243.00	$4,934.02
12	$57,563.00	$9,210.08
13	$39,589.00	$5,938.35
14	$53,826.00	$10,226.94
15	$78,861.00	$14,194.98
16	$87,406.00	$11,362.78
17	$74,020.00	$15,544.20
18	$82,290.00	$9,874.80
19	$38,921.00	$4,670.52
20	$80,960.00	$17,001.60
21	$37,107.00	$8,163.54
22	$80,531.00	$14,495.58
23	$79,760.00	$13,559.20
24	$57,427.00	$12,633.94
25	$67,657.00	$9,471.98
26	$75,449.00	$14,335.31
27	$71,390.00	$10,708.50

그림 10-16 : 이분산성 데이터

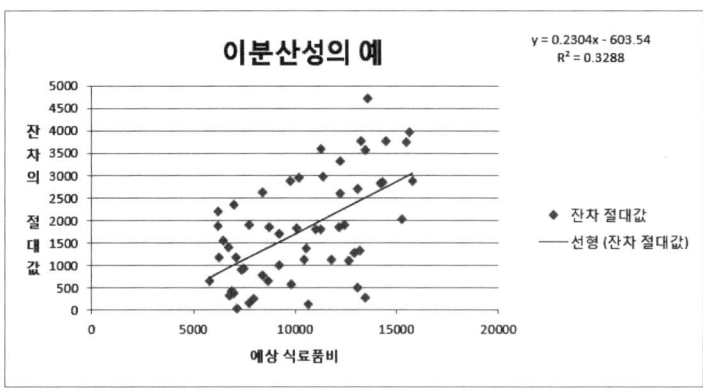

그림 10-17 : 이분산성의 예

자기상관(Autocorrelation) : 오차의 비종속성

만약 여러분의 데이터가 시계열 데이터(times series data)라고 가정해보자. 이것은 데이터가 시간 순서에 따라 기록이 됨을 의미한다. auto 데이터가 좋은 예이다. 만약 오차항이 종속(독립적이지 않다면)이라면, 귀무가설을 검증하거나 독립 변수의 유의성을 검증하기 위해 p-값을 사용했던 것을 모두 무효화해야 한다. 또 오차항이 독립적이지 않다면, 자기상관(Autocorrelation)이 존재한다고 말한다. 만약 자기상관이 있으면, 여러분의 예측이 2 표준 오차 안에서 95% 정확하다고 말할 수 없게 된다. 아마 95%보다 더 작은 비율로, 2 표준 오차 안에서 정확하다고 말할 수 있을 것이다. 자기상관이 있으면 여러분의 예측은 맞지 않을 수도 있다. 잔차는 식(1)에서 오차항의 이론적인 값을 반영하므로 자기상관이 있는지 찾아내려면 시간 순서대로 잔차를 차트에 찍어보면 알 수 있다. 앞에서 잔차의 합은 0이 되어야 한다고 했는데, 따라서 약 절반은 양수이고 약 절반은 음수여야 한다. 만약 잔차가 독립적이라면, 차트상 잔차의 패턴이 ++, + -, - + 이 나왔다면 -- 가 나와야 0에 가까워질 수 있다. 여기서 +는 양수의 잔차이고 -는 음수의 잔차이다.

자기상관의 그래프 해석

잔차를 시간의 흐름에 따라 차트를 찍어보면, 오차항에 자기상관이 있는지 알 수 있다. 그리고 어떤 종류의 자기상관이 있는지도 차트를 통해 알 수 있다.

그림 10-18에서는 자기상관이 없는 잔차의 예를 보여주고 있다.

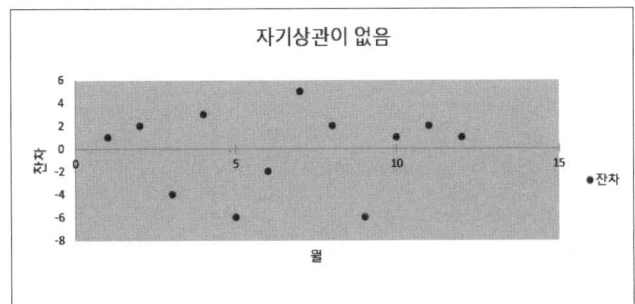

그림 10-18 : 잔차는 여기서 자기상관이 없음을 보여준다

기호가 바뀔 수 있는 가능성은 총 11가지인데, 이 그래프에서 기호는 6번 바뀌었다.

그림 10-19는 양의 자기상관을 나타내고 있다. 그림 10-19에서 기호가 바뀔 수 있는 총 11번의 기회에서 기호가 바뀐 것은 한 번뿐이다. 양수의 잔차 다음에 또 양수의 잔차가 나오고, 음수의 잔차 다음에 또 음수의 잔차가 나온다. 따라서 연속한 잔차들은 양의 관계로 관련되어 있다. 잔차에서 기호가 바뀌는 일이 별로 없으면(기호가 바뀔 수 있는 가짓수의 절반 정도를 기준으로 하자), 양의 자기상관을 의심해볼 수 있다. 양의 자기상관은 비즈니스나 경제 데이터에 흔하게 발생한다.

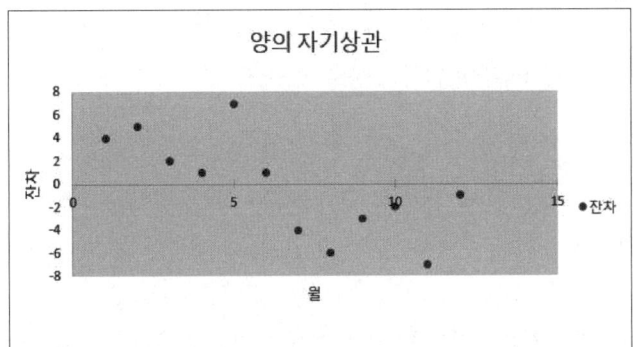

그림 10-19 : 잔차를 보면 양의 자기상관이 있다.

그림 10-20은 음의 자기상관을 나타내고 있다. 그림 10-20에서 기호가 바뀔 수 있는 총 11번의 기회에서 기호가 총 11번 바뀌었다. 이것은 작은 잔차 다음에 큰 잔차가 나오고, 다시 큰 잔차 다음에는 작은 잔차가 나오는 경향이 있다. 따라서 연속적인 잔차는 음의 관계로 연관되어 있다. 이렇게 기호가 여러 번 바뀌면(기호가 바뀔 수 있는 가짓수의 절반 정도를 기준으로 하자) 음의 자기상관을 나타내게 된다.

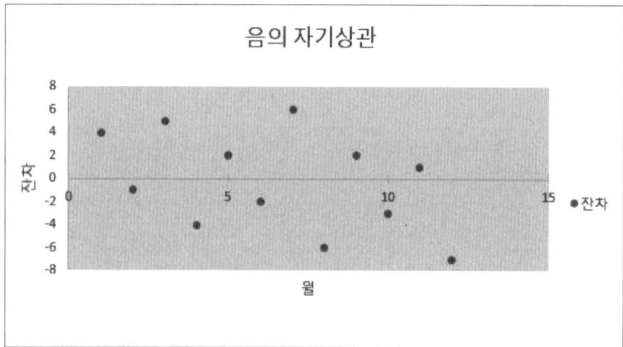

그림 10-20 : 잔차를 보면 음의 자기상관이 있다.

차트상에 나타나는 이런 패턴을 좀 더 확실히 구분하기 위해 식으로 써보자. 우선 관찰값의 개수를 n이라고 하자. 잔차에 상관이 전혀 없는 경우는 $(n-1)/2-\sqrt{(n-1)}$나 $(n-1)/2+\sqrt{(n-1)}$ 만큼 부호가 바뀔 확률이 5%이다. 따라서 다음처럼 결론을 내릴 수 있다.

- 만약 $(n-1)/2-\sqrt{(n-1)}$ 이하로 부호가 바뀌면, 양의 자기상관이 있다고 볼 수 있다.
- $(n-1)/2+\sqrt{(n-1)}$ 이상으로 부호가 바뀌면, 음의 자기상관이 있다고 볼 수 있다.
- 두 경우에 모두 해당되지 않으면 자기상관이 없다고 볼 수 있다.

자기상관을 찾아내고 수정하기

자기상관을 수정하는 가장 간단한 방법은 다음과 같다. 간단하게 하기 위해 독립 변수는 한 개(X라고 하자)밖에 없다고 가정하자.

1. 잔차와 한 시기 이전의 잔차 사이에 상관이 있는지 알아보자. 이때 잔차는 모두 시계열 데이터여야 한다. 상관을 p라고 하자.
2. 시간 t에 대해서 종속 변수는 $Y_t - pY_{t-1}$이고 독립 변수는 $X_t - pX_{t-1}$으로 하여 회귀 분석을 수행한다.
3. 새 회귀 분석의 잔차에서 부호가 몇 번 바뀌는지 검사해보자. 이렇게 하면 자기상관은 없어지므로, 다음 식을 바꿔서 Y_{t-1}, X_t, X_{t-1}로부터 Y_t를 예상해보자.

이 결과를 보여주기 위해 한 해 통화 공급(단위 $10억(1,000,000,000))에 따른 개인 소비(단위 $10억(1,000,000,000))를 예상해보자. 그림 10-21에서 20년간의 데이터를 보여주고 있다. autocorr.xls 파일을 다운로드 받아서 볼 수도 있다.

이제 다음 단계를 따라가보자.

1. 'X축 입력 범위'를 B1:B21, 'X축 입력 범위'를 A1:A21로 하여 회귀 분석을 수행하자. 이때 이름표와 잔차 체크박스도 모두 체크하자. 잔차는 그림 10-22에서 볼 수 있다.
2. 두 연속된 잔차값을 곱했을 때 이 값이 < 0 이어야만, 잔차에서 부호가 바뀐다. 따라서 J27의 식 =IF(I27*I26<0,1,0)을 J28:J45에 복사해서 부호가 몇 번 바뀌는지 세어보자. 셀 J24에서 식 =SUM(J27:J45)로 보면 부호가 총 4번 바뀐 것을 알 수 있다.

	A	B
1	개인 소비	통화량
2	214.6	159.3
3	217.7	161.2
4	219.6	162.8
5	227.2	164.6
6	230.9	165.9
7	233.3	167.9
8	234.1	168.3
9	232.3	169.7
10	233.7	170.5
11	236.5	171.6
12	238.7	173.9
13	243.2	176.1
14	249.4	178
15	254.3	179.1
16	260.9	180.2
17	263.3	181.2
18	265.6	181.6
19	268.2	182.5
20	270.4	183.3
21	275.6	184.3

그림 10-21 : 자기상관 예제 데이터

	E	F	G	H	I	J	K
23			잔차 출력			부호 변화	
24						4	
25			관측수	예측치 개인소비	잔차		잔차(t-1)
26	잔차(t)		1	211.7298848	2.87012	부호 변화	
27	와 잔차(t-1)		2	216.1005891	1.59941	0	2.87012
28	의 상관		3	219.7811822	-0.18118	1	1.59941
29	0.8227		4	223.9218494	3.27815	1	-0.18118
30			5	226.9123312	3.98767	0	3.27815
31			6	231.5130725	1.78693	0	3.98767
32			7	232.4332208	1.66678	0	1.78693
33			8	235.6537397	-3.35374	1	1.66678
34			9	237.4940363	-3.79404	0	-3.35374
35			10	240.024444	-3.52444	0	-3.79404
36			11	245.3152965	-6.6153	0	-3.52444
37			12	250.376112	-7.17611	0	-6.6153
38			13	254.7468163	-5.34682	0	-7.17611
39			14	257.277224	-2.97722	0	-5.34682
40			15	259.8076317	1.09237	1	-2.97722
41			16	262.1080024	1.192	0	1.09237
42			17	263.0281506	2.57185	0	1.192
43			18	265.0984842	3.10152	0	2.57185
44			19	266.9387808	3.46122	0	3.10152
45			20	269.2391514	6.36085	0	3.46122

그림 10-22 : 자기상관 예제의 잔차

3. 셀 J22에서는 양의 상관관계가 있는지 결정하려면 부호가 몇 번 바뀌어야 하는지 '기준' 을 계산한다. 부호가 바뀐 횟수가 < 5.14이면 양의 자기상관이 있다고 의심할 수 있다. 식은 =9.5-SQRT(19)이다.

4. 부호가 총 4번 바뀌었으므로, 양의 자기상관이 있다고 결론을 내린다.

5. 자기상관을 수정하기 위해 잔차와 이전 잔차 간에 상관을 찾아낸다. K27의 식 =I26을 K28:K45에 복사해서 이전 잔차를 만든다.

6. 잔차와 이전 잔차 간에 상관을 구해보자. 셀 E29에 식 =CORREL(I27:I45, K27:K45) 을 입력해보면 결과는 0.82이다.

7. 자기상관을 수정하기 위해, 종속 변수를 개인 소비$_t$ - .82 개인 소비$_{t-1}$, 독립 변수를 통화량$_t$ - .82 통화량$_{t-1}$로 하여 회귀 분석을 수행하자. 그림 10-23을 참고하시오.

	A	B	C	D
1	개인소비	통화량	개인소비(t)-.82개인소비(t-1)	통화량(t)-.82통화량(t-1)
2	214.6	159.3		
3	217.7	161.2	41.728	30.574
4	219.6	162.8	41.086	30.616
5	227.2	164.6	47.128	31.104
6	230.9	165.9	44.596	30.928
7	233.3	167.9	43.962	31.862
8	234.1	168.3	42.794	30.622
9	232.3	169.7	40.338	31.694
10	233.7	170.5	43.214	31.346
11	236.5	171.6	44.866	31.79
12	238.7	173.9	44.77	33.188
13	243.2	176.1	47.466	33.502
14	249.4	178	49.976	33.598
15	254.3	179.1	49.792	33.14
16	260.9	180.2	52.374	33.338
17	263.3	181.2	49.362	33.436
18	265.6	181.6	49.694	33.016
19	268.2	182.5	50.408	33.588
20	270.4	183.3	50.476	33.65
21	275.6	184.3	53.872	33.994

그림 10-23 : 자기상관을 수정하기 위해 데이터 변경

8. C열에 변경한 종속 변수를 입력해보자. 셀 C3의 식 =A3-0.82*A2을 C4:C21에 입력해보자.

9. 동일한 식을 D열에 입력해서 독립 변수를 변경해보자. 변경한 독립 변수의 식은 셀 D3에서 = B3 − 0.82 * B2이며 이 식을 D4:D21에 입력하자. 변경한 독립 변수의 식은 통화량$_t$ − .82통화량$_{t-1}$이다.

10. 'Y축 입력 범위'를 C3:C21로, 'X축 입력 범위'를 D3:D21 한 다음 회귀 분석을 수행하자. 결과는 그림 10-24와 같다.

모든 독립 변수의 P-값이 .05보다 작으므로 변경한 독립 변수 역시 변경한 독립 변수를 예상하는데 유의하다고 결론을 내릴 수 있다. 다음 새로 수행한 회귀 분석에서 잔차의 부호가 몇 번 바뀌는지 보면 총 7번 바뀐다. 이 값은 양의 자기상관 기준인 4.37번을 넘는다. 따라서 양의 자기상관을 제거했다고 결론 내릴 수 있다. 이제 기간 t의 개인 소비를 다음 식으로 예상할 수 있다.

기간 t에서의 개인 소비 − 0.82 기간(t − 1) 개인 소비 = −41.97 + 2.74(기간(t) 통화량 − .82 기간(t − 1) 통화량)

	H	I	J	K	L	M	N
1							
2	요약 출력						
3			개인 소비(t)-.82개인 소비(t-1)=-41.98+2.74*(통화량(t)-.82통화량(t-1))				
4	회귀분석 통계량		혹은				
5	다중 상관계수	0.82491086	개인 소비(t)=.82개인 소비(t-1)-41.98+2.74*(통화량(t)-.82통화량(t-1))				
6	결정계수	0.680477927					
7	조정된 결정계수	0.660507798					
8	표준 오차	2.302358038					
9	관측수	18					
10							
11	분산 분석						
12		자유도	제곱합	제곱 평균	F 비	유의한 F	
13	회귀	1	180.6254254	180.6254254	34.07478781	2.52325E-05	
14	잔차	16	84.81364059	5.300852537			
15	계	17	265.439066				
16							
17		계수	표준 오차	t 통계량	P-값	하위 95%	상위 95%
18	Y 절편	-41.9766365	15.25392438	-2.751858175	0.014179795	-74.3135116	-9.6397614
19		30.574	2.740794948	0.469526345	5.837361374	2.52325E-05	1.745443562	3.73614633

그림 10-24 : 변경한 데이터의 회귀 분석 결과

위 식을 다시 고쳐보자.

기간 t에서의 개인 소비 = .82 기간(t − 1) 개인 소비 − 41.97 + 2.74(기간(t) 통화량 − .82 기간(t − 1) 통화량)

식의 오른쪽의 값들은 t 기간에는 이미 모든 값들이 알려져 있으므로, 이 식을 사용하여 t 기간의 개인 소비를 예상해볼 수 있다.

Analysis 7 다중공선성

회귀분석에서 두 개 이상의 독립 변수들이 서로 깊은 상관관계에 있으면, 회귀 분석 결과 자체가 이상한 결론을 낼 수 있다. 두 개 이상의 독립 변수가 깊게 상관관계가 있고 회귀계수가 이상하면 다중공선성(multicollinearity)이 존재한다고 말할 수 있다.

그림 10-25(파일 housing.xls)에서는 1963년부터 1985년까지 미국에서 주택건축착공건수(단위 1,000), US 인구(단위 백만) 그리고 모기지 이율을 보여준다. 이 데이터를 사용하여 주택 건축액을 예측하는 식을 만들어보자.

1. 주택 건축액은 시간이 지날수록 증가한다고 보는 것이 타당하다. 따라서 연도를 독립 변수로 포함하여 시간이 지날수록 우상향한다고 가정한다. 미국의 인구가 늘어나면 늘어날수록 주택 건축액 또한 더 늘어날 것으로 예상되므로 '주택착공건수'를 독립 변수로 추가한다. 모기지 이자율이 늘어나면 주택 건축액은 줄어들 것이다. 따라서 '모기지 이자율'을 독립 변수로 추가한다.

	A	B	C	D
1	주택 데이터			
2	단위:1,000	단위:백만		
3	주택착공건수	인구	모기지 이자율	연도
4	1635	189	5.89	1963
5	1561	192	5.82	1964
6	1510	194	5.81	1965
7	1196	197	6.25	1966
8	1322	199	6.46	1967
9	1545	201	6.97	1968
10	1500	203	7.8	1969
11	1434	205	8.45	1970
12	2085	208	7.74	1971
13	2379	210	7.6	1972
14	2057	212	7.96	1973
15	1353	214	8.92	1974
16	1171	216	9	1975
17	1548	218	9	1976
18	2002	220	9.02	1977
19	2036	223	9.56	1978
20	1760	225	10.78	1979
21	1312	228	12.66	1980
22	1100	230	14.7	1981
23	1072	232	15.14	1982
24	1712	234	12.57	1983
25	1756	236	12.38	1984
26	1745	238	11.55	1985

그림 10-25 : 다중공선성 예제

2. 이제 'Y축 입력 범위'를 A3:A26으로, 'X축 입력 범위'를 B3:D26으로 한 다음 회귀 분석을 수행하자. 결과는 그림 10-26과 같다.

3. 여기서 보면 '연도'나 '인구' 모두 유의하지 않다(각각 P-값이 .59와 .74이다). 또한 '연도'의 계수는 음수인데 이는 시간이 지날수록 주택 건축액이 줄어든다는 의미이다. 납득하기 어려운 결과이다. 사실 여기서 문제는 '연도'와 '인구'가 크게 연관이 되어 있기 때문이다. 독립 변수 간에 상관이 있는지 알아보기 위해 '데이터 분석'에서 '상관 분석'을 사용해보자.

	A	B	C	D	E	F	G
1	요약 출력						
2							
3		회귀분석 통계량					
4	다중 상관계수	0.660983152					
5	결정계수	0.436898728					
6	조정된 결정계수	0.347988001					
7	표준 오차	279.5855911					
8	관측수	23					
9							
10	분산 분석						
11		자유도	제곱합	제곱 평균	F 비	유의한 F	
12	회귀	3	1152331.53	384110.5087	4.913903437	0.010796446	
13	잔차	19	1485193.95	78168.10274			
14	계	22	2637525.48				
15							
16		계수	표준 오차	t 통계량	P-값	하위 95%	상위 95%
17	Y 절편	221794.529	661959.956	0.33505732	0.741252752	-1163703.582	1607292.64
18	인구	90.39255844	162.914637	0.554846146	0.585473194	-250.5916957	431.3768125
19	모기지 이자율	-206.8964397	55.4961162	-3.72812467	0.00142535	-323.0511459	-90.74173357
20	연도	-120.3847379	352.892277	-0.34113736	0.736743717	-858.996762	618.2272861

그림 10-26 : 다중공선성 예제 : 첫 번째 회귀 분석 결과

4. '입력 범위'를 B3:D26으로 하자.

5. '첫째 행 이름표 사용'에 체크하자.

6. 출력은 새로운 워크시트 '상관'으로 내보내자.

결과는 그림 10-27과 같다.

	A	B	C	D
1		인구	모기지 이자율	연도
2	인구	1		
3	모기지 이자율	0.913679	1	
4	연도	0.999655	0.90995014	1

그림 10-27 : 다중공선성 예제의 상관 행렬

'인구'와 '연도' 간의 상관은 .999인데 해가 지나면 인구도 선형으로 증가하기 때문이다. 그리고 '모기지 이자율'과 다른 두 독립 변수 간의 상관 또한 .9를 넘는다. 따라서 다중공선성이 존재한다. 독립 변수 간에 깊은 상관이 있으므로 컴퓨터가 분석할 때 어떤 독립 변수가 중요한지에 대해 혼란을 일으키게 된다. 해결 방법으로는 상관이 있는 독립 변수들을 한 두 개정도 제거한 다음 남은 독립 변수가 유의한 변수이기를 바라는 방법이 있다. '연도'를 없애기로 했으면 회귀 분석에서 'X축 입력 범위'를 B3:C26으로 바꾼 다음 수행한 결과는 그림 10-28과 같다.

만약 여러분이 SAS나 SPSS같은 통계 패키지를 쓸 수 있다면, 각 독립 변수의 VIF(Variance Inflation Factor, 분산팽창요인)를 보고 다중공선성이 존재하는지 알 수 있다. 일반적으로 독립 변수의 VIF가 5를 초과하면 다중공선성이 있다고 판단한다.

	A	B	C	D	E	F	G
1	요약 출력						
2							
3	회귀분석 통계량						
4	다중 상관계수	0.658369001					
5	결정계수	0.433449742					
6	조정된 결정계수	0.376794716					
7	표준 오차	273.3396002					
8	관측수	23					
9							
10	분산 분석						
11		자유도	제곱합	제곱 평균	F 비	유의한 F	
12	회귀	2	1143234.737	571617.3685	7.650684739	0.003407096	
13	잔차	20	1494290.741	74714.53706			
14	계	22	2637525.478				
15							
16		계수	표준 오차	t 통계량	P-값	하위 95%	상위 95%
17	Y 절편	-4024.025797	1627.113433	-2.473107108	0.022486161	-7418.123366	-629.9282276
18	인구	34.91659242	9.564839902	3.650515092	0.001590215	14.96469527	54.86848956
19	모기지 이자율	-200.8475581	51.41238103	-3.906599034	0.000875172	-308.0918558	-93.60326032

그림 10-28 : 다중공선성 예제 : 최종 회귀 분석 결과

이제 '인구'는 매우 유의한 독립 변수가 된다. (P-값=.001) 그리고 '연도'를 제거하면서 표준 오차가 280에서 273이 되었다. '연도'를 독립 변수에서 제거하면서 '인구'와 '연도' 간의 상한 상관 때문에 컴퓨터가 혼란을 겪었던 것도 없어졌기 때문에 표준 오차가 줄어들었다. 최종 예상식은 다음과 같다.

$$\text{주택 건축액} = -4024.03 + 34.92 \text{ 인구} - 200.85 \text{ 모기지 이자율}$$

이 식을 해석해보면 이자율을 조정하고 난 다음 인구가 백만 명 늘어날 때마다 주택 건축액은 $34,920 증가한다. 인구를 조정하고 난 다음에는 이자율이 1% 늘어날 때마다 주택 건축액이 $200,850이 감소한다. 건설 관련 산업에서 현금 흐름을 예측할 때, 이 정보가 매우 중요할 것이다.

> **Note**
> 다중공선성을 수정한 다음. 이제 독립 변수들은 상식에 부합하는 기대한 값들을 가지게 된다. 이는 다중공선성을 수정하면서 발생하는 부수 효과이다.

Analysis 8 회귀 분석 검증하기

회귀 분석을 하는 최종적인 목적은 추정하기 위해 만든 모델을 정확한 예측을 하는 데 사용할 수 있는 것이다. 하지만 미래를 예측하기 위해 회귀식을 만들면서 데이터에 맞도록 지나치게 식을 끼워 맞출 필요는 없다. 예를 들어 데이터가 7개 있고 독립 변수는 한 개라면 6차 다항식을 만들어 $R^2=1$이 되는 회귀식을 만들 수 있다. 하지만 이 식으로 미래를 예측할 수는 없다. 데이터가 충분하게 있으면 데이터 중 20%(타당성 세트(Validation Set)) 정도를 예측을 검증하기 위한 용도로 빼놓는다. 그리고 나머지 데이터 80%(검증 세트(Test Set))를 기반으로 회귀식을 만든다. 다음 이 데이터에 대하여 오차의 표준 편차를 계산한다. 이제 검증 세트에서 만든 회귀식을 사용하여 타당성 세트로 오차의 표준 편차를 계산해보자. 타당성 세트에서 계산한 표준 오차가 검증 세트에서 계산한 표준 오차와 비슷하면 잘 된 것이다. 이런 경우는 이 회귀식을 써서 종속 변수를 예측해도 무방할 것으로 여긴다. 이때 예측값은 검증 세트에 의한 표준 오차 구간 안에 들어간다. 주택 예제를 이용하여 타당성을 검증하는 예를 살펴보도록 하자.

1963-1980의 데이터를 검증 세트로, 1981-1985의 데이터를 타당성 세트로 사용해서 독립 변수는 '인구'와 '모기지 이자율'로 하고 TREND 함수를 사용해서 회귀식이 적절한지 검증해보자. TREND 함수의 문법은 TREND(known_y's,[known_x's],[new_x's],[const])이다. 이 함수에서는 known_y's와 known_x's를 사용하여 다중 회귀식을 만들고 해당 식을 이용하여 new_x's 데이터를 사용하는 종속 변수를 예측한다. 여기서 [const]는 옵션 인자이다. [const]자리에 FALSE를 입력하면 엑셀은 상수항이 0인 회귀식을 만든다. [const]자리에 TRUE를 입력하거나 아무 값도 입력하지 않으면 자동으로 원래 하던 대로 회귀식을 만든다.

TREND 함수는 배열 함수(2장 참고)이다. 따라서 TREND 함수 결과가 들어갈 영역을 선택한 다음 함수를 입력할 때 〈Ctrl〉+〈Shift〉+〈Enter〉를 눌러야 원하는 결과를 얻을 수 있다. 그림 10-29와 Data 워크시트를 보면 TREND 함수를 사용하여 타당성 기간인 1981-1985 동안의 회귀 예상값과 적합한 데이터의 회귀 예상값의 정확성을 비교할 수 있다. 다음 과정을 따라가 보자.

	A	B	C	D	E	F	G	H
1	주택 데이터						표준 편차	
2	단위:1,000	단위:백만					1963-1980	285.701
3	주택착공건수	인구	모기지 이자율	연도	예상값	오차	1981-1985	255.886
4	1635	189	5.89	1963	1329.1723	305.828		
5	1561	192	5.82	1964	1490.6514	70.3486		
6	1510	194	5.81	1965	1587.9926	-77.9926		
7	1196	197	6.25	1966	1606.047	-410.047		
8	1322	199	6.46	1967	1641.5187	-319.519		
9	1545	201	6.97	1968	1592.6229	-47.6229		
10	1500	203	7.8	1969	1453.7352	46.2648		
11	1434	205	8.45	1970	1365.468	68.532		
12	2085	208	7.74	1971	1706.931	378.069		
13	2379	210	7.6	1972	1840.8314	538.169		
14	2057	212	7.96	1973	1834.1193	222.881		
15	1353	214	8.92	1974	1658.6724	-305.672		
16	1171	216	9	1975	1730.7033	-559.703		
17	1548	218	9	1976	1825.2322	-277.232		
18	2002	220	9.02	1977	1914.1366	87.8634		
19	2036	223	9.56	1978	1904.0686	131.931		
20	1760	225	10.78	1979	1655.5031	104.497		
21	1312	228	12.66	1980	1268.5938	43.4062		
22	1100	230	14.7	1981	789.42395	310.576		
23	1072	232	15.14	1982	760.21392	311.786		
24	1712	234	12.57	1983	1577.4907	134.509		
25	1756	236	12.38	1984	1725.4524	30.5476		
26	1745	238	11.55	1985	2053.3979	-308.398		

그림 10-29 : TREND 함수를 사용하여 회귀 분석 검증하기

1. 1963-1980의 데이터를 이용하여 1963-1985에 대한 예측값을 만들기 위해 우선 영역 E4:E26을 선택하고 E4에 배열 수식 =TREND(A4:A21,B4:C21,B4:C26)(그림 10-29 참고)을 입력하자. 4행에서 21행은 1963-1980년의 데이터이고, 4행에서 26행은 1963-1985년의 데이터를 담고 있다.

2. F열에 해당 연도의 예측값에 대한 오차를 계산해보자. 셀 F4는 1963년에 대한 오차이며 식은 =A4-F4이다.

3. 이 식을 26행까지 복사해서 1964년부터 1985년까지 오차를 계산하자.

4. 셀 H2에서 1963-1980년의 오차의 표준 편차를 계산했다. 식은 =STDEV(F4:F21)이며 결과값은 285.70이다.

5. 셀 H3에서 1981-1985년의 예측 오차의 표준 편차를 계산했다. 식은 =STDEV(F22:F26)이며 결과값은 255.89이다.

예측은 타당성 세트에서 좀 더 정확하다! 이런 일은 흔하지는 않지만, 어쨌든 결과에서 95%의 신뢰성으로 모든 예측값이 2 표준 오차 = 546,700 안에 있음을 알 수 있다.

Summary

이 장에서는 다음과 같은 사항을 알아보았다.

- 다중 선형 회귀 모델에서는 종속 변수 Y를 모델링하기 위해 식 $B_0+B_1X_1+B_2X_2+\cdots B_nX_n+$오차항을 사용한다.
- 오차항은 다음의 가정을 만족해야 한다.
- 오차항은 정규분포를 따른다.
- 오차항의 변동성(variability)이나 범위(spread)등은 종속 변수의 값에 의존하지 않는다고 가정한다.
- 시계열 데이터에서 오차항의 연속된 값은 독립적이어야 한다. 예를 들어 한 관찰값에서는 오차항이 매우 큰 양수였지만 그다음 오차항과 이 값은 아무 관련이 없다.
- 위 가정을 위반하면 엑셀 결과의 P-값을 무효화할 수 있다.
- 데이터 분석 추가 기능을 사용하여 회귀 분석을 수행할 수 있다.
- 결과의 '계수'로 B_0, B_1, $\cdots$, B_n의 최소 제곱 추정값을 알 수 있다.
- ANOVA 결과에서 '유의한 F'가 0.05보다 작으면 귀무가설을 기각하여 예상할 때 독립 변수가 유의하다고 결론을 내릴 수 있다.
- P-값이 0.05보다 큰 독립 변수는 제거한 다음 다시 회귀 분석을 수행한다. 모든 독립 변수의 P-값이 0.05 이하가 될 때까지 이 과정을 반복한다.
- 회귀 분석에서 얻은 예상값의 약 68%는 1 표준 편차 안에서 정확하며, 95%는 2 표준 편차 안에서 정확하다.
- 정성적인 독립 변수는 지시 변수(indicator variable)를 사용하여 모델링한다.
- 독립 변수를 제곱하여 이것을 새로운 독립 변수로 추가한 다음, 이 독립 변수가 Y에 대해 비선형적인 영향을 주는지 테스트해볼 수 있다.
- 두 독립 변수(X_1, X_2라고 하자)를 곱해서 이것을 새로운 독립 변수로 추가한 다음, X_1과 X_2가 Y에 영향을 줄 때 상호작용을 하는지 테스트해볼 수 있다.
- 회귀분석에서 잔차의 +−기호가 몇 번 바뀌는지 시간에 따라 차트를 그려서 자기상관이 있는지 알아볼 수 있다. 기호가 너무 적게 바뀌면 양의 자기상관관계가 있고, 기호가 너무 많이 바뀌면 음의 자기상관관계가 존재한다.
- 독립 변수들끼리 깊게 관련되어 있으면 회귀 분석에서 계수값이 잘못 나올 수 있다. 이것을 다중공선성이라고 한다.

Exercises

1. Fizzy Drugs는 중요한 화학 공정의 생산량을 최적화하고자 한다. 회사에서 관찰해본 결과 매번 공정에서 생산되는 생산량은 사용하는 컨테이너의 크기, 압력, 온도에 따라 달라진다. 과학자들의 연구 결과에 의하면 한 변수를 바꾸면 다른 변수에 영향을 줄 수 있다고 한다. 컨테이너의 크기는 1.3, $1.5m^3$이고, 압력은 4, 4.5mm 그리고 온도는 섭씨 22, 30이여야 한다. 과학자들이 이 세 변수의 최솟값과 최댓값을 조합하여 파일 `Fizzy.xlsx`와 같은 데이터를 만들어내었다.

a. 생산량, 컨테이너 크기, 온도, 압력 간의 관계를 결정해보자.

b. 압력, 크기 그리고 온도 간의 상호작용이 있는지 알아보자.

c. 온도, 컨테이너 크기 그리고 압력을 어떻게 설정하는 것이 가장 좋을까?

2. 12주 연속으로 Mr. D's Supermarket에서는 토마토 통조림을 판매하고 있다(파일 Grocery.xlsx). 12주 동안 여러분은 다음과 같은 사항들을 계속 기록해왔다.

   a. 토마토 통조림을 판매한다는 프로모션 공지가 쇼핑 카트마다 붙어있는지?
   b. 모든 손님에게 토마토 통조림 할인쿠폰을 증정했는지?
   c. 가격을 할인했는지? (할인 없음, 1센트 할인, 2센트 할인)

   이 정보를 사용하여 이 요인들이 판매에 어떤 영향을 끼치는지 알아보자. 그리고 프로모션 공지를 카트에 붙이고 쿠폰을 사용했으며 가격을 1센트 낮추었을 때의 판매량을 예상해보자.

3. Countryregion.xlsx 파일은 몇몇 개발도상국에 대해 다음과 같은 정보를 가지고 있다.

   - 유아 사망률
   - 성인 식자율
   - 초등학교를 마치는 학생의 비율
   - 인당 GNP

   이 정보를 사용하여 유아 사망률을 예상할 수 있는 회귀식을 만들어보자. 이 데이터 중에 아웃라이어가 있는가? 식의 계수를 해석해보자. 영아 사망률 예상의 95%가 어느 범위에서 정확한가?

4. Baseball96.xlsx 파일은 1996년 시즌 동안 각 메이저리그 야구팀의 득점, 1루타, 2루타, 3루타, 홈런, 도루 등을 기록한 데이터이다. 이 데이터를 사용하여 1루타, 2루타 등이 득점에 어느 정도 영향을 주었는지 결정해보자.

5. Cardata.xlsx 파일은 293가지 서로 다른 자동차 모델에 대해 다음과 같은 데이터를 가지고 있다.

- 실린더
- 마력
- 가속
- 배기량
- 무게
- 연비

연비를 예상할 수 있는 식을 만들어보자. 어떤 독립 변수가 유의하지 않다고 결론을 내렸다면 그 이유는?

6. 컴퓨터 판매를 예상하는 회귀식이 잔차가 비정규적인 성질을 가지거나 이분산성을 가지는지 알아보자.

7. Oreos.xlsx 파일에서는 슈퍼마켓에서 오레오 과자가 판매될 때 바닥에서 7피트 높이의 선반에 있었는지, 6피트 높이의 선반에 있었는지, 5피트 높이의 선반에 있었는지 조사한 데이터를 보여준다. 선반의 높이가 오레오 판매에 어떻게 영향을 주었을까?

8. USmacrodata.xlsx 파일에는 미국의 분기당 GNP, 인플레이션율 그리고 실업률 데이터를 보여준다. 이 파일을 사용하여 다음 연습문제를 풀어보자.

   a. 지난 4개 분기의 성장률에서 이번 분기의 GNP 성장률을 예상하는 회귀식을 만들어보자. 잔차에 비정규성이 있는지, 이분산성, 자기상관, 다중공선성이 있는지도 알아보자.

   b. 지난 4개 분기의 인플레이션율에서 이번 분기의 인플레이션율을 예상하는 회귀식을 만들어보자. 잔차에 비정규성이 있는지, 이분산성, 자기상관, 다중공선성이 있는지도 알아보자.

   c. 지난 4개 분기의 실업률에서 이번 분기의 실업률을 예상하는 회귀식을 만들어보자. 잔차에 비정규성이 있는지, 이분산성, 자기상관, 다중공선성이 있는지도 알아보자.

9. 자동차 판매 대수를 예상하는 회귀 모델에서 자기상관, 오차의 비정규성, 혹은 이분산성이 나타나는가?

Forecasting in the Presence of Special Events

특별한 이벤트의 존재 예측하기

Chapter 11

때때로 계절 요인이나 프로모션은 상품의 수요에 영향을 준다. 엑셀의 회귀 분석 도구는 독립 변수를 15개까지 다룰 수 있지만 이것으로는 충분하지 않을 수 있다. 이 장에서는 엑셀의 해 찾기를 사용하여 200개 까지의 변수 셀을 포함하는 예측 모델을 만들어보겠다. 여기서 사용할 데이터는 학생 프로젝트(1990년대부터 시작)에서 수집한 데이터로 인디애나 대학(IU) 신용협동조합의 이스트랜드 플라자 지점을 방문한 고객의 수를 매일 조사한 것이다. 이 프로젝트에서 특수한 요인이 있을 때 어떻게 예측할 수 있는지 알아보도록 하자.

Analysis 1 기본 모델 만들기

이 절에서는 인디애나 대학 협동조합의 매일 방문자를 예측하기 위한 모델을 만들어보자. 이 모델을 만들면서 아웃라이어를 주의 깊게 다루면 예측의 결과가 좀 더 정확해짐을 알 수 있다.

이 예에서 수집한 데이터는 `Creditunion.xlsx` 파일의 `original` 워크시트에 있다. 그림 11-1을 참고하자. 현재는 회사에서 직원에게 급료를 지급할 때 바로 통장에 자동이체해 주지만 이전에는 회사에서 급료를 수표(paycheck)로 지급했고 직원들은 이 수표를 직접 은행에 입금해서 현금으로 바꿀 수 있었다. 이 데이터는 통장에 자동이체해 주는 방법이 일반화되기 전에 수집했다.

매일매일에 대해 다음의 정보가 필요하다.

- 월
- 날짜
- 해당 날짜가 직원/교수의 급여일인지의 여부
- 전날이나 다음 날의 휴일 여부

더미 변수(10장 "다중 회귀를 사용하여 판매 예측하기")를 사용하여 이 데이터에 대해 회귀분석을 수행하려면 종속 변수는 해당 날짜에 방문하는 고객 수(E열)가 될 것이다. 이때 독립 변수 19개가 필요하다.

- 월에 대한 변수 11개(12-1, 더미 변수이므로 총 가짓수 중 1개를 뺀다)
- 요일에 대한 변수 4개(5-1, 월요일부터 금요일 총 5개에서 1개를 뺀다)
- 각 달의 어떤 급료일인지를 나타내는 변수 2개
- 전날이나 다음 날이 휴일인지를 나타내는 변수 2개

	B	C	D	E	F	G	H	I	J
1								RSQ	0.771
2									
3	MONTH	DAYMON	DAYWEEK	CUST	SPECIAL	SP	FAC	BH	AH
4	1	2	2	1825	SP,FAC,AH	1	1	0	1
5	1	3	3	1257	0	0	0	0	0
6	1	4	4	969	0	0	0	0	0
7	1	5	5	1672	SP	1	0	0	0
8	1	8	1	1098	0	0	0	0	0
9	1	9	2	691	0	0	0	0	0
10	1	10	3	672	0	0	0	0	0
11	1	11	4	754	0	0	0	0	0
12	1	12	5	972	0	0	0	0	0
13	1	15	1	816	0	0	0	0	0
14	1	16	2	717	0	0	0	0	0
15	1	17	3	728	0	0	0	0	0
16	1	18	4	711	0	0	0	0	0
17	1	19	5	1545	SP	1	0	0	0
18	1	22	1	873	0	0	0	0	0
19	1	23	2	713	0	0	0	0	0
20	1	24	3	626	0	0	0	0	0
21	1	25	4	653	0	0	0	0	0
22	1	26	5	1080	0	0	0	0	0
23	1	29	1	650	0	0	0	0	0
24	1	30	2	644	0	0	0	0	0
25	1	31	3	803	0	0	0	0	0

그림 11-1 : 협동조합 예제의 데이터

마이크로소프트 오피스 엑셀의 회귀 분석 도구는 독립 변수를 15개까지만 다룰 수 있다. 따라서 회귀 예측 모델의 독립 변수가 15개를 넘어가면 엑셀의 해찾기 기능을 사용하여 독립 변수의 계수를 추정해야 한다. 앞에서도 다루었듯이 엑셀의 해찾기를 사용하여 함수를 최적화할 수 있다. 원리는 해찾기에서 오차 제곱의 합을 최소화하는 값을 찾도록 하는 것인데, 이것은 회귀 분석 도구가 하는 일과 일치한다. 엑셀의 해찾기에서는 변수 셀을 200개까지 사용할 수 있으므로, 엑셀의 회귀 분석이 다룰 수 없는 경우도 다룰 수 있다. 또한 엑셀을 사용하여 예측 값과 실제 고객수 사이의 R^2 값을 계산하거나 예측 오차의 표준 편차를 계산할 수 있다. 데이터를 분석하기 위해 예측식을 만들면서 참조표(lookup table)를 통해 요일, 월, 다른 요소들을 참조할 수도 있다. 다음 해찾기를 이용하여 각 요인의 모든 수준에 대해 오차의 제곱합을 최소로 만드는 계수를 찾을 수 있다(매일매일의 오차는 '실제 고객수 – 예측 고객수' 이다). 다음 과정을 따라가보자.

1. 우선 G열에서 J열까지 지시 변수(indicator variable)를 만들어서 해당 날짜가 직원의 급여일인지(SP), 교수의 급여일인지(FAC), 휴일 전날인지(BH), 아니면 휴일 다음 날인지(AH)를 표시하자(그림 11-1). 예를 들어 셀 G4, H4, J4 는 1인데, 이것은 1월 2일이 직원 급여일이자 교수 급여일이기도 하고 휴일 다음 날임을 의미한다. 셀 I4는 0인데, 이것은 1월 2일이 휴일 전날이 아님을 말한다.

2. 예측은 상수(예측이 좀 더 정확하도록 조정하는 역할을 한다), 요일의 효과, 월의 효과, 직원의 급여일, 교수의 급여일 그리고 해당 날이 휴일 전날인지 휴일 다음 날인지 등의 효과로 정의할 수 있다. 이러한 모든 파라미터(해찾기의 변수 셀)에 대해 시험값을 입력해보자. 그림 11-2와 같이 영역 O4:O26에 값을 입력해보자. 해찾기는 이 데이터에 적절한 모델에 가장 잘 맞는 값을 선택한다. 매일매일 협동조합을 방문하는 고객 수를 예측하는 식은 다음과 같다.

    예상 고객 수 = 상수+(월 효과)+(요일 효과)+(만약 해당된다면 직원 급여일 효과)+(만약 해당된다면 교수 급여일 효과)+(만약 해당된다면 휴일 전날 효과)+(만약 해당된다면 휴일 다음 날 효과)

	I	J	K	L	M	N	O	P	Q	R
1	RSQ	0.771		오차 제곱합	163.1772					
2			SSE	6736582.057						
3	BH	AH	예측값	오차 제곱	오차	요일			average	
4	0	1	1766.78	3389.559758	58.21993	1	103.357		dayweek	0
5	0	0	709.603	299642.9682	547.3965	2	-139.19		month	-4E-09
6	0	0	745.698	49863.78225	223.302	3	-150.34			
7	0	0	1557.22	13174.18409	114.7788	4	-114.25			
8	0	0	963.303	18143.29425	134.697	5	300.424			
9	0	0	720.753	885.2568329	-29.7533	SP	396.851			
10	0	0	709.603	1414.020463	-37.6035	FAC	394.894			
11	0	0	745.698	68.92316837	8.301998	BH	205.293			
12	0	0	1160.37	35483.18881	-188.37	AH	254.281			
13	0	0	963.303	21698.16021	-147.303	월				
14	0	0	720.753	14.08700506	-3.75327	1	-110.69			
15	0	0	709.603	338.4325573	18.39654	2	-75.715			
16	0	0	745.698	1203.951353	-34.698	3	-40.341			
17	0	0	1557.22	149.3565407	-12.2212	4	0.02839			
18	0	0	963.303	8154.623471	-90.303	5	87.8157			
19	0	0	720.753	60.11313242	-7.75327	6	133.341			
20	0	0	709.603	6989.5391	-83.6035	7	115.803			
21	0	0	745.698	8592.919602	-92.698	8	28.7743			
22	0	0	1160.37	6459.307848	-80.3698	9	-87.563			
23	0	0	963.303	98158.74088	-313.303	10	-53.002			
24	0	0	720.753	5891.063829	-76.7533	11	-42.761			
25	0	0	709.603	8722.913041	93.39654	12	44.3091			
26	0	0	1175.57	11328.01797	106.4332	상수	970.635			
27	0	0	1592.2	203224.619	450.8044					

그림 11-2 : 협동조합 예제의 셀 변경

3. 이 모델을 사용하여 K4의 다음 식을 K5:K257에 복사하여 매일 방문하는 고객 수를 예측해보자.

   $O$26+VLOOKUP(B4,$N$14:$O$25,2)+VLOOKUP(D4,$N$4:$O$8,2) +G4*$O$9 +H4*$O$10+I4*$O$11+J4*$O$12.

   셀 O26은 상수항을 말한다. VLOOKUP(B4,$N$14:$O$25,2)은 현재 월에 대해 월 계수를 찾아준다. 그리고 VLOOKUP(D4,$N$4:$O$8,2)은 현재 요일에 대한 요일 계수를 찾아준다. =G4*$O$9+H4*$O$10+I4*$O$11+J4*$O$12 식은 해당 날짜가 SP(직원 급여일), FAC(교수 급여일), BH(휴일 전날), AH(휴일 다음 날)등의 효과에 해당하는지 보고 해당 효과값을 선택한다.

4. L4의 식 =(E4-K4)^2를 L5:L257로 복사해서 매일매일의 오차 제곱을 계산하자. 다음 셀 L2의 식 =SUM(L4:L257)로 오차 제곱의 합을 구하자.

5. 셀 R4에서는 요일 계수의 평균값을 계산하고(=AVERAGE(O4:O8)) R5에서는 월 계수의

평균값을 계산한다(=AVERAGE(O14:O25)). 이 절 뒷부분에서 해찾기 모델의 제한조건에 이 평균값들을 0이 되도록 하는 조건을 추가할 것이다. 이 조건이 있으면 양의 효과가 있는 요일이나 달에는 평균 고객 방문 수보다 더 많은 고객이 방문하고, 음의 효과가 있는 요일이나 달에는 평균 고객 방문 수보다 더 적은 고객이 방문한다.

6. 그림 11-3과 같은 해찾기 설정을 사용하여 예측 파라미터를 선택하고 오차 제곱합을 최소화하자.

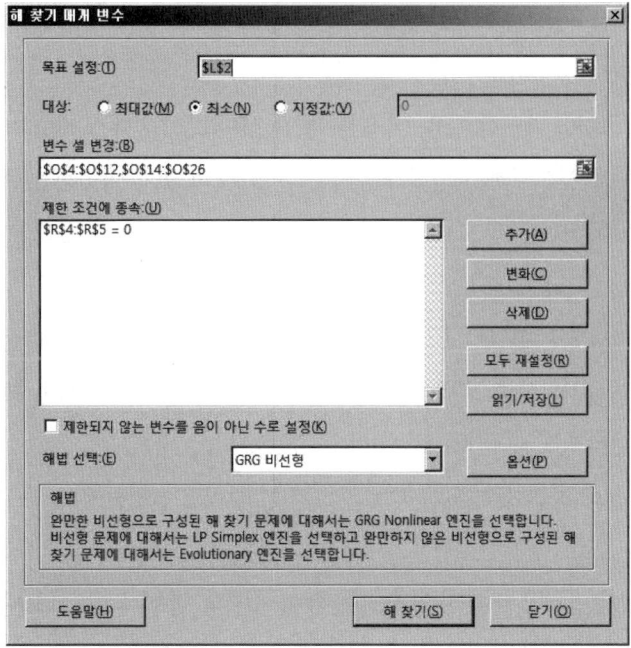

그림 11-3 : 협동조합 예제의 해찾기 설정

해찾기 모델은 월, 주, BH, AH, SP, FAC에 대한 계수 그리고 상수를 바꿔서 오차의 제곱합을 최소로 만든다. 해찾기는 또한 제한조건을 사용하여 주와 월의 상수 평균값을 0으로 제한한다. 해찾기의 결과는 그림 11-2와 같다. 여기서 보면 금요일이 주중 가장 바쁜 날이고, 6월이 가장 바쁜 달이다. 직원 급여일(다른 모든 사항은 동일하다고 가정했을 때[1])에는 방문 고객 예측 수가 397 증가한다.

---

[1] 라틴어로 하면 ceteris paribus

예측의 정확도 평가하기

예측의 정확도를 평가하기 위해, 셀 J1에서 예측 고객 수와 실제 고객 수 간의 R^2을 계산해보자. 식 `=RSQ(E4:E257,K4:K257)`를 사용하자. 이 식은 예측 모델로 설명할 수 있는 고객 수에서 실제 변동의 비율을 계산한다. 독립 변수는 고객 수 일일 변동의 77%를 설명할 수 있다. 다음 M열에서 매일의 오차를 계산해보자. M4의 식 `=E4-K4`을 M5:M257에 복사하자. 예측의 표준 오차에 가장 근접한 값은 오차의 표준 편차이다. 이 값은 셀 M1에서 식 `=STDEV(M4:M257)`으로 계산하자. 결과로 보면 예측의 약 68%는 163명 안에서 정확하며, 326명 안에서 95% 정확하다.

예측의 정확도를 평가하고 오차를 계산한 다음, 아웃라이어를 찾아보자. 앞에서 예측값의 오차의 절대값이 회귀의 표준 오차의 두 배를 넘어가면 아웃라이어라고 했다. 아웃라이어를 찾아내기 위해 다음 과정을 따라가보자.

1. 영역 M4:M257을 선택한 다음, '홈' 탭 → '조건부 서식'을 클릭한다.
2. '새 규칙...'을 선택한 다음 '새 서식 규칙' 대화상자에서 '수식을 사용하여 서식을 지정할 셀 결정'을 선택한다.
3. 대화상자에서 '다음 수식이 참인 값의 서식 지정'을 그림 11-4처럼 설정한다.

이 과정은 M4의 식을 M5:M257까지 채운 다음 식의 값이 참인 경우 셀 안에 있는 내용을 빨간색으로 보여준다. 이렇게 하면 모든 아웃라이어는 빨간색 글씨로 보인다.

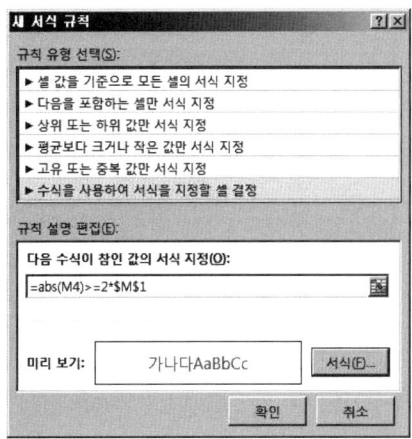

그림 11-4 : 아웃라이어 강조

서식을 빨간색 글씨로 선택하고 나면 조건부 서식 기능으로 오차의 절대값이 2*(오차의 표준편차)를 초과하는 값은 빨간색으로 보인다. 아웃라이어를 보면 매월의 처음 3일 정도는 예측이 실제값보다 한참 작은 것을 알 수 있다. 3월의 두 번째 주(봄방학)를 보면 예측값이 더 크다. 그리고 봄방학 직전에는 예측값이 훨씬 작다.

기본 모델 다듬기

이런 문제를 수정하기 위해 Creditunion.xlsx 파일의 1st three days 워크시트에서는 변수 셀로 각 달의 처음 3일과 봄방학 그리고 봄방학 전을 더 추가했다. 그리고 셀 O26:O30에 새 효과를 더 추가하기 위해 시험값을 입력했다. K4의 식을 K5:K257에 복사하면 각 월의 처음 3일에 대한 효과를 추가할 수 있다. K4의 식은 다음과 같다.

=O$25+VLOOKUP(B4,$N$13:$O$24,2)+VLOOKUP(D4,$N$4:$O$8,2)+G4*$O$9+H4*$O$10+I4*$O$11+J4*$O$12|IF(C4=1,$O$26,IF(C4=2,$O$27,IF(C4=3,$O$28,0)))

> **Note**
> =IF(C4=1,$O$26,IF(C4=2,$O$27,IF(C4=3,$O$28,0))) 항은 월의 처음 3일에 대한 효과를 추가한다. 예를 들어 C열에서 해당 날짜가 월의 1일이라고 알려주면, O26의 효과값을 예측에 더한다.

이제 셀 K52:K57[2]에 봄방학 계수를 입력하자. 이 예에서 셀 K52의 식에는 셀 O29의 값을 더하고 K53:K57의 식에는 셀 O30의 값을 더했다.

해찾기 대화상자에 변수를 추가한 다음 해찾기를 수행하면 결과는 그림 11-5와 같다. 매월의 처음 3일에 대한 효과를 추가하면 고객 수가 급격히 증가하고, 봄방학에는 급격히 감소하는 것에 주의하자. 그림 11-5에서 보면 예측의 정확도가 높아졌다. R^2 값은 87%로 증가했으며 표준 오차는 122명으로 감소했다.

---

2 3월 두 번째 주가 봄방학이다.

	H	I	J	K	L	M	N	O	P	Q	R	S
1		RSQ	0.871		오차 제곱합	122.285						
2				SSE	3783269.109							
3	FAC	BH	AH	예측값	오차 제곱	오차	요일			average		
4	1	0	1	1879.63	2984.542278	-54.631		1	107.706	dayweek	0	
5	0	0	0	995.4	68434.53622	261.6		2	-138.93	month	2.5E-14	
6	0	0	0	722.934	60548.43586	246.066		3	-153.32			
7	0	0	0	1554.45	13818.15532	117.551		4	-115.08			
8	0	0	0	945.724	23188.12995	152.276		5	299.624			
9	0	0	0	699.086	65.38255971	-8.08595	SP		416.808			
10	0	0	0	684.701	161.3260355	-12.7014	FAC		96.6442			
11	0	0	0	722.934	965.091244	31.0659	BH		196.457			
12	0	0	0	1137.64	27436.94603	-165.641	AH		299.116			
13	0	0	0	945.724	16828.18858	-129.724		1	-105.51			
14	0	0	0	699.086	320.9132488	17.9141		2	-81.763			
15	0	0	0	684.701	1874.767148	43.2986		3	-27.856			
16	0	0	0	722.934	142.4223198	-11.9341		4	-7.2892			
17	0	0	0	1554.45	89.29021508	-9.44935		5	83.8453			
18	0	0	0	945.724	5288.708647	-72.7235		6	130.672			
19	0	0	0	699.086	193.6008351	13.9141		7	106.616			
20	0	0	0	684.701	3445.85655	-58.7014		8	13.2601			
21	0	0	0	722.934	4890.775864	-69.9341		9	-64.687			
22	0	0	0	1137.64	3322.486671	-57.641		10	-68.305			
23	0	0	0	945.724	87452.39351	-295.724		11	-33.753			
24	0	0	0	699.086	3034.461699	-55.0859		12	54.7719			
25	0	0	0	684.701	13994.55435	118.299	상수		943.528			
26	1	0	0	1396.77	13173.24664	-114.775	d1		553.449			
27	0	0	0	1946.17	9375.367413	96.8265	d2		367.977			
28	0	0	0	969.471	31162.46021	176.529	d3		310.699			
29	0	0	0	722.834	294.6880925	17.1665	봄방학 전		223.704			
30	0	0	0	708.449	109.1813647	-10.449	봄방학		-57.035			

그림 11-5 : 봄방학과 월초 3일간의 요인을 포함한 협동조합 모델

12월 24일부터 12월 31일까지의 예측 오차(그림 11-6)를 보면 그 주의 고객 수를 지나치게 많이 예측한 것을 알 수 있다. 그리고 크리스마스 이전 주의 고객 수는 지나치게 적게 예측했다. 예측 오차(잔차라고도 한다)를 좀 더 자세하게 조사해보면 다음과 같은 사항을 알 수 있다.

- 추수감사절[3]은 보통의 휴일과는 다른데, 추수감사절 다음 날은 신용협동조합에 그렇게 고객이 많은 편이 아니다.
- 성 금요일[4] 전날에는 신용협동조합이 매우 바쁜데 사람들이 부활절 휴가를 떠나기 때문이다.
- 납세 기일(4월 16일)은 보통 때보다 더 붐빈다.
- 인디애나 대학이 가을 학기를 시작하는 주(8월 마지막 주)의 앞의 주는 바쁘지 않다. 아마 직원이든 교수들이든 모두 여름방학의 여운이 가시지 않은 것 같다.

---

[3] 11월 네 번째 목요일
[4] 부활절 전의 금요일. 그리스도의 수난을 기념하는 날

A	B	C	D	E	F	G	H	I	J	K	L	M
								RSQ	0.91643		오차 제곱합	98.6147
											SSE	
											2460389.928	
	월	날짜	요일	고객수	SPECIAL	SP	FAC	BH	AH	예측	오차 제곱	오차
	12	21	5	1955	SP	1	0	0	0	1913.83	1694.632057	41.1659
	12	24	1	941	BH	0	0	1	0	1051.97	12314.75748	-110.972
	12	26	3	999	AH	0	0	0	1	984.292	216.3171216	14.7077
	12	27	4	619		0	0	0	0	550.135	4742.375573	68.8649
	12	28	5	937		0	0	0	0	1003.54	4427.001364	-66.5357
	12	31	1	1146	BH	0	0	1	0	1051.97	8841.287915	94.0281

그림 11-6 : 크리스마스 전과 후의 예측은 매우 차이 난다.

Christmas week 워크시트에서는 이러한 추가 요인들은 예측 모델에 변수로 추가했다. 새 요소들을 추가한 다음 해찾기를 다시 수행해보자. 결과는 그림 11-7과 같다. R^2는 92%가 되었고 표준 오차도 98.61명으로 줄어들었다. 크리스마스 지나고 난 후의 주에는 방문 고객 수가 359명이 줄었고, 추수감사절 전날에는 607명 늘었으며, 추수감사절 다음 날에는 161명 줄었다.

여러 가지 아웃라이어를 사용해서 여러분은 예측 모델의 정확성을 향상시킬 수 있었다. 아웃라이어에 무엇인가 공통요인이 있다면(예를 들어 매월 첫 번째 3일간) 이런 요인들을 독립 변수로 추가해보자. 예측 오차를 훨씬 줄일 수 있을 것이다.

예측 모델을 사용하여 여러 가지 상황에 대한 유용한 통찰력을 기를 수 있다. 예를 들어 어떤 유명 레스토랑 프랜차이즈의 저녁 식사 고객 수를 예상하기 위해 이와 비슷한 분석을 수행했다고 해보자. 특수 요인은 휴일이 될 것이다. 슈퍼볼 결승전 같은 경우는 식당에 손님이 거의 없을 것이고, 발렌타인데이나 어버이날 같은 경우는 매우 붐빌 것이다. 또한 한 주 중 토요일은 저녁 식사 손님이 가장 많고 금요일에는 점심 식사 손님이 가장 많다. 이 절에서 사용한 모델을 이용하고 다른 요인들을 조정하면 레스토랑 프랜차이즈는 다음과 같은 사항들을 알아낼 수 있다.

- 토요일에는 평균보다 192명 더 많은 손님이 저녁 식사 방문을 하며, 월요일에는 평균보다 112명 더 적은 손님이 저녁 식사 방문을 한다.
- 슈퍼볼 결승전 날에는 평균보다 212명 더 적은 손님이 저녁 식사 방문을 하며, 발렌타인데이와 어버이날에는 평균보다 350명 많은 손님이 저녁 식사 방문을 한다. 매일 평균 401명의 손님이 저녁 식사를 하므로, 발렌타인데이와 어버이날에는 매출이 거의 두 배가 됨을 알 수 있다. 그리고 슈퍼볼 결승전 날에는 매출이 절반으로 깎인다.

하지만 이에 비해 도미노 피자 같은 피자 배달 업체들은, 슈퍼볼 결승전 날이 1년 중 가장 바쁜 날일 것이다. 매일매일 피자 배달 개수를 세면, 슈퍼볼 결승전 날에 몇 판의 피자를 배달하게 될지 거의 정확하게 추정할 수 있을 것이다.

	F	G	H	I	J	K	L	M	N	O	P	Q	R
1				RSQ	0.91643		오차 제곱합	98.61471		기준	110.5626225		
2						SSE	2460389.928			실제	125		
3	SPECIAL	SP	FAC	BH	AH	예측	오차 제곱	오차	요일		부호 바뀜	평균	
4	SP,FAC,AH	1	1	0	1	1981.09	24363.98781	-156.09	1	108.1		dayweek	-9E-14
5		0	0	0	0	976.082	78914.96548	280.9181	2	-155	1	month	1E-06
6		0	0	0	0	717.676	63163.59728	251.3237	3	-165	0		
7	SP	1	0	0	0	1539.42	17577.98801	132.582	4	-121	0		
8		0	0	0	0	946.873	22839.22108	151.1265	5	332.3	0		
9		0	0	0	0	684.177	46.55952932	6.823454	SP	368.3	0		
10		0	0	0	0	673.981	3.925657514	-1.98133	FAC	97.12	1		
11		0	0	0	0	717.676	1319.410473	36.32369	BH	272.6	1		
12		0	0	0	0	1171.08	39631.62519	-199.077	AH	477.9	1		
13		0	0	0	0	946.873	17127.8712	-130.873	1	-111	0		
14		0	0	0	0	684.177	1077.379156	32.82345	2	-82.1	1		
15		0	0	0	0	673.981	2918.01701	54.01867	3	-26.4	0		
16		0	0	0	0	717.676	44.57311188	-6.67631	4	-34.8	1		
17	SP	1	0	0	0	1539.42	31.1587783	5.582005	5	71.04	1		
18		0	0	0	0	946.873	5457.292987	-73.8735	6	127.4	1		
19		0	0	0	0	684.177	830.7915209	28.82345	7	93.99	1		
20		0	0	0	0	673.981	2302.207761	-47.9813	8	60.87	1		
21		0	0	0	0	717.676	4183.025043	-64.6763	9	-75.3	0		
22		0	0	0	0	1171.08	8295.007695	-91.0769	10	67.9	0		
23		0	0	0	0	946.873	88133.87092	-296.873	11	-35.9	0		
24		0	0	0	0	684.177	1614.15482	-40.1765	12	80.33	0		
25		0	0	0	0	673.981	16645.81793	129.0187	constant	949.9	1		
26	FAC	0	1	0	0	1387.86	11207.14342	-105.864	d1	544	1		
27	SP	1	0	0	0	1922.04	14631.64768	120.9613	d2	353.6	1		
28		0	0	0	0	975.895	28935.87323	170.1055	d3	302.1	0		
29		0	0	0	0	713.198	718.3699471	26.80242	day before sp break	183.2	0		
30		0	0	0	0	703.002	25.02357844	-5.00236	sp break	-55.2	1		
31		0	0	0	0	746.697	2672.614945	-51.6973	christmas week	-359	0		
32		0	0	0	0	1200.1	1689.042556	-41.098	before xmas week	182.9	0		
33		0	0	0	0	975.895	9004.970535	-94.8945	before thanks	606.8	0		
34		0	0	0	0	713.198	3003.305707	54.80242	after thanks	-161	1		
35		0	0	0	0	703.002	2401.23102	-49.0024	good thurday	319.9	1		
36		0	0	0	0	746.697	12388.28216	111.3027	summerfling	-165	1		
37	SP	1	0	0	0	1568.44	6171.826759	78.56097	tax day	243.7	0		

그림 11-7 : 최종 예측 모델

예측 오차의 임의성 검사

훌륭한 예측 모델 방법에서는 예측 오차나 잔차가 임의성을 띠어야 한다. 오차가 임의성을 가진다는 뜻은 오차에 구분할 만한 패턴이 없다는 뜻이다. 만약 예측 오차가 임의로 발생한다면 오차의 부호가 바뀌는 횟수(+에서 -, -에서 +)는 약 절반 정도로 바뀌어야 한다. 따라서 예측 오차가 임의로 발생하는지 검증해보려면 오차에서 부호가 몇 번 바뀌는지 알아보면 된다. 관찰값이 n개 있을 때 $(n-1)/2-\sqrt{n}$보다 적게, 혹은 $(n-1)/2+\sqrt{n}$보다 많게 부호가 바뀌면 오차의 임의성을 의심할만한 상황이다. 그림 11-7, Christmas week 워크시트를 보면, 셀 P5의 식 =IF(M5*M4<0,1,0)을 P6:P257에 복사해서 잔차에서 부호가 몇 번 바뀌었는지 결정

하고 있다. 두 연속된 잔차의 곱이 음수면 부호가 바뀐다. 따라서 잔차에서 부호가 바뀌면 식의 결과는 1이다. 이 예에서 부호는 125번 바뀌었다. 셀 P1에서는 $(254-1)/2-\sqrt{254}=110.6$ 기준으로 값을 계산했는데, 이 값을 기준으로 부호가 바뀐 것에 임의성을 띄는지 아닌지 결정한다. 125는 이 기준보다 크므로 이 데이터에서 오차는 임의성을 띈다.

Summary

이 장에서는 다음과 같은 사항을 알아보았다.

- ▶ 엑셀의 해찾기 기능을 사용하여 회귀 분석을 대신 수행할 수 있다. 이렇게 하면 회귀 분석 도구에서의 제한사항인 독립 변수를 15개로 제한하지 않아도 된다.
- ▶ 엑셀의 해찾기 기능을 사용하여 매일매일의 수요를 예측할 수 있다. 수요모델은 '기본 수준 + 요일 효과 + 월 효과 + 특수 요인의 효과'가 될 것이다.
- ▶ 아웃라이어를 사용하여 특별한 요인들을 찾아낼 수 있다.
- ▶ 잔차의 부호가 바뀌는 회수가 절반 이하로 발생하면 예측 오차는 무작위가 아니다.

Exercises

1. 이 장에서 설명한 방법을 사용해서 Staples[5]에서 펜이 매일 몇 개나 팔릴지 예상할 수 있을까?

2. 몇 년간의 축적한 데이터가 있으면, 이 분석에서 추세선을 어떻게 이용할 수 있을까?

3. Dinner.xls에는 유명 프랜차이즈 레스토랑의 매일 저녁 식사 판매에 대한 예상 모델 데이터가 있다. outliers removed 워크시트의 Q열에는 최종 예측식이 있다.

   a. 매일의 저녁 식사 판매 예측식에 대해 말로 풀어 설명하시오.
   b. 요일이 판매에 어떤 영향을 끼치는지 설명하시오.
   c. 매년 시기가 판매에 어떤 영향을 끼치는지 설명하시오.

---

[5] 미국에 기반을 둔 사무용품 유통업체(www.staples.com)

d. 특수한 요인이 판매에 어떤 영향을 끼치는지 설명하시오.

e. 예측의 정확도를 높이려면 어떤 데이터를 더 수집하면 될까?

4. Promotiondata.xlsx 파일에는 3년간 Kroger's[6] 슈퍼마켓의 월간 아이스크림 판매량(단위 파운드) 데이터가 있다. 그리고 언제 프로모션을 했는지 정보도 있다. 프로모션을 하면 프로모션을 하는 달에는 판매가 증가하지만 프로모션 다음 달에 판매가 줄어드는 것으로 알려져 있다. 매월 아이스크림 판매량을 예상하는 모델을 만들어보자(힌트 : 모델을 만들 때 월을 포함해보자. 이 항의 계수는 아이스크림 판매량의 트렌드를 모델링할 것이다).

a. 아이스크림 판매량의 변동의 어느 정도를 여러분이 만들 모델로 설명할 수 있는가?

b. 괄호를 채우시오. 월간 판매량 예측의 95%는 _____ 범위 안에서 정확하다.

c. 아이스크림이 제일 잘 팔리는 달은 어느 달인가?

d. 아이스크림 판매의 추세를 설명하시오.

e. 프로모션이 아이스크림 판매에 미치는 효과를 설명하시오.

---

[6] 미국의 슈퍼마켓 체인

Modeling Trend and Seasonality

Chapter 12

트렌드와 계절 요인 모델링

마케팅 분석가가 자동차 제조사나 항공사 혹은 소비재 제품(CPG, consumer packaged goods)회사에서 일하던 간에, 많은 경우 회사 제품의 판매를 예측해야 한다. 어떤 제품이건 간에 제품의 트렌드, 추세(상향, 혹은 하향)와 제품 판매의 계절 요인을 이해해야 한다. 이 장에서는 제품 판매의 트렌드와 계절요인을 어떻게 결정할 것인지 알아보자. U.S 에어라인의 승객의 월간 마일리지에 대한 데이터(2003-2012)를 이용하여 다음과 같은 사항을 어떻게 수행할 수 있는지 알아보겠다.

- 이동 평균(moving average)을 사용하여 계절 요인을 제거한 다음 판매에서의 트렌드를 찾아낼 수 있다.
- 해찾기를 이용하여 트렌드와 계절 요인을 추정하기 위한 가산 모델(additive model)이나 승법 모델(multiplicative model)을 만들 수 있다.

Analysis 1 이동 평균을 사용하여 데이터의 잡음을 없애고 계절 요인을 제거

이동 평균(moving averages)을 사용하면 데이터상의 잡음을 없에서 매끄럽게 만들 수 있다. 예를 들어 여러분이 Amazon.com과 일하고 있고, Amazon.com의 판매 추세가 상향 추세인지 알고 싶다고 가정해보자. 1월의 판매 실적은 그 전달에 비해 안 좋다(12월은 크리스마스 때문에 항상 실적이 가장 높다). 따라서 어떤 마케팅 분석가들은 전혀 의심하지 않은 채 1월에 판매 실적이 좋지 않으므로 하향 추세가 있다고 결론을 내버린다. 하지만 이 결론은 틀렸다. 12월의 판매 때문에 1월에는 판매 실적이 좋지 않다는 계절 요인을 무시한 채 내린 결론이기 때문이다. 이동 평균법을 사용하여 계절 요인을 상쇄시키면, 여러분의 데이터의 계절적인 특징이나 추세를 더 잘 이해할 수 있다.

> **Note**
> 이 장에서 모든 작업은 `airlinemiles.xlsx` 파일의 데이터를 이용한다. 이 데이터는 2003년 1월부터 2012년 4월까지 월간 US 항공사의 미국 내 운행 마일 정보(단위 1,000)이다. 데이터 일부를 그림 12-1에서 볼 수 있다.

	D	E	F
8	월번호	월	항공마일 (000'S)
9	1	Jan2003	32,854,790.00
10	2	Feb2003	30,814,269.00
11	3	Mar2003	37,586,654.00
12	4	Apr2003	35,226,398.00
13	5	May2003	36,569,670.00
14	6	Jun2003	39,750,216.00
15	7	Jul2003	43,367,508.00
16	8	Aug2003	42,092,669.00
17	9	Sep2003	32,549,732.00
18	10	Oct2003	36,442,428.00
19	11	Nov2003	34,350,366.00
20	12	Dec2003	37,389,382.00
21	13	Jan2004	33,537,392.00
22	14	Feb2004	33,909,139.00
23	15	Mar2004	40,805,211.00
24	16	Apr2004	40,172,829.00
25	17	May2004	39,671,007.00
26	18	Jun2004	43,652,277.00
27	19	Jul2004	46,262,249.00
28	20	Aug2004	44,701,691.00
29	21	Sep2004	35,470,844.00
30	22	Oct2004	39,627,851.00
31	23	Nov2004	37,567,116.00
32	24	Dec2004	39,117,678.00

그림 12-1 : US 항공 마일

이동 평균의 개념을 알아보기 위해, 그림 12-2의 US 항공의 마일 차트를 보자. 이 차트를 그리려면, `airlinemiles.xlsx` 파일의 Moving average 워크시트에서 영역 E8:F120의 데이터를 선택한 다음 '삽입' 탭 → '차트' 그룹 → '분산형' 차트를 선택한 다음 두 번째 옵션(곡선 및 표식이 있는 분산형)을 선택하자. 그림 12-2와 같은 차트를 볼 수 있다.

계절 요인 때문에(사람들은 대부분 여름에 여행을 더 많이 한다) 운행 마일은 여름 동안에는 늘어나고 겨울 동안에는 줄어든다. 하지만 이 그래프에서는 어떤 추세를 확인하기 어렵다. 항공 마일의 이동 평균을 차트에 그리면 이 데이터의 추세를 좀 더 확실히 알 수 있다. 예를 들어 12개월 이동 평균은 현재 달의 마일과 지난 11월 간의 마일을 평균 내서 그래프를 그린다. 이동 평균을 쓰면 데이터상에 있는 잡음을 제거하기 때문에 12개월 이동 평균을 쓰면 계절 요인의 영향을 제거할 수 있다. 12개월 이동 평균을 쓰면 각 월에 대해 데이터가 한 개씩 만들어진다. 분기 데이터의 추세를 분석할 때는 4분기 이동 평균을 사용해서 데이터를 만들고 그래프상에 점을 찍게 된다.

그림 12-2 : US 항공 마일 차트

12개월 이동 평균을 분산형 차트상에 그리려면 이전에 쓰던 방식대로 엑셀의 추세선 기능을 이용해야 한다. 데이터 계열을 오른쪽 클릭한 다음 '추세선 추가...'를 선택한 다음 '이동 평균'을 선택하고 '구간'을 12를 선택하자. 그림 12-3과 같은 추세선을 볼 수 있다.

그림 12-3 : 이동 평균 추세선

이동 평균 추세선을 쓰면 2003년에서 2012년의 항공사의 운행 마일리지가 어떻게 변했는지 쉽게 알 수 있다. 이제 다음과 같은 사실을 알 수 있다.

- 2003년과 2004년에는 항공 운항에 급격한 상승 추세가 있었다(아마 911 테러의 여파가 가라앉은 다음 운항이 늘어난 것으로 보인다).
- 2005년에서 2008년까지 항공 운항은 정체되었다.
- 2008년 후반에는 항공 운항에 급격한 하락 추세가 있었다. 금융 위기의 영향으로 보인다.
- 2010년에는 항공 운항에 약간의 상승 추세가 보인다.

이 다음절에서는 엑셀 해찾기 기능을 사용하여 항공 마일의 추세의 성격을 정확하게 숫자로 나타내보고, 계절적인 요인이 비행기 여행 수요에 어떻게 영향을 주는지 알아보도록 하자.

Analysis 2 추세와 계절 지수를 이용한 가산 모델

앞 절에서 데이터에 계절 요인이나 추세가 있을 때 판매를 정확하게 예측하려면, 이런 요인들은 데이터와 분리하여 확인하는 것이 중요하다고 했다. 이 절에서는 엑셀 해찾기를 사용하여 이런 과정을 어떻게 모델링할 수 있는지 알아보겠다. 이러한 분석으로 데이터 계열의 추세, 계절 요인, 기저 등을 구분하고 확인할 수 있다.

제품의 판매를 예상할 때 다음의 가산 모델(additive model)을 사용하여 판매에 미치는 추세와 계절 요인을 추정할 수 있다.

(1) 기간 t 동안의 예상 판매 = 기저(Base) + 추세 * 구간 숫자 + 해당 월 t에 대한 계절 지수

식(1)에서는 각 월에 대한 기저, 추세 그리고 계절 지수 등을 추정해야 한다. 이에 대한 작업은 Additive trend 워크시트(그림 12-4)에서 수행해보자. 작업을 좀 더 간단하게 하기 위

해 마일은 10억 단위(1,000,000,000)로 재조정했다. 기저, 추세, 계절 지수는 다음과 같다.

- **기저(Base)** : 관찰 시작 시가부터 월 항공 마일의 수준을 최선으로 추정해본 기본값(계절 요인 포함하지 않음)이다.
- **추세(Trend)** : 추세는 항공 마일의 월 증가 비율에 대해 최선으로 추정한 값이다. 예를 들어 추세가 5라면, 월당 50억 마일의 비율로 항공 마일의 수준이 증가함을 말한다.
- **계절 지수(Seasonal Index)** : 각 월에는 계절 지수가 있는데, 이것은 해당 월의 마일이 평균보다 높은지 낮은지를 반영한다. 예를 들어 계절 지수가 6월에 +5라면, 이것은 6월의 항공 마일이 월 평균 마일보다 50억 마일이 높다는 의미이다.

> **Note**
> 계절 지수의 평균은 0이어야 한다.

	A	B	C	D	E	F	G	H	I	J	K
1											
2	baseadd	37.3786									
3	trendadd	0.05903									
4										오차의 표준 편차	0.386323
5	1	-4.4573								RSQ	0.988934
6	2	-6.6233								SSE	4.9251
7	3	1.60104									
8	4	-0.319		월번호	월	월	항공 마일 (단위:10억)	예측	오차	오차 제곱	
9	5	1.27464		1	2009-07-01	7	44.22	43.7288	0.49	0.236896337	
10	6	3.79506		2	2009-08-01	8	42.40	41.9558	0.44	0.194661964	
11	7	6.29121		3	2009-09-01	9	34.68	35.127	-0.45	0.203932477	
12	8	4.45922		4	2009-10-01	10	37.32	37.6934	-0.38	0.140881027	
13	9	-2.4287		5	2009-11-01	11	34.58	35.317	-0.74	0.548169873	
14	10	0.07873		6	2009-12-01	12	36.46	36.4179	0.04	0.00169618	
15	11	-2.3567		7	2010-01-01	1	33.49	33.3344	0.15	0.023326689	
16	12	-1.3148		8	2010-02-01	2	30.72	31.2274	-0.51	0.259421376	
17				9	2010-03-01	3	39.37	39.5108	-0.14	0.019947549	
18	평균	0		10	2010-04-01	4	37.76	37.6498	0.11	0.012653329	
19				11	2010-05-01	5	38.88	39.3025	-0.42	0.175394523	
20				12	2010-06-01	6	41.90	41.8819	0.02	0.000401118	
21				13	2010-07-01	7	44.02	44.4371	-0.42	0.172428433	
22				14	2010-08-01	8	42.81	42.6641	0.15	0.022220113	
23				15	2010-09-01	9	36.13	35.8353	0.30	0.087798525	
24				16	2010-10-01	10	39.18	38.4017	0.78	0.611145228	
25				17	2010-11-01	11	36.67	36.0253	0.65	0.417659802	

그림 12-4 : 추세 가산 모델

기저, 추세, 계절 지수를 추정하려면 우선 이 H열 파라미터의 시험값에 기반한 식을 만들어야 한다. 다음 I열에서는 각 월의 예측값에 대한 오차를 구하고, J열에서는 각 예측의 오차의 제곱을 구한다. 마지막으로 해찾기를 사용하여 오차 제곱을 최소화하는 파라미터 값을 찾아보자. 이 추정 과정을 수행하기 위해, 다음 과정을 따라가보자.

1. 셀 B2, B3에 각각 기저와 추세의 시험값을 입력한다. 셀 B2를 baseadd, 셀 B3를 trend라고 이름 붙이자.
2. 영역 B5:B16에 계절 지수의 시험값을 입력한다.
3. 셀 B18에 식 =AVERAGE(B5:B16)로 계절 지수를 평균 낸다. 해찾기 모델은 이 값을 0으로 만들어서 계절 지수의 평균이 반드시 0이 되도록 한다.
4. H9의 식 =baseadd+trend*D9+VLOOKUP(F9,$A$5:$B$16,2)을 H10:H42에 복사해서, 각 달에 대한 예측값을 계산하자.
5. I9의 식 =G9-H9을 I10:I42에 복사해서 각 달의 예측값에 대한 오차를 계산하자.
6. J9의 식 =(I9^2)을 J10:J42에도 복사해서 각 달의 예측값의 오차 제곱을 구하자.
7. 셀 K6에서 오차 제곱의 합(SSE, Sum of Squared Errors)를 계산하자. 식은 =SUM(J9:J42)
8. 이제 그림 12-5와 같이 해찾기 모델을 만들어보자. 목표 설정은 SSE를 최소화하고, 제한조건에서는 계절 지수의 합이 0이 되도록 하자. 여기서 '제한되지 않는 변수를 음이 아닌 수로 설정' 체크박스에는 체크하면 안 된다. 계절 지수 중 일부가 음수가 될 수 있기 때문이다. 알려지지 않은 파라미터에 상수를 곱하므로 식(1)의 예측 모델은 선형 예측 모델이다. 바뀌는 셀에 상수를 곱한 항을 더해서 예측 모델을 만들면 GRG 해찾기 엔진으로 예측 모델의 파라미터 추정값을 가장 최소 제곱으로 만드는 유일한 답을 찾아낼 수 있다.

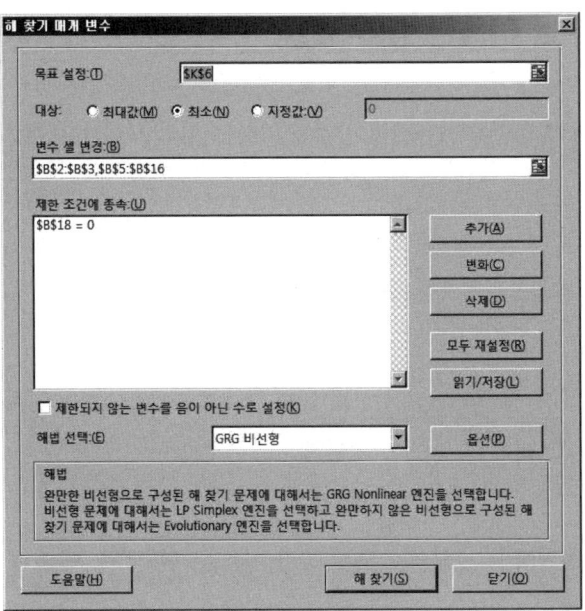

그림 12-5 : 가산 추세 해찾기 모델

그림 12-4의 데이터를 참고하면, 다음과 같은 추정을 할 수 있다.

- 2009년 7월, 항공 마일의 기저값은 37.38(단위 10억)마일이다.
- 월당 59(단위 10억)마일씩의 상향 추세가 있다.
- 가장 바쁜 달은 7월(평균보다 6.29(단위 십억)마일 이상이다)이며 가장 한가한 달은 2월(평균보다 6.62(단위 십억)마일 이하이다)이다.

셀 K5의 식 =RSQ(G9:G42,H9:H42)은 이 모델이 운항 마일의 변화 중 98.9%를 설명할 수 있음을 의미한다. 셀 K4는 식 =STDEV(I9:I42)로 오차의 표준 편차값을 계산하며 결과는 989(단위 십억)마일이다. 예상의 95%가 2* 0.386 = 0.772 (단위 십억)마일 안에서 정확함을 알 수 있다. I열을 보면, 여기에 특별히 아웃라이어는 보이지 않는다.

Analysis 3 추세와 계절 지수를 이용한 승법 모델

제품의 판매를 예상할 때는, 다음 승법 모델을 사용해서 판매에 미치는 계절 요인과 추세를 추정한다.

(2) 기간 t 동안의 예상 판매 = 기저(Base) *(추세 t) *(해당 월 t에 대한 계절 지수)

가산 모델의 경우에서처럼, 우선 기저, 추세 그리고 계절 지수를 추정해야 한다. 식(2)의 기저와 계절 지수는 가산 모델의 의미와 다르다.

- **추세(Trend)** : 여기서 추세는 항공 마일의 수준에서 월간 증가 비율을 나타낸다. 예를 들어 추세값이 1.03이라면, 월간 항공 마일이 3% 증가했음을 의미한다. 추세값이 .95이면 월간 항공 마일이 5% 감소했음을 의미한다. 만약 특정 기간 동안의 성장이 현재의 판매값과 무관하다면, 가산 모델에서는 승법 모델보다 정확하다. 다른 말로 하면, 만약 기간 동안의 성장이 현재 판매값의 증가 함수라면 승법 모델이 가산 모델보다 정확하다.
- **계절 지수(Seasonal Index)** : 특정 월에 대한 계절 지수는 해당 월의 항공 마일이 평균보다 위인지 아래인지 그 비율을 나타낸다. 예들 들어 7월의 계절 지수가 1.16이라고 하면, 7월의 항공 마일은 평균보다 16% 높다라는 의미이다. 2월의 계절 지수는 .83인데, 이는 2월의 항공 마일이 평균보다 17% 낮다라는 의미이다. 물론 승법 모델에서 계절 지수의 평균은 1이어야 한다. 계절 지수가 1을 넘으면 이는 평균보다 위이고, 1보다 작으면 평균보다 아래임을 뜻하기 때문이다.

이 식에 대한 작업은 Multiplicative trend 워크시트를 이용하자. 모든 식이 가산 모델의 경우와 동일하지만, H열의 월간 예측값의 식이 다르다. 식(2)를 H9에 쓰면 =base*(trend^D9)*VLOOKUP(F9,$A$5:$B$16,2)와 같으며 이 식을 H10:H42에 복사하자.

계절 지수를 포함한 항을 더하는 대신 거듭제곱하거나 더하므로 식(2)의 예측 모델은 비선형 모델이다. 비선형 예측 모델에서 변수 셀의 시작값이 최적의 솔루션에 가깝지 않다면, GRG 해찾기 엔진을 썼을 때 최적의 값을 찾지 못하는 경우가 많다. 이런 문제를 수정하기 위해 다음과 같은 과정을 수행하자.

1. 해찾기 창에서 '옵션'을 선택하자. 그리고 'GRG 비선형' 탭에서 'Multistart 사용'을 선택하자. 이렇게 하면 해찾기는 시작 솔루션으로 여러 번(50에서 200 사이) 값을 시험해본 다음 각각의 시작 솔루션에서 최적의 솔루션을 찾아낸다. 다음 해찾기는 그중 가장 좋은 솔루션을 골라낸다.

2. 'Multistart' 옵션을 사용하려면 변수 셀의 최솟값과 최댓값을 지정해주어야 한다. 이렇게 해야 해찾기가 이 범위 안에서 추정 파라미터를 찾아봄으로써 솔루션을 빨리 찾도록 도와줄 수 있다. 예를 들어 계절 지수는 보통 0과 3 사이이다. 따라서 최댓값이 100이라고 하면 불합리하다. 그림 12-6에서처럼 각 계절 지수의 범위에서 최댓값은 3으로, 추세의 범위에서 최댓값은 2로 하자. 이 예에서는 기저값에 대한 최댓값은 100으로 하자.

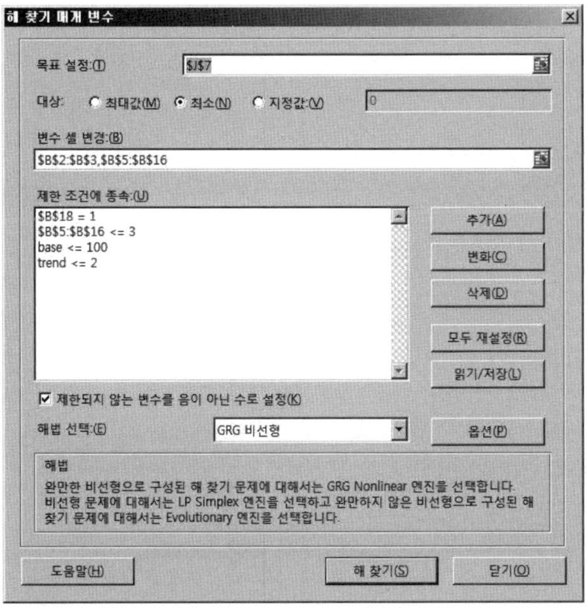

그림 12-6 : 승법 추세 해찾기 모델

3. 셀 B18에는 계절 지수의 평균값을 계산한다. 해찾기 창에서 $B$18 =1과 같은 제한 조건을 추가하여 계절 지수의 평균이 1이 되도록 한다.

4. 해찾기를 선택하여 해찾기가 최적의 솔루션을 찾도록 한다(그림 12-7 참고).

	A	B	C	D	E	F	G	H	I	J	K
1											
2	base	3.74E+01									
3	trend	1.001493569					1.00E+06				
4										오차의 표준 편차	0.411756002
5	1	0.884049011								RSQ	0.987429707
6	2	0.82837254								SSE	
7	3	1.041400111									5.59
8	4	0.991684904		월번호	월	월	항공 마일 (단위: 예측		오차	오차 제곱	
9	5	1.03315296		1	2009-07-01	7	44.22	43.63945105	0.58	0.33	
10	6	1.098599337		2	2009-08-01	8	42.40	41.89570886	0.50	0.25	
11	7	1.164327334		3	2009-09-01	9	34.68	35.19980697	-0.52	0.28	
12	8	1.116136195		4	2009-10-01	10	37.32	37.71609694	-0.40	0.16	
13	9	0.936353344		5	2009-11-01	11	34.58	35.38768125	-0.81	0.66	
14	10	1.00179316		6	2009-12-01	12	36.46	36.46161088	0.00	0.00	
15	11	0.938545346		7	2010-01-01	1	33.49	33.43255124	0.05	0.00	
16	12	0.965585734		8	2010-02-01	2	30.72	31.37379361	-0.66	0.43	
17				9	2010-03-01	3	39.37	39.50091231	-0.13	0.02	
18	평균	0.999999998		10	2010-04-01	4	37.76	37.67136647	0.09	0.01	
19				11	2010-05-01	5	38.88	39.30524076	-0.42	0.18	
20				12	2010-06-01	6	41.90	41.85750467	0.04	0.00	
21				13	2010-07-01	7	44.02	44.4280508	-0.41	0.16	
22				14	2010-08-01	8	42.81	42.65279779	0.16	0.03	
23				15	2010-09-01	9	36.13	35.8358956	0.30	0.09	
24				16	2010-10-01	10	39.18	38.39765695	0.79	0.62	
25				17	2010-11-01	11	36.67	36.02716493	0.64	0.42	

그림 12-7 : 추세 승법 모델

> **Note**
>
> 해찾기가 변수 셀에 값을 할당한다면, 변수의 최솟값이나 최댓값을 설정할 때 이 값을 여유 있게 잡아야 한다. 예를 들어 기저의 최댓값을 30으로 설정하면 해찾기는 30에 가까운 값을 찾는다. 따라서 범위를 여유 있게 잡아야 한다.

해찾기가 찾은 최적화된 값은 다음과 같다.

- 기저값의 추정값은 37.4(단위 십억)마일이다.
- 월당 0.15%의 비율, 혹은 년당 $1.00149^{12} - 1 = 1.8\%$의 비율로 항공 마일이 늘어나고 있다고 추정할 수 있다.
- 가장 바쁜 달은 7월이며, 항공 마일은 평균에 비해 16% 증가한다. 그리고 가장 한가한 달은 2월이며 평균보다 17% 감소한다.

그러면 가산 모델과 승법 모델 중 앞으로의 항공 마일을 예상하려면 어느 모델을 써야 할까? 가산 모델에서 오차의 표준 편차가 좀 더 작으므로 앞으로의 항공 마일을 예측하는 데는 가산 모델을 사용하는 편이 좋다.

Summary

이 장에서는 다음과 같은 사항을 알아보았다.

- 12개월이나 4분기 이동 평균 차트를 사용하여 제품 판매의 추세를 쉽게 알 수 있다.
- 다음 공식을 사용하여 제품 판매를 예상하기 위한 계절 요인을 사용할 수 있다.
  기간 t 동안의 예상 판매 = 기저(Base) + 추세 * 구간 숫자 + 해당 월 t에 대한 계절 지수
- 다음 공식을 사용하여 제품 판매를 예상할 수 있다.
  기간 t 동안의 예상 판매 = 기저(Base) *(추세^t) *(해당 월 t에 대한 계절 지수)

Exercises

다음 연습문제에서는 `airlinedata.xlsx`을 사용하자. 이 파일은 1970년부터 2004년까지 U.S 국내 항공의 운항 마일 기록을 월별로 가지고 있다.

1. 1970-1980동안의 추세와 계절 요인을 결정하시오.

2. 1981 - 1990동안의 추세와 계절 요인을 결정하시오.

3. 1995 - 2004동안의 추세와 계절 요인을 결정하시오.

Ratio to Moving Average Forecasting Method

Chapter 13

비에 대한 이동 평균 예측 모델

12장 "트렌드와 계절 요인 모델링"에서는 추세와 계절 지수를 어떻게 추정하는지 알아보았다. 이제 여러분은 추세와 계절 요인에 대한 지식을 이용하여, 앞으로의 판매를 어떻게 더욱 정확하게 예측하고자 할 것이다. 비에 대한 이동 평균법(Ratio to Moving Average Method)을 사용하면 앞으로의 월 판매나 분기 판매에 대해 정확하고 쉽게 예측할 수 있다. 이 장에서는 이 방법을 이용하여 어떻게 계절 지수를 추정하고 앞으로의 판매를 예측할 수 있는지 알아보겠다.

Analysis 1 비에 대한 이동 평균법 사용하기

이 절에서는 Ratioma.xlsx 파일을 이용하여 단순한 비에 대한 이동 평균 예측법을 설명하겠다. Ratioma.xlsx 파일에는 20분기 동안의 제품 판매 데이터가 있다(그림 13-1의 5행에서 24행까지). 이 방법을 사용하여 다음 두 가지 작업을 수행해보자.

- 시계열 데이터의 추세와 계절 지수를 쉽게 추정할 수 있다.
- 시계열 데이터에서 미래의 값을 예측할 수 있다.

이 장에서 예로 사용한 데이터에서는 20분기의 자료를 이용하여 그다음 4분기(21분기부터 24

분기까지)의 판매를 예측할 수 있다. 12장의 경우와 비슷하게 이 시계열 데이터에는 추세와 계절 요인이 모두 있다.

비에 대한 이동 평균법에는 네 가지 과정을 포함한다.

- 각 기간 동안의 데이터에서 계절 요인을 제거한 데이터 수준을 추정한다(중심화된 이동 평균을 이용).
- 계절 요인을 제거한 추정값에서 추세선을 만든다(G열).
- 각 분기에 대한 계절 지수를 결정하고, 추세선에서 앞으로 시계열 데이터의 수준을 추정한다.
- 추세선 추정으로부터 계절 요인을 재조정해서 앞으로의 판매를 예상한다.

	B	C	D	E	F	G	H	I	J	K	L
1				기울기	6.938786765						
2				절편	30.16617647				분기	계절지수	정규화
3									1	0.818547	0.81373678
4	분기번호	연도	분기	판매	4 구간 이동평균(MA)	중심화된 이동평균(CMA)	실제/CMA	예측	2	0.93934	0.9338190
5	1	1	1	24					3	1.067364	1.06109143
6	2	1	2	44	52				4	1.198394	1.19135219
7	3	1	3	61	58	55.00	1.11				
8	4	1	4	79	63.5	60.75	1.30				
9	5	2	1	48	71	67.25	0.71				
10	6	2	2	66	77.5	74.25	0.89				
11	7	2	3	91	82.5	80.00	1.14				
12	8	2	4	105	87.25	84.88	1.24				
13	9	3	1	68	89.5	88.38	0.77				
14	10	3	2	85	94.5	92.00	0.92				
15	11	3	3	100	104.25	99.38	1.01				
16	12	3	4	125	114.25	109.25	1.14				
17	13	4	1	107	123.75	119.00	0.90				
18	14	4	2	125	132.25	128.00	0.98				
19	15	4	3	138	139.25	135.75	1.02				
20	16	4	4	159	146.75	143.00	1.11				
21	17	5	1	135	156	151.38	0.89				
22	18	5	2	155	164.25	160.13	0.97				
23	19	5	3	175							
24	20	5	4	192							
25	21	6	1			175.8806985		143.121			
26	22	6	2			182.8194853		170.72			
27	23	6	3			189.7582721		201.351			
28	24	6	4			196.6970588		234.335			

그림 13-1 : 비에 대한 이동 평균법의 예

다음 절에서는 이 절차의 중요 부분들을 하나하나 따라가보자.

이동 평균과 중심화된 이동 평균 계산하기

우선 각 분기에 대해 4분기(4분기면 계절 요인을 제거할 수 있다) 이동 평균을 계산하자. 이전 분기, 현재 분기 그리고 앞으로 두 분기의 평균을 낸다. 셀 F6의 식 =AVERAGE(E5:E8)을 F7:F22에 복사하자. 예를 들어 두 번째 분기의 경우 이동 평균은 (24 + 44 + 61 + 79) / 4 = 52이다. 두 번째 분기에 대한 이동 평균이 첫 번째 분기부터 네 번째 분기까지 평균을 내며, 숫자 1~4의 평균은 2.5이다. 따라서 두 번째 분기의 이동 평균은 2.5분기에 중심화되어 있다. 이와 같은 방법으로 세 번째 분기의 이동 평균은 3.5분기에 중심화되어 있다. 따라서 이 두 이동 평균을 평균내면 세 번째 분기에 중심화된 이동 평균을 구할 수 있으며, 이 값은 해당 분기의 수준을 추정할 수 있다. 각각의 데이터 계열에서 계절성을 제거한 데이터 계열의 수준을 추정하려면, 식 G7의 식 =AVERAGE(F6:F7)을 아래로 복사하자.

중심화된 이동 평균에 대한 추세선 그리기

이제 중심화된 이동 평균을 이용하여 데이터 계열의 앞으로의 수준을 추정할 수 있는 추세선을 만들자. 다음과 같은 과정을 따라가보자.

1. 셀 F1에서 식 =SLOPE(G7:G22,B7:B22)을 사용하여 추세선의 기울기를 구하자.
2. 셀 F2에서 식 =INTERCEPT(G7:G22,B7:B22)을 사용하여 추세선의 절편을 구하자.
3. t분기 동안의 데이터 계열의 수준은 6.94t c + 30.17 이라고 추정한다.
4. G25의 식 =intercept + slope*B25을 G26:G28에 복사해서 21분기 이후의 추정 데이터 계열의 수준(계절 요인 제외)을 계산하자.

계절 지수 계산하기

어떤 분기에 계절 지수가 2라면, 이것은 그 분기에는 분기 평균 판매량에 비해 판매가 2배였다는 의미이다. 또 분기에 계절 지수가 .5라면 이것은 그 분기에는 분기 평균 판매량에 비해 판매가 절반이라는 의미이다. 따라서 계절 지수를 결정하려면 우선 각 분기에 대해 '(실제 판매)/중심화된 이동 평균'을 계산해야 한다. 셀 H7의 식 =E7/G7을 H8:H22까지 복사하자. 예를 들어 첫 번째 분기에서 판매는 평균의 77%, 71%, 90%, 89%이므로, 첫 번째 분기의 계절 지수를 이 네 개 값의 평균(82%)로 추정할 수 있다. 초기 계절 지수 추정값을 계산하려면, 셀 K3의 식 =AVERAGEIF($D$7:$D$22,J3,$H$7:$H$22)을 K4:K6에 복사하자. 이 식은 Q1 계절성에 대해 추정한 네 개 값을 평균 낸다.

안타깝게도, 계절 지수의 평균은 정확히 1이 되지 않는다. 최종 계절 지수 평균이 1이 되게 하려면 L3의 식 =K3/AVERAGE($K$3:$K$6)을 L4:L6에 복사한다.

21-24분기 동안의 판매 예측

앞으로의 분기에 대한 판매 예측을 하기 위해, 우선 각 분기의 수준(G열)에 대해 추정한 추세선에 대략의 계절 지수를 곱한다. 셀 G25의 식 =VLOOKUP(D25,season,3)*G25을 G26:G28에 복사하여 21분기부터 24분기까지 최종 예측값을 계산한다. 이 예측은 추세와 계절성 추정을 모두 포함한다.

만약 여러분이 이 데이터 계열의 추세가 최근 바뀌었다고 생각한다면, 이 데이터의 추세를 최근 데이터에 기반해서 추정할 수 있다. 예를 들어 13-18분기의 중심화된 이동 평균을 사용하여, 식 =SLOPE(G17:G22,B17:B22)을 이용하여 최근의 추세 추정값을 구할 수 있다. 결과로 나온 추정 추세는 분기당 8.09이다. 예를 들어 22번째 분기에 대한 판매를 예측한다고 하면, 최종 중심화된 이동 평균(18번째 분기)값 160.13에 4를 추가(8.09)하여 22번째 분기의 데이터의 수준을 추정할 수 있다. 다음 22번째 분기의 추정값에 2분기 계절 지수 .933을 곱해서 22번째 분기의 최종 판매 예측값 (160.13 + 4(8.09)) * (.933) = 179.6을 구할 수 있다.

Analysis 2 비에 대한 이동 평균법을 월간 데이터에 적용하기

비에 대한 이동 평균법을 사용하면, 분기뿐만 아니라 월에 대한 판매도 예측할 수 있다. 이 방법을 월간 데이터에 적용하기 위해, 미국 주택착공지수 데이터를 보자. Housingstarts.xlsx 파일에는 2000년 1월부터 2011년 5월까지 월간 U.S 주택착공지수(단위 1,000) 데이터가 있다. 2010년 11월 데이터를 통해 비에 대한 이동 평균법을 사용하여 2010년 12월부터 2011년 5월까지 월간 주택착공지수를 예측할 수 있다. 3.5(단위 백만) 주택이 지어질 것으로 예측했지만 실제로는 3,374(단위 백만)이 지어졌다. 분기 데이터와 월간 데이터에 비에 대한 이동 평균법을 적용할 때 이런 차이가 발생하는 이유는 월간 데이터에는 12개월 이동 평균을 사용해야 계절성을 제거할 수 있기 때문이다.

Summary

이 장에서는 다음과 같은 사항을 알아보았다.

- ▶ 비에 대한 이동 평균법을 적용하려면 다음과 같은 과정이 필요하다.
  - 4분기 이동 평균을 계산한 다음, 중심화된 이동 평균을 결정한다.
  - 중심화된 이동 평균에 맞는 추세선을 찾는다.
  - 계절 지수를 계산한다.
  - 앞으로의 기간에 대한 예측값을 계산한다.

- ▶ 다음 월 데이터에 대해 동일한 과정을 사용하여, 비에 대한 이동 평균법을 적용할 수 있다. 하지만 계절 요인을 제거기 위해 12개월 이동 평균을 사용하자.

Exercises

1. Walmartdata.xls 파일에는 1994 – 2009년 월마트(Walmart)[1]의 분기 매출 데이터가 있다. 비에 대한 이동 평균법을 사용하여 2009년 3분기, 5분기 그리고 2010년 1분기, 2분기의 매출을 예측해보자. 예측할 때는 53–60분기를 사용하여 추세를 추정해보자.

2. 12장의 airlinemiles.xlsx 파일의 데이터를 이용하여, 비에 대한 이동 평균법을 사용하여 2012년의 나머지 달의 항공 마일을 예측해보자.

---

[1] 미국 최대의 할인점 월마트를 운영하는 유통업체

Winter's 방법

Winter's Method

Chapter 14

시계열 데이터에서 미래의 데이터를 예상하는 일은 굉장히 어렵다. 왜냐하면 시계열 데이터의 성격이 지속적으로 바뀌기 때문이다. 예를 들어 12장 "트렌드와 계절 요인 예상하기"에서 US항공 승객 마일의 추세 같은 경우도 2000-2012년 동안 계속해서 바뀌었다. 시계열 데이터에서 미래의 데이터를 예측하기 위해서 보통 평활법(smoothing method)이나 적응법(adaptive method)을 사용한다. 평활법은 현재 관찰값과 추세나 계절 지수 같은 파라미터의 이전 값의 정보를 합하여 예측값을 만든다. 다른 평활법들과는 달리 Winter's 방법에서는 추세와 계절 지수를 모두 이용한다. 따라서 추세와 계절성이 중요한 상황에서 매우 유용하다. 실제 상황에서는(미국 월간 주택착공지수를 생각해보자) 추세와 계절 요인은 끊임없이 바뀌는데, Winter's 방법같은 경우는 각 기간 동안의 추세와 계절 지수 추정값을 계속 바꾼다. 이런 방법은 12장에서 다뤘던 곡선을 기반으로 하여 추세와 계절 지수를 일정한 수로 사용하는 경우보다 훨씬 더 변하는 상황을 잘 반영할 수 있다.

Winter's 방법이 어떻게 작동하는지 이해를 돕기 위해, 이 장에서는 12장에서 다뤘던 데이터를 기반으로 2012년 4월부터 12월까지 항공 승객 마일을 예측해보고자 한다. 이 장에서는 시계열의 중요한 세 가지 특징인 추세(경향, trend), 계절성(seasonality), 수준(level)을 설명하고 초기화 과정(initialization process), 표기(notation) 그리고 Winter's 방법을 구현하기 위해 필요한 중요식에 대해 설명하겠다. 마지막으로 Winter's 방법으로 예측을 해본 다음, 평균 절대 백분비 오차(MAPE, Mean Absolute Percentage Error)의 개념에 대해 알아보겠다.

Analysis 1 Winter's 방법의 파라미터 정의

이 장에서는 세가지 시계열의 특징인 수준(level)[1], 추세(경향이라고도 한다), 계절 지수를 사

---

[1] 기저(base)라고도 한다.

용하여 Winter's 지수 평활법(exponential smoothing method)을 사용해본다. 세가지 시계열의 특징에 대해서는 12장 "트렌드와 계절 요인 모델링"에서 다뤘다. 월 t 말에 데이터를 관찰했을 때, 다음과 같은 관심사항을 추정할 수 있다.

- L_t = 계열의 수준
- T_t = 계열의 추세
- S_t = 현재 달의 계절 지수

Winter's 방법에서 가장 중요한 점은 L_t, T_t, S_t를 갱신하는 세 개의 식을 이용하는 것이다. 다음 식에서 alp, bet, gam은 평활 파라미터(평활 모수, smoothing parameter)라고 한다. 이 파라미터의 값을 선택하여 예측을 최적화한다. 다음 식에서 c는 계절 주기(seasonal cycle)에서 주기의 개수를 말한다(예를 들어 c=12개월 이다). 그리고 x_t는 특정 시간 t에 관찰된 시계열의 값이다.

(1) $L_t = alp(x_t) / (s_{t-c}) + (1 - alp)(L_{t-1} * T_{t-1})$

(2) $T_t = bet(L_t / L_{t-1}) + (1 - bet) T_{t-1}$

(3) $S_t = gam(x_t / L_t) + (1 - gam)s_{(t-c)}$

식(1)에서는 새 기저 추정값이 현재 관찰값(계절성 제거)의 가중 평균이고, 마지막 기간의 기저는 최종 추세 추정값으로 갱신된다는 것을 알려준다. 식(2)에서는 새 추세 추정값은 현재 기저 대 최종 기간의 기저(이 값이 현재 추세의 추정값)의 비의 가중 평균이며 최종 추세임을 의미한다. 식(3)에서는 계절 지수 추정값을 현재 기간에 기반한 계절 지수의 추정값의 가중 평균과 이전 추정값으로 갱신함을 의미한다. 식(1)~(3)에서 첫 번째 항에서 원하는 값의 추정값은 현재 관찰값에 기반하며, 두 번째 항은 원하는 값의 이전 추정값을 사용한다.

Note

평활 모수의 값이 커지면 이것은 현재 관찰값에 더 많은 가중을 두는 것에 해당한다.

$F_{t,k}$는 t 기간 이후 t+k 기간 동안의 예측값(F)이다. 식으로 쓰면 다음과 같다.

(4) $F_{t,k} = L_t * (T_t)^k s_{t+k-c}$

식(4)는 우선 현재 추세 추정값을 사용하여 기저 k기간을 앞으로 갱신하고 있다. 다음 기간 t+k에 대한 결과 기저 추정값은 적절한 계절 지수로 조정한다.

Analysis 2 Winter's 방법 초기화

Winter's 방법을 시작하려면 우선 기저, 추세 그리고 계절 지수의 초기 추정값을 정해야 한다. 데이터는 `winters.xls` 파일을 사용하며, 이 파일은 2003년부터 2004년까지 월간 U.S 항공 승객 마일 데이터를 포함한다. 기저, 추세, 계절상의 초기 추정값을 정하기 위해 이 데이터를 사용하겠다. 그림 14-1을 보자.

	A	B	C	D	E	F	G	H	I
1									
2	기저	3.51E+01							SSE
3	추세	1.00649							5.63
4			월번호	월	월	항공 마일 (단위 십억)	예측값	오차	오차 제곱
5	1	0.90305	1	Jan2003	1	32.85	31.873	0.98	0.96
6	2	0.87595	2	Feb2003	2	30.81	31.117	-0.30	0.09
7	3	1.05381	3	Mar2003	3	37.59	37.678	-0.09	0.01
8	4	1.00801	4	Apr2003	4	35.23	36.275	-1.05	1.10
9	5	1.01171	5	May2003	5	36.57	36.644	-0.07	0.01
10	6	1.09987	6	Jun2003	6	39.75	40.096	-0.35	0.12
11	7	1.17371	7	Jul2003	7	43.37	43.065	0.30	0.09
12	8	1.12915	8	Aug2003	8	42.09	41.699	0.39	0.15
13	9	0.87964	9	Sep2003	9	32.55	32.696	-0.15	0.02
14	10	0.97736	10	Oct2003	10	36.44	36.564	-0.12	0.01
15	11	0.91815	11	Nov2003	11	34.35	34.572	-0.22	0.05
16	12	0.96961	12	Dec2003	12	37.39	36.746	0.64	0.41
17					13	Jan2004	1	33.54	34.446	-0.91	0.83
18	평균		1	14	Feb2004	2	33.91	33.629	0.28	0.08
19				15	Mar2004	3	40.81	40.72	0.08	0.01
20				16	Apr2004	4	40.17	39.203	0.97	0.94
21				17	May2004	5	39.67	39.602	0.07	0.00
22				18	Jun2004	6	43.65	43.333	0.32	0.10
23				19	Jul2004	7	46.26	46.542	-0.28	0.08
24				20	Aug2004	8	44.70	45.066	-0.36	0.13
25				21	Sep2004	9	35.47	35.336	0.14	0.02
26				22	Oct2004	10	39.63	39.516	0.11	0.01
27				23	Nov2004	11	37.57	37.362	0.20	0.04
28				24	Dec2004	12	39.12	39.713	-0.60	0.35

그림 14-1 : Winter's 방법의 데이터

Initial 워크시트에서 2003-2004 데이터에 12장에서 적용한 승법 추세 모델을 적용할 수 있다. 그림 14-2에서 보면, 여기에서 만든 추세와 계절 지수를 사용해서 원래의 계절 지수와 2004년 12월의 추세로 사용한다. 셀 C25는 2004년 12월 관찰된 마일에서 계절 요인을 제거한 다음 2004년 12월데 대한 기저를 추정한다. 식은 =(B25/H25)와 같다.

	A	B	C	D	E	F	G	H	I	J	K	L
1	날짜	항공 마일(단위 십억)										
2	Jan2003	32.85										
3	Feb2003	30.81										
4	Mar2003	37.59										
5	Apr2003	35.23										
6	May2003	36.57										
7	Jun2003	39.75										
8	Jul2003	43.37										
9	Aug2003	42.09										
10	Sep2003	32.55						alp		bet		gam
11	Oct2003	36.44						0.548512014		0.049142462		0.5888
12	Nov2003	34.35										
13	Dec2003	37.39						계절 지수				
14	Jan2004	33.54						0.903049602				
15	Feb2004	33.91						0.875947455				
16	Mar2004	40.81						1.053814727				
17	Apr2004	40.17						1.00800602				
18	May2004	39.67						1.011705575				
19	Jun2004	43.65						1.099865309				
20	Jul2004	46.26						1.173705527				
21	Aug2004	44.70				SSE	77.8196	1.129148564				
22	Sep2004	35.47				오차의 표준편차	0.9369659	0.879643964			87번중 34번 부호가 바뀜	
23	Oct2004	39.63						0.977358616		MAPE		
24	Nov2004	37.57	기저	추세	예측	오차	오차 제곱	0.918146041		34	0.0206	
25	Dec2004	39.12	40.34378	1.0065				0.969608616	부호 변경	APE		
26	Jan2005	36.12	40.27083	1.006083	36.6689	-0.55	0.3038	0.899411078		0.0153		
27	Feb2005	34.56	39.93414	1.005373	35.4897	-0.93	0.8628	0.869764432		0	0.0269	
28	Mar2005	43.64	40.8425	1.006227	42.3093	1.33	1.7767	1.062490091		1	0.0305	
29	Apr2005	40.24	40.45404	1.005453	41.42583	-1.18	1.3953	1.000244124		1	0.0294	
30	May2005	41.80	41.02748	1.005882	41.15077	0.65	0.4235	1.015922148		1	0.0156	
31	Jun2005	44.68	40.91303	1.005456	45.39013	-0.71	0.5089	1.095230183		1	0.016	
32	Jul2005	47.56	40.80036	1.005052	48.28184	-0.72	0.5166	1.169022868		0	0.0151	

그림 14-2 : Winter's 방법의 초기화

다음 절에서는 2005년부터 2012년까지의 한 달 먼저 예측하는 값을 최적화하기 위해 평활 모수를 선택하는 방법에 대해 다루겠다.

Analysis 3 평활 상수 추정하기

각 월에 대한 항공 마일(단위 십억)값을 가지고 있으므로 이제 평활 상수를 갱신해보자. C열에서는 기저 계열을 갱신한다. D열에서는 추세 계열, H열에서는 계절 지수를 갱신한다. E열에서는 다음 달에 대한 예측값을 계산하고, G열에서는 각 월에 대한 오차의 제곱을 계산한다. 마지막으로 해찾기를 사용하여 오차 제곱의 합을 최소로 만드는 평활 상수를 선택한다.

다음 과정을 수행해보자.

1. H11:J11에 평활 상수로 시험값(0과 1사이)을 입력하자.
2. C26:C113에서, 식(1)을 이용하여 갱신된 기저 계열을 계산하자. C26의 식 =alp*(B26/H14)+(1-alp)*(C25*D25)을 C27:C113에 복사하자.
3. D26:D113에 식(2)를 이용하여 추세를 갱신하자. D26의 식 =bet*(C26/C25)+(1-bet)*D25을 D27:D113에 복사하자.
4. H26:H113에서, 식(3)을 사용하여 계절 지수를 갱신한다. H26의 식 =gam*(B26/C26)+(1-gam)*H14을 H27:H113에 복사한다.
5. E26:E113에 식(4)를 이용하여 현재 달에 대한 예측값을 계산한다. E26의 식 =(C25*D25)*H14을 E27:E113에 복사한다.
6. F26:F113에서 각 월에 대한 오차를 계산한다. E26의 식 =(B26-E26)을 E27:E113에 복사한다.
7. G26:G113에서 각 월의 오차의 제곱을 계산한다. 셀 F26의 식 =F26^2을 F27:F113에 복사하자. 셀 G21에서는 식 =SUM(G26:G113)으로 오차 제곱의 합(SSE, Sum of Squared Errors)을 계산한다.
8. 이제 해찾기를 사용하여 SSE를 최소로 만드는 평활 파라미터를 결정해보자. 해찾기 창은 그림 14-3과 같다.

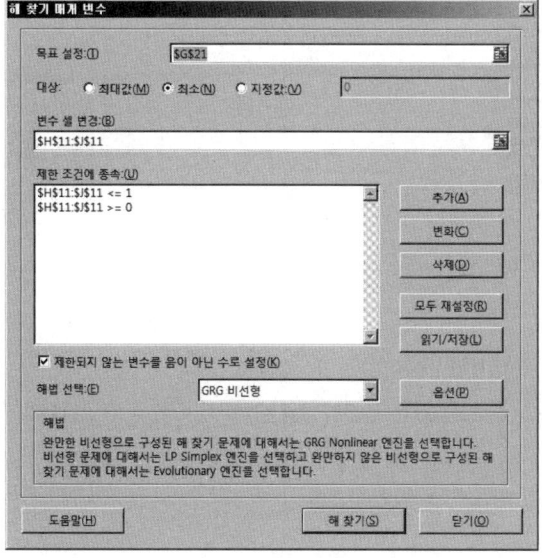

그림 14-3 : 평활 상수를 최적화하기 위한 해찾기 창

9. SSE(셀 G21)을 최소화하기 위한 평활 파라미터(H11:J11)를 선택하자. 엑셀 해찾기를 사용하면 최적의 평활 파라미터를 찾을 수 있다. 평활 상수는 α여야 한다. 해찾기에서 찾은 값은 alp = 0.55, bet = 0.05, gamma = 0.59이다.

Analysis 4 다음 달을 예측하기

이제 여러분은 Winter's 방법의 평활 계수(α, β, γ 등)를 추정했다. 이제 이 추정값을 사용하여 앞으로의 항공 마일을 예측해보자. 셀 D116의 식을 이용하여 예측할 수 있다. 이 식을 D117:D123에까지 복사하면 2012년 5월부터 12월까지 월간 항공 마일을 예측할 수 있다. 그림 14-4에서는 예측값을 보여주고 있다.

	A	B	C	D	E	F	G	H
101	Apr2011		38.51	38.09331	0.999196	38.63321	-0.13	0.0162	1.011448481
102	May2011		40.43	38.7357	1.000064	39.16698	1.26	1.5942	1.03767775
103	Jun2011		42.57	38.84163	1.000195	42.36397	0.21	0.0425	1.095009094
104	Jul2011		45.07	39.00168	1.000388	44.75388	0.32	0.1025	1.154171797
105	Aug2011		42.78	38.66139	0.99994	43.50483	-0.72	0.5220	1.110060016
106	Sep2011		36.70	39.65425	1.001205	35.05387	1.65	2.7064	0.917771587
107	Oct2011		38.70	39.72586	1.001235	38.66143	0.04	0.0018	0.974072493
108	Nov2011		36.83	40.16433	1.001716	36.182	0.65	0.4171	0.913943328
109	Dec2011		37.49	39.82658	1.001219	38.1972	-0.70	0.4955	0.944695094
110	Jan2012		34.31	39.32558	1.000541	35.19792	-0.88	0.7821	0.876725748
111	Feb2012		33.26	39.53299	1.000773	32.97971	0.28	0.0809	0.840092107
112	Mar2012		40.78	38.94334	1.000002	41.9811	-1.20	1.4396	1.05291499
113	Apr2012		38.81	38.6274	0.999604	39.38927	-0.58	0.3396	1.00743814
114				기저	추세	예측	오차	오차 제곱	계절 지수
115			예측						
116			1	May-12	40.06691				
117			2	Jun-12	42.26383				
118			3	Jul-12	44.52966				
119			4	Aug-12	42.81079				
120			5	Sep-12	35.38093				
121			6	Oct-12	37.53649				
122			7	Nov-12	35.20542				
123			8	Dec-12	36.37556				
124			총합	314.1696					

그림 14-4 : Winter's 방법으로 예측하기

그림 14-4에서는 2012년 2012년 5월부터 12월까지 예측 항공 마일을 보여주고 있다. 셀 D116의 식 =($C$113*$D$113^B116)*H102을 D117:D123에 복사했다. 셀 D124에서는 이 예측값들을 모두 더해서 앞으로 2012년 말까지 314.17(단위 십억) 항공 마일을 더 운행할 것이라고 예상하고 있다.

셀 G22에서는 한 달 먼저 예측한 값의 오차의 표준 편차(0.94 (단위 십억))를 계산했다. 이것은 예측 오차의 약 95%가 최대 1.88(단위 십억)마일 안에 들어온다는 뜻이다. F열에서 보면, 한 달 전을 예측한 값에는 아웃라이어가 없음을 보여준다.

Analysis 5 평균 절대 백분비 오차 (Mean Absolute Percentage Error, MAPE)

통계학자들은 오차의 제곱을 최소화하여, 예측을 위한 파라미터를 추정하고자 한다. 하지만 실제 세계에서는 대부분의 사람들은 평균 절대 백분비 오차(MAPE, Mean Absolute Percentage Error)를 통해 예측이 정확한지 더 관심을 가진다. SSE와는 달리 MAPE는 데이터와 동일한 단위로 측정하기 때문일 것이다. 그림 14-5에서 보면 한 달 전 예측값은 평균에서 2.1% 떨어져있다. 각 월에 대해 절대 백분비 오차(Absolute Percentage Error, APE)를 계산하려면, G26의 식 =ABS(B26-E26)/B26을 J26:J113에 복사하자. 셀 J24의 식 =AVERAGE(J26:J113)은 MAPE를 계산한다.

	A	B	C	D	E	F	G	H	I	J	K	L
22	Sep2004	35.47				오차의 표준편차	0.9369659	0.879643964		87번중 34번 부호가 바뀜		
23	Oct2004	39.63						0.977358616		MAPE		
24	Nov2004	37.57	기저	추세	예측	오차	오차 제곱	0.918146041		34	0.0206	
25	Dec2004	39.12	40.34378	1.0065				0.969608616	부호 변경	APE		
26	Jan2005	36.12	40.27083	1.006083	36.6689	-0.55	0.3038	0.899411078			0.0153	
27	Feb2005	34.56	39.93414	1.005373	35.4897	-0.93	0.8628	0.869764432		0	0.0269	
28	Mar2005	43.64	40.8425	1.006227	42.3093	1.33	1.7767	1.062490091		1	0.0305	
29	Apr2005	40.24	40.45404	1.005453	41.42583	-1.18	1.3953	1.000244124		1	0.0294	
30	May2005	41.80	41.02748	1.005882	41.15077	0.65	0.4235	1.015922148		1	0.0156	
31	Jun2005	44.68	40.91303	1.005456	45.39013	-0.71	0.5089	1.095230183		1	0.016	
32	Jul2005	47.56	40.80036	1.005052	48.28184	-0.72	0.5166	1.169022868		0	0.0151	
33	Aug2005	45.14	40.43957	1.00437	46.30243	-1.17	1.3621	1.121476998		0	0.0259	
34	Sep2005	37.04	41.43753	1.005368	35.72786	1.32	1.7346	0.888092908		1	0.0356	
35	Oct2005	38.85	40.61218	1.004125	40.71671	-1.87	3.4855	0.965138667		1	0.0481	
36	Nov2005	38.16	41.20776	1.004643	37.44173	0.72	0.5134	0.922768159		1	0.0188	
37	Dec2005	39.18	40.85313	1.003992	40.14091	-0.96	0.9307	0.963331236		1	0.0246	
38	Jan2006	36.68	40.88625	1.003835	36.89062	-0.21	0.0456	0.898023391		0	0.0058	
39	Feb2006	34.75	40.44253	1.003114	35.6978	-0.95	0.9068	0.863505332		0	0.0274	
40	Mar2006	42.89	40.45961	1.002981	43.10358	-0.21	0.0445	1.061104844		0	0.0049	

그림 14-5 : MAPE 계산

Winter's 방법은 다음과 같은 이유로 매우 선호하는 예측 방법이다.

- 과거의 데이터가 주어졌을 때 수천 가지의 제품에 대해 미래의 판매를 예측할 수 있도록

쉽게 과정화할 수 있다.

- Winter's 방법을 사용하면 추세와 계절성에서 변화가 일어났을 때 쉽게 알아낼 수 있다.
- 평활법은 데이터에 적응한다. 만약 적게 예측하면 파라미터 추정값을 높이고, 높게 예측하면 파라미터 추정값을 낮춘다.

Summary

이 장에서는 다음과 같은 사항을 알아보았다.

▶ 지수 평활법(Exponential smoothing method)은 현재 관찰값으로부터 파라미터의 이전 추정값과 파라미터 추정값의 가중 평균을 계산하여 시계열 파라미터를 갱신한다.

▶ Winter's 방법은 지수 평활법이며 기저, 추세 그리고 계절 지수를 각각의 식 이후에 갱신한다.

(1) $L_t = alp(x_t) / (s_{t-c}) + (1-alp)(L_{t-1} * T_{t-1})$
(2) $T_t = bet(L_t / L_{t-1}) + (1-bet)T_{t-1}$
(3) $S_t = gam(x_t / L_t) + (1-gam)s_{(t-c)}$

▶ Winter's 방법으로 t기간의 끝에서 k기간 앞을 예측하려면 식(4)를 사용한다.

(4) $F_{t,k} = L_t * (T_t)^k s_{t+k-c}$

Exercises

다음 연습문제에 대한 데이터는 `Quarterly.xlsx` 파일을 이용하시오.

1. Winter's 방법을 이용하여 Wal-Mart의 1분기씩 미래의 매출을 예측하시오.

2. Winter's 방법을 이용하여 Coca-Cola의 1분기씩 미래의 매출을 예측하시오.

3. Winter's 방법을 이용하여 Home Depot의 1분기씩 미래의 매출을 예측하시오.

4. Winter's 방법을 이용하여 Apple의 1분기씩 미래의 매출을 예측하시오.

5. Winter's 방법을 이용하여 Amazon의 1분기씩 미래의 매출을 예측하시오.

6. 2007년 말, 여러분은 2008년과 2009년의 로스앤젤레스(Los Angeles)의 주택착공지수에 대해 예상해보고자 한다고 가정하자. 다중 회귀보다 Winter's 방법이 예측에 더 효과적이라고 생각하는 이유는 무엇인가?

Using Neural Networks to Forecast Sales

신경망을 사용하여 판매 예측하기

Chapter 15

10장 "다중 회귀를 사용하여 판매 예상하기"에서는 다중 회귀를 사용하기 위해 종속 변수와 독립 변수 간에 어떤 관계가 있다는 것을 가정했다. 보통 독립 변수는 종속 변수에게 선형 관계로 영향을 준다고 가정했다. 하지만 종속 변수와 독립 변수 간의 관계가 매우 복잡하다면 다중 회귀로는 그들 간의 관계를 찾아낼 수 없다. 신경망(Neural network)은 인공지능의 한 형태이며 이러한 복잡한 관계를 찾아낼 수 있다. 기본적으로 신경망은 일종의 '블랙박스'[1] 이며 독립 변수를 포함하여 종속 변수를 가장 잘 예상할 수 있는 관계를 알아내기 위해 여러 가지 모델들(상호작용을 포함하는 비선형 모델도 포함하여)을 찾는다. 신경망에서 독립 변수는 '입력셀'(input cell)이라고 하고, 종속 변수는 '출력셀'(output cell)이라고 한다(하나 이상의 출력도 괜찮다).

이 장에서는 Palisade Corporation의 엑셀 추가 기능인 NeuralTools를 사용하여 데이터에 신경망을 적용하겠다. Palisade.com에서 NeuralTools 15일 시험버전을 다운로드 받을 수 있다.

Analysis 1 회귀 분석과 신경망

회귀 분석처럼 신경망에서도 관찰값의 개수가 있어야 한다(N이라고 하자). 각 관찰값은 각각

---

[1] 입력, 처리 그리고 처리의 결과인 출력까지의 과정에서 중간의 처리 과정을 일종의 상자로 처리하여 자세한 처리 과정 등은 외부에 숨긴다.

의 독립 변수와 종속 변수에 대한 값을 포함한다. 회귀 분석에서와 같이 신경망에서도 출력셀 혹은 종속 변수에 대해 정확한 예상을 하는 것이 목적이다. 신경망을 사용하는 분야는 빠르게 늘어나고 있는데, 특정 패턴을 찾아내는 데 신경망이 매우 유용하기 때문이다. 회귀 분석에서는 여러분이 어떤 패턴을 찾아내고자 하는지 알고 있어야만 찾을 수 있다. 예를 들어 y = Ln x이고 단순히 x를 독립 변수로 사용하고 있으면 y를 잘 예상할 수 없다. 신경망에서는 독립 변수와 종속 변수 간의 관계의 성질에 대해 알려줄 필요가 없다. 어떤 관계나 패턴이 존재하고 여러분이 신경망에 충분한 데이터를 준다면, 신경망이 자신의 방식대로 데이터에서 패턴을 찾아낸다. 회귀 분석에 비해 신경망의 가장 큰 장점은 여러분의 데이터에 대해 어떤 통계적인 가정을 할 필요가 없다는 것이다. 예를 들어 회귀 분석의 경우와는 달리, 오차가 독립적으로 정규분포되었다고 가정할 필요가 없다.

Analysis 2 신경망 사용하기

여러 가지 다양한 상황에서 신경망을 성공적으로 적용해왔다. 이 절에서는 신경망을 적용할 몇 가지 예에 대해 설명하겠다.

주식 시장 예상하기

금융시장에서 효율적 시장가설(Efficient Market Hypothesis)[2]에 따르면 주식시장에서 "과거의 기록"은 앞으로의 주식시장을 예측하는데 어떤 도움도 주지 못한다. UC San Diego의 경제학 교수였던 고 Halbert White는 1988년 그의 논문 "Economic Prediction Using Neural Networks: The Case of IBM Daily Stock Returns"(http://goo.gl/8vG9W[3])에서 시장이 얼마나 효율적인지 IBM의 주식에 대해 연구했다. 논문에서 그는 종속 변수는 다음날의 IBM 주식 수익 그리고 이전 5일 간의 IBM 주식 수익을 독립 변수로 해서 다중 회귀를 통해 예측을 시도했다. 회귀 분석 결과에서 R^2 = .0079였고, 이 결과는 효율적 시장가설과도 부합한다. 논문에서는 출력셀을 다음날의 IBM 주식 수익으로, 입력셀은 지난 5일간의 IBM 주식 수익으로 해서 신경망(숨겨진 계층이 하나 더 있다)으로 추정했다. 신경망에서의 결과는 $R^2 =$ .179 였다. 이것은 지난 IBM 주식의 5일간의 정보 중에 내일의 IBM 주가를 예상할 정보가 어느 정도 있다는 의미이다. 이것은 주식 투자자들 중 최근의 주식시장의 추세나 경향으로 앞으로의 주식시장의 변화를 예상할 수 있다고 믿는 의견을 지지하는 것이기도 하다.

금융서비스 기업인 피델리티(Fidelity)는 투자 뱅킹 분야에 전문화되어 있는데, 이 기업도 신경망을 사용하여 주식시장에서의 추세를 예상한다. 1993년도 10월 9일 이코노미스트(Economist)에 따르면 피델리티는 26억 달러의 자산을 신경망을 사용하여 운용하고 있다고 한다.

신경망을 사용하여 투자 전략을 짜는 또 다른 투자회사의 예로는 Ward Systems Group, Inc. 가 있다. "Interviews with Real Traders" 기사에서 신경망을 사용하여 헤지펀드를 성공적으로 운영하는 내용에 대해 다루고 있다(http://www.neuroshell.com/traders.asp?task=interviews&id=15[4]).

자동차 운전

1995년 카네기 멜론 대학의 연구팀은 AVLIN(Automated Land Vehicle in a Neural Network, 신경망이 자동차를 운전하도록 하는 시스템)이라는 시스템을 개발했다. ALVINN은 차에 설치된 비디오 카메라의 정보를 기반으로 차가 부근에 있으면 속도를 낮출 수 있다. 10년 이내에 신경망으로 자동차를 운전할 수 있을 것으로 기대한다.[5] 연습문제 1번에서는 이 시나리오를 좀 더 자세하게 살펴보자. 디스커버리 잡지에서는 컴퓨터가 운전하는 차에 대한 기사를 다루고 있다(http://discovermagazine.com/2011/apr/10-future-tech-finally-ready-self-driving-cars).

---

[2] 자본 시장에서 가격이 이용 가능한 정보를 충분히 반영하고 있다는 가설, 즉 시장이 매우 효율적이어서 투자자가 가진 정보는 모두 시장 가격이나 주가에 반영이 이미 되었으므로, 투자자가 가진 정보로는 초과 수익을 얻을 수 없다고 가정한다.
[3] 2014년 9월 현재 위 링크는 연결되지 않는다. 대신 http://uran.donetsk.ua/~masters/2009/kita/stolyar/library/11.pdf를 참고하라.
[4] 2014년 9월 현재 이 링크로 연결되지 않는다.
[5] 2014년 현재 무인 자동차에 대한 연구가 활발하게 이루어지고 있다. 현재 대부분의 무인 자동차들은 비디오 카메라가 아닌 무선 통신을 기반으로 하여 도로 위의 교통 상황 등에 대해 인식한다.

다이렉트 마케팅 고객 선정

아마 우리들 대부분은 다이렉트 메일(DM, 직접 발송 우편)이나 스팸 메일의 숫자에 기반해서 의사결정을 내리는 일이 흔하지 않겠지만, 마케팅 분석가들은 누가 다이렉트 메일을 받는지 결정하기 위해 많은 노력을 기울인다. 다이렉트 메일 캠페인을 할 때는 우편물에 대해 가장 잘 반응할 것으로 예상되는 고객을 대상으로 한다. SSRN(Social Science Research Network)의 논문(http://papers.ssrn.com/sol3/papers.cfm?abstract_id=370877)에 따르면 독일의 자선단체에서 응답률을 최대화하기 위해 신경망을 어떻게 사용했는지에 대해 보여주고 있다. RFM(Recency Frequency Monetary)[6] 방법을 반영하기 위해 다음 독립 변수를 사용했다.

- 최근(Recency) : 최종 기부가 언제였는지
- 빈도(Frequency) : 최근 5년 동안 얼마나 자주 기부했는지
- 금액(Monetary Value) : 최근 5년 동안 기부한 금액은 얼마인지

기부 요청을 받을 사람들을 골라내기 위한 메일 리스트를 만들 때, 다른 방법들보다 신경망을 사용했을 때 가장 성과가 좋았다. 신경망에서 선택한 메일 목록의 10%에 메일을 보냈을 때 약 70%의 사람들로부터 답을 받을 수 있었는데, 다른 방법에서는 30% 정도였다.

파산 예상

금융이나 회계 분야에서는, 어떤 회사가 내년도에 파산할 것인지 정확하게 예상하는 것이 매우 중요하다. NYU의 금융분야 교수인 Edward Altman은 1968년도 Altman's Z-통계치(Z-statistic)이라는 방법을 개발했다. 이 방법은 회사의 재정 상황에 대한 비율에 기반하여 해당 회사가 내년도에 파산할 것인지 예상한다. 이 방법은 회귀 분석의 일종인 판별 분석(discriminant analysis)을 사용하며 39장 "분류 알고리즘 : 단순 베이즈 분별과 판별 분석"에서 더욱 자세하게 다룬다. Rick Wilson과 Ramesh Sharda의 논문(1994년 Decision Support Systems Journal, "Bankruptcy Prediction Using Neural Networks" 545-57 페이지)에서도

다루었듯이, 신경망에서 입력셀로 재정 상황에 대한 비율을 입력하면 내년도에 어떤 회사가 파산할 것인지 Altman's Z 방법보다 더욱 정확하게 예측할 수 있다.

스캐너 데이터 분석하기

1999년 University of Iowa의 Ann Furr Peterson과 Thomas Grucca 그리고 University of Nebraska의 Bruce Klemz는 신경망을 사용하여 가격, 최근의 시장 점유율, 어떤 상품이 전시되어 있는지 여부에 따라 케첩의 시장 점유율을 예상했다. 신경망을 사용한 방법은 다른 통계적 방법에 비해 훨씬 더 좋은 성과를 보여주었다(R^2는 더 높고, MAPE는 더 낮았다). 자세한 연구는 http://dl.acm.org/citation.cfm?id=846174를 참고하자.

신경망과 엘리베이터

1993년 9월 22일, 뉴욕타임즈에서는 Otis 엘리베이터[7]가 신경망을 사용하여 엘리베이터에게 지시를 내린다는 기사를 실었다. 예를 들어 엘리베이터 1이 10층에 있고 올라가는 중이고, 엘리베이터 2는 6층에 있고 내려가는 중이며, 엘리베이터 3은 2층에 있고 올라가는 중이라면, 어떤 사람이 8층에서 엘리베이터 버튼을 눌렀을 때 어떤 엘리베이터가 8층으로 가야 할 지 신경망이 결정한다. 이 시스템은 뉴욕 타임 스퀘어(Times Square)[8]의 매리어트 호텔(Marriott Hotel)에서 사용하고 있다.

신용카드와 대부

많은 은행들(Mellon, Chase를 예로 들어보자)과 신용카드 회사들은 신경망을 사용해서 과거

---

6   고객의 미래 구매 행위를 예측하는데 있어 가장 중요한 것이 과거 구매 내용이라고 가정하는 시장분석기법이다. RFM은 최근의(Recency) 주문 혹은 구매 시점, 특정 기간 동안 얼마나 자주(Frequency) 구매하였는가, 구매의 규모는 얼마인가(Monetary Value)를 의미하며, 각 고객에 대한 RFM을 계산한 후 이를 바탕으로 고객군을 정의한 뒤 고객군의 응답 확률과 메일 발송 비용을 고려해 이익을 주는 고객군에게만 메일을 발송하는 것이다.
    출처 : [네이버 지식백과] RFM [Recency Frequency Monetary] (매일경제, 매경닷컴)
7   미국의 엘리베이터 제조 회사
8   뉴욕 맨하탄 중심가의 번화가

구매 패턴에 기반하여 어떤 카드 거래를 승인하지 말아야 할지 예상한다. 여러분이 전에 방문한 적이 없는 도시를 방문해서 신용카드를 사용하면 신용카드가 막힌 경험이 있을 것이다. 신경망 덕분이다. 신경망은 여러분의 구매 패턴에서 기존에 나타난 적이 없는 패턴이 나타나면, 이 신용카드가 도난 당했고 아직 신고를 안 했다고 생각하고 카드 사용을 막아버린다. 저자도 이런 일을 자주 겪는데, 로스앤젤레스(Los Angeles)에 사는 딸을 만나러 가서 산타 모니카(Santa Monica)[9]의 Promenade Mall에 딸과 쇼핑 갔다가 여러 번 경험했다.

AVCO 금융도 신경망을 사용하여, 고객에게 돈을 빌려주어야 할지 말아야 할지를 결정한다. 이때 신경망에 신용카드 점수에 사용하는 정보들을 입력한다(동일 주소에서 얼마나 거주했는지, 연간 수입, 모기지나 카드 지불을 연체한 적이 몇 번이나 되는지 등). 신경망을 이용하여 고객에게 돈을 빌려줘도 좋은지 아닌지 판단하여 AVCO는 대부 규모를 25% 늘리고 부도율을 20% 낮출 수 있었다.

Analysis 3 NeuralTools를 사용하여 판매 예상하기

신경망이 데이터에서 어떻게 패턴을 찾아내는지 보여주기 위해, `Neuralpriceads.xlsx` 파일의 `Data` 워크시트를 사용하자. 그림 15-1에서 이 데이터 중 일부를 볼 수 있다. 어떤 제품의 주간 판매액, 가격 그리고 광고 비용(단위 $100)을 볼 수 있다. 가격이 높으면 판매에 광고가 효과 없다고 가정한다. 더 정확하게 표현하기 위해 주간 판매액에 대해 다음과 같은 공식을 만들었다.

- 만약 가격이 $8보다 작거나 같으면, 판매 = 500 − 15 * 가격 + 0.1 * 광고
- 만약 가격이 $8보다 크면, 판매 = 500 − 15 * 가격. 이 경우 광고는 판매에 아무 영향을 주지 못한다.

---

[9] 미국 로스엔젤리스 부근의 휴양 도시

	C	D	E
3	판매	가격	광고
4	400.3	7	53
5	365	9	68
6	387.6	8	76
7	432	5	70
8	401.4	7	64
9	387.8	8	78
10	431	5	60
11	400.1	7	51
12	404.7	7	97
13	388.8	8	88
14	388.9	8	89
15	415.2	6	52
16	416.5	6	65
17	365	9	51

그림 15-1 : 가격과 광고, 신경망 예제

우선 다음과 같은 과정을 수행하자.

1. 가격과 광고 비용으로부터 판매를 예상하기 위해 다중 회귀를 수행하자. 결과값은 그림 15-2의 regression 워크시트에서 볼 수 있다. 회귀 분석 결과에서 R^2의 값은 매우 높으며, 표준 오차가 2.03임을 알 수 있다. 하지만 신경망을 쓰면 예측 오치의 표준 편차가 .03보다 작아지며, 신경망이 훨씬 더 예측을 잘 하는 것을 알 수 있다.

2. 윈도우의 '시작' 버튼을 눌러서 '모든 프로그램'에서 Palisade Decision Tools를 선택하자. NeuralTools를 선택하면 그림 15-3과 같은 도구 바를 볼 수 있다.

	A	B	C	D	E	F	G
1	요약 출력						
2							
3	회귀분석 통계량						
4	다중 상관계수	0.997413					
5	결정계수	0.994833					
6	조정된 결정계수	0.994802					
7	표준 오차	2.034422					
8	관측수	332					
9							
10	분산 분석						
11		자유도	제곱합	제곱 평균	F 비	유의한 F	
12	회귀	2	262191.2	131095.6	31674.24	0	
13	잔차	329	1361.689	4.138871			
14	계	331	263552.9				
15							
16		계수	표준 오차	t 통계량	P-값	하위 95%	상위 95%
17	Y 절편	513.1581	0.812466	631.6054	0	511.5598	514.7564
18	가격	-16.7327	0.067173	-249.099	0	-16.8648	-16.6005
19	광고	0.064978	0.007716	8.421615	1.16E-15	0.0498	0.080156

그림 15-2 : 판매를 예상하기 위한 회귀 모델

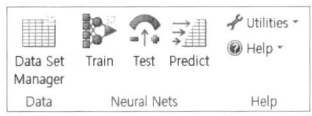

그림 15-3 : Neural Nets 도구 바

3. 분석할 데이터를 선택하자. 여기에서는 영역 C3:E335를 선택하면 NeuralTools가 자동으로 데이터를 인식한다. 각 데이터의 열을 독립 변수나 종속 변수로 분류하고, 데이터가 범주 데이터(예를 들어 '구독자'인지 '비구독자'인지)인지 아니면 숫자 데이터인지 등을 분류한다.

4. 데이터를 선택한 다음 리본상에 있는 NeuralTools 탭을 클릭하자. 다음 'Data Set Manager'를 선택하자. Data Set Manager를 쓰면 입력변수와 종속 변수의 특징(예를 들어 범주 데이터인지 숫자 데이터인지 등등)을 알려줄 수 있다. 모든 데이터가 숫자 데이터이프로 그림 15-4와 같이 Data Set Manager 대화상자를 설정한다.

5. 리본에서 NeuralTools 탭을 다시 선택한 다음 'Train'을 선택하고 그림 15-5와 같이 대화상자를 설정한 다음 'Next'를 클릭하자.

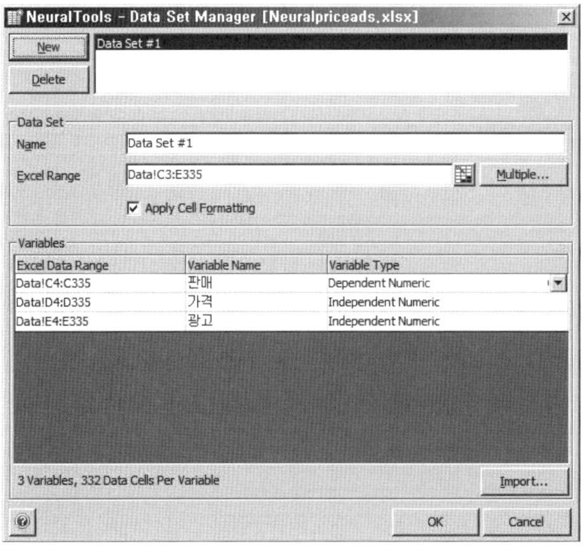

그림 15-4 : NeuralTools의 Data Set Manager 대화상자

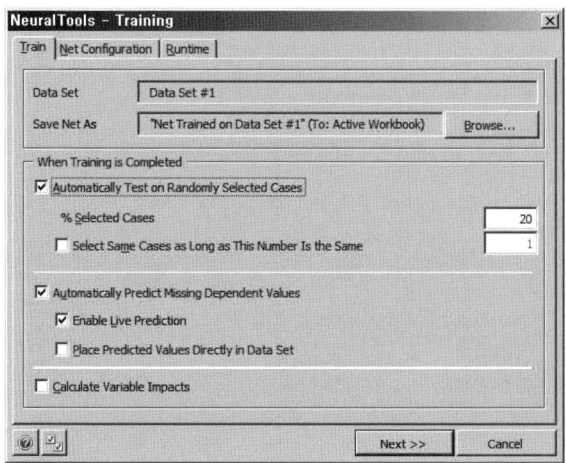

그림 15-5 : Train 대화상자

6. 그림 15-5와 같이 'Automatically Test on Randomly Selected Cases' 체크박스에 체크하면 NeuralTools는 데이터 중에서 20%를 무작위로 추출해서 신경망을 테스트한다. 이렇게 하면 너무 많은 데이터를 사용하여 네트워크를 만드는 시간이나 부담을 줄일 수 있다. 'Enable Live Prediction' 체크박스에 체크하면 신경망의 예상 결과를 스프레드시트 상에 보여준다.

Note

신경망이 어떻게 예상을 하는 지에 대한 방법은 이 책의 범위를 넘어간다. 여기서 신경망을 훈련한다는 의미는 종속 변수와 독립 변수 간에 여러 가지 형태의 관계를 시험해본다는 것이라고만 이해하면 충분하다. 신경망은 '블랙박스(blackbox)[10]'와도 같다. 하지만 마케팅 분석가가 보았을 때 시험 데이터에 대한 예상이 네트워크를 만든 데이터에 대한 예상만큼이나 정확하다면, 신경망은 네트워크를 만드는 데 사용하지 않은 데이터에 대해서도 잘 동작한다고 결론을 낼 수 있다. 신경망은 망을 만들기 위해 사용한 데이터에 과하게 끼워 맞춰서 만든 것이 아니므로, 주어지지 않은 데이터에 대해서도 잘 예상할 것이라고 기대할 수 있다. 신경망으로 예측한 데이터의 정확도를 추정할 때, 신경망을 만드는 데 사용한 데이터에 기반한 오차 추정값보다는 테스트 데이터 세트에 기반한 예측 정확도 추정값을 사용한다.

7. 'Next'를 클릭하면 NeuralTools는 여러분의 데이터에 맞는 신경망을 만든다. 이때 Train NeuralTools는 전체 데이터의 80%를 사용하여 신경망을 훈련한다. 이제 요약 리포트 시

---

[10] 입력과 출력만을 알 수 있고 내부 동작은 외부로부터 가려놓은 상자. 블랙박스를 사용하면 입력에 대해 특정 동작을 수행한 다음 어떤 출력이 나올 것으로 기대할 수 있으며, 내부의 자세한 동작까지는 알 필요가 없다.

트가 보인다. 이 리포트의 가장 중요한 부분은 그림 15-6과 같다.

	B	C
15	Training	
16	Number of Cases	266
17	Training Time	0:00:00
18	Number of Trials	65
19	Reason Stopped	Auto-Stopped
20	% Bad Predictions (30% Tolerance)	0.0000%
21	Root Mean Square Error	0.03238
22	Mean Absolute Error	0.02137
23	Std. Deviation of Abs. Error	0.02432
24	Testing	
25	Number of Cases	66
26	% Bad Predictions (30% Tolerance)	0.0000%
27	Root Mean Square Error	0.05476
28	Mean Absolute Error	0.03369
29	Std. Deviation of Abs. Error	0.04317

그림 15-6 : NeuralTools 리포트

신경망을 훈련하는데 266개의 데이터를 사용했고, 신경망을 테스트하는데 67개의 데이터를 사용했음을 알 수 있다. 테스트와 훈련에 사용한 데이터 관찰값은 모두 임의로 선택한다. 즉 어떤 관찰값이 훈련용이 될 확률은 80%이고 테스트 데이터가 될 확률은 20%이다. 훈련 세트(training set)에서 절대 오차 평균은 0.02이고, 테스트 세트(testing set)에서 절대 오차의 평균은 0.03으로 더 안 좋지만, 여전히 매우 훌륭한 결과이다. 그리고 훈련 세트에 대한 평균 제곱근 오차(Root Mean Square error)(이 값은 회귀의 표준 오차(Standard Error of the Regression)와 비슷하다)는 0.03이고 테스트 세트에 대한 값은 0.05이다. 회귀 분석에서 표준 오차는 2.03이며 신경망에 비해 굉장히 안 좋은 결과를 보여준다.

Neural Net 툴바에서 'Predict'를 선택하고, 그림 15-7과 같이 대화상자를 설정하면, NeuralTools는 그림 15-8과 같이 스프레드시트상에 예상값을 보여준다. C열과 H열의 값이 거의 비슷한 것을 볼 수 있는데, 신경망이 데이터에서 패턴을 추측해내었음을 알 수 있다.

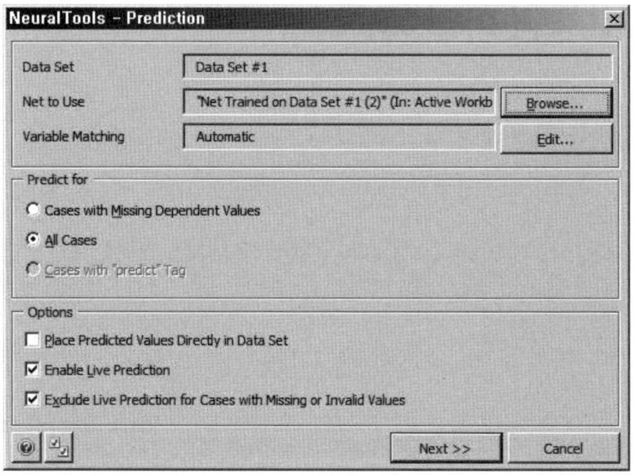

그림 15-7 : Prediction 대화상자

새 데이터에 대한 예측을 하려면, '가격'과 '광고'의 원래 데이터 아래에 값을 입력한 다음 H열의 식을 복사해서 붙이면 된다. 그림 15-9에서는 새 데이터 값 2개에 대해 예측값을 보여준다. 이 예측값이 얼마나 정확한지 보자.

	C	D	E	F	G	H
1						
2					Prediction Report: "Net
3	판매	가격	광고		Tag Used	Prediction
4	400.3	7	53		train	400.29
5	365	9	68		train	365.00
6	387.6	8	76		train	387.57
7	432	5	70		train	431.94
8	401.4	7	64		train	401.39
9	387.8	8	78		test	387.84
10	431	5	60		train	430.99
11	400.1	7	51		train	400.08
12	404.7	7	97		test	404.67
13	388.8	8	88		train	388.83
14	388.9	8	89		test	388.86
15	415.2	6	52		test	415.23
16	416.5	6	65		train	416.54

그림 15-8 : NeuralTools 예상

	C	D	E	F	G	H
3	판매	가격	광고		Tag Used	Prediction
334	432.7	5	77		predict	432.66
335	385.1	8	51		predict	385.10
336	350	10	49			350.00
337	400.4	7	54			400.37

그림 15-9 : 새 판매 예측값

Analysis 4 NeuralTools으로 항공 마일 예측하기

14장 "Winter's 방법"에서 Winter's 방법을 사용하여 항공 마일을 예측했다. 신경망을 이용하여 지난 12월간의 항공 마일 데이터로부터 앞으로의 US 항공의 마일(단위 천)을 예측해보자. neuralnetsairlinemiles.xlsx 파일의 데이터를 사용하여 예측해보자. 데이터의 일부를 그림 15-10에서 볼 수 있다.

	B	C	D	E	F	G	H	I	J	K	L	M	N	O
7	월	Miles	Miles-1	Miles-2	Miles-3	Miles-4	Miles-5	Miles-6	Miles-7	Miles-8	Miles-9	Miles-10	Miles-11	Miles-12
8	Jan1971	7.97E+06	7.99E+06	6.66E+06	8.02E+06	7.37E+06	7.73E+06	9.18E+06	9.57E+06	1.03E+07	7.75E+06	7.44E+06	7.03E+06	8.47E+06
9	Feb1971	6.78E+06	6.66E+06	8.02E+06	7.37E+06	7.73E+06	9.18E+06	9.57E+06	1.03E+07	7.75E+06	7.44E+06	7.03E+06	8.47E+06	7.97E+06
10	Mar1971	7.71E+06	8.02E+06	7.37E+06	7.73E+06	9.18E+06	9.57E+06	1.03E+07	7.75E+06	7.44E+06	7.03E+06	8.47E+06	7.97E+06	6.78E+06
11	Apr1971	8.48E+06	7.37E+06	7.73E+06	9.18E+06	9.57E+06	1.03E+07	7.75E+06	7.44E+06	7.03E+06	8.47E+06	7.97E+06	6.78E+06	7.71E+06
12	May1971	7.89E+06	7.73E+06	9.18E+06	9.57E+06	1.03E+07	7.75E+06	7.44E+06	7.03E+06	8.47E+06	7.97E+06	6.78E+06	7.71E+06	8.48E+06
13	Jun1971	8.91E+06	9.18E+06	9.57E+06	1.03E+07	7.75E+06	7.44E+06	7.03E+06	8.47E+06	7.97E+06	6.78E+06	7.71E+06	8.48E+06	7.89E+06
14	Jul1971	9.71E+06	9.57E+06	1.03E+07	7.75E+06	7.44E+06	7.03E+06	8.47E+06	7.97E+06	6.78E+06	7.71E+06	8.48E+06	7.89E+06	8.91E+06
15	Aug1971	1.01E+07	1.03E+07	7.75E+06	7.44E+06	7.03E+06	8.47E+06	7.97E+06	6.78E+06	7.71E+06	8.48E+06	7.89E+06	8.91E+06	9.71E+06
16	Sep1971	7.85E+06	7.75E+06	7.44E+06	7.03E+06	8.47E+06	7.97E+06	6.78E+06	7.71E+06	8.48E+06	7.89E+06	8.91E+06	9.71E+06	1.01E+07
17	Oct1971	8.10E+06	7.44E+06	7.03E+06	8.47E+06	7.97E+06	6.78E+06	7.71E+06	8.48E+06	7.89E+06	8.91E+06	9.71E+06	1.01E+07	7.85E+06
18	Nov1971	7.52E+06	7.03E+06	8.47E+06	7.97E+06	6.78E+06	7.71E+06	8.48E+06	7.89E+06	8.91E+06	9.71E+06	1.01E+07	7.85E+06	8.10E+06
19	Dec1971	9.07E+06	8.47E+06	7.97E+06	6.78E+06	7.71E+06	8.48E+06	7.89E+06	8.91E+06	9.71E+06	1.01E+07	7.85E+06	8.10E+06	7.52E+06

그림 15-10 : 항공 마일 데이터

D열에서 O열의 데이터로 C열을 예측하기 위해 다중 회귀를 우선 수행한다. regression 워크시트의 D열에서 MAD(Mean Absolute Deviation, 이 값은 절대 예측 오차의 평균)값 961,855을 볼 수 있다. NeuralTools를 수행하고 나면 신경망에서 구한 MAD값은 497,000이다. MAD를 구하려면 모든 관찰값에 대해 실제 마일 − 신경망 예상값의 절대값을 평균 내면 된다. 신경망의 MAD값은 회귀 분석에서 나온 MAD값의 절반 정도이며 더 정확한 예측을 하는 것으로 볼 수 있다.

신경망을 사용했을 때의 결과가 다중 회귀보다 더 좋게 나오지 않을 수도 있다. 이 경우는 다중 선형 회귀가 다른 함수 관계(functional relationship)만큼이나 좋은 경우이고, 종속 변수와 독립 변수 간의 관계를 모델링할 때 선형 관계로 모델링하면 충분하다.

Summary

이 장에서는 다음과 같은 사항을 알아보았다.

▶ 신경망을 사용하여 종속 변수와 독립 변수의 집합 간의 관계를 가장 잘 설명하는 비선형관계를 찾을 수 있다.
▶ 신경망을 사용하여 주식 시장, 상품의 판매 등을 예측할 수 있고 심지어 자동차 운전에도 사용할 수 있다.

- Palisades의 추가 기능 NeuralTools을 사용하여 데이터에 신경망을 쉽게 적용할 수 있다.
- 테스트 세트의 MAD가 훈련 세트의 MAD보다 크다면, 신경망이 데이터에 지나치게 맞추고 있으므로 예측에 적합하지 않다.
- 신경망의 MAD가 다중 회귀의 MAD보다 좋지 않으면 종속 변수와 독립 변수 간의 관계를 선형 관계로 정확하게 모델링할 수 있다고 여길 수 있다.

Exercises

1. 신경망이 자동차를 운전할 수 있도록 훈련하려면, 종속 변수와 독립 변수는 어떤 것들을 선택해야 할까? (힌트 : 자동차에는 앞, 뒤 그리고 옆을 볼 수 있는 비디오 카메라가 존재한다고 가정하자)

2. `windchill.xlsx`에는 여러 가지 바람과 기온에 대해 바람 냉각 지수(wind chill index, 특정 바람과 온도가 얼마나 위험한지 나타내는 단위)를 보여주고 있다. 기온과 바람 속도에 기반하여 신경망을 통해 바람 냉각 지수를 예상해보자. 신경망을 사용하여 예상한 경우 다중 선형 회귀보다 얼마나 더 정확한가?

3. `movierevenue.xls`에는 개봉 후 1주, 2주 동안의 몇몇 영화의 매출액과 총 매출액을 볼 수 있다. 신경망을 사용하여 1주와 2주의 매출로부터 총 매출을 예상해보자.

4. 연습문제 3번에서 사용한 신경망을 가지고, 다음 두 영화의 총 매출액을 예상해보자.

    a. 영화 1: 1주 매출 $50(단위 백만), 2주 매출 $50(단위 백만)
    b. 영화 2: 1주 매출 $80(단위 백만), 2주 매출 $20(단위 백만)

    두 영화 모두 개봉 후 첫 2주 동안 총 $100(단위 백만)의 매출을 올렸다. 영화 2의 총 예상 수입이 영화 1의 총 예상 수입보다 높은 이유는 무엇일까?

5. 14장의 `Quarterly.xlsx` 파일에는 몇몇 회사들의 분기 매출과 이익 데이터들이 있다. 지난 8분기의 데이터에 기반하여 신경망으로 다음 분기의 매출액을 예상해보자.

PART 4

고객이 원하는 것은?

WHAT DO CUSTOMERS WANT?

Conjoint Analysis

컨조인트 분석

Chapter 16

종종 마케팅 분석에서 소비자의 제품 선택을 이끌어내는 가장 중요한 혹은 가장 덜 중요한 제품의 속성(attribute, 특징)을 결정해보라는 요청을 받는다. 예를 들어 코카콜라와 펩시콜라 사이에서 콜라를 선택해야 할 때 다음 중 어떤 요소가 가장 중요하게 관련되어 있을까?

- 가격
- 브랜드(코카콜라? 펩시콜라?)
- 음료의 종류(다이어트? 보통?)

소비자들에게 몇 가지 제품(제품 프로파일(product profile)이라고 한다)을 보여준 다음 이 제품 프로파일의 순위를 매기도록 요청한 후 분석가들이 이 전체 프로파일 컨조인트 분석(conjoint analysis)을 사용하여 다양한 제품 속성의 상대적인 중요성을 결정할 수 있다. 이 장에서는 컨조인트 분석의 배경이 되는 기본 아이디어가 단순히 다중 회귀(10장 "다중 회귀를 사용하여 판매 예측하기"에서 설명)를 적용한 것임을 보여주겠다.

컨조인트 모델을 추정하는 방법에 대해 이해한 다음 컨조인트 분석을 사용하여 시장 시뮬레이터(market simulator)를 만드는 방법에 대해 알아보겠다. 제품의 속성이 바뀌거나 아니면 새로운 제품이 시장에 진입했을 때 시장 시뮬레이터를 통해 제품의 시장 점유율(market share)이 어떻게 바뀌는지 결정할 수 있다.

이 장 끝부분에서는 컨조인트 분석의 두 가지 형태 적응/하이브리드 컨조인트(adaptive/hybrid conjoint)와 선택 기반 컨조인트(choice-based conjoint)에 대해 간단히 다루겠다.

Analysis 1 제품, 속성 그리고 수준

컨조인트 분석을 통해 마케팅 분석가는 소비자가 제품을 선호하도록 만드는 제품 속성을 결정할 수 있다. 예를 들어, 새 차를 구입할 때 가장 중요한 점은 무엇일까? 브랜드, 가격, 연비, 스타일, 아니면 엔진 마력? 컨조인트 분석에서는 가능한 제품 선택을 확인하여 소비자의 의사 결정 과정을 분석한다. 제품들간에 선택을 할 때 소비자가 사용하는 제품의 주요 속성을 나열하고, 각 제품이 제공하는 속성의 순위를 매긴다. 몇 가지 정의에 대해 알아본 다음 컨조인트 분석의 자세한 과정에 대해 알아보자.

제품 집합(product set)은 소비자가 선택을 내릴 제품의 집합이다('어떤 제품도 선택하지 않는다'도 선택 사항이 될 수 있다). 예를 들어 제품 집합은 고급 세단, 랩탑 컴퓨터, 샴푸, 탄산음료 등이 될 수 있다. 컨조인트 분석은 인사 정책같은 분야에서도 사용될 수 있으므로, 반드시 제품이 어떤 소비재 상품일 필요는 없다. 예를 들어 인사 전문가가 채용 시 어떤 보상(급여, 보너스, 스톡 옵션, 휴가일수, 원격근무 등)을 제시해야 원하는 인재를 채용할 수 있을지 결정하는데도 사용할 수 있다.

각 제품은 몇 가지 제품 속성의 수준으로 정의할 수 있다. 속성(Attribute)은 제품을 설명하는 변수이다. 각 속성의 수준(level)은 속성에 해당되는 가능한 값들이다. 표 16-1에서는 속성과 수준의 예를 보여준다.

표 16-1 : 제품 속성과 수준의 예

제품	속성 1	속성 2	속성 3
혈압약	가격 : 저가/중가/고가	효과 : 수축기 혈압 감소 5, 10, 15	부작용 : 심각한 부작용의 비율 5%, 8%, 11%
항공권	항공사 : US Air, Delta, United	가격 : $200, $300, $400	중간 경유 : 0, 1, 2
마이크로소프트 프로그래머 보상	시작 연봉 : 100K, 130K, 160K	휴가 일수 : 10, 20, 30	5년 근무 후 6개월 안식일 : 유/무
콜라	브랜드 : 코카콜라 /펩시콜라	칼로리 : 0/150	가격 : 고가/중가/저가

컨조인트 분석의 목적은 마케팅 분석에서 속성들간의 상대적인 중요성과 각 속성의 수준들의

순위를 이해하는 것이다. 예를 들어 어떤 고객은 자신이 중요하다고 생각하는 속성의 순위가 가격, 브랜드, 음식 서비스일 수 있다. 어떤 고객은 브랜드 내에서 매기는 순위가 Marriott, Hilton, Holiday Inn의 순위일 수도 있다. 컨조인트 분석을 적용한 예 중 가장 잘 알려진 것은 Courtyard Marriott Hotel 체인의 예일 것이다. 이 연구는 Wind, Green, Shifflet, Scarborough의 논문 "Courtyard by Marriott: Designing a Hotel Facility with Consumer-Based Marketing Models"(Interfaces, 1989, pp. 25-47)에 실려있다. 이 연구에서는 제품의 속성으로 다음을 사용했다.

- 외부 장식
- 객실 장식
- 음식 서비스
- 라운지 시설
- 일반 서비스
- 레저 시설
- 보안 기능

다른 분야에 컨조인트 분석을 사용한 예는 고객이 제품의 여러 가지 속성에 어떤 가치를 매기는지 확인한다. 제품의 속성은 다음을 비교하는 것도 포함한다.

- 신용카드
- 건강 보험 플랜
- 자동차
- 야간 우편 서비스(UPS 대 FedEx)
- 케이블 TV
- 휘발유(Shell 대 Texaco)
- 위궤양 치료제
- 혈압약
- 하이패스 대 고속도로 요금 정산소

컨조인트 분석을 어떻게 하는지 알아보려면 직접 해보는 것이 가장 좋은 방법이다. 다음 절에서는 컨조인트 분석을 통해 고객 선호도에 대한 정보를 어떻게 얻을 수 있는지 예제를 살펴보자.

Analysis 2 전체 프로파일 컨조인트 분석 (Full Profile Conjoint Analysis)

전체 프로파일 컨조인트 분석을 사용하는 방법을 보여주기 위해, 이 절에서는 Paul Green과 Yorman Wind의 논문 "New Way to Measure Consumers' Judgments"(Harvard Business Review, August 1975, pp. 107-17, http://hbr.org/1975/07/new-way-to-measure-consumers-judgments/ar/1)에 실렸던 예제를 사용해보겠다. 컨조인트 연구 목적은 소비자가 카펫 청소기를 선택하는데 있어서 영향을 주는 다섯 가지의 속성의 역할을 결정하는 것이었다. 고객 선호도에 관련 있는 다섯 가지 특성과 각 특성의 수준은 다음과 같다.

- 패키지 디자인(A, B, C)
- 브랜드(1, 2, 3)
- 가격($1.19, $1.39, $1.59)
- Good Housekeeping 잡지에서 인증한 제품인가?
- 이 제품은 보증을 받는가?

이 속성을 선택한 이유는 이 속성들이 측정이 가능할 뿐만 아니라, 연구자들이 소비자가 제품을 선택할 때 이러한 속성들에 의해 영향을 받는다고 생각했기 때문이다.

제품 프로파일 결정하기

전체 프로파일 컨조인트 분석(full profile conjoint analysis)에서는 소비자에게 제품의 집합(제품 프로파일(product profile)이라고 한다)을 보여준 다음 1등부터 마지막까지 순위를 매겨 달라고 요청한다. 카펫 청소기의 경우라면, 3 × 3 × 3 × 2 × 2 = 108 가지의 제품 프로파일이 가능하다. 하지만 실제로는 어떤 소비자도 108가지의 물건에 대해 순위를 매기지는 않을 것이다. 따라서 마케팅 분석가는 소비자에게 좀 더 적은 조합의 제품을 보여주어야 한다. Green과 Wind는 고객에게 그림 16-1과 같은 18가지의 조합을 보여주는 방법을 택했다. 소비자는 이러한 제품 조합을 본 다음, 제품 프로파일에 순위를 매겼다(그림 16-1을 참고). 여기서 순위 1은 소비자가 가장 선호하는 제품이고, 순위 18은 제품 프로파일에서 가장 선호도가 낮은 제품이다. 예를 들어 소비자가 가장 선호한 제품은 패키지 디자인 C, 브랜드 3, 가격 $1.19이며 보증되고 Good Housekeeping이 인증한 제품이었다. 이 데이터는 `conjoint.xls` 파일의 `Data` 워크시트에서 볼 수 있으며 혜지원 출판사 홈페이지 자료실에서 다운로드 받을 수 있다.

18개의 제품 프로파일을 임의로 선택할 수는 없다. 예를 들어 모든 프로파일이 보증되고 Good Housekeeping에서 인증한 제품이라면 분석가는 소비자가 어떤 제품을 선호한다고 했을 때 그것이 보증이나 Good Housekeeping 인증 때문인지 알아낼 수 없다. 결국 제품의 특성간에 상관관계가 없어야 다중회귀를 수행했을 때 특성간의 상관에 혼동을 일으키지 않을 수 있다. 이러한 제품 프로파일의 조합을 직교 디자인(orthogonal design)이라고 한다. 그림 16-2에서는 그림 16-1의 제품 프로파일이 직교 디자인임을 보여주고 있다.

	A	B	C	D	E	F
1	디자인	브랜드	가격	인증?	보증?	순위
2	A	1	1.19	No	No	13
3	A	2	1.39	No	Yes	11
4	A	3	1.59	Yes	No	17
5	B	1	1.39	Yes	Yes	2
6	B	2	1.59	No	No	14
7	B	3	1.19	No	No	3
8	C	1	1.59	No	Yes	12
9	C	2	1.19	Yes	No	7
10	C	3	1.39	No	No	9
11	A	1	1.59	Yes	No	18
12	A	2	1.19	No	Yes	8
13	A	3	1.39	No	No	15
14	B	1	1.19	No	No	4
15	B	2	1.39	Yes	No	6
16	B	3	1.59	No	Yes	5
17	C	1	1.39	No	No	10
18	C	2	1.59	No	No	16
19	C	3	1.19	Yes	Yes	1

그림 16-1 : 컨조인트 예제 데이터

	H	I	J	K	L	M	N	O	P	Q	R
1											
2											
3	디자인	브랜드	가격	인증?	보증?						
4	1	1	1	0	0						
5	1	2	2	1	1						
6	1	3	3	0	0						
7	2	1	2	1	1						
8	2	2	3	0	0						
9	2	3	1	0	0						
10	3	1	3	1	1						
11	3	2	1	0	0						
12	3	3	2	0	0		디자인	브랜드	가격	인증?	보증?
13	1	1	3	0	0	디자인	1				
14	1	2	1	1	1	브랜드	0	1			
15	1	3	2	0	0	가격	0	0	1		
16	2	1	1	0	0	인증?	0	0	0	1	
17	2	2	2	0	0	보증?	0	0	0	1	1
18	2	3	3	1	1						
19	3	1	2	0	0						
20	3	2	3	0	0						
21	3	3	1	1	1						

그림 16-2 : 디자인이 직교임을 증명

Sidney Adelman의 논문 "Orthogonal Main-Effect Plans for Asymmetrical Factorial Experiments"(Technometric, 1962, Vol. 4 No. 1, pp. 36-39)은 직교 디자인의 훌륭한 예이다. 표 16-2에서는 9개의 제품 프로파일과 네 개의 속성 그리고 각 속성은 세 개의 수준이 있는 직교 디자인을 보여주고 있다. 예를 들어 첫 번째 제품 프로파일에서 각 속성은 수준 1을 값으로 갖는다.

표 16-2 : 직교 디자인의 예

제품 프로파일	속성 1	속성 2	속성 3	속성 4
1	1	1	1	1
2	1	2	2	3
3	1	3	3	1
4	2	1	2	2
5	2	2	3	1
6	2	3	1	3
7	3	1	3	3
8	3	2	1	2
9	3	3	2	1

회귀 분석 수행

회귀 분석의 더미 변수(dummy variable)를 사용하여 제품 속성의 상대적인 중요성을 결정할 수 있다. 소비자의 순위를 재조정해서 가장 높은 순위인 제품조합은 총 18점을 받도록 하고, 가장 낮은 순위의 제품 조합은 총 1점을 받도록 하자. 이렇게 하면 제품 속성에 대한 회귀 계수가 커질수록 더 선호되는 속성이 된다. 이렇게 재조정하지 않으면 회귀 계수가 커질수록 선호하지 않는 속성이 된다. Data 워크시트에 다음 분석 과정을 적용해보자.

1. 제품 조합의 실제 순위에서 19를 빼서 제품 프로파일을 재조정해보자. 이렇게 재조정한 순위를 역순위(inverse ranking)라고 한다.
2. 더미 변수로 다중 회귀 분석을 수행하여 각 제품 속성이 역순위에 미치는 영향을 결정하자.
3. 이렇게 하면 각 속성의 수준을 임의로 선택한 것을 제외할 수 있다. 예를 들어 여기에서 디자인 C, 브랜드 3, $1.59, Housekeeping Seal의 인증 없음, 보증 없는 상품을 제외할 수 있다.

순위를 재조정하고 나면 더미 변수에 대한 양의 계수는 특성의 주어진 수준이 특성의 수준이 생략된 것에 비해 제품을 더욱 선호되도록 만들어줌을 의미한다. 그리고 더미 변수에 대한 음의 계수는 특성의 주어진 수준이 특성의 수준이 생략된 것에 비해 제품을 더욱 덜 선호되도록 만들어줌을 의미한다. 그림 16-3에서는 데이터 코딩을 보여준다.

	A	B	C	D	E	F	G	H	I	J	K
20	A?	B?	브랜드 1?	브랜드 2?	1.19?	1.39?	인증?	보증?	순위(1=가장 좋음)	순위(1=가장 나쁨)	예측
21	1	0	1	0	1	0	0	0	13	6	6.5
22	1	0	0	1	0	1	0	1	11	8	7.666667
23	1	0	0	0	0	0	1	0	17	2	1.833333
24	0	1	1	0	0	1	1	1	2	17	17.66667
25	1	0	0	1	0	0	0	0	14	5	6.333333
26	0	1	1	0	1	0	0	0	3	16	16
27	0	0	1	0	0	0	0	1	12	7	7.833333
28	0	0	0	1	1	0	1	0	7	12	12
29	0	0	0	0	0	1	0	0	9	10	9.666667
30	1	0	1	0	0	0	1	0	18	1	0.333333
31	1	0	0	1	1	0	0	1	8	11	10.5
32	1	0	0	0	0	1	0	0	15	4	5.166667
33	0	1	1	0	1	0	0	0	4	15	14.5
34	0	1	0	1	0	1	1	0	6	13	12.66667
35	0	1	0	0	0	0	0	1	5	14	12.83333
36	0	0	1	0	0	1	0	0	10	9	8.166667
37	0	0	0	1	0	0	0	0	16	3	2.833333
38	0	0	0	0	1	0	1	1	1	18	18.5

그림 16-3 : 컨조인트 데이터 코딩

21행을 보자. 만약 브랜드 1, 패키지 디자인 A 그리고 Good Housekeeping의 인증이나 보증이 없는 상품에 가격을 $1.19를 붙이면 이 상품은 끝에서 6번째의 순위(앞에서 13번째)가 됨을 의미한다. Y축 입력 범위를 J21:J38로, X축 입력 범위를 A21:H38로 해서 회귀 분석을 수행하면 그림 16-4(Regression 워크시트 참고)와 같은 식을 얻을 수 있다.

	A	B	C	D	E	F	G
1	요약 출력						
2							
3	회귀분석 통계량						
4	다중 상관계수	0.99153625					
5	결정계수	0.983144135					
6	조정된 결정계수	0.968161144					
7	표준 오차	0.952579344					
8	관측수	18					
9							
10	분산 분석						
11		자유도	제곱합	제곱 평균	F 비	유의한 F	
12	회귀	8	476.3333333	59.54167	65.61735	4.5E-07	
13	잔차	9	8.166666667	0.907407			
14	계	17	484.5				
15							
16		계수	표준 오차	t 통계량	P-값	하위 95%	상위 95%
17	Y 절편	4.833333333	0.635052896	7.610915	3.29E-05	3.39674	6.2699239
18	A?	-4.5	0.549971941	-8.182236	1.85E-05	-5.74412	-3.255876
19	B?	3.5	0.549971941	6.363961	0.000131	2.25588	4.7441239
20	브랜드 1?	-1.5	0.549971941	-2.727412	0.023323	-2.74412	-0.255876
21	브랜드 2?	-2	0.549971941	-3.636549	0.00543	-3.24412	-0.755876
22	1.19?	7.666666667	0.549971941	13.94011	2.13E-07	6.42254	8.9107906
23	1.39?	4.833333333	0.549971941	8.788327	1.04E-05	3.58921	6.0774572
24	인증?	1.5	0.476289672	3.149344	0.01175	0.42256	2.5774429
25	보증?	4.5	0.476289672	9.448032	5.73E-06	3.42256	5.5774429

그림 16-4 : 컨조인트 회귀 데이터

모든 독립 변수들은 .05의 수준에서 유의하다(즉 모든 독립 변수의 P-값이 .05 보다 작다). R^2값은 0.98이며 이는 이 속성들이 소비자 순위의 변화의 98%를 설명할 수 있음을 의미한다. 10장 "다중 회귀를 사용하여 판매 예측하기"에서도 다루었듯이 표준 오차가 0.95이면 이것은 예상 순위의 95%가 1.9 안에서 정확함을 뜻한다. 따라서 다중 선형 회귀 모델로 이 소비자들이 제품을 보고 순위를 어떻게 매겼는지 알아낼 수 있다.

만약 컨조인트 분석에 대해 다중 선형 회귀를 수행했을 때 R^2값이 높지 않고 표준 오차도 낮지 않다면 아마 다음과 같은 상황 중 하나가 발생한 것이다.

- 소비자들이 중요하다고 생각하는 속성을 빼먹었다.
- 소비자 선호도는 현재 특성의 집합에 관련되어 있으나 상호작용과 비선형 관계에 있다. 상호작용(interaction)이나 비선형 관계에 있는지는 10장에서 설명한 방법으로 알아볼 수 있다.

제품 순위를 재조정한 값을 가장 정확하게 예상한 식은 다음과 같다.

(1) 예상 재조정 순위 = 4.833 − 4.5A + 3.5B − 1.5(브랜드 1) − 2(브랜드 2) + 7.667($1.19 가격) + 4.83($1.39 가격) + 1.5(인증?) + 4.5(보증?)

이 식을 해석하기 위해 11장에서 다룬 더미 변수를 다시 기억해보자. 모든 계수는 모두 0으로 코딩된 속성의 수준에서 상대적으로 해석한다. 다음을 보자.

- 디자인 C는 디자인 A에 비해 순위를 4.5 높게하고 디자인 B에 비해서는 3.5 낮춘다.
- 브랜드 3은 브랜드 1에 비해 순위를 1.5 높게하고 브랜드 2에 비해서는 2 낮춘다.
- 가격 $1.19는 가격 $1.59에 비해 순위를 7.67 높게하고 $1.39에 비해서는 2.83 낮춘다.
- Good Housekeeping 인증은 인증이 없는 경우에 비해 순위를 1.5 높인다.
- 보증은 무보증에 비해 순위를 4.5 높인다.

영역 K21:K38에 식 =TREND(J21:J38,A21:H38,A21:H38)을 배열 입력하면 각 제품 프로파일에 대해 예상 역순위를 구할 수 있다. J열과 K열간에 차이가 얼마나 나는지 보면 단순 다중 선형 회귀가 이 소비자의 제품 프로파일 순위를 얼마나 잘 예측하는지 알 수 있다.

속성과 수준 순위 매기기

소비자가 제품을 구매할 때 어떤 속성이 가장 크게 영향을 줄까? 속성의 중요도 순위를 매기기 위해, 속성의 범위에 기반한 속성들을 가장 좋은 수준에서 가장 나쁜 수준으로 순서대로 나열해보자. 표 16-3은 이러한 순위를 보여준다.

표 16-3 : 제품 속성 순위

속성	범위	순위
디자인	4.5 − (−3.5) = 8	1등
브랜드	0 − (−2) = 2	4등
가격	7.67 − 0 = 7.67	2등
인증	1.5 − 0 = 1.5	5등
보증	4.5 − 0 = 4.5	3등

예에서 보면 패키지 디자인이 가장 중요한 속성이고 Good Housekeeping 인증은 가장 덜 중요한 속성이다. 그리고 각 속성 안에서 수준도 순위를 매길 수 있다. 각 속성의 순위는 다음과 같다.

- 디자인 : B, C, A
- 가격 : $1.19, $1.39, $1.59
- 브랜드 : 브랜드 3, 브랜드 1, 브랜드 2
- 보증 : 유, 무
- 인증 : 유, 무

각 속성에서 수준을 가장 선호하는 것에서 가장 덜 선호하는 것으로 순위를 매겼다. 이 고객의 예에서 브랜드 3을 가장 선호하고, 브랜드 1이 두 번째, 브랜드 2를 가장 덜 선호한다.

컨조인트 분석을 사용하여 시장을 세분화하기

컨조인트 분석을 사용하여 시장을 세분화(segment)할 수도 있다. 이렇게 하려면 100명의 대표 소비자에 대하여 앞에서 설명한 회귀식을 결정하면 된다. 스프레드시트상에서 각 열을 회귀에서 각 소비자가 속성에 부여한 가중치라고 해보자. 앞 절에서 분석한 소비자에 대해서는, 해당 열이 (−4.5, 3.5, −1.5, −2, 7.67, 4.83, 1.5, 4.5)가 될 것이다. 다음 군집 분석(cluster analysis) (23장 "군집 분석"을 참고하자)을 수행하여 소비자를 세분화한다. 예를 들어 이 소비자는 브랜드에 신경 쓰지 않으며 가격 탄력적인 결정을 내리며 패키지 디자인에 민감한 소비자를 대표한다고 볼 수 있다.

컨조인트 분석과 가치 기반 가격 정책

많은 회사들은 그들의 제품의 가격을 책정할 때 비용 가산에 의한 가격 결정(cost plus pricing)을 사용한다. 예를 들어 시리얼 제조사는 시리얼 한 상자를 제조할 때 드는 비용에 20%를 추가해서 가격을 책정한 다음 소매점에 넘긴다. 비용 가산에 의한 가격 결정 방법은 여러 가지 이유로 널리 사용된다.

- 가격 정책을 만들기 쉽다. 따라서 회사에서 아무리 많은 종류의 상품을 만들고 있어도 관리가 쉽다.
- 제품의 마진을 과거 수준에 기반해서 관리하게 되므로 주주들의 "마진이 줄어들고 있다"는 비난을 피하기 쉽다.
- 생산 비용이 증가하면 가격을 쉽게 올릴 수 있다.

하지만 비용 가산에 의한 가격 결정은 소비자들의 목소리를 무시하게 된다. 컨조인트 분석을 사용하면 소비자가 중요하다고 생각하는 제품 속성을 기반으로 하여 가격을 결정할 수 있다. 예를 들어 펜티엄 2 컴퓨터에 비해 펜티엄 컴퓨터 4는 얼마가 되어야 할까? 호텔에서는 고속 무선 인터넷에 대해 얼마를 청구해야 할까? 여기서의 기본 아이디어는 식 (1)을 통해 제품 속성의 각 수준에 대해 금전적인 가치를 부과할 수 있다는 것이다. 컨조인트 분석을 통해 가치 기반 가격 정책(value-based pricing)을 어떻게 적용할 수 있는지 알아보기 위해, 우선 모든 고객의 카펫 청소기에 대한 선호도는 식(1)과 같다고 가정하다. 만약 보증이 없는 카펫 청소기의 가격이 $1.39라면, 보증이 있는 카펫 청소기의 가격은 얼마가 되어야 할까? 현재 가격 $1.39에서 보증이 있는 상품과 보증이 없는 상품을 동일한 가치에 놓고 가치 기반 가격 정책을 적용할 수 있다.

회귀식에 따르면 다음과 같다.

- $1.19의 점수는 7.67이다.
- $1.39의 점수는 4.83이다.
- $1.59의 점수는 0이다.

따라서 제품의 가격(범위는 $1.39에서 $1.59)을 1센트 증가시키면 센트당 점수는 4.83/20 = 0.24이 된다.

보증은 순위를 4.5 증가시키므로 가치 기반 가격 정책에서 보면 보증이 있을 때 가격을 x 센트 증가시킨다고 하면 0.24x = 4.5 즉 x = 4.5/0.24 = 19, 19센트 증가시켜야 한다.

만약 상품의 가격이 19센트 올라서 $1.58이 되고 제품이 보증된다면, 소비자들이 이전처럼 제품을 구입할지 알아보아야 한다. 여기서는 소비자가 부여한 가치에 따라서 보증에 대한 가격을 매겼다. 물론 이러한 가치 기반 가격 정책은 널리 사용되기는 하지만 이것이 이익을 최대화 시켜주지는 않는다. 18장 "이산 선택 분석"의 이산 선택에서 선택 기반 컨조인트 분석(choice-based conjoint analysis)으로 소비자의 선호도와 회사의 이익을 조화시키는 방법에 대해 알아볼 것이다. 물론 이 분석에서는 제품 순위에 대한 가격 효과가 $1.39와 $1.59 사이에서 가격의 선형함수라고 가정하고 있다. 만약 그렇지 않은 경우는 회귀분석에서 가격 2를 독립 변수로 추가해야 한다. 이렇게 하면 회귀분석에서 소비자의 제품 순위에 대한 가격 효과가 비선형일 때를 반영할 수 있다.

Analysis 3 제품 프로파일을 만들기 위해 Evolutionary 해찾기 사용하기

유명한 통계 패키지(SAS나 SPSS)를 사용하면 원하는 수만큼의 제품 프로파일, 제품 속성, 수준을 입력할 수 있고 그리고 직교 디자인을 출력(만약 존재하면)으로 보여줄 수 있다. 많은 경우 사용자는 상식에 맞지 않는 제품 프로파일을 제외해야 한다. 예를 들어 자동차에 대해 분석하면서, 자동차의 크기는 미니 쿠퍼로 설정한 다음 이 차가 6명까지 태울 수 있다고 가정하는 것은 상식에 맞지 않는다. 이 절에서는 엑셀 2010이나 엑셀 2013의 Evolutionary 해찾기 기능을 이용하여 비상식적인 제품 프로파일은 제외하면서 직교 디자인에 가깝도록 디자인할 수 있는 방법을 보여주겠다. 여기에서의 작업은 Steckel, DeSarbo, Mahajan의 연구 "On the Creation of Acceptable Conjoint Analysis Experimental Designs"(Decision Sciences, 1991, pp. 436-42, http://goo.gl/2PO0J)에 기반하고 있으며 파일은 `evconjoint.xlsx`를 사용한다. 이 절은 좀 더 어려운 내용에 대해 다루고 있으며 원한다면 이 절을 읽지 않고 뒤 부분을 읽어도 된다.

컨조인트 분석을 사용하여 새 차의 각 속성들에 대해 소비자가 어떻게 가치를 매기는지 평가하고자 한다고 가정하다.

- 연비(갤론당 마일)(MPG) : 20, 40
- 시간당 최대 속도(단위 마일)(MPH) : 100, 150
- 길이 : 12피트, 14피트
- 가격 : $25,000, $40,000
- 탑승 인원 : 4, 5, 6

이제 12개의 제품 프로파일을 만든다고 가정하자. 다음 제품 프로파일은 적절하지 않아서 제외한다.

- 40 MPG, 6 passengers, 14-피트
- 14-피트, 150 MPH, 가격 $20,000
- 40 MPG와 150 MPH

이제 각 속성의 수준을 동일하게 포함하면서 직교 디자인이고, 적절하지 않은 프로파일은 제외한 12개의 제품 프로파일을 디자인해보자.

1. 우선 B3:G28에 각 특성과 수준을 나열하자. 나열할 때는 프로파일에서 원하는 조합이 몇 번 나올 것인지 숫자를 정하자. 예를 들어 그림 16-5에서는 20 MPG는 여섯 번 나열했고, 승객 4명은 네 번 나열했다.
2. 각 속성값의 목록에 영역 이름을 붙이다. 예제 파일에서는 D16:E28의 이름을 `lookpassengers`라고 붙였다.
3. 이 모델에서의 핵심은 셀 K5:O16에서 각각의 특성값을 1부터 12까지 잘 섞어서(그림 16-6을 참고하자) 각 제품 프로파일에 대해 각 속성의 수준을 어떻게 잘 선택할 것인지에 있다.

예를 들어 `evconjoint.xlsx`의 셀 K5값 7(해찾기에서 선택한 값이다)은 "MPG에 대한 수준은 B4:C15의 7열에서 찾아라"를 의미한다. 이 값은 Q5의 40이다. Q5:U16의 식은 엑셀의 잘 알려지지 않은 함수 `INDIRECT`를 사용한다. 엑셀식에서 `INDIRECT`다음에 나오는 셀을 참조하여, 엑셀의 셀 주소를 셀의 내용으로 바꾼다(만약 셀의 내용이 영역 이름이면, 엑셀은 식에서 이름 붙인 영역을 사용한다). 따라서 Q5:U16의 식 =`VLOOKUP(K5,INDIRECT(Q$2),2,FALSE)`을 복사하면 K5:O16의 값 1-12를 실제 특성값으로 바꾼다.

	B	C	D	E	F	G
3	MPG		MPH		길이	
4	1	20	1	100	1	12
5	2	20	2	100	2	12
6	3	20	3	100	3	12
7	4	20	4	100	4	12
8	5	20	5	100	5	12
9	6	20	6	100	6	12
10	7	40	7	150	7	14
11	8	40	8	150	8	14
12	9	40	9	150	9	14
13	10	40	10	150	10	14
14	11	40	11	150	11	14
15	12	40	12	150	12	14
16	가격		탑승인원			
17	1	25	1	4		
18	2	25	2	4		
19	3	25	3	4		
20	4	25	4	4		
21	5	25	5	5		
22	6	25	6	5		
23	7	30	7	5		
24	8	30	8	5		
25	9	30	9	6		
26	10	30	10	6		
27	11	30	11	6		
28	12	30	12	6		

그림 16-5 : 속성-수준 조합의 나열

	K	L	M	N	O	P	Q	R	S	T	U
3	Coded						Actual				
4	MPG	MPH	길이	가격	탑승 인원		MPG	MPH	Length	Price	Passengers
5	7	1	8	4	6		40	100	14	25	5
6	2	10	9	12	9		20	150	14	30	6
7	1	12	2	10	7		20	150	12	30	5
8	3	7	4	5	2		20	150	12	25	4
9	9	3	11	1	1		40	100	14	25	6
10	5	11	10	2	11		20	150	14	25	6
11	6	9	7	7	3		20	150	14	30	4
12	10	5	6	11	4		40	100	12	30	4
13	4	8	3	6	5		20	150	12	25	5
14	12	6	12	8	8		40	100	14	30	5
15	8	2	1	3	12		40	100	12	25	6
16	11	4	5	9	10		40	100	12	30	6

그림 16-6 : 속성 수준 선택하기

4. 다음 영역 V5:W16(그림 16-7)에서 제품 프로파일이 적절하지 않은 조합인지 결정할 수 있다. V5의 식 =COUNTIFS(Q5,40,U5,6,S5,14)을 V6:V16에 복사하자. 이 식으로 해당 프로파일이 '40 MPG, 탑승 인원 6명 그리고 14피트'인 이유로 적절하지 않은지에 대해 결정할 수 있다. 이와 비슷한 방법으로 W열, X열에서 '14피트, 150 MPH, 가격 $20,000'와 '40 MPG, 150 MPH'의 이유로 제품 프로파일이 적절하지 않을 때 값이 1이 된다.

	Q	R	S	T	U	V	W	X
3	Actual					제외	제외	제외
4	MPG	MPH	Length	Price	Passengers	40 MPG 6 PASS 14 FT	14 ft 150 MPH $20	40 MPG 150 MPH
5	40	100	14	25	5	0	0	0
6	20	150	14	30	6	0	0	0
7	20	150	12	30	5	0	0	0
8	20	150	12	25	4	0	0	0
9	40	100	14	25	6	0	0	0
10	20	150	14	25	6	0	0	0
11	20	150	14	30	4	0	0	0
12	40	100	12	30	4	0	0	0
13	20	150	12	25	5	0	0	0
14	40	100	14	30	5	0	0	0
15	40	100	12	25	6	0	0	0
16	40	100	12	30	6	0	0	0

그림 16-7 : 적절하지 않은 제품 프로파일 제거하기

5. 각 속성의 쌍에 대해 상관을 결정하자. INDIRECT 함수를 쓰면 쉽다. 영역 Q4:U16에 '수식' 탭의 '선택 영역에서 만들기'를 이용하여 Q5:Q16의 이름은 MPG, R5:R16의 이름은

MPH하는 식으로 이름을 붙이자. 다음 그림 16-8처럼 각 특성 쌍 간의 상관의 절대값을 계산하자. 식은 O20의 식 =ABS(CORREL(INDIRECT(O$19),INDIRECT($N20)))을 O20:S24에 복사하자.

	L	M	N	O	P	Q	R	S	T
19				MPG	MPH	Length	Price	Passengers	
20			MPG	1	1	0	0	0	
21			MPH	1	1	0	0	0	
22			Length	0	0	1	0	0	
23			Price	0	0	0	1	0	
24			Passengers	0	0	0	0	1	
25									
26		avgcorr	penalties	target					
27		0.1	0	0.1					

그림 16-8 : 상관과 목표 셀

6. 이제 해찾기가 사용할 목표 셀을 설정하자. 해찾기는 대각선이 아닌 상관의 평균(모든 대각선 상관은 1이다)과 적절하지 않은 제품 프로파일의 수를 합한 값을 최소화한다. 셀 M27에서 식 =(SUM(O20:S24)-5)/20은 비대각선 상관의 절대값의 평균을 구한다. 목표 셀은 이 평균값을 최소화하고자 한다. 이 값이 최소될수록 직교 디자인에 가깝게 된다. 다음 셀 N27에서 식 =SUM(V5:X16)으로 적절하지 않은 제품 프로파일의 수를 결정한다. 마지막으로 O27에서 식 =N27+M27으로 목표 셀을 계산한다.

7. 이제 해찾기를 수행할 준비가 되었다. 그림 16-9에서는 해찾기 창을 보여준다. K5:O16의 데이터에 대해 각 열에서 AllDifferent 옵션을 사용하자. 이렇게 하면 K열에서 O열까지 정수 1~12를 한 번만 가진다. 일반적으로 어떤 영역에 대해 AllDifferent로 제한 조건을 걸면, 엑셀은 이 셀들이 1~n까지의 수를 각각 한 번만 가지는 것으로 가정한다. Q열에서 U열까지 만든 식을 고려해보면, 이런 방법으로 모든 속성의 각 수준이 원하는 숫자만큼 나올 수 있다. 해찾기 창에서 "Evolutionary" 해찾기의 옵션에서 '변이율'을 0.5로 설정하면 그림 16-7, 그림 16-8과 같은 결과를 얻을 수 있다. 적절하지 않은 제품 프로파일은 없었기 때문에, MPH와 MPG를 제외한 모든 상관은 0이다. MPH와 MPG의 상관은 -1인데 적절하지 않은 제품 프로파일에서 MPG가 낮으면 높은 MPH와 관련시켜놓았기 때문이다(MPG가 높으면 낮은 MPH와 관련시켜 놓았다).

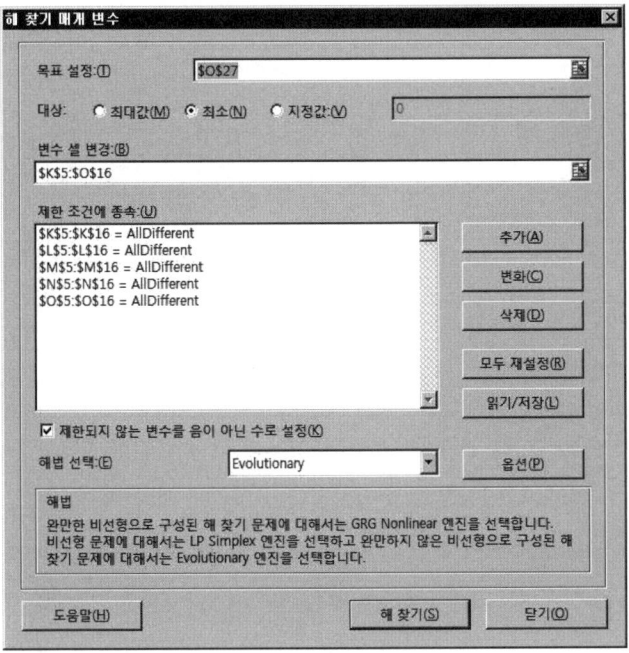

그림 16-9 : 제품 프로파일을 선택하기 위한 해찾기 창

Analysis 4 컨조인트 시뮬레이터 만들기

컨조인트 분석을 사용해서 새 제품이 시장에 소개되었을 때(혹은 기존 제품에 변화가 일어났을 때) 시장 점유율이 어떻게 변할 것인지 예상할 수 있다. 여기에서 컨조인트 시뮬레이터를 사용해서 제품 속성에 어떤 변화가 일어났을 때 시장 점유율이 어떻게 변할 것인지 예상할 수 있을 것이라 짐작할 수 있다. 이 절에서는 현재 점유율 데이터에 컨조인트 시뮬레이터를 써서 새 제품이 시장에 진입했을 때나 기존 제품에 변화가 일어났을 때 시장 점유율이 어떻게 바뀌는지 보여주겠다. 이 장에서는 conjoint.xls 파일의 Segments 워크시트에서 작업을 수행하겠다. 그림 16-10을 보자.

	A	B	C	D	E	F	G	H	I	J	K	L	M	N	O	P	Q	R
1	현재 시장 점유율						브랜드1		브랜드2	1.19?	1.39?	인증?	보증?	Alpha	2.0756135			SSE
2		0.3	우리 브랜드	A	B	1	0	1	0	1	0	0	0		오차 제곱	0.001927171	0.0003519	0.0000632	0.002911
3		0.5	경쟁사 1			0	1	0	1	0	1	1	0		실제 점유율	0.3	0.5	0.2	
4		0.2	경쟁사 2			0	0	0	0	1	0	1	1		예상 점유율	0.343899557	0.48124101	0.1748594	
5	세그먼트		크기(000)	절편	A	B	브랜드1	브랜드2	1.19?	1.39?	인증?	보증?	우리 브랜드 점수	경쟁사 1 점수	경쟁사 2 점수	우리 브랜드 점유율	경쟁사 1 점유율	경쟁사 2 점유율
6	1	10	4.83	-4.5	3.5	-1.5	-2	7.67	4.83	1.5	4.5	6.5	12.66	9.33	0.140705554	0.56136273	0.2979317
7	2	15	2	-6	5	1	2	9	6	2	3	6	17	5	0.096427898	0.83752611	0.066047
8	3	20	5	-2	2	-4	-6	8	5	3	5	7	9	10	0.209144675	0.35236158	0.4384937
9	4	12	2	4	1	4	2	4	2	1	4	17	10	6	0.690824019	0.22963842	0.0795576
10	5	22	4.7	1	4	3	2	6	4	2	2	14.7	16.7	6.7	0.400178777	0.52148431	0.0783369
11	6	14	9	-6	-4	2	1	5	3	2	2	10	11	12	0.271832137	0.33129586	0.396872
12	7	10	8	1	3	0	-2	4	3	2	1	13	13	10	0.387582925	0.38758292	0.2248342
13	8	15	2	4	-3	5	-3	9	7	2	1	20	5	3	0.9295637	0.0523161	0.0181202
14	9	8	2	-2	4	2	5	7	4	3	4	9	18	6	0.177108345	0.7465535	0.0763382
15	10	12	7	-4	-2	1	3	6	4	2	2	10	14	9	0.262186536	0.52712754	0.2106859
16	11	9	2	1	2	2	4	8	5	3	4	13	17	5	0.34689472	0.60536627	0.047739
17	12	11	4.4	-6	5	-4	-2	6	4	5	2	0.4	16.4	6.4	0.000393289	0.87544176	0.124165
18	13	8	7	-4	3	-1	3	4	3	2	3	6	18	10	0.073170398	0.71557428	0.2112553
19	14	14	2	2	2	2	-1	8	5	3	4	14	11	6	0.562282124	0.34085069	0.0968672

그림 16-10 : 컨조인트 시뮬레이터

만약 여러분이 군집 분석(23장에서 소개하겠다)과 컨조인트 분석으로 카펫 청소기에 대한 14개의 마켓 세그먼트를 확인했다고 하자. 각 세그먼트의 전형적인 구성원에 대한 회귀식은 영역 D6:K19와 같다. 그리고 각 세그먼트의 크기(단위 1,000)는 영역 B6:B19에 있다. 예를 들어 세그먼트 1같은 경우는 10,000명의 구성원으로 이루어져있으며 세그먼트 1의 소비자 선호도를 나타내는 식은 식(1)과 같다. 영역 D2:K4는 현재 시장에 있는 세 제품과 관련된 제품 프로파일을 나타낸다. 우리회사의 브랜드가 현재 시장 점유율 30%이고, 경쟁사 1의 제품이 50%, 경쟁사 2의 제품이 20%의 시장 점유율을 가지고 있다.

시장 시뮬레이터를 만들기 위해 우선 각 제품과 연관된 세그먼트 점수를 낸 다음 각 세그먼트에 대한 점수를 각 제품의 시장 점유율로 변환한다. 다음 이 규칙을 조정해서 각 제품은 관찰된 시장 점유율을 얻도록 한다. 마지막으로 현재 제품의 속성을 바꾸거나 새 제품을 도입한 다음 각 제품의 새 시장 점유율을 '시뮬레이션' 해볼 수 있다.

세그먼트 1을 보자. n개의 제품이 있을 때, 제품 1을 구입할 세그먼트 1에 있는 사람의 비율은 다음과 같다.

$$\frac{(\text{세그먼트 1에 대한 제품 } i \text{ 점수})^\alpha}{\sum_{K=1}^{K=n} (\text{세그먼트 1에 대한 제품 } K \text{ 점수})^\alpha}$$

α 값을 선택할 때 각 제품의 모든 세그먼트에 대한 예상값이 관찰된 시장 점유율과 맞아야 한다는 것에 주의하자.

1. L6의 식 =SUMPRODUCT($D$2:$K$2,D6:K6)+C6을 L7:L19에 복사해서 제품에 대한 각 세그먼트의 점수를 계산한다. 비슷한 식으로 M열, N열에서 경쟁사 1과 경쟁사 2에 대

한 세그먼트 점수를 계산한다.

2. O6의 식 =L6^Alpha/($L6^Alpha+$M6^Alpha+$N6^Alpha)을 O6:Q19에 복사하여 각 세그먼트에 대해 제품별 예상 시장 점유율을 계산한다.

3. O4의 식 =SUMPRODUCT(O6:O19,$B$6:$B$19)/SUM($B$6:$B$19)을 P4:Q4에 복사하여 각 세그먼트 크기를 고려한 각 제품의 예상 시장 점유율을 계산하자.

4. O2의 식 =(O4-O3)^2을 P2:Q2에 복사하여 오차제곱을 계산하자(시험값 α에 기반). 각 제품에 대한 실제 시장 점유율과 맞추도록 하자.

5. 그림 16-11과 같이 해찾기 창을 이용하여 α을 구하자(2.08). 이 값은 시뮬레이터를 실제 시장 점유율 데이터에 맞도록 조정한다.

만약 여러분이 보증을 추가하고(가격 인상 없이) Good Housekeeping의 인증을 얻을 수 있다고 가정해보자. GuaranteeApp 워크시트에서 J2와 K2를 1로 바꾸면 컨조인트 시뮬레이터는 시장 점유율에 34%에서 52%로 증가할 것이라고 예상한다.

컨조인트 시뮬레이터를 사용하는 방법을 보여주기 위해 E-ZPass 를 사용하고자 하는 운전자의 비율을 추정하는 문제를 가정해보자. 뉴욕과 뉴저지에서 E-ZPass를 설치하기 전에 다음 속성에 대한 수준을 결정하기 위해 컨조인트 시뮬레이터를 사용했다.

- 사용 가능한 차선
- E-ZPass를 구입하는 방법
- 톨 비용
- E-ZPass를 사용할 다른 방법들

컨조인트 시뮬레이터에서는 운전자의 49%가 E-ZPass를 사용할 것이라고 예상했지만, 7년 지난후에 실제 결과는 운전자의 44%가 E-ZPass를 사용하고 있었다.

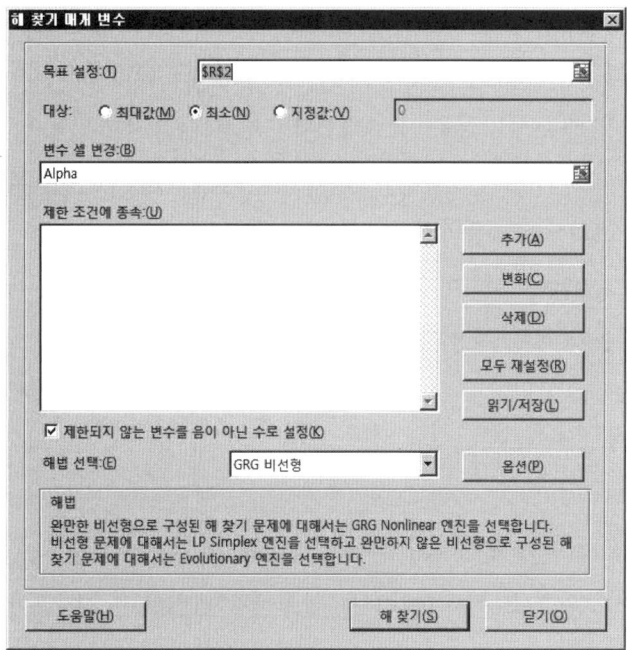

그림 16-11 : 컨조인트 시뮬레이터를 조정하기 위한 해찾기 창

Analysis 5 다른 형태의 컨조인트 분석 알아보기

이 장에서 살펴본 컨조인트 분석의 접근 방법은 적은 수의 상품 속성(이 장의 예에서는 5개)을 사용하여 제품 프로파일을 만들고(이 장의 예에서는 18개) 이것을 소비자 그룹이 순위를 매긴다. 다음 다중 회귀를 사용해서 제품 속성의 중요도와 각 속성의 수준에서 순위를 매긴다. 컨조인트 분석에서 이러한 접근 방법을 전체 프로파일 컨조인트(full profile conjoint)라고 한다. 전체 프로파일 컨조인트의 단점은 다음과 같다.

- 전체 프로파일 컨조인트는 속성이 많을 때 이를 처리하기 어렵다. 속성이 늘어나면 순위를 매겨야 하는 프로파일의 개수도 급격하게 늘어나기 때문이다.
- 소비자들이 제품 프로파일에 점수를 매길 때 어려움이 있다. 소비자들에게 제품 프로파일에 대해서 일일이 순위를 매기도록 하는 방법보다는 가능한 선택 사항들 중에서 가장 좋은 것을 고르라고 하는 편이 더 쉽다.

이 절에서는 컨조인트 분석의 다른 두 가지 형태에 대해 간단히 설명하겠다. 적응/하이브리드 컨조인트 분석(Adaptive/Hybrid Conjoint Analysis)와 선택 기반 컨조인트 분석(Choice-Based Conjoint Analysis)이며 이 두 분석은 전체 프로파일 컨조인트 분석의 문제점을 해결하고자 한다.

적응/하이브리드 컨조인트 분석(Adaptive/Hybrid Conjoint Analysis)

만약 제품이 속성이 많이 있다면 속성의 상대적인 중요도와 속성의 가능한 수준들을 결정하기 위한 제품 프로파일의 수가 지나치게 커질 것이다. 프로파일의 수가 지나치게 많다면 소비자들이 제품 프로파일에 대해 제대로 순위를 매길 수 없다. 이런 상황에서는 적응 혹은 하이브리드 컨조인트 분석(1985년 Sawtooth Software에서 개발)을 사용하여 소비자의 작업을 좀 더 간단하게 할 수 있다.

적응 컨조인트 분석의 제 1단계에서 소비자는 속성의 수준을 가장 좋은 것에서 가장 나쁜 것으로 순서를 매긴다. 2단계에서 소비자는 서로 다른 속성 수준의 상대적인 바람직한 정도의 순위를 매긴다. 1단계와 2단계의 소비자 답변을 기반으로 하여(이 방법이 '적응 컨조인트 분석'이라는 이름이 붙은 이유이다) 소비자는 한 제품 프로파일을 다른 제품 프로파일에 대해 1부터 9까지 선호의 정도를 결정한다. 예를 들어 소비자가 디자인 B보다 A를 선호하고 브랜드 2보다 브랜드 1을 선호한다고 하면 적응 컨조인트 소프트웨어에서는 '디자인 A, 브랜드 1'과 '디자인 B, 브랜드 2'를 짝을 지워 비교하지 않는다(다른 속성은 동일하다).

선택 기반 컨조인트 분석(Choice-Based Conjoint Analysis)

선택 기반 컨조인트 분석(Choice-Based Conjoint Analysis)에서는 소비자에게 몇 개의 제품 프로파일을 보여준 다음 각 프로파일에 대해 점수를 매기는 대신 어떤 프로파일을 선택할 것인지 물어본다(이때 '어느 것도 선택하지 않는다'라는 옵션도 줄 수 있다). 이렇게 하면 소비자의 작업은 좀 더 쉬워지지만, 선택 기반 컨조인트 분석을 이해하기 위해서는 다른 컨조인트 분석보다 수학적인 이해가 더 많이 필요하다. 또한 선택 기반 컨조인트 분석은 가격이나 연비처럼 값의 범위를 가정해야 하는 상황은 처리할 수 없다. 18장에서는 이산 선택에 관한 이론을 배울 것이다. 이산 선택은 다중 선형 회귀보다 수학적으로 좀 더 복잡하다. 이산 선택에서는 제품 속성을 값의 범위로 가정할 수 있게 함으로써 선택 기반 컨조인트 분석을 일반화할 수 있다.

Summary

이 장에서는 다음과 같은 사항을 알아보았다.

- 컨조인트 분석을 사용하여 여러 가지 제품의 속성의 중요성과 소비자가 선호하는 속성의 수준이 어떤 것인지 결정할 수 있다.
- 전차 프로파일 컨조인트 분석에서 소비자는 여러 가지 제품 프로파일에 순위를 매기도록 요구 받는다.
- 각 속성의 중요성과 선호하는 수준에 대해 좀 더 정확하게 추정하려면 제품 프로파일에서 속성간의 임의의 쌍 간의 상관을 0에 가깝게 만들어야 한다.
- 다중 선형 회귀(더미 변수를 포함할 수도 있다)로 속성의 중요도 및 각 속성에서의 수준에 대해 쉽게 순위를 매길 수 있다.
- 컨조인트 시뮬레이터로 기존 제품에서 어떤 변화가 일어났을 때(혹은 새 제품이 시장에 진입했을 때) 제품의 시장점유율이 어떻게 변할 것인지 쉽게 예상할 수 있다.
- 제품 속성이 많을 때 적응/하이브리드 컨조인트 분석을 사용한다. 소비자가 속성과 수준에 대해 모두 순위를 매긴 다음, 제품 프로파일간에 비교 쌍을 만들어달라고 요청하기 전에 소프트웨어가 소비자의 선호도를 조정한다.
- 선택 기반 컨조인트 분석에서는 소비자들에게 단순히 자신이 좋아하는 제품 프로파일을 선택하게 함으로써 속성의 중요도와 수준의 순위를 결정한다(보통 제품 프로파일 중에 '선호하는 것이 없다'는 것도 선택사항이다). 선택 기반 컨조인트 분석을 확장해서 가격과 같이 연속된 속성을 처리해야 하는 상황에 적용할 수 있는데 이것을 이산 선택(discrete choice)이라고 하며 18장에서 다룬다.

Exercises

1. 다양한 속성들이 자동차 구매에 어떤 영향을 주는지 결정해보자. 속성은 4개가 있으며 각 속성에는 수준이 3개씩 있다.

- 브랜드 : 포드 = 0, 크라이슬러 = 1, GM = 2
- 연비(MPG) : 15 MPG = 0, 20 MPG = 1, 25 MPG = 2
- 마력 (HP) : 100 HP = 0, 150 HP = 1, 200 HP = 2
- 가격 : $18,000 = 0, $21,000 = 1, $24,000 = 2

소비자들이 9개의 제품 프로파일이 그림 16-12처럼 순위를 매겼다.

	A	B	C	D	E	F
1		(F, C, GM)	(15, 20, 25)	(100, 150, 200)	(18000, 21000, 24000)	
2	시험	브랜드	연비	마력	가격	순위
3	1	0	0	0	0	4
4	2	0	1	1	2	7
5	3	0	2	2	1	3
6	4	1	0	1	1	6
7	5	1	1	2	0	2
8	6	1	2	0	2	9
9	7	2	0	2	2	8
10	8	2	1	0	1	5
11	9	2	2	1	0	1

그림 16-12 : 연습문제 1의 자동차 데이터

a. 이 마켓 세그먼트에서 가장 중요한 순서부터 제품 속성의 순위를 매겨보자.

b. 현재 연비가 20 MPG인 차가 $21,000에 판매되고 있을 때 연비를 1 MPG씩 증가시킬 때마다 차의 가격을 얼마나 올릴 수 있을까? 그리고 그만큼 가격을 올려도 여전히 시장에서 인기를 끌 만한가?

c. 이 디자인은 직교 디자인인가?

> **Note**
>
> 엑셀에서 회귀분석을 수행할 때, 'P-값'에 대해 #NUM 에러가 발생할 수 있다. 하지만 '계수' 열을 이용하여 이 연습문제를 풀 수 있다.

2. soda.xlsx 파일(그림 16-13)에서는 코카콜라와 펩시콜라를 비교한 12개의 제품 프로파일을 보여주고 있다. 이는 직교 디자인이며 소비자가 여기에 순위를 매겼다. 속성과 수준은 다음과 같다.

- 브랜드 : 코카콜라, 펩시콜라
- 패키지 : 12 oz 캔, 16 oz 병
- 온스(oz)당 가격 : 8 센트, 10센트, 12센트
- 온스(oz)당 칼로리 : 0, 15

속성의 중요도 순위와 모든 속성 수준의 순위를 결정하라.

	F	G	H	I	J	K
1						
2				온스 당	온스 당	
3	프로파일	브랜드	패키지	칼로리	가격	순위
4	1	코카콜라	캔	0	8	4
5	2	코카콜라	병	0	8	2
6	3	펩시콜라	캔	15	8	6
7	4	펩시콜라	병	15	8	5
8	5	코카콜라	캔	15	10	11
9	6	코카콜라	병	15	10	9
10	7	펩시콜라	캔	0	10	3
11	8	펩시콜라	병	0	10	1
12	9	코카콜라	캔	15	12	12
13	10	코카콜라	병	0	12	8
14	11	펩시콜라	캔	0	12	7
15	12	펩시콜라	병	15	12	10

그림 16-13 : 연습문제 2의 탄산음료 데이터

3. 다음 표의 제품 프로파일 목록이 직교 디자인이 됨을 증명하라.

제품 프로파일	속성 1	속성 2	속성 3	속성 4
1	1	1	1	1
2	1	2	2	3
3	1	3	3	2
4	2	1	2	2
5	2	2	3	1
6	2	3	1	3
7	3	1	3	3
8	3	2	1	2
9	3	3	2	1

Chapter 17

로지스틱 회귀

Logistic Regression

많은 마케팅 문제와 결정들은 어떤 이벤트나 행동과 연관된 확률을 추정하거나 그것을 이해하는 것과 관련되어 있다. 그리고 많은 경우 이런 이벤트나 행동들은 보통 이분법적인 경향이 있다. 즉 어떤 타입이거나 다른 타입이거나 둘 중의 하나인 경우가 대부분이다. 이런 경우 마케팅 분석은 독립 변수 집합으로부터 이원 종속 변수(binary dependent variable, 값으로 0이나 1만을 가짐. 내재된 이원성을 나타냄)를 예상해야 한다. 예로는 다음을 들 수 있다.

- 인구통계학적인 행동으로부터 어떤 사람이 잡지를 구독할 것인지(종속 변수=1), 잡지를 구독하지 않을 것인지(종속 변수=0) 혹은 제품을 사용할 것인지, 사용하지 않을 것인지 예상하기.
- 어떤 사람이 다이렉트 메일 캠페인에 응답을 할 것인지(종속 변수=1), 아니면 응답을 하지 않을 것인지(종속 변수=0) 예상하기. 독립 변수로는 최근(recency, 마지막 구매 이후 시간이 얼마나 경과되었는지), 빈도(frequency, 작년에 얼마나 주문한 횟수는 몇 번인지), 금전적 가치(monetary value, 작년에 구매한 금액을 얼마인지)를 많이 사용한다.
- 무선 전화 가입자가 연말에 다른 통신 사업자로 바꿀지(종속 변수=1) 예상한다. 가입자가 그냥 남아있다면 종속 변수는 0이다. 19장 "장기 고객 가치 계산하기"과 20장 "비즈니스를 가치 있게 하기 위해 고객 가치 사용하기"에서는 이렇게 고객이 다른 경쟁자로 이동(churn)하는 비율을 줄일 수 있다면 기업에 대한 고객가치를 크게 증가시킬 수 있음에 대해서 다루겠다.

이 장에서는 이원 종속 변수를 예상하기 위해 널리 사용하는 로지스틱 회귀 도구에 대해 알아보겠다. 다음과 같은 사항을 알아보자.

- 왜 다중 회귀 분석이 이원 종속 변수를 예상하기 위한 작업과 일치하지 않는지 알아내기.
- 엑셀 해찾기 기능을 이용하여 로지스틱 회귀 모델을 추정하기 위한 최대 우도(maximum likelihood)를 구현할 수 있는 방법찾기.
- 로지스틱 회귀 모델에서 계수 해석하기.
- Palisade의 StatTools 프로그램을 사용하여 쉽게 로지스틱 회귀 모델을 추정하고 각각의 계수에 대한 가정을 검증하기.

Analysis 1 왜 로지스틱 회귀가 필요한가?

왜 로지스틱 회귀가 필요한지 설명하기 위해 어떤 사람이 잡지를 구독할 확률(나이에 기반해서)을 예상하려 한다고 가정해보자. subscribers.xlsx 파일의 linear regression 워크시트에서 41명의 사람에 대한 나이와 구독 상태 정보를 볼 수 있다(1=구독자, 0=비구독자). 그림 17-1에서 데이터의 일부를 볼 수 있다.

	D	E
6	나이	구독?
7	20	0
8	23	0
9	24	0
10	25	0
11	25	1
12	26	0
13	26	0
14	28	0
15	28	0
16	29	0
17	30	0
18	30	0
19	30	0
20	30	0
21	30	0
22	30	1
23	32	0
24	32	0
25	33	0
26	33	0
27	34	0
28	34	0
29	34	1
30	34	0
31	34	0

그림 17-1 : 나이와 구독자 상태

이 데이터를 사용하여 선형 회귀를 수행하여 구독자의 나이로부터 구독 상태를 예측할 수 있다. Y축 입력 범위는 E6:E47 그리고 X축 입력 범위는 D6:D47로 하자. 이때 '잔차' 체크박스도 체크하자. 잔차를 보고 회귀분석의 두 가지 중요한 가정(10장 "다중 회귀를 사용하여 판매 예측하기"를 참고)을 어긴 것을 알 수 있을 것이다. 그림 17-2와 그림 17-3에서 결과를 볼 수 있다.

	A	B	C	D	E	F	G
1							
2							
3	요약 출력						
4							
5	회귀분석 통계량						
6	다중 상관계수	0.413481783					
7	결정계수	0.170967185					
8	조정된 결정계수	0.149709934					
9	표준 오차	0.400905926					
10	관측수	41					
11							
12	분산 분석						
13		자유도	제곱합	제곱 평균	F 비	유의한 F	
14	회귀	1	1.292678718	1.292678718	8.04277	0.007207	
15	잔차	39	6.268296892	0.160725561			
16	계	40	7.56097561				
17							
18		계수	표준 오차	t 통계량	P-값	하위 95%	상위 95%
19	Y 절편	-0.543019266	0.284454263	-1.908986215	0.063642	-1.11838	0.0323438
20	나이	0.023194673	0.008178722	2.83597778	0.007207	0.006652	0.0397377

그림 17-2 : 문제가 있는 선형 회귀

	A	B	C	D
26	관측수	예측치 구독?	잔차	잔차(절대값)
27	1	-0.07912581	0.07912581	0.07912581
28	2	-0.009541791	0.009541791	0.009541791
29	3	0.013652882	-0.01365288	0.013652882
30	4	0.036847555	-0.03684755	0.036847555
31	5	0.036847555	0.963152445	0.963152445
32	6	0.060042228	-0.06004223	0.060042228
33	7	0.060042228	-0.06004223	0.060042228
34	8	0.106431573	-0.10643157	0.106431573
35	9	0.106431573	-0.10643157	0.106431573
36	10	0.129626246	-0.12962625	0.129626246
37	11	0.152820919	-0.15282092	0.152820919
38	12	0.152820919	-0.15282092	0.152820919
39	13	0.152820919	-0.15282092	0.152820919
40	14	0.152820919	-0.15282092	0.152820919
41	15	0.152820919	-0.15282092	0.152820919
42	16	0.152820919	0.847179081	0.847179081
43	17	0.199210265	-0.19921026	0.199210265
44	18	0.199210265	-0.19921026	0.199210265
45	19	0.222404937	-0.22240494	0.222404937
46	20	0.222404937	-0.22240494	0.222404937
47	21	0.24559961	-0.24559961	0.24559961

그림 17-3 : 문제가 있는 회귀의 잔차

그림 17-2에서 다음과 같은 식을 찾아낼 수 있다.

$$(\text{예상 구독자 상태}) = -0.543 + .0231 * \text{나이}$$

그림 17-3의 잔차 열을 보면 이 식에 세 가지 문제가 있음을 알 수 있다.

- 어떤 관측값에서는 구독자의 상태를 음수로 예상했다. 구독자의 상태는 0이거나 1이어야 하므로 이것은 문제가 있다. 특히 여러분이 현재 어떤 사람이 구독자일 확률을 예상하려 하고 있으므로 확률이 음수인 것은 말이 안된다.
- 10장의 기억을 되살려보면 잔차는 회귀식의 오차항이 정규분포 되어있어야 함을 알려준다고 했다. 하지만 그림 17-4에서 잔차의 히스토그램을 보면 그렇지 않다는 것을 알 수 있다.

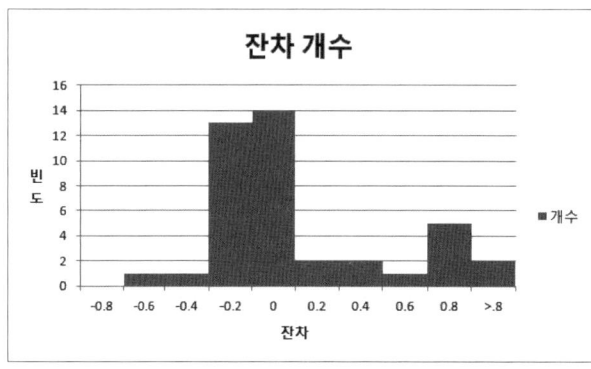

그림 17-4 : 잔차의 히스토그램

- 그림 17-5에서 구독자 변수 예상값의 함수로 잔차의 표준 편차를 구했다. 잔차의 범위는 종속 변수의 예상값과 독립적이지 않다. 이것은 등분산성(homoscedasticity)의 가정을 어기고 있다는 것을 의미한다. 이원 종속 변수를 예상할 때 오차항의 분산이 종속 변수가 1이나 0일 때 확률이 거의 0.5로 가장 크고 이 확률이 0.5에서 멀어질수록 작아진다.

	P	Q	R
41	예상	시그마 잔차	
42	<.13	0.32544	
43	.13-.25	0.325747	
44	.26-.31	0.419726	
45	.31-.74	0.507828	

그림 17-5 : 예상 종속 변수의 함수로써 잔차 범위

다음 절에서 설명한 로지스틱 회귀 모델(Logistic Regression Model)에서는 이러한 세 가지 문제를 해결한다.

Analysis 2 로지스틱 회귀 모델

p=확률, 이원 종속 변수=1이라고 가정하자. 대부분의 경우 p와 독립 변수의 관계는 비선형이다. 분석에 의해 독립 변수에서 이원 종속 변수의 종속성을 설명하는데 식(1)의 관계가 매우 유용하다는 사실을 알아냈다.

$$(1) \quad Ln \frac{p}{1-p} = \beta_0 + \beta_1 x_1 + \beta_2 x_2 + \ldots \beta_n x_n$$

식(1)에서 설명한 종속 변수의 변환을 보통 로짓 변환(logit transformation)이라고 한다.
이 잡지 예제에서 식(1)은 다음과 같은 형태가 된다.

$$(2) \quad Ln \frac{p}{1-p} = 절편 + 기울기 * 나이$$

$p/(1-p)$(승산비, odd ratio)는 질 확률(종속 변수=0)에 대한 이길 확률(종속 변수=1)의 비율이므로, 식(2)에서 $Ln \frac{p}{1-p}$를 로그 오즈비(log odds ratio, 로그 승산비)라고 한다.
식(2)에서 양쪽에 e를 놓고 $e^{Ln\,x} = x$를 이용하여 식(2)를 다시 쓰면 다음과 같다.

$$(3) \quad p = \frac{1}{1 + e^{-(절편 + 기울기 * 나이)}}$$

$$(4) \quad p = \frac{e^{(절편 + 기울기 * 나이)}}{1 + e^{-(절편 + 기울기 * 나이)}}$$

식(3)을 보통 로지스틱 회귀 모델(logistic regression model, 혹은 로짓 회귀 모델(logit regression model))이라고 부르는데 함수 $y = \frac{1}{1+e^{-x}}$ 가 로지스틱 함수(logistic function)라고 알려져 있기 때문이다. p는 확률이므로 값의 범위는 $0 < p < 1$ 이다. 다음 절에서 절편과 기울기의 추정값은 기울기=0.1281, 절편=5.662이다. 이 값을 식(3)에 대입하면 나이에 따라 어떤 사람이 구독자가 될 확률은 그림 17-6처럼 S-곡선(S-curve)를 따르게 된다. 이 관계는 아주 강한 비선형 관계이다.

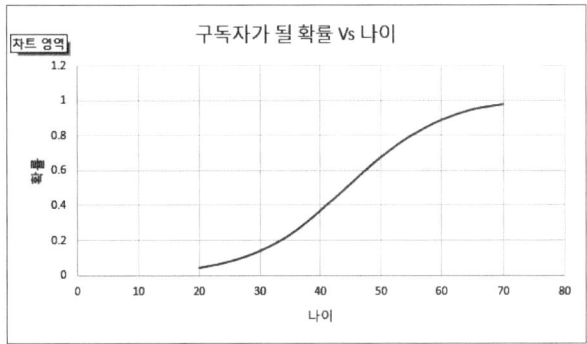

그림 17-6 : 나이와 구독자가 될 가능성간의 S-곡선 관계

Analysis 3 로지스틱 회귀 모델의 최대 우도 추정법

이 절에서는 최대 우도 추정법(maximum likelihood method)을 사용하여 로지스틱 회귀 모델의 계수를 추정하는 방법을 보여주겠다. 잡지 구독 예를 들어보면, 최대 우도 추정법(maximum likelihood estimation)은 각 사람들의 나이가 주어졌을 때 구독자와 비구독자의 관찰된 패턴의 확률 혹은 우도(likelihood, 공산)를 최대화하는 기울기와 절편을 선택한다. 각 관찰값에 대해 어떤 사람이 구독자일 확률은 식(4)를 따르며, 어떤 사람이 구독자가 아닐 확률은 1-(식(4)의 오른쪽)이다. 만약 여러분이 이 확률의 곱을 최대화하기 위한 기울기와 절편을 선택한다면, 여러분은 여러분이 관찰하고 있는 값의 '우도를 최대화'하고 있는 것이다. 이 확률의 곱은 매우 작은 값이기 때문에 곱의 자연 로그를 최대화하는 편이 더 편리하다. 다음 식으로 로그 우도(log likelihood)를 쉽게 최대화할 수 있다.

(5) $Ln(p_1 * p_2 * ... p_n) = Ln\, p_1 + Ln\, p_2 + ... Ln\, p_n$

이 식에 대한 작업은 그림 17-7, data 워크시트를 참고하자.

	C	D	E	F	G	H	I	J
1	절편	-5.6616					곱	
2	기울기	0.12813					3.85064E-09	-19.3750
3	번호	나이	구독?	점수	확률	1-확률	우도	Ln 우도
4	1	20	0	-3.0989	0.04	0.95685	0.9568	-0.0441
5	2	23	0	-2.7145	0.06	0.93788	0.9379	-0.0641
6	3	24	0	-2.5864	0.07	0.92998	0.9300	-0.0726
7	4	25	0	-2.4582	0.08	0.92116	0.9212	-0.0821
8	5	25	1	-2.4582	0.08	0.92116	0.0788	-2.5404
9	6	26	0	-2.3301	0.09	0.91134	0.9113	-0.0928
10	7	26	0	-2.3301	0.09	0.91134	0.9113	-0.0928
11	8	28	0	-2.0738	0.11	0.88833	0.8883	-0.1184
12	9	28	0	-2.0738	0.11	0.88833	0.8883	-0.1184
13	10	29	0	-1.9457	0.13	0.87498	0.8750	-0.1336
14	11	30	0	-1.8176	0.14	0.86027	0.8603	-0.1505
15	12	30	0	-1.8176	0.14	0.86027	0.8603	-0.1505
16	13	30	0	-1.8176	0.14	0.86027	0.8603	-0.1505
17	14	30	0	-1.8176	0.14	0.86027	0.8603	-0.1505
18	15	30	0	-1.8176	0.14	0.86027	0.8603	-0.1505
19	16	30	1	-1.8176	0.14	0.86027	0.1397	-1.9681
20	17	32	0	-1.5613	0.17	0.82654	0.8265	-0.1905

그림 17-7 : 최대 우도 추정법

구독자 예제에 대해 기울기와 절편의 최대 우도를 추정하기 위해 다음 과정을 따라가보자.

1. D1:D2에 기울기(slope), 절편(intercept)에 대해 시험값을 입력하자. 다음 D1:D2에 '선택 영역에서 만들기'로 이름을 지정하자.
2. F4의 식 =intercept+slope*D4을 F5:F44에 복사해서 각 관찰값에 대한 점수를 계산하자.
3. G4의 식 =EXP(F4)/(1+EXP(F4))을 G5:G44에 복사하자. 이 식은 식(4)이며 각 관찰값에 대해 어떤 사람이 구독자일 추정 확률을 계산한다.
4. H4의 식 =1-G4을 H5:H44에 복사하여, 어떤 사람이 구독자가 아닐 확률을 계산한다.
5. I4의 식 =IF(E4=1,G4,1-G4)을 I5:I44에 복사해서 각 관찰값의 우도(likelihood)를 계산한다.
6. I2에서 식 =PRODUCT(I5:I44)을 입력하여 관찰된 구독자와 비구독자의 우도를 계산한다. 이 우도값은 매우 작은 값이므로 주의하자.

7. J4의 식 =LN(I4)을 J5:J44에 복사하여 각 관찰값 확률의 로그값을 구하자.

8. 셀 J2의 식(5)를 사용하여 식 =SUM(J4:J44)으로 로그 우도(Log Likelihood)를 계산하자.

9. 해찾기 창(그림 17-8)을 사용하여 로그 우도(Log Likelihood)를 최대화하기 위한 기울기와 절편값을 결정하자.

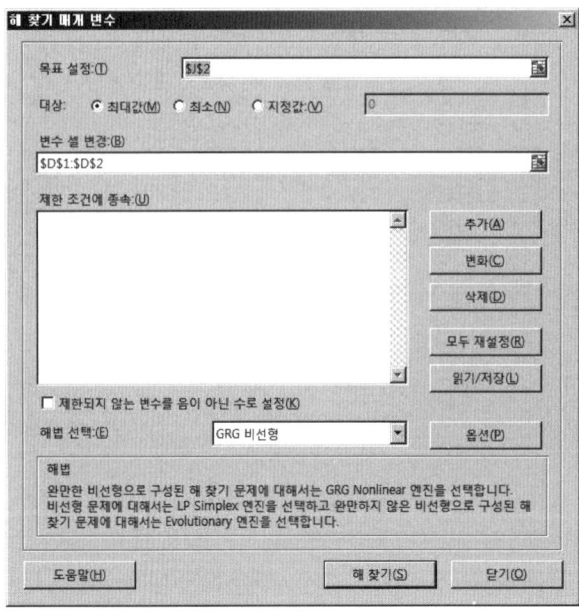

그림 17-8 : 최대 우도 해찾기 창

10. '해 찾기'를 클릭하면 기울기와 절편의 최대 우도 추정값(maximum likelihood estimate)은 각각 −5.661과 0.1281이다.

로지스틱 회귀를 사용해서 확률 추정하기

식(4)로 로지스틱 회귀를 사용하여 어떤 사람의 나이에 기반하여 그 사람이 잡지를 구독할 지의 여부를 예상할 수 있다. 예를 들어 44세의 사람이 구독자가 될지 다음 식으로 예상할 수 있다.

$$\frac{e^{(-5.661 + 44 * 1281)}}{1 + e^{-((-5.6661 + 44 * .1281))}} = .494$$

e에 거듭제곱을 하면 항상 양수가 되므로 보통의 최소 제곱 회귀와는 달리 로지스틱 회귀는 확률값으로 절대 음수가 나오지 않는다. 연습문제 7번에서 로지스틱 회귀는 이분산성과 비정규 잔차의 문제도 해결할 수 있음을 알 수 있다.

로지스틱 회귀 계수 해석하기

다중 선형 회귀에서 독립 변수의 계수들을 어떻게 해석해야 하는지 배웠다. 독립 변수 x_i의 계수가 β_i일 때, 독립 변수가 한 단위만큼 증가하면 종속 변수는 β_i만큼 증가한다. 로지스틱 회귀에서, 독립 변수의 계수를 해석하는 방법은 훨씬 더 복잡하다. 예를 들어 로지스틱 회귀에서 β_i가 독립 변수 x_i의 계수라고 가정해보자. x_i에서 단위만큼 증가하면 승산비 $\frac{확률_{Y=1}}{확률_{Y=0}}$ 은 e^{β_i} 만큼 증가한다. 잡지 구독 예에서는 나이가 한 살 증가할 때마다 승산비는 $e^{.1281}$ = 13.7퍼센트 만큼 증가한다.

Analysis 4 StatTools를 사용하여 로지스틱 회귀 가정을 추정하고 검증하기

10장에서는 엑셀 분석 도구팩을 사용하여 다중 선형 회귀를 쉽게 추정하고 관련된 통계 가정을 검증할 수 있었다. 이전 절에서는 엑셀의 해찾기 기능을 이용하여 로지스틱 회귀 모델의 계수를 쉽게 추정하는 방법을 보여주었다. 하지만 단순히 엑셀을 사용해서 로지스틱 회귀의 통계적 가정을 검증하는 것을 매우 어렵다. 이 절에서는 Palisade사의 추가기능인 StatTools(Palisade.com에서 15일 트라이얼 버전을 다운로드받을 수 있다) 로지스틱 회귀 모델을 추정하고 관련된 가설을 검증하겠다. 물론 로지스틱 회귀 통계 가설을 감정하기 위해

SAS나 SPSS같은 통계 소프트웨어를 사용해도 된다. 작업은 `subscribers.xlsx` 파일의 `data` 워크시트에서 수행한다.

StatTools로 로지스틱 회귀 수행하기

StatTools를 수행하려면 윈도우의 시작 버튼을 클릭한 다음 '모든 프로그램'에서 StatTools를 클릭하자.

1. StatTools 툴 바에서 Data Set Manager를 클릭한 다음 그림 17-9와 같이 데이터 영역으로 D3: E44를 선택한다.
2. Regression and Classification 메뉴에서 Logistic Regression...를 선택한 다음 그림 17-10과 같이 대화상자를 채운다.

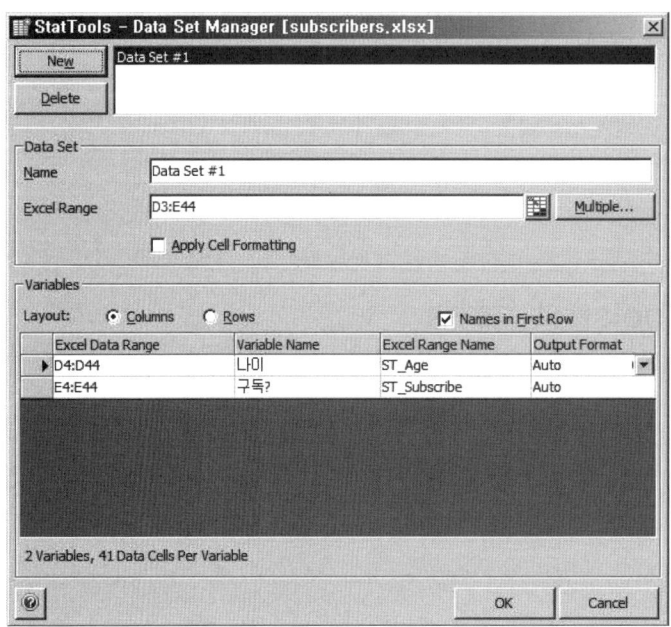

그림 17-9 : 구독자 예제의 데이터 영역 선택

17 로지스틱 회귀

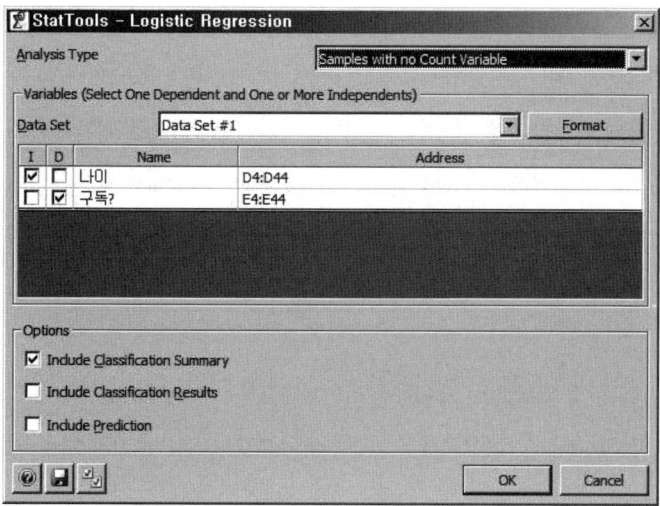

그림 17-10 : 로지스틱 회귀 대화 상자

StatTools는 로지스틱 회귀를 사용하여 나이로부터의 구독 여부를 예상한다. 확인을 클릭한 다음 StatTools는 그림 17-11과 같은 결과를 보여준다.

	M	N	O	P	Q	R	S	T
16	Summary Measures							
17	Null Deviance	45.554						
18	lo	38.75005						
19	Improvement	6.803948				0.009096		
20	p-Value	0.0091						
21								
22		Coefficient	Standard Error	Wald Value	p-Value	Lower Limit	Upper Limit	Exp(Coef)
23	Regression Coefficients							
24	Constant	-5.66156	2.017251	-2.80657	0.0050	-9.61537	-1.70775	0.003477
25	나이	0.128133	0.054733	2.34107	0.0192	0.020857	0.235409	1.136704

그림 17-11 : StatTools 로지스틱 회귀 결과

StatTools 로지스틱 회귀 결과 해석하기

마케팅 분석가가 StatTools 결과의 모든 숫자를 이해할 필요는 없다. 하지만 결과 중 중요한 부분은 다음의 설명을 보자.

- 절편(셀 N24의 −5.661)과 기울기(셀 N25의 0.1281)의 최대 우도 추정값은 엑셀 해찾기의 결과로 나온 최대 우도 추정값과 일치한다.
- 셀 N20의 P-값을 사용해서 귀무가설을 검증할 수 있다. 나이 변수를 추가하면 단순히 절편으로 구독자를 예상하는 것보다는 예상의 정확성이 높아진다. P-값은 0.009인데 (우도비 카이 제곱 검정(Likelihood Ratio Chi Squared test)을 통해) 이것은 어떤 사람이 구독자가 될 것인지 예측하는데 나이가 도움이 되지 않을 확률은 1,000분의 9라는 뜻이다.
- Q25의 P-값(0.0192)는 다른 검정(Wald's Statistic 기반)을 사용하여 나이 계수가 유의한 수준으로 0과 다른지 검정한다. 이 값으로 나이 계수가 유의한 수준으로 0과 다른 확률은 1.9%라고 알 수 있다.
- T24:T25는 각각의 계수를 거듭제곱한다. 이 데이터를 식(4)에 사용하여 종속 변수가 1일 확률을 예상한다.

만약 여러분이 로지스틱 회귀에서 가설 검정을 좀 더 자세하고 알고 싶다면 Introduction to Linear Regression Analysis (Montgomery, Peck, and Vining, 2006)의 14장을 참고하자.

독립 변수가 한 개 이상일 때의 로지스틱 회귀

`subscribers2.xlsx`에서는 독립 변수가 한 개 이상일 때 StatTools를 사용하여 로지스틱 회귀를 수행하는 방법을 보여준다. 그림 17-12에서처럼 나이와 연간수입(단위 $1,000)에 기반해서 어떤 사람이 잡지를 구독('구독' 열이 1이면 구독)할 것인지 우도(likelihood)를 예상할 수 있다. 다음 과정을 수행해보자.

	D	E	F	G	H
1					
2	상수	나이	수입		
3	-3.23111	0.02306	0.01594		
4	구독	나이	수입	점수	확률
5	0	25	132	-0.55103	0.365624
6	0	64	84	-0.41668	0.39731
7	0	31	100	-0.92265	0.284419
8	0	66	72	-0.5618	0.36313
9	0	39	78	-1.08878	0.251849
10	1	53	54	-1.14842	0.240777
11	1	49	102	-0.47571	0.383265
12	1	63	145	0.532377	0.630037
13	0	66	130	0.362508	0.589647
14	0	72	87	-0.1844	0.454029
15	0	35	89	-1.00571	0.26782
16	0	42	97	-0.71681	0.328096
17	1	65	90	-0.29801	0.426045
18	1	48	90	-0.69001	0.334031
19	0	28	67	-1.51772	0.179797
20	0	46	98	-0.60864	0.352371
21	0	31	55	-1.63978	0.162495
22	0	41	103	-0.64425	0.344287
23	0	57	128	0.123105	0.530737
24	0	70	72	-0.46957	0.384719
25	0	53	81	-0.71814	0.327802
26	0	49	134	0.034252	0.508562
27	1	51	142	0.207861	0.551779

그림 17-12 : 독립 변수가 두개인 로지스틱 데이터

1. StatTools에서 Data Set Manager를 사용하여 영역 D4:F411를 선택한다.
2. Regression and Classification에서 Logistic Regression....를 선택한다.
3. 그림 17-13과 같이 대화상자를 채운다.

결과는 그림 17-14와 같다.

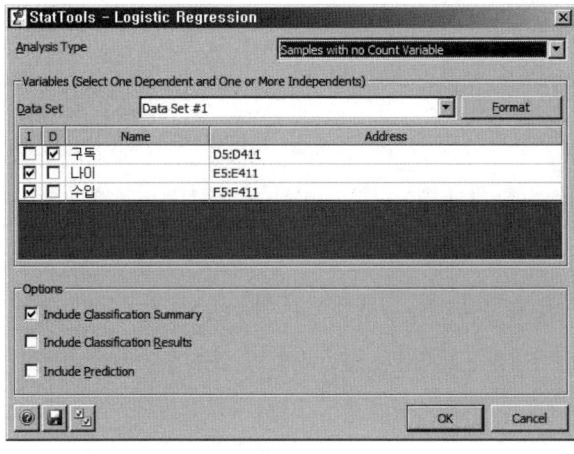

그림 17-13 : 두개 이상의 변수를 사용하는 로지스틱 모델에서 변수를 선택

	J	K	L	M	N	O	P	Q
10	**Summary Measures**							
11	Null Deviance	553.7964						
12	Model Deviance	514.5033						
13	Improvement	39.29306						
14	p-Value	< 0.0001						
15								
16		Coefficient	Standard Error	Wald Value	p-Value	Lower Limit	Upper Limit	Exp(Coef)
17	**Regression Coefficients**							
18	Constant	-3.23111	0.534179	-6.04874	< 0.0001	-4.2781	-2.18412	0.039514
19	나이	0.023059	0.007163	3.219241	0.0013	0.00902	0.037098	1.023327
20	수입	0.015936	0.002993	5.324267	< 0.0001	0.01007	0.021803	1.016064

그림 17-14 : 로지스틱 회귀 결과

셀 K14의 p-값(< 0.0001)은 어떤 사람이 구독자일지 아닐지를 예상할 때 나이와 수입이 도움이 되지 않을 가능성은 1,000분의 1임을 의미한다. N19와 N20의 p-값은 매우 작은데, 이것은 각 독립 변수가 어떤 사람이 구독자일지 예상할 때 유의한 효과를 가짐을 의미한다. 어떤 사람이 구독자일지 확률을 추정하는 식은 다음과 같다.

$$(5) \quad 어떤\ 사람이\ 구독자일\ 확률 = \frac{e^{-3.23 + .023 * 나이 + .016 * 수입}}{1 + e^{-3.23 + .023 * 나이 + .016 * 수입}}$$

영역 H5:H411에서 식(5)를 사용하여 어떤 사람이 구독자일지 확률을 계산했다. 예를 들어 H6의 경우 64세의 연 수입이 $84,000인 사람이 구독자가 될 확률은 39.7%이다.

Analysis 5 개수 데이터로 로지스틱 회귀 수행

앞 절에서 여러분은 각 데이터가 행별로 나눠져 있는 목록을 사용하여 로지스틱 회귀를 수행했다. 하지만 때때로 원래 데이터가 그룹으로 주어질 수도 있고 아니면 개수 데이터(count data)일 수도 있다. 개수 데이터에서 각 행은 여러 데이터를 의미한다. 예를 들어 여러분의 수입(Low, middle, high로 분류)과 나이(young, old로 분류)가 제품을 구매할 가능성, 즉 우도에 어떤 영향을 주는지 조사하려 한다고 가정해보자. 그림 17-15의 `countdata2.xlsx` 데이터를 사용해보자. 예를 들어 이 데이터에서는 500명의 젊은 사람이 있는데, 이들의 수입은 낮고 이 중 35명이 상품을 구입했다.

	A	B	C	D	E	F	G	H	I	J	K
1						0.8625	1.48651	1.00484			
2	Joint category	나이	수입	Number	구매자	Young	LowInc	MidInc	점수	예상 확률	실제 확률
3	1	Young	Low	500	35	1	1	0	-2.54	0.0731	0.07
4	2	Young	Middle	300	15	1	0	1	-3.022	0.0465	0.05
5	3	Young	High	200	4	1	0	0	-4.026	0.0175	0.02
6	4	Old	Low	200	8	0	1	0	-3.402	0.0322	0.04
7	5	Old	Middle	400	7	0	0	1	-3.884	0.0202	0.0175
8	6	Old	High	200	1	0	0	0	-4.889	0.0075	0.005
9											
10	Summary Measures										
11	Null Deviance	29.58076099									
12	Model Deviance	0.920115018									
13	Improvement	28.66064597									
14	p-Value	< 0.0001									
15											
16		Coefficient	Standard Error	Wald Value	p-Value	Lower Limit	Upper Limit	Exp(Coef)			
17	Regression Coefficie										
18	Constant	-4.888892721	0.496323	-9.85023	< 0.0001	-5.8617	-3.9161	0.00753			
19	Young	0.862536519	0.298032	2.89411	0.0038	0.2784	1.446679	2.36916			
20	LowInc	1.486509701	0.479329	3.101233	0.0019	0.547	2.425994	4.42164			
21	MidInc	1.004835319	0.500595	2.007282	0.0447	0.0237	1.986002	2.73146			

그림 17-15 : 로지스틱 회귀를 위한 개수 데이터

영역 F3:H8에서 IF문을 사용하여 나이와 수입을 더미 변수로 코드화했다. 데이터에서는 나이에서 old와 수입에서 high를 생략했다. 예를 들어 영역 F8:H8은 StatTools에게 8행은 나이는 old, 수입은 high인 사람을 나타낸다고 알려준다.

개수 데이터를 가지고 로지스틱 회귀를 수행하려면 다음 과정을 따라가보자.

1. Data Set Manager를 사용하여 영역 D2:H8를 선택한다.
2. Regression and Classification에서 Logistic Regression....를 선택한다. 그리고 그림 17-16과 같이 대화상자를 설정한다. 대화상자에서 왼쪽 위 부분에서 StatTools에게 개수 데이터를 사용함을 알려준다.

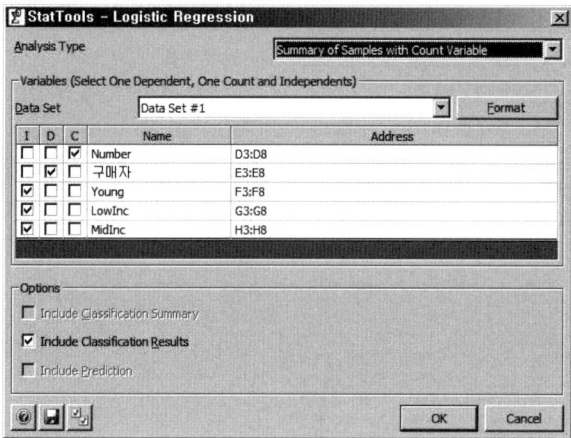

그림 17-16 : 개수 데이터에서 변수 선택

3. Number를 개수 열로 선택한 다음 Young, LowInc, MidInc 변수를 사용하여 구매자를 예상한다.

4. E19:E21의 P-값으로 각 독립 변수는 구매 패턴을 예측하기 위한 유의한 예측 변수임을 알 수 있다. 식(4)를 일반화하여 J열의 구독할 확률을 예상할 수 있다. 다음 식을 사용하자.

$$\text{구독 확률} = \frac{e^{-4.89 + .8663 * Young + 1.487 * LowInc * 1.005 * MidINC}}{1 + e^{-4.89 + .8663 * Young + 1.487 * LowInc * 1.005 * MidINC}}$$

그림 17-15를 참고하여 각각의 그룹에 대해 실제 확률과 예상 확률이 얼마나 비슷한지 보자.

Summary

이 장에서는 다음과 같은 사항을 알아보았다.

- 종속 변수가 이원(binary)일 때 다중 선형 회귀의 가정이 위반된다.
- 이원 종속 변수가 1일 확률을 예상하려면 로짓 변환(logit transformation)을 사용해야 한다.

$$(1) \ \text{Ln} \frac{p}{1-p} = \beta_0 + \beta_1 x_1 + \beta_2 x_2 + \ldots \beta_n x_n$$

- 식(1)의 계수는 최대우도법을 사용해서 추정한다.
- SAS, SPSS, StatTools 등의 프로그램을 사용해서 로지스틱 회귀 모델을 추정하고 계수의 유의성을 쉽게 검증할 수 있다.

▶ 식(1)을 수정하여 종속 변수가 1과 일치할 확률을 추정할 수 있다. 식은 다음과 같다.

$$\frac{e^{\beta 0 + \beta 1 x 1 + \ldots \beta n x n}}{1 + e^{\beta 0 + \beta 1 x 1 + \ldots \beta n x n}}$$

Exercises

1. FGdata.xlsx에는 NFL[1]의 1022번의 골 시도에 대한 필드 골의 거리와 필드 골이 성공적이었는지 여부를 보여주고 있다. 필드 골 시도의 거리가 필드 골의 성공 확률에 어떤 영향을 주는가? 30야드, 40야드, 50야드 필드 골을 성공할 확률을 추정해보자.

2. Logitsubscribedata.xls에서는 잡지를 구독하는 그룹과 구독하지 않는 그룹으로 나눠서 각각 나이별로 몇 명이나 있는지 숫자를 셌다. 잡지를 구독할 확률에 나이가 어떻게 영향을 주는가?

3. Healthcaredata.xlsx에서는 300명의 사람에 대해 나이, 선호 정당 그리고 수입에 대한 정보를 보여주고 있다. 그리고 오바마케어[2]에 대해 찬성하는지 반대하는지에 대한 정보도 함께 있다. 오바마케어에 대해 찬성할 확률을 예상하는 모델을 만들어보자. 각 사람들에 대해 그 사람이 오바마케어에 대해 찬성할지 여부를 예상해보자. 그리고 여러분의 로지스틱 회귀에서 각 독립 변수에 대한 계수를 해석해보자.

4. 로지스틱 회귀 모델에서 비선형성과 상호작용을 어떻게 이용할 수 있을까?

5. RFMdata.xlsx에는 다음과 같은 데이터가 있다.

- 어떤 사람이 가장 최근의 다이렉트 메일 캠페인에 대해 응답했는지(종속 변수=1), 혹은 응답하지 않았는지(종속 변수=0)
- R : 최근(마지막 구매 후 얼마나 시간이 지났는지). 1~5까지의 값을 가지며 5가 가장 최근에 구매했음을 가리킨다.

---

[1] NFL(National Football League), 미국 프로 미식축구 리그
[2] 버락 오바마(Barack Hussein Obama) 대통령이 주도하는 미국의 의료보험 시스템 개혁 법안으로 2014년까지 미국 국민의 건강보험 가입을 의무화하는 것을 골자로 한다.

- F : 빈도(작년에 몇 번이나 구매했는지). 1~5까지의 값을 가지며 5가 가장 많이 구매했음을 가리킨다.
- M : 금전적 가치(작년에 얼마나 구매했는지). 1~5까지의 값을 가지며 5가 작년에 가장 많은 금액을 소비했음을 가리킨다.

이 데이터를 사용하여 R, F, M에 기반하여 어떤 사람이 메일에 대해 응답을 할 것인지 예상해보는 모델을 만들어보자. 몇 퍼센트의 사람이 가장 최근의 메일에 대하여 응답을 할까? 만약 상위 10%의 사람들에게만 메일을 보낸다면(로지스틱 회귀 모델에 따라) 몇 명이나 답을 할까?

6. 로지스틱 회귀 모델에서 어떤 독립 변수 x_i가 1만큼 증가하면, 승산비가 $e^{\beta i}$배로 증가함을 보여라.

7. subscribers.xlsx의 data 워크시트를 사용하여, 잡지 구독 예에서 로지스틱 회귀가 비정규잔차와 이분산성을 해결할 수 있음을 보여라.

8. 파일 shuttledata.xlsx에는 우주선 발사와 관련된 몇 가지 데이터를 보여주고 있다.

- 기온(단위 화씨)
- 우주선에 사용된 O링(고무패킹)의 개수와 임무 중 부서진 O링의 개수

로지스틱 회귀를 사용하여 기온이 O링에 문제를 일으킬 확률을 구하라. 우주비행선 챌린저호 사고는 O링 문제로 발생했다. 발사 때 기온은 화씨 36도(섭씨 2도)였다. 이러한 분석으로 챌린저호 사고[3]를 일부 설명할 수 있을까?

9. 2012년 오바마 대통령 선거 캠페인에서는 로지스틱 회귀를 많이 이용했다. 만약 여러분이 오바마 선거캠프에서 일했다면, 오바마의 재선을 돕기 위해 로지스틱 회귀를 어떻게 사용할 수 있었을까?

---

[3] 1986년 1월 28일에 미국의 챌린저 우주왕복선의 발사 73초후 고체 연료 추진기의 이상으로 인한 폭발로 7명의 대원이 희생된 사고이다. 사고의 원인은 오른쪽 SRB의 O링(고무패킹)이 추운 날씨로 인해 얼어 버려 제 기능을 다하지 못했기 때문으로 분석되었다. http://ko.wikipedia.org/wiki/챌린저_우주왕복선_폭발_사고 를 참고하자.

Discrete Choice Analysis

이산 선택 분석

Chapter 18

16장 "컨조인트 분석"에서 마케팅 분석가가 소비자가 제품 프로파일에 매긴 순위를 이용하여 제품 속성에 대해 소비자가 생각하는 상대적인 중요성을 결정하고, 소비자들이 제품 속성의 각 수준에 대해 어떻게 순위를 매기는지 살펴보았다. 이 장에서는 이산 선택 분석(discrete choice analysis)을 사용하여 소비자들이 제품 속성에 대해 생각하는 상대적인 중요성을 결정하고 소비자들이 제품 각 속성의 수준에 어떻게 순서를 매기는지 알아보겠다. 이산 선택 분석을 이용하기 위해 소비자들은 대안(alternative)들의 집합 가운데서 선택을 해야 한다(보통 어떤 대안도 선택하지 않는다는 옵션도 포함한다). 소비자들은 제품 속성에 대해 순위를 매길 필요가 없다. 최대 우도 추정법과 17장 "로지스틱 회귀"에서 설명한 로짓 모델을 확장한 방법을 이용하여 마케팅 분석가들은 표본으로 대표되는 모집단의 제품 속성 순위와 각 속성의 수준 순위를 추정할 수 있다.

이 장에서는 이산 선택 분석을 이용하여 다음을 수행해볼 수 있다.

- 다른 종류의 초콜릿에 대한 소비자 선호도 추정.
- 서로 다른 비디오 게임에 대한 가격 탄력성과 브랜드 자산(brand equity)을 추정하고, 이익을 극대화하는 비디오게임 가격을 결정한다.
- 시간에 따라 기업이 가격을 가변적으로 바꿀 수 있는 모델을 만든다.
- 가격 탄력성을 추정한다.
- 일반적인 제품에 비해 내셔널 브랜드(national brand)[1] 상품이 가지는 가격 프리미엄을 결정한다.

---

[1] 넓은 지역에 걸쳐 그 적용을 확보하고 있는 제조업자 혹은 생산자의 브랜드, 예를 들어 코카콜라, 나이키 등이 해당된다.

Analysis 1 임의 효용 이론

임의 효용 이론(random utility theory)의 개념은 이산 선택 분석(discrete choice analysis)의 이론적인 배경이 된다. 예를 들어 n개의 대안들 가운데서 선택을 해야 하는 의사 결정권자가 있다고 가정해보자. 여러분은 몇 가지의 속성과 각 속성에 대한 수준들을 관찰할 수 있다.

의사 결정관자는 효용(utility) U_j를 j번째 대안과 연관시킨다. 의사 결정권자는 이러한 효용을 알고 있지만, 마케팅 분석가는 그렇지 않다. 임의 효용 이론 모델에서는 다음과 같이 가정한다.

$$U_j = V_j + \varepsilon_j$$

여기서 V_j는 대안을 정의하는 속성의 수준에 기반한 결정 점수이며, ε_j는 임의의 관찰되지 않은 오차항이다. 의사 결정권자는 가장 큰 U_j를 가지는 대안 j(j = 1, 2, …, n)를 선택한다고 가정한다. Daniel McFadden은 그의 논문("Conditional Logit Analysis of Qualitative Choice Behavior", Frontiers of Econometric Behavior, Academic Press, 1974)에서 만약 ε_j가 독립 Gumbel(극단값(extreme value)이라고도 한다) 임의 변수이며 각각이 다음 분포 $F(x) = 확률\ \varepsilon_j \leq x) = e^{-e^{-x}}$를 가진다면, 의사 결정권자가 대안 j를 선택할 확률(즉 $U_j = \max_{k=1,2,\ldots,n} U_k$)은 다음과 같이 주어진다고 했다.

$$(1)\quad \frac{e^{V_j}}{\sum_{i=1}^{i=n} e^{V_i}}$$

물론 식(1)은 17장의 로짓 모델과 비슷하며 보통 다항 로짓 모델(multinomial logit model)이라고도 한다. 식(1)은 각 제품에 대한 소비자의 점수를 소비자가 그 상품을 선택할 확률의 추정값으로 변환할 수 있는 적절한 방법을 제공하기 때문에 매우 중요하다. 이 장 나머지 부분에서 의사 결정 집합에서 각각의 개인이 선택한 대안들을 보게 될 것이다. 다음 식(1)과 최대 우도법(17장 참고)을 사용하여 각 속성의 중요도를 추정하고 각 속성 안의 수준에 대해 점수를 매기겠다.

> **Note**
>
> 임의 효용 이론을 이렇게 논의하는 것이 너무 기술적으로 느껴질지도 모르겠다. 하지만 어렵다고 걱정할 것 없다. 이 뒷장의 내용을 따라가는데 필요한 내용은 단지 식(1)로 의사 결정권자가 주어진 대안을 선택할 확률을 예상할 수 있다는 것뿐이다.

> **Note**
>
> 일반적으로 사용하는 가정은 식(1)의 오차항은 독립적이지 않으며 정규분포를 따르는 주변 분포(marginal distribution)를 가진다는 것이다. 이 가정은 프로빗 회귀(probit regression)를 통해 분석할 수 있는데 이 내용은 이 책의 범위를 넘어간다. Kenneth Train의 Discrete Choice Methods with Simulation, 2nd ed. (Cambridge University Press, 2009)에서는 여러 가지 에너지원(가스, 전기 등)의 가격 변화가 서로 다른 에너지원을 사용하는 가구의 비율에 어떻게 영향을 주는지에 대해 설명했다. 프로빗 회귀에 대한 더 자세한 논의는 해당 책을 참고하기 바란다.

Analysis 2 초콜릿 선호도에 대한 이산 선택 분석

다음 속성의 수준에 따라 초콜릿의 종류가 다음 8개의 대안이 있다고 가정하자.

- 다크 / 밀크
- 소프트 / 츄이
- 견과류 / 견과류 없음

8가지의 초콜릿 타입은 다음과 같다.

- 밀크, 츄이, 견과류 없음
- 밀크, 츄이, 견과류
- 밀크, 소프트, 견과류 없음
- 밀크, 소프트, 견과류
- 다크, 츄이, 견과류 없음

- 다크, 츄이, 견과류
- 다크, 소프트, 견과류 없음
- 다크, 소프트, 견과류

10명의 사람들에게 어떤 종류의 초콜릿을 선호하는지 물어보았다(아무것도 선택하지 않음은 옵션에 넣지 않았다). 결과는 다음과 같다.

- 2명은 '밀크, 츄이, 견과류' 선택.
- 2명은 '다크, 츄이, 견과류 없음' 선택.
- 5명은 '다크, 츄이, 견과류' 선택.
- 1명은 다크, 소프트, 견과류' 선택.

다음 이산 선택 분석을 사용해서 속성의 상대적인 중요성을 결정하고, 각 속성 중에서 수준들의 순위를 매겨보자. 과정은 그림 18-1과 `chocolate.xls` 파일을 참고하자.

	A	B	C	D	E	F	G	H	I
1									
2									
3			다크	밀크	소프트	츄이	견과류	견과류 없음	
4		가중치	0	-1.3862946	2.401382	4.598606	5.923627529	5.07633	
5		선택한 숫자							
6				exp(score)					
7	점수	밀크 츄이 견과류 없음	8.288641	3978.42311		'다크'의 가중치를 0으로 설정			
8	점수	밀크 츄이 견과류	9.135939	9282.98697					
9	점수	밀크 소프트 견과류 없음	6.091417	442.047234					
10	점수	밀크 소프트 견과류	6.938715	1031.44351					
11	점수	다크 츄이 견과류 없음	9.674935	15913.6959					
12	점수	다크 츄이 견과류	10.52223	37131.9559			합계		
13	점수	다크 소프트 견과류 없음	7.477711	1768.18932			-14.36349699		
14	점수	다크 소프트 견과류	8.325009	4125.77494	선택한 숫자				
15	확률	밀크 츄이 견과류 없음	0.054		0				
16	확률	밀크 츄이 견과류	0.126		2				
17	확률	밀크 소프트견과류 없음	0.006		0				
18	확률	밀크 소프트 견과류	0.014		0				
19	확률	다크 츄이 견과류 없음	0.216		2				
20	확률	다크 츄이 견과류	0.504		5				
21	확률	다크 소프트 견과류 없음	0.024		1				
22	확률	다크 소프트 견과류	0.056		0				
23		밀크 츄이 견과류 없음							

그림 18-1 : 초콜릿 이산 선택 예제

각 8가지 종류의 초콜릿의 점수는 여섯 가지 알려지지 않은 숫자에 의해 결정되는데, 이 숫자는 여러 초콜릿의 '가치'를 나타낸다고 가정하자.

- '다크'의 가치
- '밀크'의 가치
- '소프트'의 가치
- '츄이'의 가치
- '견과류'의 가치
- '견과류 없음'의 가치

예를 들어 밀크, 츄이, 견과류 없는 초콜릿의 점수는 다음과 같이 계산할 수 있다.

(2) ('밀크'의 가치) + ('츄이'의 가치) + ('견과류 없음'의 가치)

여섯 가지의 알려지지 않은 값을 추정하기 위해 다음과 같은 과정을 따라가보자.

1. 셀 C4:H4에 이 여섯 가지 값에 대한 시험값을 입력하자.
2. 셀 C7:C14에서는 각 종류의 초콜릿의 점수를 계산한다. 예를 들어 C7에서 식(2)는 '밀크, 츄이, 견과류 없음'에 대한 점수를 계산해야 하며 식은 =D4+F4+H4이다.
3. 식(1)을 사용하여 어떤 사람이 이 여덟 가지 종류의 초콜릿을 선택할 확률을 계산하자. D7의 식 =EXP(C7)을 D8:D14에 복사해서 각 종류의 초콜릿에 대해 식(1)의 분자를 계산한다. 다음 C15의 식 =D7/SUM($D$7:$D$14)을 C16:C22에 복사해서 식(1)을 완성하자. 어떤 사람이 8가지 종류의 초콜릿을 선택할 확률을 계산한다.
4. 최대 우도 추정법(최대 우도의 로그를 최대화하는 방법)을 이용하여 관찰된 선택값의 우도를 최대화하는 여섯 가지 값을 결정한다. 식(2)는 각각의 대안의 점수에 동일한 상수를 더하면 각 대안에 대해 식(2)에서 의미하는 확률은 바뀌지 않음을 의미한다. 따라서 관찰된 선택의 우도를 최대화할 때 유일한 해답 k는 없다. 따라서 아무 변수 셀을 0으로 정할 수 있다. 이 예에서는 '다크'의 값을 0으로 설정했다.

관찰값의 우도(likelihood)는 다음 식과 같다.

$$(3)\ (M,C,N의\ P)^2 (D,C,NN의\ P)^2 (D,C,N의\ P)^5 (D,S,N의\ P)^1$$

관찰된 값의 우도는 각 대안을 선택할 확률을 대안이 선택된 횟수로 거듭제곱하여 구할 수 있다. 예를 들어 $(D,C,N의\ P)^5$을 보면, $(D,C,N의\ P)$를 5로 거듭제곱하는데, 다섯 명의 사람들이 다크, 추이, 견과류 있는 초콜릿을 선호했기 때문이다.

식(3)에서 사용한 약자는 다음과 같다.

- P = 확률
- M = 밀크
- D = 다크
- N = 견과류
- NN = 견과류 없음
- C = 츄이
- S = 소프트

다음 두 기본적인 로그 규칙을 기억해보자.

$$(4)\ Ln\ (x*y) = Ln\ x + Ln\ y$$
$$(5)\ Ln\ p^n = nLn\ p$$

식(4)와 (5)를 식(3)에 적용해서 관찰값의 우도의 자연로그는 다음 식과 같음을 알 수 있다.

$$(6)\ 2*Ln(M,C,N의\ P) + 2*(D,C,NN의\ P) + 5*P(D,C,N) + P(D,S,N)$$

셀 G13은 Log 우도값을 =E16*LN(C16)+E19*LN(C19)+E20*LN(C20)+E21*LN(C21) 식으로 계산한다.

다음 그림 18-2와 같은 해찾기 창을 이용하여 각 속성의 수준에 대한 값의 최대 우도 추정값을 결정할 수 있다. 이 값을 이용하여 각 속성의 중요성과 각 속성에서의 수준의 순위를 결정할 수 있다.

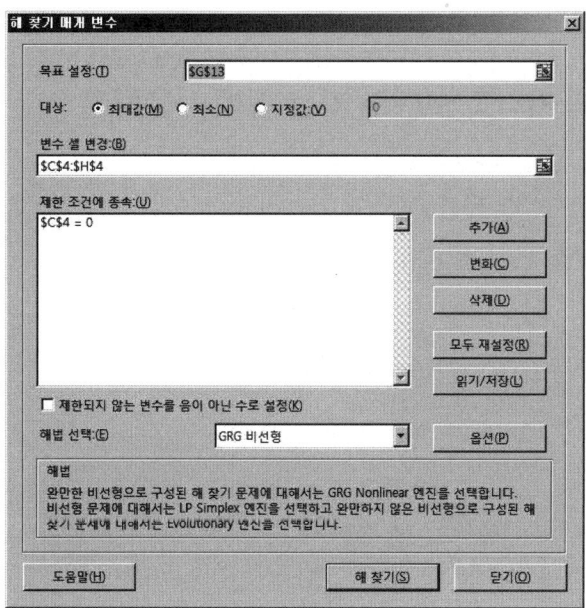

그림 18-2 : 초콜릿 예제에 대한 해찾기 창

그림 18-1을 보고 다음 최대 우도 추정값을 알아낼 수 있다.

- 다크 = 0, 밀크 = −1.38이므로 전반적으로 밀크보다는 다크를 선호하며, 다크와 밀크 간의 차이는 1.38이다.
- 츄이 = 4.59, 소프트 = 2.40이므로 소프트보다 츄이를 더 선호하고 그 차이는 2.19이다.
- 견과류 = 5.93, 견과류 없음 = 5.08이므로 견과류가 없는 경우보다 견과류가 있는 경우를 선호하며 그 차이는 0.85이다.

속성의 수준 간의 점수의 차이에 기반하여 속성의 중요도에 점수를 매길 수 있다. 이렇게 해서 속성의 중요도를 순서대로 보면 츄이 대 소프트, 다크 대 밀크, 견과류 대 견과류 없음이다. 9명의 사람들이 츄이를 선호하고, 8명의 사람들이 다크를 선호하며 7명이 견과류를 선호하는 사실과 일치한다.

Analysis 3 이산 선택 분석에 가격과 브랜드 자산 함께 사용하기

이 절에서는 이산 선택 분석에 가격과 브랜드 자산을 어떻게 함께 사용할 수 있는지 알아보겠다. 첫 번째 모델은 Xbox1.xls 파일을 참고하며 데이터는 그림 18-3과 같다.

	A	B	C	D	E	F	G	H	I	J
1		비용	$180	$160	$155					
2										
3						Nothing				
4		브랜드	1.879	4.967	0.49	0				
5		가격	-0.01	-0.02	-0.01					
6		선택번호	XBOX	PS	WII		XBOX 선택	PS 선택	WII 선택	아무것도 선택하지 않음
7		1	$221	$267	$275		28	11	14	47
8		2	$193	$295	$275		38	1	14	47
9		3	$278	$294	$176		10	2	43	45
10		4	$288	$191	$250		2	44	10	44
11		5	$162	$224	$221		30	16	17	37
12		6	$172	$249	$157		23	15	24	38
13		7	$167	$251	$169		24	12	25	39
14		8	$213	$255	$158		21	25	9	45

그림 18-3 : 비디오 게임 데이터

이 데이터는 100명의 사람들에게 Xbox[2], PS(플레이스테이션)[3] 그리고 Wii[4]에 대해 각각 8가지의 가격 시나리오를 보여준 다음 수집했다. 각 사람들에게 주어진 가격에서 어떤 상품을 구입할 것인지(혹은 아무것도 구입하지 않을 것인지) 질문했다. 예를 들어 XBox를 $221, PS를 $267 그리고 Wii를 $275에 판매하면 28명은 XBox를 선택하고 11명은 PS, 14명은 Wii를 선택하며 47명은 어느 것도 구입하지 않는다. 그리고 각 콘솔의 생산 비용도 함께 주어졌다.

이제 이산 선택 분석을 적용하여 비디오 게임 콘솔 시장에서 가격 민감도와 제품 브랜드 자산을 추정해보자. 각 제품 선택에서 가치는 다음과 같이 계산할 수 있다.

---

[2] 마이크로소프트사에서 개발한 게임 콘솔
[3] 소니사에서 개발한 게임 콘솔
[4] 닌텐도사에서 개발한 게임 콘솔

- XBox 가치 = XBox 브랜드 가중치 + (XBox 가격)*(XBox 가격 민감도)
- PS 가치 = PS 브랜드 가중치 + (PS 가격)*(PS 가격 민감도)
- Wii 가치 = Wii 브랜드 가중치 + (Wii 가격)*(Wii 가격 민감도)
- 아무것도 구매하지 않는 경우의 가중치를 0이라고 가정하자. 따라서 아무것도 구입하지 않는 경우의 가치는 0이다.

이제 최대 우도 추정을 이용하여 각 제품에 대한 브랜드 가중치와 가격 민감도에 대해 추정해보자. 각 가격 세트에 대한 데이터의 로그 우도를 찾은 다음 식(4)에 따라 로그 우도를 더한다. 로그 우도를 최대화함으로써 실제 관찰된 선택값을 보게 될 확률을 최대화하는 가중치를 구할 수 있다. 작업은 그림 18-4를 참고하시오. 다음 과정을 따라가보자.

	G	H	I	J	K	L	M	N	O	P	Q	R	S
4													합계
5													-984.7550485
6	XBOX 선택	PS 선택	Wii 선택	아무것도 선택하지 않음	XBOX 점수	PS 점수	Wii 점수	아무것도 선택하지 않음. 점수	XBox 확률	PS 확률	Wii 확률	아무것도 선택하지 않음. 확률	Ln(우도)
7	28	11	14	47	-0.88	-1.5539	-1.2175	0	0.215	0.11004	0.154	0.52045	-124.1354628
8	38	1	14	47	-0.53	-2.2376	-1.2175	0	0.295	0.05362	0.1487	0.5025	-108.3181076
9	10	2	43	45	-1.59	-2.2132	-0.6032	0	0.109	0.0588	0.2942	0.53777	-108.3357813
10	2	44	10	44	-1.72	0.3021	-1.0624	0	0.062	0.47009	0.1201	0.3475	-106.4650498
11	30	16	17	37	-0.14	-0.5038	-0.8824	0	0.3	0.20958	0.1435	0.34683	-133.2964867
12	23	15	24	38	-0.27	-1.1143	-0.4853	0	0.282	0.12121	0.2274	0.36938	-134.1584807
13	24	12	25	39	-0.21	-1.1631	-0.5598	0	0.301	0.11589	0.2119	0.37083	-132.1271517
14	21	25	9	45	-0.78	-1.2608	-0.4915	0	0.194	0.12047	0.26	0.42505	-137.918528

그림 18-4 : 비디오 콘솔 게임기 예제에 대한 최대 우도 추정

1. C4:E5에 각 제품의 브랜드 계수와 가격 민감도에 대해 시험값을 입력한다. F4는 아무것도 선택하지 않았을 경우의 브랜드의 계수로 0이다.

2. K7의 식 =C$4+C$5*C7을 K7:M14에 복사하여 각 시나리오별로 제품에 대한 점수를 계산한다.

3. N7의 식 =$F$4를 N7:N14에 복사하여 아무것도 구매하지 않았을 경우에 대해 점수를 입력한다.

4. 식(1)을 이용하여 O7의 식 =EXP(K7)/(EXP($K7)+EXP($L7)+EXP($M7)+EXP($N7))을 O7:R14에 복사한다. 각 가격 시나리오에 대해 각 제품을 선택할 확률(혹은 아무것도 선택하지 않을 확률)을 계산한다.

5. 각 시나리오에 대해 관찰값의 우도를 계산해보자. 우선 첫 번째 시나리오에서 우도는 다음과 같다.

(Xbox를 선택할 확률)^{28} (PS를 선택할 확률)^{11} (Wii를 선택할 확률)^{14} (아무것도 선택하지 않을 확률)^{47}

여기서 목표는 각 시나리오별로 우도의 로그값의 합을 최대화하는 것이다. 첫 번째 시나리오에서 우도의 로그는 다음과 같다.

28 * Ln(Xbox를 선택할 확률) + 11 * Ln(PS를 선택할 확률) + 14 * Ln(Wii를 선택할 확률) + 47 * Ln(아무것도 선택하지 않을 확률)

이것은 식(4)와 식(5)를 따른 결과이다. S7의 식 G7*LN(O7)+H7*LN(P7)+I7*LN(Q7)+J7*LN(R7)을 S7:S14에 복사하여 각 시나리오별로 로그 우도를 계산하자.

6. 셀 S5에서 변수 셀(영역C4:E5와 F4)에 대해 최대 우도 추정값을 계산하기 위해 목표 셀을 만들었다. 목표 셀의 식은 =SUM(S7:S14)이며 로그 우도의 합을 계산한다.

7. 그림 18-5의 해찾기 창을 이용하여 로그 우도의 합을 최대화하는 브랜드 가중치와 가격 민감성을 결정하자. 이것은 식(3)에서 주어진 관찰된 선택의 우도를 최대화하는 것과 동일하다. 제한조건으로는 아무것도 선택하지 않았을 경우는 항상 점수가 0이어야 하므로 $F$4 = 0을 설정한다.

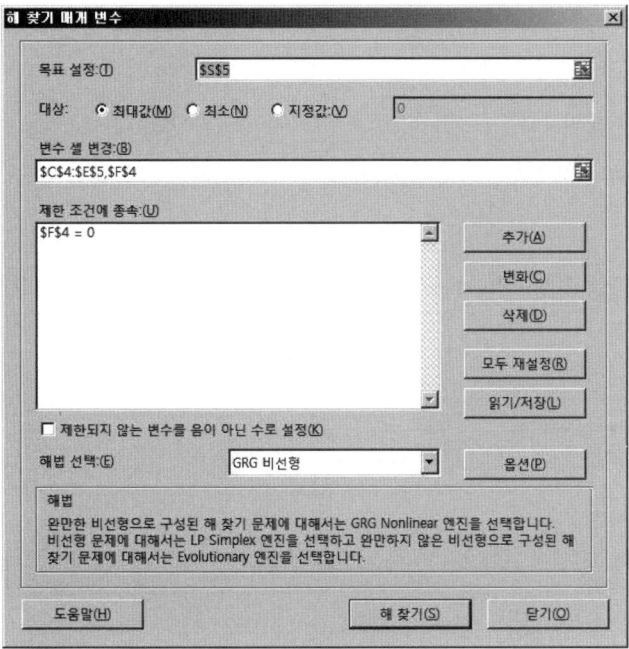

그림 18-5 : 최대 우도 추정에 대한 해찾기 창

그림 18-3의 영역 C4:E5에서 가중치와 가격 민감성을 볼 수 있다. 우선 PS의 브랜드 자산이 가장 높은 것을 알 수 있다, 하지만 동시에 가장 음수인 가격 민감성도 있기 때문에 확신할 수는 없다. "브랜드 자산 평가하기"절에서 각 제품의 가격 가중치를 동일하도록 제한하면 각 제품의 브랜드 자산을 공평하게 비교해볼 수 있다.

가격 최적화

브랜드 가중치과 가격 민감성을 추정한 다음 시장 시뮬레이터(16장의 컨조인트 시뮬레이터와 비슷하다)를 만들어서 기업의 이익을 극대화할 가격을 결정하는데 도움을 줄 수 있다. 여러분이 XBox를 만드는 회사에서 일하고 있고 이익을 극대화하는 가격을 결정하려 한다고 하자. 일반화를 유지하기 위해 시장은 100명의 소비자로 구성되어 있다고 가정하겠다. 다음 여러분의 목적은 시장의 100명의 소비자로부터 얻는 이익을 최대화하기 위해 XBox의 가격을 결정하는 것이다. 다음과 같이 가정하자.

- XBox의 가격은 $180이다.
- PS의 가격은 $215이고, Wii의 가격은 $190이다.
- Xbox를 구매하는 소비자는 게임 7개를 구매한다.
- XBox는 게임 한 개당 $30에 구매해서 $40에 판매한다.

XBox로 이익을 최대화하는 가격을 결정하기 위해 그림 18-6과 Xbox1.xls의 pricing 워크시트를 참고하시오.

	A	B	C	D	E	F	G	H	I	J	K	L	M	N
1		비용	$180.00	$160.00	$155.00									
2														
3						Nothing								
4		브랜드	1.87892	4.9665	0.48891249	0								
5		가격	-0.0125	-0.024	-0.0062052									
6		가격	X BOX	PS 2	Wii		XBOX 점수	PS 점수	Wii 점수	아무것도 구입하지 않았을 때 점수	XBox 확률	PS 확률	Wii 확률	아무것도 구입하지 않았을 때 확률
7		1	$207.46	$215.00	$190.00		-0.712715307	-0.28396	-0.6901	0	0.179	0.274	0.18	0.364345238
8							XBOX 이익 계산							
9							판매 단위	17.8642						
10	판매되는 게임수	7					매출	$8,708.12						
11	게임 가격	$40.00					비용	$6,967.06						
12	게임 비용	$30.00					총 이익	$1,741.07						

그림 18-6 : Xbox 가격 결정하기

다음 과정을 따라가보자.

1. 가격을 최적화하려면 model 워크시트에서 확률을 계산한 행 한 개가 필요하다. 따라서 pricing 워크시트의 7행은 model 워크시트에서 7행을 다시 만든 것이다. 또한 C7에 XBox의 시험 가격을 입력하고 B10과 B11에 XBox 관련된 정보를 입력하자.
2. 셀 H9에서 식 =100*K7으로 판매된 XBox 개수를 계산하자.
3. 셀 H10에서 식 =C7*H9+H9*B10*B11으로 XBox 콘솔과 게임으로 얻는 총 매출을 계산했다.
4. 셀 H11에서 식 =H9*C1+B10*H9*B12로 XBox 콘솔 게임기와 게임 비용을 계산하자.
5. 셀 H12에서 =H10-H11으로 이익을 계산하자.
6. 그림 18-7의 해찾기 창을 사용하여 이익을 극대화하는 XBox 가격으로 $207.47을 찾는다.

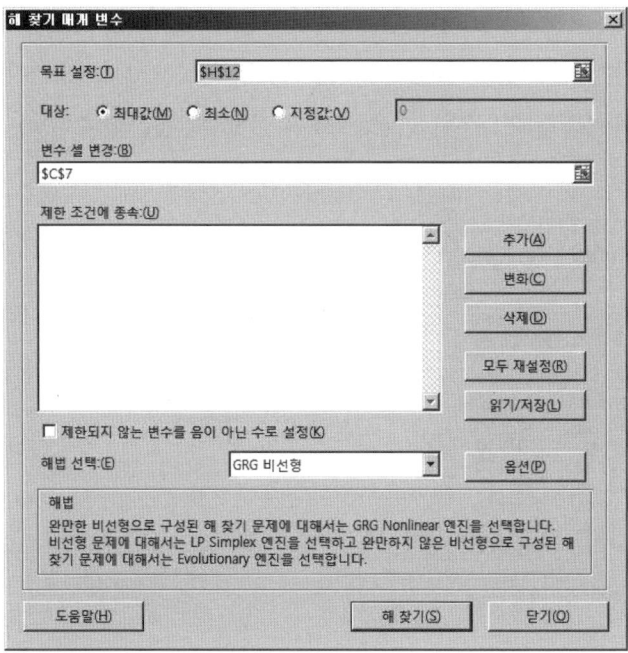

그림 18-7: Xbox 가격에 대한 해찾기 창

브랜드 자산 평가하기

앞 절에서 수행한 가격 분석에 기반해서 여러분은 각 브랜드의 가치 혹은 브랜드 자산을 추정할 수 있다. 이때 모든 경쟁사들에서 가격 가중치를 동일하게 해야 한다. 예를 들어 PS의 브랜드 계수가 가장 크기 때문에 PS의 브랜드 자산이 가장 크다고 말하고 싶을 것이다. 하지만 앞 절에서도 지적했듯이 PS의 가격 가중치 값이 가장 큰 음수이다. 따라서 이것만으로는 PS의 브랜드 자산이 가장 큰지 알 수 없다. 예를 들어 PS의 브랜드 자산이 가장 크다면 여러분은 가격이 $200일 때 XBox나 Wii에 비해 시장에서는 PS를 더 선호하는 방향으로 점수와 선택하는 구조가 형성될 것이라고 생각할 것이다. PS의 가격 계수가 큰 음수이기 때문에 다른 모든 상품들의 가격도 동일할 때 PS를 여전히 선호할 것인지는 확실하지 않다. 브랜드 자산을 정확하게 결정하기 위해 모든 상품에 대해 가격 가중치가 동일하다는 가정하에 해찾기 모델을 다시 수행해야 한다. 모든 상품에 대해 가격 가중치를 동일하게 설정하면 시장에서는 동일한 가격에서 이왕이면 브랜드 가중치가 더 높은 상품을 선호하게 된다. 결과는 Xbox2.xls의 Brand equity and price 워크시트에서 볼 수 있으며 앞서의 모델에서 무엇이 바뀌었

는지는 그림 18-8을 참고하자.

D5와 E5를 C5와 동일하게 설정했으며 D5를 삭제했고, E5를 변수 셀로 설정했다. 해찾기를 수행한 다음 PS의 브랜드 자산이 가장 높고 다음이 XBox, 그 다음이 Wii인 것을 알 수 있다.

	A	B	C	D	E	F
1		비용	$180.00	$160.00	$155.00	
2						
3						선택 안함
4		브랜드	1.90423	2.10939	1.74652854	0
5		가격	-0.01254	-0.01254	-0.0125391	
6		가격번호	X BOX	PS 2	WII	
7		1	$221.00	$267.00	$275.00	
8		2	$193.00	$295.00	$275.00	
9		3	$278.00	$294.00	$176.00	
10		4	$288.00	$191.00	$250.00	
11		5	$162.00	$224.00	$221.00	
12		6	$172.00	$249.00	$157.00	
13		7	$167.00	$251.00	$169.00	
14		8	$213.00	$255.00	$158.00	

그림 18-8 : PS의 브랜드 자산이 가장 크다

이산 선택 분석에서 유의성 검정하기

이제 브랜드 가치와 가격 가중치를 추정했으므로 이제는 식(2)에 상품 가격을 추가해서 시장 점유율을 예측해보자. 아마 여러분은 가격과 같은 요인을 추가하면 시장 점유율을 예측할 때 이것이 예측의 정확도를 더 높일 수 있는지 궁금할 것이다. 시장 점유율을 예상하는 모델에서 이산 선택 분석에 가격과 같은 요인을 추가하는 것이 정확도를 유의한 수준으로 증가시키는지 결정하기 위해 다음과 같은 과정을 따라가보자.

1. 모든 변수 셀을 포함했을 때 $LL(Full)$=Log 우도라고 하자.
2. 모델에서 변수 셀 q를 제외했을 때 $LL(Full - q)$ = Log 우도라고 하자.
3. $DELTA(q) = 2 * (LL(FULL) - LL(FULL - q))$라고 하자. $DELTA(q)$는 자유도가 1인 카이제곱 임의 변수이며, q의 유의성에 대한 p-값은 =CHIDIST(DELTA(q),1)으로 계산할 수 있다.
4. 만약 이 식의 결과값으로 p-값이 .05보다 작으면 변수 셀 q는 예상 선택에서(모델에서 다른 변수 셀을 조정한 다음) 유의하게 사용한다고 할 수 있다.

이 방법을 사용하여 여러분의 선택 모델에서 가격을 포함하는 것이 브랜드 가중치만을 사용하는 경우보다 유의성을 증가시킬 수 있는지 검정할 수 있다. `Xbox2.xls` 파일의 Brand Equity and Price 워크시트에서 $LL(Full\ Model) = -996.85$이다. `Brand equity and price` 워크시트에서 가격 가중치를 0으로 설정한 다음 모델을 수행하면 $LL(Model(no\ price) = -1045.03$이다. 다음 $Delta(q) = 96.37$이고 `CHIDIST(96.37,1)` $= 10^{-22}$이다. 따라서 비디오 게임 콘솔을 선택하는데 가격은 유의한 요인이 된다.

Analysis 4 동적인 이산 선택

앞 절에서 분석을 통해 소비자들의 선택을 유발하는 가격이나 브랜드 자산 같은 요인에 대한 여러 가지 중요한 사실을 알 수 있었다. 하지만 이 분석은 시시각각 바뀌는 경쟁 상황을 반영하지 못하기 때문에 이것이 '실제 세계'를 반영한다고 보기는 어렵다. 실제 세계에서는 어떤 회사가 가격을 바꾸면 여기에 맞추어 경쟁자도 대응을 한다. 이 절에서는 이산 선택 분석에서 경쟁 상황에 대해 다뤄보도록 하자.

만약 XBox가 앞서의 분석 결과에 따라 가격을 $207로 설정했다고 하자. 그러면 PS와 Wii도 여기에 맞춰서 가격을 바꿀 것이다. 이 절에서는 이러한 가격 경쟁의 역학을 어떻게 따라갈 것인지 알아보자. 보통 다음 두 가지 상황 중 하나가 발생한다.

- 가격 전쟁이 발생해서 경쟁사들은 계속 가격 인하를 한다.
- Nash 평형 상태(Nash equilibrium)가 발생해서 어떤 경쟁사들도 가격을 바꾸지 않는다. Nash 평형 상태는 어떤 회사들도 가격을 바꿔서 추가 이익을 얻을 수 없을 때 고정된 상태의 가격으로 유지하는 것을 의미한다.

`Xbox3.xls`에서 분석을 수행했다. 경쟁사 역학 관계 모델은 그림 18-9에서 볼 수 있다.

	B	C	D	E	F	G	H	I	J	K	L	M	N
1	비용	$180.00	$160.00	$155.00									
2													
3						선택하지 않음							
4	브랜드	1.87892	4.96655	0.4889	0								
5	가격#	-0.0125	-0.02442	-0.0062									
6	가격	XBOX	PS	WII		XBOX 점수	PS 점수	WII 점수	선택하지 않았을 때 점수	XBOX 확률	PS 확률	WII 확률	선택하지 않았을 때 확률
7	1	$207.46	$215.00	$190.00		-0.71272	-0.284	-0.690066	0	0.1786	0.27	0.183	0.36435
8							XBOX	PS	WI				
9						판매 단위	17.86	27.43	18.27				
10						매출	3706.13	5896.97	3471.96				
11						비용	3215.56	4388.44	2832.39				
12						이익	1741.07	3428.47	1918.71				
13													
14													
15	XBOX	$207.46	$215.00	$190.00									
16	PS	$207.46	$173.55	$190.00									
17	WII	$207.46	$173.55	$260.74									
18	XBOX	$202.38	$173.55	$260.74									
19	PS	$202.38	$175.16	$260.74									
20	WII	$202.38	$175.16	$260.92									
21	XBOX	$202.64	$175.16	$260.92									
22	PS	$202.64	$175.18	$260.92									
23	WII	$202.64	$175.18	$260.94									

그림 18-9 : 비디오 게임 콘솔의 가변적인 가격 정책

1. 우선 H9:H12의 식을 I9:J12에 복사해서 PS와 Wii 각각의 이익을 계산하자.
2. 해찾기 창에서 D7을 바꿔서 I12를 최대화하도록 하자. 해찾기 결과로 보면 PS의 새 가격은 $173.55이다.
3. 다음 목표 셀을 바꿔서 E7을 바꿔서 J12를 최대화하자. 해찾기 창 결과에서 보면 다른 제품들의 가격이 주어졌을 때 Wii의 가격은 $260.74여야 한다.
4. 이제 XBox가 가격을 바꿔야 할 차례다. C7을 바꿔서 H12를 최대화하자. 이제 XBox의 가격은 $202.38이다. 이 과정을 되풀이하면 가격은 아래와 같은 수준에서 평형 상태를 이룬다.

- Xbox : $202.64
- PS : $175.18
- Wii : $260.94

가격이 이와 같을 때 가격을 바꿔봤자 어떤 회사도 추가 이익을 얻게 되지 않는다. 가격을 바꾸면 이익이 하락한다. 따라서 여러분은 안정된 Nash 평형 상태를 찾아냈다.

Analysis 5 무관한 선택 대상으로부터의 독립(IIA) 가정

이산 선택 분석에서 대안 j를 선택할 확률에 대해 대안 i를 선택할 확률의 비는 다른 가능한 선택에 독립적이다. 이산 선택 모델의 이러한 성질을 무관한 선택 대상으로부터의 독립(IIA, Independence of Irrelevant Alternatives) 가정이라고 한다. 하지만 대부분의 경우 IIA는 맞지 않는다.

식(2)에서 여러분은 임의의 두 대안 i와 j에 대해 식(7)이 성립함을 보일 수 있다(연습문제 6).

$$(7) \quad \frac{\text{i를 선택할 확률}}{\text{j를 선택할 확률}} = \frac{e^{\text{점수}_i}}{e^{\text{점수}_j}}$$

식(7)에서는 대안 j를 선택할 확률에 대해 대안 i를 선택할 확률의 비는 다른 대안을 선택하는 사건에 독립적이라고 보여준다. 이산 선택 모델에서 이러한 성질을 '무관한 선택 대상으로부터의 독립' 가정이라고 한다. 다음 파라독스('빨간 버스/파란 버스 문제'라고 한다)는 IIA가 때때로 현실과 맞지 않는 선택의 가능성을 초래할 수 있다는 것을 보여준다.

예를 들어 직장까지 가기 위해 파란 버스와 차를 타는 방법이 있다고 가정해보자. 만약 버스와 차를 모두 동일한 확률로 선호한다면, 다음 식은 참이다.

$$\text{파란 버스를 선택할 확률} = \text{차를 선택할 확률} = 0.5$$

이제 세 번째 대안인 빨간 버스를 추가해보자. 빨간 버스와 파란 버스는 버스 시장을 정확하게 50%씩 나누고 있으며 새 확률은 다음과 같다.

- 자동차를 선택할 확률 = 0.5
- 파란 버스를 선택할 확률 = 0.25
- 빨간 버스를 선택할 확률 = 0.25

IIA 가정은 현재의 파란 버스를 선택할 확률/자동차를 선택할 확률의 비가 바뀌지 않을 것이라는 것을 의미한다. 빨간 버스를 선택할 확률=파란 버스를 선택할 확률이기 때문에 이산 선택은 다음과 같이 현실적이지 않은 결과를 보여준다.

- 자동차를 선택할 확률 = 1/3
- 파란 버스를 선택할 확률 = 1/3
- 빨간 버스를 선택할 확률 = 1/3

혼합 로짓(mixed logit), 중첩 로짓(nested logit), 프로빗(probit)같은 좀 더 고급의 기법을 사용해야 IIA문제를 해결할 수 있다. 좀 더 자세한 사항은 Kenneth Train의 Discrete Choice Methods with Simulation, 2nd ed. (Cambridge University Press, 2009)를 참고하자.

Analysis 6 이산 선택과 가격 탄력성

4장 "수요 곡선을 추정하고 해찾기로 가격을 최적화하기"에서 상품의 가격 탄력성(price elasticity)은 상품 가격이 1% 증가할 때 수요가 몇 %나 바뀌는지를 나타내는 값이라고 했다. 이 절에서 이산 선택 분석을 사용하여 가격 탄력성을 추정하는 방법에 대해 알아보겠다. 다음의 정의를 보자.

- $Prob(j)$ = 상품 j를 선택할 확률
- $Price(j)$ = 상품 j의 가격
- $\beta(j)$ = 점수식에서 가격 계수

식(2)에서 다음과 같이 표시할 수 있다.

$$(8) \text{ 상품 j의 가격 탄력성} = (1 - Prob(j)) * Price(j) * \beta(j)$$

상품 j에 대하여 상품 k의 교차 탄력성($E(k,j)$라고 하자)은 상품 j의 가격이 1% 증가할 때 상품 k의 수요가 몇 % 바뀌는지를 나타낸다. 식(2)에서 다음과 같이 보여줄 수 있다.

$$(9)\ E(k,j) = -\ Prob(j) * Price(j) * \beta(j)$$

상품 j를 제외하고는 다른 모든 상품은 동일한 교차 탄력성을 가진다. 이것은 단일 교차 탄력성(uniform cross elasticity)의 특징으로 알려져 있다.

`Xbox4.xls` 파일에서 식(8), 식(9)의 사용법을 보여준다. 비디오 게임 예제로 돌아가서 현재 가격이 그림 18-10과 같이 Xbox = $200, PS = $210, Wii = $220이라고 가정하자.

	A	B	C	D	E	F	G	H	I	J	K	L	M
1	비용	$180.00	$160.00	$155.00									
2													
3					아무것도 선택하지 않음								
4	브랜드	1.9042314	2.10939	1.7465	0								
5	가격	-0.012539	-0.012539	-0.0125									
6		Xbox	PS	Wii		Xbox 점수	PS 점수	Wii 점수	아무것도 선택하지 않았을 때 점수	XBox 확률	PS 확률	Wii 확률	아무것도 선택하지 않았을 때확률
7	가격	$200.00	$210.00	$220.00		-0.60359	-0.52	-1.012	0	0.22	0.24	0.145	0.399591
8													
9													
10		Xbox 탄력성		-1.96									
11		Xbox와 PS 의 교차 탄력성		0.55									
12		Xbox와 Wii 의 교차 탄력성		0.55									

그림 18-10 : Xbox 가격 탄력성 예제

XBox에 대한 가격 탄력성은 −1.96(XBox의 가격이 1% 증가하면 XBox의 판매는 1.96% 줄어든다)이며 XBox에 대한 교차 탄력성은 .55이다(XBox의 가격이 1% 증가하면 다른 상품에 대한 수요는 0.55% 증가한다).

Summary

이 장에서는 다음과 같은 사항을 알아보았다.

▶ 마케팅 분석에서 이산 선택 분석을 사용하여 의사 결정권자에게 어떤 상품의 속성과 속성 중 어느 수준이 가장 중요한지 결정할 수 있다.

- 이산 선택 분석을 시작하기 위해 의사 결정권자에게 대안의 집합을 보여준 다음 어떤 대안을 가장 선호하는지 선택하라고 요청한다.
- 마케팅 분석가는 각 속성의 수준에 기반하여 각 대안의 점수를 매길 모델을 결정해야 한다.
- 의사결정권자가 대안 j를 선택할 비율은 다음 다항 로짓 모델(multinomial logit model)을 따른다.

   (1) $\frac{e^{V_j}}{\sum_{i=1}^{i=n} e^{V_i}}$ 이때 V_j = 대안 j의 점수

- 최대 우도(Maximum Likelihood)를 사용하여 점수식의 파라미터(브랜드 자산이나 가격 민감도 등)를 추정한다.
- 이산 분석에서, 로그 우도 비(Log Likelihood Ratio)의 변화에 기반한 카이 제곱 검증을 사용하여 변수 셀의 유의성을 평가한다.
- 식(2)를 따르는 무관한 선택대상으로부터의 독립(Independence of Irrelevant Alternatives, IIA)은 대안 j를 선택할 확률에 대해 대안 i를 선택할 확률의 비가 다른 선택에 독립적임을 의미한다. 빨간 버스/파란 버스의 예 같은 경우 이산 선택 분석은 현실과 맞지 않는 결과를 낼 수 있다.
- 이산 선택의 다항 로짓 버전으로 다음 식을 사용하여 쉽게 가격 탄력성을 계산할 수 있다.

   (8) 상품 j의 가격 탄력성 = (1 - Prob(j)) * Price(j) * β(j)
   (9) E(k,j) = - Prob(j) * Price(j) * β(j)

Exercises

1. Per Laurie Garrow는 저서 Discrete Choice Modeling and Air Travel Demand (Ashgate Publishing, 2010)에서 항공사들이 항공권 요금을 바꿀 때 시장 점유율이 어떻게 변하는지 예상하는 방법에 대해 설명했다. 이와 비슷한 분석을 수행하기 위해 예제를 사용해보자. 델타 항공(Delta airline)은 오전 9시 뉴욕에서 시카고로 비행하는 항공 요금에 대해 이익을 최대화하는 요금이 얼마인지 결정하고자 한다. 소비자 포커스 그룹에 16가지 다른 항공권을 보여준 다음, 만약 자리가 있으면 어떤 것을 선택할 것인지 물어보았다. 설문조사의 결과는 `Airlinedata.xlsx` 파일에 있으며 그림 18-11과 같다. 예를 들어 델타 항공에서 오전 8시, 비행시간은 4시간이며 음악 등 오디오 서비스, 비디오, 영화, 식사가 없는 항공권에 대해서 $300의 가격을 책정했을 때 78명의 사람들이 '구매하지 않는다'를 선택했다(델타=0, 유나이티드=1).

	F	G	H	I	J	K	L	M	N	O	P	Q
13	가격	8시 출발	9시 출발	정오에 출발	다른 시간에 출발	비행 시간	오디오	비디오	식사	항공사	선호하는지?	선호하지 않는지?
14	300	1	0	0	0	4	0	0	0	0	78	22
15	300	0	1	0	0	5	0	1	1	0	60	40
16	300	0	0	1	0	6	1	0	1	1	50	50
17	300	0	0	0	1	7	1	1	0	1	28	72
18	400	1	0	0	0	5	1	0	1	1	60	40
19	400	0	1	0	0	4	1	1	0	1	50	50
20	400	0	0	1	0	7	0	0	0	0	20	80
21	400	0	0	0	1	6	0	1	1	0	33	67
22	500	1	0	0	0	6	0	1	0	1	10	90
23	500	0	1	0	0	7	0	0	1	1	13	87
24	500	0	0	1	0	4	1	1	1	0	38	60
25	500	0	0	0	1	5	1	0	0	0	22	78
26	600	1	0	0	0	7	1	1	1	0	30	70
27	600	0	1	0	0	6	1	0	0	0	7	93
28	600	0	0	1	0	5	0	1	0	1	12	88
29	600	0	0	0	1	4	0	0	1	1	15	85

그림 18-11 : 연습문제 1의 데이터

a. 어떤 항공사 (델타 또는 유나이티드(United Airline))가 이 항로에 대해 브랜드 자산이 더 높은가?

b. 델타는 오전 9시 비행을 최적화하고자 한다. 비행시 6시간이 걸리며 오디오 서비스를 제공한다. 이 항로에 대해 매일 500명의 잠재 고객이 있다. 비행기에 태울 수 있는 승객은 최대 300명이다. 이익을 최대화하는 가격을 결정하자. 그리고 델타가 영화나 식사를 제공해야 하는지 결정해보자. 그 날 운항하는 다른 항공사는 유나이티드 항공사이며 5시간 비행에 오디오, 음악 서비스를 제공하지만 식사는 제공하지 않고 요금은 $350이다. 델타에서 분석한 인당 비용은 항목별로 다음과 같다.

아이템	인당 비용
연료	$60
음식	$40
영화	$15

2. P&G[5]에서는 이산 선택 분석을 사용하여 Tide[6] 한 상자에 가격을 얼마로 할지 결정하려 한다. P&G에서는 그림 18-12와 같은 데이터를 수집했다. 예를 들어 사람들에게 무상표 상품(generic)[7]을 $5, Tide를 $8 그리고 아무것도 구매하지 않는다는 옵션 중 어떤 것을 선호하는지 물어봤을 때, 35명은 무상표 상품을 선택했고, 22명은 Tide 그리고 43명은 어느 것도 선택하지 않았다.

---

5 프록터 앤드 갬블(Procter & Gamble), 미국의 대표적인 비누 · 세제, 기타 가정용품 제조업체.
6 P&G의 세탁 세제 브랜드
7 복제품, 혹은 특정한 상표없이 만든 상품. 상표가 따로 없고 저가인 경우가 많다.

	F	G	H	I	J	K	L
5	무상표 상품	P&G	무상표 상품	P&G	아무것도 선택하지 않음		
6	$5.00	$8.00	35	22	43		
7	$5.50	$7.00	29	29	42		
8	$7.00	$9.00	24	18	59		
9	$7.50	$8.00	17	28	33		
10	$0.85	$10.00	56	4	28		
11	$4.00	$7.00	37	26	28		
12	$3.50	$6.50	38	28	27		

그림 18-12 : 연습문제 2의 데이터

각 상품에 대해 동일한 가격 가중치를 사용해서 이산 선택 모델을 이용해서 다음 질문에 대답해보자.

a. 16장의 "컨조인트 분석"에서 설명한 가치 기반 가격 정책을 사용했을 때 무상표 상품에 대해 Tide의 가격 프리미엄은 얼마나 될까?

b. 무상표 상품을 $5에 판매할 때 Tide의 가격은 얼마가 되어야 할까?

3. P&G에서는 헤드앤숄더 샴푸의 더 저렴한 버전인 새 상품을 출시해야 하는지 결정하고자 한다. 소비자 그룹에게 세 개의 상품이 서로 다른 가격일 때 어느 상품을 선호하는지 질문했다(그림 18-13). 예를 들어 세 개의 모든 상품의 가격이 $3.60일 때 70명은 헤드앤숄더를 선호했고, 13명은 헤드앤숄더 라이트, 4명은 CVS를 선호했으며 13명은 비듬 샴푸를 구입하지 않겠다고 했다.

a. 이 데이터를 사용하여 이산 선택 모델을 조정해보자. 각 상품에 대해 동일한 가격 가중치를 사용하자.

b. CVS 샴푸의 가격이 $3.00이라고 가정하자. 헤드앤숄더 샴푸 한 개를 생산하는 비용은 $2.20이고, 헤드앤숄더 라이트 샴푸 한 개를 생산하는 비용은 $1.40일 때 어떤 가격 정책을 사용해야 P&G의 이익을 최대화할 수 있을까?

c. 헤드앤숄더 라이트 샴푸를 시장에 출시했을 때 P&G의 이익은 몇 퍼센트나 증가할까?

번호	HS	HS Lite	CVS	HS 선호	HS Lite 선호	CVS 선호	아무것도 선택하지 않음
1	3.6	3.6	3.6	70	13	4	13
2	3.8	2.8	2.6	59	22	7	13
3	4	3	2.7	58	21	7	14
4	4.2	3	2.7	54	23	8	15
5	4.4	3.1	2.6	51	23	9	17
6	4.6	2.9	2.5	46	27	10	17
7	4.8	3	2.8	44	28	9	19
8	5	3	2.9	41	30	9	20
9	5.2	3	2.6	37	31	11	21
10	5.4	3.1	3	35	32	9	23
11	5.6	3.3	2.8	33	30	12	25
12	5.8	3.5	3.1	32	29	11	28
13	6	3.7	3.2	31	28	11	31
14	6.2	4	3.2	29	25	12	34
15	6.4	4.5	3.4	29	20	12	39
16	6.6	4.7	3.6	28	19	11	42

그림 18-13 : 연습문제 3의 데이터

4. CVS(편의점)에서는 미백 기능이 있는 리스테린(LW)[8], 보통 리스테린(LIST) 그리고 CVS 의 구강 청결제에 대해 가격을 어떻게 매겨야 할지 결정하고자 한다. 100명의 소비자들에게 다음 가격 시나리오를 보여준 다음 선택의 결과가 그림 18-14에 나와 있다. 예를 들어 LW를 $6.60, LIST를 $5 그리고 CVS 구강 청결제를 $3.25에 판매한다면 37명은 아무것도 선택하지 않았고 18명은 LW를 선택, 20명은 LIST를 선택 그리고 25명은 CVS를 선택했다.

	E	F	G	H	I	J	K
18	LW	LIST	CVS	아무것도 선택하지 않음	LW 선택	LIST 선택	CVS 선택
19	$6.60	$5.00	$3.25	37	18	20	25
20	$7.00	$5.80	$3.50	40	17	17	25
21	$6.90	$6.00	$3.75	41	18	17	24
22	$6.80	$5.90	$3.10	38	18	16	27
23	$8.40	$6.75	$4.25	46	14	16	24

그림 18-14 : 연습문제 4의 데이터

a. 이 데이터에 대해 이산 선택 모델을 적용해보자. 가격 변수는 한 개만 사용하자.

b. 가치 기반 가격 정책을 사용하여 미백기능에 대해 소비자들이 부여한 가치를 추정해보자.

c. 가지 기반 가격 정책을 사용하여 P&G의 자산 가치를 추정해보자.

---

[8] Listerine, 미국의 구강 청결제 브랜드

LIST와 CVS의 기능은 동일하다. 차이는 용기에 붙어있는 상표뿐이다.

d. CVS 구강 청결제의 가격이 $6이라고 가정해보자. 그리고 CVS 편의점에서는 LW 한 병에 $4, LIST 한 병에 $3 그리고 CVS 구강 청결제는 $2.50에 매입한다. CVS의 이익을 극대화하기 위해 LW와 LISTV에는 가격을 얼마로 매겨야 할까?

5. 군대에서는 여러분에게 도움을 요청하여 공군, 해군 그리고 육군 간에 리쿠르팅 보너스를 어떻게 할당해야 할지 결정해달라고 하고 있다. 내년에는 1,000,000명이 군대에 자원할 것으로 보인다. 미국 정부 추산으로는 공군과 해군에 100,000명, 육군에 250,000명의 지원병이 필요하다. 리쿠르팅 보너스는 $30,000까지만 허용된다. 이산 선택 분석을 통해 적절한 숫자의 지원병을 구하기 위한 최소 비용 리크루팅 예산을 결정했다. 해당 정보는 그림 18-15와 같다.

집합	보너스 공군	보너스 해군	보너스 육군	지원하지 않음	공군	해군	육군
1	$10.00	$10.00	$10.00	59	25	10	6
2	$10.00	$20.00	$20.00	52	11	27	10
3	$10.00	$30.00	$30.00	3	3	47	14
4	$20.00	$10.00	$20.00	49	43	1	7
5	$20.00	$20.00	$30.00	42	28	12	18
6	$20.00	$30.00	$10.00	37	20	37	6
7	$30.00	$10.00	$30.00	31	60	0	9
8	$30.00	$20.00	$10.00	33	59	2	6
9	$30.00	$30.00	$20.00	29	44	21	6

단위 $1,000

그림 18-15 : 연습문제 5의 데이터

예를 들어, 100명의 지원자들에게 보너스를 $10,000 제공했을 때 59명은 지원하지 않았고, 25명은 공군, 10명은 해군, 6명은 육군을 선택했다.

a. 보너스 금액이 각 국의 지원자의 숫자에 영향을 주었는지 결정하는 이산 선택 모델을 만들어보자. 다음과 같이 가정하자.

- 지원하지 않는 경우의 점수 = 지원하지 않는 경우의 가중치
- 각 군에 대한 점수 = 각 군에 대한 가중치 + (보너스 가중치) * (보너스 금액)

각 군에 대해 동일한 보너스 가중치를 사용하자.

b. 각 군에 대한 보너스는 최대 $30,000이다. 미국 정부에서 필요로 하는 지원병 수를 채우기 위해 필요한 최소 보너스 플랜을 결정해보자.

6. 식 (7)을 검증하라.

PART 5

고객 가치

CUSTOMER VALUE

Calculating Lifetime Customer Value

장기 고객 가치 계산하기

Chapter 19

만약 어떤 기업이 고객이 소비하는 비용보다 더 많은 비용으로 새로운 고객을 창출하는데 사용하면 그 기업은 금방 문을 닫게 될 것이다. 따라서 고객의 장기 가치(lifetime value)를 계산하여 기업의 이익을 늘리는 것이 매우 중요하다.

예를 들어 2009년 10월, 그루폰(Groupon)[1]은 첫 번째 거래를 시작했다. 소비자들은 $13을 내면 Chicago Motel Bar 펍에서 피자 두 판을 구매할 수 있다(정상 가격은 $26이므로 반값이다). $13을 받아서 절반은 그루폰이 가져가고, 절반은 Chicago Motel Bar 펍이 가져갔다. 피자 한 판을 만드는 비용은 평균적으로 피자 소매가격의 35% 정도 된다. Motel Bar는 피자를 판매하고 $6.50을 벌었으며, 피자를 만드는 비용은 $9.10이다. 이렇게 보면 Motel Bar는 그루폰 딜로 피자를 판매할 때마다 손님 한 명당 $2.60을 손해 보고 있는 것이다. 하지만 Motel Bar에서는 그루폰 딜로 인해 손님 한 명당 $2.60을 손해 보더라도 피자 판매를 시작으로 앞으로 더 많은 이익을 남겨줄 손님을 끌어올 수 있을 것이라고 생각했다. 만약 그루폰과 거래하는 소매업자들이 고객들이 창출하는 장기 가치의 중요성에 대해 이해하지 못한다면 그루폰 같은 기업은 존재할 수 없다.

이 장에서는 고객의 장기 가치를 추정하고 이 값으로 비즈니스 결정의 중요성을 타당화할 수 있는 방법에 대해 알아보겠다. 여기서는 고객 가치의 개념을 이용하여 어떻게 DIRECTV에서 저자가 좋아하는 TV드라마 Friday Night Lights[2]를 구해낼 수 있는지 경제적으로 타당화해보겠다. 마지막으로 과거의 구매 기록을 바탕으로 하여 고객이 여전히 유효한지(active) 확률을 추정해보겠다.

---

[1] 미국 시카고에서 시작된 세계 최초, 최대의 소셜커머스 기업. 그루폰은 여러 사람이 모여 물건을 구매하면 싸게 살 수 있다는 아이디어에서 시작됐고 맨 처음 발행했던 쿠폰은 창업자의 사무실이 있던 건물 1층 식당의 피자 반값 쿠폰이었다.

[2] 미국의 TV 드라마 시리즈. 고등학교 미식축구팀에 관한 드라마(http://en.wikipedia.org/wiki/Friday_Night_Lights_(TV_series) 참고)

Analysis 1 기본 고객 가치 템플리트

고객 가치 템플리트(Customer Value template)를 사용하여 고객의 가치를 쉽게 추정할 수 있다. 우선 매년 한 고객은 $1의 이익 마진을 창출한다고 가정하자. 다음 두 개의 파라미터를 기억하자.

- **기간당 할인율(discount rate) (보통 연간 10~16%)** : 예를 들어 연 할인율이 10%라면 지금부터 1년 뒤에 얻을 수 있는 $1은 오늘 얻을 수 있는 $1/1.10과 동일하다는 의미이다. 대부분의 분석가들은 i를 사용하여 기간당 할인율을 표시한다.

> **Note**
> 할인율(discount rate)과 유지율(retention rate)은 항상 동일한 길이의 시간을 다뤄야 한다. 예를 들어 연간 유지율을 사용하면 연간 할인율을 사용해야 한다.

- **기간당 유지율(retention rate)** : 예를 들어 연간 유지율이 60%라면 1년 동안 여러분은 고객의 40%를 잃고 60%만을 유지하는 것이다. 1-유지율은 변동률(churn rate)이라고 한다. 대부분의 분석가들은 유지율을 r로 표시한다.

Gupta, Lehmann의 저서 Managing Customers as Investments(2005, Pearson Prentice-Hall)에 따르면 할인율과 유지율을 사용하여 고객 가치 승수(customer value multiplier)를 계산할 수 있다. 예를 들어 승수(multiplier)가 4라면 고객 장기 가치는 4x(첫 번째 기간 동안 고객이 창출하는 이익)이 된다. 고객 가치 승수를 결정하려면 우선 임의의 수의 고객에서 첫 번째 기간부터 시작해보자. 여기서는 편의상 100명을 선택했고, `customervalue.xls` 파일의 `basic model` 워크시트부터 시작해보자. 다음을 가정해보자.

- 각 기간 동안 고객을 잃어버리는 비율(1-유지율). 각 기간 동안 고객을 잃어버리는 비율을 변동률(churn rate)라고 한다.
- 매년 고객은 동일한 이익 마진을 창출한다.
- 기간의 수는 360으로 제한한다. 기간의 단위를 월로 설정해도 30년을 다룰 수 있다. 유

지율과 변동율의 효과를 동시에 적용하므로 이렇게 장기간의 시간이 지나면 초기 고객의 기간당 값은 무시할 만한 수준으로 작아진다.

커서를 셀 E1(그림 19-1을 참고)에 놓으면 데이터 유효성 드롭다운 상자가 보이는데 이것을 이용하여 기간의 끝, 시작, 중간 중 이익이 언제 발생하는지 지정할 수 있다. 만약 시간의 기간이 한 달이거나 더 짧으면 끝, 시작, 중간 중 어느 것을 선택하더라도 그렇게 큰 차이는 없다. 셀 E1을 클릭하면 드롭다운 상자가 보인다. 이런 드롭다운 상자를 만들려면 다음과 같이 하면 된다.

	A	B	C	D	E	F	G	H	I	J
1	할인율		0.1	시간 프레임	beginning					
2	유지율		0.8	상수 마진을 가정						
3								end	0	
4	기간		고객	할인 요인		승수		beginning	1	
5		1	100	1		3.6666667		middle	0.5	
6		2	80	0.90909						
7		3	64	0.82645						
8		4	51.2	0.75131						
9		5	40.96	0.68301						
10		6	32.768	0.62092						
11		7	26.2144	0.56447				자유도		
12		8	20.9715	0.51316			3.66667	0.1	0.12	0.14	0.16
13		9	16.7772	0.46651			0.6	2.2	2.1538462	2.11111	2.07143
14		10	13.4218	0.4241	유지		0.7	2.75	2.6666667	2.59091	2.52174
15		11	10.7374	0.38554			0.8	3.66667	3.5	3.35294	3.22222
16		12	8.58993	0.35049			0.9	5.5	5.0909091	4.75	4.46154
17		13	6.87195	0.31863	1834.14						
18		14	5.49756	0.28966				Managing Customers as Investments			
19		15	4.39805	0.26333				Gupta and Lehmann			

그림 19-1 : 고정된 마진을 사용한 고객 가치 템플리트

1. 셀 E1에 커서를 놓은 다음 '데이터' 탭 → '데이터 유효성 검사'를 클릭한다.
2. '설정' 탭에서 제한 대상으로 '목록'을 선택한 다음 '원본'으로 영역 H3:H5을 선택한다.
3. 셀 B5에서 첫 번째 기간 동안 이익을 창출하는 고객의 개수를 결정한다.

   - 1년의 시작에서 100
   - 1년의 끝에서 100*(1 - 유지율)
   - 1년의 중간에서 .5*100*(1+ 유지율)

4. B6의 식 B5*retention_rate을 B7:B360에 복사해서 기간 2~360 동안의 고객 숫자를 계산한다. 예를 들어 연초에 이익이 발생한다고 가정했으면 기간 2에는 고객의 80%

를 유지할 수 있으며 결과로 고객 80명이 남았다. 기간 3에는 80명의 고객의 80%를 유지할 수 있으며 결과로 64명이 남았다.

5. C5의 식 `=(1/(1+discount_rate)^A5)*(1+discount_rate)^(VLOOKUP($E$1, lookdis,2,FALSE))`을 C6:C364에 복사하여 매년의 할인 요인(discount factor)을 생성한다. 예를 들어 첫 번째 1년 동안 연간 할인율이 10%라면 다음은 참이다.

   - 첫 번째 해에 대해 연말 할인 요인은 1/1.10이다.
   - 첫 번째 해에 대해 연초 할인 요인은 1/1이다.
   - 첫 번째 해에 대해 연중간 할인 요인은 $1/1.10^5$ 이다.

6. 셀 E5에서 식 `=SUMPRODUCT(C5:C364,B5:B364)/100`을 사용하여 각 기간에 (남은 고객 수)*(할인 요인)을 합한 다음 시작할 때의 고객 수로 나눠서 승수를 계산한다.

Analysis 2 이원 테이블로 민감도 분석 측정하기

모든 모델은 입력(현재 모델에서는 할인율과 유지율이 입력이다)과 출력(현재 모델에서는 승수가 출력이다)이 있다. 모델의 민감도 분석(sensitivity analysis)은 모델의 입력에 대해 출력이 얼마나 반영해서 바뀌는지도 포함한다. 모델 입력의 추정이 틀렸을 수도 있기 때문에 민감도 분석은 매우 중요하다. 따라서·여러분은 입력추정 값에서의 오차가 모델의 출력에 얼마나 영향을 주는 지 알고 있어야 한다. 이것은 엑셀의 뛰어난 민감도 도구인 데이터 테이블로 알아볼 수 있다. 특히 이원 데이터 표(two-way Data Table)를 사용하면 두 개의 입력(유지율과 할인율)이 바뀜에 따라 식(이 경우는 승수)이 어떻게 변하는지 결정할 수 있다. 이원 데이터 테이블을 만들기 위해 다음 과정을 따라가보자.

1. 영역 F13:F16의 유지율(0.6~0.9) 값의 목록을 만들어보자. 그리고 G12:J12의 다른 입력 값인 할인율의 목록도 만들자.

2. 왼쪽 위 구석(셀 F12)에 출력식을 놓자. 출력식은 단순히 =E5이며 승수이다.
3. 표 영역을 F12:J16로 선택하자. 다음 '데이터' 탭 → '가상 분석' → '데이터 표…'를 선택하자.
4. '열 입력 셀'에 B2를 선택하고 '행 입력 셀'에 B1을 입력한 다음 '확인'을 클릭하자.

엑셀은 각 유지율을 B2에 놓고, 각 할인율을 B1에 놓았다. 각각의 조합의 유지율과 할인율에 대해, 엑셀은 출력 셀(승수)을 계산한다. 예를 들어 할인율이 10%이고 유지율이 60%면 승수는 2.2이다. 하지만 할인율이 10%이고 유지율이 90%이면 승수는 5.5이다. 이것으로 유지율을 높이는 것이 얼마나 중요한지 알 수 있다.

> **Note**
> 고객 가치의 개념은 Frederic Reichfeld가 Loyalty Effect(Reichfeld and Teal, 2001)에서 지적한 개념이다. 신용카드 회사의 예에서 연간 유지율을 80%에서 90%로 높였을 때 승수는 두 배가 증가함을 보였다.

Analysis 3 승수의 명시적 식

만약 고객에 의해 창출되는 기간당 이익이 그 사람이 고객이었던 기간에 의존하지 않는다면, 고객의 가치는 단순히 다음 식과 같다.

$$(\text{기간당 이익}) * (\text{승수})$$

따라서 케이블 TV 가입자의 연간 유지율은 80%이며 연간 할인율은 10%라고 가정해보자. 연말에 이익이 나는 현금 흐름일 때 승수는 3.666667이다. 연간 이익 마진을 $300라고 가정했을 때 고객 가치는 ($300)*(3.666667) = $1,100이 된다.

이제 승수를 좀 더 자세하게 살펴보자. i=기간당 할인율, r=기간당 유지율이라고 하자. 기간이 무한으로 있다고 가정하고 각 고객은 기준 기간의 초기에 $1의 이익을 창출한다. 이제 여러분은 승수의 명시적 식을 유도할 수 있다. 만약 한 명의 고객으로 기간 1부터 시작한다고 가정해보자. 그러면 기간 1이 시작할 때 여러분은 한 명의 고객으로부터 $1을 얻는다. 기간 2가 시작할 때 여러분은 r명의 고객으로부터 $1을 얻는다. 그리고 기간 3이 시작할 때 여러분은 r^2 고객으로부터 $1을 얻는다. 이익은 기간 2 동안 $1/(1+i)$만큼 할인되고, 기간 3 동안에는 $1/(1+i)^2$만큼 할인된다. 따라서 처음 시작할 때의 고객으로부터 얻는 총 이익은 다음 식(1)과 같다.

$$(1) \quad 승수 = 1 + r/(1+i) + r^2/(1+i)^2 + r^3/(1+i)^3 + \cdots$$

식(1)의 양 변에 $r/(1+i)$을 곱하면 식(2)와 같다.

$$(2) \quad r*승수/(1+i) = r/(1+i) + r^2/(1+i)^2 + r^3/(1+i)^3 + \cdots$$

식(1)에서 식(2)를 빼면 $(1 + i - r)/(1 + i) * 승수 = 1$이나 식(3)이 된다.

$$(3) \quad 승수 = (1+i)/(1+i-r)$$

Analysis 4 변하는 마진

Lehmann과 Gupta는 만약 유지율이 고객이 된 시간에 따라 다르다면 전체 평균 유지율을 사용해도 충분히 정확하게 고객 가치를 추정할 수 있는 설득력 있는 경우를 만들어냈다. 예를 들어 신규 고객이라면 초기 유지율은 70%이고, 몇 년이 지나 안정 상태(steady state)가 되면 유지율의 경향은 90%가 된다(유지율을 계산하는 예제에 대해서는 연습문제 5번을 보자). 이때 약 80%의 평균 유지율을 사용해서 정확하게 승수를 추정할 수 있다.

하지만 많은 경우 고객 마진은 고객이었던 기간이 길수록 증가하는 경향이 있다. `growing margins` 워크시트(그림 19-2)에서 이러한 현상을 볼 수 있다. 증가하는 고객 마진을 다루기 위해서는 다음 세 가지 파라미터에 대한 값이 필요하다.

- **고객당 첫해의 마진**: 이 예에서는 첫 번째 해가 시작할 때의 마진이며 $1이다.
- **안정 상태에서 고객당 마진**: 이것은 고객 한 명이 해당 회사의 고객으로 오랜 기간 있었을 때 기간당 이익 마진이다. 변동이 발생하지 않는 안정된 상황에서의 마진은 $1에서

$1.50으로 증가한다고 가정하자.
- 고객당 마진이 안정된 상황에서의 마진의 절반(이 예에서는 $1.25)이 될 때까지의 기간. 이것을 T*라고 한다. 여기서 T*=3기간 이라고 가정하자.

	A	B	C	D	E	F	G	H	I	J	K	L
1	할인율		0.1			시간 프레임	middle					
2												
3						첫 해 마진	1					
4						안정 상태 마진	1.5	k		0.231		
5	유지율		0.6			마진의 절반이 될 때까지 기간(필요한 년도)	3					
6										end		0
7	연도	고객 수	할인 요인	시작 마진	종료 마진	마진	승수			beginning		1
8	1	80	0.95346	1	1.10313027	1.0515661	191.393			middle		0.5
9	2	48	0.86678	1.103130267	1.18498883	1.1440595						
10	3	28.8	0.78799	1.18498883	1.2499632	1.217476						
11	4	17.28	0.71635	1.249963202	1.30153593	1.2757496						
12	5	10.368	0.65123	1.301535926	1.34247103	1.3220036						
13	6	6.2208	0.59203	1.342471232	1.3749632	1.3587172						
14	7	3.73248	0.5382	1.374963199	1.40075336	1.3878583				연도		
15	8	2.23949	0.48928	1.400753357	1.42122402	1.4109887		191.393		2	4	7	10
16	9	1.34369	0.4448	1.421224022	1.4374724	1.4293482		0.6	198.718	186.862	179.888	176.649
17	10	0.80622	0.40436	1.437472398	1.45036937	1.4439209	유지	0.7	271.418	254.071	243.159	237.848
18	11	0.48373	0.3676	1.450369374	1.46060621	1.4554878		0.8	396.561	370.426	352.168	342.945
19	12	0.29024	0.33418	1.460606214	1.4687316	1.4646689		0.9	655.542	613.65	580.614	562.265

그림 19-2 : 마진이 증가할 때 고객 가치 템플리트

이 세 개의 파라미터를 사용하여 n년도의 마진을 다음과 같이 계산할 수 있다.

Year n margin = 첫 해의 마진 + (안정 상태의 마진 − 첫 해의 마진) * $(1 - e^{-kn})$

여기서 k = − Ln(0.5) / T* = − .69 / T*. 따라서 T* = 3, k = 0.231.

이제 여러분은 고객 수와 연도 중간 마진을 구한다고 가정해보자. D8의 식 `=year_1_margin+(steady_state_margin - year_1_margin)*(1-EXP(-k*(A8-1)))`을 D9:D367에 복사하여 기간 초의 마진을 계산하자. 다음 E8의 식 `=year_1_margin+(steady_state_margin-year_1_margin)*(1-EXP(-k*(A8)))`을 E9:E367에 복사하여 기간 말의 마진을 계산하자. F열은 이 두 값의 평균을 내서 기간 중간의 마진을 구한다.

고정된 마진의 예에서처럼 변하는 입력에 대해 승수가 얼마나 견고한지 검증하는 것이 매우 중요하다. 마진이 변하는 예제에서는, 관련된 가장 중요한 이슈는 만약 회사에서 고객을 서로 다른 기간 동안 유지했을 때 고객 가치가 바뀌는 것을 어떻게 추정하는가이다. 그림 19-2에서는 이원 데이터 테이블을 통해 유지율과 마진이 변하는 속도(T*로 측정)가 바뀌면서 이것이 고객 가치 승수에 어떻게 영향을 주는지 보여준다. T*가 증가하면 마진은 좀 더 천천히 증

가하고, 고객 가치 승수는 감소한다(하지만 크게 줄어드는 것은 아니다).

Analysis 5 DIRECTV, 고객 가치 그리고 Friday Night Lights(FNL)

앞에서도 언급했듯이 저자가 가장 좋아하는 TV 프로그램은 Friday Night Lights(FNL)이다. 겉으로는 그냥 단순한 스포츠 관련 드라마지만 일상에서 사람들이 매일매일 문제를 해결해나가고 이를 어떻게 극복해 나가는지를 잘 보여주고 있다. 2006–2007년 그리고 2007–2008년 시즌에 방송되었지만, NBC에서는 시청률이 잘 나오지 않아서 고생하고 있었고 취소될 위기에 처해있었다. 이때 DIRECTV가 들어와서 이 드라마를 구해냈고 FNL은 3시즌을 더 방송할 수 있었다. 배우 Kyle Chandler(Taylor 코치 역)는 2011년 에미상 드라마 부분 남우주연상을 수상했고, 마지막 에피소드였던 "Always"는 베스트 에피소드상을 수상했다. DIRECTV는 NBC와 제작비용을 나눠서 분담했고, NBC가 다음 해 봄에 방송하기 전에 DIRECTV에서 먼저 가을에 방송하는 권리를 취득했다. DIRECTV의 이러한 결정에 대해 부사장(Executive Vice President)인 Eric Shanks는 이렇게 설명했다.

> NFL(National Football League), 대학 농구 그리고 NASCAR 등의 스포츠에는 독점 콘텐츠(exclusive content) 모델이 있습니다. 엔터테인먼트 분야에도 같은 모델을 적용할 수 있다고 생각합니다. 독점적인 엔터테인먼트 재산권을 가지고 그것을 차별화해서 이용할 수 있지 않을까요? 만약 열성적인 팬들이 다른 케이블 업체를 버리고 우리 DIRECTV로 온다면, 우리는 계속 드라마를 유지할 겁니다.

FNL의 새 에피소드를 만드는데 약 이백만 달러가 들었다. DIRECTV는 이 비용을 NBC와 나눠서 부담했고, FNL을 유지하는데 DIRECCTV는 연간 천삼백만 달러를 들여야 했다. 여러분의 지식을 동원하면 새 가입자의 가치를 추정하고 천삼백만 달러의 비용을 충당하기 위한 새 구독자의 숫자는 몇 명인지 역산해볼 수 있다. 이를 위한 작업은 파일 `DirecTV.xls`을 이용하자.

> **Note**
>
> FNL과 DIRECTV에 대한 기사(http://fueled.com/blog/the-end-of-friday-night-lights-and-how-directv-saved-it/)에 따르면 DIRECTV는 FNL로 새 가입자를 수만명 이상 확보하기를 원했다.

다음 정보는 DIRECTV의 2008년도 연간 보고서에서 가져왔다.

- 월간 변동률(churn rate)은 .0151이며, 따라서 1년 동안 고객을 유지할 확률은 $(1 - .0151)^{12} = .8331$이다.
- 영업 이익(operating profit) = $2,400,000,000
- 가입자 수 16,800,000
- 취득 원가(Acquisition Costs) = $1,900,000,000

이제 보수적으로 DIRECTV의 다른 비용은 모두 변동비(variable cost)라고 가정하자. 다음 보수적으로 새 가입자는 적어도 1년에 4,300,000,000/16,800,000 = $255의 이익을 창출한다고 가정한다(취득 원가 이후). 만약 여러분이 연간 할인율을 10%라고 가정하고 연도 중간에 이익이 발생한다고 가정하면 연간 유지율은 .8331이다. 승수는 3.60이며 고객의 장기 가치는 3.6($255) = $920이 된다. 따라서 연간 제작 비용 $13,000,000을 회수하려면 FNL은 13,000,000/920 = 14,100명의 새 가입자를 만들어내야 한다. NBC에서 FNL의 평균 주당 시청자의 수는 6,000,000이었으므로 여러분은 왜 DIRECTV가 이 드라마를 유지하는 것에 대해 투자할 것을 고려했는지 짐작할 수 있을 것이다. 물론 이외에도 DIRECTV가 지향하는 '고급 TV'의 개념과도 부합하는 장점이 있다. 여러분의 분석에서는 FNL에 의해 새로 창출되는 고객은 현재의 다른 고객과 동일한 이익을 창출한다고 가정한다. DIRECTV는 FNL이 좀 더 부유한 고객을 유치해서 이 고객들이 스포츠 패키지나 주문형 영화 같은 상품을 더 구매할 것이라고 기대했을 것이다.

Analysis 6 고객이 여전히 유효한지 확률을 추정하기

마케팅 분석가들은 때때로 고객의 목록과 그들의 과거 구매 기록을 살펴본다. 앞으로의 기업 이익을 예상하려면 어떤 고객이 여전히 유효한지(active)를 예상할 필요가 있다. Schmittlein, Morrison, Colombo의 논문 "Counting Your Customers: Who Are They and What Will They Do Next?"(Management Science, p.33 [1987], pp. 1−24)에서는 고객이 여전히 유효한지 추정하는 간단한 방법에 대해 다뤘다. 다음과 같은 데이터가 필요하다.

- N = 구매자의 수
- t = 마지막 구매한 시간
- T = 고객을 확보한 시간과 현재 시간까지 경과된 시간

$T^* = t / T$를 정의한 다음 저자는 $(T^*)^n$으로 고객이 아직 유효한 확률을 추정할 수 있음을 보였다. 예를 들어 T = 10이고 고객은 1, 5, 6, 9 시간에 구매했다고 가정하자. 그러면 현재 고객이 유효한지 확률을 $.9^4 = 0.6561$로 추정할 수 있다. Blattberg, Kim, Neslin의 책 Database Marketing(Springer, 2008)의 5.4절에서는 고객이 현재 유효한지 확률을 결정하는 좀 더 최신의 방법에 대해 다루고 있다.

Analysis 7 기본 고객 장기 가치 모델보다 좀 더 깊게 연구해보자

Gupta와 Lehmann의 연구에서 기본 고객 모델에 대해 여러 가지 가치 있는 아이디어를 얻을 수 있다. 다음은 21세기 기업에 맞도록 이 기본 고객 가치 개념에서 좀 더 발전시킨 것들이다.

- 모든 고객이 동일한 고객 가치를 창출하는 것은 아니다. 저자가 가르친 몇몇 학생들은 다중 회귀(10장 "다중 회귀를 사용하여 판매 예측하기"를 참고)를 사용하여 인구 통계 정보 등을 사용하여 가망 고객이 창출할 가치 등을 예상했다. 이러한 방법으로 기업은 좀

더 많은 이익을 창출할 수 있는 고객을 끌어들이는데 집중할 수 있다. 특히 은행 등에서 이런 분석 방법이 매우 중요하다.

- 고객이 여전히 유효한지 확률을 추정하는 것에 추가해서 기업에서는 각 고객이 앞으로 가치를 얼마나 창출할지도 예상하고 싶어한다. V. Kumar의 책 Customer Lifetime Value: Foundations and Trends in Marketing(Now Publishing, 2008)에서는 어떻게 소프트웨어 제작 회사가 고객의 미래 가치를 예상하여 이 정보를 바탕으로 미래 이익을 최대화하기 위해 마케팅 자원을 할당했는지 다루고 있다.
- 기본 고객 가치 모델의 민감도 분석에서는 유지율이 증가하는 것(혹은 동등한 변동율이 줄어드는 것)이 장기 고객 가치를 증가시키기 위한 핵심 요소라고 알려준다. 로지스틱 회귀(17장 "로지스틱 회귀")를 사용하여 누가 이탈할 것인지 예상할 수 있다. 어떤 고객이 떠날 것인지 예상할 때 교육 수준, 거주 위치(교외, 도심, 시골 등) 그리고 고객 만족도 같은 독립 변수들이 매우 유의한 예측변수들이 된다. 핸드폰이 우리 생활을 장악하기 전 매우 흥미로운 연구에서 다음과 같은 사실이 밝혀졌다. Ameritech[3]는 어떤 고객이 자신들의 유선 전화 서비스를 더 이상 사용하지 않을 것인지를 가장 효과적으로 예측하기 위해서는 그 고객이 수리 서비스를 요청했고 그 문제가 해결되지 않았는지 여부가 가장 유용한 예측변수라는 것을 알아냈다. 고객 장기 가치 모델을 사용해서 Ameritech는 수리 서비스를 개선해서 추가로 얻을 수 있는 혜택에 대해 측정해냈다. 만약 여러분의 회사나 상품을 떠날 고객을 미리 알아낼 수 있으면, 우선 수단(쿠폰, 무료 선물 등)을 사용해서 이익을 많이 내는 고객이 이동하지 않도록 예방할 수 있다.

Summary

이 장에서는 다음과 같은 사항을 알아보았다.

- ▶ 유지율(retention rate), 할인율(discount rate) 그리고 일정 기간 동안 고객 한 명이 창출하는 이익이 주어졌을 때, `customervalue.xls` 파일을 이용하여 고객의 가치를 쉽게 계산할 수 있다.
- ▶ N = 구매 횟수, t = 마지막 구매 시기, T = 처음 고객을 확보한 시기에서부터 현재까지의 경과 시간이 주어졌을 때 $T^* = t/T$, $(T^*)^n$ 식으로 시간 T에 어떤 고객이 여전히 유효한지 확률을 구할 수 있다.

---

[3] 아메리테크(Ameritech Corporation), 전화, 인터넷, 텔레비전 관련 서비스를 제공하는 미국의 방송통신회사

Exercises

1. AOL[4]은 CD Now로부터 고객 한 명당 $60을 지불하고 고객을 인수했다. CD Now[5]의 연간 고객 유지율은 60%이며 고객 한 명당 연간 $15의 이익을 창출한다. 연간 할인율이 12%라고 가정했을 때, CD Now로부터 구매한 고객의 가치를 평가해보자.

2. Ameritrade가 고객 한 명을 확보하는데 $203이 든다. Ameritrade는 고객 한 명당 연간 $200을 얻으며, 유지율은 95%이다. 현금 흐름에서 할인율이 12%일 때, 고객의 가치와 순수 확보 비용을 추정하시오.

3. 휴대폰 회사에서 가입자의 연간 유지율은 70%이고, 고객 한 명이 연간 $300의 이익을 창출한다. 연간 할인율이 8%라고 가정했을 때, 고객의 가치를 계산해보자.

4. 매년 Capital Two는 고객의 75%를 유지하며, 연간 할인율은 5%이다. 연간 유지율이 얼마가 되면 고객 가치가 두 배가 될까?

5. retentiondata.xlsx 파일에서는 잡지 구독자의 유지율에 대한 예를 보여주고 있다. 이 데이터의 일부분은 그림 19-3에서 볼 수 있다. 예를 들어 첫 번째 구독자 같은 경우에는 7년 동안 구독했으며 이제 더 이상 구독하지 않는다. 그리고 13번째 구독자는 1년 동안 구독했으며 여전히 구독하고 있다. 이 데이터를 사용하여 잡지의 연간 고객 유지율을 추정하시오.

---

[4] AOL(America Online), 타임워너의 인터넷 사업부문 자회사, 인터넷 서비스를 주력 사업으로 하는 미디어 기업
[5] CDNOW.com, 1994년에 시작한 온라인 소매점, 현재는 amazon.com이 인수

고객	구독년수	여전히 구독?
1	7	no
2	6	no
3	4	no
4	1	no
5	7	no
6	8	no
7	3	no
8	7	no
9	8	no
10	1	no
11	7	no
12	1	no
13	1	yes
14	1	no
15	6	no
16	1	no
17	3	no
18	6	no

그림 19-3 : 연습문제 5의 유지 데이터

6. 어떤 고객이 10년 동안 회사의 고객이었고 .2, 1.2, .8, 3의 시기에 구매를 했다. 이 고객이 현재 활성화되어 있는 고객인지 확률을 구하시오.

7. 고객 1과 고객 2는 12개월 동안 회사의 고객이었다. 고객 1은 4번 구매했고, 고객 2는 2번 구매했다. 각 고객의 최종 구매 시기는 8번째 달의 마지막이었다. 어떤 고객이 활성화되어 있을 확률이 더 높을까? 결과를 설명해보자.

8. 이익 $1가 각 기간의 초반이 아니라 끝에 발생한다고 가정하고, 식(3)을 수정해보자.

Using Customer Value to Value a Business

비즈니스를 가치 있게 하기 위해 고객 가치 사용하기

Chapter 20

오늘날은 많은 기업들이 벤처 캐피털을 통해 자금을 모은다. 자금을 모을 때는 여러분의 비즈니스 계획, 즉 아이디어가 납득할만한 현금 흐름(cash flow)을 만들어낼 수 있는지를 벤처 투자자 앞에서 프레젠테이션 하는 경우가 많다. 기업의 고객이 현금 흐름을 창출하므로 기업의 고객 수가 어떻게 늘어날 것인지, 고객당 이익이 얼마나 될 것인지 그리고 고객을 확보하는 비용이 얼마나 될 것인지 추정해야 기업의 장래 현금 흐름을 합리적으로 예상할 수 있을 것이다. 이 장에서는 가치에 대한 고객 중심 접근 방법(customer-centric approach to valuation, 아이볼 접근 방법(eyeball approach)이라고도 한다(연습문제 4번을 참고하시오)). 그리고 이것을 새 헬스 클럽에서 창출되는 현금 흐름을 평가하는 고객 중심 모델과 함께 살펴보겠다.

Analysis 1 가치 평가의 기본 사항

여러분은 비즈니스에서 창출하는 현금 흐름의 할인된 가치로 어떤 비즈니스의 수익성을 모델링할 수 있다. 비즈니스 매출이 발생하는 동안 현금 흐름을 계산하려면 다음 회계식을 사용하자.

(1) 세전 이익 = 매출 − (변동비와 감가상각 전 원가) − 감가상각

(2) 세후 이익 = (1−세율) * 세전 이익

(3) 운전 자본 = 유동 자산 − 유동 부채(유동 부채는 매출의 고정비율로 모델링한다)

(4) 현금 흐름 = 세후 이익 + 감가상각 − 운전자본변동

다음 XNPV 함수를 사용하여 순수 현재 가치(NPV)를 계산할 수 있다. XNPV의 문법은 XNPV(annual discount rate, cash flows, dates of cash flows)이며 비정기적인 현금 흐름의 순 현재 가치를 계산한다. 현금 흐름은 나열한 날짜에 따른다. 어떤 투자자들은 투자에 대한 IRR(Internal Rate of Return, 내부 수익률)에 관심이 있을 수 있다. 현금 흐름의 연속 IRR은 현금 흐름의 NPV를 0으로 만드는 할인율이다. 만약 현금 흐름의 연속에 IRR이 없거나 하나 이상의 IRR이 있으면 기술적인 문제가 발생할 수 있다.

만약 현금 흐름의 연속이 음수의 현금 흐름으로 시작해서 다음에는 음수가 아닌 현금 흐름의 연속이 나온다면, 현금 흐름의 연속은 유일한 IRR을 가지게 된다. 이러한 상황은 대규모의 선행 투자로 시작하는 새 비즈니스에서 발생한다. XIRR 함수의 문법은 XIRR(values, dates, [guess])이며 비정기적인 현금 흐름의 연속의 IRR을 계산한다.

> **Note**
>
> 인자 중 guess는 옵션이며(보통 −50%에서 50% 사이의 값을 가진다) 엑셀에게 시작점을 알려준다. 시작점부터 IRR을 찾는다.

이 장에서의 가치 평가 모델은 각 기간 동안의 회사의 고객 기반(customer base)[1]의 크기를 추정하는 데 바탕을 둔다. 식(5)는 회사의 미래 고객 기반의 크기를 모델링하는 중요식이다.

(5) 기간 말 t + 1 고객 수 = 기간 초 t + 1 고객 수 + 새 기간 t + 1 고객 수 − (1−유지율) * (기간 초 t 고객 수)

---

[1] 기업의 제품이나 서비스를 반복해서 구매하는 고객의 그룹

다음 절에서는 구체적인 숫자를 가지고 예를 들어서 19장 "장기 고객 가치 계산하기"의 고객 가치 개념과 회계 가치 평가 개념을 가지고 회사의 가치를 추정하도록 하겠다.

Analysis 2 비즈니스를 평가하기 위해 고객 가치 사용하기

만약 여러분이 새 사업을 시작하기 위해 자금을 모은다면 여러분의 투자자들이 투자 자금을 회수할 수 있다는 확신을 가질 수 있도록 비즈니스 플랜을 만들어서 보여줘야 한다. 만약 여러분들이 인디애나 주의 Bloomington이라는 작은 마을에서 아이언 핏 헬스 클럽이라는 새 헬스 클럽을 시작하려 한다고 가정해보자. 여러분은 Bloomington의 유명한 투자가인 John Cougar Mellencamp[2]에게 투자를 요청했다. John에게 헬스 클럽이 매우 구미가 당기는 투자처라는 것을 설득시키기 위해서 여러분은 10년 간의 현금 흐름을 예상해보았다. 여기서 회원의 유지율이 이 모델에서 매우 중요한 입력값이 될 것이다. 만약 매년 회원의 90%가 헬스 클럽을 그만둔다면 헬스 클럽이 제대로 이익이 날 수 없을 테니까 말이다. 이 가치 평가 분석에서 사용하는 가정값들은 그림 20-1에서 볼 수 있다.

- 헬스 클럽을 만들고 클럽에서 사용하는 여러 장비를 구매하기 위한 자본 비용(capital expense)은 $900,000이 든다(2014년 1월 1일 발생 기준). 이 자본 비용은 10년(2014년 ~2023년) 동안 직선으로 감가상각이 일어난다. 가정을 간단하게 하기 위해 1년 동안 감가상각은 $90,000 (.1 * $900,000)씩 1년의 중간인 7월 1일에 발생하는 것으로 한다.
- 회원 한 명당 1년에 변동비가 $100 발생한다.
- 1년 멤버십 비용은 $400이다.
- 1년에 헬스 클럽의 고정비 $350,000이 발생한다.
- 1년에 신규 회원 1,000명이 가입한다.
- 아이언 핏의 회원 유지율은 80%이다.
- 운전 자본(Working capital, 영업 자본)은 1년 매출의 10%이다.
- 이익에 대한 세율은 40%이다.

[2] 미국의 락 음악 가수이자 작곡가

	A	B	C	D	E
1					
2					
3			buildcost	$900,000.00	
4			anncostpermember	$100.00	
5			annfee	$400.00	
6			annfixedcost	$350,000.00	
7			newmembersperyear	1000	
8			retentionrate	0.8	
9			discountrate	0.1	
10			workingcappercentage	0.1	
11			taxrate	0.4	

그림 20-1 : 아이언 핏 헬스 클럽의 현금 흐름 분석 가정

그림 20-2에서처럼 Ironpit.xlsx 파일은 10년 간의 현금 흐름 계산 결과를 가지고 있다.

	D	E	F	G	H	I	J	K	L	M	N	O
13		2014-01-01	2014-07-01	2015-07-01	2016-07-01	2017-07-01	2018-07-01	2019-07-01	2020-07-01	2021-07-01	2022-07-01	2023-07-01
14	고정비	$900,000.00										
15	초기 고객		0	1000	1800	2440	2952	3361.6	3689.28	3951.424	4161.1392	4328.91136
16	신규 고객		1000	1000	1000	1000	1000	1000	1000	1000	1000	1000
17	이탈 고객		0	200	360	488	590.4	672.32	737.856	790.2848	832.22784	865.782272
18	최종 고객		1000	1800	2440	2952	3361.6	3689.28	3951.424	4161.1392	4328.91136	4463.129088
19	매출		$400,000.00	$1,120,000.00	$1,696,000.00	$2,156,800.00	$2,525,440.00	$2,820,352.00	$3,056,281.60	$3,245,025.28	$3,396,020.22	$3,516,816.18
20	연간 고정비		$350,000.00	$350,000.00	$350,000.00	$350,000.00	$350,000.00	$350,000.00	$350,000.00	$350,000.00	$350,000.00	$350,000.00
21	변동비		$50,000.00	$140,000.00	$212,000.00	$269,600.00	$315,680.00	$352,544.00	$382,035.20	$405,628.16	$424,502.53	$439,602.02
22	감가상각		$90,000.00	$90,000.00	$90,000.00	$90,000.00	$90,000.00	$90,000.00	$90,000.00	$90,000.00	$90,000.00	$90,000.00
23	세전 이익		-$90,000.00	$540,000.00	$1,044,000.00	$1,447,200.00	$1,769,760.00	$2,027,808.00	$2,234,246.40	$2,399,397.12	$2,531,517.70	$2,637,214.16
24	세후 이익		-$54,000.00	$324,000.00	$626,400.00	$868,320.00	$1,061,856.00	$1,216,684.80	$1,340,547.84	$1,439,638.27	$1,518,910.62	$1,582,328.49
25	운전 자본	$0.00	$40,000.00	$112,000.00	$169,600.00	$215,680.00	$252,544.00	$282,035.20	$305,628.16	$324,502.53	$339,602.02	$351,681.62
26	운전 자본 변동		$40,000.00	$72,000.00	$57,600.00	$46,080.00	$36,864.00	$29,491.20	$23,592.96	$18,874.37	$15,099.49	$12,079.60
27	현금흐름	-$900,000.00	-$4,000.00	$342,000.00	$658,800.00	$912,240.00	$1,114,992.00	$1,277,193.60	$1,406,954.88	$1,510,763.90	$1,593,811.12	$1,660,248.90
28												
29		NPV	$4,924,240.41									
30		IRR	61.60%									

그림 20-2 : 아이언 핏 헬스 클럽의 현금 흐름 분석

이러한 결과를 내려면, 다음 과정을 수행해보자.

1. 셀 E14에 고정비 $900,000을 입력한다.
2. 셀 F15에 0을 입력하자. 이것은 여러분이 처음에 확보된 회원이 한 명도 없음을 의미한다.
3. F16의 식 =newmembersperyear를 G16:O16에 복사해서 매년 가입하는 신규 회원의 수를 입력하자.
4. F17의 식 =(1-retentionrate)*F15을 G17:O17에 복사해서 매년 이탈하는 회원수를 계산하자.
5. G15의 식 =F18을 H15:O15에 복사해서 매년 시작할 때의 고객 수를 입력하자.
6. F19의 식 =0.5*annfee*(F15+F18)을 G19:O19에 복사해서 매년 시작할 때와 끝날

때의 고객 수의 평균에 기반하여 아이언 핏의 평균 매출을 계산하자.

7. F20의 식 =0.5*annfixedcost을 G20:O20에 복사해서 매년 고정비용을 입력한다.
8. F21의 식 =0.5*(F15+F18)*anncostpermember을 G21:O21에 복사해서 매년 변동비를 계산한다.
9. F22의 식 =buildcost/10을 G22:O22에 복사해서 매년 감가상각비를 계산한다.
10. F23의 식 =F19-F20-F21-F22을 G23:O23에 복사한다. 식(1)을 사용하여 매년 세전 이익을 계산한다.
11. F24의 식 =(1-taxrate)*F23을 G24:O24에 복사하자. 식(2)를 사용해서 매년 세후 이익을 계산하자. 아이언 핏이 이익이 나는 기업의 일부 자회사라고 가정해보자. 2014년 세전 이익은 마이너스지만 아이언 핏에서 발생한 손해 덕분에 기업의 다른 부분에서 감세 효과를 볼 수 있다.
12. 셀 E25에 초기 운전 자본 수준으로 0을 입력한다.
    F25의 식 =workingcappercentage*F19을 G25:O25에 입력해서 매년 운전 자본을 계산한다.
13. 셀 F26의 식 =F25-E25을 G26:O26에 복사하여 매년 운전 자본 변동을 계산한다.
14. 셀 E28에서는 식 =-E14을 사용하여 초기 자본 비용으로 인한 현금 흐름을 계산한다.
15. 셀 F27의 식 =F24-F26+F22을 G27:O27에 복사하자. 식(4)를 이용하여 매년 현금 흐름을 계산한다.
16. 셀 F29에서 식 =XNPV(discountrate,E27:O27,E13:O13)으로 현금 흐름의 NPV(2014년 1월 1일)를 계산한다. 주어진 가정하에 여러분의 헬스 클럽이 창출하는 현금 흐름은 $4,924,240.41이다.
17. 셀 F30에서는 식 =XIRR(E27:O27,E13:O13)으로 헬스 클럽의 현금 흐름으로부터 IRR을 계산한다. 여러분의 가정하에서 IRR은 61.6%이다. 이것은 현재의 가정하에, John이 투자했을 때 연간 수익(annual return)은 61.6%가 될 것이라는 의미이다.

이 분석에서는 주어진 가정하에서 헬스 클럽은 상당히 단기간인 10년 안에 투자 대비 매우 훌륭한 연간 수익을 낸다. 물론 이 가정은 틀릴 수 있다. 따라서 다음에는 여러분 가정에서 오차의 정도가 어느 정도일 때 헬스 클럽에 투자하는 이점을 상쇄하고 있는지 알아보자.

Analysis 3 일원 테이블로 민감도 분석 측정하기

19장의 민감도 분석의 경우를 다시 돌이켜보면 모델의 민감도 분석에서는 모델에 대한 입력이 바뀜에 따라 여기에 대해 얼마나 '민감하게' 출력이 바뀌는지 결정하는 과정을 포함한다. 물론 John Cougar Mellencamp는 가정이 실제로는 그대로 진행되지 않는다는 것을 알고 있었다. 아마 John이 반발하겠지만 일원 데이터 표(one-way Data Table)(그림 20-3)를 사용하여 아이언 핏의 NPV와 IRR의 연간 유지율에 대한 민감도를 결정할 수 있다. 19장에서 여러분은 이원 테이블을 사용하여 민감도 분석을 측정했다. 하지만 여기서는 파라미터 한 개만을 변화시키므로 일원 테이블만 있으면 된다. 일원 테이블을 만들기 위해 다음 과정을 따라가 보자.

1. 셀 영역 J3:J9에 헬스 클럽 유지율로 적당한 값을 입력하자(보통 70~95%의 값을 선택한다). 이 값들은 보통 다른 헬스 클럽의 연간 유지율들에서 아이디어를 얻을 수 있다.
2. 일원 데이터 표(one-way Data Table)에는 출력 셀이 한 개 이상일 수 있다. 일원 데이터 표의 출력 셀은 첫 번째 입력값의 한 행 위 그리고 한 열 오른쪽에서 시작해서 나열된다. 출력 셀 두 개는 헬스 클럽의 NPV(식 =F29를 셀 K2에 입력)와 IRR(식 =F30을 셀 L2에 입력)이다.
3. 표 영역(J2:L10)을 선택하자. 이 영역은 입력값, 출력 셀 식 그리고 데이터 표가 계산 결과를 보여줄 영역을 모두 포함한다.
4. '데이터' 탭 → '데이터 도구' 그룹 → '가상 분석' → '데이터 표…'를 선택하자. 일원 데이터 표에서는 표의 첫 번째 행에 입력값이 없기 때문에 '행 입력 셀'이 필요 없다. 표 영역의 첫 번째 열의 값은 유지율이므로 '열 입력 셀'로 D8을 선택하자.
5. '확인'을 클릭하면 그림 20-3과 같은 일원 데이터 표를 볼 수 있다. 예에서 보면 연간 유지율이 70에서 90%로 증가하면 아이언 핏의 NPV는 두 배가 되고, IRR은 17%에서 33%로 증가한다. 이 표에서 보면 유지율이 70%로 낮은 편이라고 하더라도, 여전히 투자할만한 매력이 있다. 이러한 민감도 분석을 통해 John은 아이언 핏에 투자하는 것을 좀 더 긍정적으로 여기게 될 것이다.

	J	K	L
1		NPV	IRR
2		$937,113.25	23.14%
3	0.7	$423,919.73	17%
4	0.75	$660,397.29	20%
5	0.8	$937,113.25	23%
6	0.85	$1,262,399.22	26%
7	0.9	$1,646,340.76	30%
8	0.95	$2,101,112.89	33%
9			

그림 20-3 : 아이언 핏 민감도 분석

Analysis 4 기업의 시장 가치를 추정하기 위해 고객 가치를 사용

Gupta, Zeitham(Marketing Science, 2006, pp. 718-739)은 그의 논문에서 아이언 픽 분석에서 사용한 것과 비슷한 고객 중심 접근 방법을 사용하여 Amazon.com[3], TD Ameritrade[4], Capital One[5], eBay[6], E*TRADE[7]에서 창출한 미래 현금 흐름의 가치를 분석했다. 사용한 방법은 아이언 핏에서 사용한 방법과 비슷하다(연습문제 3을 참고하시오). 이 방법을 사용하여 E*TRADE, Ameritrade, Capital One의 실제 시장 가치에 매우 추정해낼 수 있었다. Rust, Lemon, Zeithaml (Journal of Marketing, 2004, pp. 109-126)은 논문에서 고객 가치 접근 방법으로 American Airlines의 가치를 추정해냈고 이 가치가 American Airlines의 실제 시장 가치와 매우 비슷하다는 것을 보였다.

이 두 논문의 핵심은 여기에서 사용한 방법 모두 각 회사의 고객 수의 증가를 모델링한 방법을 사용했다는 것이다. 저자는 S 곡선(S curve)(26장 "S 곡선을 사용하여 신제품의 판매 예측하기")을 사용하여 각 회사의 고객 수의 증가를 모델링했다.

Summary

이 장에서는 다음과 같은 사항을 알아보았다.

▶ 회사에서 고객을 얼마나 확보할 수 있는가에 따라 매출과 이익이 달라진다. 따라서 회사의 고객을 정확하게 예측할 수 있으면, 회사의 미래 현금 흐름과 회사의 가치를 추정하는 모델을 만들 수 있다. 이런 종류의 모델에서 사용하는 중요 관계식은 다음과 같다.

---

[3] 세계 최대의 인터넷 서점이자 세계 최대 인터넷 소매업체(www.amazon.com)
[4] 미국의 주식 및 보험 온라인 중개 회사(www.amtd.com, www.tdameritrade.com)
[5] 미국의 금융 서비스 회사. 특히 소비자 금융에 특화(www.capitalone.com)
[6] 온라인 경매 업체로 시작하여 현재 종합 쇼핑몰 및 전자상거래 중개 사이트(www.ebay.com)
[7] 미국의 금융 서비스 회사. 주로 온라인 주식 거래 중개 서비스를 제공한다(www.etrade.com)

(1) 세전 이익 = 매출 - (변동비와 감가상각 전 원가) - 감가상각
(2) 세후 이익 = (1-세율) * 세전 이익
(3) 운전 자본 = 유동 자산 - 유동 부채(유동 부채는 매출의 고정비율로 모델링한다)
(4) 현금 흐름 = 세후 이익 + 감가상각 - 운전자본 변동
(5) 기간 말 t + 1 고객 수 = 기간 초 t+1 고객 수 + 새 기간 t+1 고객 수 - (1-유지율) * (기간 초 t 고객 수)

▶ 엑셀 XNPV와 XIRR 함수는 일정하지 않은 현금 흐름의 연속에서 NPV와 IRR을 결정할 수 있다.

Exercises

1. N년 동안 새 고객의 수는 년간 G%의 속도로 증가할 것이라고 가정하자. 그 후 신규 고객의 수는 연간 D%로 감소할 것이라고 가정하자. Ironpit.xlsx 파일을 수정하여 이러한 고객의 변화를 반영해보자.

2. Ironpit.xlsx을 수정하여 멤버십 비용, 연간 고정비 그리고 고객당 드는 연간 비용을 반영하여 연간 성장률을 반영해보자.

3. 새로운 회사의 가치를 평가하는 방법으로 회사 가치 = '모든 고객과 미래의 고객으로부터 얻는 고객 가치의 NPV'로 할 수 있다. Gupta. Lehmann(2006)은 이 접근 방법을 사용하여 2002년 3월 Amazon.com의 시장 가치를 평가했다. S 곡선(26장 "S 곡선을 사용하여 신제품의 판매 예측하기"에서 다루겠다)을 사용하여 월 t 말의 Amazon.com의 총 고객 수 N(t)를 예상했다. 파일은 newamazondata.xls을 사용하며 여기에서 t=1은 1997년 3월을 말한다. 예를 들어 1997년 3월 1,390,000명의 고객이 Amazon.com을 사용했다. 그리고 1997년 3월 동안에는 1,810,000명이 Amazon.com을 사용했다.
주어진 다음 정보를 활용하시오(1997년 3월 기준).

- 고객 한 명을 확보하는 비용 : $7.70
- 고객 한 명으로부터 얻는 월 이익 마진 : $1.29
- 세율 : 38%
- 연간 유지율 : 70%
- 비용과 매출은 연간 2.5%씩 증가한다
- 할인율은 연간 10%

a. 월간 이익은 해당 달이 끝날 때의 고객 수에 기반한다고 가정해보자. 이 정보를 사용하여 2002년 3월 Amazon.com의 가치를 평가해보자. 2002년 3월 시작시 시장가치는 5,400,000,000였다. 각 월에 대해 다음과 같은 열이 있다.

- N(t) = 월 t말까지 Amazon.com을 사용한 총 고객 수
- Quits = 각 월에 Amazon.com 을 떠난 고객 수
- 새 고객 수
- 각 월의 최종 고객
- 고객 확보 비용
- 이익 마진
- 세후 이익

b. 420개월(총 35년) 동안에 대해 분석을 수행하여 2002년 3월 초의 Amazon.com의 가치를 제대로 평가한 것인지 검증하시오.

4. 가치에 대한 고객 중심 접근 방법(customer-centric approach to valuation)을 아이볼 접근 방법(eyeball approach)이라고 부르는 이유는 무엇일까?

5. 아이언 핏 예제에서 1년 동안 아이언 핏의 신규 고객이 2,000명이었다고 가정하자. 하지만 매년 신규 고객의 수가 10%씩 감소했다고 할 때, 투자를 해도 좋을지 결정하라.

6. 아이언 핏의 분석에서 여러분은 고객 멤버십 비용이 $400이라고 가정했다. 이 멤버십 비용을 적절하게 가정했는지 어떻게 알 수 있을까?

7. 일원 데이터 표를 사용하여 운전자본이 매출의 10%라는 가정이 바뀌면 이 투자의 결정에 어떤 영향을 주는지 분석해보자.

Customer Value, Monte Carlo Simulation,
and Marketing Decision Making

Chapter 21

고객 가치, 몬테 카를로 시뮬레이션 그리고 마케팅 결정 내리기

많은 경우 마케팅 결정으로 인한 결과는 매우 불확실하다. 예를 들어 Land's End[1]가 카탈로그를 보내면 이 카탈로그로 얼마나 많은 이익이 창출될지는 모른다. 우편으로 얼마나 많은 이익이 창출될지는 고객의 과거 카탈로그 메일에 대한 응답에 따른다. 또 다른 예로 그루폰을 이용한 마케팅을 고려하고 있는 소매업자는 이로 인해 얼마나 많은 이익 혹은 손해를 볼 지 알 수 없다. 그루폰 딜로 인해 얼마나 많은 고객들이 충성도 높은 고객이 될지 혹은 이 고객이 장기로 얼마나 많은 가치를 창출할지 알 수 없기 때문이다. '몬테 카를로 시뮬레이션(Monte Carlo simulation)'은 어떤 상황에서 발생할 수 있는 결과의 범위를 결정할 수 있는 방법이다. 몬테 카를로 시뮬레이션을 사용하여 그루폰 딜을 사용했을 때 이익을 얻을 확률이 90%인지 알 수 있다.

이 장에서는 몬테 카를로 시뮬레이션과 장기 고객 가치의 개념을 사용하여 마케팅 결정으로 인해 발생할 수 있는 결과의 범위를 추정함으로써 회사의 의사결정 정확도를 높일 수 있는 방법에 대해 알아보겠다.

---

1 미국의 의류 소매 회사. 주로 다이렉트 메일과 인터넷으로 의류 및 가정 용품을 판매한다(http://www.landsend.com/).

Analysis 1 고객 가치의 마코프 체인 모델

고객들은 고객 라이프 사이클(customer life cycle)의 여러 단계를 거치게 된다. Progressive[2] 자동차 보험의 보험 계약자는 처음 가입할 때는 몇 번의 사고를 일으킨 10대였지만 세월이 흘러 사고를 내지 않는 30대의 운전자가 되었다. Land's End의 어떤 고객은 시작은 스웨터를 구입했지만 최근 2년간 전혀 구매를 하지 않았다.

따라서 고객의 가치는 현재 그 고객이 라이프 사이클에서 어디에 위치하는지에 따라 다르다. 이러한 사이클상에서 고객 가치를 계산하려면 몬테 카를로 시뮬레이션을 사용해야 한다. 몬테 카를로 시뮬레이션은 불확실성을 모델링하며 불확실한 가정하에 상황을 여러 번 반복(경우에 따라 수백만 번도 반복)함으로써 결과의 범위를 추정하는 방법이다. 몬테 카를로 시뮬레이션은 2차 세계대전 때 시작되었으며, 원자폭탄을 개발하면서 핵분열의 임의의 중성자 확산이 제대로 폭탄이 될 것인지 실험하는 데 사용되었다. 수학자 James von Neumann과 Stanislaw Ulam은 이 시뮬레이션 과정을 모나코의 카지노 이름을 따서 '몬테 카를로'라고 이름 지었다. 곧 배우겠지만 몬테 카를로 시뮬레이션은 반복적으로 '전자 주사위'를 던지거나 '전자 룰렛'을 돌리는 것과 매우 비슷하다.

다음 예에서는 몬테 카를로 시뮬레이션을 사용하여 고객이 여러 라이프 사이클 단계를 지날 때의 고객 가치를 모델링할 수 있는지 알아보겠다.

여기 작은 우편 주문 회사가 있다고 가정해보자. 이 회사는 세 달마다 카탈로그를 발송하며 발송비용은 $1이다. 과거의 구매 데이터 분석에 기반하여(아마 피벗 테이블을 사용했을 것이다!), 마케팅 분석가는 매번 고객이 주문을 할 때 얻는 이익(우편 발송 비용 제외)은 평균 $60, 표준 편차 $10인 정규분포를 따른다는 것을 알아냈다. 고객이 카탈로그를 보고 주문을 할 확률은 그림 21-1과 같이 최근(recency) 구매(마지막 구매 후 카탈로그가 몇 번 발송되었는지)를 따른다.

---

[2] 미국의 자동차 보험 회사(www.progressive.com)

	C	D	E	F	G	H
1		Frequency				
2						
3	Recency	1	2	3	4	>=5
4	1	0.103	0.121	0.143	0.151	0.163
5	2	0.076	0.09	0.106	0.112	0.121
6	3	0.059	0.069	0.081	0.086	0.093
7	4	0.045	0.053	0.062	0.066	0.071
8	5	0.038	0.045	0.053	0.056	0.061
9	6	0.035	0.041	0.049	0.051	0.056
10	7	0.03	0.035	0.041	0.043	0.047
11	8	0.027	0.032	0.038	0.04	0.043
12	9	0.025	0.029	0.035	0.037	0.04
13	10	0.021	0.025	0.03	0.031	0.034
14	11	0.021	0.024	0.028	0.03	0.033
15	12	0.02	0.024	0.028	0.03	0.032
16	13	0.017	0.02	0.024	0.025	0.027
17	14	0.017	0.02	0.024	0.025	0.027
18	15	0.016	0.019	0.022	0.024	0.026
19	16	0.015	0.018	0.021	0.022	0.024
20	17	0.014	0.017	0.02	0.021	0.022
21	18	0.013	0.016	0.018	0.019	0.021
22	19	0.013	0.015	0.018	0.019	0.02
23	20	0.012	0.014	0.017	0.018	0.019
24	21	0.012	0.014	0.016	0.017	0.018
25	22	0.011	0.013	0.015	0.016	0.017
26	23	0.011	0.012	0.015	0.015	0.017
27	24	0.01	0.012	0.014	0.015	0.016

그림 21-1 : Land's End 카탈로그로부터 구매할 확률

예를 들어 앞의 분석에 따르면 어떤 고객(그녀의 이름을 Miley라고 가정해보자)은 두 번 주문했고, 마지막 주문은 카탈로그 세 개 이전이라고 하면 주문할 확률은 6.9%이다. 이것은 어떤 고객이 앞으로 어떤 상태에 도달할지는 단지 현재의 상황에만 의존한다는 것을 가정한다. 예를 들어 Miley의 미래 주문을 분석하려면, 여러분이 알아야 할 것은 그녀가 두 번 주문했고 마지막 주문은 세 카탈로그 이전이라는 것뿐이다. 마지막 주문 이전 다른 주문을 언제 했는지는 알 필요가 없다. 이러한 모델은 '마코프 체인(Markov Chain)'의 예이다. 마코프 체인에서 한 상태에서 다른 상태로 이동할 때, 다음 상태로 이동할 확률은 현재의 상태에만 의존한다. 이 예에서 고객의 현재 상태는 이전 주문 횟수와 마지막 주문을 몇 카탈로그 전에 했는지 이다. 주어진 정보에서 여러분은 이 고객의 중요성을 고객의 최근 주문으로만 결정한다.

만약 어떤 고객이 연속된 24 기간 동안 주문을 하지 않는다면 카탈로그 메일을 발송하지 않는다고 가정하자. 그리고 연간 할인율(가중평균자본비(weighted average cost of capital, WACC)라고도 한다)은 기간당 3% 혹은 1년에 1.034이다. 다음 설명하는 과정에서는 한 번 구매하고(빈도(frequency) = 1) 최근 받은 카탈로그에서 구매한(최근(recency) = 1) 고객의 가치를 결정하는 방법을 보여주겠다. 이 예에서 작업은 `Markov.xls` 파일에서 수행한다(그림 21-2).

1. 셀 C30에 최근 수준(이 경우에는 1)을 입력한다. 식은 =Initial_recency
2. 셀 D30에 시작 빈도를 입력한다. 식은 =Original_Frequency
3. 셀 E30에 식 =IF(B30="no",0,INDEX(probs,C30,D30))으로 주문할 확률을 결정한다. 만약 더 이상 우리 고객이 아니면 주문할 확률은 0이다.

몬테 카를로 시뮬레이션을 수행할 때 가장 중요한 점 중 하나는 바로 RAND() 함수를 사용하는 것이다. 셀에 RAND() 함수를 입력하면 엑셀은 0과 1 사이에서 임의의 수를 선택해서 반환해준다. 예를 들어 RAND()를 셀에 입력하고 그 결과값이 0.1보다 작을 확률은 10%이다. 그리고 RAND()에서 반환한 값이 0.4와 0.7 사이에 있을 확률은 30%이다. 여러 셀에 RAND()를 입력했을 때 각각의 결과값은 서로에게 영향을 주지 않으므로 관련이 없다. 몬테 카를로 시뮬레이션에서 RAND() 함수를 사용하여 불확실성을 만들어낼 수 있다. 다음 스프레드시트를 여러 번 계산해서(한 10,000번쯤) 발생할 수 있는 결과의 범위를 결정해보자. RAND() 함수는 '전자 주사위'의 역할을 한다.

	B	C	D	E	F	G	H	I	J	K	L
17		14	0.017	0.02	0.024	0.025	0.027			Original Frequen	1
18		15	0.016	0.019	0.022	0.024	0.026			Initial recency	1
19		16	0.015	0.018	0.021	0.022	0.024			wacc	0.03
20		17	0.014	0.017	0.02	0.021	0.022			cost	1
21		18	0.013	0.016	0.018	0.019	0.021			salesprofit	60
22		19	0.013	0.015	0.018	0.019	0.02			meanprofit	60
23		20	0.012	0.014	0.017	0.018	0.019			stddevprofit	10
24		21	0.012	0.014	0.016	0.017	0.018				
25		22	0.011	0.013	0.015	0.016	0.017				
26		23	0.011	0.012	0.015	0.015	0.017				1
27		24	0.01	0.012	0.014	0.015	0.016	value			
28								$237.00			
29	still going	Recency	Frequency	Prob buy	Buy?	Cost	Net contribution from sale	total profit	Random number for Ordering	Random Number for Order Profit	
30	yes	6	1	0.035	0	1	$ -	$ (1.00)	0.619759429	0.722712167	
31	yes	7	1	0.03	1	1	$ 37.88	$ 36.88	0.01348888	0.870309898	
32	yes	1	2	0.121	1	1	$ 42.59	$ 41.59	0.040859086	0.360704234	
33	yes	1	3	0.143	0	1	$ -	$ (1.00)	0.672051569	0.372737748	
34	yes	2	3	0.106	1	1	$ 46.22	$ 45.22	0.084140547	0.354529932	
35	yes	1	4	0.151	0	1	$ -	$ (1.00)	0.865893208	0.358330881	
36	yes	2	4	0.112	0	1	$ -	$ (1.00)	0.266014253	0.221200661	
37	yes	3	4	0.086	0	1	$ -	$ (1.00)	0.897004421	0.768290019	
38	yes	4	4	0.066	0	1	$ -	$ (1.00)	0.360250729	0.647889532	
39	yes	5	4	0.056	0	1	$ -	$ (1.00)	0.716355434	0.110568391	
40	yes	6	4	0.051	1	1	$ 9.43	$ 8.43	2.13139E-07	0.510604607	
41	yes	1	5	0.163	0	1	$ -	$ (1.00)	0.352593813	0.229744795	
42	yes	2	5	0.121	0	1	$ -	$ (1.00)	0.255821443	0.315749231	
43	yes	3	5	0.093	0	1	$ -	$ (1.00)	0.762525281	0.385480583	
44	yes	4	5	0.071	0	1	$ -	$ (1.00)	0.801667615	0.563415128	
45	yes	5	5	0.061	0	1	$ -	$ (1.00)	0.761945767	0.856335253	
46	yes	6	5	0.056	0	1	$ -	$ (1.00)	0.488622687	0.417897714	
47	yes	7	5	0.047	0	1	$ -	$ (1.00)	0.252698997	0.03520833	
48	yes	8	5	0.043	0	1	$ -	$ (1.00)	0.990498074	0.140354759	
49	yes	9	5	0.04	0	1	$ -	$ (1.00)	0.838500665	0.50248182	
50	yes	10	5	0.034	0	1	$ -	$ (1.00)	0.773467031	0.387403443	
51	yes	11	5	0.033	0	1	$ -	$ (1.00)	0.657851723	0.6199092	
52	yes	12	5	0.032	1	1	$ 38.34	$ 37.34	0.01517066	0.609705704	
53	yes	1	5	0.163	1	1	$ 45.64	$ 44.64	0.075543861	0.206506692	
54	yes	1	5	0.163	1	1	$ 49.01	$ 48.01	0.135794172	0.573727268	
55	yes	1	5	0.163	1	1	$ 39.07	$ 38.07	0.01817337	0.104871868	

그림 21-2 : Land's End 고객 가치 모델

각 3개월의 기간 동안 몬테 카를로 시뮬레이션에서는 두 개의 RAND() 함수를 사용한다. 한 RAND()에서는 고객이 주문을 했는지를 결정한다. 만약 고객이 주문을 했다면 다른 RAND() 함수는 주문에서 발생한 이익(우편 발송 비용 제외)을 결정한다. 다음 과정은 Markov.xls 예제를 이용한다. 이제 RAND() 함수를 이용하여 몬테 카를로 시뮬레이션을 수행해보자.

1. 셀 F30에서 식 =IF(B30="no",0,IF(J30<E30,1,0))을 사용하여 기간 1 동안에 고객이 주문을 했는지 결정한다. 만약 여러분이 카탈로그를 발송했고 열 J의 임의의 숫자가 고객이 주문을 했을 확률보다 같거나 작으면, 주문을 한 것으로 본다. RAND() 함수는 0과 1 사이의 수를 동일한 확률로 보여주므로 셀 E30의 값은 구매했을 확률이다.

2. 셀 G30에 식 =IF(B30="yes",$L$20,0)으로 카탈로그를 발송한 비용을 기록하자(이때는 고객이 아직 이 회사의 고객으로 남아있는 경우이다).

3. 셀 H30에 식 =IF(AND(B30="yes", F30=1),NORMINV(J30,meanprofit,stddevprofit),0)을 입력하여 주문에 의해 발생한 이익을 기록하자. 만약 주문을 받으면 발생하는 이익은 NORMINV(J30,meanprofit,stddevprofit,0)식으로 계산할 수 있다. 만약 열 J의 임의의 수가 x와 일치하면, 이 식은 주어진 평균과 표준 편차에서 정규 분포에 따른 x%의 확률을 반환한다. 예를 들어 셀 J30의 값이 0.5라면, 이익은 평균과 동일하다. 또 만약 J30의 값이 0.841이라면 평균보다 1 표준 편차만큼의 이익이 발생한다.

4. 셀 I30에 =H30-G30으로 기간 동안 발생한 총 이익을 계산한다.

5. 셀 C31, D41에서는 최근 카탈로그 발송에 기반해서 최근(recency)과 빈도(frequency)를 갱신한다. 여기서 고객의 상태가 어떻게 바뀌는지 결정하므로 이 과정이 바로 이 모델에서 핵심이다. 셀 C31의 식 =IF(F30=1,1,C30+1)은 만약 고객이 지난 기간에 구매하지 않았다면 최근값(recency)을 1씩 증가시킨다. 만약 구매했다면 최근값은 1이 된다. 셀 D31의 식 =IF(D30=5,5,D30+F30)은 고객이 지난 기간에 구매를 했을 때에만 빈도(frequency)를 1씩 증가시킨다. 만약 고객이 주문을 5번 했으면 '>= 5'에 둔다.

6. 셀 B31에는 식 =IF(C30>=24,"no","yes")을 사용해서 지난 24개월 동안 고객이 주문한 적이 없으면 더 이상 우리 고객이 아님을 표시한다. B열의 값이 'No'면 미래 현금 흐름은 0이다.

7. E30:K30의 식을 E31:K109에 복사하고, B31:D31의 식을 B32:D109에 복사해서 80분

기 이후(20년)의 이익을 임의로 잘라낸다.

8. 셀 I28에서는 식 =NPV(wacc,I30:I109)을 사용해서 모든 이익의 현재 가치(구간 말에 이익이 발생하는 것으로 가정한다)를 계산한다.

이제 이원 데이터 표(two-way data table)를 사용하여 엑셀에서 여러분의 스프레드시트를 10,000번 계산하도록 일종의 속임수를 쓴다. 그리고 가능한 모든 최근값(1~24)에 대해 결과를 보여준다. 이제 여러분은 몬테 카를로 시뮬레이션을 수행했다. 완료하기 위해 다음 과정을 마치자.

> **Note**
> 데이터 표를 계산하는데 시간이 걸리므로 '수식' 탭 → '계산 옵션' → '데이터 표만 수동'을 선택하자. 이 옵션을 선택하고 나면 여러분이 〈F9〉 키를 눌렀을 때만 데이터 표를 재계산한다. 이 옵션을 사용하여 데이터 표를 모두 재계산할 때까지 기다리지 않아도 된다.

1. 영역 Q5:AN5에 가능한 최근값인 1~24를 입력한다.
2. 영역 P6:P10005에 숫자 1부터 10,000(이 값은 스프레드시트를 재계산하는 횟수 10,000번과 동일하다)까지 입력한다. 입력하기 위해 P6에 1을 입력한 다음, '홈' 탭 → '편집' 그룹 → '채우기' → '계열...'을 선택한다. 다음 그림 21-3처럼 대화상자를 설정한다.

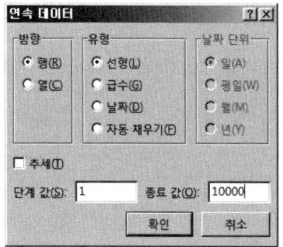

그림 21-3 : 반복 횟수를 1~10,000으로 지정

3. 출력식 =I28을 표 영역의 왼쪽 위 구석인 셀 P5에 입력한다.
4. '데이터' 탭 → '가상 분석' → '데이터 표...'를 선택한다.
5. '행 입력 셀'을 L18(초기 최근 수준)로 설정한다.

6. '열 입력 셀'로 아무 빈칸이나 선택한다(여기서는 AD2). 각 열에서 엑셀은 순서대로 빈칸에 1, 2, …10,000을 넣으면서 열의 최근 수준에 대해 RAND()로 재계산한다. 몇 분 지난 후에는 여러분은 각 최근 수준에 대해 10,000명의 고객을 시뮬레이션한게 된다(빈도는 1로 수정했다).

7. Q4의 식 =AVERAGE(Q6:Q10005)을 R4:AN4에 복사해서 각 최근값 수준에 대한 평균 이익을 추정해보자. 결과값은 그림 21-4에서 볼 수 있다.

이제 여러분은 가장 최근에 받은 카탈로그에서 구입한 고객의 가치는 $14.48이라는 것을 알 수 있다. 두 카탈로그 이전에 구매한 고객의 가치는 $8.76이다. 카탈로그 7개 이상 전에 구매한 고객의 가치는 마이너스가 되므로 이런 고객에게는 우편을 그만 보내야 한다.

	P	Q	R	S	T	U	V	W	X	Y	Z	AA
1												
2	frequency =1											
3												
4	mean profit	$13.27	$9.61	$5.13	$2.65	$2.29	$1.59	-$1.57	-$0.35	-$2.13	-$1.54	-$0.86
5	($10.63)	1	2	3	4	5	6	7	8	9	10	11
6	1	-$16.94	-$16.44	-$15.94	-$15.42	-$14.88	$14.40	-$13.75	-$13.17	-$12.56	-$11.94	$8.04
7	2	-$16.94	-$16.44	$12.55	$63.57	-$14.88	-$14.32	$12.32	-$13.17	-$12.56	-$11.94	-$11.30
8	3	-$16.94	-$16.44	-$15.94	$13.74	$9.20	-$14.32	$13.89	-$13.17	-$12.56	-$11.94	-$11.30
9	4	$5.62	$38.82	-$15.94	-$15.42	$14.44	$19.44	-$13.75	-$13.17	$17.46	$1.96	-$11.30
10	5	$25.29	$19.33	-$15.94	$30.97	-$14.88	-$14.32	$9.75	-$13.17	-$12.56	-$11.94	$10.74
11	6	$14.88	$9.32	-$15.94	-$15.42	$15.60	-$14.32	-$13.75	$65.78	-$12.56	-$11.94	-$11.30
12	7	$120.03	-$0.47	$98.71	-$15.42	$95.21	-$14.32	-$13.75	-$13.17	-$12.56	-$11.94	-$11.30
13	8	$19.45	$63.35	-$15.94	-$15.42	-$14.88	$9.33	$16.65	-$13.17	$55.71	-$11.94	-$11.30
14	9	-$16.94	$37.34	-$15.94	-$15.42	-$14.88	$1.92	-$13.75	-$13.17	-$12.56	-$11.94	$143.82
15	10	$27.97	$214.85	$22.93	-$15.42	-$14.88	-$14.32	-$13.75	-$13.17	-$12.56	-$11.94	-$11.30
16	11	-$16.94	-$16.44	-$15.94	-$15.42	-$14.88	-$14.32	-$13.75	$111.28	-$12.56	-$11.94	-$11.30
17	12	-$16.94	-$8.30	$64.96	$29.05	-$14.88	-$14.32	-$13.75	-$13.17	-$12.56	-$11.94	-$11.30
18	13	$44.10	$44.76	$90.31	-$15.42	-$14.88	-$14.32	-$13.75	-$13.17	-$12.56	$0.18	-$11.30
19	14	$53.57	-$16.44	$13.82	$10.16	-$14.88	-$14.32	-$13.75	-$13.17	-$12.56	-$11.94	-$11.30
20	15	$99.07	$84.02	$40.84	-$15.42	-$14.88	$109.88	-$13.75	-$13.17	-$12.56	-$11.94	$11.34
21	16	$59.94	-$16.44	$20.42	$107.59	$26.38	-$14.32	-$13.75	-$13.17	$27.12	-$11.94	$18.09
22	17	-$16.94	-$16.44	-$15.94	-$15.42	$136.31	$47.02	-$13.75	$14.53	-$12.56	$87.87	-$11.30
23	18	$146.53	-$16.44	$21.27	-$15.42	-$14.88	-$14.32	-$13.75	-$13.17	-$12.56	-$11.94	-$11.30
24	19	$163.05	$23.07	-$15.94	-$15.42	-$14.88	$39.34	$8.04	-$13.17	-$12.56	$51.46	-$11.30
25	20	-$16.94	$104.10	$7.67	$16.12	$6.20	$62.19	-$13.75	-$13.17	-$12.56	-$11.94	-$11.30
26	21	$7.43	$49.01	-$15.94	-$15.42	-$14.88	-$14.32	-$13.75	$115.01	$62.35	$41.53	-$11.30
27	22	-$16.94	$12.76	$4.97	-$15.42	-$5.51	-$14.32	-$13.75	-$13.17	-$12.56	-$11.94	-$11.30
28	23	-$1.57	-$16.44	$20.67	-$15.42	-$14.88	$17.65	$39.65	$42.95	$8.12	-$0.45	-$11.30

그림 21-4 : Land's End의 데이터 표

Analysis 2 몬테 카를로 시뮬레이션으로 마케팅 계획의 성공을 예상하기

어떤 기업이 어떤 마케팅 결정을 고려할 때 그 결정이 기업에 더 좋게 적용될지 100% 확신할 수는 없다. 만약 기업이 50% 이상의 확률로 기업에 더 이익이 되는 마케팅 결정을 계속해서 내린다면 길게 봐서 결국은 마케팅 결정이 성공할 것이다. 이때 몬테 카를로 시뮬레이션을 사용하여 마케팅 결정이 결국 결과적으로 성공할 것인지에 대한 그 확률을 평가할 수 있다. 이 절에서는 pizza parlor가 그루폰 딜로 이익을 볼 수 있을지 분석해보자.

Carrie는 CIA를 그만둔 뒤 버지니아 주 근교에서 pizza parlor라는 가게를 인수했다. 현재 그녀는 그 지역 주민들에게 그루폰 딜을 제공할 것인지 고민하고 있다. 19장 "장기 고객 가치 계산하기"에서도 다루었듯이, 그루폰 딜을 통해서는 피자를 비용보다도 더 싼 값에 제공해야 한다. 식당 측에서는 그루폰을 통해 피자 판매가 손해를 보더라도 재방문하는 하는 고객의 가치를 통해 이를 만회할 수 있을 거라고 기대하고 있다. 구체적으로 분석하기 위해 그루폰 딜의 가정을 정리해보자.

- 고객에게 피자 두 판을 10$에 판매한다(원래 가격은 $26이다).
- Carrie는 매출의 절반($5)을 가져간다.
- Carrie의 이익 마진은 50%이다.

그루폰 딜을 진행할 것인지 결정하면서 Carrie는 여러 가지 불확실한 상황에 맞닥뜨리게 된다.

- 그루폰 딜을 구매하는 고객 중 신규 고객의 비율
- 딜 크기($26)보다 더 많은 금액을 사용하는 고객의 비율
- 딜 크기($26)보다 더 많은 금액을 사용하는 고객 중 $26을 초과한 비용
- 신규 고객 중 다시 재구매하는 비율
- 다시 재구매하는 신규 고객에 의해 발생하는 연간 이익
- 신규 고객의 유지율

Carrie의 결정을 돕기 위해 그루폰 딜로 발생할 수 있는 결과의 범위를 결정해보자. 몬테 카를로 시뮬레이션을 사용하여 이러한 불확실성의 원인을 모델링하고 또 시뮬레이션을 하면서 그루폰 딜이 이익을 증가시킬 수 있는지 그 가능성을 추정해보겠다. 이 분석에서 핵심은 19장의 고객 가치 개념과 몬테 카를로 시뮬레이션을 사용하여 pizza parlor가 신규 고객으로부터 얻을 수 있는 수익이 그루폰 딜로 인해 손해 보는 이익을 상회하는지 가능성을 추정해보는 것이다.

모델링을 단순하게 하기 위해, 6개의 불확실한 요인의 값은 동일한 확률로 최솟값과 최댓값 사이에 위치하는 것으로 가정한다. 각각의 불확실한 요인의 값들의 범위는 그림 21-5에서 볼 수 있다.

이러한 값들을 결정하려 할 때 마케팅 분석가는 과거의 데이터를 가지고 범위값을 결정할 수 있다. Utpal Dhoakia는 2011년 논문 "What Makes Groupon Promotions Profitable for Businesses?"에서 그루폰을 사용했던 324개의 사업체를 대상으로 설문 조사를 해서 위의 불확실한 요인에 대한 값에 대해 추정해냈다.

- 그루폰 딜을 사용하는 고객의 75%는 신규 고객이다.
- 그루폰 딜 사용 고객의 36%는 딜 크기보다 더 많은 금액을 소비한다.
- 신규 고객의 20%가 재구매 고객이다.

	B	C	D	E	F	G
1		Groupon				
2						
3		margin	0.5			
4		2pizzas	$26.00			
5		weget	$5.00			
6		cost	$13.00	Low	High	
7		probnewcustomer	0.79	0.65	0.85	
8		newspendmorethandeal	0.37	0.3	0.42	
9		newpeoplewhoreturn	0.15	0.1	0.3	
10						
11		딜을 구입한 100명의 사람을 보면				
12	new		79			
13	returnees		21			
14	howmanyspendmore		37	Low	High	
15	howmuchmore		$11.00	$3.00	$17.00	
16	valuenewcustomer		$53.94	Low	High	
17	anncustomerprofit		$22.00	$20.00	$40.00	
18	retentionrate		0.73	0.55	0.85	
19	newcomeback		11.85			
20						
21						
22						
23						
24	Loss					
25	fromnew		$632.00			
26	fromreturning		$441.00	언제든 돌아온다고 가정했을 때		
27	total loss		$1,073.00			
28	Benefits					
29	extraprofittoday		$203.50			
30	valuenewcustomers		$639.22			
31	total		$842.72			
32						
33	Net Gain		-$230.28			

그림 21-5 : Carrie의 피자 가게에 대한 그루폰 분석

이 정보와 과거의 그루폰 딜에 기반하여 Carrie는 다음과 같이 생각하게 되었다.

- 그루폰 딜 고객의 65%~85%가 신규 고객이다.
- 30%~42%의 고객이 $26을 초과하는 금액을 사용한다.
- $26을 초과해서 사용하는 고객은 평균 $3~$17을 더 사용한다.
- 새 고객의 10%~30%가 재구매 고객이 된다.
- 새 고객에 의해 창출되는 연간 이익은 $20~$40이다.
- 그루폰 딜로 유입된 신규 고객의 유지율은 55%~85% 사이이다.

RANDBETWEEN 함수를 사용하여 불확실한 값(보통 확률 변수(random variable)라고 한

다)이 동일한 확률로 최솟값 L과 최댓값 U 사이에 있도록 할 수 있다. 정수라면 셀에 RANDBETWEEN(L,U)라고 입력하면 해당 셀에는 L과 U 사이의 정수가 동일한 확률로 나타난다. 예를 들어 셀에 =RANDBETWEEN(65,85)라고 입력하면 65, 66, …, 84, 85의 수가 동일한 확률로 선택돼서 이 중 한 수가 보인다.

다음 과정을 완료하여 Carrie가 그루폰 모델을 도입한다면 결과값은 어떤 영역 안에 위치할지 모델링 해볼 수 있다(파일 Groupon.xlsx를 사용하시오).

1. 영역 D3:D5에 Carrie의 이익 마진을 입력하자. 즉 그루폰 딜로 진행하지 않았을 때 피자 두 판에 대한 가격과 그루폰딜로 진행했을 때 피자 두 판에 대해 Carrie가 받는 금액을 입력하라.
2. 셀 D6에 식 =(1-margin)*_2pizzas으로 피자 두 판을 만드는 비용을 계산하자.
3. 셀 D7에 식 =RANDBETWEEN(100*E7,100*F7)/100을 입력하여 그루폰 딜을 구매한 사람 중 신규 고객의 비율을 계산한다. 이 식은 셀 D7에 .65, .66, …, .84, .85를 동일한 확률로 보여준다.
4. 셀 D8에 식 =RANDBETWEEN(100*E8,100*F8)/100으로 $26보다 더 많은 금액을 사용하는 신규 고객의 비율을 계산하라.
5. D8의 식을 D9에 복사하여 다시 재구매하러 돌아온 신규 그루폰 고객의 비율을 구한다.
6. 가정할 때 일반성을 유지하기 위해 그루폰 딜을 구입한 100명이 있고 여러분은 이 고객 100명으로부터 임의로 순수익(혹은 순손실)이 발생한다고 가정한다. 현재의 수익 혹은 손실에 신규 고객으로부터 얻은 수익도 추가한다.
7. 셀 C12에서 식 =100*probnewcustomer으로 100명의 고객 중 신규 고객 수를 계산한다.
8. 셀 C13에서 식 =100*(1-probnewcustomer)에서는 재구매하러 돌아온 고객 수를 계산한다.
9. 셀 C14에서는 식 =100*newspendmorethandeal으로 딜 크기보다 더 많은 금액을 사용하는 고객 수를 계산한다.
10. 셀 C15에서는 식 =RANDBETWEEN(D15,E15)으로 $26보다 더 많은 금액을 사용한다면 평균 얼마나 더 사용하는지 계산한다. 이 식을 셀 C17에 복사해서 그루폰 딜로 창출된 신규 고객의 연간 고객 이익의 평균 수준을 결정한다.

11. basic model 워크시트에 19장에서 논의한 고객 가치 템플리트를 붙인다. 다음 셀 C16에 식 =‘basic model’!E5*C17을 사용해서 연 중간 현금 흐름이 발생하는 것을 기중으로 고객의 장기 가치를 계산한다.

12. 셀 C18에서 식 =RANDBETWEEN(100*D18,100*E18)/100으로 신규 고객의 평균 유지율을 계산한다.

13. 셀 C19에서 식 =C12*newpeoplewhoreturn으로 100명의 그루폰 딜 구입 고객 중 신규 고객 에서 다시 재구매하는 고객 수를 계산한다.

영역 C25:C33에서 100명의 고객으로부터 얻는 손해와 수익을 계산한다.

1. 셀 C25에서 식 =(cost-weget)*C12을 사용하여 딜 구입자 중 신규 고객으로부터 얻는 손해를 계산한다. 이 값은 $8 * number of new customers이다.

2. 가정을 단순화하기 위해 이전에 고객이었으면서 그루폰 딜을 구매한 고객은 결국 언젠가는 가게에 돌아온다고 가정한다. 돌아온 고객은 $26을 지불했으므로, 여러분은 각 고객에 대해 $26 − $5 = $21 만큼을 손해 보게 된다.

3. 다음 셀 C26에서 식 =C13*(_2pizzas-weget)으로 이러한 고객에 대한 손해를 계산한다.

4. 셀 C27에서 식 =SUM(C25:C26)으로 그루폰 딜을 구매한 100명의 고객으로부터 발생한 현재 손해를 계산한다.

5. 셀 C29에서 식 =margin*C15*C14로 현재 발생한 추가 이익을 계산한다. 딜 구매자가 현재 $26을 초과해서 구매한 금액에 이윤 마진 50%를 곱해서 구한다.

6. 셀 C30에서 식 =C19*C16을 사용하여 신규 고객의 가치를 계산한다. 돌아온 신규 고객 수에 각 고객의 평균 가치를 곱해서 구한다.

7. 셀 C31에서 식 =C29+C30을 사용하여 그루폰 딜로 발생한 총 이익을 계산한다.

8. 셀 C33에서 식 =C31-C27을 사용하여 총 이익에서 현재 손실을 뺀다.

그루폰 딜을 시뮬레이션하기 위해 일원 데이터 표 사용하기

이제 몬테 카를로 시뮬레이션(일원 데이터 표를 통해서)을 사용하여 스프레드시트를 10,000번 수행해보겠다. 다음 그루폰 구매자당 평균 수익과 그루폰 딜을 통해 Carrie의 장기 손익 계산이 증가할지 알아보자.

1. '홈' 탭 → '편집' 그룹 → '채우기' → '계열…'을 선택하여 영역 I9:I10008에 반복 숫자인 (1, 2,…, 10,000)를 채운다.
2. 일원 데이터 표를 사용하여 엑셀이 여러분이 스프레드시트를 10,000번 수행해보도록 한다. 100명의 딜 구입자로부터 얻는 수익을 재계산하기 위해 셀 J8에 식 =C33으로 총 수익을 입력한다.
3. 데이터 표 영역(I8:J10008)을 선택한 다음 '데이터' 탭 → '데이터 도구' 그룹 → '가상 분석' → '데이터 표'를 선택한다. 일원 데이터 테이블이므로, '행 입력 셀'은 필요 없다. 따라서 아무 셀 N7같이 빈칸이나 '열 입력 셀'로 지정한다. 다음 엑셀은 N7에 1, 2, …, 10,000을 놓으며 매번 Carrie의 순수익을 계산한다. 매번 반복할 때 각 RANDBETWEEN 함수는 재계산하므로 모델에서 불확실한 값에 대해 10,000번 반복하게 된다. 결과로 나온 시뮬레이션한 이익은 그림 21-6의 영역 J9:J10008에서 볼 수 있다.

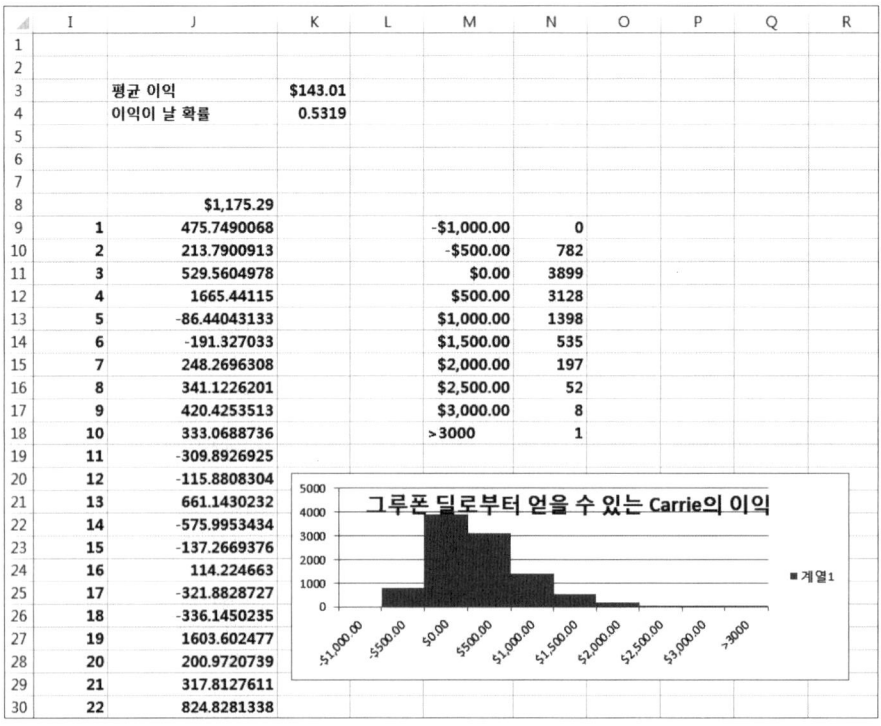

그림 21-6 : Carrie의 피자 가게의 시뮬레이션 결과

4. 셀 K3에서 식 =AVERAGE(J9:J10008)을 사용하여 100명의 딜 구매자로부터 얻은 이익에 대해 10,000번 반복해서 평균 이익을 구했다. 평균 수익은 $143.01인데 이 값으로 보아 평균적으로 그루폰 딜을 통해 Carrie의 수익성을 증가시킬 수 있다.

5. 셀 K4에서는 식 =COUNTIF(J9:J10008,">0")/10000을 사용하여 딜이 이익을 증가시킬 확률을 구하고 있다. 여기서는 53.19%의 확률로 딜이 수익성 있는 결과를 낼 것이라고 보여주고 있다.

이제 결론적으로 그루폰 딜이 pizza parlor의 수익성에 기여할 것이라는 것을 알 수 있다. 셀 K3에서 보면 고객당 평균 이익은 $143.01이다. 이것으로 보아 그루폰 딜은 손익분기보다는 더 좋은 결과를 보여줄 수 있다.

시뮬레이션 결과를 요약하기 위해 히스토그램 사용

'백문이 불여일견'이라는 속담이 있다. 어떤 결과를 보여줄 때 글보다는 그래프나 히스토그램이 훨씬 효과적이라는 말로 이해할 수 있다. 시뮬레이션 결과를 막대 그래프로 그리기 위해 다음 과정을 따라가보자.

1. M9:M17에 빈 영역(bin range)의 경계값(−$1000, −$500, ⋯, $3000)을 입력하자. 이익이 $3,000보다 높을 때를 위해 >3000도 추가하자.
2. 영역 N9:N18을 선택한 다음 식 =FREQUENCY(J9:J10008,M9:M17)을 〈Ctrl〉+〈Shift〉+〈Enter〉로 배열수 식 입력한다(2장 "엑셀 차트를 이용하여 마케팅 데이터 요약하기"). 셀 N9에서는 이익<=$1000인 경우의 반복 수를 계산하고, N10에서는 −$1000 < 이익 <=−$500인 경우의 수를 계산한다(782번). N18에서는 이익이 $3,000보다 큰 경우를 계산한다(1번).

이 결과를 요약한 막대 그래프는 그림 21-6에서 볼 수 있다.

Summary

엑셀의 데이터 표 기능, RAND( ) 함수 그리고 RANDBETWEEN( ) 함수를 사용하여 고객 가치에 불확실한 값(확률 변수)이 있는 경우에 불확실성을 시뮬레이션할 수 있다.

- 만약 어떤 불확실한 이벤트가 발생할 확률이 x라면 RAND( )의 값이 x보다 같거나 작으면 이벤트가 발생한다.
- 만약 불확실한 값(예를 들어 연간 유지율)이 주어진 평균과 표준 편차에서 정규분포를 보이면 함수 =NORMINV(RAND(),mean,standard dev)를 사용하여 주어진 평균과 표준 편차에서 정규 확률 변수를 구할 수 있다.
- 만약 불확실한 값(예를 들어 고객이 창출하는 연간 이익)이 두 정수 L과 U 사이에서 동일한 확률로 발생하는 값이라면 RANDBETWEEN(L,U) 함수로 모델링할 수 있다.

Exercises

1. 각 고객이 제품을 구매할 때 이익이 $10 발생한다고 가정해보자. 매달 고객은 제품을 0개 구입하거나 아니면 1개 구입한다. 만약 어떤 고객이 저번 달에 제품을 구입했다면 이번 달

에 제품을 구입할 확률은 0.5이다. 만약 제품을 2달 전에 구입했다면 이번 달에 제품을 구입할 확률은 0.2이고, 3달 전에 제품을 구입했다면 이번 달에 제품을 구입할 확률은 0.1이다. 만약 4달 동안 제품을 구입하지 않았으면 앞으로 제품을 구입할 확률은 0이다. 저번달, 2달 전, 3달 전 제품을 구매한 고객의 각각의 가치를 구하시오. 이익은 월당 1%로 할인된다고 가정하자.

2. 여러분은 비즈니스 잡지 CY를 소유하고 있다. 첫 번째 해의 시작에 현재 구독자 300,000명과 앞으로 구독을 할 수도 있지만 현재는 잡지를 구독하고 있지 않은 후보 고객 700,000명이 있다. 후보 고객에게 첫해 구독비를 무료로 해주는 것이 좋을지 결정해보자. Customerdata.xlsx 파일에는 구독자와 몇 년이나 구독했는지 임의로 선택한 표본 데이터가 있다. 이 데이터 표본은 그림 21-7에서 볼 수 있다. 예를 들어 고객 2는 6년 동안 구독했으며 현재는 구독하고 있지 않다. 고객 13은 1년 동안 구독했으며 현재도 구독자이다. 우선 이 데이터를 사용하여 연간 유지율을 추정해보자. 구독자가 얼마나 오래 구독했는지 여부는 유지율에 영향을 주지 않는다고 가정한다.

a. 현재 연간 구독비는 $55이며 구독자 한 명당 연간 이익은 $50이다(연초 구독자를 기준으로 했을 때). 연간 현금 흐름 할인율은 10%이다. 현재 매년 초 비구독자의 5%가 다음 해 초에 구독자가 된다. 매년 초에 20,000명의 새 비구독자가 시장에 진입한다. 어떤 고객이 구독을 그만두면 다시는 구독하지 않는다고 가정한다. 현재 상황의 가치를 평가하자. 20년 동안의 상태에 대해서 분석하며 21년째의 연 초에 남아있는 구독자는 고객 가치 템플리트에 의해 잔존가치로 평가한다.

고객	연도	활성화?
1	7	no
2	6	no
3	4	no
4	1	no
5	7	no
6	8	no
7	3	no
8	7	no
9	8	no
10	1	no
11	7	no
12	1	no
13	1	yes

그림 21-7 : CY 잡지의 유지율 데이터

b. CY는 현재 새 구독자에게 첫해 구독비를 무료로 해줄 것을 고려하고 있다. 여러분은 이러한 새 마케팅 정책이 현재의 비구독자의 비율을 늘릴지도 모른다고 염려하고 있다(현재 비구독자가 되는 비율은 5%이다). 하지만 여러분은 현재 새 구독자를 찾아내서 늘릴 확률은 평균 6%, 표준 편차는 1%라는 것을 추정해냈다. 새 구독자를 찾아내서 늘릴 확률은 매년 동일한 것으로 가정한다. 그리고 모든 현금 흐름은 연초에 발생하며 고객 확보 비용은 없는 것으로 가정한다. 몬테 카를로 시뮬레이션을 10,000번 반복한 결과를 이용하여 새 구독자에게 첫 번째 해의 구독료를 무료로 해줄 것인지 결정해보자.

3. 여러분은 OJ's Orange Juice에서 일하고 있다. 현재 고객은 천만 명이고 매주 한 고객이 OJ와 OJ의 경쟁 회사로부터 오렌지 주스를 1갤론씩 구입한다. 현재 마진은 갤론당 $2이다. 지난주 6백만 명의 고객이 여러분 회사의 제품을 구입했고 4백만 명은 여러분의 경쟁 회사의 제품을 구매했다.

OJdata.xlsx에는 몇몇 고객의 1년 동안의 구매 기록을 볼 수 있다. 예를 들어 3번째 주에 고객 5는 여러분 회사의 제품을 구매하지 않았다(0=경쟁회사 제품 구입, 1=여러분 회사의 제품 구입). 데이터는 순서대로 되어 있지 않고 섞여있으므로 여러분이 정리해야 한다. 이 데이터로부터 고객이 지난주 OJ의 주스를 구매했다면 이번 주에도 구매할 확률은 얼마인지 추정해보자. 그리고 고객이 지난주 경쟁사의 주스를 구매했지만 이번 주에는 OJ의 주스를 구매할 확률은 얼마인지 구해보자.

a. 현재 상태의 수익성을 평가해보자(현재 주까지 포함해서 총 52주 동안). 할인하지 않아도 된다.

b. OJ Orange Juice는 현재 품질을 향상시킬 계획을 하고 있다. 품질이 향상되면 갤론당 이익은 30% 줄어든다. 물론 품질을 향상시키면 고객 충성도는 높아지지만 여러분은 충성도가 얼마나 높아질지 현재로서는 알 수 없다. 고객 유지율은 0%에서 10% 사이에서 동일한 확률로 증가한다고 가정하자. 몬테 카를로 시뮬레이션을 10,000번 반복해서 OJ가 품질을 향상해야 하는지 결정해보자. RANDBETWEEN 함수를 한 개 사용해서 확률 변수로 품질 향상을 통한 고객 충성도의 평균이 얼마나 향상되는지 모델링해보자.

4. GM은 올해 쉐보레 말리부 모델을 구입하는 고객에게 $1,000만큼 인센티브를 주어야 할지 결정하고자 한다. 관련된 정보는 다음과 같다.

- 첫 번째 해의 가격 : $20,000
- 첫 번째 해의 비용 : $16,000
- 매년 시장의 고객 중 30%가 말리부나 경쟁사의 자동차를 구매한다.
- 말리부를 구매했던 고객 중 70%는 다음에 또 말리부를 구매한다.
- 경쟁사로부터 자동차를 구매한 고객의 25%는 다음에 말리부를 구매한다.
- 물가상승률은 연간 5%이다(가격과 비용에 대해).
- 현재 시장에서 말리부에 대해 충성심이 높은 고객은 50%이고 나머지 50%는 경쟁사에 대해 충성심이 높다.
- 이익은 연초에 발생하며 연간 할인율은 10%이다.

GM은 첫 번째 해에 구매하는 모든 고객에게 $1,000의 인센티브를 지급하고자 한다. 기본 사항에서 다음과 같은 사항이 좀 바뀌었다.

- 첫 번째 해에 말리부를 구매하거나 혹은 경쟁사로부터 구매하는 비율의 증가값은 2%~10% 사이이다.
- 첫 번째 해에 말리부를 재구매하는 충성심 높은 고객의 비율은 5%~15% 사이이다.
- 첫 번째 해에 말리부를 재구매하지 않는 충성심이 높지 않은 고객의 비율은 6%~13% 사이이다.

다음 질문에 답하시오.

a. 연말에 현금 흐름이 발생한다고 가정하고 30년 동안의 계획을 해본다고 하자. 쉐보레는 $1,000의 인센티브를 지급해야 할까? 이 질문에 답하기 위해 몬테 카를로 시뮬레이션을 10,000번 수행한 결과를 사용하자.

b. 할인율이 7%로 줄었다고 가정하자. 결정을 바꿔야 할까? 계산하지 말고 여러분의 답을 설명해보시오.

c. 첫 번째 해의 가격이 $22,000으로 인상되었다. 결정을 바꿔야 할까? 계산하지 말고 여러분의 답을 설명해보시오.

5. 지역 내 포드 딜러는 새로 자동차를 구매하는 고객들에게 엔진 오일 무료 교환권을 지급할 것인지 결정하려고 한다. `Forddata.xlsx`에는 자동차 구매자의 고객 충성도에 대한 정보가 나와 있다. 데이터의 일부분을 그림 21-8에서 볼 수 있다. 예를 들어 7행의 데이터를 보면 고객 113은 1990년 8월 15일에 포드가 아닌 자동차를 구매했다.

	D	E	F
6	구매 날짜	고객	구매
7	1990-08-15	113	other
8	1990-08-16	64	other
9	1990-08-18	49	ford
10	1990-08-18	54	ford
11	1990-08-18	83	other
12	1990-08-20	42	other
13	1990-08-20	79	other
14	1990-08-21	51	other
15	1990-08-23	4	ford
16	1990-08-23	116	other
17	1990-08-25	25	other
18	1990-08-26	31	other
19	1990-08-26	33	other
20	1990-08-27	72	ford
21	1990-08-28	7	other
22	1990-08-28	60	other
23	1990-08-28	89	ford
24	1990-08-28	105	ford

그림 21-8 : 포드 딜러의 구매 데이터

이 데이터를 사용하여 현재 포드 구매자가 다음에도 또 포드를 구매할 확률과 현재는 포드 구매자가 아니지만 다음에는 포드를 구매할 확률을 계산해보자. 다음 정보를 사용하자.

- 새 자동차를 구매해서 유지하는 기간은 700일~2,000일 사이이며 확률은 동일하다.
- 포드는 고객이 새 자동차를 구매할 때 $2,000의 수익을 얻는다.
- 무료 주유권을 주지 않으면 포드는 판매하는 자동차 한 대당 연간 $350의 이익을 얻는다.
- 현재 고객은 연간 $100을 오일 교환에 지불하는데 포드가 직접 하면 $60이 든다. 모든 포드 자동차 구매자는 오일 교환을 딜러에게서 받는다고 가정하자.
- 모든 구매와 서비스 이익은 자동차를 구매할 때 잡히며 이익은 연간 10%로 할인된다.

- 무료 오일 교환권을 주면 충성도와 경쟁자로 이탈하지 않는 비율은 상승하지만 어느 정도인지는 정확히 알 수 없다. 그 범위는 2%~15%이며 확률은 동일하다고 가정한다.

오늘 어떤 고객이 경쟁사로부터 자동차를 구매했다. 오일 교환권을 고려하지 말고 이 고객의 20년간의 가치를 구하라. 오일 교환권이 이 고객의 가치를 증가시킬 확률은 얼마나 될까?

Allocating Marketing Resources
between Customer Acquisition and Retention

Chapter
22

고객 확보와 유지 사이에서 마케팅 자원 할당하기

지금까지 고객 가치에 대해 다루면서 유지율(retention rate)은 주어지는 것으로 가정했다. 하지만 현실에서 기업은 고객 유지에 더 많은 돈을 사용하여 유지율을 증가시킬 수 있다. 예를 들어 버라이즌은 더 많은 고객 서비스 요원을 지점에 배치하여 고객에게 더 나은 지원을 제공하고 대기 시간을 줄일 수 있다. 물론 이렇게 하려면 버라이즌은 많은 비용을 지불해야 하지만 고객 유지율을 증가시킬 수 있다. 하지만 동시에 버라이즌은 신규 고객 확보(customer acquisition)에 더 많은 비용을 지불하여 신규 고객을 늘릴 수도 있다. Robert Blattberg와 John Deighton(Manage Marketing by the Customer Equity Test, Harvard Business Review, 1996, Vol. 74, No. 4, pp. 136-144)은 논문에서 처음으로 기업이 고객 유지와 고객 확보에 대한 비용을 조절함으로써 이익을 최적화할 수 있음을 보였다. 이 장에서는 이 모델을 확장하여 기업이 고객 유지와 고객 확보에 너무 많은 비용(혹은 너무 적은 비용)을 쓰고 있는지 결정할 수 있는 방법을 설명한다.

Analysis 1 고객 유지와 고객 확보를 위한 비용 사이의 관계를 모델링하기

기업은 신규 고객을 확보하는데 얼마나 비용을 사용하고, 또 기존 고객을 유지하는데 얼마나 비용을 사용해야 하는지 결정해야 한다. 비용을 최적화하기 위한 첫 번째 단계로 우선 비용이 증가하면 유지율이나 확보율이 높아지는지 설명할 수 있는 관계를 만들어야 한다. Blattberg, Deighton(1996)의 모델에 따라 다음 식을 참이라고 가정하자.

(1) 해당 연도 동안 유지되는 가망 고객의 비율 =
$ceilingRet * (1-e^{-KRet * spentpercustomer})$

(2) 해당 연도 동안 확보되는 가망 고객의 비율 =
$ceilingAcq * (1-e^{-KAcq * spentperprospect})$

ceilingRet는 만약 유지율에 대해 포화 수준(saturation level)으로 비용을 쓴다면 1년 동안 유지할 수 있는 현재 고객의 비율이다. spentpercustomer가 커질수록 1년 동안 유지할 수 있는 가망 고객의 비율은 ceilingRet에 근사하게 된다. ceilingRet의 추정값과 현재 retentionrate(현재 비용에 기반하여)가 주어졌을 때, 식(1)을 사용하여 kRet을 구할 수 있다. (연습문제 2) 다음 식이 참임을 알 수 있다.

(3) $kREt = -LN(1-(currentretentionrate/ceilingret))/currentspendpercustomer$

currentretentionrate, ceilingRet, currentspendpercustomer이 주어졌을 때 파일 Retentiontemplate.xlsx(그림 22-1)을 사용하여 kRet를 계산할 수 있다. 예를 들어 현재 고객당 비용이 $40일 때 유지율은 60%이고 비용의 포화 수준은 유지율 80%라고 하면 kRet은 0.034657이다. 그림 22-1에서 보면 유지율을 올리기 위해 유지율당 추가 비용을 증가시켰을 때 유지율의 증가가 어떻게 감소하는지 보여주고 있다. 요약하면 kRet값은 유지율이 한계에 도달하는 속도를 조절한다. kRet값이 커질수록, 유지율은 더 빨리 한계값(ceiling value)에 도달한다.

ceilingAcq는 만약 고객 확보에 대해 포화 수준으로 비용을 쓴다면 1년 동안에 이끌어낼 수 있는 가망 고객의 비율이다. spendperprospect가 커질수록 1년 동안 확보하는 가망 고객의 비율은 ceiling에 근사하게 된다. ceiling의 추정값과 현재 확보 비율(현재 비용에 기반한)이 주어졌을 때 식(2)를 사용하여 식(4)의 k값을 구할 수 있다. Retentiontemplate.xlsx 파일의 acquisition 워크시트를 참고하시오.

$$(4)\ KAcq = -LN(1-(currentacquisitionrate/ceiling))/currentspendperprospect$$

예를 들어 한해 가망 고객에 대해 $40의 비용을 사용했을 때 가망 고객의 연간 확보율은 5%이다(그림 22-2 참고). 확보에 대한 한계 수준 비용을 올려서 10%까지 올리면, k = 0.01732868이다.

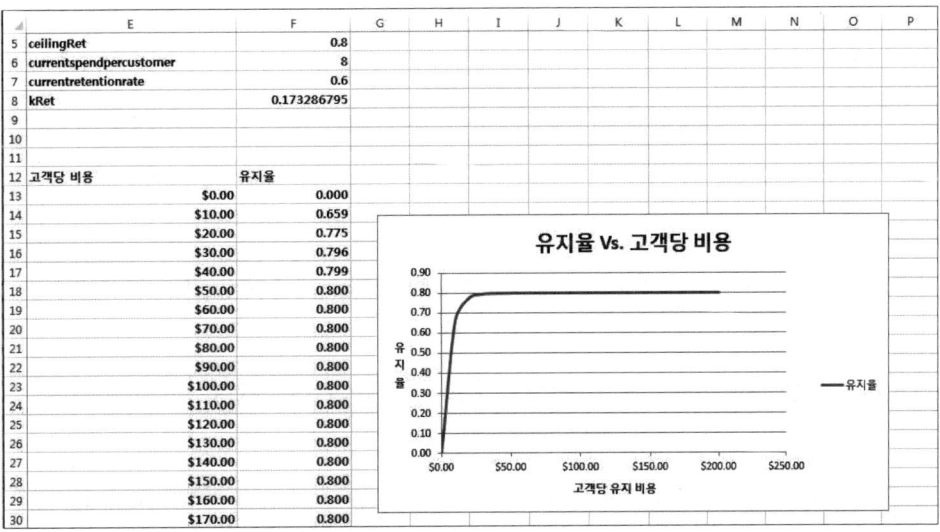

그림 22-1 : 고객당 유지 비용의 함수 결과인 유지율

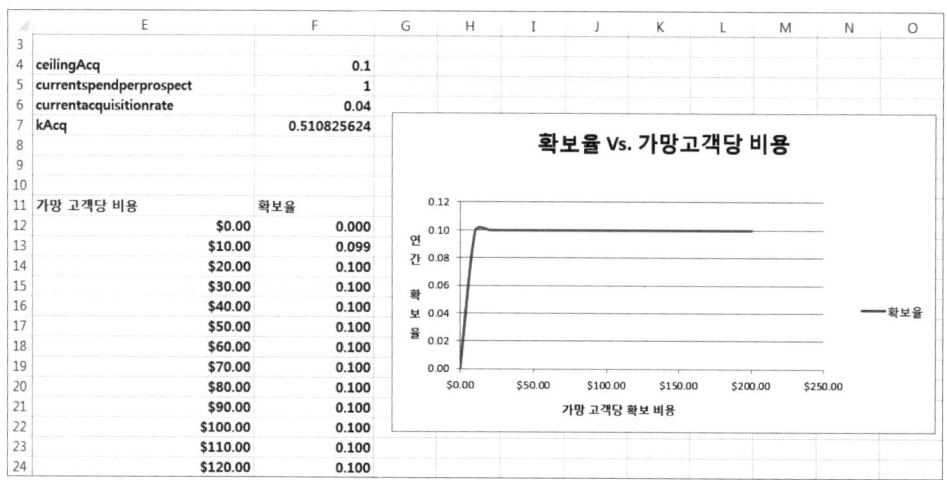

그림 22-2 : 고객당 확보 비용의 함수 결과인 확보율

식(1)과 식(2)를 적용하여 해찾기로 임의의 시간에 걸친 유지 비용과 확보 비용을 최적화할 수 있다.

Analysis 2 확보 비용과 유지 비용을 최적화하기 위한 기본 모델

이 절에서는 엑셀 해찾기를 이용하여 고객 확보와 유지에 관련된 마케팅 비용을 최적으로 할당하는 방법에 대해 알아보자.

Carrie의 피자 가게에서는 20년에 걸친 기간 동안 NPV(순 현재 가치, net present value)를 극대화하도록 확보 비용과 유지 비용의 수준을 정하고자 한다. 다음은 관련 정보들이다.

- Carrie의 피자 가게는 현재 500명의 고객이 있으며 가망 시장 크기는 10,000이다.
- 고객 한 명당 연간 이익은 $50이다(이때 유지 비용과 확보 비용은 제외).
- Carrie의 피자 가게에서는 연간 가망 고객 한 명당 $1.00의 비용을 사용해서 모든 가망 고객의 4%를 확보한다. 만약 한 해 동안 더 많은 금액을 사용하면 가망 고객의 10%를 확보할 것으로 예상한다.
- Carrie의 피자 가게에서는 연간 확보 고객 한 명당 $8의 비용을 사용해서 모든 고객의 60%를 유지한다. 피자 가게에서는 만약 한 해 동안 더 많은 금액을 사용하면 모든 고객

의 80%를 유지할 것으로 믿고 있다. 연간 할인율을 10%로 가정했을 때 이 문제의 초기 답은 customerretentionoriginal.xls 파일의 original 워크시트에서 볼 수 있다(그림 22-3 참고).

	C	D	E	F	G	H	I	J	K	L	M
2	새 고객 확보			유지							
3	ceilingAcq	0.1		ceilingRet	0.8						
4	cost	$ 1.00		cost1	$ 8.00						
5											
6	kAcq	0.510825624		kRet	0.173286795						
7	시장 크기	1.00E+04									
8	profitpercustomer	$ 50.00									npv
9	할인율	0.1									$375,752.22
10	연도	시작할 때 고객수	가망고객당 비용	고객당 비용	가망 고객의 시작	가망 퍼센티지	유지 퍼센티지	기간말의 실제 고객	기간말의 가망 고객	이익	마케팅 비용
11	1	5.00E+02	3.257869	14.5628945	9500	0.081065847	0.735860884	1138.05599	8861.94401	2720.198806	38231.20095
12	2	1138.05599	3.188619	14.69526897	8861.94401	0.080384069	0.737315409	1551.465339	8448.534661	22256.63356	44981.39968
13	3	1551.465339	3.119916	14.69932235	8448.534661	0.079683426	0.737359423	1817.195775	8182.804225	35052.31777	49164.21008
14	4	1817.195775	3.085715	14.69810923	8182.804225	0.079325362	0.737346253	1989.006402	8010.993598	43195.90818	51959.14623
15	5	1989.006402	3.06725	14.65850679	8010.993598	0.079129427	0.736914808	2099.633604	7900.366396	48488.41441	53727.58573
16	6	2099.633604	3.057163	14.6214633	7900.366396	0.079021612	0.736508553	2170.697795	7829.302205	51905.8579	54852.42708
17	7	2170.697795	3.047899	14.6171275	7829.302205	0.078922097	0.736460831	2216.538848	7783.461152	54088.62693	55592.28915
18	8	2216.538848	3.042911	14.64248461	7783.461152	0.078868326	0.736739413	2246.88008	7753.11992	55455.45441	56140.01879
19	9	2246.88008	3.031937	14.67257236	7753.11992	0.078749529	0.737068383	2266.658806	7733.341194	56363.99054	56474.48161
20	10	2266.658806	3.046761	14.6790909	7733.341194	0.078909841	0.73713932	2281.080054	7718.919946	56859.3604	56834.1111
21	11	2281.080054	3.023653	14.64522076	7718.919946	0.078659412	0.7367694	2287.795688	7712.204312	57475.63771	56746.25583
22	12	2287.795688	3.008787	14.57069847	7712.204312	0.078497562	0.735947562	2289.080561	7710.919439	57882.74253	56539.1637
23	13	2289.080561	2.961589	14.46712715	7710.919439	0.077971993	0.7347876	2283.223773	7716.776227	58354.61508	55952.99326
24	14	2283.223773	2.886126	14.34782818	7716.776227	0.077106274	0.733425437	2269.586259	7730.413741	58789.35702	55030.89377
25	15	2269.586259	2.818825	14.21428834	7730.413741	0.076305517	0.731866892	2250.908259	7749.091741	58961.12735	54051.23559
26	16	2250.908259	2.754887	14.0395924	7749.091741	0.075518847	0.729772796	2227.854086	7772.145914	59019.35579	52949.70283
27	17	2227.854086	2.62831	13.74655626	7772.145914	0.07388363	0.726114614	2191.911784	7808.088216	59441.21836	51052.9284
28	18	2191.911784	2.388012	13.1600752	7808.088216	0.070472788	0.71821086	2124.51259	7875.48741	60619.07441	47491.53496
29	19	2124.51259	1.922096	11.81966626	7875.48741	0.062538485	0.696825715	1972.936058	8027.063942	62187.74108	40248.47514
30	20	1972.936058	0.528272	6.537706523	8027.063942	0.023650971	0.542321285	1259.813079	8740.186921	63679.77832	17138.95012

그림 22-3 : 확보 비용과 유지 비용을 최적화하기 위한 기본 모델

Retentiontemplate.xlsx 파일의 acquisition 워크시트의 셀 F7(그림 22-2)를 보면 kAcq = 0.510825824이고, retention 워크시트(그림 22-1)의 셀 F8을 보면 kRet = 0.173287이다. 이 값을 알아본 다음 E11:F30에 1~20년간의 가망 고객의 확보율과 고객당 유지 비용으로 시험값을 입력한다. 이렇게 하여 Carrie네 피자 가게의 매년 고객 수와 관련된 이익, 비용을 기록해볼 수 있다.

영역 E11:F30에 연간 고객 확보 비용과 유지 비용의 시험값을 입력하자. 다음 해찾기를 이용하여 Carrie의 피자 가게의 20년간 NPV를 최대화하는 유지 비용과 확보 비용 값을 찾을 수 있다. 다음 과정을 따라가보자.

1. 셀 D11의 시작 고객을 입력하고, 영역 E11:E30에 가망 고객당 확보 비용으로 시험값을 입력하자. 그리고 F11:F30에 고객당 유지 비용으로 시험값을 입력하자.
2. 셀 G11에 식 =market_size-D11을 입력하여 가망 고객의 시작값을 계산한다.
3. 셀 H11의 식 =ceiling*(1-EXP(-kAcq*E11))을 H12:H30에 복사하여 매년 확보하는 가망 고객의 퍼센티지를 계산한다.

4. 셀 I11의 식 =ceilingRet*(1-EXP(-Ret_*F11))을 I12:I30에 복사하여 매년 유지되는 고객의 비율을 계산한다.

5. 셀 J11의 식 =I11*D11+H11*G11을 J12:J30에 복사하여 유지된 고객 수와 새로 확보된 고객 수를 더해서 매년 말의 최종 고객 수를 계산한다.

6. 셀 K11의 식 =market_size-J11을 K12:K30에 복사하여 매년 말의 가망 고객 수를 계산한다.

7. 셀 L11의 식 =0.5*profitpercustomer*(D11+J11)-E11*G11-F11*D11를 L12:L30에 복사하여 매년 이익을 계산한다. 이 기간 동안의 고객 수의 평균을 좀 더 정확하기 추정하기 위해 시기 시작의 고객 수와 시기 말의 고객 수를 평균 낸다.

8. 셀 M11의 식 =E11*G11-F11*D11를 M12:M30에 복사하여 각 해의 총 마케팅 비용을 계산한다.

9. 셀 D12의 식 =J11을 D13:D30에 복사하여 각 월이 시작할 때의 고객 수와 전달 말의 고객수가 동일한지 확인한다.

10. 현금 흐름은 연말에 발생한다고 가정하여, 셀 L9에서 식 =NPV(D9,L11:L30)으로 이익의 총 NPV를 계산한다.

11. 그림 22-4와 같은 해찾기 설정으로 20년간 연말의 NPV를 최대화하는 고객 유지 비용과 획득 비용의 연간 수준을 선택한다.

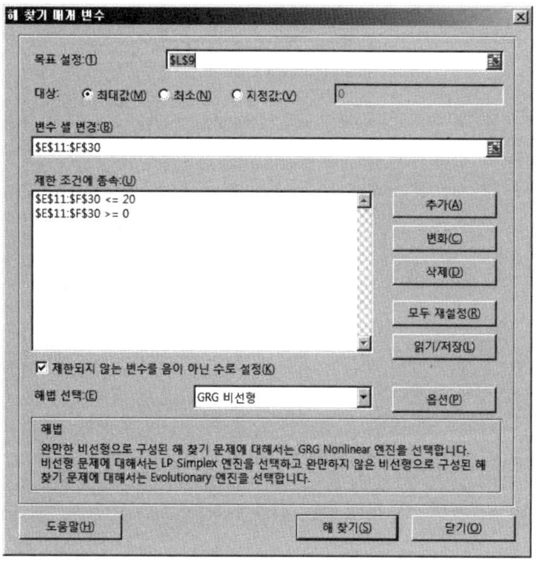

그림 22-4 : 기본 모델에 대한 해찾기 창

매년의 획득 비용과 유지 비용의 한계를 $20으로 설정했다(최적화 결과에서 비용을 이렇게 많이 사용하지 않기 때문에 이런 한계는 사실 불필요하다). 어떤 달에서도 해찾기에서 추천하는 인당 예산이 $20이 되면 이 상한선을 늘려야 한다.

해찾기의 결과에서 최대 NPV는 약 $376,000이라고 했다. 대부분의 기간 동안 새로운 고객 획득에는 $4, 유지에는 $14를 사용해야 한다. 주어진 비용 구조에서 주어진 기간에 대해 수행해보면 73%의 고객을 유지하고 7%의 고객을 획득하게 된다.

Analysis 3 기본 모델을 발전시키기

이전 절에서 다룬 기본 모델에는 지난 몇 년간 비용이 낮아진 오류가 있다. 예를 들어 19번째 년도에 획득한 고객은 모델상에서 단지 1년 동안의 이익만을 창출하기 때문에 이런 오류가 발생한다. 19번째 년도에 획득한 고객은 이익을 많이 창출하지 않으므로 고객을 획득하기 위해 비용을 많이 사용할 필요가 없다. 모델이 유효하다면 고객 획득이나 유지에 드는 비용은 계획된 기간의 끝에 다다를수록 급격하게 줄어들면 안된다. 이 문제를 고치기 위해 계획된 시간의 끝에 다다랐을 때의 고객에 대해서는 기간 말 크레딧이나 잔존 가치(salvage value)를 추가해야 한다. 고객의 가치를 정확하게 결정하기 위해서 그림 22-5의 customerretentionsalvage.xls 워크북으로 다음 과정을 적용해보자.

1. 우선 original 워크시트에서 식을 복사하여 셀 C34(그림 22-5)에 복사하고 셀 I8에 방금 확보한 고객 한 명에 대한 시험값을 입력한다.
2. 해찾기의 제한 조건을 이용하여 식의 두 번째 집합에 대한 고객값(셀 I40)을 I8과 동일하게 하자.
3. 셀 D41에 초기 고객보다 한 명을 더 추가해서 고객 501명으로 시작하자.
4. 이 스프레드시트의 두 부분에서 끝날 때 고객에 잔존 가치를 할당해보자. 셀 L63에 J63*I40를 추가하고, 셀 L31에 J31*I8를 추가하자.
5. 셀 L2에서 식 =L42-L10(그림 22-6)으로 두 상황의 차이를 계산하자. 그리고 행 44-63

의 비용 수준에 제한을 두어 행 12-31의 제한 수준과 동일하게 하자. 해찾기 창은 그림 22-7과 같다.

	C	D	E	F	G	H	I	J	K	L	M
1										DIFF	
2	새 고객 확보			유지						$67.51	
3	ceilingAcq	0.1		ceilingRet	0.8						
4	cost	$ 1.00		cost1	$ 8.00						
5	result	0.04		result1	0.6					L8 chANGES	
6	kAcq	0.510825432		kRet	0.173286794					L8=I2	
7	fitted result	0.039999988		fitted result1	0.599999998		CUST VALUE				
8	시장 크기	10000					67.5092066				
9	profitpercustomer	$ 50.00								npv	
10	할인율	0.1								$395,848.01	
11	연도	시작할 때 고객수	가망고객당 비용	고객당 비용	가망 고객의 시작	가망 퍼센티지	유지 퍼센티지	기간말의 실제 고객	기간말의 가망 고객	이익	마케팅 비용
12	1	500	3.040182	14.72330964	9500	0.07883883	0.737619258	1117.778514	8882.221486	4201.07898	36243.38386
13	2	1117.778514	3.040167	14.7233218	8882.221486	0.078838671	0.73761939	1524.75764	8475.24236	22602.55203	43460.8518
14	3	1524.75764	3.040152	14.72333389	8475.24236	0.078838506	0.73761952	1792.866441	8207.133559	34725.06119	48215.54083
15	4	1792.866441	3.040181	14.7233239	8207.133559	0.078838823	0.737619412	1969.493842	8030.506158	42710.87916	51348.12792
16	5	1969.493842	3.040155	14.72332734	8030.506158	0.078838537	0.73761945	2085.850321	7914.149679	47972.11882	53411.48525
17	6	2085.850321	3.040183	14.7233111	7914.149679	0.078838838	0.737619274	2162.505761	7837.494239	51437.81782	54771.08423
18	7	2162.505761	3.040168	14.72333124	7837.494239	0.078838682	0.737619492	2213.004119	7786.995881	53721.15641	55666.5906
19	8	2213.004119	3.040168	14.72335117	7786.995881	0.07883868	0.737619707	2246.271926	7753.728074	55225.28769	56256.61345
20	9	2246.271926	3.040167	14.72333312	7753.728074	0.078838664	0.737619512	2268.187564	7731.812436	56216.25191	56645.23535
21	10	2268.187564	3.040181	14.72329309	7731.812436	0.078838823	0.737619079	2282.625414	7717.374586	56869.02221	56901.30225
22	11	2282.625414	3.040174	14.72328221	7717.374586	0.078838738	0.737618962	2292.135862	7707.864138	57299.13595	57069.89596
23	12	2292.135862	3.040173	14.72328427	7707.864138	0.078838735	0.737618984	2298.401186	7701.598814	57582.41603	57181.01017
24	13	2298.401186	3.040174	14.72332349	7701.598814	0.078838747	0.737619408	2302.529722	7697.470278	57768.9655	57254.3072
25	14	2302.529722	3.040157	14.72330456	7697.470278	0.078838562	0.737619203	2305.247628	7694.752372	57892.06748	57302.36628
26	15	2305.247628	3.040181	14.72323604	7694.752372	0.078838822	0.737618463	2307.03842	7692.96158	57973.00457	57334.14665
27	16	2307.03842	3.040171	14.72325746	7692.96158	0.078838708	0.737618694	2308.217821	7691.782179	58026.36866	57355.03737
28	17	2308.217821	3.040158	14.72337355	7691.782179	0.078838575	0.737619949	2308.996661	7691.003339	58061.37218	57368.98985
29	18	2308.996661	3.040163	14.72325001	7691.003339	0.078838629	0.737618614	2309.507077	7690.492923	58084.75112	57377.84233
30	19	2309.507077	3.040216	14.72348138	7690.492923	0.0788392	0.737621115	2309.853497	7690.146503	58099.26818	57384.74619
31	20	2309.853497	3.040163	14.72344834	7690.146503	0.078838628	0.737620758	2310.076487	7689.923513	214061.3704	57388.31004

그림 22-5 : 고객 잔존 가치가 있는 모델

	K	L
1		DIFF
2		$67.51
3		
4		
5		L8 chANGES
6		L8=I2
7		
8		
9		npv
10		$395,848.01

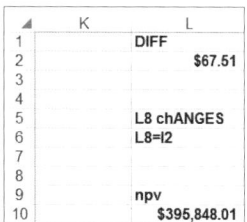

그림 22-6 : 잔존가치를 위한 고객 값

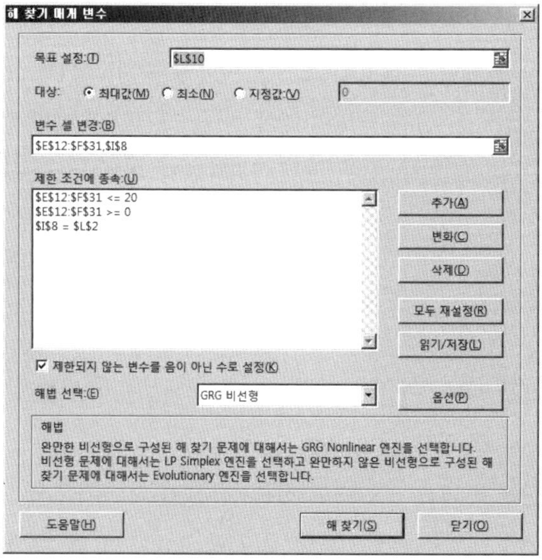

그림 22-7 : 잔존 가치 모델을 위한 해찾기 창 설정

해찾기 창은 두 가지로 바뀌었다.

- 각각의 고객에 대한 값(I8)을 변수로 추가했다.
- L2=I8라는 제한 조건을 추가했다. 이 제한 조건을 사용하여 셀 I8의 고객 값은 고객 한 명을 추가함으로써 얻는 값과 동일하게 된다. 이러한 일관성 제한 조건을 통해 해찾기에서는 셀 I8의 값을 실제 고객값과 동일하게 하고 있다. 현재 여러분은 고객의 기간 말의 값을 제대로 반영하고 있으므로 계획한 시간의 끝이 될수록 비용이 줄어들지 않는다.

해찾기 창을 수행하면 사용해야 하는 비용 수준은 그림 22-5와 같으며 각 고객 가치는 그림 22-6과 같다. 고객을 확보하는데 필요한 최적의 비용은 매년 고객당 $3.04이며 유지하는 데 필요한 최적의 비용은 매년 고객당 $14.71이다. 고객의 가치는 $67.51이다.

Summary

이 장에서는 다음과 같은 사항을 알아보았다.

- 고객 확보와 고객 유지를 위한 비용을 조절하여 이익을 극대화하기 위해 다음 식을 참이라고 가정한다.

  (1) 해당 연도 동안 유지되는 가망 고객의 비율 = ceilingRet * (1-$e^{-kRet * spentpercustomer}$)
  (2) 해당 연도 동안 확보되는 가망 고객의 비율 = ceilingAcq * (1-$e^{-kAcq * spentperprospect}$)

- 도달할 수 있는 최대 유지율(ceilingRet)과 최대 확보율(ceilingAcq) 그리고 고객 유지와 고객 확보를 위해 사용하는 비용이 주어졌을 때, 식(3)과 식(4) 혹은 `Retentiontemplate.xlsx` 파일을 이용하여 kRet와 kAcq을 구할 수 있다.
- 해찾기를 이용하여 이익의 NPV를 최대화하는 인당 유지 비용과 확보 비용의 연간 수준을 결정할 수 있다.
- 원한다면 고객의 잔존 가치를 고려하여 전제 계획 기간 중에 비용 수준이 바뀌지 않도록 할 수 있다.

Exercises

1. 버라이즌은 인디애나 주, Bloomington의 휴대전화 가입자 고객의 가치를 정하고, 최적의 확보 비용과 유지 비용을 결정하고자 한다. 현재 이 지역에서 버라이즌의 가입자는 20,000이고 가망 고객은 30,000이다. 다음 정보를 이용하자.

- 이익은 연간 10%로 할인된다.
- 고객당 연간 이익은 $400이다.
- 현재 버라이존은 가망 고객을 확보하기 위해 인당 $12를 사용하며 매년 가망 고객의 4%를 확보하고 있다.
- 현재 버라이존은 현재 고객을 유지하는데 인당 $30을 사용하며 유지율은 75%이다.
- 버라이존은 비용을 한계 수준으로 사용하면 연간 확보율은 10%로 증가하고 유지율은 85%로 증가할 것이라고 생각한다.

a. 고객의 가치를 결정하고, 이익을 최대화하는 연간 확보 비용과 유지 비용을 정하시오.

b. SolverTable을 사용하여 연간 이익이 증가함에 따라 연습문제 1에서 구한 최적의 유지 비용과 확보 비용이 어떻게 변하는지 결정하시오.

2. 식(3)을 검증하시오.

PART 6

시장 세분화

MARKET SEGMENTATION

Cluster Analysis

군집 분석

Chapter 23

때때로 마케팅에서는 사물(혹은 객체(object))들을 카테고리로 분류해서 그룹(혹은 군집(cluster))으로 만들어야 한다. 한 그룹 안에 속한 객체끼리는 유사하며 각각의 그룹에 속한 객체들은 서로 다른 특징을 가진다. 다음은 예이다.

- P&G가 시장에서 새로운 화장품을 시험해보고자 할 때 P&G는 인구 특성별로 미국 내 도시들을 그룹 지을 수 있다. 인구 특성은 아시안의 비중, 흑인의 비중, 히스패닉계의 비중, 나이 중간값, 실업률 혹은 수입의 중간값 등이 될 수 있다.
- MBA 의장은 MBA 프로그램이 속한 MBA 마켓의 분류에 대해 알고자 한다. 따라서 MBA 프로그램을 프로그램의 크기, 외국인 학생의 비율, GMAT 점수, 졸업 후 연봉 등에 따라 그룹 짓는다.
- 코카콜라의 마케팅 분석가는 소프트 드링크 시장을 가격 민감도에 따른 고객 선호도, 다이어트 콜라 대 보통 콜라 사이의 선호도, 코카콜라와 펩시콜라 사이의 선호도 등에 따라 분류하고자 한다.
- 마이크로소프트에서는 기업 고객이 제품에 대해 지불하고자 하는 가격에 기반하여 기업 고객을 분류한다. 예를 들어 건설 회사의 집단은 마이크로소프트 프로젝트에는 비용을 많이 지불하고자 하지만 파워포인트에는 비용을 지불하고 싶어하지 않는다.
- Eli Lilly[1]는 연간 사용하는 약의 처방 개수에 기반해서 의사들을 분류한다. 그 다음 영업사원들을 내과의사 군집, 가정보건의 군집, 정신과 군집 등에 기반하여 조직을 만들 수 있다.

이 장에서는 첫 번째와 세 번째 예제를 사용하여 엑셀 해찾기의 Evolutionary로 군집 분석을

---

[1] 미국의 다국적 제약회사

어떻게 쉽게 할 수 있는지 보여준다. 예를 들어 미국 내 도시 예에서는 모든 미국 내 도시가 Memphis, Omaha, Los Angeles, San Francisco와 유사함을 알 수 있다. 그리고 Memphis 군 안에 들어있는 도시를 예를 들면 이 도시들은 다른 군 안에 들어있는 도시들과는 유사하지 않다.

Analysis 1 미국 내 도시의 군집화

군집 분석(cluster analysis)이 어떻게 돌아가는지 보여주기 위해 우선 여러분은 미국 내 대도시 49개를 군집화(cluster)한다고 가정해보자(`cluster.xls` 파일과 그림 23-1을 참고하자). 각 도시에서 여러분은 다음과 같은 인구 통계 정보를 가지고 있는데, 이 정보를 기반으로 군집 분석을 수행한다.

- 흑인의 비율
- 히스패닉계의 비율
- 아시안의 비율
- 나이 중간값
- 실업률
- 인당 수입

도시 번호	도시	흑인 %	히스패닉 %	아시안 %	나이 중간값	실업률	인당 수입 (단위 $1,000)
1	Albuquerque	3	35	2	32	5	18
2	Atlanta	67	2	1	31	5	22
3	Austin	12	23	3	29	3	19
4	Baltimore	59	1	1	33	11	22
5	Boston	26	11	5	30	5	24
6	Charlotte	32	1	2	32	3	20
7	Chicago	39	20	4	31	9	24
8	Cincinnati	38	1	1	31	8	21
9	Cleveland	47	5	1	32	13	22
10	Columbus	23	1	2	29	3	13
11	Dallas	30	21	2	30	9	22
12	Denver	13	23	2	34	7	23
13	Detroit	76	3	1	31	9	21
14	El Paso	3	69	1	29	11	13
15	Fort Worth	22	20	2	30	9	20
16	Fresno	9	30	13	28	13	16
17	Honolulu	1	5	71	37	5	24
18	Houston	28	28	4	30	7	22
19	Indianapolis	22	1	1	32	5	21
20	Jacksonville	25	3	2	32	7	19
21	Kansas City	30	4	1	33	6	21
22	Las Vegas	11	13	4	33	5	20
23	Long Beach	14	24	14	30	8	21
24	Los Angeles	14	40	10	31	11	21

그림 23-1 : 미국내 도시를 군집화하기 위한 데이터

예를 들어 Atlanta의 인구 통계 정보는 다음과 같다. Atlanta의 인구 중 67%는 흑인, 2%는 히스패닉, 1%는 아시안이며 연령의 중간값은 31이고 실업률을 5%이며 인구당 수입은 $22,000이다.

현재 여러분의 목적은 인구 통계 정보가 비슷한 네개의 군(cluster)으로 도시를 묶는 것이다. 왜 4개의 군인지에 대해서는 뒤에서 다루겠다. 군을 나누는데 있어서 가장 기본적인 아이디어는 어떤 도시를 각 군에 대해 '앵커(anchor)'인지 혹은 '중앙(center)'인지 선택해야 한다. 각 도시를 가장 '근접한(nearest)' 클러스터 중앙에 할당한다. 다음 각 도시와 가장 가까운 군집 앵커(cluster anchor) 간 거리의 제곱합을 최소화한다.

속성 표준화

예제에서 그림 23-1에서 언급된 속성 수준으로 군집화하면 다른 인구 통계 정보에 비해 각 도시의 흑인 비율(%)과 히스패닉 비율(%) 속성이 다른 속성들에 비해 범위값이 훨씬 넓기 때문에 군집화를 주도하게 된다. 이런 문제를 수정하기 위해 각 속성값에서 평균을 뺀 다음 속성의 표준 편차로 나눠서 각 인구 통계 정보 속성을 표준화한다. 예를 들어 평균 흑인의 비율은 24.34%이며 표준 편차는 18.11%이다. 이것은 흑인의 비율을 표준화한 다음에는 Atlanta는 다른 도시에 비해 흑인의 비율(%)이 2.35 표준 편차 높다. 각 속성에 대해 표준화 작업을 하면 여러분의 분석작업은 단위와 상관없게 되며 각 속성은 여러분의 군집 선택에 동일한 효과를 주게 된다. 물론 원하는 속성에는 가중치를 줄 수도 있다.

군집 선택하기

해찾기를 사용하여 주어진 숫자의 군집을 확인할 수 있다. 여기에서 핵심은 한 군집 안에 속한 도시들은 인구 통계학적으로 비슷한 특징이 있어야 하며 서로 다른 군집에 속한 도시들끼리는 인구 통계학적으로 달라야 한다. 몇 개의 군집을 사용하면 마케팅 분석가는 미국 내 49개 도시를 몇 개(이 경우에는 4개)의 시장 세그먼트로 나눌 수 있다. 4개의 군집으로 나누기 위해서는 그림 23-2에서와 같이 영역 C1:G2의 흑인의 비율에 대한 평균과 표준 편차부터 계산해보자.

1. 셀 C1에 식 =AVERAGE(C10:C58)으로 흑인의 평균 퍼센티지를 계산하자.
2. 셀 C2에 식 =STDEV(C10:C58)으로 흑인 비율의 표준 편차를 계산하자.
3. 이 식을 D1:G2에 복사하여 각 속성에 대해 평균과 표준 편차를 계산한다.
4. 셀 I10(그림 23-3)에서 식 =STANDARDIZE(C10,C$1,C$2)으로 Albuquerque에서의 흑인의 비율을 표준화한 점수(보통 z-점수(z-score)라고 한다)를 계산한다. 이 식은 (C10-C$1)/C$2와 동일하다. 각 인구 통계 속성의 z-점수는 평균은 0이며 표준 편차는 1이다(연습문제 6 참고).

	A	B	C	D	E	F	G	H
1		평균	24.3469	14.5918	6.0408163	31.8776	7.020408163	20.9184
2		표준 편차	18.1103	16.4721	11.144803	1.99617	2.688631901	3.3344
3								
4							도시	열 군집
5							Los Angeles	24
6							Omaha	34
7							Memphis	25
8							San Francisco	43
9	도시 번호	도시	흑인 %	히스패닉 %	아시안 %	나이 중간값	실업률	인당 수입 (단위 $1,000)

그림 23-2 : 미국 내 도시의 평균과 표준 편차

	A	B	C	D	E	F	G	H	I
9	도시 번호	도시	흑인 %	히스패닉 %	아시안 %	나이 중간값	실업률	인당 수입 (단위 $1,000)	z 점수 (흑인비율)
10	1	Albuquerque	3	35	2	32	5	18	-1.178721
11	2	Atlanta	67	2	1	31	5	22	2.355188
12	3	Austin	12	23	3	29	3	19	-0.681765
13	4	Baltimore	59	1	1	33	11	22	1.91345
14	5	Boston	26	11	5	30	5	24	0.091278
15	6	Charlotte	32	1	2	32	3	20	0.422582
16	7	Chicago	39	20	4	31	9	24	0.809103
17	8	Cincinnati	38	1	1	31	8	21	0.753886
18	9	Cleveland	47	5	1	32	13	22	1.250842
19	10	Columbus	23	1	2	29	3	13	-0.074374
20	11	Dallas	30	21	2	30	9	22	0.312147
21	12	Denver	13	23	2	34	7	23	-0.626548
22	13	Detroit	76	3	1	31	9	21	2.852145
23	14	El Paso	3	69	1	29	11	13	-1.178721
24	15	Fort Worth	22	20	2	30	9	20	-0.129592
25	16	Fresno	9	30	13	28	13	16	-0.847417
26	17	Honolulu	1	5	71	37	5	24	-1.289156

그림 23-3 : 표준화한 인구 통계 정보 속성

셀 I10의 식을 N58까지 복사하여 모든 도시와 속성에 대해 z-점수를 구해보자.

해찾기로 최적의 군집을 찾아내기

n개의 군집을 결정하기 위해서(이 경우에는 n=4) 각 군집의 목표 셀을 클러스터의 앵커가 되는 도시로 정의해야 한다. 예를 들어 만약 Memphis가 군집의 앵커라면, Memphis 군집에 속하는 모든 도시들은 Memphis와 인구 통계학적으로 유사해야 하며, Memphis 군집에 속하지 않는 다른 도시들은 Memphis와 인구 통계학적으로 달라야 한다. 임의로 4개의 군집 앵커(cluster anchor)를 선택한 다음 데이터 집합의 각 도시에 대하여 각 도시와 4개의 군집 앵커 간의 거리의 제곱(z-점수를 사용해서)을 결정해야 한다. 다음 각 도시를 가장 가까운 앵커에 할당해서 해찾기의 목표 셀이 거리의 제곱합과 동일하도록 한다.

이러한 방법으로 최적의 군집을 어떻게 찾아낼 수 있는지 보여주기 위해 여러분이 영화 관객들에게 설문 조사를 한다고 가정해보자. 이 영화 관객들은 모두 영화 Fight Club[2] 과 영화 Sea Biscuit[3]을 보았으며, 여러분은 이 영화 관객들에게 각 영화를 숫자 0~5로 평가하도록 요청했다. 40명의 관객에게 영화를 평가한 결과는 그림 23-4에서 볼 수 있다 (Clustermotivation.xlsx 파일을 참고).

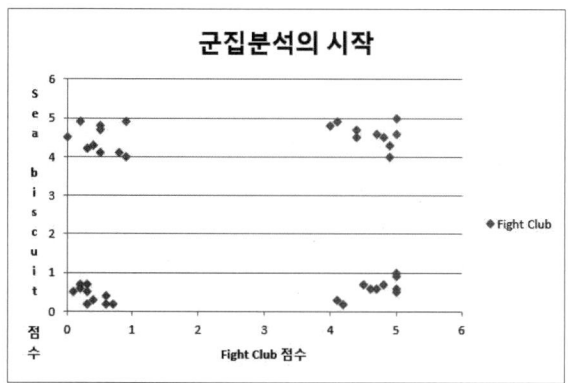

그림 23-4 : 영화 평가

차트를 보면 모든 영화 관객들의 취향은 다음 4가지 그룹으로 나뉜다는 것을 알 수 있다.

- **그룹 1** : Fight Club, Sea Biscuit을 모두 싫어하는 관객(왼쪽 아래 구석)
- **그룹 2** : Fight Club, Sea Biscuit을 모두 좋아하는 관객(오른쪽 위 구석)

---

[2] 1999년 브레드 피트, 에드워드 노튼 주연의 영화(http://www.imdb.com/title/tt0137523/?ref_=nv_sr_1)
[3] 2003년 경주마를 소재로 한 영화(http://www.imdb.com/title/tt0329575/?ref_=fn_al_tt_1)

- **그룹 3** : Fight Club을 좋아하고, Sea Biscuit을 싫어하는 관객(오른쪽 아래 구석이며, 특별한 취향이 없는 관객으로 알려져 있다)
- **그룹 4** : Sea Biscuit을 좋아하고, Fight Club을 싫어하는 관객(왼쪽 위 구석이며, 똑똑한 관객으로 알려져 있다)

만약 여러분이 이 데이터를 가지고, 4개의 변수 셀 혹은 관객의 평가를 대표하는 앵커를 설정한다고 가정해보자(그림 23-4 참고). 각 점의 목표 셀에 대한 기여도는 가장 가까운 앵커와의 거리의 제곱이라고 하자. 다음 각 그룹에서 목표 셀을 가장 최소화하는 앵커를 한 개 선택한다. 이렇게 하면 모든 점은 각각의 앵커에 가장 가깝게 된다. 예를 들어 해찾기가 그룹 1에서 두 개의 앵커를 고려하고 있고, 그룹 3에서는 한 개, 그룹 4에서도 한 개의 앵커를 고려하고 있다면 그룹1의 앵커 한 개를 그룹 2의 앵커로 바꿔준다고 해서 그룹 2의 데이터와 앵커 간의 거리가 최소가 되지는 않을 것이기 때문이다. 따라서 각 그룹에 앵커가 한 개씩 있어야 가장 최적이 된다. 이제 도시 예제에 이 방법을 적용해보자.

군집 분석을 위해 해찾기 모델 설정하기

해찾기가 4개의 적절한 앵커를 찾아내도록 하기 위해 우선 앵커로 삼을 시험값을 선택한 다음 각 도시에서 가장 가까운 앵커까지 거리의 제곱을 구한다. 다음 해찾기는 각 도시와 가장 가까운 앵커로부터 거리의 제곱합을 가장 최소로 하는 4개의 앵커를 찾아낸다.

우선 군집의 중심이 되는 후보의 z-점수를 찾아볼 수 있도록 한다.

1. 영역 H5:H8에 군집 앵커로 시험값을 입력한다. 각 값은 1에서 49 사이의 아무 값이나 상관없다. 간단하게 하기 위해 시험 앵커로 할 도시로 1번에서 4번 도시로 한다.
2. A9:N58 영역을 lookup이라고 이름 붙인 다음 식 =VLOOKUP(H5,Lookup,2)으로 첫 번째 클러스터 앵커의 이름을 찾아낸다.
3. 이 식을 G6:G8에 복사하여 각 군집 중앙이 될 후보지의 이름을 찾아낸다.
4. I5:N8에서 I5의 식 =VLOOKUP($H5,Lookup,I$3)을 I5:N8에 복사하여 각 군집 앵커 후보지의 z-점수를 알아낸다.

	G	H	I	J	K	L	M	N
3		열		9	10	11	12	13	14
4	도시	군집	z 점수 (흑인비율)	z 점수 (히스패닉 비율)	z 점수 (아시안 비 율)	z 점수 (나이)	z 점수 (실업률)	z 점수 (연수입)
5	Los Angeles	24	-0.57133041	1.5424973	0.3552493	-0.43962	1.480155	0.024482
6	Omaha	34	-0.62654775	-0.703726	-0.452302	0.061342	-0.75146	-0.275422
7	Memphis	25	1.69258043	-0.825143	-0.452302	0.061342	0.736282	-0.275422
8	San Francisco	43	-0.73698243	-0.03593	2.0600798	2.06518	-0.37953	3.023526

그림 23-5 : 군집 앵커에 대한 z–점수 참고

이제 각 군집 후보지로부터 각 도시 간의 거리의 제곱을 계산하자(그림 23-6).

1. 1번 도시(Albuquerque)로부터 군집 앵커 후보 1번까지의 거리를 계산하기 위해, O10에 식 =SUMXMY2($I$5:$N$5,$I10:$N10)을 입력하자. 이 멋진 엑셀 함수는 다음과 같은 계산을 수행한다.

   $(I5-I10)^2+(J5-J10)^2+(K5-K10)^2+(L5-L10)^2+(M5-M10)^2+(N5-N10)^2$

2. Albuquerque부터 두 번째 클러스터 앵커까지의 거리 제곱을 계산하기 위해 P10의 모든 5를 6으로 바꾸자. 이와 비슷하게 Q10에서 각 5를 7로 바꾸자. 마지막으로 R10에서 모든 5를 8로 바꾸자.

3. O10:R10의 식을 O11:R58에 복사하여 각 도시와 각 군집 앵커 간의 거리의 제곱을 계산하자.

	A	B	O	P	Q	R	S	T	U	V
7										
8						거리제곱의 합	165.348			
9	도시 번호	도시	1까지의 거리제곱	2까지의 거리제곱	3까지의 거 리제곱	4까지의 거리 제곱	최소 거 리	할당	도시	
10	1	Albuquerque	7.016897	4.44672	15.086077	27.04371987	4.44672	2	Albuquerque	
11	2	Atlanta	19.60865	9.505167	3.2668525	30.10200048	3.26685	2	Atlanta	
12	3	Austin	11.68898	4.411405	14.782233	32.237947	4.41141	2	Austin	
13	4	Baltimore	13.52578	12.05718	1.2128608	26.96212426	1.21286	3	Baltimore	
14	5	Boston	9.780438	3.32289	7.7178533	18.93671521	3.32289	2	Boston	
15	6	Charlotte	16.3033	1.676812	6.601068	23.98015278	1.67681	2	Charlotte	
16	7	Chicago	5.032486	7.102106	3.8735183	19.4812244	3.87352	3	Chicago	
17	8	Cincinnati	9.259088	3.506272	1.3603874	24.97922616	1.36039	3	Cincinnati	
18	9	Cleveland	9.381499	12.75265	2.8272591	28.64125199	2.82726	3	Cleveland	
19	10	Columbus	21.98167	7.546867	14.776132	49.61465911	7.54687	2	Columbus	
20	11	Dallas	3.520536	5.660316	4.7514793	24.71547105	3.52054	1	Dallas	
21	12	Denver	6.415243	3.848943	9.5368844	13.07848391	3.84894	2	Denver	
22	13	Detroit	17.97118	14.65559	1.700234	36.15314763	1.70023	3	Detroit	
23	14	El Paso	10.88078	28.0051	32.505534	62.55287039	10.8808	1	El Paso	
24	15	Fort Worth	3.078873	4.537368	5.6626872	27.53351539	3.07887	1	Fort Worth	
25	16	Fresno	5.577794	18.2029	8.7189327	46.09382815	5.57779	1	Fresno	
26	17	Honolulu	49.81239	47.61727	58.326586	19.60205136	19.6021	4	Honolulu	
27	18	Houston	3.972443	4.978902	6.898872	23.09371445	3.97244	1	Houston	

그림 23-6 : 군집 앵커로부터 거리의 제곱 계산

4. S10:S58에서는 각 도시와 그들이 가장 가까운 군집 앵커 간의 거리를 계산한다. S10의 식 =MIN(O10:R10)을 S10:S59에 복사하자.

5. 셀 S8에서는 식 =SUM(S10:S58)으로 모든 도시와 군집 앵커 간의 거리의 제곱합을 계산한다.

6. 영역 T10:T58에서는 각 도시가 어떤 군집에 속해야 하는지 결정한다. T10의 식 =MATCH(S10,O10:R10,0)을 T11:T58에 복사하자. 이 식은 열 O:R의 어떤 요소가 각 도시의 거리 제곱을 가장 작게 만드는지 찾아낸다.

7. 그림 23-7과 같이 해찾기를 사용하여 네개의 군집에 대한 가장 최적의 군집 앵커를 찾아보자.

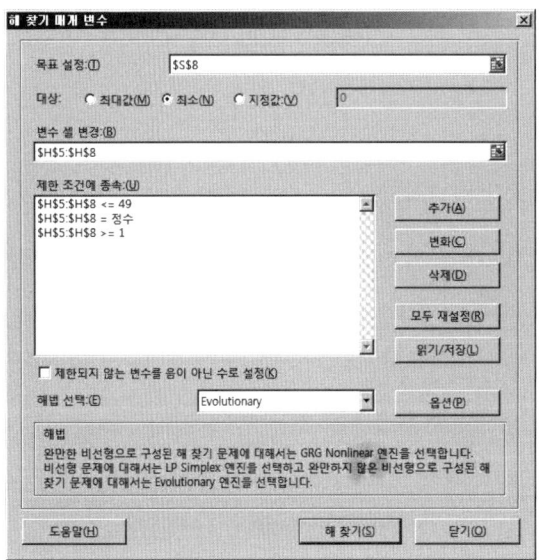

그림 23-7 : 군집 앵커에 대한 해찾기 창

Note

예에서는 셀 S8(거리 제곱의 합)을 최소화한다. 군집 앵커(H5:H8)은 변수 셀이다. 이 값은 반드시 1과 49 사이의 정수여야 한다.

8. '해법 선택'은 Evolutionary를 선택하자. 다음 '옵션'을 클릭한 다음 'Evolutionary' 탭에서 '변이율'을 0.5로 증가시키자. 변이율을 이렇게 설정하면 Evolutionary 해찾기의 성능이 높아진다.

Evolutionary 해찾기는 군집 앵커를 Los Angeles, Omaha, Memphis, San Francisco와 같이 찾아준다. 그림 23-8에서 각 군집의 멤버를 볼 수 있다.

군집의 해석

앵커의 z-점수는 군집의 대표적인 멤버를 나타낸다. 따라서 각 앵커의 z-점수를 통해 군집을 쉽게 해석할 수 있다.

	W	X	Y
9	군집에 할당	도시	앵커
10	1	Dallas	LA
11	1	El Paso	LA
12	1	Fort Worth	LA
13	1	Fresno	LA
14	1	Houston	LA
15	1	Long Beach	LA
16	1	Los Angeles	LA
17	1	Miami	LA
18	1	NY	LA
19	1	San Antonio	LA
20	1	San Diego	LA
21	1	San Jose	LA
22	2	Albuquerque	Omaha
23	2	Austin	Omaha
24	2	Boston	Omaha
25	2	Charlotte	Omaha
26	2	Columbus	Omaha
27	2	Denver	Omaha
28	2	Indianapolis	Omaha
29	2	Jacksonville	Omaha
30	2	Kansas City	Omaha
31	2	Las Vegas	Omaha
32	2	Milwaukee	Omaha
33	2	Minneapolis	Omaha
34	2	Nashville	Omaha
35	2	Oklahoma City	Omaha
36	2	Omaha	Omaha
37	2	Phoenix	Omaha
38	2	Pittsburgh	Omaha
39	2	Portland	Omaha
40	2	Sacramento	Omaha
41	2	Toledo	Omaha
42	2	Tucson	Omaha
43	2	Tulsa	Omaha
44	2	Virginia Beach	Omaha
45	3	Atlanta	Memphis
46	3	Baltimore	Memphis
47	3	Chicago	Memphis
48	3	Cincinnati	Memphis
49	3	Cleveland	Memphis
50	3	Detroit	Memphis
51	3	Memphis	Memphis
52	3	New Orleans	Memphis
53	3	Oakland	Memphis
54	3	Philadelphia	Memphis
55	3	St. Louis	Memphis
56	4	Honolulu	SF
57	4	San Francisco	SF
58	4	Seattle	SF

그림 23-8 : 각 군집의 멤버 도시들

여기서 San Francisco 군집을 보면, 매우 부유하고 오래되었으며 아시안의 비중이 높은 것을 알 수 있다. Memphis 군집같은 경우는 흑인의 비율이 높고 실업율도 높다. Omaha 군집 같은 경우는 소수민족이 적으며 수입도 평균이다. Los Angeles 군집은 히스패닉의 비중이 높으며 실업율도 높다.

이제 이렇게 미국 내 도시를 군집 지은 결과를 가지고, P&G 같은 기업은 신제품을 새로 출시하여 시험적으로 마케팅을 할 때 만약 San Francisco, Memphis, Los Angeles, Omaha 이 네 지역에서 성공을 거둔다면 미국 내 모든 도시에서 성공을 거둘 가능성이 높다고 예측할 수 있다. 각 도시의 인구 통계 정보는 이 네 도시 중 하나와 매우 유사하기 때문이다.

알맞은 개수의 군집을 결정하기

한동안 지나면 군집을 추가하면 목표 셀에서의 향상이 감소한다. 군집의 '적절한' 개수를 결정하려면 한번에 하나씩 군집을 더해서 군집을 추가함으로써 더 복잡해지더라도 미국 내 도시의 인구 통계 구조에 좀 더 나은 통찰력을 제공하는지 봐야 한다. 보통의 경우에서는 군집 3개로 시작할 수 있다(연습문제 1). 3개로 시작한 경우에는 앵커가 Philadelphia(Memphis 군집에 해당), Omaha, San Diego(Los Angeles 군집에 해당)이며 거리의 제곱합은 212.5가 된다. 군집을 4개를 사용하면 San Francisco군집이 한 개 더 늘어나며 거리의 제곱합은 165.35로 212.5보다 줄어든다. 이렇게 거리 제곱합이 줄어들었으므로, 군집을 4개 사용하는 편이 훨씬 더 좋다. 만약 군집을 5개로 하면(연습문제 2) Honolulu 한 도시가 한 군집으로 추가되고, 거리의 제곱합은 145.47로 줄어든다. 하지만 이렇게 Honolulu 한 개만 한 군집이 된다고 해서 통찰력에 어떤 도움이 되지는 않으므로 그냥 4개의 군집을 사용하기로 하자.

적절한 개수의 군집을 결정하는 문제는 특수성 대 절약의 문제를 포함한다. 예를 들어 모든 도시를 각자 군집으로 만들어서 자신만이 포함되는 군집으로 만들 수도 있다. 이 경우에는 특수성을 모두 다룰 수 있지만 전혀 절약되는 효과는 없다. 군집 효과에 있어서 중요한 점은 커다란 데이터 세트를 대표하는 어떤 군집을 만들 때 자원을 절약하도록 하고 시장 세분화를 할 수 있도록 도와주는 것이다. 37장 "주성분 분석(PCA)"의 주성분에서 이런 절약 대 특수성의 상충작용에 대해 또 다시 다루게 될 것이다.

Analysis 2 시장을 세분화하기 위해 컨조인트 분석 사용하기

16장 "컨조인트 분석"에서 설명했듯이 컨조인트 분석을 사용하여 주어진 시장에서 고객을 세분화할 수 있다. 16장에서 각 고객에 대해 회귀 분석을 수행하여 각 제품 속성의 수준으로부터 제품의 순위를 예상하던 것을 기억해보자. 이 절에서는 이런 회귀 분석에서 계수를 사용하여 시장 세분화를 지정할 수 있는지 알아보겠다.

군집 분석으로 시장 세분화를 어떻게 할 수 있는지 보여주기 위해 여러분이 코카콜라의 시장 분석가라고 가정해보겠다. 여러분은 탄산음료를 마시는 132명에게 질문을 해서 탄산음료 6개들이 제품 프로파일 20개(그림 23-9)에 대해 순위를 매겼다(`CokePepsi.xlsx` 파일의 `Conjoint Data` 워크시트 참고).

선택	가격	코카콜라/펩시콜라	다이어트(D)/보통(R)
1	$3.50	C	D
2	$3.75	C	D
3	$4.00	C	D
4	$4.25	C	D
5	$4.50	C	D
6	$3.50	C	R
7	$3.75	C	R
8	$4.00	C	R
9	$4.25	C	R
10	$4.50	C	R
11	$3.50	P	D
12	$3.75	P	D
13	$4.00	P	D
14	$4.25	P	D
15	$4.50	P	D
16	$3.50	P	R
17	$3.75	P	R
18	$4.00	P	R
19	$4.25	P	R
20	$4.50	P	R

그림 23-9 : 코카콜라와 펩시콜라의 제품 프로파일

20개의 제품 프로파일에 대한 각 고객의 순위(가장 높은 순위의 제품에는 20점을 매기고 가장 낮은 순위의 제품에는 1점을 매겼다)는 AC29:AW160에서 볼 수 있다. 예를 들어 고객 1번은 6번 프로파일($3.50 보통 코카콜라)에 가장 높은 점수를 주고 15번 프로파일($4.50 다이어트 펩시콜라)에 가장 낮은 점수를 주었다. 여러분은 이 데이터와 군집 분석을 사용하여 시장을 세분화할 수 있다.

1. 각 고객에 대한 회귀식을 결정한다. 스프레드시트상에서 각 행을 회귀식에서 각 속성에 대해 고객이 부여한 회귀 계수라고 하자. 다음 이 회귀 계수에 대해 군집 분석을 수행하자.
2. 다음 각 고객에 대해 회귀 계수를 결정하자. 종속변수는 고객의 순위이고, 독립 변수는 제품 프로파일을 말한다. 그림 23-10에서는 고객 1에 대해 회귀 분석을 수행할 때 필요한 데이터를 보여준다. 코카콜라=1이면 제품 프로파일은 코카콜라를 의미하고(따라서 코카콜라=0이면 펩시콜라를 의미한다) 다이어트=1이면 제품 프로파일에서 다이어트 콜라를 의미한다(따라서 다이어트=0이면 제품 프로파일은 일반 탄산음료를 말한다).

순위	가격	코카콜라	다이어트				
18	$3.50	0	1				
16	$3.75	1	1				
13	$4.00	1	1				
10	$4.25	1	1				
7	$4.50	1	1				
20	$3.50	1	0	다이어트	코카콜라	가격	절편
19	$3.75	1	0	-3.8	6.6	-9.6	47.5
17	$4.00	1	0	1.34443	1.34443	1.90132	7.69387
15	$4.25	1	0	0.78256	3.00624	#N/A	#N/A
12	$4.50	1	0	19.1941	16	#N/A	#N/A
9	$3.50	1	1	520.4	144.6	#N/A	#N/A
6	$3.75	0	1				
4	$4.00	0	1				
2	$4.25	0	1				
1	$4.50	0	1				
14	$3.50	0	0				
11	$3.75	0	0				
8	$4.00	0	0				
5	$4.25	0	0				
3	$4.50	0	0				

그림 23-10 : 코카콜라-펩시콜라 분석을 위한 회귀 설정

3. 셀 J3에 고객 숫자를 입력하자. 다음 J6의 식 =INDEX(ranks,$J$3,D6)를 J7:J25에 복사하여 제품 프로파일에서 고객의 순위를 끄집어내자(식에서 ranks는 영역 AD29:AW160을 말한다).

회귀 계수를 얻기 위해 각 고객의 순위를 기반으로 하여 회귀 분석을 수행한다. 따라서 회귀 분석을 132번 수행해야 한다. 엑셀의 배열 함수인 LINEST와 데이터 표 기능을 함께 쓰면 쉽게 할 수 있다. 10장 "다중 회귀를 사용하여 판매 예측하기"에서 여러분은 데이터 분석 도구로 회귀 분석을 수행하는 방법을 배웠다. 하지만 기반이 되는 데이터가 바뀌면 이렇게 데이터

분석 도구로 수행했을 때 회귀 결과는 바뀐 데이터를 반영하지 못한다. 하지만 LINEST 함수로 회귀 분석을 수행하면 기반이 되는 데이터가 바뀌어도 회귀 계수가 데이터에 따라 갱신된다.

1. 독립 변수가 m개일 때 LINEST로 회귀 분석을 수행하려면 5개 행과 m+1개의 열이 있는 빈 공간을 우선 선택하자. LINEST 함수의 문법은 LINEST(knowny's,knownx's,const,stats)이다.
2. 배열 함수를 작동시키려면 입력할 때 반드시 ⟨Ctrl⟩+⟨Shift⟩+⟨Enter⟩로 입력해야 한다. 다음 커서를 셀 R12에 둔 채 영역 R12:U16를 선택하고, =LINEST(J6:J25,K6:M25,TRUE,TRUE)를 ⟨Ctrl⟩+⟨Shift⟩+⟨Enter⟩ 키를 사용하여 배열 수식으로 입력한다.
3. 이제 영역 R12:U12에는 최소 제곱 회귀식을 볼 수 있다. 회귀 계수는 반대의 순서로 나오며 제일 끝에 절편이 나온다. 예를 들어 고객 1에 대해 그녀가 매긴 점수를 가장 잘 설명할 수 있는 회귀식은 '47.5 − 3.8 다이어트 + 6.6 코카콜라 − 9.6 가격'이다. 이것으로 보아 고객 1은 다이어트보다 보통 콜라를 선호하고, 펩시콜라보다는 코카콜라를 선호하는 것을 알 수 있다. LINEST 결과의 나머지 값에 대해서는 신경 쓰지 말자.

이제 모든 고객에 대해 LINEST를 수행하고 각 고객의 회귀식을 관리하기 위해 일원 데이터 표를 사용해보자. 다음 과정을 따라가보자. 결과는 그림 23-11에서 볼 수 있다.

	AY	AZ	BA	BB
8				
9		다이어트	코카콜라	가격
10		-3.8	6.6	-9.6
11	1	-3.8	6.6	-9.6
12	2	1	-1.6	-16
13	3	4.6	-6	-11.2
14	4	5.8	6	-10
15	5	4.6	-6	-11.2
16	6	-5.8	5.8	-8.8
17	7	4.4	-4.8	-12.8
18	8	-8.4	-2.8	-9.6
19	9	6.8	-5.2	-10
20	10	4E-16	1.6	-16
21	11	-6.8	-3.4	-11.2
22	12	7.6	-5.2	-8.8
23	13	-1	1.6	-16
24	14	4.4	4.8	-12.8
25	15	8.4	3.4	-9.6
26	16	5.8	6.2	-9.4
27	17	4.6	6	-11.2
28	18	3.8	-6.6	-10.8
29	19	1	-1.6	-16
30	20	-4.4	-5.2	-11.6
31	21	-2.5	-1.1	-15.8
32	22	6.8	-4.2	-11.2
33	23	-2	-2E-16	-16
34	24	4.6	6	-11.2
35	25	-7.2	-4.4	-9.4
36	26	-7.6	-4.4	-8.8

그림 23-11 : 코카콜라-펩시콜라 군집 분석에 대한 회귀 계수

1. 영역 AY11:AY130에 고객 번호를 입력한다. 고객 번호는 일원 데이터 표의 입력이 된다 (이 테이블의 입력셀은 고객 번호 한 개밖에 없다). 고객 번호를 바꾸면, 일원 데이터 표는 LINEST 함수를 사용하여 각 고객당 회귀식에서 회귀 계수를 계산한다.

2. AZ10의 식 =R12를 BA10:BB10에 복사하여 출력 셀을 만든다. 이 출력 셀은 각 회귀 계수를 선택한다.

3. 표 영역 AY10:BB130을 선택한 다음 '데이터' 탭 → '데이터 도구' 그룹 → '가상 분석'에서 '데이터 표…'를 선택한다.

4. 그림 23-12와 같이 '열 입력 셀'로 J3을 선택한다. 이렇게 하면 엑셀은 모든 고객에 대해 LINEST를 사용하여 각 고객의 점수에 따라 회귀 분석을 수행한다.

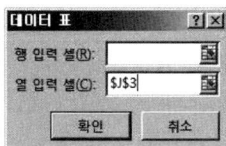

그림 23-12 : 일원 데이터 표에서 $J$3을 열 입력 셀로 선택한다.

5. 데이터 표에서 회귀 결과를 복사해서 cluster 워크시트에 붙여넣기 한다. 그리고 회귀 계수에 대한 다섯 개의 군집으로 군집 분석을 수행한다. 고객 1~5를 초기 앵커 집합으로 사용하자. 결과는 그림 23-13과 같다.

	J	K	L	M	N	O
1		5	6	7		
2	앵커	z 점수(다이어트)	z 점수(코카콜라)	z 점수(가격)		
3	27	1.092289413	1.287635545	0.633988023	다이어트-코카콜라	
4	117	1.273206914	-1.091955351	0.402276664	다이어트-펩시콜라	
5	72	-0.210316595	-0.328690346	-1.683125563	가격만	
6	40	-1.09681235	-1.159302263	0.633988023	보통-펩시콜라	
7	98	-1.0063536	1.10804378	0.633988023	보통-코카콜라	

그림 23-13 : 코카콜라-펩시콜라 군집 분석에 대한 군집 결과

여기에서 다음과 같은 군집을 발견할 수 있다.

- 첫 번째 군집은 다이어트 코카콜라를 강하게 선호하는 그룹을 나타낸다.
- 두 번째 군집은 다이어트 펩시콜라를 강하게 선호하는 그룹을 나타낸다.
- 세 번째 군집은 가격에 의해서만 탄산음료를 선호하는 그룹을 나타낸다.
- 네 번째 군집은 보통 펩시콜라를 선호하는 그룹을 나타낸다.
- 다섯 번째 군집은 보통 코카콜라를 선호하는 그룹을 나타낸다.

Note

군집 분석에서 최종 목표 셀 값은 37.92이다. Evolutionary 해찾기 모델을 사용하여 여러 번 수행했을 때, 해찾기의 결과는 매번 약간씩 다를 수 있다. 따라서 현재 상황에서 해찾기는 목표 셀 값을 38정도로 찾았을 수 있다. 변수 셀 또한 바뀔 수 있지만, 군집 앵커에 대한 해석은 여전히 동일하다.

Summary

n개의 군집(cluster)으로 군집 분석을 하려면 다음과 같은 과정을 따른다.

- ▶ n개의 앵커 시험값을 선택한다.
- ▶ 각 데이터에 대해 각 속성을 표준화한다.
- ▶ 각 데이터와 앵커간에 거리의 제곱을 구한다.
- ▶ 가장 가까운 앵커로 데이터 점을 할당한다.
- ▶ 변이율을 0.5로 설정한 다음 해찾기에서 Evolutionary 모델로 수행하여 거리의 제곱합을 가장 최소로 만든다.
- ▶ 각 군집 앵커에 대해 속성의 z-점수에 기반하여 각 군집을 해석한다.

Exercises

1. 미국 내 도시 데이터에 대해 세 개 군집 분석을 수행하자.

2. 미국 내 도시 데이터에 대해 다섯 개 군집 분석을 수행하자.

3. 미국 내 도시 분석에서 네 개의 군집으로 수행했을 때 제한 조건에 해찾기가 동일한 도시를 두 번 선택하지 않도록 하는 제한 조건을 따로 두지 않았다. 왜 그런 제한 조건을 두지 않아도 괜찮을까?

4. `cereal.xls` 파일에는 43개 아침식사용 시리얼에 대해 온스당 칼로리, 단백질, 지방, 설탕, 나트륨, 식이섬유, 탄수화물 그리고 칼륨 함유량 등이 나와 있다. 이 데이터를 사용하여 다섯 개의 앵커로 군집분석을 수행해보자.

5. `NewMBAdata.xlsx` 파일에는 탑 MBA 학교 54개에 대해 학부 학점, 평균 GMAT 점수, 입학 허가율, 평균 시작 연봉 그리고 수업료 등이 나와 있다. 이 데이터를 사용하여 5개의 앵커로 군집 분석을 수행해보자.

6. `cluster.xlsx` 파일의 각 속성의 z-점수는 평균이 0이고 표준 편차가 1임을 증명하시오.

7. 인터넷에서 Claritas[4]를 검색해보자. 군집 분석에 기반한 Claritas의 서비스에 대해 어떻게 생각하는가?

---

4 Claritas Inc 에서 개발된 미국 내 지역별-인구통계별 세분화 집합. 마케팅 분야에서 널리 사용된다(http://en.wikipedia.org/wiki/Claritas_Prizm).

Collaborative Filtering

협업 필터링

Chapter 24

오늘날의 사회에서는 여러분은 선택해야 할 일들이 너무나 많다. 다음에는 어떤 책을 읽어야 할까? 어떤 영화를 빌릴까? 지금 유행하는 어떤 노래를 iPod이나 iPhone에 다운받아야 할까? 협업 필터링(Collaborative filtering)은 현재 유행하는 기법으로 다른 사람들이 제품을 선택할 때 어떤 생각으로 선택했는지 정보들을 보아 선택을 '여과(filter)'하는 방법이다. 웹상에서는 수 천명 혹은 수백만 명의 소비자의 선호도 및 구매 기록을 쉽게 저장할 수 있다. 여기서 문제는 어떻게 이 정보를 사용하여 여러분은 자신은 미처 몰랐지만 사실은 여러분이 좋아할 만한 상품을 추천해줄 수 있는가 이다. 만약 여러분이 넷플릭스(Netflix)[1]에서 추천한 영화를 빌려본 적이 있거나, 혹은 Amazon.com에서 추천한 책, Genius[2]에서 추천한 iTunes 노래를 다운로드 해본 적이 있다면 여러분은 협업 필터링 알고리즘에 기반한 결과를 사용한 것이다.

이 장에서는 간단한 예제를 통해 두 가지 종류의 협업 필터링, 사용자 기반 협업 필터링과 아이템 기반 협업 필터링에서 사용하는 중요 개념을 보여주겠다.

Analysis 1 사용자 기반 협업 필터링

만약 여러분이 영화 링컨(Lincoln)을 아직 보지 않았고 여러분이 그 영화를 좋아할지 알고 싶다고 가정하자. 사용자 기반 필터링에서는 여러분이 다른 영화에 대해 매긴 평점과 여러분과 취향이 비슷한 다른 관객들을 우선 찾아보아야 한다. 여러분과 취향이 비슷한 영화 관객들에게 가장 큰 가중치를 준 다음 여러분이 영화 Lincoln을 좋아할 것인지 추정한 값으로부터 생성한 평점을 이용할 수 있다.

---

[1] 인터넷으로 영화나 드라마를 볼 수 있는 미국의 회원제 주문형 비디오 사이트
[2] 애플사의 콘텐츠 추천 서비스

> **Note**
>
> Badrul Sarwar 외의 논문 "Item-Based Collaborative Filtering Recommendation Algorithms" (Transactions of the Hong Kong ACM, 2001, pp. 1-11)은 사용자 기반 협업 필터링에 대해 아주 자세하게 다루고 있다.

다음 간단한 예제를 사용하여 사용자 기반 협업 필터링이 어떻게 동작하는지 알아보도록 하자. 여기 7명의 관객(Lana, George, Manuel, Charles, Noel, James, Theresa)이 있고 이들은 6개의 영화(Sixth Sense, Flight, Amour, Superman, Dodge Ball, The Others)에 대해 1~5까지 점수를 매겼다. 그림 24-1(`finaluserbased.xlsx` 파일)에서 점수를 볼 수 있다.

	C	D	E	F	G	H	I	J	K	L	M
7		Sixth Sen	Flight	Amour	Superm:	Dodge Ball	The Others	평균			
8	Lana	2.5	3.5	3	3.5	2.5		3			
9	George	3	3.5	1.5	5	3.5	3	3.25			
10	Manuel	2.5	3		3.5		4	3.25			
11	Charles		3.5	3	4	2.5	4.5	3.5			
12	Noel	3	4	2	3	2	3	2.83333333			
13	James	3	4		5	3.5	3	3.7			
14	Theresa		4.5		4	1		3.16666667			
15		1	2	3	4	5	6				
16	Lana	2.5	3.5	3	3.5	2.5	0				
17	Theresa	0	4.5	0	4	1	0				
18	Lana	_	3.5	_	3.5	2.5	_	3.5	3.5	2.5	상관
19	Theresa	_	4.5	_	4	1	_	4.5	4	1	0.99124

그림 24-1 : 영화 평점

이제 매우 감상적인 영화 Amour에 대한 Theresa의 평점을 예상해보자. Theresa는 아직 이 영화 Amour를 보지 않았다. Theresa가 Amour에 대해 어떤 평점을 매길지 설득력 있게 숫자로 예상하기 위해 다음 과정을 따라가보자.

1. 우선 Theresa가 본 다른 모든 영화의 평점에 대해 평균을 내자.

2. Theresa와 같은 영화를 본 사람들 중 Theresa가 매긴 평점과 제일 비슷한 평점을 매긴 사람을 찾아내자.

3. Amour를 본 사람들의 평점을 가지고 Theresa의 평균 평점을 조정하자. Theresa가 매긴 평점과 동일한 사람에게는 더 많은 가중치를 두자.

유사성 평가하기

사용자가 매긴 평점의 유사성(similarity)을 평가하기 위한 여러 가지 방법이 있다. 두 관객 간의 유사성은 이 두 사람이 모두 본 영화에 대해 매긴 평점 간의 상관이라고 정의할 수 있다. 만약 두 사람의 평점으로 상관을 계산했을 때 이 값이 +1에 가까우면, 한 사람이 평균보다 영화 평점을 높게 매겼을 때 다른 사람도 평균보다 해당 영화 평점을 높게 매겼을 확률이 높다. 그리고 한 사람이 평균보다 영화 평점을 낮게 매겼을 때 다른 사람도 평균보다 해당 영화 평점을 낮게 매겼을 확률이 높다.

다른 말로 하면 만약 두 사람의 영화 평점의 상관이 −1에 가까우면, 한 사람이 평균에 비해 영화 평점을 높게 매기면 다른 사람은 평균에 비해 해당 영화의 평점을 낮게 매겼을 확률이 높다. 반대로 한 사람이 평균에 비해 영화 평점을 낮게 매겼으면 다른 사람은 해당 영화의 평균에 비헤 평점을 높게 매겼을 확률이 높다. 엑셀의 CORREL 함수를 이용하여 두 데이터 집합 간의 상관을 계산할 수 있다. 두 관객간의 상관을 계산하려면 다음과 같은 과정을 따라가보자.

1. 셀 C16, C17에 두 관객의 이름을 적어넣자(Correlation sim 워크시트에서는 Lana, Theresa를 적었다).
2. 셀 D16의 식 =INDEX($D$8:$I$14,MATCH($C16,$C$8:$C$14,0),D$15)을 D16:I17에 복사하여 Lana와 Theresa의 평점을 16행과 17행에 두자.
3. 엑셀은 안 본 영화에 대해서는 0을 사용해야 하므로 여기에서는 16행과 17행에 CORREL 함수를 사용할 수 없다. 따라서 셀 D18의 식 =IF(COUNTIF(D$16:D$17,">0") = 2,D16,"_")을 D18:I19에 복사하여 16행과 17행의 모든 '_'을 '0'으로 바꿔야 한다. 이렇게 해서 두 사람 간의 영화 평점의 유사성을 두 사람이 매긴 평점 간의 상관으로 측정할 수 있다.
4. 셀 M19의 식 =CORREL(D18:I18,D19:I19)로 Lana와 Theresa의 평점 간의 유사성, 즉 상관을 계산한다. 상관값은 0.991241이며 이것은 Lana와 Theresa의 영화 취향이 비슷함을 나타낸다.

5. 이제 이원 데이터 표를 사용하여 관객 두 명씩 짝을 지워서 영화 평점 간의 상관을 계산해보자. 영역 H24:H30와 I23:O23에 모든 관객의 이름을 입력하자.
6. H23에서는 상관식 =CORREL(D18:I18,D19:I19)을 다시 입력하자.
7. 표 영역 H23:O30을 선택한 다음 '데이터' 탭 → '데이터 도구' 그룹 → '가상 분석' → '데이터 표...'를 클릭하자. 다음 '행 입력 셀'로 C16, '열 입력 셀'로 C17을 선택하자. 이렇게 하면 엑셀은 모든 관객의 쌍에 대해 그림 24-2와 같이 영화 평점의 상관을 계산한다.

	H	I	J	K	L	M	N	O
21								
22	상관							
23	0.991240707	Lana	George	Manuel	Charles	Noel	James	Theresa
24	Lana	1	0.3984	0.866	0.9439	0.5976	0.84515425	0.991240707
25	George	0.398409536	1	0.2046	0.315	0.4118	0.96379568	0.381246426
26	Manuel	0.866025404	0.2046	1	1	-0.258	0.13483997	-1
27	Charles	0.943879807	0.315	1	1	0.5669	0.02857143	0.893405147
28	Noel	0.597614305	0.4118	-0.258	0.5669	1	0.21128856	0.924473452
29	James	0.845154255	0.9638	0.1348	0.0286	0.2113	1	0.66284898
30	Theresa	0.991240707	0.3812	-1	0.8934	0.9245	0.66284898	1

그림 24-2 : 사용자 유사성

영화 Amour에 대한 Theresa의 평점 추정하기

다음 식을 사용해서 영화 Amour에 대한 Theresa의 평점을 추정할 수 있다. 모든 합은 영화 Amour를 본 관객에 해당된다.

(1) 영화 Amour에 대한 Theresa의 추정 평점 = (Theresa의 평균 평점) +

$$\frac{\sum_{\text{Theresa를 제외한 다른 관객}} (\text{관객과 Theresa의 유사성}) * (\text{Amour에 대한 관객의 평점} - \text{관객의 평균 평점})}{\sum_{\text{모든 관객}} |\text{관객과 Theresa의 유사성}|}$$

Amour에 대한 Theresa의 평점을 추정하기 위해서 우선 Theresa가 본 다른 영화들의 평균 평점을 구해보자. 그리고 Amour에 대한 Theresa의 추정값의 정확도를 증가시키기 위해 다음과 같은 종류의 관객을 사용해보자.

- Theresa와 양의 유사성을 가지고 있으며 평균보다 Amour를 더 좋아하는 관객
- Theresa와 음의 유사성을 가지고 있으며 평균보다 Amour를 더 싫어하는 관객

Amour에 대한 Theresa의 추정값의 정확도를 감소시키기 위해 다음과 같은 종류의 관객을 사용해보자.

- Theresa와 양의 유사성을 가지고 있으며 평균보다 Amour를 더 싫어하는 관객
- Theresa와 음의 유사성을 가지고 있으며 평균보다 Amour를 더 좋아하는 관객

식(1)의 분모 값에서는 각 관객에게 주어진 가중치의 절대값의 합을 1로 하고 있다. 영화 Amour에 대한 Theresa의 평점 추정값을 계산하는 과정은 다음과 같다.

1. 셀 J8의 식 =AVERAGE(D8:I8)을 J9:J14에 복사하여 각 사람에 대한 평균 평점을 계산한다. 예를 들어 (그림 24-1 참고) Theresa의 평균 영화 평점은 3.167이다.
2. 나머지 계산은 그림 24-3을 참고하자. 셀 H34와 I34에서는 드롭박스에서 선택하여 여러분이 추정하기 원하는 영화와 관객의 조합을 찾자.
3. 셀 O34의 식 =VLOOKUP(N34,$C$8:$J$14,8,FALSE)을 O35:O40에 복사하여 각 관객의 평균 평점을 복사하자. 예를 들어 셀 O34에서 여러분의 식은 Lana의 평균 평점(3)을 가져온다.
4. 셀 P34의 식 =INDEX(correlations,MATCH($I$34,$H$24:$H$30,0),MATCH(N34,$I$23:$O$23,0))을 P35:P40에 복사하여 각 관객과 선택한 관객 사이의 유사성을 이끌어낸다. 첫 번째 MATCH 함수는 Theresa에 대한 상관을 수행할 것임을 알려주고, 두 번째 MATCH에서는 Theresa와 다른 관객들간의 유사성을 끌어낸다. 예를 들어 셀 P35의 식의 값은 0.38인데 이 값은 George와 Theresa 간의 상관값이다.

	H	I	J	N	O	P	Q	R	S
33	다음 영화에 대한 평점 예상	이름	평균		평균	유사성	영화 평점	조정값	상관의 절대값
34	Amour	Theresa	3.1667	Lana	3	0.991241	3	0	0.991240707
35				George	3.25	0.381246	1.5	-1.75	0.381246426
36				Manuel	3.25	-1	0	0	0
37				Charles	3.5	0.893405	3	-0.5	0.893405147
38				Noel	2.83333333	0.924473	2	-0.8333333	0.924473452
39				James	3.7	0.662849	0	0	0
40				Theresa	3.16666667	1	0	0	0
41									
42				총 조정값	-0.5906152				
43				최종 평점	2.57605151				

그림 24-3 : Amour에 대한 Theresa의 평점 추정

5. 셀 Q34의 식 =INDEX(ratings,MATCH(N34,$N$34:$N$40,0),MATCH($H$34,$D$7:$I$7,0))을 Q35:Q40로 복사할 때, 두 번째 MATCH에서 셀 H34는 Amour에 대한 모든 관객의 평점을 끌어낸다. 만약 Amour를 보지 않았으면 대신 0을 입력한다. 예를 들어 셀 Q35에서 이 식은 George의 Amour 평점 1.5를 가져온다.

6. 셀 R34의 식 =IF(AND(N34<>$I$34,Q34>0),(Q34-O34),0)을 R35:R40에 복사하여 Amour를 본 관객의 조정값이 Amour에 대한 평점이 다른 영화에 대한 평점 평균을 초과하는 만큼의 양과 같도록 한다. 예를 들어 George가 다른 영화에 대해 준 평점의 평균은 3.25인데 Amour에 대해서는 1.5를 매겼다. 따라서 George의 조정 인자(adjustment factor)는 1.5 – 3.25 = –1.75이다. Amour를 보지 않은 관객의 조정 인자는 0이다.

7. 셀 S35:S40의 식 =IF(AND(N34<>$I$34,Q34>0),ABS(P34),0)을 Theresa와 Amour 영화를 본 관객 간의 상관의 절대값으로 입력하자.

8. O42에서 식 =SUMPRODUCT(R34:R40,P34:P40)/SUM(S34:S40)은 식(1)의 두 번째 항 (–0.591)을 계산한다. 이 값으로 Theresa의 Amour 영화 평점을 추정할 수 있도록 Theresa의 평균 영화 평점을 조정할 수 있다.

9. 마지막으로 셀 Q34에 식 =J34+O42을 입력하여 Theresa의 추정 평점 2.58을 계산한다.

> **Note**
>
> 여러분은 Theresa의 평균 평점을 아래로 조정했다. 이유는 George, Charles 그리고 Noel의 영화 취향이 Theresa의 취향과 비슷한데 이 세 사람이 모두 Amour의 평점을 평균보다 낮게 매겼기 때문이다.

Analysis 2 아이템 기반 필터링

사용자 기반 협업 필터링(user-based collaborative filtering)의 또 다른 대안은 아이템 기반 협업 필터링(item-based collaborative filtering)을 들 수 있다. 영화 Lincoln의 예를 다시 기억해보자. 아이템 기반 협업 필터링(Amazon.com에서 처음 사용되었다)에서는 우선 여러분이 본 다른 영화가 Lincoln과 얼마나 유사한지 알아내야 한다. 다음 여러분이 본 영화 중 가장 Lincoln과 유사한 영화에 좀 더 높은 가중치를 준 다음, 영화에 대한 평점을 추정할 수 있다.

이제 Amour의 예로 돌아가서 다시 Amour에 대한 Theresa의 평점을 추정하고자 한다고 가정해보자. 이 경우에 아이템 기반 필터링을 적용하려면 Theresa가 지금까지 본 모든 영화에 대해 다음 작업을 수행해야 한다.

1. Theresa가 지금까지 본 각 영화에 대해 아직 보지 않은 영화(Amour)와의 유사성을 결정하기 위해 상관을 계산한다.
2. 다음 식(2)를 사용하여 Amour 영화에 대한 평점을 추정한다.

(2) 영화 Amour에 대한 Theresa의 추정 평점 = (Theresa의 평균 평점) +

$$\frac{\Sigma_{\text{Theresa가 본 영화}}(\text{Amour와 영화 간의 상관}) * (\text{Theresa가 영화에 대해 매긴 평점} - \text{Theresa의 평균 평점})}{\Sigma_{\text{Theresa가 본 영화}} |\text{Amour와 영화 간의 상관}|}$$

식(1)과 비슷하게 식(2) 또한 Theresa가 여태까지 본 영화 중 Amour와 비슷한 영화(상관의 절대값의 측면에서)에 좀 더 높은 가중치를 준다. 만약 어떤 영화가 Amour의 평점과 양의 관계로 상관이 되어 있을 때 Theresa가 그 영화를 평균보다 높게 평점을 매겼다면 추정값을 증가시킨다. 또 어떤 영화가 Amour의 평점과 음의 관계로 상관이 되어 있을 때 Theresa가 그 영화를 평균보다 높게 평점을 매겼다면 추정값을 감소시킨다. 파일 `finalitembasednew.xlsx`의 `Correlation sim` 워크시트에는 Amour에 대한 Theresa의 추정값 계산을 볼 수 있다. 계산 과정은 다음과 같다.

1. 셀 C16, C17의 드롭다운 상자에서 아무 영화나 선택한다.
2. 셀 D16의 식을 D16:I17에 복사하여 선택한 두 영화에 대한 각 사람들의 평점을 뽑아낸다. 만약 평점을 매기지 않았으면 '-'를 입력한다. D16의 식은 다음과 같다.
   =IF(INDEX($D$8:$I$14,D$15,MATCH($C16,$D$7:$I$7,0))=0,"-",INDEX($D$8:$I$14,D$15,MATCH($C16,$D$7:$I$7,0)))
3. 셀 D18의 식 =IF(OR(D$16="-",D$17="-"),"-",D16)을 D18:I19에 복사하여 두 영화를 모두 평가한 관객의 평점만을 뽑아낸다.
4. 셀 D22에서 식 =CORREL(D18:J18,D19:J19)을 사용하여 선택한 영화 간의 상관을 계산한다. 이 경우 영화 Amour와 Dodge Ball[3] 간의 상관값은 −0.49이다.
5. 그림 24-4에서처럼 2원 데이터 표('행 입력 셀'은 C16, '열 입력 셀'은 C17로 하자)를 사용하여 영역 N22:T27에 각 영화 간의 상관을 계산해보자.

	N	O	P	Q	R	S	T
20							
21	-0.485661864	Sixth Sense	Flight	Amour	Superman	Dodge Ball	The Others
22	Sixth Sense	1	0.76376262	-0.9449112	0.487950036	0.33333333	-1
23	Flight	0.76376262	1	-0.3333333	0.158776837	-0.0680414	-0.633865691
24	Amour	-0.9449112	-0.33333333	1	-0.422890032	-0.4856619	0.944911183
25	Superman	0.48795004	0.15877684	-0.42289	1	0.97916667	-0.296463531
26	Dodge Ball	0.33333333	-0.06804138	-0.4856619	0.979166667	1	-0.333333333
27	The Others	-1	-0.63386569	0.94491118	-0.296463531	-0.3333333	1

그림 24-4 : 아이템 상관

6. 셀 C26, C27에서 드롭다운 상자를 사용하여 관객(Theresa)과 영화(Amour)를 선택하여 원하는 영화에 대한 추정값을 예상해보자. 그림 24-5의 영역 C28:H37에서는 영화 Amour에 대한 Theresa의 평점을 예상하기 위해 아이템 기반 예상을 사용하여 계산한 최종 결과를 볼 수 있다.

---

[3] 이 영화는 저자가 제일 좋아하는 영화이다. 만약 여러분도 이 영화를 좋아한다면 We're the Millers도 추천해주고 싶다.

	C	D	E	F	G	H	I	J
7		Sixth Sense	Flight	Amour	Superman	Dodge Ball	The Others	평균
8	Lana		2.5	3.5	3	3.5	2.5		3
9	George		3	3.5	1.5	5	3.5	3	3.25
10	Manuel	2.5	3		3.5		4	3.25
11	Charles		3.5	3	4	2.5	4.5	3.5
12	Noel	3	4	2	3	2	3	2.833
13	James	3	4		5	3.5	3	3.7
14	Theresa		4.5		4	1		3.167
15		1	2	3	4	5	6	
16	Amour		3	1.5	-	3	2	-	
17	Dodge Ball		2.5	3.5	-	2.5	2	3.5	
18	Amour		3	1.5	-	3	2	-	
19	Dodge Ball		2.5	3.5	-	2.5	2	-	
20								
21		선택한 아이템간의 상관						
22		-0.485661864						
23								
24								
25		관객 평균						
26	Theresa	3.166666667						
27	Amour							
28			평점	유사성	영화 평점-평균	유사성 절대값		
29		1 Sixth Sense	0	0	0	0		
30		2 Flight	4.5	-0.333333	1.333333333	0.333333333		
31		3 Amour	0	0	0	0		
32		4 Superman	4	-0.42289	0.833333333	0.422890032		
33		5 Dodge Ball	1	-0.485662	-2.166666667	0.485661864		
34		6 The Others	0	0	0	0		
35								
36	조정값	0.205666806						
37	최종 평점 추정값	3.372333473						

그림 24-5 : Theresa의 영화 Amour에 대한 평점을 추정하기 위해 아이템 기반 필터링 사용하기

7. 셀 E29의 식 =INDEX($D$8:$I$14,MATCH($C$26,$C$8:$C$14,0),MATCH($D29,$D$7:$I$7,0))을 E30:E34에 복사하여 각 영화에 대한 Theresa의 평점을 뽑아낸다(0은 평점을 매기지 않은 영화를 의미한다). 예를 들어 셀 E30의 식은 영화 Flight에 대해 Theresa의 평점 4.5를 뽑아내고 셀 E29에서는 Theresa가 Sixth Sense를 보지 않았기 때문에 평점 0이다.

8. 셀 F29의 식 =IF(E29=0,0,INDEX($O$22:$T$27,MATCH($C$27,$O$21:$T$21,0),MATCH(D29,$O$21:$T$21,0)))을 F30:F34에 복사하여 Theresa가 지금까지 본 각 영화에 대해 각 영화의 평점과 Amour의 평점 간의 상관을 구한다. 예를 들어 셀 F30에서는 영화 Flight와 Amour 간의 상관을 구해서 결과는 -0.33이고 셀 F29에서는 Theresa가 Sixth Sense를 보지 않았기 때문에 값이 0이다.

9. 셀 G29의 식 =IF(E29=0,0,E29-$D$26)를 G30:G34에 복사하여 각 영화에 대해 Theresa가 영화의 평균 평점보다 얼마나 초과해서 평점을 매겼는지 계산한다. 예를 들어 영화 Flight에 대해 Theresa는 4.5를 매겼는데 보통 그녀가 영화에 대해 매긴 평균 평

점은 3.17이므로 무려 1.33을 초과해서 평점을 매겼다. 이 결과는 셀 G30에서 볼 수 있다.

10. 셀 H29의 식 =ABS(F29)를 H30:H34에 복사하여 각 영화의 평점과 Amour 평점 간의 상관의 절대값을 구한다.

11. 셀 D36에서 식 =SUMPRODUCT(G29:G34,F29:F34)/SUM(H29:H34)을 사용하여 식 (2)의 두 번째 항 '조정값'을 계산한다. 이것으로 영화 Amour에 대한 Theresa의 추정 평점을 구할 수 있다. Theresa의 평균 평점 3.167에서 0.21을 추가한다.

12. 셀 D37에서 식(2)를 사용하여 Amour영화에 대한 Theresa의 최종 영화 평점 추정값 3.37을 계산한다. 식은 =D26+D36이다. 만약 C26, C27에서 다른 영화와 다른 사람을 선택하면 D37에서 해당 영화에 대한 해당 관객의 영화 평점 추정값을 볼 수 있다.

Analysis 3 사용자 기반 협업 필터링과 아이템 기반 협업 필터링 비교

과거에는 사용자 기반 협업 필터링이 좀 더 프로그램하기 쉬웠기 때문에 더 많이 사용되었다 (Sarwar et al., 2001). 또한 사용자 기반 협업 필터링은 사용자들끼리 서로 잘 알고 있는 상황에서는 좀 더 매력적인 방법이었다. 좋은 예로, 페이스북에서 여러분에게 음악을 추천해줄 때는 여러분의 페이스북 친구들의 선호도에 기반해서 추천해준다. 사용자 기반 필터링으로 페이스북에서는 여러분과 음악적 취향이 비슷한 친구들의 목록을 제공해줄 수 있다.

하지만 Amazon.com 같이 고객들이 서로 간에 잘 알거나 친밀하지 않은 경우에서는 사용자 기반 방법보다는 아이템 기반 방법을 더 선호한다. 사용자 기반의 상관보다는 아이템 기반의 상관 행렬이 좀 더 변하지 않고 오래가므로 자주 갱신할 필요가 없기 때문이다. 또한 상품이나 고객이 굉장히 많은 경우에 사용자 기반 협업 필터링을 적용하면 아이템 기반의 경우보다 계산량이 기하급수적으로 증가하게 된다.

Analysis 4 Netflix 경연대회

아마 협업 필터링의 가장 유명한 예는 2006년 10월에 시작한 넷플릭스 배 경연대회(Netflix Prize Competition)일 것이다. 넷플릭스(Netflix)는 1억 개 이상의 영화 평점을 공개했고(트레이닝 세트), 140만 개의 영화 평점(테스트 세트)을 공개하지 않았다. 영화 평점을 예측하는 알고리즘의 정확성은 RMSE(Root Mean Squared Error, 제곱 평균 오차의 제곱근)로 평가한다. 여기서 N은 테스트 세트의 평점 개수라고 하면 RMSE는 다음과 같이 정의할 수 있다.

$$\text{RMSE} = \sqrt{\sum \text{테스트 세트에서의 모든 평점} \frac{(\text{실제 평점} - \text{예상 평점})^2}{N}}$$

넷플릭스의 알고리즘에 따르면 RMSE는 0.9514이다. 넷플릭스는 RMSE를 10% 이상 개선할 수 있는 알고리즘을 처음 개발하는 사람에게 백만 달러의 상금을 주기로 했다. 2009년 6월, BellKor Pragmatic Chaos 팀은 RMSE를 10% 개선한 첫 번째 팀이 되었다. BellKor Pragmatic Chaos 팀은 2등인 팀보다 단지 20분 먼저 답을 제출한 것으로 유명하다. 상을 받은 시스템은 100여 가지의 알고리즘으로 이루어진 복잡한 시스템이다. 이 넷플릭스 경연 대회에 관한 여러 가지 재미있는 논의는 Mung Chiang의 책 A Networked Life(Cambridge University Press, 2012) 4장에서 읽어볼 수 있다.

Summary

이 장에서는 다음과 같은 사항을 알아보았다.

- 사용자 기반 협업 필터링은 어떤 고객과 비슷한 의견을 가진 다른 고객들에게 가중치를 두어 제품의 선호도를 추정한다.
- 아이템 기반 협업 필터링은 현재 다루려는 제품과 가장 비슷한 제품에 가중치를 두어 제품의 선호도를 추정한다.

Exercises

다음 표에서는 6개의 영화에 대한 6명의 평점을 볼 수 있다.

	영화 1	영화 2	영화 3	영화 4	영화 5	영화 6
Jane		5		4		
Jill	4		3		3	
Britney	5	5	4	5	4	4
Phil					1	2
Gloria	3		7		5	
Mitchell			2	4	4	3

1. 사용자 기반 필터링을 사용하여 표에서 빠진 평점을 예상해보도록 하자.

2. 아이템 기반 필터링을 사용하여 표에서 빠진 평점을 예상해보도록 하자.

3. 식(1), 식(2)에서 정의하는 추정 평점의 정확성을 높이기 위해, 트레이닝 세트를 어떻게 적용할 수 있을까?

Using Classification Trees for Segmentation

분류 트리를 사용하여 시장 세분화하기

Chapter 25

23장 "군집 분석"에서 여러분은 군집 분석으로 시장을 세분화하는 방법에 대해 알아보았다. 때때로 마케팅 분석가는 고객이 상품을 살지 안 살지 예상할 수 있는 간단한 규칙을 만들고자 한다. 이때 결정 트리(decision tree)를 이용하여 통계적인 훈련이 없어도 쉽게 이해할 수 있는 간단한 분류규칙을 결정할 수 있다. 예를 들어 Market Facts of Canada Limited(http://www.quirks.com/articles/a1993/19930206.aspx?searchID=30466011)의 사례를 보면 이 회사는 어떤 가족이 캐나다 저축 채권을 구매할지 안 할지 예상하기 위해 간단한 규칙을 적용하기를 원했다. 채권을 구매할지 그 여부를 예상하기 위해 결정 트리를 사용했고, 가장 좋은 예측 변수는 연간 수입이 $50,000을 초과하는지 여부였고, 두 번째로 좋은 예측 변수는 현재 그 가족이 거주하는 지역이었다.

이 장에서는 결정 트리에 대해 알아보고, 이것을 이용하여 여러 가지 독립 변수로부터 이진 종속 변수의 가치를 예상하기 위해 사용할 수 있는 간단한 규칙을 만들 수 있다.

Analysis 1 결정 트리 소개

결정 트리는 보통 다음과 같은 범주 종속 변수(보통 이진(binary))를 예상하기 위해 사용한다.

- 어떤 가족이 내년에 잔디깎기 기계를 구입할까?

- 어떤 사람이 내년에 심장마비를 겪을까?
- 내년 대통령 선거에 공화당에 투표할까? 아니면 민주당에 투표할까?

> **Note**
>
> 결정 트리가 오바마 대통령의 2012년 재선 캠페인에 얼마나 효과적으로 사용되었는지는 Victory Lab (Sasha Issenberg저, Random House, 2012)을 참고하기 바란다.

로지스틱 회귀(17장 "로지스틱 회귀")와 유사한 방법으로 여러분은 독립 변수나 이진 종속 변수를 예상하는데 가장 효과적인 속성을 결정하고 시험해볼 수 있다. 트리를 시작할 때 루트 노드(root node)는 모든 속성값의 조합을 가지고 있으며, 독립 변수를 사용하여 루트 노드로부터 갈라져서 계층 구분(class separation)에서 발전된 상황을 만들어나간다.

계층 구분의 기본적인 개념을 이해하기 위해 우선 여러분은 어떤 가족이 잔디깎기 기계를 구입할 것인지 여부를 예상하려 한다고 가정해보자. 만약 대지가 2 에이커 이상인 가족은 잔디깎기 기계를 구입했고, 대지가 2 에이커가 안 되는 가족은 잔디깎기 기계를 구입하지 않았다고 하자. 그러면 루트 노트는 2개의 자식 노드(child node)로 갈라진다. 한 노드는 '대지 < 2 에이커'이고 다른 노드는 '대지 ≥2 에이커'이다. 여러분은 이제 완전하게 구분하는 규칙을 가지게 되었다. 만약 어느 가족의 대지가 ≥2 에이커라면, 이 가족은 잔디깎기 기계를 구입할 것이라고 예상할 수 있고, 어느 가족의 대지가 < 2 에이커라면 이 가족은 잔디깎기 기계를 구입하지 않을 것이라고 예상할 수 있다. 만약 첫 번째의 분기(split)가 만족스러운 결과를 보여주지 못하면, 다른 독립 변수에 따라 두 개의 자식 노드를 또 분기해볼 수 있다. 이런 과정을 반복하여 결국 간단하면서도 쉽게 구분할 수 있는 규칙을 만들 수 있다.

결정 트리를 어떻게 만드는지 예제를 보고 개념을 좀 더 쉽게 파악할 수 있을 것이다.

Analysis 2 결정 트리 만들기

만약 여러분이 어떤 사람이 그리스식 요거트를 구입할 것인지 결정할 간단한 규칙을 만들어야 한다고 가정해보자. 그림 25-1에서는 10명의 소비자에 대한 데이터를 보여주고 있다.

(Greekyogurt.xlsx 파일) 예를 들어 첫 번째 소비자는 미혼이며, 소득이 매우 높은 여성이고 그리스식 요거트를 구입하지 않았다. 이 예에서 각 소비자에 대한 종속 변수는 이 사람이 그리스식 요거트를 구입했는지 아닌지이다.

소비자	성별	결혼 여부	수입 수준	구매?
1	여성	미혼	높음	아니오
2	남성	기혼	평균	아니오
3	남성	미혼	낮음	아니오
4	여성	기혼	높음	아니오
5	남성	이혼	평균	예
6	남성	기혼	낮음	아니오
7	여성	이혼	높음	아니오
8	남성	미혼	평균	예
9	남성	기혼	낮음	아니오
10	남성	미혼	평균	예

그림 25-1 : 그리스식 요거트 구매자의 정보

만약 결정 트리의 한 노드와 관련된 모든 데이터 점이 종속 변수로 동일한 값을 가지고 있다면 그 노드를 순수(pure)하다고 한다. 만약 여러분이 노드에서 분기(branch)하고자 하면 그 노드가 순수하지 않은 경우에만 가능하다. 이 예에서는 루트 노드에 요거트 구매자 3명과 비구매자 7명이 포함되므로 루트 노드에서 분기할 수 있다. 분기하는 목적은 될 수 있는 대로 순수한 자식 노트를 만들기 위해서이다.

 노드가 순수한지 않은지 여부를 측정하는 여러 가지 방법이 있다. 다음 분기의 불순한 정도, 즉 불순도(impurity)는 분기에 관련된 노드의 불순도의 가중 평균으로 계산한다. 이때 자식 노드의 가중치는 자식 노드의 관찰값의 개수에 비례한다. 이 절에서는 노드가 순수하지 않은 여부를 측정하기 위해 엔트로피(entropy)의 개념을 사용한다. 연습문제 1번과 2번에서는 노드의 불순도를 측정하기 위해 지니 계수(Gini Index)와 분류 오차(classification error)를 사용해보도록 하겠다.

노드의 엔트로피를 정의하기 위해, 종속 변수가 c개의 값(0, 1, 2, c−1)을 가질 수 있다고 가정해보자. 그리고 자식 노드는 독립 변수 X로 정의되며 이것은 a와 동일하다. 이때 자식 노드의 엔트로피는 다음 식으로 계산할 수 있다.

$$(1)\ 엔트로피 = \sum_{i=0}^{i=c-1} P(i\mid X=a)\ \mathrm{Log}_2(P(i\mid X=a))$$

식(1)에 대해 다음은 참이다.

- P(i|X=a)는 X=a라고 주어졌을 때 계층 i에서 관찰값의 비율
- $Log_2(0)$은 0과 동일하다고 정의한다.

엔트로피의 결과값은 항상 0과 1 사이이며 정보 이론(Information Theory)에 기반을 둔 개념이다(정보 이론에 대한 설명은 David Luenberger저 Information Science, Oxford University Press, 2006을 참고하시오). 두 개의 계층(class)이 있을 때 순수한 노드의 엔트로피는 0이다($-0*Log_2 0 + 1*Log_2 1) = 0$). 노드에서 분기가 일어났을 때 노드와 관련된 관찰값의 절반이 c=0이고 c=1일 때 최대 엔트로피값은 1이 된다(연습문제 5). 직관적으로 엔트로피에 기반하여 분기를 선택하면 순수한 노드가 됨을 보여준다. 그리고 노드가 두 개 있을 때 c=1이나 c=0인 노드의 비율이 0.5로부터 멀어질수록 엔트로피가 감소한다는 것을 알 수 있다. 이것은 엔트로피가 낮은 분기를 선택하면 불순도를 줄이는 원하는 효과를 얻게 됨을 의미한다.

만약 분기를 만들 수 있는 속성에 대해 가능한 값이 S가지(s=1, 2, ..., S)가 있고 독립 변수=i인 관찰값이 n_i개가 있다고 가정해보자. 그리고 부모 노드는 관찰값의 개수가 총 N개라고 가정한다. 그러면 분기와 관련된 불순도는 다음 식으로 정의할 수 있다.

$$(2) \; 불순도 = \sum_{i=1}^{i=S} \frac{엔트로피(i) n_i}{N}$$

이 예에서 여러분이 성별에 기반해서 루트 노드를 분기한다고 가정해보자. 식(1)로부터 다음을 알 수 있다.

$$엔트로피(여성) = -[(3 / 3) * (Log_2 (3 / 3) + (0/3) * Log_2 (0 / 3)] = 0$$
$$엔트로피(남성) = -[(4 / 7) * Log_2 (4 / 7) + (3 / 7) * Log_2 (3 / 7)] = 0.985$$

이 데이터 세트에는 여성이 3명이고 남성이 7명이므로 식(2)에서는 분기의 불순도가 (3 / 10) * 0 + (7 / 10) * (0.985) = 0.69인 것을 알 수 있다.

독립 변수의 자식 노드가 불순도의 수준이 낮은 것을 분기해야 한다. 엑셀의 COUNTIFS 함수를 사용하면 각 독립 변수의 분기로부터 불순도의 수준을 쉽게 계산할 수 있다(그림 25-2와 Greekyogurt.xlsx 참고). 다음 불순도의 수준을 낮게 만드는 독립 변수를 사용하여 루트 노드를 분기하시오.

B	C	D	E	F	G	H	I	J	K
소비자	성별	결혼 여부	수입 수준	구매?					
1	여성	미혼	높음	아니오					
2	남성	기혼	평균	아니오					
3	남성	미혼	낮음	아니오					
4	여성	기혼	높음	아니오					
5	남성	이혼	평균	예					
6	남성	기혼	낮음	아니오					
7	여성	이혼	높음	아니오					
8	남성	미혼	평균	예					
9	남성	기혼	낮음	아니오					
10	남성	미혼	평균	예					
		구매							
		예	아니오	총합	비율			엔트로피	불순도
성별	여성	0	3	3	0.3	0	0	0	0.68966
	남성	3	4	7	0.7	-0.524	-0.461	-0.98523	
		구매							
		예	아니오						
수입 수준	높음	0	3	3	0.3	0	0	0	0.324511
	평균	3	1	4	0.4	-0.311	-0.5	-0.81128	
	낮음	0	3	3	0.3	0	0	0	
		구매							
		예	아니오						
결혼 여부	미혼	2	2	4	0.4	-0.5	-0.5	-1	0.6
	기혼	0	4	4	0.4	0	0	0	
	이혼	1	1	2	0.2	-0.5	-0.5	-1	

그림 25-2 : 각 분기로부터 불순도 계산

다음 과정을 따라가보자.

1. 셀 D15의 식 =COUNTIFS($C$3:$C$12,$C15,$F$3:$F$12,D$14)을 D15:E16에 복사하여 그리스식 요거트를 구매하거나 구매하지 않은 남성과 여성의 수를 센다. 예를 들어 그리스식 요거트를 구매하지 않은 남성은 4명이다.

2. 셀 D19의 식 =COUNTIFS($E$3:$E$12,$C19,$F$3:$F$12,D$14)을 D19:E21에 복사하여 그리스식 요거트를 구매하거나 구매하지 않은 사람의 수입 수준을 센다. 예를 들어 평균의 수입이면서 그리스식 요거트를 구매한 사람은 3명이다.

3. 셀 D24의 식 =COUNTIFS($D$3:$D$12,$C24,$F$3:$F$12,D$14)을 D24:E26에 복사하여 그리스식 요거트를 구매하거나 구매하지 않은 사람의 결혼 여부를 센다. 예를 들어 미혼이고 그리스식 요거트를 구매한 사람은 2명이다.

4. 셀 F15의 식 =SUM(D15:E15)을 F15:F26에 복사하여 주어진 속성값에 따른 사람들의 수를 세자. 예를 들어 셀 F25에서는 전체 모집단에서 기혼인 사람이 4명이라는 것을 보여준다.

5. 셀 G15의 식 =F15/SUM($F$15:$F$16)을 G15:G26에 복사하여 각 가능한 속성값을 가지는 관찰값의 비율을 계산한다. 예를 들어 셀 G16에서는 관찰값의 70%가 남성이라는 것을 알 수 있다.

6. 셀 H15의 식 =IFERROR((D15/$F15)*LOG(D15/$F15,2),0)을 H15:I26에 복사하여 각 속성값에 대해 항목별로 조합하여 $P(i|X=a)*Log_2(P(i|X=a))$의 값을 계산한다. IFERROR 함수를 사용하여 $P(i|X=a)=0$ $Log_2(0)$가 정의되지 않은 값이 나왔을 때 0을 대신 입력한다. 일반적으로 IFERROR(식, 그 외 값)를 써서 식에 오류가 없는 한 식의 값을 반환하도록 한다. 만약 식에 오류가 있으면 IFERROR는 다음의 값을 반환한다(이 경우는 0).

7. 셀 J15의 식 =SUM(H15:I15)을 J15:J26에 복사하여 식(1)로 가능한 노드 분기에 대해 엔트로피를 계산한다.

8. 셀 K15의 식 =-SUMPRODUCT(G15:G16,J15:J16)을 K16:K24에 복사하여, 식(2)로 각 분기에 대해 불순도를 계산한다.

9. 수입에 대한 불순도는 0.325이며 성별(0.69)이나 결혼 여부(0.60)의 불순도보다 작다. 따라서 부모 노드를 수입에 의해 분기한다. 이때 분기 노드는 그림 25-3과 같이 3개가 된다. 이 그림은 엑셀에서 그리기는 했지만 엑셀에서 자동으로 만들어주지는 않는다.

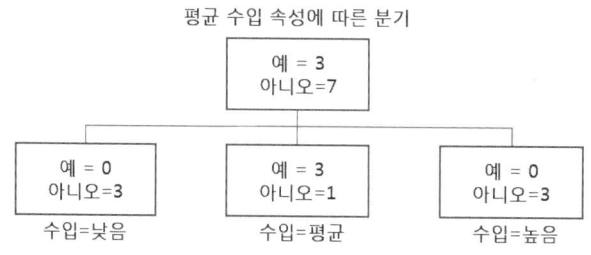

그림 25-3 : 수입 변수로 루트 노드에서 분기하기

10. '수입=높음'과 '수입=낮음'인 노드는 모두 순수하며 따라서 분기는 더 이상 필요하지 않다. '수입=평균' 노드는 순수하지 않으며, 따라서 성별이나 결혼 여부에 따라 노드를 분기해야 한다. 성별에 따라 노드를 분기하면 불순도는 0.811이고, 결혼 여부에 따라 노드를 분기하면 불순도는 0이다. 따라서 '수입=평균' 노드는 결혼 여부에 따라 분기한다. 모든 말단 노드(terminal node)는 순수하므로 더 이상 분기할 필요가 없다(즉 말단 노드에 해당하는 구성원들은 모두 같은 계층에 속한다). 결정 트리는 그림 25-4와 같다.

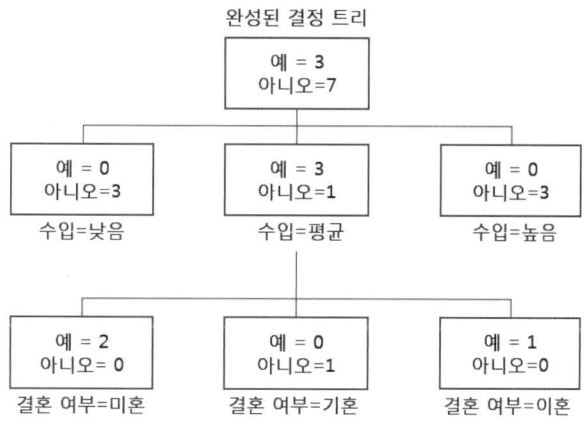

그림 25-4 : 결혼 여부와 수입으로 분기가 일어난 다음의 트리

결정 트리 해석

그림 25-4에서 볼 수 있는 결정 트리는 다음과 같은 분류 규칙을 보여준다. 만약 평균 수입이 높거나 낮으면 그리스식 요거트를 구입하지 않는다. 만약 어떤 사람의 수입이 평균이고, 기혼이라면 역시 그리스식 요거트를 구입하지 않는다. 하지만 수입이 평균이고 기혼이 아니라면 그리스식 요거트를 구입한다. 이 결정 트리로부터 마케팅 분석가는 이 그리스식 요거트를 프로모션하거나 광고하기 위한 대상은 평균 수입이며 미혼이거나 이혼한 사람이어야 한다는 것을 알 수 있다. 다른 계층의 사람들에게 광고하는 것은 돈 낭비이다.

결정 트리와 군집 분석이 어떻게 다른가?

영리한 독자들이라면 그럼 이 결정 트리와 23장에서 다룬 군집 분석이 어떻게 다른지 궁금할 것이다. 23장의 경우에서 우리는 미국 내 도시를 4개의 군집으로 나눴다. 만약 여러분이 새 제품이 가장 잘 팔릴 것 같은 도시를 결정하려고 한다고 가정해보자. 23장의 군집으로는 각 도시의 판매 예측에 대해 도와줄 수 있는 사항이 없다. 결정 트리 방법을 사용해야 어떤 소비자가 제품을 구매할 것인지 아닌지 인구 통계학적인 방법을 이용하여 예상을 도와줄 수 있다. 예를 들어 결정 트리 분석을 통해 나이가 있고, 수입이 높은 아시안 계열 사람들이 제품을 구매할 확률이 높다는 것을 알았다고 가정해보자. 그러면 이제 23장의 군집 분석을 통해 이 제품을 Seattle, San Francisco 그리고 Honolulu에서 잘 판매할 수 있다는 것을 알 수 있다.

Analysis 3 가지치기와 CART

결정 트리를 만들려면 계산을 많이 해야 한다. 다행히도 SAS, STATISTICA, R, SPSS, XLMINER 같이 널리 사용되는 통계 패키지 소프트웨어에서는 결정 트리를 쉽게 만들 수 있다. 예를 들어 SPSS같은 경우는 Leo Breiman의 CART 알고리즘(Classification and Regression Trees, Chapman and Hall, 1984)을 사용하여 결정 트리를 만든다. 결정 트리를 만들 때 가장 중요한 문제는 결정 트리의 크기이다. 트리에 충분한 수의 노드를 추가해주면, 항상 단말 노드가 순수한 트리를 만들어낼 수 있다. 하지만 이렇게 하면 트리의 크기가 지나치게 커지고, 결정 트리가 표본값들을 효과적으로 계층화하지 못할 수 있다. CART 알고리즘은 각 노드를 만들어내는 비용과 트리에서 창출해내는 이익을 상쇄하여 트리에서 가지치기(prune)를 해나간다. 트리에서 구할 수 있는 이익은 오분류 확률(misclassification rate)로 측정할 수 있다. 오분류 확률을 계산하려면 각 단말 노드에서 모든 관찰값은 가장 빈번히 발생하는 계층으로 할당한다고 가정한다. 노드와 관련된 다른 관찰값들은 모두 잘못 분류된 것으로 가정한다. 다음 오분류 확률은 모든 잘못 분류된 관찰값의 비율로 한다. 오분류 확률을 계산하는 방법을 보여주기 위해 그림 25-5와 같이 트리에 대한 오분류 확률을 계산해보자.

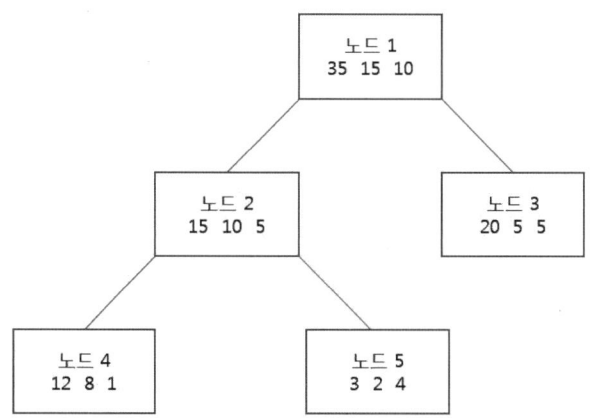

그림 25-5 : 오분류 확률을 보여주는 트리

각 단말 노드에 대해 잘못 분류된 관찰값의 개수는 다음과 같이 계산할 수 있다.

- 노드 3에 대해 20개의 관찰값은 계층 1, 5개는 계층 2 그리고 5개는 계층 3으로 분류했다. 오분류되었는지 계산하기 위해 노드 3의 모든 관찰값은 계층 1로 분류되어야 한다고 가정해보자. 여기서 10개의 관찰값(계층 2, 계층 3으로 분류된 값들)을 잘못 분류했다고 가정한다.
- 노드 4에서는 계층 1로 분류되었으므로 계층 2나 계층 3으로 분류된 9개의 관찰값이 잘못 분류되었다.
- 노드 5에서는 계층 3으로 분류되었으므로 계층 1이나 계층 2로 분류된 5개의 관찰값이 잘못 분류되었다.
- 총 관찰값의 24/60=40%가 잘못 분류되었다.

Summary

이 장에서는 다음과 같은 사항을 알아보았다.

▶ 결정 트리를 사용하여 통계 지식이 없는 사람들도 쉽게 이해할 수 있는 간단한 분류 규칙을 사용할 수 있다.
▶ 결정 트리를 만들기 위해서 전체 불순도를 줄이는 속성값으로 부모 노드를 분기해나간다.
▶ 널리 사용되는 알고리즘인 CART는 지나치게 트리의 크기가 커지는 것을 막고 효과적인 분류 규칙을 만들기 위해 가지치기를 해나간다.

Exercises

1. 한 노드에서 불순도를 측정하기 위한 지니 계수는 다음과 같이 정의한다.

$$\sum_{i=0}^{i=C-1} P(계층=i|X=a)^2$$

  a. 두 계층이 있을 때 두 계층이 모두 확률이 0.5이면 불순도가 최대이며 한 계층의 확률이 1이면 불순도가 최소임을 설명해보자.

  b. 지니 계수를 사용하여 그리스식 요거트 예에서 첫 번째 노드 분기를 결정하라.

2. 한 노드에서 분류 오차는 `1-maxi(P(Class=i|X=a))`이다.

  a. 두 계층이 있을 때 두 계층이 모두 확률이 동일하면 불순도가 최대이며 한 계층의 확률이 1이면 불순도가 최소임을 설명해보자.

  b. 분류 오차를 사용하여 그리스식 요거트 예에서 첫 번째 노드 분기를 결정하라.

3. 두 계층이 있을 때 두 계층이 모두 확률이 동일하면 엔트로피가 최대이고 한 계층의 확률이 1이면 엔트로피가 최소임을 설명해보자.

4. L.L. Bean은 분류 트리를 어떻게 사용할 수 있을까?

5. 만약 여러분이 나이와 담배 사용의 통계치를 가지고 결정 트리를 만들어서 어떤 사람이 내년에 심장 마비를 겪을지 알아보려 한다고 가정하자. 어떤 문제가 발생할까? 그리고 이 문제를 어떻게 해결할 수 있을까?

6. 그리스식 요거트 예에서 부모 노드가 '수입=평균'일 때 결혼 여부에 따라 분기하면 불순도가 0인데, 성별에 따라 분기하면 불순도가 0.811이 됨을 설명해보자.

7. 오바마 선거 캠프가 결정 트리를 어떻게 사용했는지 설명해보자.

PART 7

신제품 판매 예측하기

FORECASTING
NEW PRODUCT
SALES

Using S Curves to Forecast Sales of a New Product

S 곡선을 사용하여 신제품의 판매 예측하기

Chapter 26

신제품을 만들어내는데 수많은 연구와 개발 투자비가 투입되는 산업 분야(예를 들어 신약 사업이나 하이테크)의 경우에는 신제품이 시장에 출시되고 몇 년간 판매가 어떻게 될지 예측하는 것이 매우 중요하다. 가로축(x-축)은 시간이고, 세로축(y-축)은 제품 판매로 차트를 그렸을 때 곡선의 모양은 S자처럼 보이므로 보통 이것을 S 곡선(S curve)이라고 한다. 만약 제품의 판매가 S 곡선을 따른다면 어떤 지점(변곡점(inflection point)이라고 한다)까지는 판매가 증가율에 따라 증가하고, 변곡점을 지나면 판매의 증가는 느려진다. 이 장에서는 S 곡선을 사용하여 제품 판매의 초기 단계에서부터 판매를 예측할 수 있는지 알아보겠다. S 곡선 식으로 전체 판매량이 어떻게 될지 그리고 판매가 변곡점을 지났는지 알아볼 수 있다.

Analysis 1 S 곡선 점검해보기

지금은 고전이 된 사회학자 Everett Rogers의 저서 Diffusion of Innovations(5th ed., Free Press, 2003)에서 그는 시장에서 어떤 제품을 선택하는 비율, 즉 제품당 누적 판매 혹은 인당 판매 모두 S 모양의 곡선(그림 26-1)을 따른다는 것을 알아냈다. 몇몇의 예는 다음과 같다(Theodore Modis, Predictions, Simon, Schuster, 1992 논문을 참고하자).

- 1980년대 VAX 미니컴퓨터 판매량
- 1950년대에서 1990년대까지 이탈리아에서 등록된 자동차 숫자
- 1850년대에서 1930년대까지 기찻길의 길이
- 1970~1985년까지 건조된 초대형 유조선의 누적 대수

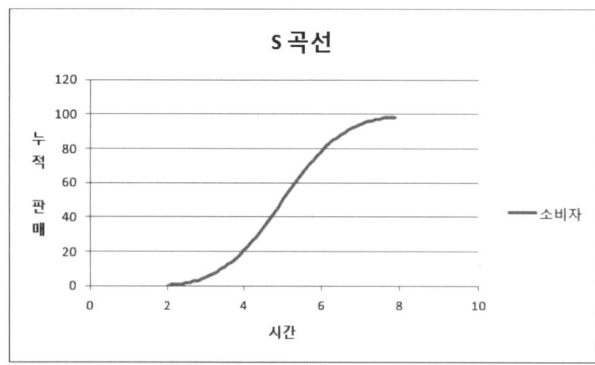

그림 26-1 : S 곡선의 예

만약 초기 단계에서의 몇몇 데이터를 통해 S 곡선을 추정할 수 있다면 마케팅 분석가는 두 가지 중요한 정보를 알아낼 수 있을 것이다.

- **판매의 상한선** : 그림 26-1을 보면 상한선은 100임을 알 수 있다.
- **변곡점** : 시간 t로 정의하며 그 시간이 되면 판매의 증가율이 줄어들기 시작한다. 그림 26-1의 예에서 변곡점은 시간 5 정도에서 발생하는데 곡선이 볼록한 모양(convex, 기울기가 증가)에서 오목한 모양(concave, 기울기가 감소)으로 바뀌었다.

어떤 제품의 미래 수익성을 평가하기 위해 여러분은 우선 판매가 변곡점을 지났는지 알아야 한다. 만약 어떤 제품의 판매가 변곡점을 지났다면 앞으로 판매가 성장할 가능성은 매우 낮기 때문이다. 예를 들어 3M에서는 이 개념을 기업 전략에 도입해서 출시된 지 5년이 안된 새 제품으로부터 매출이 적어도 30%가 나오도록 하고 있다(http://money.cnn.com/2010/09/23/news/companies/3m_innovation_revival.fortune/index.htm). 이렇게 하면 3M의 제품 포트폴리오 중 대부분의 판매가 아직 변곡점을 지나지 않은 제품 중에서 나오게 되므로 매출이 빠르게 성장할 수 있다.

S 곡선을 어떻게 적용할 수 있는지 알아보기 위해 신제품을 구입하는 100명의 소비자가 있고, 각 소비자가 제품을 구입하는 시기는 평균 5, 표준 편차 1.25년인 정규분포에 따라 분포한다고 가정해보자(그림 26-2). 시간 t에 따라 특정 시간 t에 제품을 구입한 소비자의 수로 차트를 그려보자. 이 차트는 그림 26-1에서 언급한 S 곡선과 같이 보인다. 차트를 그리기 위해 다음 과정을 따라가보자. Scurvenormal.xlsx 파일을 참고하시오.

	G	H	I	J	K
4		평균	5		
5		시그마	1.25		
6					
7					
8	소비자	시간			
9	1	2.092065			
10	2	2.432814		시간	소비자
11	3	2.649008		2	0
12	4	2.811642		2.1	1
13	5	2.943933		2.2	1
14	6	3.056533		2.3	1
15	7	3.155261		2.4	1
16	8	3.243661		2.5	2
17	9	3.324056		2.6	2
18	10	3.398061		2.7	3
19	11	3.46684		2.8	3
20	12	3.531267		2.9	4
21	13	3.592011		3	5
22	14	3.649601		3.1	6
23	15	3.704458		3.2	7
24	16	3.756928		3.3	8
25	17	3.807293		3.4	10
26	18	3.855794		3.5	11
27	19	3.90263		3.6	13
28	20	3.947973		3.7	14
29	21	3.991973		3.8	16
30	22	4.034758		3.9	18
31	23	4.076441		4	21

그림 26-2 : 왜 S 곡선이 발생하는가?

1. H9:H107에 n번째 소비자가 제품을 구입할 '평균' 시간을 계산하자. 예를 들어 H18에서는 제품을 구입하는 시간의 상위 10% 백분위수를 계산하며 이때 10번째의 사람이 제품을 구입했다고 가정한다.

2. 셀 H9의 식 =NORMINV(G9/100,$I$4,$I$5)을 H10:H107에 복사하여 각 소비자가 제품을 구입할 평균 시간의 추정값을 계산한다. 예를 들어 H18에서는 제품을 구입하는 시간의 10번째 백분위수를 계산한다.

3. 셀 K11의 식 =COUNTIF($H$9:$H$107,"<="&J11)을 K12:K70에 복사하여 시간 t에 제품을 구입한 소비자의 수를 센다. 예를 들어 셀 K21의 식은 시간 3에 제품을 구입한 사람의 수(5명)를 센다.
4. 분산형 차트로 영역 J10:K70의 데이터로 차트를 그리자. 결과는 그림 26-1과 같이 보인다. 차트상에서 변곡점은 t=5 부근인 것으로 보인다.

Analysis 2 펄 곡선(로지스틱 곡선) 만들기

로지스틱 곡선(Logistic curve)을 사용하여 제품 확산(product diffusion)의 경로를 모델링할 수 있다. 로지스틱 곡선은 펄 곡선(Pearl curve)이라고도 알려져 있다(이 이름은 20세기 미국의 인구 통계학자 Raymond Pearl의 이름에서 따왔다). 로지스틱 커브를 찾아내기 위해 우선 x(t)는 특정 시간 t에 인당 판매량이라고 정의하자. 이 외에도 시간 t에 누적 판매량이라고 정의해도 되고, 시간 t에 제품을 사용해본 사람들의 비율이라고 해도 된다. 만약 x(t)가 로지스틱 곡선을 따른다면 식(1)은 참이다.

$$(1) \quad x(t) = \frac{L}{1+ae^{-bt}}$$

몇몇 기간에 대한 데이터가 주어졌을 때 여러분은 엑셀의 GRG 비선형 모델에서 MultiStart를 사용하여 식(1)을 위한 L, a, b값을 찾을 수 있다. t가 커질수록 ae^{-bt}는 0에 가까워지며 식(1)의 오른쪽 변은 L에 가까워진다. 이것은 다음을 의미한다.

- 만약 여러분이 누적 판매를 모델링하면 인당 누적 판매량의 상한선은 L이 된다.
- 만약 인당 실제 판매량을 모델링하면 인당 실제 판매량의 상한선은 L이 된다.
- 만약 여러분이 어떤 제품을 사용해본 소비자의 비율을 모델링하면 제품을 사용해본 소비자의 최종 비율의 상한선은 L이 된다.

a와 b는 어떤 지점에서의 S 곡선의 기울기를 결정한다. 로지스틱 곡선에서 t = Ln a/b인 지점에서 변곡점이 발생한다.

> **Note**
> 연습문제 10번에서 펄 곡선의 변곡점은 x(t)가 최대값의 절반 정도에 다다랐을 때 발생함을 알 수 있다.

만약 여러분이 이를 직접 적용해보려면 worldcellpearl.xlxs 파일의 데이터에 대해 S 곡선을 적용해보자. 이 파일의 데이터는 전 세계 인구 100명당 휴대 전화 가입자의 숫자를 나타낸다(그림 26-3).

L, a, b를 추정하기 위해 F열을 만들고, 식(1)을 기반으로 매년 100명당 휴대전화의 수를 추정해보자. 그리고 G열에서 각 추정값에 대해 오차의 제곱을 계산하자. 마지막으로 해찾기를 이용하여 추정값의 오차 제곱의 합을 최소화하는 L, a, b값을 찾아보자. 다음 과정을 수행하자.

1. 영역 F2:H2에, L, a, b의 시험값을 입력한다.
2. 셀 F5의 식 =L/(1+a*EXP(-b*C5))을 F6:F15에 복사하여 식(1)을 사용하여 주어진 파라미터에 대해 100명당 휴대전화 수의 추정값을 계산한다.

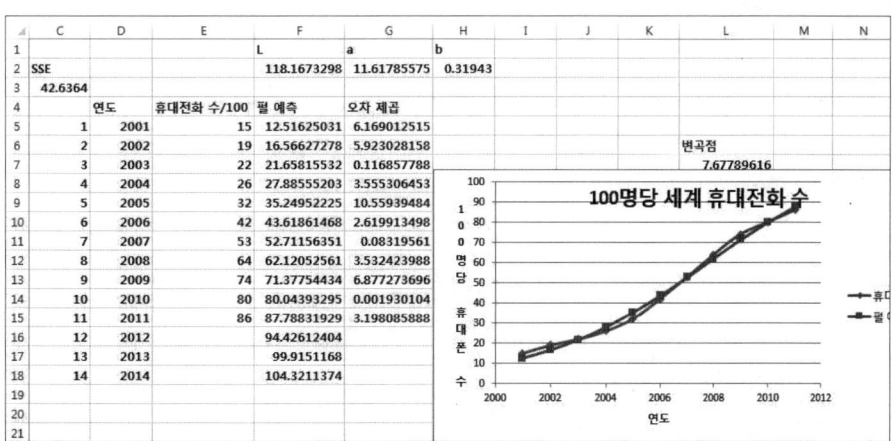

그림 26-3 : 세계 휴대폰 수 펄 곡선

3. 셀 G5의 식 =(E5-F5)^2을 G6:G15에 복사하여 각 관찰값의 오차의 제곱을 계산한다.
4. 셀 C3에서 식 =SUM(G5:G15)으로 오차의 제곱합을 계산한다.
5. 그림 26-4와 같이 해찾기를 이용하여 GRG MultiStart 엔진으로 최적값을 찾아 추정 로지스틱 곡선을 다음처럼 찾는다.

$$t년 동안의 100명당 휴대폰 수 = 118.17/(1+11.618e^{-.319t})$$

GRG MultiStart 엔진을 사용하려면 우선 변수 셀의 상한값과 하한값을 정해야 한다. 값의 범위가 좁을수록 값을 빨리 찾아낼 수 있다. L, a, b의 하한값으로는 0을 설정한다. 인당 휴대폰의 개수가 200개가 넘을 것 같지는 않으므로 L ≤200이라고 설정한다. a와 b에 대해서는 예상이 어려우므로 충분히 큰 수로 범위를 잡아서 a, b 각각의 상한선은 1,000이라고 하자. 만약 해찾기의 결과가 변수 셀이 이 범위를 넘어가려고 하면 상한선의 범위를 더 높여보자. 따라서 100명당 휴대폰의 수를 118.17 정도에서 추정했다고 하면 휴대폰 수의 변곡점은 t=(-Ln(11.618))/(.319t) = 7.67년에 발생한다. t=1은 2001년이었으므로 모델에 따르면 휴대전화 사용의 변곡점은 2008년에 발생했으며 세계 휴대폰 사용량은 이미 변곡점을 지났다.

셀 F15의 추정식을 F16:F18에 복사해서 2012년에서 2014년 동안의 100명당 휴대폰 개수를 예측할 수 있다(그림 26-2 참고).

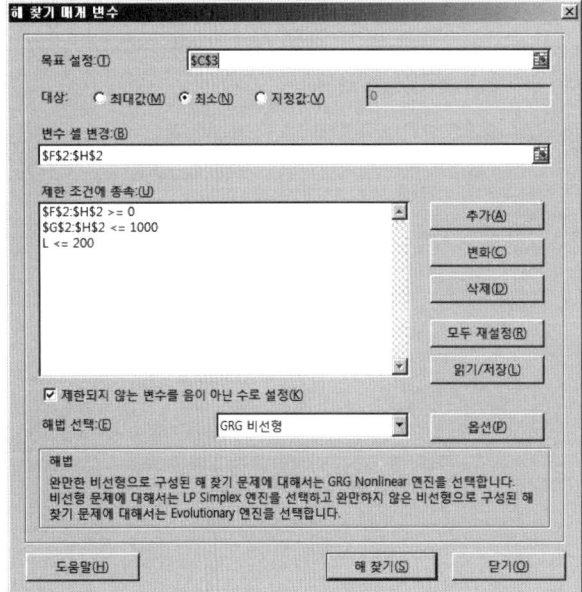

그림 26-4 : 세계 휴대폰 펄 곡선에 대한 해찾기 창

Analysis 3 계절 요인으로 S 곡선 만들기

만약 분기나 월간 데이터로 로지스틱 곡선을 만들면 계절 요인(계정 요인에 대한 논의는 12~14장에서 다뤘다)을 추정 과정에 고려해야 한다. 이 개념을 위한 예로 2002년에서 2006년간의 iPod 판매 데이터에 계절 요인을 추가하여 로지스틱 곡선을 만들어보겠다. `iPodsseasonal.xls` 파일(그림 26-5)을 참고하라.

분기 데이터에 S 곡선을 적용하기 위해 식(1)에서 구한 S 곡선의 예측값에 적절한 계절 지수를 곱해야 한다. 계절 지수를 변수 셀로 추가한 다음 예측 오차의 제곱합을 최소로 하기 위해 예측 파라미터를 선택하자.

예측하기 위해 다음 과정을 따라가보자.

1. 셀 F5의 식 `=100*D5/E5`을 F6:F19에 복사하여 각 분기에 대해 100명당 판매량을 계산하자.

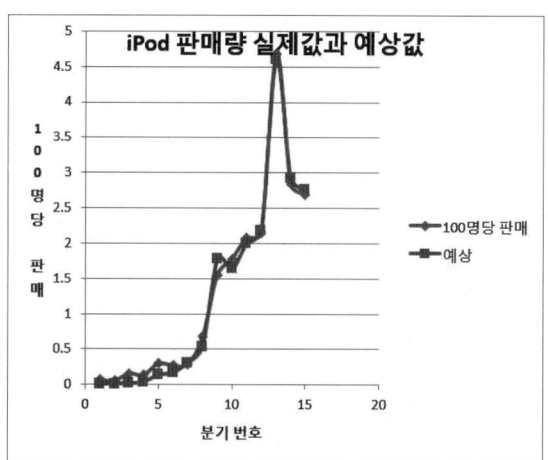

그림 26-5 : iPod의 실제 판매와 예상 판매

2. 셀 G5의 식 `=(L/(1+a*EXP(-b*A5)))*HLOOKUP(C5,seaslook,2)`을 G6:G19에 복사하여 각 분기의 판매/100를 예측해보자. 식(1)의 S 곡선 값(이 값은 계절 요인을 고려하지 않았을 때의 판매 수준을 나타낸다)에 적절한 계절 지수를 곱하자. 이 방법은 14장의 Winter 방법에서 논의했던 예측식과 동일한 방법을 사용했다.

3. 셀 H5의 식 =(F5-G5)^2을 H6:H19에 복사해서 각 예상의 오차 제곱을 계산한다.

4. 셀 H3에서 식 =SUM(H5:H19)으로 SSE(Sum of Squared Errors), 즉 오차의 제곱합을 계산하자.

5. 제한 조건 $N$2=1을 추가해서 계절 지수의 평균이 1이 되도록 한다. 그림 26-6의 해찾기 창과 GRG MultiStart 엔진을 이용하여 a = 1,000일 때의 답을 찾았다. 상한선에 다다랐으므로 상한선을 10,000으로 재조정하여 다시 해찾기를 수행한 결과는 그림 26-7과 같다.

100명당 iPod의 분기 상한선은 3.37이다. 그림 26-7에서처럼 계절 지수로 보면 첫 번째 분기의 판매는 평균보다 10% 적고, 두 번째 분기는 평균보다 17% 적으며, 세 번째 분기도 평균보다 23% 적다. 하지만 네 번째 분기는 평균보다 49% 높았다.

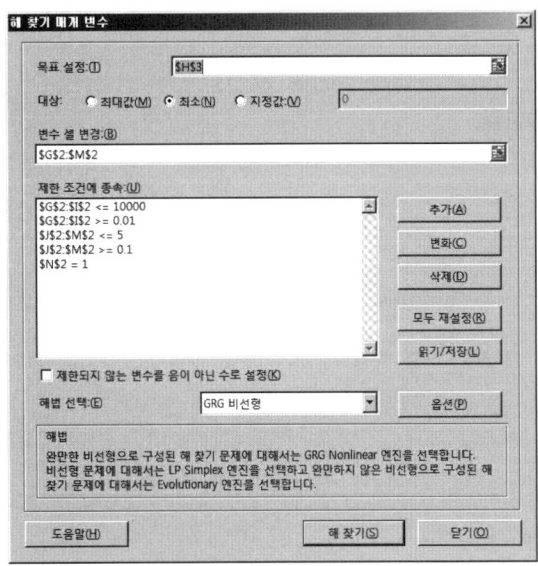

그림 26-6 : iPod 판매의 해찾기 창

	A	B	C	D	E	F	G	H	I	J	K	L	M	N
1							L	a	b	1	2	3	4	
2				백만	백만		3.369847063	1516.33	0.7477	0.9049	0.8344	0.772	1.489	1
3							SSE	0.1963						
4	분기 번호	연도	분기	판매	인구	100명당 판매	예상	오차 제곱						
5	1	2002	4	0.216	290	0.074482759	0.006978377	0.00456						
6	2	2003	1	0.16	291	0.055030095	0.008945104	0.00212						
7	3	2003	2	0.467	292	0.160205832	0.017366014	0.0204						
8	4	2003	3	0.4	292	0.136869119	0.033700384	0.01064						
9	5	2003	4	0.88	293	0.300341297	0.135327094	0.02723						
10	6	2004	1	0.807	294	0.274723404	0.16867465	0.01125						
11	7	2004	2	0.86	295	0.292020374	0.309493344	0.00031						
12	8	2004	3	2	295	0.677392041	0.538775934	0.01921						
13	9	2004	4	4.6	296	1.554054054	1.783787894	0.05278						
14	10	2005	1	5.3	297	1.786015164	1.641097551	0.021						
15	11	2005	2	6.2	298	2.084033613	1.999583864	0.00713						
16	12	2005	3	6.4	298	2.145850796	2.181659436	0.00128						
17	13	2005	4	14	299	4.682274247	4.598072165	0.00709						
18	14	2006	1	8.5	300	2.835696414	2.92328865	0.00767						
19	15	2006	2	8.1	301	2.695507488	2.755700948	0.00362						

그림 26-7 : iPod 판매 데이터로 계절 요인을 반영한 펄 곡선 만들기

Analysis 4 Gompertz 곡선 만들기

데이터에 대해 S 곡선을 만들기 위해 사용하는 방법 중 다른 형태로 Gompertz 곡선(Gompertz curve)이 있다. 이 이름은 19세기 영국의 보험계리사이자 수학자인 Benjamin Gompertz의 이름을 딴 것이다. Gompertz 곡선을 정의하기 위해 x(t)를 시간 t에 대한 인당 판매라고 정의하자. 혹은 시간 t의 누적 판매 아니면 시간 t에 어떤 제품을 사용해본 소비자의 비율로 정의할 수도 있다. 만약 x(t)가 Gompertz 곡선을 따른다면 식(2)로 x(t)를 모델링할 수 있다.

$$(2) \quad x(t) = ae^{-ce^{-bt}}$$

펄 곡선(Pearl curve)의 경우처럼 GRG MultiStart 엔진을 사용하여 데이터 집합을 가장 잘 설명할 수 있는 a, b, c 값을 찾을 수 있다. t가 커질수록 x(t)는 a에 근접하며, t = Ln c/b일 때 Gompertz 곡선의 변곡점이 발생한다. 이때 x(t) = a/e가 된다.

파일 worldcellgompertz.xlsx(그림 26-8과 그림 26-9)에서 세계 휴대전화 데이터를 나타내는 Gompertz 곡선을 볼 수 있다.

	C	D	E	F	G	H
1				a	b	c
2	SSE			207.6169718	0.12099848	3.213029
3	68.998					
4		연도	휴대 전화수/100	Gompertz 예측	오차 제곱	
5	1	2001	15	12.04726328	8.71865412	
6	2	2002	19	16.66446736	5.45471272	
7	3	2003	22	22.21449787	0.04600934	
8	4	2004	26	28.6585119	7.06768552	
9	5	2005	32	35.91404501	15.3197483	
10	6	2006	42	43.86369888	3.47337353	
11	7	2007	53	52.36599749	0.40195918	
12	8	2008	64	61.26671509	7.4708464	
13	9	2009	74	70.40933509	12.8928745	
14	10	2010	80	79.64376449	0.12690374	
15	11	2011	86	88.83288164	8.02521839	

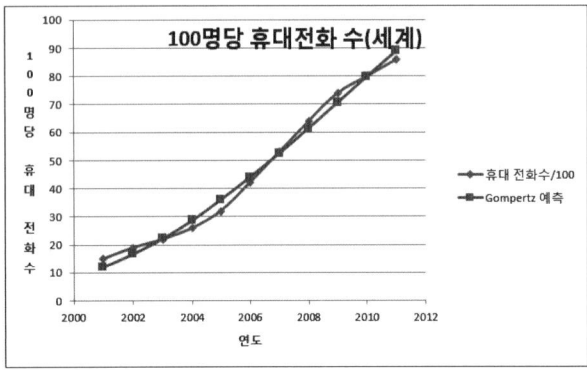

그림 26-8 : 세계 휴대폰 판매에 대해 Gompertz 곡선 만들기

그림 26-9 : 세계 휴대폰 판매에 대한 Gompertz 곡선

휴대전화 데이터를 설명하는 Gompertz 곡선을 만들기 위해 다음 과정을 수행한다.

1. 셀 F5의 식 `=a*EXP(-c_*EXP(-b*C5))`을 F6:F15에 복사하여 식(2)로 각 연도에서 100명당 휴대전화 대수를 Gompertz 예측으로 추정한다.
2. 셀 G5의 식 `=(E5-F5)^2`을 G6:G15에 복사하여 간 연도의 오차의 제곱을 계산한다.
3. 셀 C3에서 `=SUM(G5:G15)`으로 오차 제곱의 합을 계산한다.
4. 그림 26-10에서처럼 해찾기를 이용하여 Gompertz 곡선의 오차 제곱합을 가장 최소로 만드는 a, b, c를 찾아낸다.

그림 26-10 : 세계 휴대폰 판매에 대한 해찾기 창

결과는 a = 207.6, b = .121, c = 3.21이다.

이 예에서 제품의 판매가 변곡점을 지났을 때 앞으로의 휴대폰 사용에 대해 예측해보고자 한다. 연습문제 11에서는 단지 5년만의 데이터를 가지고 S 곡선을 사용한 방법이 정확한 예측을 할 수 있는지 여부를 알아보겠다.

Analysis 5 Pearl 곡선 대 Gompertz 곡선

만약 여러분이 판매 데이터에 대해 Pearl 곡선과 Gompertz 곡선을 모두 만들었다면, 어떤 곡선이 더 미래를 잘 예상할까? 아마 여러분은 오차의 제곱합(SSE)이 작은 곡선이 정확하게 예상할 것이라고 생각할 것이다. 하지만 그렇지 않다. Joseph Martino(Technological Forecasting for Decision-Making, McGraw-Hill, 1993)는 그의 책에서 이전 제품 판매가 앞으로의 판매에 영향을 준다면 Pearl 곡선으로 예측하고, 이전 제품 판매가 앞으로의 판매에 영향을 주지 않는다면 Gompertz 곡선으로 예측하라고 하고 있다. 예를 들어 1952-1978

의 케이블 TV 가입율로부터 1979–1989년도의 케이블 TV 가입율을 예상하려 한다고 가정해보자. Martino는 1952–1978에 케이블 TV에 가입했던 고객들이 케이블 TV의 여러 프로그램들을 더 매력적이고 고품질이 되도록 기여했다고 지적했다. 따라서 나중에 가입한 가입자들은 이런 케이블 TV의 프로그램들에 끌리게 되었다. 그렇기 때문에 앞으로의 케이블 TV 가입율을 예측하기 위해서는 Pearl 곡선을 사용해야 한다. 세계 휴대전화 사용 예에도 동일한 논리를 적용할 수 있다. 더 많은 사람들이 휴대전화를 사용하면 사용할수록 더 많은 앱들이 개발된다. 그리고 더 많은 사람들이 휴대전화를 가지게 되면 사람들에게 연락하는 게 더 쉽게 되므로 휴대전화를 가지고 있지 않은 사람들도 점점 더 휴대전화가 필요하게 된다.

Summary

이 장에서는 다음과 같은 사항을 알아보았다.

- 인당 누적 판매, 제품을 선택한 소비자의 비율 그리고 인당 실제 판매량 등은 S 곡선을 따른다.
- 보통 분석가들은 GRG MultiStart 엔진을 사용하여 목표 셀에서 오차의 제곱합을 최소로 하는 Pearl 곡선이나 Gompertz 곡선을 만든다.
- 만약 이전의 채택율에 따라 미래의 채택율도 늘어난다면 Pearl 곡선을 사용하여 앞으로의 추이를 예측할 수 있다. 그렇지 않으면 Gompertz 곡선을 사용하자.

Exercises

연습문제 1번에서 4번은 `Copyofcellphonedata.xls` 파일을 사용한다. 이 파일에는 1985–2002년간 미국의 휴대폰 가입자에 대한 정보가 있다.

1. 이 데이터를 설명하는 Pearl 곡선을 만든 다음 변곡점과 인당 휴대폰 수의 상한선을 추정하라.
2. 이 데이터를 설명하는 Gompertz 곡선을 만든 다음, 변곡점과 인당 휴대폰 수의 상한선을 추정하라.
3. 2003–2005년도의 인당 휴대폰 수를 예측하라.
4. 2002년도에 미국의 인당 휴대폰 수는 변곡점을 지났는가?

연습문제 5번에서 9번은 Internet2000_2011.xls 파일을 사용한다. 이 파일에는 2000–2011년간 미국 내 인터넷 접속자의 비율을 보여준다. 이 데이터를 사용하여 다음 질문에 답하라.

5. 나이지리아에서 인터넷 사용자 비율의 상한값을 추정하라. Nigeria의 인터넷 사용은 변곡점을 지났는가?

6. 미국에서 인터넷 사용자 비율의 상한값을 추정하라. Nigeria의 인터넷 사용은 변곡점을 지났는가?

7. 인도에서 인터넷 사용자 비율의 상한값을 추정하라. Nigeria의 인터넷 사용은 변곡점을 지났는가?

8. 스웨덴에서 인터넷 사용자 비율의 상한값을 추정하라. Nigeria의 인터넷 사용은 변곡점을 지났는가?

9. 브라질에서 인터넷 사용자 비율의 상한값을 추정하라. Nigeria의 인터넷 사용은 변곡점을 지났는가?

10. 로지스틱 곡선에서 변곡점은 $x(t) = L/2$에서 발생함을 설명해보자.

11. 현재 2004년 말이라고 가정해보자. worldcellpear1.xlsx 파일의 데이터를 사용하여, 앞으로의 휴대전화 사용량에 대해 예상해보자. 여러분의 예상은 얼마나 정확한가?

12. Facebook.xlsx 파일에는 2004년에서 2012년까지 페이스북 사용자 수(단위 백만)가 있다. 이 데이터를 사용하여 앞으로 페이스북의 성장세를 예상해보자.

13. Wikipedia.xlsx 파일에는 2003년에서 2012년까지 위키피디아[1] 항목(영어 기준)의 수가 있다. 이 데이터를 사용하여 앞으로 위키피디아의 성장세를 예상해보자.

---

1 누구나 자유롭게 글을 쓸 수 있는 사용자 참여의 온라인 백과사전(http://www.wikipedia.org)

The Bass Diffusion Model

Bass 확산 모델

Chapter 27

비즈니스에서는 주기적으로 새 제품을 개발하기 위해 큰 돈을 투자한다. 만약 새 제품이 잘 팔리지 않으면 투자 금액 때문에 기업의 가치와 주가가 떨어질 수 있다. 따라서 새 제품이 시장에 출시되기 전에 이 제품이 시장에서 잘 팔릴지 예상하는 것은 매우 중요한 일이다. Bass 모델(Bass model)과 이의 여러 가지 변종으로 이러한 목적을 달성할 수 있다. 26장 "S 곡선을 사용하여 신제품의 판매 예측하기"에서 배운 Pearl 곡선이나 Gompertz 곡선과는 달리, Bass 모델을 사용하면 어떤 제품이 시장에 출시되기 전에 제품의 판매에 대해 성공적으로 예측할 수 있다. 또한 Bass 모델을 사용하여 마케팅 분석가들은 새 제품에 대한 소식이 시장에서 어떻게 퍼져나가는지 설명할 수 있다.

Analysis 1 Bass 모델 소개

Bass 모델에서는 새 제품이 확산되는 과정은 두 가지 종류의 사람에 의해 이끌어진다고 한다.

- **혁신자(Innovators)** : 혁신자는 다른 사람들이 새 제품을 구입하는지 여부에 상관하지 않고 새 제품을 구입한다.
- **모방자(Imitator)** : 모방자는 다른 사람들이 새 제품을 구입해서 잘 사용할 때까지 기다려서 제품을 구입한다.

Bass 모델은 마케팅 분석가가 제품의 확산을 이끌어내기 위해 혁신자와 모방자의 상대적인 중요성을 결정할 수 있도록 도와준다. Bass 모델을 이해하기 위해 몇몇 표시에 대한 정의부터 살펴보자.

- n(t) = 기간 t 동안의 제품 판매
- N(t) = 기간 t 동안의 제품의 누적 판매
- $\overline{N}$ = 시장에서의 총 고객 수. 모든 고객은 시간이 지나면 결국 제품을 구입한다고 가정한다.
- P = 혁신이나 외부 영향(external influence)의 계수
- Q = 모방이나 내부 영향(internal influence)의 계수

Bass 모델은 다음과 같은 식을 따른다.

$$(1) \quad n(t) = P(\overline{N}-N(t-1)) + \frac{(\overline{N}-N(t-1))N(t-1)}{\overline{N}}$$

식(1)에 따르면 기간 t 동안의 제품 판매는 다음과 같은 두 부분으로 나눌 수 있다.

- 아직 제품을 구매하지 않은 사람들의 수 ($\overline{N}$ − N(t − 1))와 연관된 부분. 이 부분은 이미 제품을 구매한 사람들의 수 (N(t − 1))와 무관하다. 이것은 P가 왜 혁신이나 외부 영향의 계수인지 설명한다.
- 이전에 제품을 구매한 사람들 (N(t − 1))과 아직 제품을 구매하지 않은 사람 ($\overline{N}$ − N(t − 1)) 간의 상호작용과 연관된 부분이다. 이 항은 시장에서 제품의 확산(diffusion)을 의미한다. 이 부분은 모방 혹은 내부 영향 요소이며 이전에 제품을 구입한 소비자가 아직 제품을 구매하지 않은 소비자에게 제품에 대해 이야기를 하고 그 결과 창출된 새로운 구매를 반영한다. 모방 요인(imitation factor)은 네트워크 효과(network effect)라고도 한다.

> **Note**
>
> 모방 요인은 시간 0일 때는 0이며(N(0) = 0이므로) N(t) = $\overline{N}$/2까지 증가한다. P, Q는 0과 1사이에 있는 것으로 가정한다.

Analysis 2 Bass 모델 추정하기

Bass 모델을 적용하기 위해 각 기간의 실제 판매 (n(t))를 정확하게 예상하는 P, Q, $\overline{N}$ 값을 찾아야 한다. P, Q, $\overline{N}$을 추정하기 위해서 해찾기를 사용해야 한다. Bass 모델을 추정하는 것을 보여주기 위해 미국의 컬러 TV 판매 예를 사용해보자. ColorTV.xls 파일은 1964 – 1979년간 16년 동안의 미국 내 컬러 TV 판매량에 대해 보여주고 있다. 해찾기를 사용하여 1964~1979년 데이터에 맞는 Bass 모델 파라미터의 값을 결정해보자(오차의 제곱합을 최소화하는). 그림 27-1을 참고하자.

예에서 t = 1 (1964년)일 때 490만 대의 TV가 판매되었다. 1965년까지 920만 대의 TV가 판매되었다. P, Q, $\overline{N}$을 추정하기 위해 다음 과정을 따라가보자.

1. 영역 E2:G2에 P, Q, $\overline{N}$의 시험값을 입력한 다음 이 셀에 대해 영역 이름을 입력하자.
2. P, Q, $\overline{N}$의 시험값을 가지고 셀 D6의 식 =p*(Nbar-C5)+(q/Nbar)*C5*(Nbar-C5) 를 D7:D21에 복사하여 16년동안의 판매 예상을 만든다.
3. 셀 E6의 식 =(B6-D6)^2을 E7:E21에 복사하여, 각 연도에 대해 오차의 제곱을 계산한다.
4. 셀 E3에서 식 =SUM(E6:E21)으로 오차의 제곱합(SSE)를 계산한다.
5. 해찾기에서 GRG Multistart 엔진(그림 27-2)을 사용하여 SSE를 최소화하는 P, Q, $\overline{N}$을 찾아내자. P, Q는 0과 1 사이에 있어야 한다. P, Q, $\overline{N}$을 바꿔서 오차의 제곱합(SSE) 인 셀 E3를 최소화하자. 모든 변수 셀은 음수면 안 된다. 해찾기에서 찾아낸 값은 P = .056, Q = .147, $\overline{N}$ = 98.21이다. Q가 P보다 큰데 이것은 컬러 TV가 전파되는데 있어서 외부 영향보다는 입소문 영향이 더 중요하다는 것을 의미한다.

	A	B	C	D	E	F	G
1					p	q	Nbar
2					0.055874576	0.146583098	98.21177083
3		Color TV		SSE	74.22797114		
4	t	n(t)	N(t)	예상	오차 제곱		
5	0		0				
6	1	4.9	4.9	5.487541028	0.345204459		
7	2	4.3	9.2	5.896177365	2.54778218		
8	3	5.3	14.5	6.195732482	0.802336679		
9	4	10.9	25.4	6.489012128	19.45681401		
10	5	9.2	34.6	6.828622855	5.623429562		
11	6	2.5	37.1	6.83926985	18.82926283		
12	7	4.2	41.3	6.798506825	6.752237721		
13	8	8.3	49.6	6.688025413	2.598462071		
14	9	9.3	58.9	6.314844077	8.911155882		
15	10	6.2	65.1	5.652405353	0.299859898		
16	11	4.3	69.4	5.0673483	0.588823413		
17	12	2.8	72.2	4.594195616	3.219137909		
18	13	3.2	75.4	4.256424883	1.116033534		
19	14	3.5	78.9	3.841744792	0.116789503		
20	15	3.7	82.6	3.353188832	0.120277986		
21	16	4.5	87.1	2.796954639	2.900363503		

그림 27-1 : 컬러 TV 데이터에 Bass 모델 적용하기

Fareena Sultan, John Farley, Donald Lehmann는 논문 "A Meta-Analysis of Applications of Diffusion Models,"(Journal of Marketing Research, 1990, pp. 70-77)에서 213개의 제품에 대해 Bass 모델 파라미터 추정값을 요약했다. 그리고 P의 평균값은 0.03 그리고 Q의 평균값은 0.30인 것을 알아냈다. 이것은 어떤 제품을 확산하는데 있어서 모방이 혁신보다 더 중요함을 의미한다.

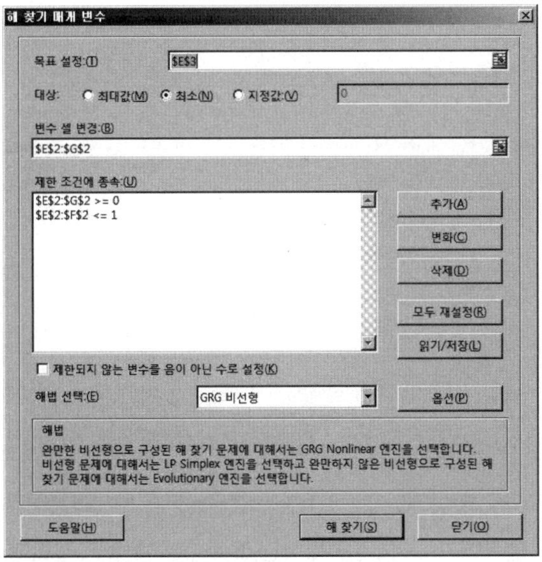

그림 27-2 : Bass 모델을 적용하기 위한 해찾기 창

피크 세일의 시간과 값

만약 제품 판매가 식(1)에 의해 정의되면, 판매가 가장 많이 되는 시간, 피크 세일 시간은 다음 식을 따른다.

$$\text{피크 세일의 시간} = \frac{(\ln Q - \ln P)}{(P+Q)}$$

피크 세일의 값은 다음 식과 같다.

$$\text{피크 세일의 값} = \frac{\overline{N}(P+Q)^2}{4Q}$$

Analysis 3   Bass 모델을 사용하여 새 제품의 판매 예측하기

시장에 어떤 제품이 출시되기 전에 이 신제품이 얼마나 팔릴 것인지 예상하는 것은 매우 어렵다. 하지만 과거에 효과 있었던 것으로 증명된 접근 방법에서는 비슷한 제품이나 이미 성숙한 시장에 도달한 산업계를 찾아서 비교한다(예를 들어 컬러 TV는 DIRECTV와 비슷한 것으로 생각할 수 있다). 비슷한 상품이나 산업계는 인접 산업/범주(adjacent industries/categories)라고 한다. 비슷한 제품의 P, Q값 그리고 새 제품에 대해 $\overline{N}$값을 추정하여 판매를 예측할 수 있다. 표 27-1에서는 몇 가지 제품에 대해 P, Q값을 보여주고 있다.

표 27-1 : Bass 모델의 P와 Q의 추정값

제품	P	Q
CD 플레이어	0.02836	0.368
식기세척기	0.0128	0.18450
유방조영술	0.00494	0.70393
휴대전화	0.00471	0.50600
트랙터	0.00720	0.11795

Bass 모델을 사용하여 새 제품의 판매를 어떻게 모델링할 수 있는지 보여주기 위해 Frank Bass, Kent Gordon, Teresa Ferguson, Mary Lou Githens의 연구 "DIRECTV: Forecasting Diffusion of a New Technology Prior to a Product Launch (Interfaces, May–June 2001, pp. S82–S93)를 참고하자. 이 연구에서는 Bass 모델을 사용하여

DIRECTV[1] 가입자의 성장율을 예측했다. 이 모델에 대한 데이터는 `DIRECTV.xls`를 참고하시오(그림 27-3).

DIRECTV가 1994년 출범하기 전 Hughes Corporation은 처음 4년간의 DIRECTV 가입자 등 판매에 대해서 예상하기를 원했다. 이 예측을 기반으로 벤처 투자가들로부터 DIRECTV를 위한 자금을 유치하고자 했다. 추정은 다음과 같이 이루어졌다.

- Hughes는 TV 보유자 표본을 설문 조사하여 32%가 DIRECTV를 가입할 의사가 있음을 알아냈다.
- 표본의 13%는 DIRECTV 가입 비용을 낼 의사가 있다고 말했다.

	A	B	C	D	E	F	G
1	afford	0.13					
2	avail	0.65					
3	int prob	0.32					
4						Nbar	21.54786
5	실제 구매/의도한 구매						
6	0.04337				t	실제	누적값
7					0	0	0
8	1년에 구매하는 비율				0.083333	0.105944	0.105944
9	0.0138784				0.166667	0.106708	0.212652
10	TV를 보유한 가구				0.25	0.107465	0.320117
11	9.50E+07		p	q	0.333333	0.108215	0.428331
12	첫번째 해에 예상 구매수		0.059	0.1463	0.416667	0.108956	0.537287
13	1.32E+06				0.5	0.109689	0.646976
14					0.583333	0.110414	0.75739
15					0.666667	0.111129	0.868519
16					0.75	0.111835	0.980354
17					0.833333	0.112532	1.092886
18	simp*(simNbar-I7)+simq*I7*(simNbar-I7)/simNbar				0.916667	0.113219	1.206105
19					1	0.113895	1.32
20					1.083333	0.114561	1.434561
21					1.166667	0.115216	1.549777
22					1.25	0.115859	1.665636
23					1.333333	0.116491	1.782127
24					1.416667	0.117112	1.899239
25					1.5	0.11772	2.016959
26					1.583333	0.118315	2.135274
27					1.666667	0.118898	2.254172
28					1.75	0.119468	2.37364
29					1.833333	0.120024	2.493664
30					1.916667	0.120567	2.614231
31					2	0.121095	2.735326
53					3.833333	0.128698	5.501728
54					3.916667	0.128843	5.63057
55					4	0.128968	5.759539

그림 27-3 : DIRECTV 가입자 예상

연구 결과에서는 이런 설문 조사는 실제 구매에 비해 지나치게 과장된 것으로 드러났다. Linda Jamieson, Frank Bass의 가전제품 연구("Adjusting Stated Intentions Measures to Predict Trial Purchases of New Products," Journal of Marketing Research, August 1989,

[1] 미국의 위성 방송 업체

pp. 336 – 345)에 따르면 1년에 실제 구매를 한 소비자의 비율은 제품을 구매하겠다고 말한 표본 중 k 정도의 비율이라고 한다. k는 다음과 같다.

$$(2)\ k = -0.899 + (\text{Afford\%age}) * (1.234) + (\text{Available\%age}) * (1.203)$$

식(2)에서 Available%age는 1년 안에 해당 제품을 접할 기회가 있는 소비자의 추정 비율이다. Hughes는 Available%age를 65%로 추정했다. DIRECTV가 시작되었을 때, TV 소유 가구는 950만 가구였다. 따라서 Hughes는 DIRECTV가 시작하고 1년 후 가입자를 셀 A13, 0.32 * 95 * (−0.899 + (1.234)(0.13) + (1.203)(0.65)), 즉 132만으로 추정했다.

이제 DIRECTV의 가입자는 Bass 모델을 따른다고 가정해보자. 컬러 TV를 유사 상품으로 하여 예측할 수 있다. 다음 예에서 사용할 Bass 모델에서는 파라미터로는 P = .059, Q = .1463을 사용한다. 하지만 이때 NBar, $\overline{N}$에 대해서는 모른다. 하지만 $\overline{N}$이 주어졌을 때, 식(1)을 사용하여 앞으로 4년간 DIRECTV의 월간 누적 가입자를 예상할 수 있다. 다음 엑셀의 목표값 찾기(Goal Seek)를 사용하여 $\overline{N}$의 값을 거꾸로 알아낼 수 있다. 1년 동안의 DIRECTV의 가입자 수 추정값은 132만이다. 다음 Bass 모델을 사용하여 4년 동안의 가입자 수의 예측값을 알아낼 수 있다. 과정은 다음과 같다.

1. 시간 0일때 DIRECTV의 가입자는 0명이다. 따라서 셀 F7, G7에 0을 입력한다.

2. 셀 F8의 식 =(1/12)*(p*(Nbar-G7)+q*G7*(Nbar-G7)/Nbar)을 F9:F55에 입력하여 식(1)을 사용하여 각 월에 대해 새로운 가입자의 수를 추정한다. 여기서 (1/12)는 P, Q가 1년에 대한 값이므로 이것을 월에 대해 나눠서 적용한 것이다.

3. 셀 G8의 식 =G7+F8을 G9:G55에 복사해서 누적 가입자 수를 계산한다. 즉 이전 가입자 수 + 이번 달의 가입자 수이다.

4. 엑셀의 '목표값 찾기'를 사용하여 1년 동안의 DIRECTV 가입자 수(셀 G19)를 132만 명이 되도록 하는 Nbar, $\overline{N}$의 값을 찾는다. '데이터' 탭 → '데이터 도구' 그룹 → '가상 분석' → '목표값 찾기…'를 선택한 다음, 그림 27-4와 같이 대화상자에서 값을 설정한다.

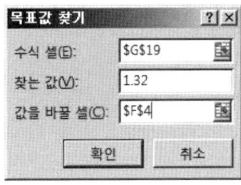

그림 27-4 : $\overline{N}$ (NBar)를 추정하기 위해 '목표값 찾기' 사용하기

목표값 찾기 창에서 엑셀에게 1년 동안의 구독자 추정값($G$19)을 132만과 일치하도록 하는 $F$4(NBar)의 값을 찾도록 명령하고 있다. 클릭하면 엑셀은 $G$19의 값이 1.32(132만)이 될 때까지 여러 가지 다른 수를 $F$4에 대입한다. Nbar = 21.55(즉 21,550,000)이 되면 1년 동안의 Bass 예측값은 전년의 예측값인 구독자 132만과 일치하게 된다.

셀 G55는 4년 동안의 DIRECTV 구독자 수(575만)를 보여준다. 예측의 결과는 4년 후, 95,000,000가구 중 6%가 DIRECTV에 가입하게 됨을 의미한다. 실제 결과로는 DIRECTV 출범 4년 후, 총 가입자 수는 95,000,000 가구 중 7.5%였다.

이렇게 비슷한 상품에 기반해서 상품 판매를 Bass 모델로 예측할 때 경험적 일반화(empirical generalization)의 개념을 적용하게 된다. Frank Bass가 그의 저서 "Empirical Generalizations and Marketing Science: A Personal View"(Marketing Science, 1995, pp. G6-G19.)에서 다뤘으며, 경험적 일반화는 '여러 다른 환경하에서 반복적으로 나타난 패턴이며 수학적 방법, 그래픽 혹은 기호적인 방법으로 묘사할 수 있음'을 말한다. 이 경우 여러분은 DIRECTV가 출시되기 전에 DIRECTV의 가입자가 얼마나 될지 성공적으로 예측할 수 있었는데 이렇게 할 수 있었던 이유는 새 제품이 판매되는 패턴이 이와 비슷한 인접 상품인 컬러 TV의 Bass 모델로 정의되는 모델과 비슷할 것이라고 생각했기 때문이다.

Analysis 4 의도한 데이터 부풀리기

DIRECTV가 출시된 다음의 가입자 수를 추정하는 방법은 출시된 다음부터 1년 동안의 가입자 수의 추정값에 크게 의존한다. 때때로 이러한 추정은 설문 조사로부터 나온 의도한 데이터(intentions data)에 기반한다. 설문 조사에서 소비자는 1년 안에 어떤 제품을 구매할 지 여부에 대해 다음과 같은 항목에 순위를 매기도록 요청 받는다.

- 반드시 제품을 구매한다.
- 아마 제품을 구매할 것이다.
- 구매할 수도 있고, 아닐 수도 있다.

- 아마 제품을 구매하지 않을 것이다.
- 반드시 제품을 구매하지 않겠다.

Jamieson, Bass(1989)의 논문에서는 여러 제품에 대해 의도를 가지고 수행하는 설문 조사에 대한 메타-분석을 수행했다. 의도를 가지고 수행하는 설문 조사에서는 마케팅 분석가가 의도를 가지고 어떤 데이터를 '부풀림'으로써 1년 뒤의 제품의 시장 점유율에 대해 추정값을 정확하게 알아낼 수 있도록 한다. 결과는 Marketsharedeflator.xlsx 파일(그림 27-5)에서 볼 수 있다.

C	D	E	F	G	H	I	J
	반드시 제품을 구매하지 않겠다	아마 제품을 구매하지 않을 것이다	구매할 수도 있고, 아닐 수도 있다	아마도 구매할 것이다	반드시 제품을 구매하겠다		
지속가능하지 않은 상품	0.12	0.14	0.25	0.35	0.41		
지속가능한 상품	0.04	0.05	0.05	0.09	0.12	체크	
결과	0	0.1	0.2	0.4	0.3		1
상품 타입	예상 이장 점유율						
지속가능하지 않은 상품	0.327						

그림 27-5 : 의도적인 데이터 확장하기

이 시장 점유율 디플레이터(market share deflator)를 사용하기 위해 우선 셀 C14에서 제품이 지속 가능한 제품인지(자동차나 TV등) 아니면 지속 가능하지 않은 제품인지(냉동식품이나 화장품) 지정해야 한다. 지속 가능한 상품에서는 반드시 제품을 구매하겠다고 답한 사람 중 12%만이 제품을 구매하며 지속 가능하지 않은 상품에서는 반드시 제품을 구매하겠다고 답한 사람 중 41%만이 제품을 구매한다. 일반적으로 지속 가능한 상품의 가격이 더 비싸기 때문에 발생하는 현상으로 보인다. 마케팅 분석에서는 설문 조사에서 각 옵션을 선택한 소비자의 비율을 입력한다(이 경우 반드시 제품을 구매하겠다고 답한 사람은 30%, 아마 구매할 것이라고 답한 사람은 40%, 구매할지 안 할지 모르겠다고 답한 사람은 20% 그리고 제품을 구입하지 않겠다고 답한 사람은 10%이다). 다음 셀 D14에서는 1년 동안의 예상 시장 점유율은 32.7%라고 보여준다. 소비자의 70%가 긍정적인 답변을 주었지만 1년 후 예상 시장 점유율은 32.7%이다.

Analysis 5 새 제품의 판매를 시뮬레이션하기 위해 Bass 모델 사용하기

사실 신제품이 어떻게 팔릴지는 누구도 알 수 없다. 하지만 Bass 모델과 몬테 카를로 시뮬레이션(21장 "고객 가치, 몬테 카를로 시뮬레이션 그리고 마케팅 결정 내리기")을 합하면 신제품의 판매에 대한 결과의 범위를 알아낼 수 있다. 몬테 카를로 시뮬레이션을 다시 기억해보자. 몬테 카를로 시뮬레이션은 불확실한 숫자를 모델링하여 그 불확실한 상황이 어떤 범위 안에 들어올 것인지를 알아낸다. Bass 모델에서 불확실한 값은 Nbar, 즉 $\overline{N}$(이 값은 정규 확률 변수라고 모델링한다)이며, 그 외에도 P, Q가 있다. 여러분은 P, Q값은 유사 상품의 집합에서 이끌어낼 수 있다고 가정한다. 예를 들어 여러분이 Lean Cuisine이라는 식품 회사의 브랜드 매니저이며, P, Q값에 대해서 잘 모른다고 하자. 그러면 수년간 시장에서 판매되어온 Lean Cuisine의 다른 상품으로부터 이 파라미터값을 이끌어낼 수 있다.

다음은 파일 `Basssim.xls`에 대해 작업을 수행해보자(그림 27-6). 영역 C6:D17에서는 Bass 파라미터에 대해 12가지 가능한 시나리오가 주어져있다. 그리고 가능한 시장 크기는 평균 = 100,000, 표준 편차 = 20,000인 정규분포를 따른다고 가정한다.

1. 셀 C4에서는 식 `=ROUND(NORMINV(RAND(),C2,C3),0)`으로 잠재적인 시장 크기를 입력한다.
2. 셀 H11에서는 식 `=RANDBETWEEN(1,12)`을 사용하여 12가지 유사 상품으로 된 시나리오 중 한 개를 골라서 Bass 파라미터를 선택한다.
3. 셀 H2에서 선택한 Bass 시나리오에 대해 `=VLOOKUP(scenario,B6:D17,2)`으로 P의 시뮬레이션 값을 찾는다.
4. 셀 H3에서 2를 3으로 바꿔서 선택한 Bass 시나리오에 대한 Q의 시뮬레이션 값을 찾는다.
5. 셀 I7의 식 `=SUM($H$6:H7)`을 I8:I18에 복사하여 각 연도에 대한 누적 판매값을 계산한다. 물론 셀 I6에는 0을 입력해야 한다.
6. 셀 H7의 식 `=simp*(simNbar-I6)+simq*I6*(simNbar-I6)/simNbar`을 H8:H18에 복사하여 각 연도의 시뮬레이션한 판매값을 계산한다.

7. 21장에서 소개한 방법에 따라 일원 데이터 표를 사용하여 엑셀에게 1년, 5년, 10년의 누적 판매에 대해 1000번 시뮬레이션을 수행하도록 한다.
8. 셀 F22, G22, H22에서 1년간 판매(I7), 5년간 판매(I11), 10년간 판매(I16)를 참조하도록 한다.
9. 데이터 표 영역 E22:H1022을 선택한 다음, '데이터' 탭 → '가상 분석' → '데이터 표…'를 선택한다.
10. '열 입력 셀'로 아무 셀이나 선택한 다음 1년, 5년, 10년 누적 판매에 대해 1,000번 시뮬레이션을 수행한다.
11. 셀 F20의 식 =AVERAGE(F23:F1022)을 G20:H20에 복사하여 1년, 5년, 10년 동안의 평균 판매 추정값을 계산한다.
12. 셀 F21의 식 =STDEV(F23:F1022)을 G21:H21에 복사하여 1년, 5년, 10년 동안의 평균 판매의 표준 편차를 계산한다.

	A	B	C	D	E	F	G	H	I
1		Nbar					시나리오	4	
2		평균	100000				simp	0.01	
3		표준편차	20000				simq	0.6	
4		simNbar	93136						
5		제품	p	q			연도	n(t)	N(t)
6		1	0.05	0.13			0		0
7		2	0.01	0.13			1	931.36	931.36
8		3	0.02	0.26			2	1475.27	2406.63
9		4	0.01	0.6			3	2313.96	4720.6
10		5	0.05	0.35			4	3572.95	8293.55
11		6	0.001	0.73			5	5381.44	13675
12		7	0.001	0.8			6	7794.88	21469.9
13		8	0.06	0.4			7	10629	32098.9
14		9	0.06	0			8	13232.1	45331
15		10	0.14	0			9	14438.6	59769.5
16		11	0.01	0.19			10	13181.3	72950.9
17		12	0.001	0.26			11	9688.13	82639
18							12	5693.33	88332.3
19						1년	10년	10 year	
20					평균	3553.64	20993	49910.6	
21					표준편차	4083.78	18923.8	30888.1	
22						931.36	13675	72950.9	
23					1	72.941	1615.14	25777.5	
24					2	1180.24	7432.9	19622	
25					3	920.02	6494.57	19697.8	
26					4	7150.08	31710.1	54982.3	
27					5	1074.17	15771.8	84136.8	
28					6	120.986	1008.52	4136.57	
29					7	994.28	14598.8	77879.2	
30					8	99.268	827.486	3394.02	
31					9	125.146	2771.12	44226.9	
32					10	5763.72	46802.1	90250	
33					11	94.916	791.208	3245.22	
34					12	3485.55	19614.9	40567	

그림 27-6 : Bass 모델 시뮬레이션

지출 예산 분석을 할 때 새 제품 판매의 추정값이 매우 중요하다. 이 분석을 통해 신제품을 그냥 없애버려야 할지 아니면 시장에 내놓아야 할지 결정할 수 있다. 예를 들어 5년 후 평균 20,636 단위가 팔릴 것으로 추정할 수 있다.

Analysis 6 Bass 모델 개선

Bass 모델은 1969년 처음 도입되었으며 이 모델은 여러 가지 방향으로 수정 및 개선되었다. 다음은 Bass 모델 중 중요한 개선 사항이다.

- 인구가 늘어나므로 시장의 크기도 시간이 지나면서 늘어난다. 증가하는 시장 크기를 고려하며 $\overline{N}$도 시간이 지남에 따라 증가한다고 가정한다. 예를 들어 시장이 1년에 5%씩 증가하면, t년 동안의 예측값에서 $\overline{N}(t) = N(0)*1.05^t$으로 하고 N(0)에 대해 해찾기를 수행한다.
- 제품의 가격을 바꾸거나 광고 수준을 바꾸면 제품 판매에 크게 영향을 미치게 된다. P, Q값을 현재 가격과 광고 수준에 의존하게 하여 가격과 광고 효과를 반영하도록 Bass 모델을 일반화할 수 있다.
- 많은 제품에서(예를 들어 자동차나 냉장고 등) 소비자는 시장에 다시 돌아와서 제품을 또 다시 구매할 수 있다. 현실을 반영하기 위해 Bass 모델에서 $\overline{N}$을 조정할 수 있도록 수정해야 한다. 예를 들어 만약 소비자들이 5년마다 어떤 제품을 구매한다면 $\overline{N}(t)$를 조정하여 5년 전에 제품을 구매한 소비자의 수를 포함해야 한다.
- 분기별 혹은 월간 판매 데이터에서 식(1)은 계절 요인을 반영하도록 수정할 수 있다. 연습문제 5번을 보자.
- 만약 새로운 세대의 제품(예를 들어 개선된 스마트폰)이 출시되면 개선된 제품과 옛날 제품에 대해 식(1)과 비슷한 식이 또 필요하다.
- P, Q를 시간에 의존하도록 만들 수 있다. 예를 들어 $q(t)= q(1+kt)^{\frac{\mu-k}{\mu}}$이며 이때 k와 μ는 입소문 요인이 시간에 따라 늘거나, 줄거나 혹은 그대로인 경우를 반영하는 파라미터이다. 이런 모델을 유연한 로지스틱 모델(flexible logistic model)이라고 한다.

만약 여러분이 Bass 모델의 개선사항이나 수정 사항에 대해 자세히 알고 싶다면 Vijay Mahajan, Eitan Muller, Yoram Wind의 New-Product Diffusion Models(Springer, 2001)를 참고하라.

Summary

이 장에서는 다음과 같은 사항을 알아보았다.

- Bass 모델은 제품 판매를 혁신(P)과 모방(Q) 요인으로 나눈다.
- GRG Multistart 해찾기 엔진을 이용하여 P, Q, $\overline{N}$을 추정할 수 있다.
- 유사 상품을 이용하여 P, Q를 추정할 수 있고 $\overline{N}$을 추정하기 위해 의도한 데이터를 사용할 수 있다. Bass 모델을 사용하여 어떤 상품이 시장에 출시되기 전에 판매를 추정해볼 수 있다.
- 유사 상품의 집합에서 P, Q를 임의로 선택하고 $\overline{N}$을 정규 확률 변수로 모델링하여 제품 판매의 가능한 범위를 시뮬레이션 해볼 수 있다.

Exercises

1. `Dishwasher.xlsx` 파일은 미국 내 식기세척기의 판매 데이터를 보여준다. 이 데이터에 Bass 모델을 적용해보자.

2. `Worldcell.xslx` 파일의 데이터에 Bass 모델을 적용해보자.

연습문제 3~5는 26장의 `Internet2000_2011.xls` 파일을 사용한다.

3. 26장의 나이지리아 인터넷 데이터에 Bass 모델을 적용해보자.

4. 26장의 스웨덴 인터넷 데이터에 Bass 모델을 적용해보자.

5. 연습문제 2~4에서 찾아낸 P, Q값의 차이를 설명하시오.

6. 26장의 `iPodseasonal.xls` 파일을 사용하여 분기별 iPod 판매에 계절 요인을 고려하여 Bass 모델을 적용해보자.

7. 여러분은 냉동 식품을 만드는 회사에서 일하고 있다고 가정하자. 만약 '전통적인' 저녁 식사(맥앤치즈, 프라이드치킨 등)에서 Bass 모델은 P값은 1에 가깝고 Q값은 0에 가깝다. 그리고 '새로운 형태'의 저녁 식사(두부, 미역 등)에서 Bass 모델에서 P값은 0에 가깝고 Q값은 1에 가깝다. 이런 정보가 여러분의 마케팅 전략에 어떤 영향을 줄 것인가?

8. 여러분이 제품 확산은 개발도상국에서 더 빨리 진행되는지 알아보려 한다고 하자. 이런 연구를 하려면 어떻게 진행해야 할까?

9. 다음 문장이 참인지 거짓인지 알아보자.
Q/P가 증가라면 제품 확산의 차트 모양은 S자 형태를 띈다.

Using the Copernican Principle
to Predict Duration of Future Sales

코페르니쿠스 원칙을 사용하여 미래 판매 지속 기간을 예상하기

Chapter 28

만약 여러분이 새 상품의 미래 가치를 결정하고자 하면 그 상품이 얼마나 오랫동안 팔릴 것인지를 알아야 한다. 예를 들어 브리트니 스피어스(Britney Spears)[1]의 새 노래가 창출하는 미래 이익을 평가하려면 브리트니 스피어스의 음악이 앞으로 얼마나 오랜 기간 동안 인기가 있을지 알아야 한다. 이 장에서는 코페르니쿠스 원칙(Copernican Principle)을 사용하여 어떤 상품이 어느 정도의 기간 동안 잘 팔릴 것인지 모델링해보겠다. Copernican 원칙을 사용하면 어떤 상품이 얼마나 오래 팔릴 것인지 아이디어를 얻을 수 있으므로 이것을 사용하여 19~22장에서 논의한 고객의 장기 가치 또한 계산할 수 있다.

Analysis 1 Copernican 원칙 사용하기

코페르니쿠스 원칙에서는 어떤 상품이나 이벤트가 지속하는 시간을 추정하고자 한다. 예를 들어

- 사람들이 얼마나 오랜 기간 동안 브리트니 스피어스의 음악을 들을까?

---

1 미국의 팝 가수

- 사람들이 얼마나 오랜 기간 동안 바하의 음악을 들을까?
- 스톤헨지는 얼마나 오랫동안 존재할까?

코페르니쿠스 원칙을 설명하기 위해 다음 표기들을 알아야 한다.

- NOW = 오늘
- MIN = 어떤 이벤트가 발생하거나 상품이 나타난 처음 날짜
- F = 미래의 지속 시간
- P = 과거의 지속 시간
- MAX = 어떤 이벤트나 상품이 나타난 마지막 날짜

니콜라우스 코페르니쿠스(1473 – 1543)는 폴란드 출신의 유명한 천문학자이다. 그는 지구가 우주의 중심이 아님을 밝혀냈다. 코페르니쿠스 이전에 사람들은 지구가 우주의 중심이며 모든 것이 지구를 중심으로 움직인다고 믿었다.

코페르니쿠스는 지구가 우주에서 특별한 위치를 차지하는 게 아님을 보였다. 코페르니쿠스의 관점에서 현재(코페르니쿠스의 관점에서 보면 태양계에서 지구)는 특별할 게 없다. 따라서 NOW는 MIN과 MAX 사이에서 동일한 확률로 나타날 수 있다. 이것은 (NOW−MIN)/(MAX−MIN) 값이 0과 1 사이에 동일한 확률로 나타날 수 있음을 의미한다.

따라서 예를 들어 38/40이나 .95는 식(1)을 참으로 만든다.

$$(1) \quad \frac{1}{40} \leq \frac{NOW-MIN}{MAX-MIN} \leq \frac{39}{40}$$

식(1)을 다시 쓰면 식(2)와 같다.

$$(2) \quad \frac{1}{40} \leq \frac{P}{F+P} \leq \frac{39}{40}$$

F > P/39 이고 F < 39P 일 때만 식(2)를 만족한다. 따라서 95%의 가능성으로 다음이 성립한다.

$$\frac{P}{39} \leq F \leq 39P$$

일반적으로 1 − (1/N)의 확률로 식(3)은 참이다.

$$(3) \quad \frac{1}{2N-1} \leq \frac{F}{P} \leq 2N-1$$

식(1)과 (2)에서 N=20을 사용하여 F/P에 대해 95% 신뢰구간을 구할 수 있다. N=2라고 하면 50%의 가능성으로 다음과 같다.

$$(4) \quad \frac{1}{3} \leq \frac{F}{P} \leq 3$$

예를 들어 2007년 브리트니 스피어스가 발표한 노래는 7년 동안 인기 있었다. 따라서 식(4)에서 P=7일 때, 여러분은 50%의 가능성으로 다음을 알 수 있다.

$$(5) \quad \frac{1}{3} \leq \frac{F}{7} \leq 3$$

식(5)를 다시 쓰면 여러분은 2007년 당시 브리트니 스피어스의 음악이 7/3과 21년 이상 사이 동안 인기 있었을 확률이 50%라는 것을 알 수 있다. 이와 비슷한 방법으로 계산하면 브리트니의 음악이 7/39년과 273년 이상 동안 인기 있을 확률은 95%이다.

Analysis 2 상품의 잔여기간 시뮬레이션하기

코페르니쿠스 원칙을 사용하여 상품의 남아있는 잔여기간을 시뮬레이션할 수 있다. 코페르니쿠스 원칙에서는 (NOW − MIN) / (MAX − MIN)이 0과 1 사이 아무 곳에나 나타날 수 있다고 했다. 엑셀의 RAND() 함수는 0과 1 사이의 값을 동일한 확률로 뽑아준다. 따라서 엑셀로 다음과 같은 식을 모델링할 수 있다.

$$(6) \quad (\text{NOW}-\text{MIN}) / (\text{MAX}-\text{MIN}) = \text{RAND}()$$

이제 식(6)에서 MAX를 알아내보자. MAX는 다음과 같이 모델링할 수 있다.

$$(7)\ \text{MAX} = \text{MIN} + (\text{NOW}-\text{MIN}) / \text{RAND}(\ )$$

예를 들어 여러분이 2007년에 브리트니 스피어스의 노래가 팔리는 마지막 해를 알고 싶어한 다고 가정해보자. 이때 MIN=2000이고 NOW=2007이다. 따라서 식(7)로 브리트니 스피어스의 음악이 인기 있을 마지막 해를 $2000 + \frac{7}{\text{RAND}(\ )}$ 와 같이 모델링할 수 있다. 브리트니 스피어스의 음악이 언제까지 유행할 것인지 모델링하는 것은 브리트니 스피어스의 노래로 얻을 수 있는 로열티의 미래 가치를 모델링 하는데 매우 유용하다.

Summary

이 장에서는 다음과 같은 사항을 알아보았다.

- 코페르니쿠스 원칙을 사용하여 상품의 남아있는 수명을 모델링할 수 있다.
- 코페르니쿠스 원칙에서 사용하는 가정은 현재의 시간은 상품이 판매되는 첫날과 상품이 판매되는 마지막 날 사이에 아무 날이나 될 수 있다는 것이다.
- 만약 F=상품의 미래 지속 시간이고, P=상품의 과거 지속 시간이라면, 1-(1/N)의 확률로 다음이 성립한다.

$$(3)\ \frac{1}{2N-1} \leq \frac{F}{P} \leq 2N-1$$

- 상품이 판매되는 마지막 날(MAX)은 다음과 같이 모델링할 수 있다.

$$(7)\ \text{MAX} = \text{MIN} + (\text{NOW}-\text{MIN}) / \text{RAND}()$$

Exercises

1. 비틀즈의 음악은 1964년 미국에서 처음 연주되었다. 코페르니쿠스 원칙에 따르면 미국에서 비틀즈의 음악이 얼마나 더 연주될 수 있을까?

2. 90%의 신뢰구간으로 비틀즈의 음악이 앞으로 몇 년 동안 미국에서 연주될지 계산해보자.

3. 애니메이션 심슨(The Simpsons)은 1989년 미국에서 처음 방영되었다. 95%의 신뢰구간으로 심슨이 마지막으로 방송될 연도를 계산해보자.

PART 8

소매

RETAILING

Market Basket Analysis and Lift

장바구니 분석과 리프트

Chapter 29

많은 소매업자들은 스캐너를 사용하여 데이터를 수집하고 생성한다. 수집하는 데이터들은 각 고객들이 한 트랜잭션에서 구매한 상품의 목록이다. 이 데이터를 잘 이용하면 이익을 증가시킬 수 있는 유용한 정보가 될 수 있다. 예를 들어 블루밍데일(Bloomingdale) 백화점[1]에서는 화장품을 구매한 여성 고객은 핸드백을 구매한다는 것을 알아내고 핸드백 매장과 화장품 매장을 함께 붙여놓기로 했다. 이런 방법으로 매출을 증가시키기 위한 결정을 내릴 수 있었. 이 장에서는 시장 바구니 분석(market basket analysis)을 사용하여 소비자들이 함께 구입하는 제품의 쌍을 알아내고, 이것으로 어떻게 소매업자가 이익을 증가시킬 수 있는지 알아보겠다. 다음 Evolutionary 해찾기를 이용하여 함께 구입할 수 있는 제품의 쌍을 알아내는데 계산을 좀 더 쉽게 하고 가게에서는 리프트(lift)가 높은 상품끼리 붙여서 배치함으로써 판매를 최적화할 수 있다.

Analysis 1 두 상품에 대한 리프트 계산하기

어떤 소비자가 상점을 방문했다고 하자. 소비자의 장바구니(market basket)는 단순히 소비자가 구입한 상품의 목록이다. 소매업자의 이익을 증가시키기 위해 장바구니 분석을 수행할 때는 소비자의 장바구니로부터 필요한 정보를 이끌어내야 한다. 대부분의 경우 장바구니 분석은 주어진 트랜잭션에서 함께 구입한 상품 간의 관계로부터 실행 가능한 통찰력을 이끌어내

[1] 미국 유명 백화점

는 것이다. 예를 들어 대부분의 슈퍼마켓의 고객들은 시리얼을 구입할 때 바나나도 함께 구입하는 경향이 있다. 이때 시리얼과 바나나는 양의 관계에 있다.

리프트(lift)는 아마도 장바구니 분석에서 가장 많이 사용하는 도구일 것이다. 리프트의 개념을 통해 마케팅 분석가들은 함께 구입하는 아이템들의 조합(화장품과 핸드백 또는 시리얼과 바나나 등)을 쉽게 알아낼 수 있다. 함께 구입하는 아이템들의 조합에 대한 리프트와 요일의 조합은 다음 식(1)처럼 정의할 수 있다.

$$(1) \quad \frac{(\text{아이템 조합이 실제로 발생한 횟수})}{(\text{조합의 아이템들이 서로 독립적이라면 조합이 발생할 예상 횟수})}$$

이원 상품 리프트(two-way product lift)는 단순히 두 가지 상품을 포함하는 리프트이며 엑셀로 쉽게 계산할 수 있다. 두 가지 이상의 아이템을 포함하는 리프트나 다른 트랜잭션 속성(예를 들어 요일)등을 포함하는 상황으로 일반화할 수 있다.

리프트를 계산하는 연습을 하기 위해 파일 `marketbasket.xls`의 슈퍼마켓 트랜잭션 데이터를 사용해보자. 그림 29-1에서 데이터의 일부를 볼 수 있다. 요일은 1=월요일, 2=화요일, ...7=일요일로 표시한다. 예를 들어 첫 번째 트랜잭션에서 어떤 소비자는 채소, 고기, 우유를 금요일에 구입했다.

	A	B	C	D	E	F	G	H
8	트랜잭션#	요일	채소	아기용품	과일	우유	DVD	고기
9	1	5	1	0	0	1	0	1
10	2	4	1	1	1	1	0	0
11	3	5	1	0	0	0	0	0
12	4	5	1	0	1	0	0	0
13	5	7	1	1	0	1	0	1
14	6	2	1	0	1	0	0	1
15	7	3	0	0	0	1	1	0
16	8	3	1	0	0	1	0	1
17	9	6	1	0	1	0	0	0
18	10	6	1	0	0	0	0	0
19	11	1	1	0	0	0	0	0
20	12	4	0	0	0	0	1	0
21	13	1	1	0	0	0	0	0

그림 29-1 : 장바구니 데이터

슈퍼마켓 데이터에서 고기와 채소의 리프트는 다음과 같다.

$$\frac{\text{(고기와 채소를 구입한 실제 트랜잭션 개수)}}{\text{(총 트랜잭션 개수)*(고기를 구매한 회수의 비율)*(채소를 구매한 회수의 비율)}}$$

좀 더 구체적으로 설명하기 위해 여기에 트랜잭션이 1,000개 있다고 하자. 이 중 300개의 트랜잭션은 고기 구입과 관련 있고, 400개의 트랜잭션은 채소 구입과 관련 있으며, 200개의 트랜잭션은 고기와 야채 구입에 모두 관련 있다. 고기 구입과 채소 구입은 서로 관련이 없다고 하면 고기 구입과 관련된 트랜잭션일 가능성이 0.30이라는 것은 채소 구입을 포함하는 트랜잭션과 관련이 없게 된다. 따라서 독립성으로 인해 1,000 (0.40) (0.30) = 120개의 트랜잭션은 고기와 야채 구입을 모두 포함해야 한다. 하지만 실제로는 200개의 트랜잭션이 고기와 야채 구입을 모두 포함하므로 야채 구입만을 포함하는 경우에 비해 고기도 구매하는 트랜잭션은 1.67배(200/120) 많다. 이것은 식(1)과 부합하며, 야채와 고기의 리프트는 다음과 같다.

$$\frac{200}{1,000(0.40)(0.30)} = 1.67$$

리프트가 결합된 제품 조합이 1보다 크면, 이것은 아이템을 함께 구입함을 의미한다. 이것은 소매업자에게 매우 필요한 정보인데 가게 안에서 리프트가 큰 상품을 서로 가까이 배치하면 판매가 증가하기 때문이다. 한 상품을 구입했을 때 이것이 다른 상품도 구매하도록 만들기 때문에 판매가 증가하게 된다. 핸드백과 화장품은 리프트가 크므로 Bloomingdale 백화점에서 핸드백과 화장품을 가까이 두었다.

리프트가 큰 상품을 교차 판매 프로모션을 해도 이익을 증가시킬 수 있다. 따라서 Bloomingdale 백화점의 예에서는 $50 이상의 화장품을 구매한 고객에게는 핸드백을 구입할 때 20% 할인 쿠폰을 증정하면 이익을 증가시킬 수 있다.

선택 영역에 이름 붙이기

슈퍼마켓 데이터로 다시 돌아가보자. 이제 모든 두 가지 제품 조합에 대해 리프트를 찾아보자. 모든 리프트를 계산하기 전에 우선 영역에 이름을 붙이는 것이 좋다. 모든 트랜잭션을 포함하는 영역 B9:H2936에 이름을 붙이기 위해 '이름 상자'를 사용할 수 있다. 아니면

B8:H296을 선택한 다음 각 열에 해당하는 이름으로 '선택 영역에서 만들기'로 변수 이름을 붙일 수 있다. 예를 들어 B열의 이름은 day_week, C열의 이름은 vegetables[2] 같은 식으로 붙일 수 있다(나머지 변수의 이름에 대해서는 `marketbasket.xls` 파일을 참고하자).

이제 다음 과정을 수행하여 각 제품을 포함하는 트랜잭션의 비율과 각 요일에 해당하는 트랜잭션의 비율을 계산해보자. 이 정보는 식(1)의 분모를 계산할 때 필요하다.

1. 셀 L7에서 =COUNT(B:B)로 총 트랜잭션의 개수를 센다. 이 식은 B열에서 얼마나 많은 숫자가 있는지 세므로 결국 트랜잭션의 개수를 세게 된다.
2. 셀 L9의 식 =COUNTIF(INDIRECT(K9),1)/$L$7을 L10:L14에 복사하여 각 제품을 포함하는 트랜잭션의 비율을 계산한다. COUNTIF 함수는 주어진 숫자나 텍스트(이 경우에는 1)와 일치하는 항목을 영역에서 찾아서 개수를 반환한다. INDIRECT 함수 안의 셀 참조는 모드 셀의 내용으로 평가된다. 따라서 INDIRECT(K9)는 vegetables가 된다. 이런 방식으로 COUNTIF문으로 영역 이름을 골라낼 수 있다. 아주 멋진 방법이다. 결과로는 트랜잭션의 60.7%가 채소와 관련이 있다는 것을 알 수 있다. 나머지도 마찬가지이다.
3. 셀 L17의 식 =COUNTIF(day_week,K17)/COUNT(day_week)을 L18:L23에 복사하여 특정 요일에 발생한 트랜잭션의 비율을 계산하자. 예를 들어 트랜잭션 중 13.9%는 월요일에 발생했다. 이 결과를 사용하여 다음절에서 3원 리프트(three-way lift)를 계산할 것이다.

다중 이원 제품 조합에 동시에 리프트 계산하기

이제 이원 데이터 표를 사용하여 모든 두 상품 조합에 대한 리프트를 계산해보자.

1. N9:O9에 두 상품 이름을 아무거나 입력해보자. 셀 N9와 O9의 드롭다운 목록 상자를 이용하여 상품을 선택할 수 있다.
2. 셀 Q10에서 식 =IF(N9<>O9,VLOOKUP(N9,K9:L14,2,FALSE)*L7*VLOOKUP(O9,

---

[2] 엑셀 화면상에서는 편의상 한글로 보여주고 있지만, 계산상에는 영어 변수 이름을 사용했다.

K9:L14,2,FALSE),0)을 사용하여 두 상품이 서로 독립적일 때 두 상품을 모두 포함하는 트랜잭션의 예상 수를 계산했다. 이 식은 식(1)의 분모를 계산한다. 만약 여러분이 동일한 상품을 두 번 선택했으면 0을 입력한다.

3. 셀 P10에서는 배열 수식 =SUM((INDIRECT(N9)=1)*(INDIRECT(O9)=1))을 이용하여 채소와 과일 조합이 함께 나온 경우의 수를 계산한다. 식을 입력한 다음 〈Enter〉대신 〈Ctrl〉+〈Shift〉+〈Enter〉를 사용하여 배열수식을 입력한다. 이 식은 두 개의 행렬을 만든다.

- 배열에서 채소 열이 1이면 1이고, 그렇지 않으면 0이다.
- 배열에서 과일 열이 1이면 1이고, 그렇지 않으면 0이다.

이 식은 배열을 상호 간에 곱한 다음, 결과 배열의 항목을 서로 더한다. 배열에서 짝끼리 곱한 결과는 과일과 채소를 모두 포함하는 트랜잭션의 개수(520)이다.

4. 셀 R10에서 식 =IF(Q10=0,1,P10/Q10)으로 이 범주들에 대한 총 리프트를 계산한다. 만약 동일한 아이템을 두 번 선택했다면 리프트의 값은 그냥 1로 설정한다. 그렇지 않으면 과일과 채소가 함께 나타난 실제 경우의 수를 예상 수로 나눈다(과일과 채소를 서로 독립적으로 구입한다고 가정한 경우).

과일과 채소에 대한 리프트의 결과는 독립성이 없다는 것을 보여주지 않는다(.99는 1에 가까우므로). 한 걸음 더 나아가보면 이원 데이터 표를 사용하여 모든 두 가지 상품 조합에 대한 리프트를 동시에 계산할 수 있다.

1. 셀 O17에서는 재계산하려는 리프트에 대한 식(=R10)을 둔다. R10은 일반적인 두 상품 조합에 대한 리프트를 포함한다.
2. 데이터 표 영역 O17:U23을 선택한다.
3. '데이터' 탭 → '데이터 도구' 그룹 → '가상 분석' → '데이터 표'를 선택한다.
4. 데이터 표 대화상자에서 '행 입력 셀'로 N9, '열 입력 셀'로 O9를 선택한다.

확인을 클릭하면 이제 모든 상품 조합에 대한 리프트를 볼 수 있다(그림 29-2). 예를 들어 DVD와 아기 용품은 리프트가 큰 편으로 1.4의 값을 가진다.

	K	L	M	N	O	P	Q	R	S	T	U
6											
7	총 개수		2928								
8				이원 리프트							
9	vegetables	60.7%		vegetables	fruit	실제 총합	예상	리프트			
10	baby	27.1%		1	1	520	527.09836	0.98653			
11	fruit	29.7%									
12	milk	30.4%									
13	dvds	21.1%									
14	meat	24.9%									
15											
16	요일		개수		모든 이원 리프트						
17	1	13.9%	407		0.98653	vegetables	baby	fruit	milk	dvds	meat
18	2	14.0%	410		vegetable	1.00	0.96	0.99	1.00	0.96	1.01
19	3	13.4%	393		baby	0.96	1.00	1.05	1.00	1.40	1.01
20	4	14.6%	428		fruit	0.99	1.05	1.00	1.00	1.03	0.90
21	5	14.3%	420		milk	1.00	1.00	1.00	1.00	0.98	1.06
22	6	15.3%	448		dvds	0.96	1.40	1.03	0.98	1.00	0.96
23	7	14.4%	422		meat	1.01	1.01	0.90	1.06	0.96	1.00

그림 29-2 : 장바구니 예제에서 리프트 계산하기

리프트 행렬은 대칭이다. 즉 리프트 행렬에서 I행, J열의 항목은 J행, I열의 항목과 동일하다.

Analysis 2 3원 리프트 계산하기

리프트의 개념을 세 개 이상의 속성과 관련된 트랜잭션에 어떻게 적용하는지 보여주기 위해 목요일에 아기 용품과 DVD를 구매한 트랜잭션에 대해 리프트를 계산해보도록 하자.

$$\frac{(\text{목요일에 아기 용품과 DVD를 구매한 실제 트랜잭션의 개수})}{(\text{총 트랜잭션 개수}) * (\text{목요일 트랜잭션의 비율}) * (\text{아기 용품을 구매한 트랜잭션의 비율}) * (\text{DVD를 구매한 트랜잭션의 비율})}$$

슈퍼마켓 데이터에서 임의의 두 상품 조합의 리프트를 구하는 것과 동일한 개념을 요일과 함께 사용한다. 그림 29-3과 marketbasketoptimize.xls 파일의 Initial 워크시트를 참고하자.

	J	K	L	M	N	O	P	Q	R	S
5										
6										
7		총 개수	2928							
8	인덱스				이원 리프트					
9		1	vegetables	60.7%	vegetables	fruit		실제 총합	예상	리프트
10		2	baby	27.1%	1	1		520	527.09836	0.98653
11		3	fruit	29.7%	3원 리프트					
12		4	milk	30.4%	1	2				
13		5	dvds	21.1%	vegetables	baby	day_week	실제 총합	예상	리프트
14		6	meat	24.9%	1	1	5	59	69.0829	0.85405
15										
16			요일		개수					
17			1	13.9%	407					
18			2	14.0%	410					
19			3	13.4%	393					
20			4	14.6%	428					
21			5	14.3%	420					
22			6	15.3%	448					
23			7	14.4%	422					

그림 29-3 : 3원 리프트 구하기

다음 과정을 완료하자.

1. 셀 Q14에서 배열 수식 =SUM(((INDIRECT(P13)=$P$14)*(INDIRECT(N13)=1)*(INDIRECT(O13)=1))을 사용하여 금요일에 채소와 아기 용품을 구입한 트랜잭션의 실제 개수를 구하자. 이 식은 세 개의 배열을 만든다.

- 요일이 셀 P14(여기서는 5)의 숫자와 일치하는 날은 1이고 그 외는 0인 배열
- 채소(vegetables)열이 1이면 1이고, 그 외는 0인 배열
- 아기 용품(baby)열이 1이면 1이고, 그 외는 0인 배열

2. 셀 Q14 배열 수식에서 각 데이터 행은 새로운 배열을 만든다. 모든 행에 3개의 배열의 값을 곱해서 새로운 배열 원소를 만들자. 새로운 배열에서는 오직 금요일에 아기 용품과 채소를 구입했을 때에만 1값은 갖는다.

3. 제품 배열의 모든 항목을 합하여 금요일에 아기 용품과 채소를 구입할 실제 트랜잭션 개수를 구한다.

4. 셀 R14에서 다음 식으로 금요일에 아기 용품과 채소를 구입한 트랜잭션의 예상 개수를 구한다.

```
IF(N13<>O13,VLOOKUP(N13,K9:L14,2,FALSE)*L7*VLOOKUP(O13,K9:L14,2,
FALSE)*VLOOKUP(P14,K17:L23,2),0)
```

5. 만약 동일한 상품을 두 번 입력하면, 이 식의 결과는 0이다. 그렇지 않으면 (총 트랜잭션 개수) * (금요일 트랜잭션의 비율) * (아기 용품을 구매한 트랜잭션의 비율) * (채소를 구매한 트랜잭션의 비율)을 구한다. 이렇게 하여 금요일에 아기 용품과 채소를 구입한 트랜잭션의 예상수를 구한다(서로 독립적이라고 가정했을 때).

6. 마지막으로 셀 S14에서 식 =IF(R14=0,1,Q14/R14)으로 리프트를 계산한다.

금요일에 아기 용품과 채소를 구매한 것이 대한 리프트는 .85이다. 이것은 금요일에 채소와 아기 용품을 함께 구입하는 일은 기대보다 덜 발생한다는 의미이다.

3원 리프트 최적화

상품이 많은 실제의 경우에서 3원 리프트의 개수는 어마어마할 것이다. 예를 들어 상품이 1,000개 있으면 3원 리프트의 가짓수는 1000^3 = 1,000,000,000개이다. 하지만 이런 제약에도 불구하고 소매업자들은 가장 큰 3원 리프트를 알고 싶어한다. Evolutionary 해찾기를 이용하여 이 작업을 좀 더 쉽게 할 수 있다. 기본 아이디어를 보여주기 위해 Evolutionary 해찾기로 상품의 조합과 요일을 가지고 최대 리프트를 찾아보겠다.

1. 변수 셀은 요일(셀 P14) 그리고 제품 종류를 반영하는 인덱스(셀 N12, O12)로 하여 Evolutionary 해찾기를 수행하자. 셀 N12, O12는 참조 테이블 N13:O13과 연결되어 있다. 예를 들어 셀 N12값이 1이면, N13은 vegetables, 즉 채소가 된다. 그림 29-4에서 Evolutionary 해찾기 창을 참고하자.
2. 리프트(S14)를 최대화한 다음 셀 N12, O12(제품 종류)가 1과 6 사이의 정수가 되도록 한다. P14는 1과 7 사이의 정수가 되어야 한다.
3. 제한 조건 Q14 >= 20을 더해서 합리적인 범위 내에서 발생하는 조합만을 찾아낸다.
4. 변이율을 .5로 설정하자.

그림 29-5와 같이 최대 리프트 조합을 찾아낼 수 있다.

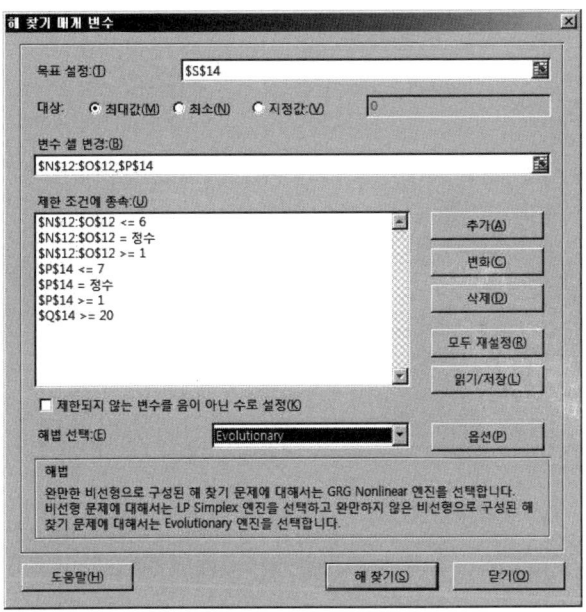

그림 29-4 : 3원 리프트를 최대화하기 위한 해찾기 창

	J	K	L	M	N	O	P	Q	R	S
6										
7		총 개수		2928						
8	시 행 인				이원 리프트					
9	1	vegetables	60.7%		vegetables	fruit	실제 총합	예상	리프트	
10	2	baby	27.1%		1	1	520	527.09836	0.98653	
11	3	fruit	29.7%		3원 리프트					
12	4	milk	30.4%		5	2				
13	5	dvds	21.1%		dvds	baby	day_week	실제 총합	예상	리프트
14	6	meat	24.9%		1	1	4	155	24.4969	6.32734
15										
16		요일		개수						
17		1	13.9%	407						
18		2	14.0%	410						
19		3	13.4%	393						
20		4	14.6%	428						
21		5	14.3%	420						
22		6	15.3%	448						
23		7	14.4%	422						

그림 29-5 : 최대 3원 리프트

그림 29-5의 3원 리프트는 구매가 독립적이라는 가정하에서 기대한 것보다 약 6.32배보다 많은 사람들이 목요일에 DVD와 아기 용품을 구매한다고 알려준다. 따라서 목요일에 아기 용품 코너에 DVD(대부분 충동 구매일 것이다)를 배치하면 이익을 증가시킬 수 있다.

Analysis 3 데이터 마이닝 전설의 진실

아마 여러분들은 한두 개쯤 '도시 전설'을 알고 있을 것이다. 이런 도시 전설은 사실은 아니지만, 사실이라고 믿겨지고 있다. 유명한 도시 전설로 다음과 같은 것이 있다(물론 이것은 사실이 아니다!).

- 뉴욕의 하수도에는 악어가 살고 있다.
- 월트 디즈니의 시신은 냉동되어 있으며 미래에 과학이 발달하면 냉동된 시신을 살려낼 것이다.

오랫동안 유명했던 '데이터 마이닝 전설'(저자도 믿었다!)에 따르면 월마트에서는 금요일에 아기 용품 코너에 DVD와 맥주를 배치했는데 리프트가 엄청나게 높았기 때문이라고 한다. 이것의 근거는 아기가 있는 젊은 부부가 주말을 대비해서 아기 용품을 쟁여두기 위해 마트를 방문한다는 것이다. 이 전설에 따르면 월마트는 금요일에 아기 용품 코너에 DVD와 알코올 음료를 두어서 이익을 크게 늘릴 수 있었다고 한다. http://www.dssresources.com/newsletters/66.php를 보면 알 수 있겠지만 이 이야기는 사실이 아니다.

하지만 월마트의 경쟁사 사례에서 실제 데이터 마이닝 전설이 되는 유명한 사례가 있다. Target[3]에서 장바구니 분석을 통해 임신한 여성을 찾아낸 사례로, 자세한 내용은 http://www.forbes.com/sites/kashmirhill/2012/02/16/how-target-figured-out-a-teen-girl-was-pregnant-before-her-father-did/을 참고하자. Target에서는 장바구니 분석을 통해 임신한 여성에게 아기 용품 쿠폰을 보냈다. Target은 아기 용품을 등록한 여성들 중 리프트가 높은 소비자를 찾았다. 소비자가 신용 카드를 사용하거나 혹은 쿠폰이나 설문 조사에 응할 때, 쿠폰을 사용할 때, 소비자 지원실로 전화를 할 때마다 Target은 소비자에게 Target Guest ID를 할당했다. 어떤 고객에게 이 Guest ID가 할당되면, Target은 이 고객의 구매 기록과 인구 통계 정보를 가지게 된다. 아기 용품 등록 리스트에 있으며 Guest ID를 가지고 있으면, Target은 두 개의 데이터베이스로부터 정보를 결합한다. 여기서 Target은 무향 로션이나 건강보조식품 등 임신 중기와 관련된 상품 구매의 리프트 값이 크다는 것을 알아낸다. 따라서 이런 상품 조합을 구매한 여성에게는 임산부가 구입하는 다른 상품과 관련된 쿠폰을 보낸다.

[3] 미국의 유통 업체

Analysis 4 리프트를 사용하여 가게 배치를 최적화하기

이 장 첫 부분에서 배웠듯 핸드백과 화장품은 함께 구입하는 경우가 많다. 이런 정보를 사용해서 Bloomingdale 백화점은 화장품 매장 옆에 핸드백 매장을 함께 두어서 소비자가 보고 충동적으로 구입하도록 하는 욕구를 자극한다. 즉 매출을 극대화하기 위해서 매장에서는 리프트가 높은 제품을 가까이에 배치해야 한다. 서로 다른 상품 카테고리에 대해 리프트 행렬이 주어졌을 때 Evolutionary 해찾기를 사용하여 상품끼리의 총 리프트를 극대화할 수 있도록 상품을 배치해야 한다. 이 개념을 보여주기 위해 그림 29-6과 같이 여섯 가지의 제품 카테고리를 가지고 있는 식료품점을 가정해보자. 8행에서 13행까지, 2월 리프트를 볼 수 있다. 이 작업은 `marketlayout.xlsx` 파일을 참고하시오.

	E	F	G	H	I	J	K	L	M
7			공산품	유제품	고기	소프트드링크	냉동식품	빵,쿠키	
8	1	공산품	1	1.2	0.8	0.9	1	0.95	
9	2	유제품	1.2	1	1.2	1.1	1.3	0.8	
10	3	고기	0.8	1.2	1	1.3	1.2	0.85	
11	4	소프트드링크	0.9	1.1	1.3	1	1.2	1.4	
12	5	냉동식품	1	1.3	1.2	1.2	1	0.8	
13	6	빵,쿠키	0.95	0.8	0.85	1.4	0.8	1	
14									1
15			1	2	3				
16		B	6	4	3				
17		A	1	2	5				
18									
19						빵,쿠키	소프트드링크	고기	
20			인접한 상품의 리프트			공산품	유제품	냉동식품	
21		A1	2.15						
22		A2	3.6						
23		A3	2.5						
24		B1	2.35						
25		B2	3.8						
26		B3	2.5						

그림 29-6 : 가게 배치 최적화

1. 셀 영역 G16:I17에서 인접한 상품 카테고리의 리프트를 극대화할 수 있는 상품 카테고리의 위치를 정하자. 고객은 북쪽에서 남쪽으로 혹은 동쪽에서 서쪽으로만 움직일 수 있다고 가정한다. 이렇게 가정해도 무리가 없는데, 식료품점에 통로가 2개 있을 때 보통 이 통로는 서로 평행이거나 수직이다. 이것은 예를 들어 위치 A1은 A2, B2와 인접하며 A2는 B2, A1, A3과 인접하다.

2. 셀 영역 G16:I17에 상품을 시험적으로 배치한 값을 입력한다.
3. 셀 영역 G21:G26에서 각 위치에 대해 인접한 상품의 리프트를 계산한다. 예를 들어 셀 G21의 식 =INDEX(lifts,G17,G16)+INDEX(lifts,G17,H17)은 (A1, B1에 할당한 상품의 리프트)+(A1, A2에 할당한 상품의 리프트)이다. 이렇게 하며 A1에 근접한 모든 상품의 총 리프트를 구할 수 있다. 셀 G27에서 식 =SUM(G21:G26)은 인접한 상품 카테고리로 만들어지는 모든 리프트를 계산한다.
4. 그림 29-7과 같이 해찾기를 사용하여, 인접한 상품 카테고리에 대해 총 리프트를 최대화하는 가게 배치를 찾아내자.

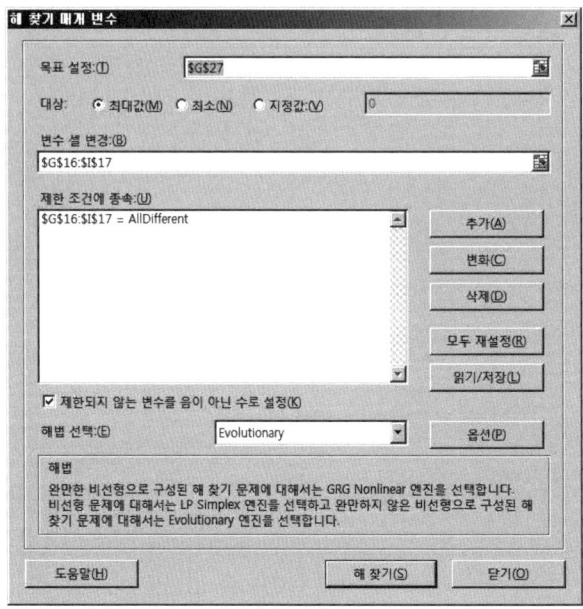

그림 29-7 : 가게 배치 최적화

목표 셀은 인접한 상품의 총 리프트(셀 G27)를 최대화하는 것이다. 변수 셀은 영역 G16:I17이며 각 상품 카테고리의 위치를 말한다. 필요한 제한 조건은 G16:I17=AllDifferent뿐이다. 변수 셀 영역 n이 AllDifferent가 되면 엑셀은 변수 셀에 1부터 n까지 오직 한 개만의 값을 할당한다. 예에서 G16:I17영역에는 정수 1, 2, 3, 4, 5, 6이 오직 한 번씩만 할당된다. 이것은 엑셀이 1부터 6까지 6개의 정수에 대해 6!=720가지의 조합을 시도해본 것과 동일하다. 각 조합은 가게 배치에 해당한다. 인접한 카테고리의 리프트의 최대 합은 16.9이며, 최적의 가게배치는 셀 K19:M20에서 볼 수 있다.

5. 변수 셀의 영역을 AllDifferent로 하기 위해서는 해찾기 창의 오른쪽에서 '추가'를 선택한 다음 그림 29-8과 같이 제한 조건을 추가해야 한다.

그림 29-8 : AllDifferent 제한 조건 추가

오하이오 Dayton에 위치하는 마케팅 컨설팅 회사 Design Forum에서는 이 방법을 사용하여 편의점의 가게 배치 방법을 개발했으며 이를 통해 판매를 증진시켰다.

리프트의 개념을 이용하여 이익을 증가시킬 수 있는 다른 방법은 연습문제 4~7을 참고하자.

Summary

이 장에서는 다음과 같은 사항을 알아보았다.

- 제품이나 속성 조합의 리프트는 다음과 같이 정의할 수 있다.

$$\frac{(\text{조합이 실제 발생한 횟수})}{(\text{조합의 아이템들이 모두 독립적일 때, 조합이 발생할 예상 횟수})}$$

- 두 상품의 리프트가 크다면(1보다 훨씬 크다면) 예를 들어 이 두 상품은 함께 구입하는 경우가 많다는 것을 의미한다. 따라서 이 두 상품을 가까이 두면 함께 구입할 가능성이 많아진다.
- 변수 셀에 AllDifferent 옵션을 사용하여 Evolutionary 해찾기로 인접한 상품 카테고리와 관련된 리프트를 최대화하는 상점 내 배치를 결정할 수 있다.

Exercises

1. marketbasketdata.xls 파일은 고급 식료품점 ITZIs의 판매 트랜잭션 데이터를 보여준다.

a. 모든 2원 리프트를 결정하고 리프트가 가장 큰 상위 5개 상품 조합을 구해보자.

b. 상품 3개로 최대 3원 리프트를 결정해라.

2. marketbasket.xls 파일에서 두 상품과 요일로 된 리프트 중 두 번째로 큰 리프트를 구해보자.

3. Amazon.com은 리프트의 개념을 이용하여 어떻게 책이나 음악을 추천해줄 수 있을까?

4. 가상 리프트(virtual lift)는 제품이 아닌 요소, 즉 인구 통계학적인 요소(연령, 성별, 수입 등)를 포함한다. 소매업자는 가상 리프트를 이용하여 어떻게 이익을 증가시킬 수 있을까?

5. 시점 두 상품 간 리프트(intertemporal two-product lift)는 두 상품의 판매를 여러 가지 다른 시간에서 본다(즉 상품 1은 시간 x 그리고 상품 2는 시간 x+ 6개월). 보험회사는 이 시점 리프트를 이용하여 어떻게 이익을 증가시킬 수 있을까?

6. True Value 하드웨어점[4]은 3M의 고품질, 고가의 테이프를 저가의 FROGTAPE로 대체할 것을 고려하고 있다. 3M의 영업사원은 장바구니 분석을 사용하여 True Value 하드웨어점이 3M의 테이프를 대체하지 않도록 어떻게 설득할 수 있을까?

7. 넷플릭스는 왜 Kevin Spacey, Robin Wright 주연의 하우스오브카드(House of Cards)[5] TV 시리즈를 만들었는지 이유를 생각해보자. 리프트의 개념이라는 요인이 이러한 넷플릭스의 결정에 어떻게 영향을 주었을까?

---

[4] 미국의 하드웨어 소매상들의 협동조합
[5] 2013년부터 넷플릭스에서 제작하여 상영하고 있는 미국의 정치 드라마

REM Analysis and Optimizing Direct Mail Campaigns

RFM 분석과 다이렉트 메일 캠페인 최적화하기

Chapter 30

J.Crew[1] 같은 카탈로그 회사가 카탈로그를 우편으로 보낼 때는 당연히 카탈로그로부터 우편 비용을 상쇄하는 이익이 발생하기를 바랄 것이다. 이 장에서는 우편 주문 회사가 가망 고객의 최근(recency, 최근 구매한 날짜), 빈도(frequency, 연간 평균 트랜잭션의 수) 그리고 금전적 가치(monetary value, 연간 평균 구매 금액) 정보를 활용하여 우편 캠페인의 이익을 최적화할 수 있는지 알아보겠다. 이 RFM(recency, frequency, monetary value) 분석과 관련된 작업을 직접 수행해보고 그리고 3장 "엑셀 함수를 이용하여 마케팅 데이터 요약하기"에서 다룬 엑셀 함수를 이용하여 이 분석을 얼마나 쉽게 할 수 있는지 알아보겠다.

Analysis 1 RFM 분석

직접 우편을 이용하는 회사들은 RFM 분석을 사용하여 응답률과 고객에게 카탈로그를 발송했을 때 발생할 수 있는 이익을 예상한다. 기본 아이디어는 최근에 구매하는 고객일수록(R = recency), 자주 구매하는 고객일수록(F = frequency) 그리고 더 많은 금액을 소비하는 고객일수록(M = monetary value) 앞으로 주문할 가능성이 더 높다는 것이다. RFM 분석에서 각 고

---

[1] 미국의 유통 소매 회사: JCrew.com

객에게 R, F, M 각 항목에 대해 1부터 5까지 점수를 매긴다(5=주문할 가능성이 높다, 1=주문할 가능성이 낮다). 예를 들어 어떤 고객이 '최근'에 대해서는 상위 20%에 들면 점수는 5점이고, '최근'에 대해 하위 20%에 들면 점수는 1점이다. 고객의 최근 구매 기록에 의해 R, F, M 값을 정해서 이익이 될만한 고객에게 다음 우편을 발송한다.

하지만 단순히 모든 고객을 R, F, M에 대해 1부터 5로 점수를 매기기만하면 각 고객에 대한 귀중한 정보를 잃어버릴 수도 있다. 예를 들어 고객 1과 고객 50은 모두 '금전적인 가치'에서 둘 다 점수가 5점이다. 하지만 고객 1은 $10,000만큼을 구매했고, 고객 50은 $500밖에 구매하지 않았을 수 있다. 이런 점을 보완하기 위해 R, F, M의 정확한 값을 이용하여 어떤 고객에게 카탈로그를 보낼 것인지 결정할 수도 있다. 이런 분석(정확 RFM 분석(Exact RFM analysis))은 전통적인 RFM 분석보다는 복잡하지만 기존 RFM 분석에 비해 더 많은 이익을 낼 수 있다.

RFM 분석을 보여주기 위해 J.Crew에서는 2014년 1월 1일에 5,000명의 고객 중 일부에게 우편물을 발송하려 한다고 가정해보자. 여러분은 이 고객들이 관련된 100,000개의 판매 트랜잭션 데이터를 가지고 있다. `RFMexample.xlsx` 파일을 사용하여 RFM 분석을 보여주겠다. 데이터의 일부는 그림 30-1에서 볼 수 있다. 예를 들어 첫 번째 트랜잭션은 고객 4184가 2011년 9월 30일에 $30.00짜리 아이템을 구매했다는 것을 알려준다.

Transaction	Customer	Date	Amount
1	4184	11/9/30	$30.00
2	3657	13/10/31	$34.00
3	1011	11/10/15	$47.00
4	106	10/7/4	$94.00
5	739	12/7/8	$73.00
6	4428	12/11/11	$76.00
7	1613	10/9/24	$88.00
8	4791	13/9/17	$84.00
9	4929	11/8/27	$71.00
10	2691	12/4/7	$70.00
11	2383	12/2/18	$89.00

그림 30-1 : RFM 데이터

R, F, M 계산하기

우선 각 고객에 대해 다음 값을 계산하자.

- 가장 최근의 트랜잭션
- 각 고객의 연간 트랜잭션의 수
- 각 고객이 매년 구매한 평균 금액

이 값들을 정확하게 계산하기 위해, 다음 과정을 따라가보자(그림 30-2).

1. '수식' 탭 → '선택 영역에서 만들기'로 각 열의 이름을 행 6의 이름표에 따라 이름을 붙이자.

2. Q7에서 식 =MAX(IF(Customer=O7,Date," "))을 배열 수식으로 입력한다(3장을 참고하시오). 이 식은 배열을 만드는데 이 배열은 고객 1이 트랜잭션에 관련되어 있는 날짜를 원소로 가지며 고객 1이 트랜잭션에 관련되어 있지 않으면 빈칸을 가진다. MAX함수로 고객 1을 포함하는 트랜잭션 중 가장 최근 날짜를 찾아낸다(2013년 9월 1일). 이 식을 Q8:Q5006에 복사해서 각 고객에 대해 가장 최근 트랜잭션의 날짜를 구한다.

고객	총 트랜잭션	가장 최근	시작 날짜	고객 보유 기간	금액 가치	빈도	순위 R	순위 F	순위 M	R	F	M
1	15	2013-09-01	2010-01-31	3.92	$239.00	3.83	2117	497	442	3	1	1
2	20	2013-09-27	2010-01-12	3.97	$349.90	5.03	2995	2204	2807	3	3	3
3	19	2013-09-30	2010-03-01	3.84	$348.08	4.95	3127	2025	2764	4	3	3
4	22	2013-10-21	2010-03-28	3.77	$411.19	5.84	4199	3568	4105	5	4	5
5	13	2013-04-12	2010-02-12	3.89	$203.72	3.34	278	211	165	1	1	1
6	17	2013-02-17	2010-01-05	3.99	$275.57	4.26	120	956	1031	1	1	2
7	15	2013-10-30	2010-01-03	4.00	$234.16	3.75	4779	419	379	5	1	1
8	15	2013-10-21	2010-10-16	3.21	$336.99	4.67	4199	1609	2456	5	2	3
9	24	2013-10-22	2010-01-11	3.98	$391.66	6.04	4264	3817	3743	5	4	4
10	26	2013-09-21	2010-01-15	3.96	$351.63	6.56	2746	4359	2855	3	5	3
11	16	2013-09-20	2010-03-06	3.83	$281.13	4.18	2716	866	1165	3	1	2
12	19	2013-07-15	2010-01-11	3.98	$310.92	4.78	1079	1764	1827	2	2	2
13	18	2013-08-20	2010-02-12	3.89	$266.74	4.63	1756	1555	828	2	2	1
14	12	2013-10-07	2010-06-26	3.52	$234.34	3.41	3446	240	385	4	1	1
15	19	2013-05-06	2010-03-01	3.84	$278.57	4.95	385	2025	1100	1	3	2

그림 30-2 : R, F, M 계산

3. 유사한 방법으로 셀 R7에서 배열 수식 =MIN(IF(Customer=O7,Date," "))을 입력

한다. 이것은 트랜잭션이 고객 1을 포함하고 있다면 해당 날짜를 포함하고 아니면 빈칸인 배열이다. 다음 MIN 함수를 사용하여 고객 1을 포함한 트랜잭션이 처음 발생한 날짜를 찾는다(여기서는 2010년 1월 31일). 이 식을 R8:R5006에 복사하여 각 고객에 대해 처음 트랜잭션이 발생한 날짜를 찾아낸다.

4. 셀 S7의 식 =($Q$4-R7)/365을 S8:S5006에 복사하여 오늘을 기준으로 해서 얼마나 오랫동안 이 고객이 여러분 회사와 함께 있었는지를 계산한다. 예를 들어 고객 1은 2014년 1월 1일을 기준으로 회사에서 3.92년 보유한 셈이 된다.

5. 셀 T7의 식 =SUMIF(Customer,O7,Amount)/S7을 T8:T5006을 복사해서 각 고객이 해당 해에 구입한 평균 금액을 계산한다. 예를 들어 고객 1은 1년에 평균 $239.00만큼 구입했다.

6. 셀 U7의 식 =P7/S7을 U8:U5006에 복사해서 각 고객에 대해 연간 평균 트랜잭션 개수를 계산한다. 예를 들어 고객 1은 연간 평균 3.83개의 트랜잭션에 관련되어 있다.

이제 각 고객에 대해 R, F, M을 매겨보자.

1. 셀 V7의 식 =RANK(Q7,Most_recent,1)을 V8:V5006에 복사해서 '최근'에 대한 각 고객의 순위를 계산하자. 식에서 마지막 인자가 0이면 가장 최근에 구매한 고객의 순위가 5,000이 된다. 예를 들어 고객 1의 순위는 '최근'에서 2,117번째로 낮다.

2. 셀 W7의 식 =RANK(U7,Frequency,1)을 W8:W5006에 복사하여 '빈도'에 대해 각 고객의 순위를 계산한다. 예를 들어 고객 1은 빈도에서 497번째로 낮다.

3. 셀 X7의 식 =RANK(T7,Monetary_Value,1)을 X8:X5006에 복사하여 '금전적인 가치'에 대해 각 고객의 순위를 계산한다. 예를 들어 고객 1은 빈도에서 442번째로 낮다.

4. 셀 Y7의 식 =VLOOKUP(V7,rfmlookup,2)을 Y7:AA5006에 복사하여 R, F, M에 대한 고객의 순위를 1~5의 평가로 변환한다. 즉 순위가 1~1,000이면 점수는 1, 1,001~2,000이면 점수 2, 2,001~3,000이면 점수 3, 3,001~4,000이면 점수 4, 4,001~5,000이면 점수 5에 해당한다. 영역 AB5:AC10(그림 30-3)의 이름은 rfmlookup이다. 예를 들어 고객 1의 R순위 2,217은 점수로 변환하면 3점이고, F순위 497은 변환하면 1점, 그리고 M순위 442는 변환해서 1점이다.

	AB	AC	AD	AE	AF	AG	AH
2		이익=20					
3		우편 발송 비용=50 센트					
4		0.025					
5							
6	1	1					
7	1001	2					
8	2001	3					
9	3001	4					
10	4001	5					
11							
12						5000	
13		R	F	M	응답율	개수	응답
14	1	1	1	1	0.092	260	24
15	2	1	2	1	0.045	44	2
16	3	1	3	1	0.000	1	0
17	4	1	4	1	0.000	0	0
18	5	1	5	1	0.000	0	0
19	6	2	1	1	0.093	162	15
20	7	2	2	1	0.105	38	4
126	113	3	3	5	0.000	0	0
127	114	3	4	5	0.170	47	8
128	115	3	5	5	0.128	172	22
129	116	4	1	5	0.000	0	0
130	117	4	2	5	0.000	0	0
131	118	4	3	5	0.000	2	0
132	119	4	4	5	0.121	33	4
133	120	4	5	5	0.114	184	21

그림 30-3 : R, F, M 그리고 응답률 계산

어떤 R, F, M 값에게 메일을 발송해야 할까?

RFM 분석에서 다음 단계는 어떤 RFM 조합(여기는 53=125가지의 조합이 있다)이 고객 데이터에 기초했을 때 이익을 창출해낼 수 있을까?

우선 J. Crew가 손익분기를 넘길 수 있는 응답률을 결정하기 위해 손익분기 분석을 수행해보자. 이익=주문당 기대되는 이익, 응답률=고객이 메일에 대해 응답할 가능성 그리고 우편 비용=고객에게 카탈로그를 발송하는 비용이라고 가정하자. J.Crew는 고객당 얻을 수 있는 기대 이익이 우편 비용과 일치하면 손익분기를 넘을 수 있다. 아니면 아래 두 식이 모두 참이면 손익분기를 넘는다.

$$응답률 * 이익 = 우편 비용$$
$$응답률 = 우편 비용/이익$$

따라서 J.Crew는 응답률이 우편 비용/이익을 초과할 수 있는 고객들에게 우편을 발송해야 한다. J. Crew는 주문당 $20의 이익을 얻을 것으로 기대하고 카탈로그 발송 비용은 $.050이라고 가정하자. 이때 J.Crew는 응답률이 0.50/20=2.5%가 넘는 RFM 조합에 카탈로그를 발송해야 한다. 확실히 하기 위해 J.Cew는 손익분기를 넘는 응답률의 최소 2배(5%)가 넘는 RFM 조합에게 카탈로그를 발송한다고 가정한다. N열(그림 30-4)에서는 고객이 마지막 카탈로그에 대해 응답했는지 여부(1=응답, 0=무응답)를 보여준다. 예를 들어 고객 2와 고객 5는 가장 최근의 카탈로그에 대해 응답했다.

	N	O
4		
5		
6	응답	고객
7	0	1
8	1	2
9	0	3
10	0	4
11	1	5
12	0	6
13	0	7
14	0	8
15	0	9
16	0	10
17	0	11
18	0	12
19	0	13
20	0	14
126	0	120
127	0	121
128	0	122
129	0	123
130	0	124
131	0	125

그림 30-4 : 고객별 응답

자. 이제 모든 준비가 끝났다. 이제 가장 이익이 되는 R, F, M 조합을 결정해보자. 우선 영역 AC14:AE138에 125개의 RFM 조합을 1 1 1부터 5 5 5까지 나열해보자. 그리고 다음 과정을 수행해보자.

1. AG14의 식 `=COUNTIFS(R_,AC14,F,AD14,M,AE14)`을 AG15:AG138에 복사하여 각 RFM 조합에 해당하는 고객 수를 센다. 예를 들어 1 1 1 조합에 해당되는 고객은 260명이다.
2. AH14의 식 `=COUNTIFS(R_,AC14,F,AD14,M,AE14,actualrresponse,1)`을 AH15:AH138에 복사하여 각 RFM 조합에서 최근 카탈로그에 응답한 고객의 수를 센다. 예를 들어 1 1 1 조합에 해당되는 고객 중 가장 최근 카탈로그에 응답한 고객은 24명

이다.

3. AF14의 식 =IFERROR(AH14/AG14,0)를 AF15:AF138에 복사하여 각 RFM 조합의 응답률을 계산한다. 예를 들어 1 1 1 조합의 응답률은 9.2%이다. 만약 해당 RFM 조합에 아무 값도 없으면 #DIV/0! 에러가 발생하므로 이를 막기 위해 IFERROR 함수가 값이 없는 조합에 대해서는 대신 0을 입력해준다.

4. 엑셀의 조건부 서식을 사용하여 응답률이 5%를 넘는 RFM 조합을 표시한다. 우선 서식을 바꿀 전체 영역(AC14:AF138)의 왼쪽 위 코너(AC14)에 커서를 놓고 영역을 선택한다.

5. '홈' 탭 → '스타일' 그룹 → '조건부 서식'을 선택한 다음 '새 규칙...'을 선택한다. 다음 '규칙 유형 선택'에서 '수식을 사용하여 서식을 지정할 셀 결정'을 선택한다. 그림 30-5와 같은 대화상자를 볼 수 있다.

6. 대화상자에서 해당 영역에 수식을 입력했을 때 각 셀에 대해 '참'으로 평가되어 해당 셀의 서식을 바꿀 식을 입력해야 한다. 여기서는 식으로 =$AF14>=0.05을 사용한다.

7. AF 열의 $기호는 각 행에서 열 AF의 항목이 .05보다 클 때 서식을 바꿈을 의미한다.

8. 식을 완료한 다음 '서식'을 선택한다. 다음 대화상자에서 '채우기'를 선택하여 강조할 색을 선택한다(예제에서는 주황색 선택). 응답률이 5% 이상인 모든 RFM 조합이 주황색으로 강조된 것을 볼 수 있다(그림 30-3을 참고하시오).

> **Note**
> 만약 데이터베이스의 크기가 작으면 마케팅 분석가는 R, F, M에 대해 3분위수를 사용하여 각 R, F, M에 대해 충분한 수의 관찰값을 확보하도록 한다. 이렇게 해서 평균 응답률을 정확하게 추정할 수 있다.

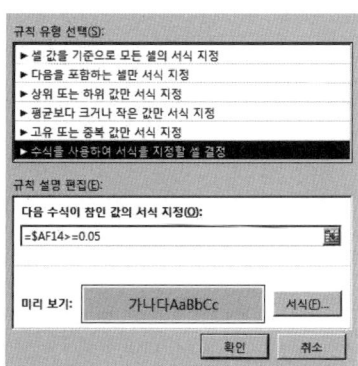

그림 30-5 : 조건부 서식을 사용하여 이익이 되는 RFM 조합을 강조해서 보여준다

Analysis 2 RFM 성공 사례

Strategic Database Marketing(McGraw-Hill, 2011)의 저자인 Arthur Hughes는 그의 웹사이트(http://www.dbmarketing.com/articles/Art149.htm)에서 RFM을 성공적으로 적용한 예에 대해 다뤘다. 남부 지방의 교육 상품 회사는 매년 2백만 명의 전체 고객에게 비디오 프로모션에 대한 우편을 발송하지만 응답률은 겨우 1.3%에 불과하다. 따라서 이익이 매우 적다. 이 회사는 다음 30,000명의 샘플 고객에게 우편을 발송한 다음 각 고객을 125개의 RFM 셀로 분류하고 각각의 응답률을 조사했다. 물론 처음 이렇게 우편을 발송할 때는 비용이 많이 발생했지만, 이렇게 우편을 발송함으로써 이익이 발생하는 34개의 RFM 조합을 찾아내게 되었다. 최종적으로 334,000명의 고객에게 우편을 발송했고 이 결과 응답률은 2.76이 되었으며 이익은 $307,000이 되었다.

Analysis 3 Evolutionary 해찾기를 이용하여 다이렉트 메일 캠페인 최적화하기

J.Crew 예에서 우편을 보낼 것인지 말 것인지 결정하는 응답률 5%는 임의로 선택한 값이며 단순히 손익분기율의 2배로 선택했다. 이 절에서는 어떤 고객에게 우편을 보낼지 말지 결정을 최적화하여 매출이나 이익을 극대화하도록 하겠다.

이제 2015년 1월 1일 기준으로 J.Crew는 고객의 10%에게만 우편을 발송하려 한다고 가정해 보자. 여러분은 모든 고객에 대해 다음과 같은 정보를 가지고 있다고 가정한다(RFMtop10%.xls 파일과 그림 30-6을 참고하자).

RFMtop10%.xls 파일은 각 고객에 대해 다음과 같은 정보를 가진다.

- 2014년 1월부터 6월까지 고객이 구매한 횟수
- 2014년 1월부터 6월까지 고객이 구매한 금액
- 카탈로그를 발송한 다음 2014년 7월부터 12월까지 고객이 구매한 금액

	B	C	D	E	F	G
7					상위 10%	
8					1480.02769	
9					총 매출액	
10	가중치	7.923820514	0.131723847		449451.5941	
11		2014 1월-6월 구매횟수	2014 1월-6월 구매 금액	2014 7월-12월 구매 금액	점수	구매?
12		9	$ 333.00	$ 285.16	$ 115.18	0.00
13		67	$ 2,814.00	$ 881.26	$ 901.57	0.00
14		30	$ 1,200.00	$ 497.86	$ 395.78	0.00
15		46	$ 828.00	$ 556.66	$ 473.56	0.00
16		70	$ 2,240.00	$ 841.86	$ 849.73	0.00
17		54	$ 4,104.00	$ 932.26	$ 968.48	0.00
18		44	$ 3,080.00	$ 769.86	$ 754.36	0.00
19		74	$ 5,032.00	$ 1,145.06	$ 1,249.20	0.00
20		62	$ 5,518.00	$ 1,121.66	$ 1,218.13	0.00
21		91	$ 4,732.00	$ 1,217.06	$ 1,344.38	0.00
22		31	$ 1,426.00	$ 526.46	$ 433.48	0.00
23		17	$ 714.00	$ 371.26	$ 228.76	0.00
24		84	$ 6,300.00	$ 1,331.86	$ 1,495.46	1.00
25		36	$ 3,600.00	$ 773.86	$ 759.46	0.00
26		29	$ 1,363.00	$ 508.16	$ 409.33	0.00
27		62	$ 2,976.00	$ 867.46	$ 883.29	0.00
28		70	$ 3,780.00	$ 995.86	$ 1,052.58	0.00
29		67	$ 1,742.00	$ 774.06	$ 760.36	0.00
30		77	$ 1,617.00	$ 821.56	$ 823.13	0.00
31		9	$ 369.00	$ 288.76	$ 119.92	0.00
32		25	$ 2,400.00	$ 587.86	$ 514.23	0.00
33		9	$ 603.00	$ 312.16	$ 150.74	0.00
34		50	$ 1,250.00	$ 622.86	$ 560.85	0.00
35		37	$ 1,850.00	$ 604.86	$ 536.87	0.00
36		95	$ 6,270.00	$ 1,394.86	$ 1,578.67	1.00

그림 30-6 : 고객의 10%에게 우편 발송

이제 다음과 같은 점수 규칙을 만들자.

(빈도 가중치) * (2014년 1월부터 6월까지 구매한 횟수) +

(사용한 금액 가중치) * (2014년 1월부터 6월까지 구매한 금액)

여러분은 이 식에 의해 계산한 결과 상위 10%의 가망 고객에게만 J.Crew의 카탈로그를 발송한다고 가정해보자. Evolutionary 해찾기를 이용하여 2014년 7월부터 12월까지 선택한 고객으로부터 얻을 수 있는 매출을 극대화하는 가중치를 구할 수 있다. 새로 바뀐 우편 전략은 가망 고객 데이터베이스에서 점수가 상위 10%를 초과하는 고객에게만 우편을 발송하는 것이다.

다음과 같은 과정을 따라가보자.

1. 셀 C10, D10에 시험값으로 가중치를 입력하자.
2. 셀 F12의 식 =$C$10*C12+$D$10*D12을 F13:F3045에 복사하여 각 고객의 점수를 계산한다.
3. 셀 G8의 식 =PERCENTILE(F12:F3045,0.9)으로 점수의 90분위수를 계산한다.
4. 셀 G12의 식 =IF(F12>$G$8,1,0)을 G13:G3045에 복사하여 해당 고객의 점수가 상위 10%에 해당하는지 결정한다.
5. 셀 G10에 식 =SUMPRODUCT(G12:G3045,E12:E3045)을 입력하여 점수 상위 10%로부터 얻은 총 매출을 계산한다. 이때 점수가 상위 10%에 해당하는 고객의 구매만을 센다.
6. Evolutionary 해찾기를 사용하여 상위 10%의 고객에게만 우편을 발송했을 때 2014년 7월부터 12월의 매출을 극대화하는 가중치를 찾는다. 해찾기는 그림 30-7과 같으며 가중치 값은 0.01과 10 사이로 제한한다.

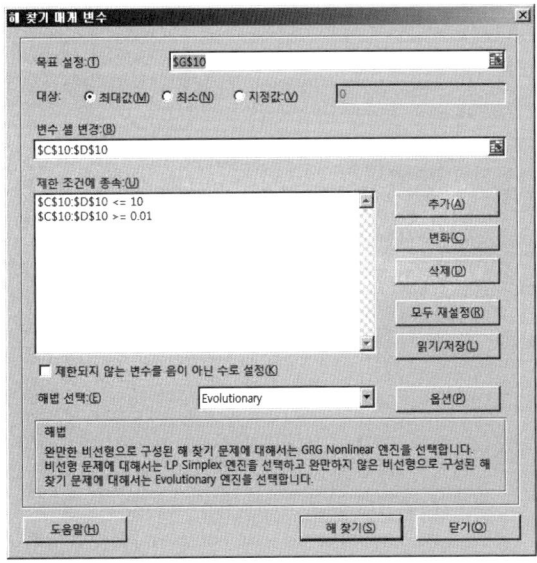

그림 30-7 : 고객 최상위 10%에게 우편을 발송하기 위한 해찾기

해찾기의 결과로 보면 가장 적합한 점수 규칙은 7.92 * 빈도 + .13 * (최종 6개월간 구매한 금액) 이다. 만약 이 점수가 1,480을 넘으면 해당 고객에게 메일을 발송해야 한다. 가중치에

서 보면 7.92/.13 = $61이므로 이것은 빈도가 한 번 늘어날 때마다 점수가 증가할 때 이와 동일하게 구매 금액도 증가한다는 의미이다. 만약 여러분이 상위 20%나 30%에게 우편을 발송한다면 가중치 값을 또 바꿔야 한다. 기존 RFM에 비해 이 방법은 정보를 최대한 이용한다는 장점이 있다. 또한 가중치를 결정할 때도 매출을 최대화한다는 목표(혹은 이익을 최대화)에 맞게 설정할 수 있다는 장점이 있다. 이에 비해 RFM 분석에서는 단순히 응답률이 손익분기를 넘는 RFM 조합을 선택할 뿐이다. 연습문제 2번에서는 상위 20%의 고객에게 카탈로그를 발송하는 규칙을 찾아보자.

Summary

이 장에서는 다음과 같은 사항을 알아보았다.

- RFM 분석을 수행하기 위해서 각 고객은 최근, 빈도, 금전적 가치에 대해 1에서 5로 점수를 매겨서 분류해야 한다. 예를 들어 어떤 고객이 최근 부분에 있어서 상위 20%에 들어가면 5점을 주고, 최근 부분에서 하위 20%에 들어있으면 1점을 준다.
- 125개 RFM 조합에 대해 응답률을 계산한다. 이 응답률이 손익분기를 넘는 RFM 조합에 해당하는 고객에게 우편을 발송한다.
- 이와는 별도로 여러분은 매출을 가장 잘 예상할 것으로 여겨지는 데이터(최근 구매 횟수와 최근 구매 금액)를 분리하자. 그리고 Evolutionary 해찾기를 사용하여 우편 응답률에 대해 가장 많은 금액을 소비한 고객과 관련된 점수 규칙을 이끌어낼 수 있다.

Exercises

1. 파일 `RFMdata.xlsx`는 한 우편 주문 카탈로그 회사의 256명의 고객에 대한 트랜잭션 정보가 있다. 이 트랜잭션 정보는 날짜와 트랜잭션의 금액 크기이다. RFM으로 최근, 빈도 그리고 금전적 가치에 기반해서 미래의 고객의 행동을 예상하고자 한다.

a. 각 속성에 대해 1~4로 각 고객을 점수를 매기자. 4가 가장 좋고, 1이 가장 나쁘다.

b. 각 속성에 대해 고객이 상위 25%에 속하면 점수 4를 매긴다. RANK 함수를 사용하여 각 속성에 대해 고객의 점수를 매긴다. 고객을 순위를 매기면 속성의 가장 큰 값은 256이므로, 순위가 193 – 256이면 점수 4를 매긴다. 계속해서 순위가 129 – 192이면 점수 3, 65 – 128이면 점수 2, 1 – 64면 점수 1이다. 각 고객은 80개의 우편을 받았고 우편 비

용은 $0.50이라고 가정한다.

c. 영역 E8:E71에서 조건부 서식을 사용하여 이익이 발생하는 RFM 조합은 노란색으로 강조하자.

2. RFMtop10%.xls 파일을 이용하여 고객의 20%에게 메일을 발송하여 매출을 최대화할 수 있는 규칙을 찾아보자.

Using the SCAN*PRO Model and Its Variants

SCAN*PRO 모델과 변형 모델 사용하기

Chapter 31

소매업자들은 이익을 증가시키기 위해 가격 조정, 진열할 제품의 배치, 광고 등 여러 가지 전략을 사용한다. 이익을 극대화하는 마케팅 전략 여러 가지를 함께 사용할 때 어려운 점은 계절 요인이나 단순한 변형이 생기면 어떤 마케팅 전략이 어떻게 판매에 영향을 미쳤는지 분리하기가 어렵다는 것이다. 이 장에서는 GRG(Generalized Reduced Gradient) multistart 해 찾기 엔진을 사용하여 SCAN*PRO의 예측 추정 변형 모델을 만들어보겠다. 이 모델을 통해 소매업자는 마케팅 전략 믹스에서 어떤 부분이 판매에 얼마나 영향을 미치는지 구분할 수 있다. 기업에서는 이러한 요인들이 판매에 어떻게 영향을 미치는지 알게 되면 제어할 수 있는 요인들의 자원을 좀더 효과적으로 할당할 수 있다. 그리고 기업에서 통제할 수 없는 외부요인(경쟁사의 가격, 계절 요인, 경쟁사의 상품 전시 등)이 기업의 효율성을 어떻게 저해하는지도 이해할 수 있다.

Analysis 1 SCAN*PRO 모델 소개

만약 여러분이 지역 슈퍼마켓에서 스니커즈(Snickers)[1]의 주간 판매에 대해 예상하려 한다고 가정해보자. 스니커즈의 판매에 영향을 미치는 요인들은 다음과 같다.

---

1 엠 앤 엔 마스사의 초콜릿 바 스낵

- 스니커즈의 가격
- 스니커즈의 경쟁 상품(Three Musketeers, 허쉬 초콜릿 바)들의 가격
- 스니커즈가 진열대에 진열되어 있는지?
- 스니커즈 광고 캠페인을 전국적으로 하고 있는지?
- 지역 신문 일요일 자에 스니커즈 광고가 실렸는지?
- 계절 요인 : 스니커즈는 여름보다는 겨울에 더 잘 팔릴 것이다.

스니커즈 판매에 이런 요인들이 어떻게 영향을 주는지 하나하나 알아내기는 매우 어렵다. Dirk Wittink의 논문 "A Model to Improve the Baseline Estimation of Retail Sales," (1988, http://centrum.pucp.edu.pe/adjunto/upload/publicacion/archivo/1amodeltoimprovetheestimationofbaselineretailsales.pdf)에서는 널리 사용되는 SCAN* PRO 모델을 사용하여 소매 상품 판매에 미치는 이러한 요인들을 따로따로 분리해냈다. A.C. Nielsen과 소매업을 분석하는 다른 기관들에서는 SCAN*PRO 모델과 이것의 변형 모델(Dirk Wittink et al. Building Models for Marketing Decisions, Kluwer Publishing, 2000을 참고)을 널리 사용하고 있다.

Analysis 2 스니커즈 바 판매 모델링

SCAN*PRO 모델을 사용하여 마케팅 믹스의 여러 가지 부분의 영향을 모델링하는데 사용한다. 판매를 예상하기 위해서 이 절의 예에서 설명한 마케팅 믹스의 각각의 영향을 모델링하고, 최종 판매를 예상할 수 있다. 각 마케팅 믹스의 각 항을 곱한 다음 상수를 사용하여 최종 예상을 조절한다.

이 모델을 만들기 위해 Snickers.xlsx 파일의 데이터를 사용하자. 이 파일에서는 지역 슈퍼마켓에서 스니커즈 바가 얼마나 팔렸는지 주간 판매량과 가격, 주요 경쟁 제품의 가격 그리고 스니커즈가 진열되어있었는지 여부를 보여준다. 데이터의 일부를 그림 31-1에서 볼 수 있다. 예를 들어 첫 번째 주에서는 986개의 스니커즈가 판매되었다. 스니커즈의 가격은 $1.04였고, 주 경쟁 제품의 가격은 $0.81이었으며 스니커즈는 진열되어 있었다(1=스니커즈를 진열,0=스니커즈를 진열하지 않음). 우선 가정을 단순화하기 위해 스니커즈의 판매는 계절 요

인이 없다고 가정한다. 이 장의 나중에 다루겠지만 계절 요인은 다시 쉽게 반영할 수 있다.

	A	B	C	D	E	F	G	H	I	J
1									SSE	753677.4
2									rsq	0.921893
3	displayeffect	1.198152	주	가격	경쟁제품 가격	진열?	판매	예상	오차 제곱	
4	ownelas	-3.19015	1	1.04	0.81	1	986	868.45425	13817	
5	compelas	0.400499	2	1.09	1.17	1	788	866.26289	6125.079	
6	constant	893.7695	3	1.16	1.04	1	580	677.52998	9512.097	
7			4	1.07	1.02	0	660	725.99079	4354.785	
8			5	0.9	0.94	0	1263	1220.2161	1830.465	
9			6	0.8	0.89	0	1972	1738.2579	54635.39	
10			7	0.84	0.83	0	1522	1446.6956	5670.754	
11			8	1.06	1.02	0	755	748.06664	48.07155	
12			9	1.06	0.96	1	904	874.79772	852.773	
13			10	0.86	1.14	1	1751	1825.9465	5616.983	
14			11	0.97	1.14	1	1104	1243.736	19526.15	
15			12	1.09	1.13	0	739	712.99603	676.2063	
16			13	1.16	0.88	1	707	633.68294	5375.391	

그림 31-1 : 스니커즈 판매 데이터

주간 판매를 예상하기 위한 모델을 만들기 위해 다음 과정을 따라가보자.

1. 가격을 알려지지 않은 제곱수로 올린다(이것을 거듭제곱 OWNELAS라고 한다). 이것은 (우리 상품의 가격)^{OWNELAS} 항을 만든다. OWNELAS의 값은 가격 탄력성을 추정한다. 여러분은 OWNELAS가 음수라고 예상할 것이다. 예를 들어 OWNELAS = −3이면 여러분이 어떤 가격을 할당하던 가격이 1% 증가하면 수요는 3% 줄어들 것이라고 추정할 수 있다.

2. 경쟁사의 가격도 알려지지 않은 제곱수로 올린다(COMPELAS). 이것은 (경쟁제품의 가격)^{COMPELAS} 항을 만든다. COMPELAS의 값은 수요의 교차 탄력성을 추정한다. 여러분은 COMPELAS는 양수이며 OWNELAS의 절대값보다는 작다고 기대할 수 있다. 예를 들어 COMPELAS = 0.4라면, 경쟁사의 가격이 1% 오를 때 스니커즈의 수요(어떤 가격 세트에 대해서도)는 0.4% 증가하게 된다.

3. 알려지지 않은 파라미터를 제곱수로 한 항 power$^{DISPLAY\#}$(1이면 진열했고 0이면 진열하지 않았다)으로 디스플레이 효과를 모델링한다(DISPLAYEFFECT라고 하자). 이 항의 형태는 (DISPLAYEFFECT?)$^{DISPLAY\#}$이며 진열이 되면 항은 DISPLAYEFFECT와 일치하고 진열되어 있지 않으면 1과 일치한다. 따라서 즉 DISPLAYEFFECT=1.2라면 가격을 조정한 다음 진열은 주간 판매를 20% 증가시켰다고 해석한다.

34장 "광고의 효과 측정하기"에서 판매에서 광고의 효과를 모델링하는 방법을 다룰 것이다.

모두 합쳐서 주간 판매의 최종 예상은 식(1)과 같다.

$$(1) \quad 상수 * (우리\ 상품\ 가격)^{OWNELAS} * (경쟁\ 제품\ 가격)^{COMPELAS} * (DISPLAYEFFECT?)^{DISPLAY\#}$$

이제 GRG multistart 해찾기 엔진을 사용하여 주간 예상 판매 오차의 제곱을 최소로 하는 CONSTANT, OWNELAS, COMPELAS, DISPLAYEFFECT 값을 찾아보자. 과정은 다음과 같다.

1. 셀 H4의 식 `=constant*(D4^ownelas)*(E4^compelas)*(displayeffect^F4)`을 H5:H45에 복사하여 식(1)을 이용한 각 주의 수요에 대해 예측한다.
2. 셀 I4의 식 `=(G4-H4)^2`을 I5:I45에 복사하여 각 조의 예측에 대해 오차의 제곱을 계산한다.
3. 셀 J1에서 식 `=SUM(I4:I45)`으로 각 주의 오차의 제곱합을 계산한다.
4. 셀 J2에서 식 `=RSQ(G4:G45,H4:H45)`으로 예상값과 실제 판매값 간의 R^2을 계산한다.
5. 그림 31-2와 같이 해찾기를 사용하여, 예측 오차의 제곱합을 최소로 하는 파라미터 추정값을 찾자. '옵션'에서 '단위 자동 설정 사용'을 체크한다. 이렇게 하면 판매 예측 모델에 대해 수행하는 해찾기의 성능을 증가시킬 수 있다.

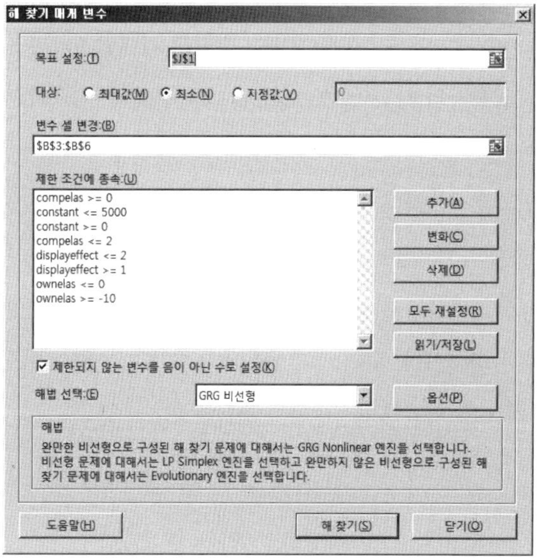

그림 31-2 : 스니커즈 판매 해찾기 창

GRG Multistart 엔진에서는 변수 셀에 대해서 범위를 정해줘야 한다. 범위를 좁게 잡으면 해찾기의 성능을 증가시킬 수 있다. 진열 효과는 1과 2 사이에 있고, 경쟁상품의 가격 탄력성은 0과 2 사이에 있는 것으로 가정하겠다. 스니커즈의 가격 탄력성은 0과 −10 사이, 상수는 0과 5,000 사이에 있는 것으로 가정하겠다. 만약 해찾기의 결과값이 범위에 가까우면 범위를 좀 더 늘려줘야 하는데 이렇게 하면 해찾기가 범위를 넘어서 좀 더 좋은 결과를 낼 수 있기 때문이다.

해찾기로 찾은 다음 파라미터를 식(1)에 사용했을 때 여러분의 판매 데이터를 가장 잘 설명할 수 있다.

- 진열 효과=1.198. 이 값은 가격을 조정한 다음 스니커즈를 진열하면 주간 판매량이 19.8% 높아진다고 알려주고 있다.
- 스니커즈의 가격 탄력성은 −3.19. 따라서 스니커즈의 가격이 1% 올라가면 스니커즈의 판매는 3.19% 줄어든다.
- 스니커즈의 교차 가격 탄력성은 0.40. 경쟁 제품의 가격이 1% 올라가면 스니커즈의 수요는 0.40% 올라간다.

파라미터를 식(1)에 적용하면, 주간 판매량을 다음 식으로 예측할 수 있다.

$$893.77 * (\text{스니커즈의 가격})^{-3.19} * (\text{경쟁 제품 가격})^{0.40} * (1.198)^{\text{진열?}}$$

셀 J2에서 여러분의 모델이 주간 판매 변동의 92%를 설명할 수 있음을 알 수 있다.

Analysis 3 소프트웨어 판매 예측

SCAN*PRO를 변경한 방법을 사용하여 가격이나 상품 진열 외의 요인을 포함하여 판매를 정확하게 예측하는 모델을 만들 수 있다. 개념을 보여주기 위해, 현재 여러분은 분기별 PC 출하량에 의존하는 분기별 소프트웨어 판매 데이터를 가지고 있다고 가정하자. 판매는 계절에 따라 다르며 출시된 직후에는 판매가 증가했다가 새 버전의 소프트웨어가 출시되기 이전에는 판매가 줄어든다. 판매를 예측하는 모델을 어떻게 만들 수 있을까?

이 예제에 사용할 파일은 `softwaresales.xlsx`(그림 31-3)이다. 소프트웨어 판매의 48분기에 대한 데이터를 볼 수 있다. 예를 들어 11분기에는 소프트웨어 700,000개가 판매되었다. 이 분기에는 소프트웨어 출시되었고, 해당 분기는 그 해의 3번째 분기였으며 4,800,000대의 PC가 출하되었다.

판매를 예측하기 위한 식은 다음 파라미터를 포함한다.

- 각 분기의 계절 지수. 이 계절 지수의 평균은 1이어야 한다. 즉 다른 요인을 조정한 다음 4분기의 계절 지수가 1.3이었다고 하면, 4분기의 판매는 다른 분기 평균에 비해 30% 더 판매가 된 것이다.
- 분기 중에 갑자기 나타나는 요인을 측정하는 요인(스니커즈 예에서 진열 효과와 비슷하다). 분기에 소프트웨어 출시된 분기를 반영(LAUNCH1)하는 요인과 출시된 다음 분기를 반영(LAUNCH2)하는 요인
- 출시 전 분기에 판매가 줄어드는 것은 반영하는 요인(LAUNCH-1)
- PC 출하가 증가하면 소프트웨어 판매도 증가한다고 가정하는 것이 타당할 것이다. 따라서 예측에 BASE*PCSALES 항을 포함한다. 여기서 (BASE)는 변수 셀이며 MAPE를 최소화하기 위해 예측을 조정한다.

	B	C	D	E	F	G	H	I	J	K	L	M	N
1		계절											
2			1	0.71891		base	0.09793482						
3			2	0.84266	1	launch1	1.149932						
4			3	1.15082	2	launch2	1.0992073						
5			4	1.28761	-1	launch-1	0.77938391						
6		평균		1	0	nolaunch	1						
7										표준편차		MAPE	부호 변경
8						계절요인과 출시요인 무시				0.058552		0.05	20
9			백만		백만	PC판매당 .098 단위를 판매한다							
10			분기	PC 출하량	판매	연도중 분기	출시	코드	예측	PE	APE	Sign Change	
11			1	4.4	0.31934	1		0	0.30979	0.0299	0.03		
12			2	7	0.60165	2		0	0.577679	0.0398	0.04	0	
13			3	5.5	0.68591	3		0	0.619878	0.0963	0.1	0	
14			4	6.6	0.77916	4		0	0.832272	-0.068	0.07	1	
15			5	4.2	0.31413	1		0	0.295708	0.0587	0.06	1	
16			6	5.8	0.51673	2		0	0.478648	0.0737	0.07	0	
17			7	6	0.64891	3		0	0.676231	-0.042	0.04	1	
18			8	4.1	0.5083	4		0	0.517017	-0.017	0.02	0	
19			9	4.8	0.337795	1		0	0.337952	4E-07	0	1	
20			10	5.9	0.37343	2		-1	0.379482	-0.016	0.02	1	
21			11	4.8	0.7	3	yes	1	0.622096	0.1113	0.11	1	
22			12	4	0.58286	4		2	0.554448	0.0487	0.05	0	
23			13	7.5	0.53559	1		0	0.528051	0.0141	0.01	0	

그림 31-3 : 소프트웨어 판매 데이터

14장 "Winter's 방법"을 다시 기억해보자. MAPE는 평균 절대 백분비 오차, 즉 절대 퍼센티지 오차의 평균이다.

이 모든 항을 합쳐서, 분기당 판매(단위 백만)를 예측하는 모델을 만들면 식(2)와 같다.

(2) BASE * PCSALES * (계절 요인) * (출시 효과)

식(2)에서, BASE는 식(1)의 상수항과 같은 역할을 한다.

판매 예측 모델을 만들 때 여러분은 오차의 제곱을 최소화하는 대신 평균 절대 백분비 오차(MAPE)를 최소화할 수 있다. SSE(오차 제곱의 합)를 최소화하는 것은 커다란 아웃라이어를 피하는 것이 주목적이며 MAPE를 최소화하는 것은 전형적인 예상 오차의 폭을 최소화하는 것이 주목적이다. 또한 대부분의 전문가들은 예측의 정확성을 평가하는데 있어서 SSE를 최소화하는 것보다는 MAPE를 최소화하는 것을 더 선호한다. MAPE는 종속 변수의 퍼센티지로 측정하는 반면 SSE는 단위를 해석하기 어렵기 때문일 것이다(이 경우에서는 단위 2). GRG multistart 해찾기를 사용하기 전에 다음 과정을 수행하자.

1. 셀 J11의 식 =base*E11*VLOOKUP(G11,lookup,2)*VLOOKUP(I11,launch,3,FALSE)을 J12:J58에 복사하여 48분기 모든 데이터에 대해 예측값을 계산한다.
2. 셀 K11의 식 =(F11-J11)/F11을 K12:K58에 복사하여 각 분기의 백분비 오차를 계산하자. 예를 들어 분기1에서 실제 소프트웨어 판매는 여러분의 예상보다 3.0% 높았다.
3. 셀 L11의 식 =ABS(K11)를 L12:L58에 복사하여 각 분기의 절대 백분비 오차를 계산한다.
4. 셀 L8에서 식 =AVERAGE(L11:L58)으로 MAPE를 계산한다.

그림 31-4의 해찾기 창은 가장 예측을 잘할 수 있는 base, 계절 지수 그리고 출시 효과를 찾는다. 목표 셀은 다음 파라미터를 변경하여 MAPE(셀 L8)를 최소화한다.

- 영역 D2:D5의 계절 지수(이 값의 평균은 1)
- Base(셀 G2). 이 값은 PC 출하량을 소프트웨어 판매에 적용할 때 값을 조정한다.

- LAUNCH−1(셀 G5). 이 값은 소프트웨어 출시 이전에 판매가 줄어드는 것을 반영한다.
- LAUNCH1(셀 G3). 이 값은 소프트웨어 출시 기간 중에 판매가 증가하는 것을 반영한다.
- LAUNCH2(셀 G4). 이 값은 소프트웨어를 출시한 분기 다음에 판매가 증가하는 것을 반영한다.
- 각 변수 셀의 범위는 0부터 2 사이이다. 상한선이 2인 이유는 소프트웨어가 출시되었다고 해서 해당 분기에 판매가 2배가 될 가능성이 별로 없다고 판단해서이고 PC가 한 대 판매되었는데 소프트웨어는 2개가 팔리지는 않기 때문이다.

모델 해석

식(2)의 해찾기 답을 사용하여 다음과 같은 시장에 대한 결론을 낼 수 있다.

- 4분기에는 평균보다 29% 판매가 증가한 결과를 보였다. 그리고 1분기는 가장 판매 결과가 안 좋았다(평균보다 28% 낮음).
- 다른 모든 조건이 동일하다면 소프트웨어가 출시된 분기에서는 판매가 15% 증가했다.
- 다른 모든 조건이 동일하다면 소프트웨어가 출시된 다음 분기에는 판매가 10% 증가했다.
- 다른 모든 조건이 동일하다면 소프트웨어가 출시되기 전 분기에는 판매가 22% 감소했다.
- 평균적인 분기에서는 PC 출하량이 100대 늘어나면 소프트웨어가 9.8개 더 판매되었다.
- 셀 J8에서 식 =STDEV(K11:K58)으로 백분비 오차의 표준 편차를 계산했다. 표준 편차가 5%라는 것은 여러분의 예상의 약 68%는 5% 오차 안에서 정확하며 예상의 95%는 10% 오차 안에서 정확하다는 것을 말한다.
- 여러분의 예상에서 약 10% 이상을 벗어나는 분기는 아웃라이어이다. 그림 31-5에서처럼 44분기는 여러분의 예상에서 12% 벗어났기 때문에 아웃라이어이다.

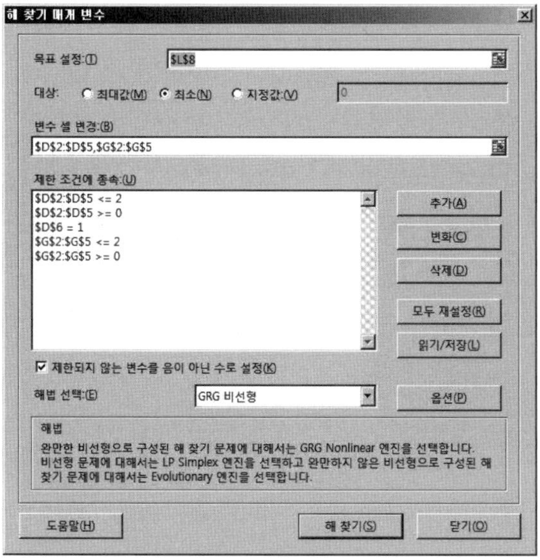

그림 31-4 : 소프트웨어 판매의 해찾기 창

미래의 판매 예상하기

50번째 분기에 PC 출하량이 6,000,000대였다고 가정한 다음, 여러분은 50번째 분기의 판매를 예측해야 한다고 해보자. 48~51분기에는 새로 소프트웨어를 출시하지 않는다. 50번째 분기의 판매를 예상하기 위해 우선 셀 J58의 예측식을 J59로 복사한다. 50번째 분기의 판매는 .495153(단위 백만) 혹은 495,153개(단위)이다.

	B	C	D	E	F	G	H	I	J	K	L	M	N
1		계절											
2			1	0.71891		base	0.0979348						
3			2	0.84266	1	launch1	1.149932						
4			3	1.15082	2	launch2	1.0992073						
5			4	1.28761	-1	launch-1	0.7793839						
6		평균		1	0	nolaunch	1						
7									표준편차		MAPE	부호 변경	
8						계절요인과 출시요인 무시			0.05855		0.05	20	
9				백만		백만	PC판매당 .098 단위를 판매한다						
10				분기	PC 출하량	판매	연도중 분기	출시	코드	예측	PE	APE	부호 변경
54				44	7.2	1.02933	4		0	0.90793	0.1179	0.12	1
55				45	5.6	0.39001	1		0	0.39428	-0.011	0.01	1
56				46	7.8	0.60663	2		0	0.6437	-0.061	0.06	0
57				47	4.1	0.49677	3		0	0.46209	0.0698	0.07	1
58				48	5.6	0.70625	4		0	0.70617	0.0001	0	0
59				50	6		2			0.49515			
60									50분기 예측				
61									495,131 단위				

그림 31-5 : 소프트웨어 판매의 아웃라이어와 50번째 분기 예측

자기상관 검사하기

10장 "다중 회귀를 사용하여 판매 예측하기"에서 좋은 예측 방법은 부호 변경이 약 절반 정도 발생해야 한다고 말했다. 셀 M12의 식 =IF(K12*K11<0,1,0)을 M13:M58에 복사하여 오차에서 부호가 바뀔 때마다 1을 입력하자. 오차에서 20번의 부호 변경이 있었다. 오차에서 부호 변경이 너무 적게 발생했는지 알아보는 기준은 $(48-1)/2-\sqrt{48-1}=16.6$이다. 20>16.6이므로 예측에서 부호 변경은 임의로 발생했고 따라서 자기상관(autocorrelation)으로 인한 수정은 하지 않아도 된다.

판매에서 추세 모델링하기

만약 여러분 생각에 소프트웨어 판매에 어떤 추세가 있다고 느꼈다면 식(2)를 일반화해서 추세를 고려하도록 할 수 있다. 추세 변경을 모델링하기 위해 셀 J11의 예측식을 식(3)으로 바꿔보자.

(3) 예상 판매 = base * (TREND^D11) * E11 * VLOOKUP(G11,lookup,2) * VLOOKUP(I11,launch,3,FALSE)

식(3)에서는 TREND를 변수 셀로 추가한다. TREND = 1.07이라고 하면 분기당 판매가 7%씩 증가하는 추세임을 알려준다(다른 모든 변수를 조정한 다음). 만약 TREND = 0.91이라면 분기당 판매가 9%씩 줄어들고 있음을 알려준다.

Summary

이 장에서는 다음과 같은 사항을 알아보았다.

- ▶ GRG multistart 해찾기 엔진을 사용하여 여러 마케팅 믹스들이 소매 판매에 어떤 영향을 미치는지 결정할 수 있다.
- ▶ 제품 가격의 효과는 (제품 가격)OWNELAS와 같은 항으로 모델링할 수 있다. OWNELAS는 가격 탄력성을 추정할 수 있다.

- 경쟁사의 가격 효과는 (경쟁 가격)COMPELAS와 같은 항으로 모델링할 수 있다. COMPELAS의 값은 수요의 교차 탄력성을 추정한다.
- 진열의 효과는 (DISPLAYEFFECT?)DISPLAY#와 같은 항으로 모델링할 수 있다.
- 계절 요인은 계절 지수와 관련된 마케팅믹스 항을 곱해서 예측에 반영할 수 있다.
- 추세나 제품 출시 같은 다른 요인들도 예측 모델에 반영할 수 있다.

Exercises

1. `Cranberries.xlsx`는 슈퍼마켓에서 크랜베리의 분기 판매 데이터를 보여준다. 판매량(단위 파운드), 파운드당 가격 그리고 경쟁 제품의 평균 가격을 보여준다.

  a. 이 데이터를 사용하여 계절 요인, 추세 그리고 가격이 분기 판매에 어떻게 영향을 끼치는지 결정해보자.

  b. 계절요인에 대해서는 승법 모델(Multiplicative Model)을 사용해보자(계절 지수의 평균은 1이 되어야 한다).

  c. 추세를 추가하고 가격 탄력성을 추정할 수 있는 모델을 만들어보자.

  d. 2012년 Q1에 파운드당 가격을 $5로 정하고 여러분의 경쟁자도 파운드당 $5로 정했다고 하자. 2012년 Q1의 판매에 대해 예상해보자.

  e. 괄호 안을 채워보자. 여러분은 95%로 2012년 Q1의 판매량이 ___와 ___ 사이에 있을 것으로 확신한다.

연습문제 2~4번은 `Snickers.xlsx` 파일을 사용하시오.

2. 스니커즈의 경쟁 제품이 한 개 이상이라면 예측 모델을 어떻게 바꿔야 할까?

3. 만약 스니커즈 측에서는 경쟁사 제품이 진열될 것인지 미리 알 수 있다면 모델을 어떻게 수정해야 할까?

4. 만약 지난 4주 동안 아무 때나 여러분이 스니커즈의 가격을 인하할 수 있다면 소비자는 가격에 대해 좀 더 민감해질 것이다. 이런 아이디어를 예측에 어떻게 반영할 수 있을까?

5. 파일 `POSTITDATA.xlsx`는 포스트잇(post-it)[2] 판매에 대한 일간 판매 정보를 보여준다. 이 데이터의 일부는 그림 31-6에서 볼 수 있다.

	F	G	H	I	J	K
4	월	일	날짜	가격	진열?	실제판매
5	1	1	01/01/11	7.52	1	390
6	1	2	01/02/11	7.52	0	344
7	1	3	01/03/11	5.95	0	636
8	1	4	01/04/11	6.2	0	483
9	1	5	01/05/11	6.1	0	486
10	1	6	01/06/11	6.2	0	490
11	1	7	01/07/11	6.98	1	524
12	1	8	01/08/11	5.95	0	620
13	1	9	01/09/11	7.12	1	416
14	1	10	01/10/11	6.98	0	464
15	1	11	01/11/11	5.95	1	709
16	1	12	01/12/11	7.32	0	370
17	1	13	01/13/11	5.95	0	630
18	1	14	01/14/11	7.32	0	362
19	1	15	01/15/11	5.95	1	686
20	1	16	01/16/11	6.1	0	501
21	1	17	01/17/11	7.32	1	396
22	1	18	01/18/11	5.95	0	619
23	1	19	01/19/11	7.32	1	392
24	1	20	01/20/11	6.98	1	521
25	1	21	01/21/11	7.12	0	375
26	1	22	01/22/11	7.32	0	364

그림 31-6 : 포스트잇 판매 데이터 예측

다음과 같은 요인들이 일일 판매에 영향을 준다.

- 월
- 추세
- 가격(7가지 다른 가격을 부과한다)
- 상품을 진열했는지 여부(1=진열, 0=진열하지 않음)

a. 일일 판매를 예측할 수 있는 모델을 만들어보자(힌트 : 부과된 가격을 보자. 왜 이 모델에는 (가격)탄력성과 같은 항을 포함하면 안될까?).

b. 아웃라이어가 있는지 보고 예측의 정확도를 높이기 위해 무엇을 수정해야 할지 결정해 보자. 다음 가격, 추세, 진열 그리고 계절 요인이 매일의 판매에 어떻게 영향을 주는지 설명하시오.

6. 다음의 빈칸을 채워보자.

연습문제 5번에서 95%의 신뢰수준으로 매일의 판매 예측은 _____ 범위 안에 있다.

7. 많은 제품 판매에 있어 가격 효과는 참조 가격(reference price)과 관련된 가격 변화와 관계 있다. 참조 가격은 소비자들이 어떤 제품에 대해 보통 지불하는 가격이다. 예를 들어 치리오스(Cheerios)[3] 씨리얼의 판매는 치리오스 한 상자의 가격이 참조 가격 $3.50과 얼마나 다른지에 기반하고 있다. 참조 가격의 개념을 SCAN*PRO 모델에 포함하기 위해 모델을 어떻게 수정해야 할까?

8. 이웃 가격 효과(neighborhood price effect)는 가깝게 가격을 매긴 브랜드는 교차 가격 탄력성이 가격을 멀게 매긴 브랜드보다 더 큰 현상을 말한다. 이러한 가정을 검증하기 위해 SCAN*PRO 모델을 어떻게 사용할 수 있을까?

9. SCAN*PRO 모델을 사용하여 어느 쪽이 더 큰지 결정해보자.

- 무상표 상품을 판매하면서 전국 브랜드의 상품 가격이 1% 내려갈 때의 효과
- 전국 브랜드 상품을 판매히면서 무상표 상품 가격이 1% 내려길 때의 효과

10. 어떤 회사에서 단기간 제품의 가격을 내려서 프로모션을 진행하려고 한다. 이때 판매는 두 가지 이유로 증가하게 된다. 즉 소비자는 다른 브랜드에서 우리 브랜드로 넘어오고 그리고 제품 카테고리에서 일시적으로 판매가 증가한다. SCAN*PRO 모델을 사용하여 제품 판매에서 이렇게 증가한 두 요인을 나눌 수 있을까?

---

2   3M의 접착식 메모지의 브랜드
3   제너럴밀즈의 아침 식사용 씨리얼

Allocating Retail Space and Sales Resources

Chapter 32
판매 자원과 소매 공간 할당하기

때때로 마케팅 관리자는 이익을 극대화하기 위해 희소한 자원들(광고 비용, 식료품점의 진열 선반 혹은 제약 회사에서 영업 인력)을 어떻게 할당할 것인지 결정해야 한다. 마케팅 자원을 효율적으로 할당하는 데 있어서 중요한 점은 자원 할당을 바꿨을 때 이것이 판매에 어떤 영향을 주는지 이해해야 하는 것이다. 이해하기 위해서 할당된 희소한 자원과 이에 대한 반응 간의 관계를 모델링할 수 있어야 한다. 이러한 관계는 일반적으로 비선형 함수를 사용하여 모델링한다.

이 장에서는 관련된 마케팅 노력(marketing effort)과 그 반응(response)을 알아내고 판매와 마케팅 노력 간의 관계를 모델링하는데 일반적으로 사용하는 곡선에 관해 다룬다. 다음 마케팅 분석가들이 마케팅 노력들과 반응 간의 관계를 가장 잘 설명할 수 있는 곡선을 어떻게 결정하는지 알아보겠다. 마지막으로 해찾기를 사용하여 이익을 최대화시키기 위해 제약 회사에서 영업 인력을 어떻게 할당해야 하는지 예를 들어 보여주겠다.

Analysis 1 판매와 마케팅 노력간의 관계 알아내기

많은 경우 마케팅 관리자는 희소한 자원들을 어떻게 할당해야 할지 결정해야 한다. 다음 예를 보자.

- Eli Lilly는 필요한 영업 인력의 수와 각 약에 대해서 의사에게 전화 및 방문을 몇 번이나

해야 하는지 결정해야 한다. 예를 들어 종양 약품에서 내분비 약품으로 전화 및 방문을 더 할당하면 이익이 더 늘어날 것인가?

- 타임 워너(Time Warner)[1]는 여러 잡지 간에 광고 예산을 어떻게 할당해야 할지 결정해야 한다. 예를 들어 Sports Illustrated나 People지에 광고 예산을 더 할당해야 할까?
- Target은 각 제품 카테고리에 대해 얼마나 많은 선반을 할당해야 하는지 결정해야 한다. 예를 들어 보석류에 할당된 제한된 공간을 늘려야 할까?
- 약국에서는 각 진통제에 대해 선반을 얼마나 할당해야 할지 결정해야 한다. 예를 들어 고용량 타이레놀이나 일반 진통제에 더 많은 공간을 할당해야 할까?

각각의 경우 여러분은 할당할 자원과 바라는 결과 사이의 관계를 알아내야 할 필요가 있다. 표 32-1에서는 처음 세 개 예에 대해 관계를 보여주고 있다.

표 32-1 : 마케팅 노력들을 할당해야 할 상황의 예

상황	X = 할당할 자원 수준	Y = 반응
Eli Lilly	약 판매를 촉진하기 위한 세일즈 콜	약의 연간 판매
AOL Time Warner	잡지에 사용하는 광고 비용	새로운 잡지 구독
Target	상품에 할당할 선반 공간	상품 라인에서 창출되는 이익

이러한 마케팅 노력과 이 노력에 대한 반응의 관계는 시각적으로 모델링할 수 있는데 3가지 타입의 곡선으로 표현할 수 있다. 3가지 타입의 곡선은 거듭제곱 곡선(Power curve), ADBUDG 곡선 그리고 Gompertz 곡선이다. 다음 절에서 이에 대해 설명하겠다.

Analysis 2 영업 인력 노력에 대한 마케팅 응답을 모델링하기

세 개의 곡선을 사용하여 자원-반응 관계를 모델링한다.

---

[1] 미국의 종합 미디어 기업

- **거듭제곱 곡선(Power curve)** : $y=ax^b$. 데이터를 잘 설명할 수 있는 거듭제곱 곡선에 대한 a, b값은 엑셀의 추세선 기능으로 찾아낼 수 있다. $0<b<1$ 이라면, 거듭제곱 곡선은 수확체감(diminishing return)의 결과를 보여준다. 예를 들어 광고 비용을 추가로 더 사용한다고 하더라도 추가 판매는 매우 적다.

- **ADBUDG 곡선** : $y=a+\dfrac{(b-a)x^c}{(d+x^c)}$. ADBUDG 곡선은 MIT 교수 John Little이 개발했으며 자세한 사항은 "Models and Managers: The Concept of a Decision Calculus" (Management Science, 1970, pp. B466-B485)을 참고하시오.

  이 곡선은 GRG Multistart 엔진을 사용하여 찾아낼 수 있다. 이 곡선은 특히 판매 노력이나 광고에 대한 반응을 모델링하는데 유용하다. 거듭제곱 곡선은 항상 수확체감만을 보여주는데 비해, ADBUDG 곡선은 수확체감 곡선이나 S 곡선도 보여준다(26장 "S 곡선을 사용하여 신제품의 판매 예측하기"). 만약 ADBUDG 곡선이 S 곡선모양이면, 이 것은 마케팅 노력이 작으면 판매 반응이 거의 없고 마케팅 노력이 중간 정도 되면 마케팅 노력에 대한 반응이 점차 늘어나게 됨을 의미한다. 그리고 어떤 지점을 넘어가면 마케팅 노력에 대한 반응이 줄어들게 된다.

- **Gompertz 곡선** : $y = a * \exp(-c * \exp(-bx))$. 이 곡선은 선반 공간을 추가로 할당했을 때 결과로 얻는 이익의 변화를 모델링하기 위해 사용한다. ADBUDG 곡선처럼 Gompertz 곡선 또한 S 곡선 모양이다. Gompertz 곡선에 대한 추정은 26장에서 설명했다.

다음 절에서는 마케팅 노력에 대한 데이터와 이에 대한 반응을 사용하여 이들 간의 관계를 가장 잘 설명할 수 있는 곡선을 어떻게 찾아내는지 알아보겠다.

거듭제곱 곡선 적용하기

회사에서는 한 달에 판매되는 상품의 개수(1,000개 단위)와 광고의 개수간에 어떤 관계가 있다고 생각했다. 그 관계는 그림 32-1과 같다(Powercurve.xlsx 파일 참고).

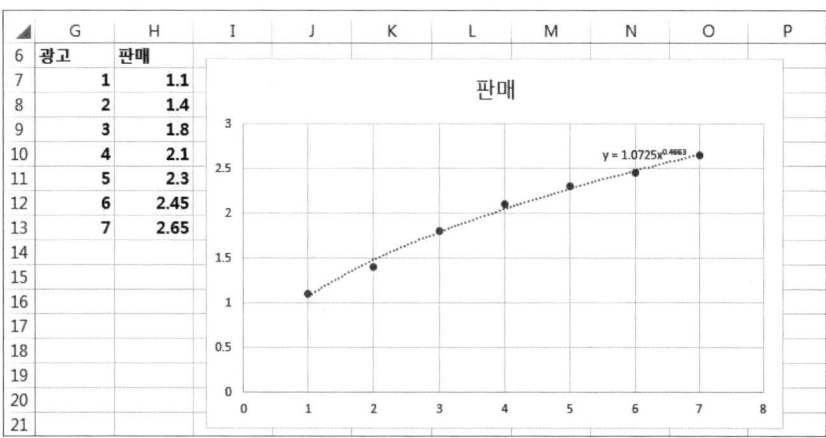

그림 32-1 : 거듭제곱 곡선을 광고 응답 데이터에 적용하기

이 데이터에 맞는 거듭제곱 곡선을 그리기 위해 다음 과정을 수행하자.

1. 영역 G6:H13을 선택한 다음 '삽입' 탭 → '차트' 그룹 → '분산형' 차트를 선택하자(이때 '분산형'만을 선택해서 데이터 점만 보이도록 하자. 연결하는 선은 필요 없다).
2. 차트상의 점에서 마우스 오른쪽 버튼을 클릭한 다음 '추세선 추가'를 선택하자. 그림 32-2와 같은 추세선 서식 대화상자를 볼 수 있다.

그림 32-2 : 거듭제곱 곡선 만들기

3. '거듭제곱'을 선택한 다음 '수식을 차트에 표시'를 선택하면 그림 32-1에서처럼 수식은 y = $1.0725x^{-0.4663}$이 된다. 이 데이터상(그리고 거듭제곱 곡선의 기울기가 점점 줄어들고 있는 것으로 보아)에서는 광고 비용을 추가로 집행하면 반응이 점차 줄어드는 것을 볼 수 있다.

ADBUDG 곡선 적용하기

제품에 할당한 판매 노력의 함수로 제품 판매를 예상하는 곡선을 만든다고 가정하자. 연구 결과(Leonard Lodish et al. "Decision Calculus Modeling at Syntex Labs," Interfaces, 1988, pp. 5-20참고) 영업 인력의 노력에 의한 반응은 다음과 같은 ADBUDG 함수의 형태로 가장 잘 설명할 수 있다고 알려져 있다.

약 i에 대해 x만큼 세일즈 콜을 수행했을 때 약 i의 판매 = $a + \dfrac{(b-a)x^c}{d+x^c}$

그림 32-3은 ADBUDG 곡선의 예를 보여주고 있다.

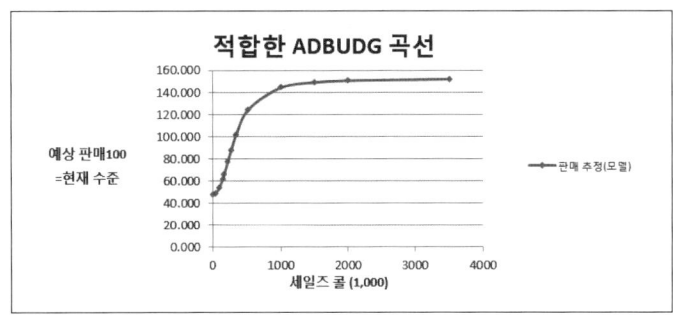

그림 32-3 : ADBUDG 곡선을 적용한 예

S 곡선은 처음에는 평평한 모양으로 시작해서 경사가 급해졌다가 다시 평평해진다. 이것은 이 곡선이 노력과의 관계로 인한 판매 결과를 잘 나타낸다고 볼 수 있는데 판매 노력은 어느 정도 임계점을 지나야 만족할 만한 반응을 보이기 때문이다.

제품에 대해 ADBUDG 반응 곡선을 만드는 것을 보여주기 위해 우선 약품 단위가 판매될 때 이것이 세일즈 콜과 어떤 관계가 있는지 보여주는 ADBUDG 곡선을 만들어보자. 예는 `syntexgene.xls` 파일을 사용하자(그림 32-4).

ADBUDG 곡선을 추정하기 위해 다음 5가지 점을 입력으로 사용해야 한다.

- 약을 판매하는데 어떤 판매 노력도 기울이지 않았을 때의 추정 판매
- 해당 약을 판매할 때의 판매 노력이 절반으로 되었을 때의 추정 판매
- 현재 영업 인력의 노력 수준에서의 판매(base를 100과 동일한 것으로 가정한다)
- 영업인력의 노력이 50% 증가했을 때 판매 추정
- 시장에서 영업인력의 노력이 포화 상태일 때 판매 추정

	A	B	C	D
1	Syntex Labs의 판매 응답 함수 추정			
2				
3	관리로부터 추정			
4	세일즈 콜 (1,000)	판매 수준	판매 추정(모델)	오차 제곱
5	0	47	47.584	0.341
6	175	68	66.573	2.037
7	350	100	102.056	4.228
8	525	126	124.464	2.358
9	3500	152	152.350	0.122
10			오차 제곱의 합	9.087
11	모델 파라미터			
12	a	b	c	d
13	47.584	152.857	2.285	605287.848
14				

그림 32-4 : ADBUDG 곡선 추정

현재 세일즈 콜을 350,000번 수행했다. Syntex Labs에서는 변화하는 판매 노력(그림 32-4를 참고)은 판매에 대해 다음과 같은 영향을 준다고 추정하고 있다.

- 판매 노력을 전혀 기울이지 않으면 판매는 현재 수준에서 47% 하락한다.
- 영업 인력의 노력이 절반이 되면 현재 수준에서 판매는 68% 하락한다.
- 영업 인력의 노력이 50% 증가하면 판매는 26% 증가한다.
- 영업 인력의 노력을 10배 증가시키면(포화 수준) 판매는 52% 증가한다.

ADBUDG 곡선을 정의하는 파라미터 a, b, c, d 를 추정하기 위해서 다음 과정을 따라가보자.

1. 셀 A13:D13에 a, b, c, d의 시험값을 입력하자. 그리고 각 셀의 이름을 a, b, c, d 로 이름을 붙이자.

2. 셀 C5의 식 =a+((b-a)*A5^c_)/(d+A5^c_)을 C6:C9에 복사해서 ADBUDG 곡선으로 인한 예상값을 계산한다.

3. 셀 D5의 식 =(B5-C5)^2을 D6:D9에 복사해서 각 예상값에 대한 오차의 제곱을 계산한다.

4. 셀 D10에서 =SUM(D5:D9)으로 오차의 제곱의 합을 계산한다.

Note

GRG 비선형 해찾기(multistart를 사용하지 않은 경우)를 사용한 경우에는 최종 답이 달라진다. 예를 들어 a = 10, b = 50, c = 5, d = 1,000로 설정한 다음 해찾기를 수행하면, GRG 해찾기는 SSE 값을 3,875로 해서 찾는다. 만약 a = 1, b = 2, c = 3, d = 4로 설정해서 해찾기를 수행하면 오류가 발생한다! GRG Multistart 엔진을 선택하면 a, b, c, d의 값으로 어떤 값을 선택하는지가 해찾기에서 찾은 답에 영향을 끼치지 않는다. a가 아무 판매 노력을 하지 않았을 경우의 예상 판매와 동일하면, a는 47에 가까운 숫자가 되어야 한다(a값은 0과 50 사이에 있도록 제한 조건을 설정할 수 있다). b는 판매 노력을 무한정 투입했을 때의 예상 판매이므로, b는 150에 가까워야 한다(b는 0과 200 사이에 오도록 제한 조건을 정할 수 있다). c와 d는 특정한 값이 되어야 할 필요가 없다. 하지만 c값이 커지면 함수에 큰 값이 포함돼서 GRG Multistart 엔진에 문제가 생길 수 있다. 따라서 c는 0과 5 사이로 제한하자. 마지막으로 d에 대해서는 특별히 제한해야 하는 값이 없으므로 0과 1,000,000 사이에 오도록 하자. GRG multistart 해찾기 엔진창은 그림 32-5와 같다.

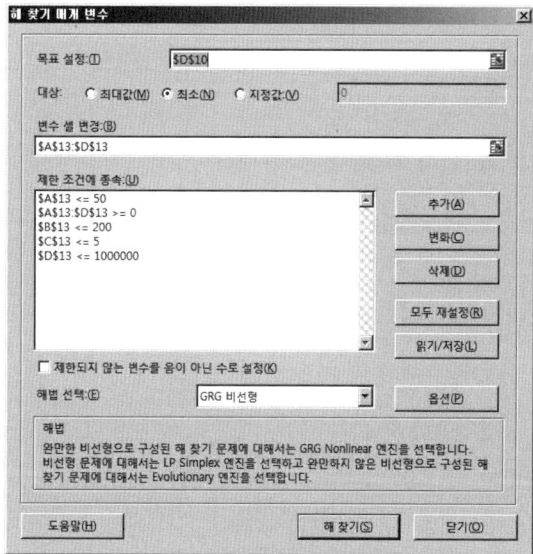

그림 32-5 : ADBUDF 곡선 추정을 위한 해찾기 창

5. 변수 셀 a, b, c, d(A13:D13)를 바꿔서 오차의 제곱합(셀 D10)을 최소화하자. a, b, c, d 의 제한 조건은 위에서 설명한 바와 같다.

GRG Multistart 엔진이 찾아낸 값은 그림 32-4와 같다. 예상값 중 어떤 것도 2% 이상 차이 나는 값이 없음에 주의하자. 이 곡선을 각 약에 적용하면, 결과로 나오는 응답 곡선을 해찾기 모델의 입력으로 사용할 수 있다(다음 절에서의 예제를 보자). 이것을 이용하여 이익을 최대화하기 위해 영업 인력의 노력을 할당할 수 있다.

Analysis 3 판매 노력 할당을 최적화하기

이제 여러분은 여러 가지 종류의 곡선을 사용하여 마케팅 노력의 수준과 그 응답 간의 관계를 모델링하는 방법을 배웠다. 이제 이 정보를 이용하여 마케팅 자원의 할당을 최적화 해보자. 이 과정을 보여주기 위해, 우선 4가지 약에 대해 판매 노력과 응답을 모델링하기 위해 거듭제곱 곡선을 사용하여 모델링 한다고 가정해보자. 이 약들 간에 판매 노력을 어떻게 할당하면 좋을까?

1년 동안 각 약이 판매되는 단위는 다음과 같다고 가정하자(단위 1,000).

- 약 1 판매 = $50(\text{세일즈 콜})^{.5}$
- 약 2 판매 = $10(\text{세일즈 콜})^{.75}$
- 약 3 판매 = $15(\text{세일즈 콜})^{.6}$
- 약 4 판매 = $20(\text{세일즈 콜})^{.3}$

세일즈 콜은 1,000 단위로 측정된다. 예를 들어 약 1에 대해 세일즈 콜을 4,000번 수행했다면, 약 1 판매 = $50(4)^{.5}$ = 100,000 단위이다. 4행과 5행에서는 각 약에 대한 응답 곡선을 요약해서 보여준다.

salesallocation.xls 파일(그림 32-6)에서 각 약에 대해 이익을 최대화하는 세일즈 콜의 개수를 정할 수 있다. 각 세일즈 콜의 비용은 $200이며 각 약이 이익에 기여하는 바는 2행을 참고하시오.

	A	B	C	D	E
1		콜당 비용	$ 200.00		
2	단위 이익	$ 10.00	$ 15.00	$ 20.00	$ 25.00
3		약 1	약 2	약 3	약 4
4	a	50	10	15	20
5	b	0.5	0.75	0.6	0.3
6	세일즈 콜	1.563498784	0.100112	0.768433	0.663003
7	판매 단위	62519.9725	1779.778	12807.22	17680.1
8					
9					
10	약 이익	1350043.338			
11	콜 비용	$ 619,009.55			
12	순 이익	$ 731,033.78			

그림 32-6 : 영업 인력 할당 모델

워크시트를 다음과 같이 설정하시오.

1. 영역 B6:E6에 각 약에 대한 세일즈 콜의 개수 시험값을 입력한다.
2. 셀 B7의 식 =1000*B4*(B6^B5)을 C7:E7에 복사해서 각 약의 단위 판매를 계산한다.
3. 셀 B10에서 =SUMPRODUCT(B7:E7,B2:E2)으로 이익(세일즈 콜 비용 제외)을 계산한다.
4. 셀 B11에서 =1000*C1*SUM(B6:E6)으로 연간 세일즈 콜 비용을 계산한다.
5. 셀 B12에서 =B10-B11으로 연간 순이익을 계산한다.

해찾기 창은 그림 32-7과 같으며 이익을 최대화시키기 위해 세일즈 콜을 어떻게 할당할지 계산한다.

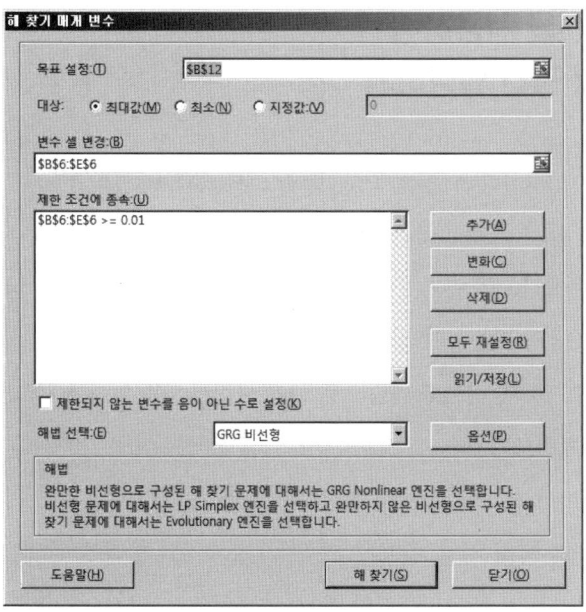

그림 32-7 : 세일즈 콜 할당을 위한 해찾기 창

Note

각 세일즈 콜의 개수에 대한 제한 조건은 0이 아니라 >=.01이어야 한다. 이렇게 해야 해찾기가 세일즈 콜에 대해 음수를 적용하지 않는다. 만약 해찾기가 세일즈 콜에 대해 음수도 적용해본다면, 단위 판매는 정의할 수 없게 되어 에러메시지가 발생한다.

최대 이익은 $731,033이며 약 1에 대해 세일즈 콜 1,562번, 약 2에 대해 100번, 약 3에 대해 769번, 약 4에 대해 663번 적용했을 때 달성할 수 있다. 연습문제 2번에서와 같이 해찾기는 단순히 각 약에 대해 세일즈 콜을 할당하므로, 약에 대한 세일즈 콜의 숫자를 약간 바꿨을 때(.01이라고 하자) 만들어지는 한계 이윤에서의 변화는 .01 콜의 비용과 일치한다. 간단히 말하면 해찾기가 찾아낸 최적의 영업 인력 할당값은 '한계 수입=한계 비용'이라는 전통적인 경제학의 원칙에 따른 값이다.

Lodish 외(Interfaces, 1988)의 논문에서는 이 장에서 설명한 방법을 사용하여 Syntex Laboratories의 영업 노력 배치에 대해 분석했다. 이 분석에 따라 Syntex Laboratories은 200명 이상의 영업 인력을 고용했고, 1년 후에 투자 대비 100%의 성과를 얻었다! Syntex에서 이러한 방법을 처음으로 사용했기 때문에, Lodish는 보고서에서 10개 이상의 제약 회사들이 이러한 방법을 사용하여 영업 인력을 성공적으로 배치했음을 보이고 있다.

Analysis 4 Gompertz 곡선을 사용하여 슈퍼마켓 진열대 공간 할당하기

Xavier Dreze 외의 논문 "Shelf Management and Space Elasticity"(http://research.chicagobooth.edu/marketing/databases/dominicks/docs/1994-ShelfManagement.pdf)에서 그는 시카고의 슈퍼마켓 체인 Dominick's Finer Foods와 함께 작업하여 이익을 최대화하는 진열대 공간의 할당과 상품 배치를 결정했다.

우선 60개의 상점에 대해 고객의 인구 통계 정보를 바탕으로 하여 군집분석을 수행했다. 다음 여기에서 두 가지 관련된 군집을 발견했다. 하나는 도심 가게, 다른 하나는 교외 가게이다. 따라서 각 군집에 대한 모델을 만들어서 각 브랜드에 대해 할당된 공간, 브랜드의 가격 그리고 브랜드의 위치(눈높이 위치, 눈보다 아래 위치, 눈보다 위 위치)를 가지고 판매를 예상할 수 있는 모델을 만들었다. 할당된 공간과 브랜드 판매간의 관계는 Gompertz 곡선으로 모델링 했으며, 브랜드의 위치(눈높이 위치, 눈보다 아래 위치, 눈보다 위 위치)와 브랜드의 가격의 효과는 SCAN*PRO 모델로 모델링 했다(연습문제 6).

다음으로 저자는 특정 제품 카테고리에 대해 해찾기를 사용하여 브랜드 간에 공간을 할당하여, 이익을 극대화할 수 있는 공간 할당과 각 브랜드의 위치를 결정했다. 이 결과 5~6%로 가게의 이익이 증가했다.

Summary

이 장에서는 다음과 같은 사항을 알아보았다.

- 마케팅 노력을 할당할 때 이를 최적화하기 위해서는 노력의 양과 판매 간의 관계를 함수로 표현하여 모델링해야 한다.
- 거듭제곱 곡선, ADBUDG 곡선 그리고 Gompertz 곡선을 사용하여 노력과 판매 간의 관계를 모델링한다.
- 노력과 판매 간의 관계를 함수로 정의할 수 있으면 해찾기 모델을 사용하여 마케팅 노력들을 어떻게 할당할 지 결정할 수 있다. 이때 이익을 목표 셀로, 그리고 각 제품에 할당하는 노력의 양을 변수 셀로 설정한다.

Exercises

1. CVS 내의 2,000 제곱피트의 공간을 나눠서 계절 상품과 비계절 상품을 배치하려고 한다. 각각의 아이템에 대해서는 최소 400 제곱피트를 할당해야 한다. 바닥 공간으로 이익을 추

정하면 다음과 같다.

공간	계절 상품 이익	비계절 상품 이익
500	357,770.9	1,056,381.404
750	438,178	1,217,454.357
1,000	505,964.4	1,346,422.145
1,250	565,685.4	1,455,793.415
1,500	619,677.3	1,551,719.389

2. salesallocation.xlsx 파일에서 해찾기가 자원을 할당하기 위해 최적으로 찾아낸 값은 세일즈 콜에서 약간 변화를 주었을 때 창출되는 한계 수익이 관련된 세일즈 콜의 비용과 일치함을 보이시오.

3. ADBUDG 곡선을 사용하여 GM의 자동차 모델을 광고하는 비용을 어떻게 최적화하여 할당할 수 있을까?

4. 2009년 Target은 가게 공간의 더 넓은 영역에 식료품을 배치하기 시작했다. 이 장에서 설명한 방법에 따르면 Target이 이렇게 식료품에 더 넓은 공간을 할당했을 때 얻을 이익에 대해 축소해서 언급하게 된다. 이유는 무엇일까?

5. Paris Lohan은 Time Warner의 마케팅 분석가이다. 그녀는 각 잡지에 대해 ADBUDG 곡선을 사용하여 잡지를 바꾸는 것에 대해 광고를 집행할 때 새 구독자의 수가 얼마나 늘어나는지 예측하고자 한다. Paris는 각 잡지에 대해 광고 비용을 할당할 때 이익을 극대화하고자 한다. Paris는 목표 셀로 새 구독자의 수에 잡지의 구독자당 연간 이익을 곱한 값을 설정했다. 이 논리에 오류가 있는지 찾아보자.

6. 엑셀에서 Gompertz 곡선과 SCAN*PRO 모델을 결합하여 판매를 예측하는 모델을 만들어보자. 판매는 브랜드 가격, 브랜드 위치(눈높이 위치, 눈보다 아래 위치, 눈보다 위의 위치) 그리고 경쟁 브랜드의 가격으로 결정된다.

Forecasting Sales from Few Data Points

Chapter 33
소수의 데이터 포인트로부터 판매 예측하기

많은 경우 비즈니스에서는 제품 생명 주기(life cycle)의 초기 단계에서 발생한 판매에 기반하여 제품의 총 판매를 추정하고자 한다. 이 경우 다음과 같은 질문이 필요하게 된다. "전체 제품 생명 기간 동안, 판매하고 몇 달이 지나서 전체 제품 판매를 정확하게 예측할 수 있을까?" 26장 "S 곡선을 사용하여 신제품의 판매 예측하기", 27장 "Bass 확산 모델"에서는 S 곡선과 Bass 모델을 사용하여 상품의 초기 생명 주기에서 총 판매를 예상했다. S 곡선과 Bass 모델 모두 미래의 판매를 합리적으로 추정하기 위해서는 적어도 5개의 데이터 포인트가 필요하다. 이 장에서는 더 적은 수의 데이터 포인트, 약 2개 정도를 가지고도 총 제품 판매를 추정할 수 있는 더 간단한 방법에 대해 알아보겠다.

Analysis 1 영화 매출 예상하기

새 영화가 출시되었을 때 영화의 총 매출을 예상하기 위해서는 몇 주가 필요할까? 아마 5주나 6주가 필요할 것이라고 생각하겠지만 사실은 2주간의 영화 매출 데이터만 가지고도 총 매출을 예상할 수 있다.

finalresultmovie.xls 파일의 2weeks MAD 워크시트(그림 33-1)에는 영화 76개에 대한 총 매출과 각 영화가 개봉하고 처음 3주 동안의 매출을 보여주고 있다. 이 데이터를 사용하여 처음 2주나 3주의 매출을 통해 총 매출을 정확하게 예상할 수 있는 간단한 모델을 만들어보자. 많은 산업계(예를 들어 비디오게임 같은)에서 분석가들은 다음 식과 같은 간단한 규칙으로부터 시작한다.

(1) (총 추정 매출) = (처음 2주의 매출에 얼마를 곱한 값)

	B	C	D	E	F	G	H	I	J	K	L	M
1		a		alpha		Total=a*1st 2 wks*Legs^alpha				MAD		stdeverrors
2		1.782544587		0.304181						5558530.99		9676525
3		영화		1주	2주	3주	총합	Legs	처음 2주	예측	오차 절대값	오차
4	1	Monster's Ball		2321246	3217185	2097738	19964720	1.385973	5538431	10903007	9061712.718	9061712.718
5	2	Beauty & The Beast - SE		2073437	2443280	1470492	8527183	1.178372	4516717	8463423	63760.15565	63760.15565
6	3	About A Boy		8557630	9821030	4126600	29370520	1.147634	18378660	34162162	4791642.125	-4791642.125
7	4	Gosford Park		3684621	4151226	2782555	27265504	1.126636	7835847	14483647	12781857.12	12781857.12
8	5	Jimmy Neutron: Boy Genius		13832786	15035649	9015854	50699555	1.086957	28868435	52781145	2081589.943	-2081589.943
9	6	Brotherhood of the Wolf		1533927	1608920	1904085	6219382	1.04889	3142847	5684199	535183.4213	535183.4213
10	7	In the Bedroom		2853430	2859733	1941677	21949644	1.002209	5713163	10190805	11758838.74	11758838.74
11	8	Big Fat Liar		11554015	11428335	6324015	39453765	0.989122	22982350	40830997	1377232.199	-1377232.199
12	9	The Lord of the Rings		47211490	38695582	23006447	1.85E+08	0.819622	85907072	1.44E+08	41287432.6	41287432.6
13	10	I Am Sam		8315581	6303148	4619148	28593343	0.757992	14618729	23952252	4641090.77	4641090.77
14	11	The Royal Tenenbaums		8514122	6408153	5358838	27476757	0.75265	14922275	24397053	3079704.231	3079704.231
15	12	Star Wars Episode II		80027814	60003949	21002876	1.99E+08	0.749789	140031763	2.29E+08	29850222.85	-29850222.85
16	13	The Rookie		16021684	11703657	8076763	56652477	0.730489	27725341	44919103	11733373.52	11733373.52
17	14	A Walk to Remember		12177488	8836201	5542525	32043262	0.725618	21013689	33976033	1932771.116	-1932771.116
18	15	Clockstoppers		10108333	7284214	4652393	27816421	0.720615	17392547	28062062	245640.8396	-245640.8396

그림 33-1 : 영화 매출 데이터

예를 들어 영화의 처음 2주간의 매출을 2배해서 총 매출을 추정할 수도 있다. 하지만 이런 종류의 규칙에 어떤 허점이 있는지 알아보려면 우선 표 33-1에서 보여주는 두 가지 영화에 대한 매출(단위는 백만 달러)을 보자.

표 33-1 : 식(1)의 허점

영화	1주 매출	2주 매출
1	80	40
2	60	60

각 영화는 모두 처음 2주 동안 $120(단위 백만 달러)의 매출을 올렸다. 따라서 각 영화에 대해 식(1)을 사용하여 매출을 예상하면 총 매출을 두 영화가 동일할 것이다. 하지만 데이터를 보면 영화 1의 매출은 가파르게 떨어지고 있지만, 영화 2의 매출은 변함이 없다. 이것으로 보아 아마 곧 영화 2가 영화 1의 매출을 앞지르게 될 것으로 보인다. 식(2)를 사용하는 편이 영화 2의 매출을 예상하는데 더 적합할 것이다(처음 2주 동안의 총 매출을 조정한 다음).

(2) 총 영화 예상 매출 = a * (처음 2주 동안의 매출) * (Legs)^{alpha}

식(2)에서 Legs = 두 번째 주 매출 / 첫 번째 추 매출이다. 만약 Legs=1(표 33-1의 영화 2와 같은 경우)이라면 두 번째 주 매출=첫 번째 주 매출이므로 영화의 지속력(staying power)이 매우 좋음을 나타낸다. 이 데이터세트에서 영화에 대한 Legs의 평균값은 0.63이다. 이것은 평균적으로 두 번째 주의 매출이 첫 번째 주의 매출에 비해 37% 떨어짐을 말한다. 만약 영화의 처음 두주 동안의 매출이 일정하다면, 식(2)로 예측한 총 매출은 Legs의 증가 함수가 된다. 이것은 영화의 예측 매출은 영화의 지속력의 증가 함수임을 의미한다.

> **Note**
> 여기서 사용한 'legs'라는 용어는 영화가 계속 죽 판매/상영되는 것, 즉 지속력을 가리키는 동의어이기도 하다.

2weeks MAD 워크시트는 GRG Multistart 해찾기 엔진을 사용하여 평균 절대 오차(average absolute error)를 최소화하는 a와 alpha값을 찾는다. 어떤 영화(예를 들어 Lord of the Rings)는 다른 영화(예를 들어 Orange County)에 비해 더 많은 매출을 올린다. 만약 MAPE(Mean Absolute Percent Error, 평균 절대 백분비 오차)를 최소화한다면, 매출이 작은 영화가 목표 셀 지나친 영향을 줄 수 있다. 예를 들어 여러분이 Orange County 영화가 6백만불의 매출을 올릴 것으로 예상했다면, 절대항에서는 실제 매출(약 4백만 불)에 가깝게 되지만 백분비 오차는 거의 50%가 된다.

일반적으로 모델이 데이터를 잘 설명하고 있는지에 대한 척도로 SSE(Sum of Squared Error, 오차의 제곱합)를 사용하면 모델의 파라미터 추정값에 대해 아웃라이어가 큰 영향을 주게 된다. 이와는 대조적으로 MAD(Mean Absolute Deviation, 절대 평균 편차)나 MAPE를 척도로 사용하면, 모델의 파라미터 추정값에 아웃라이어가 미치는 영향은 작아지고 해찾기는 모델이 종속 변수의 '전형적인' 값들을 잘 설명하는 지에만 집중할 수 있게 된다.

MAD를 최소화하는 a와 alpha 값을 찾아내기 위해서 다음 과정을 따라가보자.

1. 셀 J4의 식 =a*SUM(D4:E4)*(H4^alpha)을 J5:J79에 복사하여 식(2)에 따라 각 영화의 총 예상 매출을 계산한다.
2. 셀 K4의 식 =ABS(G4-J4)을 K5:K79에 복사하여 각 영화에 대한 예상값의 오차 절대값을 구한다.
3. 셀 K2에서 식 =AVERAGE(K4:K79)으로 평균 절대 오차(목표 셀)를 계산한다.

4. 그림 33-2의 해찾기를 이용하여 MAD를 최소화하는 a와 alpha 값을 찾아낸다.

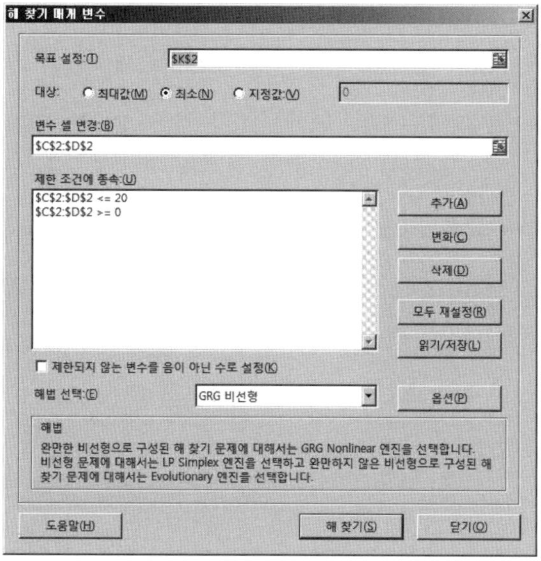

그림 33-2 : 2주간 영화의 매출 데이터에 대한 해찾기 창

결과로 나온 예상식은 다음과 같다.

$$\text{총 영화 예상 매출} = 1.79 * (\text{처음 2주 동안의 매출})^{0.30}$$

평균 오차는 $ 5,700,000이다. 나열한 영화의 평균 매출은 $50,000,000이므로 2주 동안의 매출을 사용하여 예측한 결과 오차는 약 11% 차이가 난다.

Analysis 2 예측 정확도를 높이기 위해 모델 수정하기

예상을 가능한 정확하게 하기 위해 취할 수 있는 몇 가지 방법들이 있다. 이 절에서는 식(2)로 정의한 간단한 모델의 정확도를 높이기 위해 취할 수 있는 방법에 대해 다루겠다.

아웃라이어 찾아내기

예측 오차의 절대값이 2 * (예측 오차의 표준 편차)를 초과하면 예측 관찰값은 아웃라이어가 된다. 셀 L4의 식 =G4-J4를 L5:L79에 복사하여 각 관찰값에 대해 예측 오차를 계산하자. 셀 M2에서 식 =STDEV(L4:L79)으로 예측 오차의 표준 편차를 계산할 수 있다. ($9,700,000) K열에서는 아웃라이어인 영화를 강조해서 보여주고 있으며, 예측 오차가 2 * 9.68 = $19,360,000을 초과하는 영화는 아웃라이어이다. 여기서 아웃라이어는 Lord of the Rings, Star Wars Episode II, Ocean's Eleven, Spider-Man 그리고 Monsters, Inc.이다. 이런 아웃라이어의 매출을 예상할 때 모델은 이런 상황에 대해서는 제대로 예상할 수 없었다. 이런 아웃라이어를 공통적으로 설명할 수 있는 요소를 찾아서 그것을 예측식에 반영할 수 있으면 모델의 예측 정확성을 크게 향상시킬 수 있을 것이다.

오차의 제곱을 최소화하기

finalresultmovie.xls 파일의 2 weeks sq error 워크시트에서는 오차의 제곱을 최소화시키는 원칙을 사용하여 예측한다. 그리고 a = 1.84, alpha = 0.29인데 이것은 사실상 이전의 a와 alpha 값의 추정값과 일치한다. 만약 아웃라이어가 모델의 파라미터 추정값에 큰 영향을 끼쳤다면 SSE와 MAD는 결과적으로 다른 파라미터 추정값을 결과로 보여줄 것이다. MAD와 SSE를 원칙으로 사용하는 방법간에 파라미터가 유사한 것은 아웃라이어가 모델의 파라미터 추정값에 그다지 큰 영향을 주지 못하는 것이라고 알 수 있다.

지속력 무시하기

예측 모델에 LEGS를 포함하여 예측의 정확도가 높아졌다는 것을 보여주기 위해 alpha = 0으로 설정하고 해찾기는 MAD(Simple model 워크시트를 보자)를 최소화하도록 하자. 최선의 예측값은 처음 2주 동안의 매출에 1.53을 곱해서 얻을 수 있다. MAD = $6,570,000이며 이것은 예측 모델에 지속력을 포함해서 구한 MAD보다 20% 큰 값이다. 이러한 계산을 통해 모델에 LEGS를 포함하여 얻은 이익의 크기를 보여줄 수 있다.

Analysis 3 영화 매출을 예측하기 위해 3주 매출 데이터를 사용하기

앞서의 방법을 사용하면 여러분이 예측에 사용할 데이터를 2주간의 데이터로만 제한했을 때 오차를 최소화하기 위한 최선의 방법이라고 할 수 있다. 하지만 3주간의 매출 데이터를 사용하면 예상은 좀 더 정확해질 것이다. 여기서 데이터를 추가했을 때 예측의 정확성이 얼마나 늘어날 것인가 하는 의문이 들것이다. Use 3 weeks 워크시트를 사용하여 처음 3주간의 매출 데이터를 통해 영화의 전체 매출을 예측해볼 수 있는 모델을 만들어보자. 여기서 핵심은 영화의 '지속력'을 어떻게 정의할 것인지이다. 영화 매출의 처음 3주간의 데이터가 주어졌을 때 다음과 같은 식을 정의할 수 있다.

$$(3)\ \text{Legs} = \text{wt} * (2\text{주 Legs}) + (1-\text{wt}) * (3\text{주 Legs})$$

식(3)에서 2주 Legs =2주 매출 / 1주 매출, 3주 Legs =3주 매출 / 2주 매출 그리고 wt는 가중치 값이며 MAD를 최소화하기 위한 2주 Legs와 3주 Legs의 가중평균을 정의한다. 식(3)의 논리는 (2주 매출 / 1주 매출) 과 (3주 매출 / 2주 매출)은 영화 지속력의 서로 다른 추정값이며 이 값을 평균 냈을 때 영화 지속력의 단일한 추정값을 구할 수 있다는 것이다. 예측식은 다음과 같다.

$$(4)\ \text{예측 총 매출} = a * (\text{처음 3주간 매출}) * \text{Legs}^{\text{alpha}}$$

a. alpha 그리고 MAD를 최소화하는 wt값을 찾아내기 위해 다음 과정을 수행하자.

1. 셀 H4의 식 =wt*(E4/D4)+(1-wt)*(F4/E4)을 H5:H79에 복사하여 각 영화에 대한 Legs의 가중 추정값을 계산한다.
2. 셀 J4의 식 =a*I4*(H4^alpha)을 J5:J79에 복사하여 각 영화에 대한 예측값을 계산한다. 절대 오차와 MAD식은 이전과 같으며 새 해찾기 창(wt도 변수 셀에 추가)은 그림 33-3과 같다.

3. 다음 식을 사용하여 총 매출을 예측해보자.

$$총\ 매출 = 1.63 * (0.54 * 2주\ Legs + 0.46 * 3주\ Legs)^{0.49}$$

MAD는 $3,700,000으로 작아졌다.

대부분의 영화들이 3주 안에 대부분의 매출을 일으키게 되므로 모델에 3번째 주를 포함한 것이 예측의 정확도를 의미 있게 높이지는 못하는 것으로 보인다.

새로운 상품의 수요가 아주 불확실한 산업에서, 상품의 미래 판매를 빨리 예측해내는 기술은 매우 중요하다. 예를 들어 10대를 대상으로 하는 의류를 전문적으로 판매하는 가게(PacSun, Hot Topic 등)에서는 미래의 판매를 예상하는 능력이 필수 불가결하다. 만약 새 상품을 가게에 내놓기 전에는 이 옷이 잘 팔릴지 아닐지 확신하기 어렵다. 만약 잘못 예측하면 소매업자는 상품을 너무 많이 주문했거나 혹은 너무 적게 주문해서 손해를 보게 된다. 만약 몇 주간의 판매 데이터를 사용하여 미래의 판매에 대한 불확실성을 어느 정도 줄일 수 있다면, 소매업자는 우선 적은 수를 주문해서 판매해본 다음 이 적은 수의 데이터를 사용하여 재주문할 수량을 결정할 수 있다. 이런 방법으로 너무 적게 재고를 가져가거나 혹은 너무 많이 재고를 가져가는 위험 비용을 줄일 수 있다.

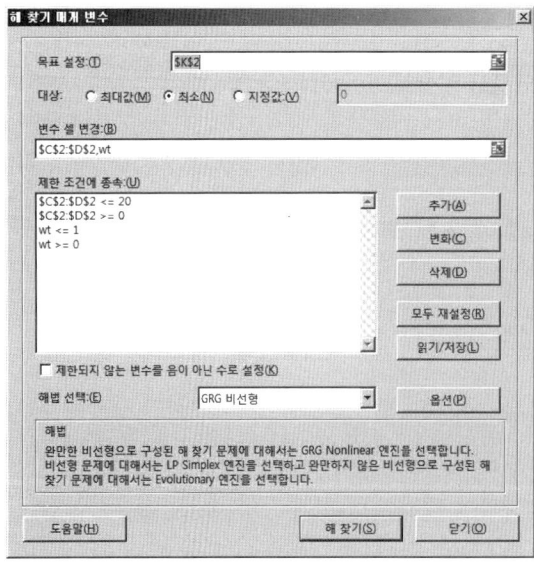

그림 33-3 : 3주 영화 매출 모델 데이터에 대한 해찾기 창

Summary

이 장에서는 다음과 같은 사항을 알아보았다.

- 판매 기간의 처음 n기간 동안의 데이터를 사용하여 전체 판매를 예측하기 위해서, a * (처음 n기간 동안의 판매) * $(Legs^{alpha})$ 식에서 해찾기를 사용하여 a, alpha 그리고 Legs를 계산하기 위해 필요한 파라미터를 찾아내자.
- 목표 셀은 MAD나 SSE를 최소화해야 한다.

Exercises

1. `Newmoviedata.xlsx` 파일은 몇몇 영화의 주간 그리고 총 매출에 대한 데이터를 가지고 있다. 처음 2주간의 매출을 통해 영화의 총 매출을 예상하는 모델을 만들어보자.

2. 연습문제 1번의 모델에서 예측을 벗어나는 아웃라이어를 찾아보자.

3. 예측의 정확성을 증가시키기 위해 추가해야 할 요인들을 생각해보자.

4. 만약 마이크로소프트에서 여러분에게 XBox 게임의 판매량을 예측하기 위해 몇 주 정도의 판매 실적이 필요한지 문의한다면 어떻게 진행할 수 있을까?

5. 몇 주간의 영화 매출을 통해 전체 영화 매출을 예상하는 것보다 몇 주간의 판매 실적을 통해 XBox 게임의 총 판매량을 예상하는 것이 더 어렵다. 왜 그럴까?

PART 9

광고

ADVERTISING

Measuring the Effectiveness of Advertising

광고의 효과 측정하기

Chapter 34

기업들은 광고의 효과에 대해 측정하는데 어려움을 겪고 있다. 이것은 주로 광고 노출과 광고에 대한 소비자 반응 간의 지연(lag)때문에 발생한다. 간단히 말해보면 과거의 광고는 현재와 미래의 판매에 영향을 준다.

예를 들어 저자는 Fort Knox[1]의 군 전문가들을 가르친 적이 있는데 그 전문가는 군대 지원 예산을 어떻게 배치할 것인지 분석하고 있었다. 전문가들은 많은 사람들이 군 지원 사무실을 왜 방문할 때 약 6개월 이전의 TV 광고에 의해 영향을 받는다는 것을 알아냈다.

19세기 필라델피아 백화점 경영자인 John Wanamaker는 다음과 같은 말로 광고의 효과를 측정하기가 얼마나 어려운지 말했다. "내가 광고에 사용하는 돈의 절반이 낭비되고 있다. 문제는 그 절반이 어디로 사라졌는지 모른다는 것이다." 이 장에서는 몇 가지 방법을 사용하여 기업의 광고가 유용한지 알아보는 모델을 만들어보려고 한다. 광고의 지연 효과를 상품 판매 예측에 어떻게 반영할 수 있는지 알아보겠다. 또한 광고 예산을 시간에 따라 어떻게 최적으로 할당할지 알아보겠다. 할당하는 방법은 펄싱(pulsing, 한 번에 집중적으로 광고를 한 다음 한 동안은 광고를 하지 않는다)이나 지속적인 집행(꾸준한 간격으로 항상 광고를 한다) 등이 있다.

Analysis 1 Adstock 모델

31장 "SCAN*PRO 모델과 변형 모델 사용하기"에서는 가격과 진열이 판매에 어떻게 영향을

---

[1] 미국 켄터키 주에 있는 미군기지

주는지 결정하는 모델을 만들었다. 이 모델은 설정하기에 그다지 어렵지 않은데 과거의 가격과 진열은 현재의 판매에 영향을 주지 않는다고 가정했기 때문이다. 하지만 광고에 오면 이야기는 달라진다.

광고 노출과 광고에 대한 소비자의 반응 간의 지연을 고려하기 위해 Simon Broadbent는 Adstock 모델(Adstock Model)을 개발했다. 자세한 사항은 그의 논문 "One Way TV Advertisements Work" (Journal of Marketing Research, 1979)에서 찾아볼 수 있다. 이 모델은 광고가 현재와 미래의 판매에 영향을 준다는 사실을 쉽고 강력한 방법으로 나타내고 있다. Adstock 모델은 또한 31장에서 설명한 SCAN*PRO 모델과 쉽게 결합할 수 있는 장점이 있다.

Adstock 모델의 핵심은 판매 기간이나 분기가 주어졌을 때 이전의 광고가 얼마나 영향을 주었는지 그 비율(lambda, 람다)을 알고 있음을 가정한다. 예를 들어 lambda = 0.8이라면 한 기간 이전의 광고가 현재 기간에 80%의 영향을 주고 있는 것이며 두 기간 이전의 광고는 $(0.80)^2 = 51.2\%$ 만큼의 영향을 현재 기간에 미치고 있는 것이다. 따라서 Lambda 값은 해찾기에서 변수 셀이 된다. Adstock 모델에서는 광고의 효과가 감가상각 혹은 설비가 닳아 없어지는 것처럼 가정한다.

Adstock 모델을 사용하여 분석을 수행하려면 우선 여러분은 판매 추세가 증가하는 경향이 있으며 가격에 민감한 계절 상품의 판매를 모델링한다고 가정해보자. `Adstock.xlsx` 파일에서 각 분기에 대한 정보를 볼 수 있다. 이 파일에서 각 분기에 대해 상품 가격, 광고 분량 그리고 판매 단위(단위 1,000개)를 볼 수 있다. 예를 들어 첫 번째 분기의 데이터를 보면(이 첫 번째 분기는 그 해의 첫 번째 분기이기도 하다) 가격은 $44.00이고 광고가 44번 집행되었으며 2,639 단위가 판매되었다.

첫 번째 분기에서는 현재 Adstock 수준을 알 수 없으므로 기간 1의 Adstock 수준을 변수 셀로 한다(INITIAL ADSTOCK이라고 부르자). 다음 각 기간에서 Adstock의 값은 식(1)과 (2)로 계산한다.

(1) 1 분기 ADSTOCK = LAMBDA * INITIALADSTOCK + 1 분기 ADS
(2) T 분기 ADSTOCK = LAMBDA * T-1 분기 ADSTOCK + T 분기 ADS

물론 여러분은 어떤 Adstock 수준이 판매에 영향을 주는지 알아내야 한다. 분기의 Adstock

수준은 ADEFFECT 파라미터를 통해 선형 효과를 가진다고 가정할 수 있다. 다음 모델을 사용하여 각 분기의 판매를 예측해보자.

(3) 예상 판매 = (CONST * (TREND$^{Quarter\#}$ + ADEFFECT * ADSTOCK) * (PRICE)$^{-elasticity}$ * (Seasonal Index)

식(3)에서 CONST * (TREND$^{Quarter\#}$ + ADEFFECT * ADSTOCK) 는 계절 요인과 광고를 고려하지 않았을 때 기본 판매 수준을 정하고, 현재 Adstock 수준에 기반해서 기본 수준을 조정한다. 기본 수준에 (PRICE)$^{-elasticity}$ * (Seasonal Index)을 곱해서 현재 가격과 어느 분기에 해당하는지 정보에 따라 기본 수준을 조정한다.

여러분의 분석에서 식(3)과 관련된 MAPE를 최소화하는 파라미터값을 찾아보자. 그리고 원한다면 SSE를 최소화하는 파라미터도 찾아보자. 다음 단계는 해찾기를 사용하여 MAPE를 최소화하는 과정을 보여준다.

1. 셀 F6에서 식(1)을 이용해서 `=E6+intialadstock*lambda`으로 첫 번째 분기의 Adstock 수준을 계산한다.
2. 셀 F7의 식 `=E7+lambda*F6`을 F8:F29에 복사하여 식(2)를 사용하여 남은 분기에 대한 Adstock 수준을 계산한다.
3. 셀 H6의 식 `=(const*(trend)^D6+adeffect*F6)*VLOOKUP(C6,season,2)*(G6)^(-elasticity)`을 H7:H29에 복사하여 식(3)을 사용하여 각 분기의 판매 예측을 계산한다.
4. 셀 J6의 식 `=ABS(I6-H6)/I6`을 J7:J29에 복사하여 각 분기의 절대 백분비 오차를 계산한다.
5. 셀 I4에서 식 `=AVERAGE(J6:J29)`으로 MAPE를 계산한다.
6. 그림 34-1의 해찾기 창에서 GRG (Generalized Reduced Gradient) Multistart 엔진을 사용하여 식(3)과 관련된 MAPE를 최소화하는 파라미터를 찾는다. 대부분 변수 셀의 상한선은 '지능적으로 추측'해낸 값이다. 만약 해찾기가 찾아낸 변수 셀값이 상한선에 가까운 값이 되면, 상한선을 더 올려주어야 한다. 제한 조건 $\$M\$11 = 1$은 계절 지수의 평균이 1이 되어야 함을 의미한다. 해찾기에서 찾은 값은 그림 34-2와 같다.

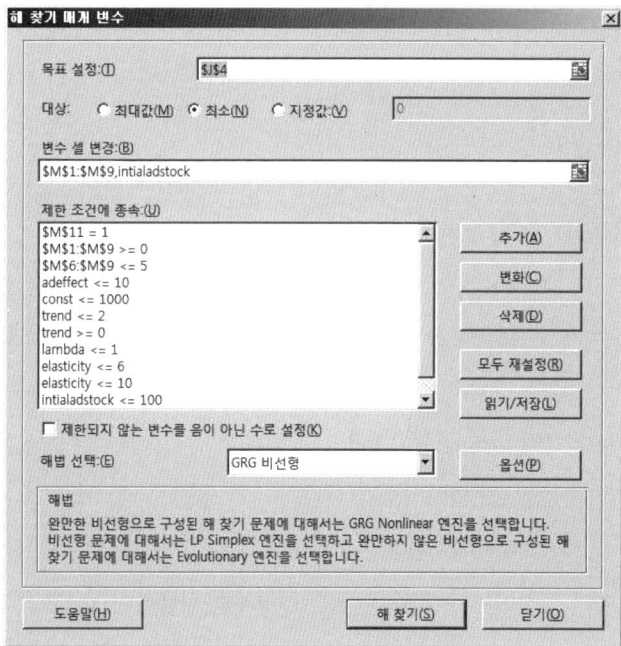

그림 34-1 : Adstock 모델의 해찾기 창

	C	D	E	F	G	H	I	J	K	L	M
1						intialadstock	35.295			adeffect	4.996
2										elasticity	1.488
3								MAPE		trend	1.097
4								0.022		lambda	0.831
5	당해 분기	분기#	광고	Adstock	가격	예측	실제	APE		const	502.993
6	1	1	44	73.336	44.000	2.633	2.639	0.002		1	0.798
7	2	2	78	138.953	42.000	3.510	3.486	0.007		2	0.702
8	3	3	59	174.492	35.000	6.425	6.156	0.044		3	0.828
9	4	4	72	217.030	40.000	12.547	12.561	0.001		4	1.672
10	1	5	47	227.385	37.000	7.185	7.263	0.011			
11	2	6	45	233.992	37.000	6.676	6.354	0.051		평균	1.000
12	3	7	34	228.484	37.000	8.107	8.030	0.010			
13	4	8	31	220.905	43.000	13.431	13.892	0.033			
14	1	9	80	263.607	43.000	7.354	7.566	0.028			
15	2	10	49	268.098	44.000	6.586	6.761	0.026			
16	3	11	57	279.831	39.000	9.956	9.074	0.097			
17	4	12	65	297.583	45.000	17.546	16.655	0.054			
18	1	13	54	301.337	40.000	10.541	10.517	0.002			
19	2	14	40	290.458	43.000	8.604	8.647	0.005			
20	3	15	58	299.415	42.000	11.239	11.271	0.003			
21	4	16	23	271.860	36.000	29.014	29.031	0.001			
22	1	17	25	250.958	43.000	10.973	10.929	0.004			
23	2	18	40	248.585	43.000	10.232	9.856	0.038			
24	3	19	26	232.613	43.000	12.641	12.661	0.002			
25	4	20	30	223.337	43.000	27.006	26.056	0.036			
26	1	21	69	254.628	43.000	14.297	13.730	0.041			
27	2	22	28	239.635	43.000	13.268	13.513	0.018			
28	3	23	55	254.174	43.000	17.058	17.161	0.006			
29	4	24	54	265.258	39.000	43.195	43.227	0.001			

그림 34-2 : Adstock 모델

예측값은 평균 2.2%정도만 차이 난다. 모델 파라미터의 최적값은 다음과 같이 해석할 수 있다.

- 셀 M3에서 판매는 분기당 9.7%의 비율로 증가한다.
- 셀 M4에서 각 분기 동안 광고 효과의 17%(1 − 0.83)가 사라진다.
- 셀 M2에서 가격이 1% 증가하면 수요는 1.49% 줄어든다.
- M6:M9의 계절 지수에서 첫 번째 분기는 분기 평균보다 20% 판매가 적고, 두 번째 분기는 평균보다 30% 적으며 세 번째 분기는 18% 낮고 네 번째 분기는 평균보다 67% 높다. 일반적으로 Amazon이나 Mattel[2] 같은 경우 네 번째 분기의 계절지수가 높은 이유는 크리스마스 시즌 때문일 것이라고 짐작할 수 있다.

Analysis 2 광고 효과를 추정하는 또 다른 모델

Gary Lilien, Phillip Kotler, Sridhar Moorthy는 저서 Marketing Decision Models (Prentice-Hall, 1992)에서 광고의 효과를 측정하기 위한 또 다른 모델을 사용했다. 모델은 식(4)로 설명할 수 있다.

$$(4) \quad Q_t = a + \lambda Q_{t-1} + b \text{LN}(A_t) + c \max(0, \Delta A_t)$$

식(4)에서 다음 파라미터는 참이다.

- Q_t = t기간 동안의 판매
- A_t = t기간 동안의 광고
- ΔA_t = 기간 t−1과 비교해서 기간 t 동안의 광고 증가 비율
- b, c, a, λ는 추정해야 하는 파라미터이다.

---

[2] 바비인형으로 유명한 미국의 장난감 제조사

LN(A_t)항은 더 많은 광고를 집행할수록 광고의 효과가 줄어듦을 나타낸다. 식에서 마지막 항은 광고에 변화가 생겼을 때 판매에 미치는 영향을 모델링할 수 있도록 해준다. λ는 현재 판매를 예상하기 위해 사용한 과거의 판매 비율을 나타낸다. 과거의 판매는 과거의 광고에 의해 영향을 받으므로 이 항은 광고의 효과를 통해 얻어진 충성도가 현재의 판매에 영향을 준다는 사실을 반영하고 있다.

다음 절에서는 식(4)로 설명되는 판매 모델은 매우 유연하여 두 가지 매우 다른 광고 전략을 가능하게 한다. 두 가지 광고 전략은(펄싱(pulsing)과 지속적인 집행(continuous spending))인데 서로 다른 환경에서 이를 최적화한다.

> **Note**
> 31장에서 다룬 SCAN*PRO 승법 모델(multiplicative model)과 달리, 식(4)에서 정의한 모델은 가법 모델(additive model)이다.

이제 이 새 모델을 사용하여 파일 `addata.xls`의 데이터를 기반으로 광고의 효과를 측정해보도록 하자. 이 파일에는 36개월간의 판매 기록(단위 $1,000)과 다이어트 상품에 대한 광고(단위 $100)데이터가 있다. 좀 변화를 주기 위해 식(4)에서 MAPE 대신 SSE를 최소화하는 파라미터를 찾아보자. 다음 과정을 수행해서 데이터를 잘 설명할 수 있는 식(4)를 적용해보자 (그림 34-3).

1. 각 월에 대해 F8의 식 `=(D8-D7)/D7`을 F9:F42에 복사해서 ΔA_t를 계산하자.
2. 셀 G8의 식 `=a+lambda*E8+b*LN(D8)+c_*MAX(0,F8)`을 G9:G42을 복사해서 2~36월동안 판매 예측을 해보자.

	A	B	C	D	E	F	G	H	I	J	K	L
1					a	2.372373						
2					lambda	0.555179	Sales=a+lambda*lastsales+bLn (A(t))+cmax(0,deltaA(t))					
3					b	2.948116	delta A(t)					
4					c	-0.42623		SSE	Rsq	stderr		
5								362.1587	0.693846	3.263698		
6		월	판매	광고	지연 판매	delta A(t)	예측	오차제곱	오차			
7		1	12	15								
8		2	20.5	16	12	0.066667	17.18002	11.0223	3.319985			
9		3	21	18	20.5	0.125	22.22141	1.49184	-1.22141			
10		4	15.5	27	21	0.5	23.53452	64.55352	-8.03452			
11		5	15.3	21	15.5	-0.22222	19.95325	21.65272	-4.65325			
12		6	23.5	49	15.3	1.333333	21.77184	2.986545	1.728162			
13		7	24.5	21	23.5	-0.57143	24.39468	0.011093	0.105322			
14		8	21.3	22	24.5	0.047619	25.06671	14.18808	-3.76671			
15		9	23.5	28	21.3	0.272727	23.90516	0.164155	-0.40516			
16		10	28	36	23.5	0.285714	25.86192	4.571376	2.138078			
17		11	24	40	28	0.111111	28.74526	22.51752	-4.74526			
18		12	15.5	3	24	-0.925	18.9355	11.80265	-3.4355			
19		13	17.3	21	15.5	6	17.39586	0.00919	-0.09586			
20		14	25.3	29	17.3	0.380952	21.74177	12.661	3.55823			
21		15	25	62	25.3	1.137931	28.10064	9.613996	-3.10064			
22		16	36.5	65	25	0.048387	28.5378	63.39671	7.962205			
23		17	36.5	46	36.5	-0.29231	33.92368	6.637448	2.576325			
24		18	29.6	44	36.5	-0.04348	33.79263	17.57812	-4.19263			
25		19	30.5	33	29.6	-0.25	29.11377	1.921625	1.386227			
26		20	28	62	30.5	0.878788	31.09803	9.597781	-3.09803			
27		21	26	22	28	-0.64516	27.03013	1.061166	-1.03013			
28		22	21.5	12	26	-0.45455	24.13281	6.931703	-2.63281			
29		23	19.7	24	21.5	1	23.25176	12.61497	-3.55176			
30		24	19	3	19.7	-0.875	16.54823	6.011175	2.45177			
31		25	16	5	19	0.666667	17.38142	1.908334	-1.38142			
32		26	20.7	14	16	1.8	18.26826	5.913338	2.431736			
33		27	26.5	36	20.7	1.571429	23.75941	7.510828	2.740589			

그림 34-3 : 다이어트 상품 광고 데이터

3. H8의 식 =(G8-C8)^2을 H9:H42에 복사하여 2~36개월 동안의 오차의 제곱을 계산한다.

4. H5에서 식 =SUM(H8:H42)으로 SSE를 계산한다.

5. I8의 식 =C8-G8을 I9:I42에 복사하여 각 월에 대해 오차를 계산한다.

6. 그림 34-4의 해찾기를 사용하여 파라미터값을 추정한다.

파라미터를 식(4)에 적용하면 다음과 같다.

$$Q_t = 2.37 + .56 Q_{t-1} + 2.95 \mathrm{LN}(A_t) - .43 \max(0, \Delta A_t)$$

셀 I5의 식 =RSQ(G8:G42,C8:C42)은 이 모델이 판매 변화의 69%를 설명할 수 있음을 나타낸다. 셀 J5의 식 =STDEV(I8:I42)은 예측의 68%가 $3,264 내에서 정확하며, 95%가 $6,528 내에서 정확함을 말한다. 물론 데이터가 계절을 타는 상품에 대해 다룬다면 31장 "소프트웨어 판매 예측"절에서 한 것처럼 계절 요인을 고려해서 모델을 수정해야 한다.

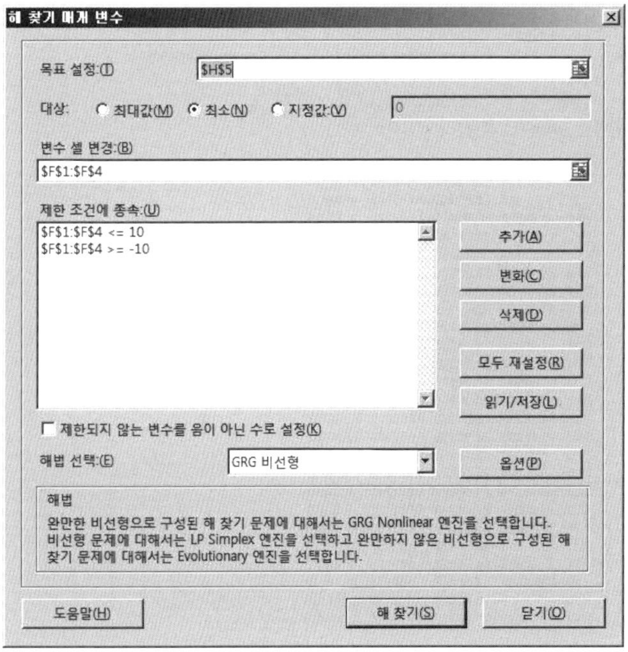

그림 34-4 : 광고 데이터의 해찾기 창

Analysis 3 광고 최적화하기 : 펄싱 대 지속적인 비용집행

이제 여러분은 광고와 월간 판매 간의 관계를 모델링했다. 해찾기를 이용하여 이익을 극대화하는 광고 전략을 계산해낼 수 있다. 이 작업에 대한 예제는 `addata.xls` 파일의 `optimize diet` 워크시트에서 찾아볼 수 있다(그림 34-5).

다음과 같이 가정해야 한다.

- 판매당 이익률 30%
- 제품 단위 가격은 $1,000
- 광고당 비용은 $100
- 첫 번째 달의 판매=12 단위
- 첫 번째 달의 광고=9

	A	B	C	D	E	F	G	H
1					a	2.372373	가격	1000
2					lambda	0.555179		
3					b	2.948116		
4			No pulse		c	-0.42623		
5					이익률	0.3		
6					총 이익	189762.9		
7		월	판매	광고	deltaa	이익		
8		1	12	9				
9		2	17.07042	17.502916	0.944768446	3370.834		
10		3	20.55432	19.47104	0.112445483	4219.193		
11		4	22.55913	19.647133	0.009043861	4803.025		
12		5	23.68455	19.713817	0.003394081	5133.984		
13		6	24.31154	19.719574	0.000292033	5321.506		
14		7	24.66044	19.724865	0.000268274	5425.645		
15		8	24.85502	19.730855	0.00030368	5483.42		
16		9	24.96928	19.778669	0.002423319	5512.916		
17		10	25.03341	19.776452	-0.000112084	5532.378		
18		11	25.06866	19.774043	-0.000121802	5543.194		
19		12	25.08904	19.780402	0.000321604	5548.672		
20		13	25.10068	19.781844	7.28918E-05	5552.018		
21		14	25.10783	19.787047	0.000263021	5553.644		
22		15	25.11148	19.784109	-0.00014849	5555.032		
23		16	25.11266	19.778488	-0.000284139	5555.95		
24		17	25.11555	19.796015	0.00088616	5555.065		
25		18	25.11847	19.803305	0.000368263	5555.209		
26		19	25.11991	19.801118	-0.000110439	5555.862		
27		20	25.11703	19.776389	-0.001248834	5557.471		
28		21	25.11457	19.770563	-0.000294592	5557.314		
29		22	25.11441	19.78006	0.000480329	5556.316		
30		23	25.11083	19.755301	-0.001251679	5557.719		
31		24	25.10737	19.745435	-0.00049944	5557.669		
32		25	25.10498	19.74224	-0.000161813	5557.269		
33		26	25.10343	19.740819	-7.19753E-05	5556.948		
34		27	25.09785	19.709174	-0.001602993	5558.437		
35		28	25.0945	19.707543	-8.27835E-05	5557.596		
36		29	25.08085	19.628881	-0.003991473	5561.368		
37		30	25.06403	19.567388	-0.003132781	5562.469		
38		31	25.01374	19.297484	-0.013793543	5574.372		
39		32	24.90841	18.797399	-0.025914547	5592.783		
40		33	24.74325	18.129316	-0.035541238	5610.043		
41		34	24.35864	16.41465	-0.094579724	5666.127		
42		35	23.62387	13.754554	-0.162056214	5711.707		

그림 34-5 : 지속적인 비용 집행의 예

목표는 GRG Multistart 해찾기 엔진을 사용하여 2~36개월 간의 광고의 수를 결정하여 2~36개월 동안의 총 이익을 최대화하는 것이다. 다음 과정을 따라가보자.

1. F9의 식 `=price*C9*profit_margin-100*D9`을 F10:F43에 복사하여 2~36개월 동안의 이익을 결정한다.
2. C열에서 2~36개월 동안의 판매를 계산한다. C9의 식 `=a+lambda*C8+b*LN(D9)+c_*MAX(0,E9)`을 C10:C43에 복사한다.

그림 34-6의 해찾기 창은 이익을 극대화하는 광고 전략을 결정한다.

제한 조건에서 각 월의 광고는 최소 .01이라고 했는데 광고 수준을 0으로 하면 LN 함수가 정의되지 않기 때문이다. 그리고 변수 셀을 음수가 아니라고 제한하지 않으면 해찾기가 변수 셀로 음수를 시도할 수도 있다. 상대적으로 일정한 비율의 금액을 매월 광고에 사용해야 하는데, 이것을 지속적인 비용 집행(continuous spending) 전략이라고 한다. 분석하다가 뒤쪽 달이 되면 광고로부터 이익을 볼 수 있는 '미래'가 별로 남아있지 않게 때문에 광고가 하락하게 된다. 이것은 22장 "고객 확보와 유지 사이에서 마케팅 자원 할당하기"에서 계획 기간 중 끝에 다다를수록 확보율(acquisition rate)과 유지율(retention rate)이 떨어지는 현상과 동일하다.

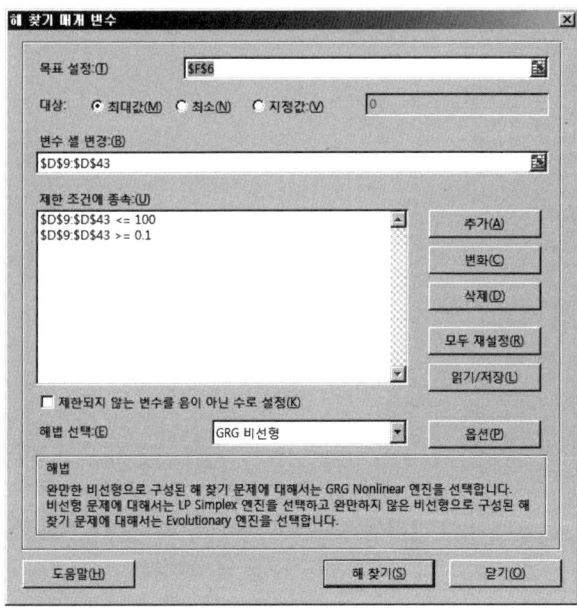

그림 34-6 : 지속적인 비용 집행 예의 해찾기 창

pulse 워크시트에서는 문제되는 파라미터가 바뀌는 예를 보여주며 해찾기가 찾아낸 광고 정책에 대한 최적값은 그림 34-7과 같다.

그림 34-7에서 여러분은 펄스 정책(pulsing strategy)이 높은 광고 수준과 낮은 광고 수준을 번갈아 가며 수행하는 것을 볼 수 있다. Vijay Mahajan과 Eitan Muller("Advertising Pulsing Policies for Generating Awareness for New Products," Marketing Science, 1986, pp. 89-106)은 논문에서 지속적인 집행 정책이 가장 최적인 조건에 대해 다뤘다. Prasad Naik Murali Mantrala와 Alan Sawyer("Planning Media Schedules in the Presence of Dynamic Advertising Quality," Marketing Science, 1998, pp. 214-35)은 논문에서 펄스 정책이 가

장 최적인 조건에 대해 다뤘다. 일반적으로는 실제 상황에서는 펄스 정책보다는 지속적인 비용 집행 정책이 좀 더 최적인 것으로 받아들여지고 있다.

	A	B	C	D	E	F	G	H
1					a	2.3723729	가격	1000
2					lambda	0.4		
3					b	2.9481161		
4			pulse		c	0.3		
5					profit margin	0.25		
6					total profit	372839285		
7		월	판매	광고	deltaa	이익		
8		1	12	9				
9		2	71.48611	1303.9906	143.8878448	-112527.53		
10		3	24.17853	0.1	-0.999923312	6034.6319		
11		4	30038.9	10000	99999.00021	6509724.2		
12		5	12011.14	0.1	-0.99999	3002775.7		
13		6	34833.68	10000	99999.00021	7708420.7		
14		7	13929.06	0.1	-0.99999	3482254.3		
15		8	125604.9	40000	399999	27401234		
16		9	50237.56	0.1	-0.9999975	12559380		
17		10	140128.3	40000	399999	31032084		
18		11	56046.92	0.1	-0.9999975	14011720		
19		12	52447.99	10000	99999.00021	12111998		
20		13	20974.78	0.1	-0.99999	5243685.3		
21		14	38419.14	10000	99999.00021	8604784.5		
22		15	15378.69	18.904035	-0.998109597	3842782.9		
23		16	6147.061	0.1	-0.994710124	1536755.3		
24		17	122492.1	40000	399999	26623034		
25		18	49026.5	10429.54	-0.739261509	11213672		
26		19	19606.19	0.1	-0.999990412	4901536.5		
27		20	127875.8	40000	399999	27968947		
28		21	51179.42	8070.0076	-0.783078311	11927169		
29		22	20482.62	17.718681	-0.99795794	5118882.1		
30		23	8188.63	0.1	-0.994356239	2047147.6		
31		24	17122.72	4606.7744	46066.74446	3820001.6		
32		25	6844.671	0.1	-0.999978293	1711157.6		
33		26	122771.2	40000	399999	26692795		
34		27	49135.85	4822.1236	-0.87944691	11801750		
35		28	19665.43	19.27025	-0.996003783	4914431.4		
36		29	7861.758	0.1	-0.994810654	1965429.4		
37		30	123178	40000	399999	26794504		
38		31	49266.79	0.1	-0.9999975	12316688		
39		32	31731.14	3999.3016	39992.01578	7532856		
40		33	12688.04	0.1	-0.999974996	3172000.5		
41		34	125108.5	40000	399999	27277132		
42		35	50039	0.1	-0.9999975	12509739		

그림 34-7 : 펄싱(pulsing)의 예

Summary

이 장에서는 다음과 같은 사항을 알아보았다.

▶ 다음 Adstock 모델(식(1)과 식(2)로 지정되는)을 사용하여 마케팅 분석가들은 시간이 지남에 따라 광고의 효과가 줄어드는 현상을 모델링할 수 있다.

(1) 1분기 ADSTOCK = LAMBDA * INITIALADSTOCK + 1분기 ADS

(2) t 분기 ADSTOCK = LAMBDA * QUARTER T-1 ADSTOCK + T 분기 ADS

▶ 식(3)의 모델을 통해 마케팅 분석가는 계절 요인, 가격, 추세 그리고 광고 효과가 판매에 어떻게 영향을 주는지 결정할 수 있다.

(3) 예상 판매 = (CONST * (TREND$^{Quarter\#}$ + ADEFFECT * ADSTOCK) * (PRICE)$^{-elasticity}$ * (Seasonal Index)

▶ 만약 식(4)로 판매를 모델링하면 지속적인 비용 집행이나 펄싱 정책이 최적이다.

(4) $Q_t = a + \lambda Q_{t-1} + bLN(A_t) + c \max(0, \Delta A_t)$

Exercises

1. 만약 Adstock 모델을 월간 데이터에 적용했을 때, lambda = 0.7이었다고 하자. 이때 광고의 '반감기'는 어떻게 될까?

2. 판매에서 제품 진열의 효과를 식(3)에 어떻게 반영할 수 있을까?

3. 여러분이 Lowe's[3]에서 판매되는 3M 페인터 테이프의 일간 판매를 모델링한다고 하자. 3M은 Home and Garden 채널에서 페인터 테이프에 대해 전국 광고를 내보내고 있다. 이에 비해 Lowe's는 지역 일요일자 신문에 가끔 광고를 낸다. 어떤 광고가 더 효과적일지 어떻게 결정할 수 있을까?

---

[3] 주택 개조 및 자재 판매업을 하는 미국의 소매업체

Media Selection Models

미디어 선택 모델

Chapter 35

광고를 하는 모든 기업들은 광고 예산을 여러 선택 사항 가운데서 어디에 할당할 것인지 선택해야 한다. 이 선택은 예산을 할당할 때 라디오, 인쇄물, TV 그리고 인터넷 등 여러 가지 다른 광고 채널 중 어디에 비용을 할당해야 하는지를 포함하고, 이 뿐 아니라 각 제품을 어떤 채널, 네트워크, 간행물 등에 광고해야 하는지에 대한 선택도 포함한다. 뿐만 아니라 NBC Evening News 같은 일일 쇼에 광고를 낸다면 어느 요일에 광고를 해야 할지도 선택해야 한다. 미국 경제에서 광고의 중요성을 한번 살펴보자면 2013년도 미국 기업들은 광고에 $512(단위 십억 불, billion)를 사용했다. 이 비용을 매체 별로 나눠보면 다음과 같다.

- **신문** : $91(단위 십억 불)
- **잡지** : $42(단위 십억 불)
- **TV** : $206(단위 십억 불)
- **라디오** : $35(단위 십억 불)
- **영화** : $3(단위 십억 불)
- **옥외** : $33(단위 십억 불)
- **인터넷** : $101(단위 십억 불)

광고 효과를 극대화하기 위해 사용 가능한 미디어 간에 광고 비용을 할당하기 위한 방법은 미디어 해 선택 모델(media selection model)이라고 알려져 있다. 이 장에서는 몇 가지 널리 사용하는 미디어 선택 모델을 살펴보고, 미국 기업들이 이 $512,000,000,000의 비용을 좀 더 효과적으로 사용할 수 있도록 도와주자.

Analysis 1 선형 미디어 할당 모델

A.M. Lee, A.J. Burkart, Frank Bass, Robert Lonsdale은 미디어 선택에서 선형 최적화 모델을 처음 사용한 연구자들이다. 논문 "Some Optimization Problems in Advertising Media,"(Journal of the Operational Research Society, 1960)와 "An Explanation of Linear Programming in Media Selection,"(Journal of Marketing Research, 1966)에서 사용한 이 개념을 이용하여, 선형 해찾기 모델을 만들 수 있다. 이 모델로 여러 네트워크 TV쇼 간에 TV 광고 예산을 할당하여 기업의 광고가 각 인구 통계 그룹에 여러 번 노출되도록 한다.

혼다(Honda)[1]는 2014년 6월 TV 광고가 다음 인구 통계 그룹에게 최소 이 정도는 노출이 되기를 원한다고 가정하자.

- 연령 18-30인 여성 : 100(단위 백만)명
- 연령 31-40인 여성 : 90(단위 백만)명
- 연령 41-50인 여성 : 80(단위 백만)명
- 연령 50세 이상인 여성 : 70(단위 백만)명
- 연령 18-30인 남성 : 100(단위 백만)명
- 연령 31-40인 남성 : 90(단위 백만)명
- 연령 41-50인 남성 : 80(단위 백만)명
- 연령 50세 이상인 남성 : 70(단위 백만)명

혼다는 Oprah[2], Jeopardy![3], Late Show with David Letterman[4], Notre Dame Football, Saturday Night Live[5], The Simpsons, Seinfeld[6], ER[7], 그리고 Monday Night Football (MNF)에 광고할 수 있다. 각 쇼에 대한 광고 비용과 인구 통계 정보는 그림 35-1, `Media data.xls` 파일에서 찾아볼 수 있다(`basic solver` 워크시트를 참고하시오). 예를 들어 Oprah 쇼의 30초당 광고 단가는 $32,630이고, 18세에서 30세 사이의 여성 6%가 이 쇼를 시청한다. 그리고 18세에서 30세 사이의 여성은 20,000,000명이다.

---

[1] 모터사이클과 자동차를 생산하는 일본 회사
[2] Oprah Winfrey Show, 1986년 첫 방송 후 2011년 5월 25일 종영될 때까지 25년간 방송되어 전 세계 140여 개국에 배급되었던 오프라 윈프리가 진행한 토크쇼
[3] 역사, 문학, 예술, 팝 문화, 과학, 스포츠, 지질학, 세계사 등의 주제를 다루는 미국의 텔레비전 퀴즈 쇼
[4] 미국의 코미디언 데이비드 레터맨이 진행하는 CBS의 심야 토크쇼 프로그램
[5] 미국의 심야 코미디 및 버라이어티 쇼
[6] 미국의 유명 TV 시트콤
[7] 응급실을 주제로 한 미국의 드라마

	A	B	C	D	E	F	G	H	I	J	K
1											
2	미디어 데이터										
3											
4			총합(단위 백만)	20	23	22	40	20	23	21	36
5	Show	Ads	비용/ 30 초	W 18-30	W 31-40	W 41-50	W>50	M 18-30	M 31-40	M 41-50	M >50
6	Oprah	6	$ 32.63	0.06	0.06	0.06	0.05	0.02	0.01	0.01	0.02
7	Jeopardy!	0	$ 33.00	0.03	0.05	0.06	0.04	0.04	0.04	0.04	0.03
8	Letterman	0	$ 47.50	0.05	0.06	0.06	0.05	0.04	0.04	0.04	0.04
9	ND Football	0	$ 27.50	0.01	0.02	0.01	0.01	0.04	0.04	0.04	0.05
10	SNL	0	$ 31.50	0.03	0.03	0.04	0.05	0.04	0.02	0.03	0.04
11	Simpsons	0	$ 56.00	0.05	0.07	0.08	0.08	0.08	0.09	0.09	0.09
12	Seinfield	0	$ 233.75	0.27	0.25	0.26	0.22	0.2	0.18	0.19	0.3
13	ER	14	$ 199.00	0.28	0.35	0.29	0.27	0.22	0.19	0.19	0.2
14	MNF	12	$ 85.00	0.06	0.07	0.07	0.08	0.15	0.14	0.15	0.14
15			노출	100	140.3	115.72	201.6	100	101.2	94.92	165.6
16				>=	>=	>=	>=	>=	>=	>=	>=
17			목표	100	90	80	70	100	90	80	70
18		비용									
19			4001.75								

그림 35-1 : 혼다의 미디어 할당

해당 그룹의 구성원이 광고를 볼 때 각 그룹에 광고가 노출된다. 각 나이와 각 그룹에 대한 혼다의 광고 노출 목표는 17행에서 볼 수 있다. 예를 들어 목표 중 하나는 18세에서 30세 사이의 여성에게 광고가 100,000,000번 노출되는 것이다. 이런 숫자는 보통 기업의 이전 광고에서 온 경험이나 새로운 상품에 대해서는 광고 에이전시의 이전 경험을 통해 결정한다.

혼다가 각 쇼에 대해 최대 20개까지의 광고를 할 수 있다고 가정하면, 가장 저렴한 방법으로 목표를 만족시킬 수 있는 방법을 찾아야 한다. 다음 중요 가정을 통해 여러분의 분석을 간단하게 만들 수 있다. 이 가정이 타당한지는 이 절 나중에 다루겠다.

- **가정 1** : 한 쇼에 광고를 n번 하는 비용은 '광고 한 개 비용 × n'으로 한다. 예를 들어 Jeopardy!에 5번 광고하는 비용은 5 * $33,000 = $165,000이다.
- **가정 2** : 만약 한 쇼에서 어떤 그룹에 e번 노출을 했다면, n개의 광고는 그룹에 n * e 번 노출을 한 것이다. 예를 들어 Jeopardy!에 광고를 한번 했으면 이 광고는 18에서 30세 사이의 여성 20 * (0.03) = 0.60(단위 백만)이 본 셈이다. 이 가정은 Jeopardy!에 광고를 10번했다면 18에서 30세 사이의 여성에게 10 * (0.60) = 6 (단위 백만)만큼 노출했다.
- **가정 3** : 각 쇼에서 하는 광고의 숫자는 모두 정수이다.

비용을 최소화하는 광고 숫자를 찾아내기 위해, 다음 과정을 수행하자.

1. 영역 B6:B14에 각 쇼에 대해 광고 수를 시험적으로 입력하자.

2. 셀 B19에서 식 =SUMPRODUCT(B6:B14,C6:C14)으로 총 광고 비용을 계산한다. 이 식은 가정 1을 따른다.
3. 셀 D15의 식 =D4*SUMPRODUCT($B$6:$B$14,D6:D14)을 D15:K15에 복사하여 각 인구 통계 그룹에서 광고를 보는 총 숫자를 구한다. 이 식은 가정 2를 따른다.
4. 그림 35-2의 해찾기 창에서 노출 목표를 만족하는 총 비용을 최소화하자.

목표 셀(셀 B19)는 광고를 하는 비용과 동일하다. 변수 셀(B6:B14)은 각 쇼에 대해 광고의 횟수이다. 각 쇼에 대한 광고 숫자는 정수여야 하며 0과 20 사이이다. 광고가 각 그룹에 대해 원하는 숫자만큼 노출이 되는지 확인하기 위해 제한 조건 D15:K15 >= D17:K17을 사용한다. 해찾기가 찾아낸 최소 비용은 $4,001,750이며 Oprah에 광고 6개, ER에 광고 14개 그리고 MNF에 광고를 12개 해야 한다.

Note

많은 경우 구매한 광고의 개수가 정수여야 한다는 가정을 빼먹기 쉽다. 예를 들어 한 쇼에 대해 허용하는 광고의 수를 정수로 제한하지 않으면, 해찾기는 혼다가 ER에 대해 14.5개 만큼의 광고를 해야 한다고 제안하게 된다. 이때 혼다는 한 달에는 ER에 광고를 14번하고, 다음 달에는 ER에 광고를 15번 할 수도 있다. 아니면 미국 지역 절반에서는 광고를 14번하고, 나머지 절반 지역에서는 광고를 15번 할 수도 있다. 만약 광고의 수를 정수로 제한하는 제한 조건을 삭제하면, 해찾기는 변수 셀에 대해 분수로 된 값을 찾아줄 것이다.

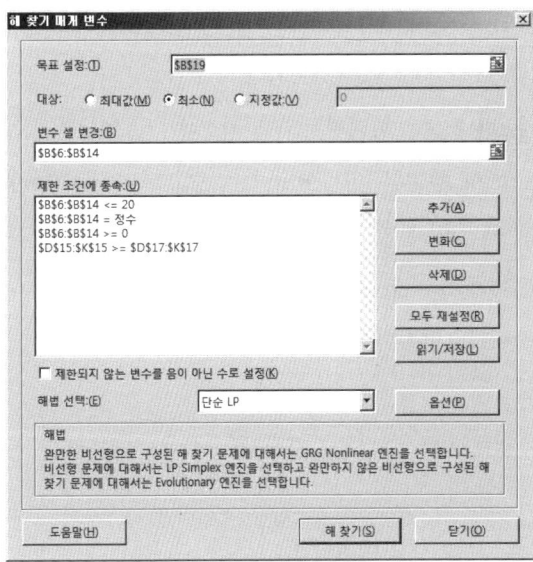

그림 35-2 : 혼다의 미디어 할당에 대한 해찾기 창

Analysis 2 물량 할인

이전 분석에서는 고려하지 않았던 공통의 광고 인센티브가 있다. 혼다가 만약 어떤 쇼에 광고를 많이 한다면 혼다는 아마 물량 할인(quantity discount)을 받을 수 있을 것이다. 예를 들어 혼다가 Jeopardy! 쇼에서 5번 광고를 한다면 10%의 할인을 받을 수 있을 것이다. 이런 물량 할인이 있으면 이전의 해찾기 모델이 비선형이 되며 Evolutionary 해찾기를 사용하도록 만든다. 이 과정을 보여주기 위해, 여러분에게 그림 35-3과 같은 물량 할인 스케줄이 주어졌다고 가정하자(QD 워크시트를 보자).

예를 들어 Oprah 쇼에 광고 1번을 하려면 $32,000이 들지만 광고를 10번 하면 비용은 $170,000이다(10x$32,000으로 생각해보면 매우 싼 가격이다). 여기서 목표는 물론 가장 저렴한 가격에 목표로 하는 노출 수를 이루는 것이다. 여기서 한 쇼에 대해 최대 실을 수 있는 광고 수는 10개로 가정한다. 5장, 6장에서 사용했던 Evolutionary 해찾기를 다시 돌이켜 생각해보면 변수 셀(예를 들어 만들어진 노출은 ads ≥ exposures와 같은 조건이 필요하다)에 대한 범위 제한 조건 외에는 페널티 조건으로 다뤄야 한다. 이런 아이디어를 모델에 반영하는 것이 매우 중요하다는 것을 알게 될 것이다. 참조표(lookup table)를 사용하여 광고 비용을 찾아보고, 다음 IF문을 사용하여 각 목표를 달성하지 못하는 양에 대해 평가해보겠다. 다음 목표 셀은 비용과 패널티를 최소화한다. 작업 과정은 다음과 같다.

1. C6의 식 `=IF(B6=0,0,VLOOKUP(A6,lookup,B6+1,FALSE))`을 C7:C14에 복사하여 각 쇼에 대해 광고 비용을 계산한다.

2. D18의 식 `=IF(D15>D17,0,D17-D15)`을 E18:K18에 복사하여 목표로 하는 노출에서 얼마나 모자라는지 계산한다.

3. 목표에 맞추지 못한 각 1,000,000 노출에 대해 1,000 단위($1,000,000와 동일)만큼의 비용을 할당한다. 5장에서 보면 Evolutionary 해찾기는 비선형 제한 조건을 다루지 못하므로, 비선형 제한 조건은 목표 셀에 제한 조건을 어겼을 때 큰 패널티를 부여해서 반영하도록 한다.

4. 셀 C19에서 식 `=1000*SUM(D18:K18)`으로 총 패널티를 계산한다.

5. 셀 C21에서 광고 비용과 제한 조건 패널티를 더해서 목표 셀 `=B19+C19`을 달성한다.

	A	B	C	D	E	F	G	H	I	J	K	L
2	미디어 데이터											
3												
4			총합(단위 백만)	20	23	22	40	20	23	21	36	
5	쇼	광고	비용	W 18-30	W 31-40	W 41-50	W>50	M 18-30	M 31-40	M 41-50	M >50	
6	Oprah	10	$ 170.00	0.06	0.06	0.06	0.05	0.02	0.01	0.01	0.02	
7	Jeopardy!	10	$ 190.00	0.03	0.05	0.06	0.04	0.04	0.04	0.04	0.03	
8	Letterman	10	$ 250.00	0.05	0.06	0.06	0.05	0.04	0.04	0.04	0.04	
9	ND Football	0	$ -	0.01	0.02	0.01	0.01	0.04	0.04	0.04	0.05	
10	SNL	8	$ 181.00	0.03	0.03	0.04	0.05	0.04	0.02	0.03	0.04	
11	Simpsons	0	$ -	0.05	0.07	0.08	0.08	0.08	0.09	0.09	0.09	
12	Seinfield	0	$ -	0.27	0.25	0.26	0.22	0.2	0.18	0.19	0.3	
13	ER	10	$ 1,683.33	0.28	0.35	0.29	0.27	0.22	0.19	0.19	0.2	
14	MNF	10	$ 595.00	0.06	0.07	0.07	0.08	0.15	0.14	0.15	0.14	
15			노출	100.8	141.22	125.84	212	100.4	100.28	95.34	166.32	
16				>=	>=	>=	>=	>=	>=	>=	>=	
17			목표	100	90	80	70	100	90	80	70	
18		비용	패널티	0	0	0	0	0	0	0	0	
19		$ 3,069.33	0									
20		목표										
21		$ 3,069.33	1	2	3	4	5	6	7	8	9	10
22		Oprah	$ 32.00	60	85	110	120	130	140	150	160	170
23		Jeopardy!	$ 33.00	60	80	100	115	130	145	160	175	190
24		Letterman	$ 47.00	85	110	130	150	170	190	210	230	250
25		ND Football	$ 28.00	50	70	90	110	130	150	170	190	210
26		SNL	$ 32.00	58	80	101	121	141	161	181	201	221
27		Simpsons	$ 56.00	106	151	191	231	271	311	351	391	431
28		Seinfield	$ 233.00	440	620	790	950	1116.667	1281.667	1446.667	1611.667	1776.667
29		ER	$ 199.00	380	560	730	880	1043.333	1203.333	1363.333	1523.333	1683.333
30		MNF	$ 85.00	150	210	265	320	375	430	485	540	595

그림 35-3 : 혼다 물량 할인 모델

그림 35-4의 해찾기에서는 혼다가 원하는 노출 수를 달성하면서 비용을 최소화할 수 있는 광고의 개수를 찾아준다. IF문을 사용했기 때문에 Evolutionary 해찾기를 사용해야 한다.

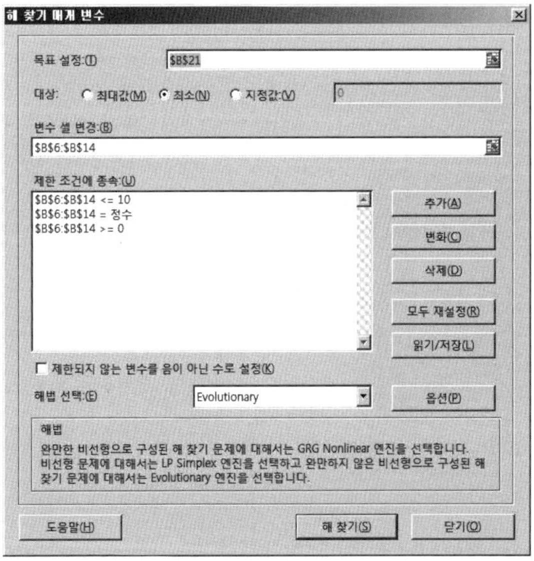

그림 35-4 : 물량 할인의 해찾기 창

5장, 6장에서도 설명했듯 Evolutionary 해찾기는 변이율(mutation rate)을 0.5로 증가시키면 성능이 더 좋아진다. 변이율을 0.5로 증가시키려면 해찾기 창에서 '옵션'을 선택한 다음 'Evolutionary' 탭을 선택하자. 다음 '변이율'을 0.5로 바꾼다. 변이율값이 커질수록 변화가 적어서 해찾기가 찾을 수 있는 영역 중 잘못된 부분에 막혀있을 가능성을 줄여준다. 해찾기의 변이율을 0.5로 설정한 다음, 최소 비용은 $3,069,000이며 Oprah, Jeopardy, Letterman, ER, MNF에 광고 10개, SNL에 광고 8개를 놓는 것을 추천한다.

Analysis 3 몬테 카를로 미디어 할당 시뮬레이션

선형 수식화 모델에서 고려하지 않은 두 가지 문제가 있다.

- 우선 각 인구 통계 그룹에 대해 원하는 수만큼 노출을 하고자 하는 혼다의 목표는 다시 말하면 혼다가 그들의 광고를 보아주기 원하는 그룹에서 원하는 숫자만큼의 사람이 광고를 보는 것이다. 이 아이디어에서 문제는 동일한 사람이 Oprah와 ER의 광고를 보고(아마 이 사람은 여성일 것이다), 또 동일한 사람이 ER과 MNF의 광고를 볼 수 있다는 것이다(아마 이 사람은 남성일 것이다). 동일한 사람이 서로 다른 쇼간에 광고를 보면서 중복될 수 있다는 것을 파악하지 못하면, 노출 수를 혼다 광고를 보는 사람 수로 변환해서 생각하기 어려울 것이다.
- 그리고 어떤 상품에 대해서든 이익-반응 곡선(benefit response curve)이 있는데 이 곡선은 어떤 사람이 제품의 광고를 특정 수만큼 보았을 때 얻어지는 이익에 대해 보여준다. 예를 들어 Stephen Sorger는 저서 Marketing Analytics(Admiral Press, 2013)에서 언급하기를 많은 상품에서 마케팅 분석가들은 어떤 사람이 광고를 최소 3번 볼 때까지는 어떤 이익도 얻을 수 없다고 했다. 그리고 추가로 광고했을 때 광고주에게 어떤 이익도 만들어주지 않는다고 했다. 만약 이런 경우에서는 상품에 대한 이익-반응 곡선이 그림 35-5와 같이 보일 것이다(32장 "판매 자원과 소매 공간 할당하기"에서 이익-반응 곡선을 추정하기 위한 방법에 대해 논의했다). 따라서 만약 혼다가 사람들이 광고를 3번 보기 전까지는 이익을 얻을 수 없으면 선형 수식을 사용해서는 비용을 최소화하면서 원하는 노출을 얻을 수 있는 미디어 할당을 사용할 수 없을 것이다.

이러한 문제들을 극복하기 위해 Palisade사의 RISKOptimizer 프로그램(www.Palisade.com에서 15일 시험버전을 다운로드 받을 수 있다)을 사용하여 몬테 카를로 시뮬레이션을 수행할 수 있다. 이 시뮬레이션으로 혼다는 비용을 최소화하면서 광고로부터 원하는 결과를 얻을 수 있다. 이때 여러분의 목표는 적어도 모든 사람의 절반이 광고를 최소 3번 보는 것으로 한다. 이 분석 작업은 그림 35-6(ro model 워크시트)을 참고하시오.

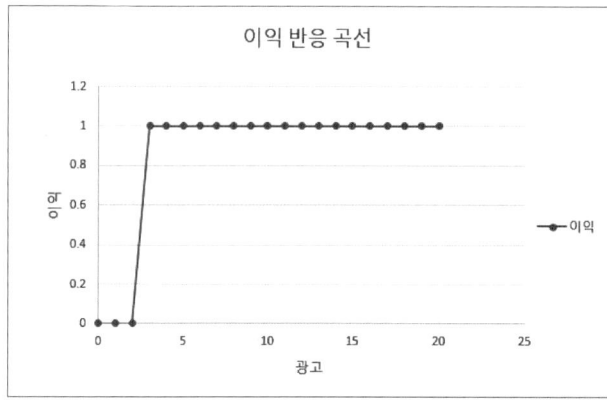

그림 35-5 : 광고 반응 곡선

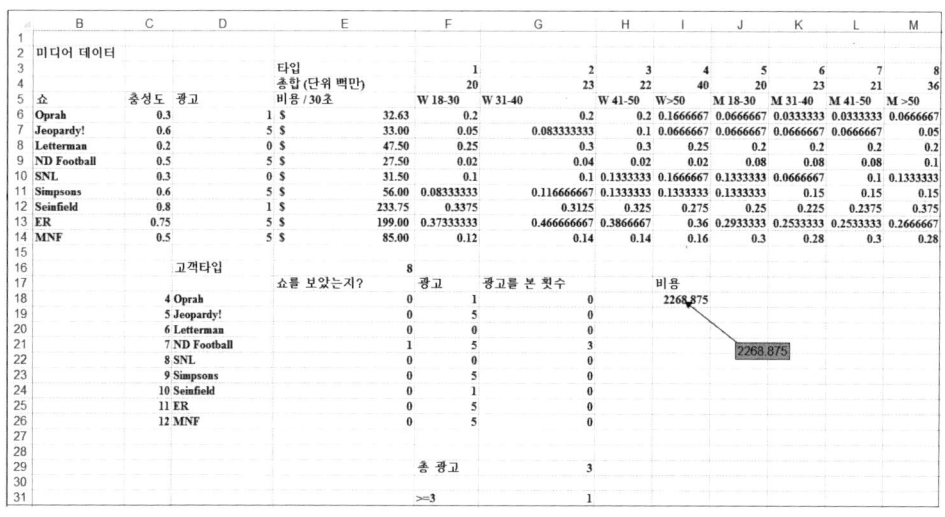

그림 35-6 : 미디어 선택에 대한 RiskOptimizer 모델

이 모델을 만들기 위해서는 각 쇼의 인구 통계 정보를 여러 가지 다른 방법으로 보아야 한다. 그림 35-6을 참고하면 각 그룹에서 쇼에 대한 시청자의 비율뿐만 아니라 쇼를 계속 본 시간의 비율(충성도(loyalty)라고 한다)도 볼 수 있다. 예를 들어 18세에서 30세 사이 여성의 20%가 Oprah 쇼의 시청자이지만, 이 중 30%만이 Oprah 쇼를 시작부터 끝까지 전부 시청한다. 이것은 일반적으로 보통의 날이면 18~30세 사이의 여성 6%만이 Oprah 쇼를 전부 본다는 것이며 이것은 이전 가정과 일치한다. 이 모델을 사용하여 임의의 고객을 생성한 다음 이 고객이 시청하는 광고의 숫자를 생성할 수 있다. 이 방법은 이항 확률 변수(binomial random variable)에 대한 지식이 약간 필요하다. 여러분의 통계 수업 시간에 배운 이항 확률 변수를 다음 상황에 적용할 수 있다.

- 각 시행에서 성공이나 실패가 결과로 나오는 시행을 반복한다(예를 들어 동전 던지기 같은 경우 '성공=앞면', 농구에서 자유투의 경우는 '성공=자유투 성공'으로 정의할 수 있다).
- 시행은 각각 독립적이다. 즉 시행의 결과는 다음 시행의 성공이나 실패에 아무 영향을 주지 않는다.
- 각 시행에서 성공의 확률은 동일하다(동전 던지기에서 앞면이 나올 확률은 0.5이고, Steve Nash[8]가 자유투에서 성공할 확률은 0.9이다).

식 =RiskBinomial(n, prob)은 Palisade의 RISKOptimizer 추가 기능이 이항 확률 변수로부터 관찰값을 생성하도록 한다. 이항 확률 변수는 n번 수행하며 각 수행에 대해 success = prob인 확률을 가진다. 예를 들어 식 =RiskBinomial(100,.5)은 동전을 100번 던졌을 때 앞면이 나올 횟수를 보여준다.

혼다에서 배치한 임의의 광고 세트에 대해, 여러분은 RISKOptimizer를 사용하여 한 1,000명의 임의로 선택한 고객을 생성할 수 있다. 그리고 각각의 고객에 대해서 광고를 보는 횟수를 시뮬레이션한다. RISKOptimizer는 해당 광고 세트에 대해 고객의 절반 이상이 3번 이상 시청하는지 결정할 수 있다. 다음 Evolutionary 알고리즘을 사용하여 광고의 비용을 최소화하는 광고 횟수를 조정한다. 이때 제한 조건은 고객의 절반 이상이 광고를 봐야 하며, 3번 이상 광고를 봐야 한다. 다음 과정은 임의의 고객을 생성하고 그 고객의 시청 패턴을 정한다.

[8] 캐나다의 농구 선수

1. 우선 고객의 타입을 생성한다. 이것은 이산 확률 변수(discrete random variable)로 생성한다. 예를 들어 총 인구는 205(단위 백만)이 있으며 생성된 고객이 18~30세 사이의 여성일 확률은 20 / 205 = 0.098이다.

2. 각각의 쇼에 대해 생성된 고객이 쇼를 보는지 결정한다. 이때는 이항 확률 변수(binomial random variable)를 사용하며 시행은 1회이고, 성공 확률은 주어진 타입의 고객이 쇼를 보는 확률과 동일하다. 예를 들어 생성된 고객이 18~30세 사이의 여성이면, 그녀가 Oprah 쇼를 볼 확률은 20%이다.

3. 임의로 생성한 고객이 쇼를 본다고 가정했을 때, 다시 이항 확률 변수를 사용하여 해당 고객이 광고를 볼 횟수를 결정한다. 예를 들어 여러분이 Oprah 쇼에 광고 3개를 실었고, 생성한 고객은 18~30세 사이의 여성이라고 하면, 해당 여성이 Oprah 쇼에 나오는 광고를 보는 횟수는 이항 확률 변수에 따른다. 시행 횟수는 3회이고 성공 확률(즉 광고를 볼 확률)은 0.3이다.

4. 셀 E16에서는 식 =RiskDiscrete(F3:M3,F4:M4)으로 임의로 선택한 고객 타입을 계산한다. 이 식은 영역 F4:M4의 값으로부터 고객 타입을 할당하는데, 각 고객 타입이 발생할 확률은 영역 F4:M4에서 주어진 횟수에 비례한다. 이 '확률'을 모두 합했을 때 1이 되지 않는 것에 주의하자. RiskOptimizer는 가중치를 정규화하여 확률로 다룬다. 따라서 임의로 생성한 고객이 18~30세 사이의 여성일 가능성은 20/205이고, 31~40세 사이의 여성일 가능성은 23/205이다.

5. E18의 식 =RiskBinomial(1,HLOOKUP($E$16,showproblook,C18,FALSE))을 E19:E26에 복사하여 각 쇼에 대해 해당 고객이 충성도 높은 시청자인지 결정한다. 고객 타입에 따라 해당 고객이 쇼를 볼 것인지 결정할 확률을 찾아볼 수 있는 열이 바뀐다. 그림 35-6의 반복 같은 경우 시뮬레이션 하는 고객은 50세 이상의 남성이다. 따라서 RiskOptimizer는 E20에서 0.20의 확률을 사용해서 이 고객이 Late Show의 시청자인지 결정할 수 있다.

6. G18의 식 =IF(OR(E18=0,F18=0),0,RiskBinomial(F18,VLOOKUP(D18,$B$6:$C$14,2,FALSE)))을 G19:G26에 복사하여 각 쇼에 대해 시청자가 보는 광고의 수를 시뮬레이션한다. F18은 혼다가 쇼에 할당한 광고의 수이다. 만약 시청자가 쇼를 보지 않거나, 광고를 0개 배치했으면, 해당 고객은 쇼에서 아무 광고도 보지 않는 셈이다. 그렇지 않으면 18행에서 lookup 함수를 사용하여 시청자가 Oprah 쇼를 시청할 확률을 찾아

보고, 이항 확률 변수(시행 횟수=광고 수, 성공 확률=충성도 높은 시청자가 쇼에서 광고를 볼 확률)를 사용하여 시청자가 Oprah 쇼에서 시청하는 광고의 개수를 시뮬레이션 할 수 있다. 예를 들어 E19의 값은 1인데, 선택된 고객은 50세 이상의 남성이며 Jeopardy! 쇼의 시청자이다. RiskOptimizer는 n(시행 횟수) = 5, prob(성공 확률) = 0.05인 이항 확률 변수를 사용하여 가상의 고객이 Jeopardy!의 광고를 몇 번 볼 것인지 시뮬레이션한다.

7. 셀 G29에서 식 =SUM(G18:G26)으로 시청자가 광고를 시청한 총 횟수를 계산한다.
8. 셀 G31에서는 시청자가 3번 이상 광고를 보았을 때에만 1을 설정한다. 식은 =IF(G29>=3,1,0)
9. 셀 I8에서 식 =SUMPRODUCT(E6:E14,D6:D14))으로 총 광고 비용을 계산한다.

이제 RISKOptimizer를 사용하여 최소 50%의 사람이 광고를 최소 3번 보는 최소의 광고 비용 정책을 결정할 수 있다. RISKOptimizer 창은 그림 35-7과 같다.

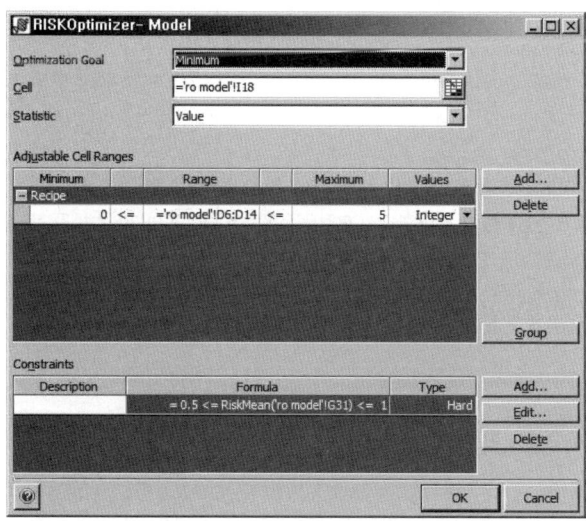

그림 35-7 : 미디어 선택에 대한 RiskOptimizer 설정

목표는 총 비용값(I18에서 계산)을 최소로 하는 것이다. 각 쇼에 최대 5대의 광고를 배치할 수 있다고 가정하고, G31의 평균은 0.5 이상으로 제한한다. 이렇게 해서 적어도 모든 사람의 절반 이상이 광고를 3번 이상 보도록 한다(ads >= 3).

RISKOptimizer는 서로 다른 광고 계획을 주어진 수만큼 수행한다(예제에서는 1,000번 반복했다). 그리고 적어도 0.5 * (1000) = 500명의 고객이 혼다 광고를 3번 이상 보도록 하는 스케줄에서 최소화된 비용을 가지게 되었을 때 멈춘다. 다음과 같이 광고를 배치했을 때 최소 비용은 $2,268,000이다.

- Jeopardy!, Notre Dame Football, MNF, ER, The Simpsons에 광고 5번
- Seinfeld, Oprah에 광고 1번

몬테 카를로 미디어 할당 방법에서 핵심은 임의의 n번의 광고 노출에 대해 어떤 사람이 여러분의 광고를 n번 볼 확률을 구할 수 있다는 것이다. 광고를 n번 본 사람으로부터 상품이 얻을 수 있는 이익을 알수 있다면 상품 광고로부터 창출되는 이익을 정확하게 추정할 수 있다. 이를 통해 기업이나 광고 에이전시는 최선의 미디어를 선택하고 결정 내릴 수 있다.

Summary

이 장에서는 다음과 같은 사항을 알아보았다.

- 주어진 미디어들 가운데 n번 광고를 하는 비용이 n * 한 번 광고하는 비용이고, n번 광고하면 그룹에 n * e(e는 한 번 광고에서 만들어지는 노출 수) 노출한다고 가정했을 때 선형 해찾기 모델을 사용하여 최적의 미디어 선택을 할 수 있다.
- 각 고객에 대해 광고로부터 얻을 수 있는 이익은 고객이 광고를 얼마나 많이 보는가에 따라 달라진다고 가정했을 때, 몬테 카를로 시뮬레이션을 사용해서 최적의 미디어 할당을 결정할 수 있다.

Exercises

1. 혼다는 각 그룹에게 노출했을 때 동일한 이익을 얻는다고 생각한다. 이렇게 가정했을 때 어떤 미디어에 할당해야 최소 100,000,000 노출을 하면서 비용을 최소화할 수 있을까?

2. 혼다는 여성에게 노출한 효과가 남성에게 노출한 효과보다 2배 높다고 믿고 있다. 예산이 $5,000,000일때, 혼다는 어디에 광고를 해야 할까?

3. Drugco는 업계에서 유명한 의학 저널에 어떻게 광고를 해야 할지 결정하고자 한다. Medicaldata.xlsx 파일(그림 35-8)에서는 어떤 종류의 의사에게 연간 몇 번 노출이 되어야 하는지 Drugco의 목표를 볼 수 있다. Drugco는 각 저널에 한 페이지짜리 광고의 비용과 어떤 전공의 의사들 몇 명이 어떤 저널을 구독하는지 알고 있다. 예를 들어 American Family Physician(AFP) 잡지의 한 페이지짜리 광고 비용은 $19,699이고, AFP를 구독하는 가정의학 전문의는 80,601명이다. 각 저널은 1년에 12번 간행되고 Drugco는 저널의 각 이슈에 대해 최대 2번 광고를 실을 수 있다. Drugco가 원하는 노출 수를 얻으면서 최소화할 수 있는 비용은 얼마일까?

	C	D	E	F	G	H	I
1		광고당 비용	$ 6,630	$ 19,699	$ 9,585	$ 6,029	$ 9,048
2	노출 목표		American Academy Ortho Surg	Am Family Physician	Am Journal of Anesthesiology	American Journal of Orthopedics	Anesthesiology
3	9362038.156	FPs	-	80,601	-	-	-
4	1746192	GPs	-	13,430	-	-	-
5	8813580	IMs	-	47,811	-	-	-
6	196908	DOs	-	-	1,390	-	-
7	881664	Orthoped	-	-	-	22,830	-
8	1392794.772	Oncol	-	-	-	-	-
9	1241076	Anesthes	-	102	23,351	-	38,000
10	270111.6523	Neuros	-	-	-	-	-
11	164819.0684	Geriatrics	-	100	-	-	-
12	131310	Rheum	-	-	-	2,862	-
13	0	PTs	-	-	-	-	-
14	38400	NP/PA	-	-	-	-	-
15	142664.3272	Residents	-	-	3,380	-	-
16	1030778.773	Cards	-	31	-	-	-
17	7573939.285	Others	26,000	35,395	16,433	2,297	211

그림 35-8 : 의학 저널 데이터

4. 만약 혼다가 각 인구 통계 그룹에 대해 광고를 n번 본 고객으로부터 얻어지는 이익이 n5라고 믿고 있다고 가정하자. 주어진 광고 예산이 $5,000,000일 때 어떤 미디어를 선택해야 혼다가 광고로부터 얻는 이익을 극대화할 수 있을까?

5. 혼다가 여름 창고 대 바겐세일 TV 광고로부터 얻을 수 있는 금전적인 이익을 어떻게 추정할 수 있을까?

Pay per Click (PPC) Online Advertising

온라인 광고에서 클릭당 지불(PPC)

Chapter 36

온라인 광고는 매우 큰 비즈니스이다. 2012년 구글(Google)이 단독으로 온라인 광고에서 창출한 매출은 $44(단위 십억)에 달한다. 온라인 광고 매출의 대부분은 클릭당 지불(Pay per Click, PPC)에서 오며, 광고주는 인터넷 사용자가 클릭해서 광고주의 웹 사이트까지 들어왔을 때 광고비를 지불하게 된다. 온라인 광고 매출은 여전히 매우 빨리 성장하고 있으며(연간 20%) 따라서 분석가들은 광고주들이 어떻게 PPC 광고로부터 이익을 최적화하도록 도와줄 수 있는지 이해해야 한다. 이 장은 광고주들이 PPC 광고가 이익이 될 것인지 어떻게 결정하는지 보여주면서 시작한다. 다음 어떻게 구글이 키워드 검색에 기반해서 광고 슬롯을 경매 진행하는지 설명하겠다. 마지막으로 이 장에서 광고주가 구글의 입찰 시뮬레이터(Bid Simulator) 도구를 사용해서 키워드에 대한 입찰을 최적화할 수 있는지 논의해보겠다.

Analysis 1 클릭당 지불 광고 정의

인터넷상에서 상품을 구입하고자 하는 인터넷 사용자들은 상품에 대한 정보를 얻기 위해 인터넷에서 검색을 한다. 이러한 결과를 보여주는 것 외에도 검색엔진은 사용자의 검색과 관련된 유료 광고를 보여준다. 야후(yahoo)나 구글같은 기업은 사용자들이 상품을 검색했을 때 보이는 광고에 대해 광고주에게 요금을 매긴다. 예를 들어서 그림 36-1[1] 같은 경우는 역자가

---

1 책 원본에서는 www.google.com에서 swim goggles를 검색한 결과를 보여주지만, 실제 검색한 결과로는 상품 관련된 가격 정보 등을 보여주지 않는다. 설명에 적합하지 않아 여기서는 역자가 네이버 검색으로 대신했다. 이후 설명은 구글을 기준으로 하겠다.

물안경을 네이버(naver)에서 검색한 결과이다. 상단부에 광고 링크와 여러 쇼핑몰에서 검색한 결과가 나오는 것을 볼 수 있다. 이런 광고 관련하여 마케팅 분석가들은 다음과 같은 질문을 할 수 있을 것이다.

- 구글은 어떻게 물안경에 대한 광고 중 어떤 광고를 보여줄지 결정하며, 누가 웹 페이지 단에서 어떤 부분을 가져갈지 결정할까?
- 광고주는 결과 페이지의 각 부분에 대해 얼마를 지불해야 할까?
- 광고주는 특정 키워드를 구매할 수 있다. 그리고 인터넷 사용자가 해당 키워드로 검색하면 광고를 보여줄 수 있다. 광고주는 어떤 키워드에 대해 입찰해야 할까?
- 구글은 검색 관련 광고로부터 그들의 이익을 극대화하면서, 검색 사용자와 광고주 모두를 만족시킬 수 있을까?

그림 36-1 : 물안경에 대한 검색 결과

2002년 이전, 대부분의 광고주는 야후나 구글같은 검색엔진 사업자에게 광고 노출(impressions) 횟수를 기반으로 광고비를 지불했다. 기업의 광고가 검색 후에 한 번 보이면 광고 노출이 한 번 발생하게 된다. 광고주들이 광고 노출 횟수를 기반으로 구글에게 광고비를 지불한 다음, 어떤 인터넷 사용자도 광고를 통해 자신들의 웹 페이지에 접속하지 않은 것을 발견했다! 당연히 광고주들이 이런 종류의 광고에 비용을 지불하고 싶지 않을 것이다. Basketball-reference.com은 이러한 광고 노출의 훌륭한 예이다. 이 사이트에는 과거와 현재의 NBA 농구 선수들의 기록들을 보여주고 있다. 이 사이트의 각 페이지는 스폰서 가격이 붙으며 광고주들은 해당 페이지에 광고를 실을 수 있다. 예를 들어 LeBron James의 페이지에 스폰서를 하려면 가격은 $1,915이고 Carmelo Anthony의 페이지에 스폰서를 하려면 가격은 $415이다. 이 경우 이렇게 가격 차이가 나는 이유는 Carmelo Anthony의 웹 페이지보다는 LeBron James의 웹 페이지가 1,915 / 415 = 4.6배 더 조회되기 때문이다. 또 다른 상황에서는 이렇게 웹 페이지를 스폰서링하는 가격이 상대적으로 다른 이유는 웹 페이지의 조회 수뿐만 아니라 웹 페이지를 보는 사람들의 인구 통계학적인 특성 때문에 광고주들이 관심을 가질 수도 있다.

검색엔진 회사에서 PPC에 기반해서 요금을 매기면 광고주들은 인터넷 사용자들이 검색을 통해 자신들의 웹 사이트에 들어왔을 때에만 요금을 지불한다. 클릭을 해서 들어온 경우 판매로 이어질 수 있으므로 광고주들은 지불에 대해 어떤 가치를 얻을 수 있음을 알 수 있다. PPC 광고에 대한 처음 버전은 1996년 Packard Bell NEC Corporation의 부서에서 개발되었다. 2002년부터 AdWords 시스템(검색어 시스템)을 PPC 광고에 사용하게 되었다. 이때부터 PPC 광고가 본격적으로 시작되었다.

PPC 광고에 대한 수익 모델

PPC 광고의 월간 수익률을 추정하기 위해서는, 다음과 같은 숫자에 대한 추정값이 필요하다.

- 클릭당 추정 비용(Estimated Cost per Click) : 광고주가 클릭 한 번에 대해 지불해야 하는 비용. 여기서는 클릭당 $1이라고 가정하자.
- 일일 추정 클릭(Estimated Clicks per Day) : 해당 사이트에서 광고주가 기대하는 일일 클릭 수. 여러분의 광고가 일일 클릭 수 10번을 창출한다고 가정해보자. 만약 여러분이

Google AdWords나 Google의 Bid Simulator 기능에 등록하면(이 장의 "입찰을 최적화하기 위해 Bid Simulator사용하기"에서 다룬다) 여기에서 주어진 클릭당 비용에 대해 하루에 얼마나 클릭을 할지 추정값을 얻을 수 있다.

- **변환율(Conversion Rate)** : 이것은 클릭 중에서 판매로 이어지는 비율이다. 변환율은 과거 데이터를 통해 쉽게 추정할 수 있다 변환율을 5%라고 가정해보자.
- **판매당 평균 이익(Average Profit per Sale)** : 이 값도 과거 데이터를 통해 쉽게 추정할 수 있다. 판매당 평균 이익을 $10.00이라고 가정하자. 한 달은 30일이라고 가정한다.

다음 예에서 이 값들에 대해 계산을 해보자. `Costperclickoptimization.xlsx` 파일의 `Simple Model` 워크시트(그림 36-2)에서는 PPC 광고가 여러분 회사에 정말 필요한지 결정하기 위해 필요한 계산을 보여준다.

	D	E
9	클릭당 비용	1
10	일일 클릭	10
11	변환율	0.05
12	판매당 이익	$10.00
13	월당 날짜수	30
14		
15	월간 변환	15
16	이익	$150.00
17	클릭 비용	$300.00
18	총 월간 이익	-$150.00

그림 36-2 : PPC 광고에 대한 수익성 분석

셀 영역 E15:E18에서 간단한 계산을 통해 PPC 광고로부터 얻는 월 추정 이익을 계산할 수 있다.

1. E15에서 변환율에 월당 클릭 수를 곱해서 월 변환율을 계산한다. 정확한 식은 `=Conversion_Rate*Clicks_per_day*Days_per_Month`이다.

> **Note**
> 이 세 값을 곱하면 원하는 결과를 얻을 수 있다.
> (변환/클릭) * (클릭/일) * (일/월) = (변환/월)

2. 셀 E16에서는 변환당 기대 이익에 월 변환을 곱해서 월간 이익을 계산할 수 있다. 정확한 식은 `=Conversions_per_Month*Profit_per_sale`이다.
3. 셀 E17에서는 클릭당 비용에 월 클릭수를 곱해서 월 클릭 비용을 계산한다. 정확한 식은 `=Clicks_per_day*Days_per_Month*Cost_per_click`이다.
4. 셀 E18에서는 식 `=Profit-Click_Costs`로 월 이익을 계산한다.

주어진 가정에서 PPC 광고의 월 이익은 −$150.00이다. 따라서 PPC 광고가 이익이 될 것으로 보이지 않는다. 하지만 클릭을 통해 여러분의 웹 페이지로 새 고객을 유치해서 이 고객이 여러분의 상품을 반복 구매할 수도 있다. 이 경우 판매당 이익은 더 큰 수, 즉 고객의 평생 가치로 대체할 수 있다(19장−22장에서 고객 가치에 대해 다뤘다). 따라서 고객 가치의 개념을 반영하면 광고를 왜 사용해야 하는지 납득할 수 있을 것이다. 광고주는 몇 가지 간단한 계산으로 PPC 광고가 이익이 될지 결정할 수 있다. 클릭당 이익이 0이면 손익분기를 넘기 때문에, 월 클릭수는 손익분기 계산에 영향을 주지 않는다. 식(1)을 통해 손익분기 분석을 할 수 있다.

(1) 클릭당 이익 = (변환율) * (판매당 이익) − (클릭당 비용)

식(1)을 다시 쓰면 다음과 같은 조건에서 손익분기를 넘을 수 있다.

(2) 변환율 = (클릭당 비용) / (판매당 이익)
(3) 클릭당 비용 = (판매당 이익) * (변환율)

가정을 식(2)에 적용하면, 손익분기가 일어나는 변환율은 1/10=10%임을 알 수 있다. 식(3)으로부터 손익분기가 발생하는 클릭당 비용은 ($100) * (0.05) = $0.50이다. 따라서 변환율을 두 배로 하거나 클릭당 비용을 절반으로 하면 손익분기를 달성할 수 있다.

Analysis 2 구글 AdWords Auction

구글에서는 입찰(bid)과 광고주의 품질 점수(quality score)를 사용하여 구글의 유명한 도구,

Google AdWords를 통해 광고주의 순위를 매긴다. Google의 AdWords 경매는 온라인 광고주와 온라인 광고 슬롯을 매치 시킨다.

유명한 경제학자였다가 구글의 최고 경제분석가가 된 Hal Varian의 논문 "Online Ad Auctions," (American Economic Review, 2009, pp.1-6)에서는 온라인 광고 경매(online ad auction)에 대해 다루고 있다. 광고주는 N명이며 이들은 동일한 키워드에 입찰하고자 한다. 그리고 광고주 i는 클릭당 최대 가격으로 b_i만큼 지불할 것이다. 또한 해당 키워드에 대한 광고 슬롯은 S개가 있다고 가정한다. 아마 여러분은 구글이 입찰자가 적어낸 금액을 보고 가장 높은 금액을 써낸 입찰자가 가장 상위 슬롯을 가져가고 두 번째로 높은 금액을 써낸 입찰자가 두 번째 슬롯을 가져간다고 생각할 것이다. 이런 방식에 있어서 문제는 아마 가장 높은 금액을 써낸 회사에게 상위 슬롯을 할당했을 때 그 회사의 광고가 너무 끔찍하게 한심한 광고여서 아무도 클릭하지 않을 수 있다는 점이다. 이 경우 검색자는 한심한 광고를 읽으며 시간을 낭비했다고 느낄 수 있고, 결국 아무도 클릭하지 않는다면 구글은 이 비싼 상위 슬롯에서 전혀 이익을 얻지 못하게 된다. 따라서 구글은 각 입찰자에게 품질 점수(q_i=입찰자 i의 품질 점수)를 매긴다. 입찰자의 품질 점수(이 점수는 1과 10 사이이며, 10이 가장 높은 품질이고 1이 가장 낮은 품질이다)는 대부분 구글의 광고 사용자 클릭률의 추정값으로 결정된다.

$$\text{사용자 클릭률} = \text{클릭해서 웹 페이지로 연결} / (\text{광고가 보이는 총 횟수})$$

품질 점수는 구글의 광고 품질 평가 점수, 키워드와 광고의 연관 관계, 광고주의 최종 웹 페이지 품질(보통 랜딩 페이지(landing page)라고 한다), 랜딩 페이지와 키워드 간의 연관 관계 등도 포함한다. 입찰자는 입찰하는 상품과 품질 점수($b_i q_i$)로 순위가 매겨진다. 이 정보를 통해 구글은 입찰자의 순위를 매길 수 있다. 만약 슬롯이 5개 있다고 하면, 여러분의 순위가 6위라면 여러분의 광고는 보이지 않는다.

광고주가 클릭당 얼마나 지불해야 하는지 결정하기

아마 여러분은 직관적으로 광고주의 클릭당 비용은 동일한 광고주의 입찰과 품질 점수에 의해 정해진다고 생각할 것이다. 하지만 놀랍게도 구글이 각 광고주에게 클릭당 청구하는 요금은 광고주의 바로 아래 위치하는 광고 위치의 광고주의 품질 점수와 입찰에 의해 결정된다. 왜 이렇게 하는지의 이유는 이 절 나중에 다루겠다.

다음 논의는 입찰이 동률이 될 가능성은 무시하고 있다. M명의 광고주가 S개의 슬롯에 대해 입찰하고 있다고 가정하자. $b_i q_i$에 기반하여 입찰자의 순위를 매긴 다음 광고주는 자신의 슬롯을 유지할 수 있는 최소한의 금액을 지불한다. 만약 슬롯보다 입찰자의 수가 적으면, 최종 입찰자는 구글에서 설정한 예약 비용(reserve price)이나 최소 입찰 r을 지불한다. 만약 p_i=i 번째 순위인 입찰자가 지불하는 비용, 이라고 하면 $i < M_i p_i q_i = b_{i+1} q_{i+1}$이다. 식을 다시 쓰면, i 번째 순위 입찰자가 지불해야 하는 금액은 다음과 같다.

$$(4)\ p_i = b_{i+1} q_{i+1} / q_i$$

만약 M < S이면 마지막 광고주는 최소 입찰 비용만을 내며, M = S이면 마지막 광고주의 입찰은 첫 번째 생략된 광고주의 입찰로부터 계산한다.

Note

식(4)에서 광고주의 클릭당 비용은 입찰과 다음으로 낮은 광고주의 품질 점수에 따라 달라진다.

이런 종류의 경매는 GSP(Generalized Second Price Auction)라고 한다. 이유를 알아보기 위해 만약 모든 광고가 동일한 품질 점수를 가진다면 GSP는 각 입찰자가 내는 비용을 그 다음 가장 높은 비용을 내는 입찰자의 비용으로 줄이게 된다.

구글의 입장에서 보면 모든 입찰자가 각 클릭에 대해 입찰하는 만큼 비용을 내는 경매에서는 두 가지 문제가 발생한다(최고가 경매(first price auction)라고 한다).

- 클릭의 실제 가치에 대한 광고주의 시각을 동일하게 만듦으로, 입찰하는 이익이 없도록 만든다. 예를 들어 입찰자 1은 클릭 한 개가 $1.00의 가치가 있다고 생각하고, 입찰자 2는 클릭 한 개의 가치가 $0.80이라고 생각한다. 그리고 입찰자도 이것을 알고 있다. 이 때 입찰자 1은 $0.81로 입찰하며, 입찰자 2는 가능한 최소 금액으로 입찰할 것이다. 이 경우 입찰자 1은 최고가를 적어내서 이긴 것이긴 하지만 입찰자가 생각하는 실제 가치로 입찰하지는 않았다.

- 만약 입찰을 자주 조정할 수 있다면, 최고가 경매에서는 입찰은 불안정한 위치에 있게 된다. 예를 들어 입찰자 1은 클릭 한 번에 대한 가치를 $0.80이라고 생각하고, 입찰자 2는 클릭 한 번의 가치를 $1.00이라고 생각한다. 만약 입찰자 1이 원래 자기가 생각하는 가치대로 $0.80이라고 입찰했다고 하자. 그러면 입찰자 2는 $0.81을 써서 첫 번째 위치를 차지하게 될 것이다. 그러면 입찰자 1은 입찰가를 낮춰서 예약 입찰 가격(예를 들어 $0.05라고 하자)으로 입찰한다. 이렇게 하면 입찰자 1은 여전히 2등의 위치를 차지할 수 있다. 이제 입찰자 2는 입찰 가격을 $0.06으로 낮춰서 첫 번째 위치를 차지하려 할 것이다. 이렇게 불안정하게 가격이 왔다 갔다 하는 현상은 구글의 입장에서는 바람직하지 않을 것이다.

비록 이런 문제는 입찰자의 비용에 의해 해결되는 것이긴 하지만 사실 GSP 경매는 구글의 이러한 문제를 해결해준다.

경매 예제

AdWords 경매가 어떻게 이루어지는지 보여주기 위해 그림 36-3의 두 개의 경매 예제를 보자. 첫 번째 예제에서는 3명의 입찰자가 3개의 슬롯을 두고 경쟁한다. 각 입찰자는 $4로 입찰했으며, 입찰자는 그들의 품질 점수(Quality score)에 의해 순위가 매겨질 것이다. 따라서 입찰자 1이 첫 번째 슬롯, 입찰자 2가 두 번째 슬롯 그리고 입찰자 3이 세 번째 슬롯을 가져간다. 입찰자 1은 그 자리를 유지하기 위한 최소의 비용만을 지불한다. 두 번째 입찰자는 품질점수 * 입찰 = 24이고, 입찰자 1의 품질 점수는 8 그리고 입찰자 1의 입찰은 24 / 8 = $3만큼 지불하면 그 위치를 유지할 수 있다. 그리고 입찰자 1의 요금은 $3.00이다. 비슷한 방법으로 입찰자 2는 그 자리를 유지하기 위해 6 * 입찰자 2 비용 = $12, 그리고 입찰자 2의 요금은 $2.00이다. 입찰자 3은 최소의 입찰 비용만을 지불한다.

	G	H	I	J	K	L	M
1							
2							
3							
4		3 슬롯					
5							
6	입찰자	입찰	품질 점수	입찰*품질 점수	클릭당 실제 지불금액	슬롯 할당	
7	1	$4.00	8	32	$3.00	1	
8	2	$4.00	6	24	$2.00	2	
9	3	$4.00	3	12	최소 입찰	3	
10							
11		3 슬롯					
12	입찰자	입찰	품질 점수	입찰*품질 점수	클릭당 실제 지불금액	슬롯 할당	
13	1	$4.00	1	4		없음	
14	2	$3.00	3	9	$2.67	2	
15	3	$2.00	6	12	$1.50	1	
16	4	$1.00	8	8	$0.50	3	

그림 36-3 : AdWords 경매 예제

두 번째 예제에서는 4명의 입찰자가 세 개의 슬롯을 두고 경쟁한다. 입찰자 3은 세 번째로 높은 입찰을 했지만, 입찰자 3의 품질 점수가 높아서 가장 최상위 자리를 차지할 수 있었다. 두 번째 자리는 입찰자 2가 차지했고(입찰*품질 점수=9), 입찰자 3은 클릭당 9 / 6 = $1.50을 지불해야 한다. 비슷한 방법으로 입찰자 2는 클릭당 8 / 3 = $2.67, 입찰자 4는 클릭당 4 / 8 = $0.50를 지불해야 한다. 입찰자 1은 클릭당 가장 높음 금액으로 입찰했지만, 품질 점수가 낮아서 경매에서는 4위가 되었다. 슬롯은 3개밖에 없으므로 입찰자 1은 광고 위치를 가져갈 수 없다.

Analysis 3 입찰을 최적화하기 위해 Bid Simulator 사용하기

여러분이 구글 AdWords에 등록하면 여러분은 Bid Simulator 기능에도 접속할 수 있다. 검색어 키워드를 입력하고 주어진 클릭당 입찰 금액에 대해 Bid Simulator 기능은 여러분의 입찰에 가까운(더 낮은) 입찰을 추정해서 더 낮은 입찰에 대해 얼마나 많은 클릭 수를 얻을 수 있는지 알려준다. 이렇게 해서 광고주는 이익을 극대화하는 입찰을 결정할 수 있다. 이 개념을 보여주기 위해 여러분은 디지털 카메라를 판매하려고 하고, 카메라 판매당 $100의 이익을 얻고자 한다고 가정하자. 그리고 클릭을 통해 판매로 변환되는 변환율은 5%로 기대한

다. 이것은 여러분이 클릭당 평균 이익 0.05 * (100) = $5를 기대하는 것이므로 여러분이 입찰할 때 입찰 상한선은 $5가 된다. 여러분이 이 정보를 구글의 Bid Simulator 도구에 입력하면 그림 36-4와 같은 정보를 얻을 수 있다(Costperclickoptimization.xlsx 파일의 BIDSIM 워크시트를 참고하시오. 이 데이터는 Hal Varian의 AdWords에 대한 동영상 www.youtube.com/watch?v=jRx7AMb6rZ0에서 가져온 것이다).

	D	E	F	G	H	I
1	변환율	0.05				
2	판매당 이익	$100.00				
3	최대 입찰	클릭	클릭당 비용	판매로부터 이익	클릭 비용	이익
4	$5.00	208	$3.36	$1,040.00	$698.88	$341.12
5	$4.50	190	$3.13	$950.00	$594.70	$355.30
6	$4.00	154	$2.64	$770.00	$406.56	$363.44
7	$3.50	133	$2.33	$665.00	$309.89	$355.11
8	$3.00	113	$2.04	$565.00	$230.52	$334.48

그림 36-4 : Bid Simulator 예제

예를 들어 최대 입찰을 $5에서 $4.5로 줄이면 클릭도 18번만큼 줄어들 것으로 추정할 수 있다. 그리고 클릭당 비용은 $3.13으로 예상할 수 있다. 각각의 입찰에 대해서 기대 이익은 다음과 같이 계산할 수 있다.

(판매당 이익) * (사용자 클릭율) * 클릭 수 − (클릭당 비용) * 클릭 수

- 예를 들어 $4로 입찰하면 예상 이익은 다음과 같다.
  ($100) * (0.05) * 154 − ($2.64) * 154 = $363.44

그림 36-4에서 열거한 각 입찰에 대해 보면 $4로 입찰했을 때 여러분의 기대 이익을 최대화할 수 있다.

Summary

이 장에서는 다음과 같은 사항을 알아보았다.

▶ 클릭당 이익은 다음과 같이 계산할 수 있다.

(1) 클릭당 이익 = (변환율) * (판매당 이익) - (클릭당 비용)

▶ 각각의 클릭에 대해 손익분기는 다음과 같은 조건일 때 넘을 수 있다.

(2) 변환율 = (클릭당 비용) / (판매당 이익)

혹은

(3) 클릭당 비용 = (판매당 이익) * (변환율)

▶ 구글 AdWords는 (입찰 금액) * (품질 점수)에 기반해서 광고의 순위를 매긴다. 입찰자는 현재 순위를 유지할 만한 금액만을 지불한다.

▶ 구글의 Bid Simulator 도구를 사용하여 광고주는 이익을 최대화하는 입찰을 추정할 수 있다.

Exercises

1. 만약 여러분이 'swim goggles'라는 키워드의 검색 결과에 광고를 보여줄 것을 고려하고 있다고 가정하지. 물안경 한 개 판매할 때 이익은 $2이다. 변환율과 클릭당 입찰 금액을 바꿔 보면서, 어떤 조합이 되면 손익분기를 넘을 수 있는지 찾아보자.

2. 데이터는 다음과 같으며, 광고 슬롯은 3개밖에 없다. 최소 입찰 금액이 $0.10일 때 경매의 결과를 설명하시오.

입찰자	최대 입찰	품질 점수
1	$2	2
2	$1.5	4
3	$1	5

3. 데이터는 다음과 같으며, 광고 슬롯은 3개밖에 없다. 최소 입찰 금액이 $0.10일 때 경매의 결과를 설명하시오.

입찰자	최대 입찰	품질 점수
1	$2	2
2	$1.5	4
3	$1	5
4	$1	2

PART 10

마케팅 리서치 도구

MARKETING RESEARCH TOOLS

Principal Component Analysis (PCA)

Chapter 37
주성분 분석(PCA)

때때로 마케팅 분석가는 여러 변수를 포함한 데이터 집합을 가지는 경우가 있다. 예를 들어 50여 가지 자동차의 특성에 대해 1부터 5까지 순위를 매겨달라고 부탁할지도 모른다. 자동차의 특성으로는 색깔, 연비, 엔진 타입 등이 있을 수 있다. 주성분 분석(PCA, Principle components analysis)을 사용하여 원래 데이터에서 여러 가지 변동을 요약해서 보여줄 수 있는 해석 가능한 변수를 찾아낼 수 있다. 예를 들어 이 장에서는 엑셀의 해찾기 기능을 사용하여 주성분 분석을 수행하는 것을 보여주겠다. 데이터는 23장 "군집 분석"에서 사용했던 미국 내 도시들의 인구 통계 정보를 사용하겠다. 우선 변수의 선형 결합(linear combination)으로부터 분산을 계산하는 방법을 배우고, 변수의 두 선형 결합 간의 공분산(covariance)을 계산한 다음 PCA가 어떻게 동작하는지 알아보겠다.

Analysis 1 PCA 정의

변수가 엄청나게 많은 데이터 집합이 있으면 여러분은 아마 바로 기가 질릴 것이다. 예를 들어 다음과 같은 데이터 집합을 생각해보자.

- 다우존스 지수에서 지난 20년간 30종목에 대한 일일 수익
- 1,000명의 고등학생 표본을 대상으로 지능검사를 100번 수행한 데이터
- 2012년 올림픽 10종 경기에서 각 선수의 모든 종목에 대한 경쟁자 대비 점수 데이터

이런 데이터 집합은 변수를 대단히 많이 포함하고 있으며, 이해하기에도 매우 어렵다! 하지만 여러분은 원래 데이터 집합에 내제되어 있는 변동성의 성질을 이해할 수 있도록 도와주는 해석 요인(interpreted factor)을 만들어 낼 수 있다. 해석 요인의 개수는 매우 적다. 예를 들어

- 일일 주식 수익은 전체 주가 지수를 나타내는 요소, 금융 분야에서 발생한 변동을 반영하는 요소 그리고 제조 분야에서 발생한 변동을 반영하는 요소들로 요약될 수 있다.
- 지능은 언어 요소와 수학적 요소로 요약할 수 있다.
- 10종 경기를 수행하는 능력은 장거리를 뛸 수 있는 요인, 근력 요인 그리고 순발력 요인으로 요약할 수 있다.

이러한 요인들은 보통 주성분(principal component)이라고 부른다. 따라서 이러한 요인의 분석을 주성분 분석, PCA(principal component analysis)라고 부른다.

Analysis 2 선형 결합, 분산 그리고 공분산

PCA를 완전히 이해하기 전에 우선 기본적인 통계 개념을 살펴보자. `Varcov.xlsx` 파일(그림 37-1)의 데이터를 사용해서 개념을 살펴보자. 이 파일에서는 20명의 사람들에게 질문해서 차를 구입하는 결정에 있어서 연비, 엔진 마력 그리고 가격 등의 요소에 대해 1-5까지 점수를 매기도록 했다(5=가장 중요, 1=가장 덜 중요). 만약 여러분이 두 변수 X, Y를 포함하는 n개의 데이터 포인트가 있다고 가정하면 각각의 데이터 포인트는 $(x_1, y_1), (x_2, y_2), \cdots (x_n, y_n)$ 와 같이 이름 붙인다.

	J	K	L
9	연료 경제성(FE)	마력(HP)	가격(PR)
10	5	1	3
11	5	2	1
12	3	3	2
13	3	3	4
14	1	5	5
15	1	5	2
16	4	3	4
17	2	4	3
18	1	4	4
19	4	2	1

그림 37-1 : 자동차 특성 데이터

표본 분산과 표준 편차

X에 대한 표본 분산(sample variance)는 S_X^2 식(1)으로 정의할 수 있다.

$$(1) \quad S_X^2 = \frac{1}{n-1} \sum_{i=1}^{i=n} (x_i - \bar{x})^2$$

여기서 $\bar{x}$는 변수 x의 표본 평균(sample mean, sample average)이다.

X의 표본 표준 편차(S_X)는 단순히 표본 분산의 제곱근이다. 표본 분산, 표본 표준 편차 모두 변수 X가 평균을 중심으로 얼마나 펼쳐져 있는지 나타낸다.

'선택 영역에서 만들기'기능을 사용하여 J:L열에 변수 이름을 붙이다. 셀 G4(그림 37-2)에서 식 =VAR(Fuel_Economy)으로 '연료 경제성(FE)' 순위에 분산(2.16)을 계산한다. G5와 G6에 비슷한 식을 사용하여 '마력(HP)'과 '가격 순위(PR)'에 대해 분산을 구하자. 셀 H4에서 식 =STDEV(Fuel_Economy)으로 '연료 경제성(FE)' 순위의 표준 편차(1.47)을 구하자. 셀 H5, H6에서 비슷한 식을 사용하여 '마력(HP)'과 '가격 순위(PR)'에 대해 표준 편차를 구하자. 물론 모든 변수의 표준 편차는 분산의 제곱근으로 계산할 수 있다.

	F	G	H	I	J	K
2						
3		표본 분산	표본 표준 편차		표본 공분산	상관
4	FE	2.155263158	1.46808145	FE HP	-1.784210526	-0.939418666
5	HP	1.673684211	1.29370948	FE PR	-0.315789474	-0.144677052
6	PR	2.210526316	1.48678388	HP PR	0.210526316	0.109451517
7						
8						
9		상관 FE HP	-0.93941867		연료 경제성(FE)	마력(HP)

그림 37-2 : 표본 분산과 표준 편차

표본 공분산

두 변수 X, Y가 주어졌을 때, X와 Y간의 표본 공분산(sample covariance)은 (Sxy)로 표시할 수 있다. 이 값은 X와 Y 간의 선형 관련성을 측정하며 단위와 무관하다. 표본 공분산은 식(2)로 계산한다.

$$(2) \quad S_{XY} = \frac{\frac{1}{n-1} \sum_{i=1}^{i=n}(x_i - \bar{x})^2(y_i - \bar{y})}{S_X S_Y}$$

만약 X가 평균보다 커질 때(혹은 작아질 때) Y가 평균보다 커지는 경향이 있으면(혹은 작아지는 경향이 있다) 이때 X와 Y는 양의 공분산을 가지게 된다. 만약 X가 평균보다 커질 때(혹은 작아질 때) Y가 평균보다 작아지는 경향이 있으면(혹은 커지는 경향이 있다) 이때 X와 Y는 음의 공분산을 가지게 된다. 요약하자면 X와 Y 간의 공분산의 기호는 X로부터 Y를 예상할 때 이를 가장 잘 설명하는 직선의 부호와 맞는다(혹은 Y로부터 X를 예상). 셀 J4에서 FE와 HP 점수간의 표본 공분산을 식 =COVARIANCE.S(Fuel_Economy,Horse_Power)으로 계산했으며 결과는 -1.78이다. 엑셀의 식 COVARIANCE 뒤에 붙는 .S는 공분산을 계산할 때 n이 아니라 (n-1)로 나눔을 알려준다. J5, J6에서 비슷한 식을 사용하여 FE와 PR 그리고 HP와 PR간의 공분산을 계산한다.

표본 상관

표본 공분산은 단위에 무관하므로 해석하기 매우 어렵다. 예를 들어 X와 Y의 단위는 $(달러)이며 표본 공분산의 값이 $5,000^2$라고 해보자. 만약 X와 Y를 ₡(센트)로 측정하면 표본 공분산의 값은 $50,000,000\ ₡^2$가 된다. 표본 상관(sample correlation) (r_0)은 단위와 무관하며 X와 Y간의 선형 관계를 측정한다. 표본 상관은 식(3)으로 계산한다.

$$(3)\quad r_{XY} = \bar{x}$$

표본 상관은 다음과 같이 해석할 수 있다.

- 표본 상관이 +1에 가까우면 X와 Y 간에 강한 양의 선형 상관관계가 있음을 나타낸다. 즉 X와 Y는 위 방향이나 아래 방향으로 함께 움직이는 경향이 있다.
- 표본 상관이 −1에 가까우면 X와 Y 간에 강한 음의 선형 상관관계가 있음을 나타낸다. 즉 X가 평균보다 커지면 Y는 평균보다 작아지며, X가 평균보다 작아지면 Y는 평균보다 커진다.
- 표본 상관이 0에 가까우면 X와 Y 간의 선형 상관관계가 약하다는 의미이다. 즉 X가 평균보다 큰지 작은지 알아도 Y값을 알아내는 데는 도움이 안 된다.

셀 K4:K6에서는 데이터에 대해 상대적인 표본 상관을 계산해서 보여준다. 셀 K4의 식 =CORREL(Fuel_Economy,Horse_Power)는 FE와 HP 간의 상관(−0.94)을 계산해서 보여준다. 이 상관은 차를 평가할 때 FE와 HP 간의 중요성에 강한 음의 선형 관계가 있음을 알려준다. 다른 말로 하자면, 연료 경제성(FE)이 중요한 고객은 마력(HP)에 대해서는 별로 중요하게 생각하지 않는다는 뜻이다. H5, H6의 비슷한 식으로 계산해보면 HP와 PR 그리고 FE와 PR 간에는 선형 상관관계가 거의 존재하지 않는다. 요약하자면 고객들이 가격의 중요성에 대해서 생각하는 바와 연료 경제성과 마력 등은 거의 상관이 없다는 뜻이다.

>> 표준화, 공분산 그리고 상관

PCA에 대해 알아보다 보면, 여러분은 데이터를 표준화(standardizing)해야 할 것이다. 23장에서 i번째 관찰값(z_i라고 하자) x를 표준화하는 것은 식(4)로 정의할 수 있다.

$$(4)\quad Z_i = (x_i - \bar{x})/S_X$$

영역 P5:P7에서 각 변수의 평균을 계산한 다음 각 변수를 표준화할 수 있다(그림 37-3). 예를 들어 O10의 식 =(J10-$P$5)/$H$4을 O11:O29에 복사하여 FE 점수를 표준화할 수 있다. 첫 번째 사람의 FE 점수는 평균보다 1.4 표준 편차 높은 것을 알 수 있다. 표준화한 변수의 평균은 0이며 표준 편차는 1이므로 표준화를 통해 데이터의 단위에 상관없이 폭을 짐작할 수 있다.

	O	P	Q	R
4				
5	FE 평균	2.95		
6	HP 평균	3.1		
7	PR 평균	3	covar z FE z FP	-0.93942
8				
9	z FE	z HP	z PR	
10	1.396380285	-1.62324	0	
11	1.396380285	-0.85027	-1.345185418	
12	0.034058056	-0.0773	-0.672592709	
13	0.034058056	-0.0773	0.672592709	
14	-1.328264173	1.46865	1.345185418	
15	-1.328264173	1.46865	-0.672592709	
16	0.71521917	-0.0773	0.672592709	
17	-0.647103059	0.69567	0	
18	-1.328264173	0.69567	0.672592709	

그림 37-3 : 표준화한 중요 순위

PCA에 대한 연구에서 우선 데이터를 표준화한 다음에 표준화한 변수들간의 표본 공분산이 원래의 변수 간의 상관과 동일한지 알아야 한다. 이 개념을 보여주기 위해 셀 R7의 식 =COVARIANCE.S(O10:O29,P10:P29)을 사용하여 표준화한 변수 FE와 HP 간의 공분산을 계산한다. 결과로 나온 값은 -0.9394이며 이 값은 FE와 HP 간의 상관과 일치한다.

>> 행렬, 행렬 곱셈 그리고 전치행렬

행렬은 숫자열의 연속이다. 어떤 행렬이 m×n이라고 하면 이것은 행렬에 m개의 행과 n개의 열이 있음을 의미한다. 예를 들어

$\begin{bmatrix} 2 & 3 \\ 3 & 4 \\ 5 & 6 \end{bmatrix}$은 2×3 행렬이며, [1 2]는 1×2 행렬 그리고 $\begin{bmatrix} 3 \\ 1 \end{bmatrix}$은 2×1 행렬이다.

m×r 행렬 A는 r×n 행렬 B와 곱셈을 할 수 있으며, 결과는 m×n 행렬이 된다. i-j 원소는 A의 i번째 행에 B의 j번째 열을 곱해서 구할 수 있다. 예를 들어 행렬 A = [1 2 3]이고 행렬 B = $\begin{bmatrix} 2 & 3 & 0 \\ 0 & 1 & 2 \\ 3 & 0 & 1 \end{bmatrix}$이면 곱셈 결과, AB = [11 5 7]이다.

예를 들어 AB의 두 번째 값은 1 * 3 + 2 * 1 + 3 * 0 = 5와 같이 계산할 수 있다.

m×n 행렬 A의 전치 행렬은 A^T와 같이 표시하며, A^T 행렬의 i-j 원소는 행렬 A의 j행과 i열의 원소가 된다. 예를 들어 행렬 A = $\begin{bmatrix} 1 & 2 \\ 3 & 4 \\ 5 & 6 \end{bmatrix}$이면 AT는 $\begin{bmatrix} 1 & 2 & 5 \\ 2 & 4 & 6 \end{bmatrix}$이 된다.

>> 엑셀에서 행렬 곱셈과 변환

`Matrixmult.xlsx` 파일에서는 엑셀에서 행렬 곱셈과 전치를 어떻게 하는지 보여준다. 엑셀에서 행렬 곱셈은 MMULT 함수로 수행한다. MMULT는 배열 수식(3장 "엑셀 함수를 이용하여 마케팅 데이터 요약하기")이므로 행렬 A와 B를 MMULT로 곱하기 전에 AB 행렬 곱의 결과와 동일한 만큼의 영역을 선택해야 한다. 그림 37-4와 같이 AB를 계산하기 위한 과정은 다음과 같다.

1. 영역 F15:H15를 선택한다.
2. 셀 F15에서 식 =MMULT(B7:D7,G6:I8)를 ⟨Ctrl⟩+⟨Shift⟩+⟨Enter⟩로 입력한다.
3. AT를 계산하기 위해서 영역 E18:E20을 선택한 다음, 셀 E18에 배열 수식으로 =TRANSPOSE(B7:D7)을 입력한다.

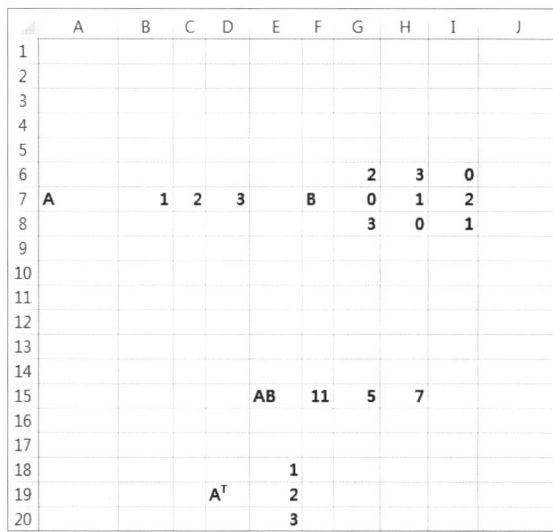

그림 37-4 : 행렬 곱셈과 전치

>> 변수의 선형 결합의 분산과 공분산 계산하기

n개의 변수 $X_1, X_2, \cdots, X_n$를 선형 결합(linear combination)한 식은 $c_1X_1 + c_2X_2 + \cdots, c_nX_n$ 이며 이때 $c_1, c_2, \cdots, c_n$은 임의의 상수이다. 그림 37-5에서는 선형 결합 2FE − HP, PR + 2HP을 보여준다. 예를 들어 첫 번째 관찰값에 대해 2FE − HP =2(5) − 1 = 9이고 PR + 2HP = 3 + (2)(1) = 5이다.

	J	K	L	M	N
2					
3	표본 공분산	상관		Direct	Check
4	-1.784210526	-0.939418666	var(2FE-HP)	17.4316	17.4316
5	-0.315789474	-0.144677052	cov (2FE-HP,PR+2HP)	-11.3263	-11.3263
6	0.210526316	0.109451517			
7			stdev (2FE-HP)	4.17511	
8			stdev (PR+2HP)	3.12208	
9	연료 경제성(FE)	마력(HP)	가격(PR)	2FE-HP	PR+2HP
10	5	1	3	9	5
11	5	2	1	8	5
12	3	3	2	3	8
13	3	3	4	3	10

그림 37-5 : 2FE − HP, PR + 2HP 계산하기

만약 n개의 변수를 가지고 있다고 가정했을 때, 벡터(벡터는 한 개의 열이나 행으로 된 행렬이다) C_1과 C_2으로 두 선형 결합을 정의할 수 있다.

$$C_1 = [c_{11}, c_{12}, \cdots, c_{1n}]$$
$$C_2 = [c_{21}, c_{22}, \cdots, c_{2n}]$$

PCA를 연구할 때는, $LC_1 = c_{11}X_1 + c_{12}X_2 + \cdots, c_{1n}X_n$와 같은 선형 결합으로 된 분산을 계산해야 한다. 만약 변수 $X_1, X_2, \cdots, X_n$에 대해 표본 공분산 행렬 S를 nxn 행렬로 정의하고 이 행렬의 i번째 대각선 원소의 값은 X_i의 표본 분산이며, i는 j와 일치하지 않을 때, S의 i-j번째 원소는 X_i와 X_j의 표본 공분산이라고 정의한다. LC_1의 표본 분산은 식(5)와 같이 보일 수 있다.

$$(5)\ LC_1\text{의 표본 분산} = C_1 S\ C_1^T$$

여기서 C_1^T는 C_1의 전치행렬이다. 식(5)를 사용하는 법을 보여주기 위해 2FE-HP의 표본 분산을 계산해보자. 다음 예에서 $C_1 = [2\ -1\ 0]$이고

$$C_1^T = \begin{bmatrix} 2 \\ -1 \\ 0 \end{bmatrix}$$

$$S = \begin{bmatrix} 2.155 & -1.784 & -.316 \\ -1.784 & 1.674 & .211 \\ -.316 & .211 & 2.210 \end{bmatrix}$$

여기서 셀 N4는 식(4)를 사용하여 2FE-HP의 분산(17.43)을 계산한다. 만약 셀 N4에 식 =MMULT(_c1,MMULT(covar,TRANSPOSE(_c1)))을 배열 수식으로 입력하면, 2FE-HP의 분산을 계산하는 것이다. 셀 M4에서 2FE-HP의 분산을 =VAR(M10:M29)으로 바로 계산했다. 물론 이렇게 바로 계산한 결과도 17.43이다.

영역 _c1은 행렬 [2 -1 0]에 해당하고, 영역 _c2는 행렬 [0 2 1]에 해당한다.

PCA 연구에서 변수의 선형 결합, $LC_1 = c_{11}X_1 + c_{12}X_2 + \cdots c_{1n}X_n$와 $LC_2 = c_{21}X_1 + c_{22}X_2 + \cdots c_{2n}X_n$ 간의 표본 공분산을 알아야 한다. 다음 식이 참임을 보일 수 있다.

$$(6)\ LC_1 과 LC_2의\ 표본\ 공분산 = C_1 S\ C_2^T$$

식(6)을 사용하는 방법을 다음 과정을 통해 보여줄 수 있다.

1. 2FE − HP와 PR + 2HP 간의 표본 공분산을 계산한다. 여기서 C_1 =[2 −1 0]이고 C_2 = [0 2 1]이다.
2. 셀 N5에서 2FE−HP와 PR+2HP 간의 표본 공분산(−11.236)을 계산한다. 이때 식은 =MMULT(_c1,MMULT(covar,TRANSPOSE(_c2)))을 배열 수식으로 입력한다.
3. 셀 M5에서 식 =COVARIANCE.S(M10:M29,N10:N29)으로 동일한 결과(−11.236)를 구한다.

Analysis 3 주성분 분석 나눠보기

$X_1, X_2, \cdots X_n$와 같이 n개의 변수가 있다고 가정하자. 여기서 S는 이 변수들의 표본 공분산 행렬이고, R은 이 변수들의 표본 상관 행렬이라고 표시하자. R은 단순히 표준화한 변수의 표본 공분산 행렬이라는 것을 기억하자. 분석에서 여러분은 S가 아니라 R에 기반한 주성분(principal component)을 결정할 수 있다. 이것은 측정의 단위가 바뀌어도 주성분은 바뀌지 않고 남아있음을 의미한다. 표본 공분산 행렬에 기반한 PCA의 자세한 사항은 Richard Johnson과 Dean Wichern의 다변량 통계에 대한 저서 Applied Multivariate Statistical Analysis (Prentice−Hall, 2007)을 참고하라.

PCA의 기본 아이디어는 다음과 같은 성질을 가지는 n개의 변수로 된 n개의 선형 결합(혹은 주성분)을 찾아내는 것이다.

- 각 주성분의 길이(계수 제곱의 합)는 1로 정규화된다.
- 주성분의 각 쌍은 0 표본 공분산을 가진다. 0 표본 공분산을 가지는 변수의 두 선형 결합

은 직교(orthogonal)한다고 부른다. 주성분의 직교성(orthogonality)으로 인해 주성분은 데이터에서 변동성의 여러 가지 다양한 면을 나타낼 수 있다.

- 주성분 분산의 합은 n, 즉 변수의 개수와 동일하다. 표준화한 각 변수의 분산은 1이며 이것은 주성분이 n개의 표준화한 변수의 총 분산을 분해(decompose)한다는 뜻이다. 만약 주성분을 표본 공분산 행렬로부터 만들었으면 주성분의 분산의 합은 n개 변수의 표본 분산의 합과 동일할 것이다.
- 이전 제한 사항이 주어졌을 때 첫 번째 주성분은 가능한 최대 분산을 가지도록 선택한다. 첫 번째 주성분을 결정한 다음 두 번째 주성분을 선택할 때는 단위 길이의 최대 분산 선형 결합이 되도록 해야 하며 첫 번째 주성분과는 직교가 되어야 한다. 다음 i=3, 4, ..., n에 이르기까지 주성분을 선택하며 주성분은 최대 분산 선형 결합이 되며 처음 i-1번째 주성분과 직교가 되어야 한다.

이제 23장 군집 분석에 사용한 데이터(clusterfactors.xlsx 파일)를 사용하여 주성분을 계산하는 방법을 보이겠다. 미국 내 49개 도시에 대해 다음과 같은 6가지 인구 통계 정보를 보여준다.

- 흑인의 비율
- 히스패닉의 비율
- 아시안의 비율
- 나이 중간값
- 실업률
- 인당 소득의 중간값(단위 1,000)

실제 데이터는 clusterfactors.xlsx 파일의 cluster 워크시트에서 볼 수 있다. 인구 통계 측정값 간의 표본 상관을 사용하여 PCA를 수행할 것이다. 표본 상관을 구하기 위해 우선 데이터 분석 추가기능을 사용하자(데이터 분석 추가 기능을 설치하는 방법에 대해서는 9장 "단순 선형 회귀와 상관"을 참고하자). 표본 상관을 구하기 위해서 '데이터' 탭 → '분석' 그룹 → '데이터 분석'을 선택한 다음 대화상자에서 '상관 분석'을 선택한 다음 그림 37-6과 같이 대화상자를 설정한다.

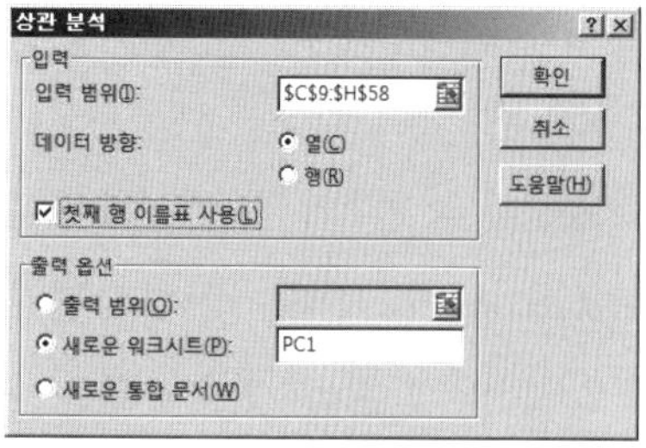

그림 37-6 : PCA를 수행하기 위한 인구 통계 데이터에서 상관 분석 설정

그림 37-7의 영역 A1:G7에서처럼 부분 상관 행렬을 구한 다음 영역 A1:G7을 선택한 다음 영역 A10:G16에 '붙여넣기' → '바꾸기'로 복사한다. A10:G16을 복사한 다음 '선택하여 붙여넣기' → '내용 있는 셀만 붙여넣기'를 선택한 다음 다시 B2:G7에 복사하여 상관 행렬을 완전히 채우자.

	A	B	C	D	E	F	G
1		z 흑인	z 히스패닉	z 아시안	z 나이	z 실업률	z 수입
2	z 흑인	1					
3	z 히스패닉	-0.40387	1				
4	z 아시안	-0.31675	0.00032	1			
5	z 나이	0.01042	-0.22078	0.37294	1		
6	z 실업률	0.307912	0.341241	-0.00072	-0.00729	1	
7	z 수입	0.125713	-0.298	0.374026	0.480487	0.014133	1
8	변환한 행렬을 A10:G16에 붙여넣기 한다음						
9	내용있는 칸만 다시 B2:G7에 복사해서 붙여넣어 상관행렬을 완성한다.						
10		z 흑인	z 히스패닉	z 아시안	z 나이	z 실업률	z 수입
11	z 흑인	1	-0.40387	-0.31675	0.01042	0.307912	0.125713
12	z 히스패닉		1	0.00032	-0.22078	0.341241	-0.297997
13	z 아시안			1	0.37294	-0.00072	0.374026
14	z 나이				1	-0.00729	0.480487
15	z 실업률					1	0.014133
16	z 수입						1

그림 37-7 : 상관 행렬 채우기

첫 번째 주성분 찾아내기

PC1 워크시트(그림 37-8)에서 첫 번째 주성분을 찾을 수 있다. 다음 과정을 완료하자.

1. 영역 B1:G1에서 첫 번째 주성분의 가중치로 시험값을 입력한다.
2. 셀 B11에서 식 =SUMPRODUCT(B1:G1,B1:G1)으로 첫 번째 주성분의 길이를 계산한다.

3. 식(5)를 사용하여 B10에 첫 번째 주원소의 분산을 계산한다. 식 =MMULT(B1:G1,MMULT(B3:G8,TRANSPOSE(B1:G1)))을 배열 수식으로 입력한다.
4. 그림 37-9와 같은 해찾기 창을 사용하여 첫 번째 주성분을 구한다.
5. PC1의 길이가 1이 되도록 하는 제한 조건에 따라 PC1의 분산을 최대화한다. GRG Multistart 엔진을 사용하여 변수 셀의 범위를 제한한다. PC1의 길이는 1과 동일하므로, PC의 각 계수는 절대값이 1보다 작아야 한다. 따라서 다음 제한값을 설정한다.

	A	B	C	D	E	F	G
1	PC1	0.067669844	-0.38495424	0.429365811	0.557219731	-0.113526417	0.582663759
2		흑인의 비율	히스패닉의 비율	아시안의 비율	나이 중간값	실업률	인당 수입(단위 1,000)
3	흑인의 비율	1	-0.403871459	-0.316749107	0.01042016	0.307911604	0.12571318
4	히스패닉의 비율	-0.403871459	1	0.00031961	-0.22077588	0.341240839	-0.297997244
5	아시안의 비율	-0.316749107	0.00031961	1	0.372940122	-0.000723651	0.374025581
6	나이 중간값	0.01042016	-0.22077588	0.372940122	1	-0.007288223	0.480486669
7	실업률	0.307911604	0.341240839	-0.000723651	-0.007288223	1	0.014132872
8	인당 수입(단위 1,000)	0.12571318	-0.297997244	0.374025581	0.480486669	0.014132872	1
9							
10	분산	1.943443489					
11	길이	1.000003107					

그림 37-8 : 첫 번째 주성분 계산하기

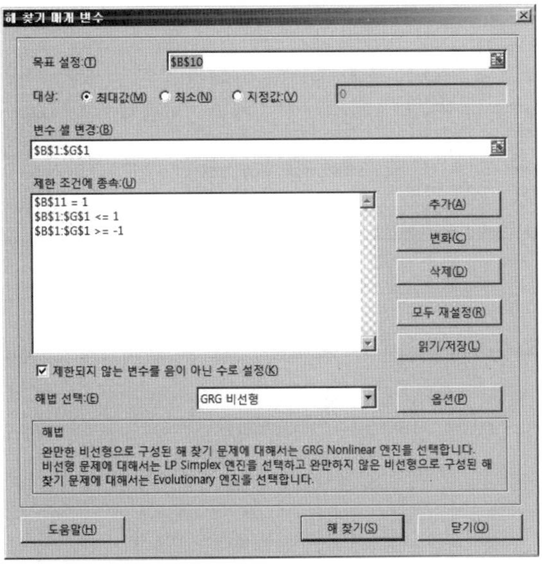

그림 37-9 : 첫 번째 주성분에 대한 해찾기 창

여기서 목표는 최대 분산의 단위 길이 선형 결합을 찾아내는 것이다. 첫 번째 주원소는 PC1 워크시트의 영역 B1:G1에 나열되어 있다. 식은 다음과 같다.

$$PC1 = 0.07z_{흑인} - 0.38z_{히스패닉} + 0.43z_{아시안} + 0.56z_{나이 중간값} - 0.11z_{실업율} + 0.58z_{수입}$$

주성분에서 변수의 계수는 때때로 주성분상의 변수의 적재(loading)라고 한다. 나이 중간값, 수입 그리고 아시안 적재가 PC1에서 가장 비중이 크다.

PC1은 표준화된 데이터의 총 분산의 1.93/6=32% 만큼을 설명한다. PC1을 해석하기 위해 표준화된 변수에서 가장 절대값이 큰 계수를 살펴보자. 이것은 PC1은 연령이 높고 아시안이며 수입이 높은 성분(23장에서 보았던 SF(샌프란시스코)군집과 비슷하다)이라고 해석할 수 있다.

두 번째 주성분 찾아내기

PC 2 워크시트에서 두 번째 주성분을 찾아낼 수 있다(그림 37-10).

	A	B	C	D	E	F	G
1	PC 1	0.067669844	-0.38495424	0.429365811	0.557219731	-0.113526417	0.582663759
2	PC 2	0.729964737	-0.475718433	-0.466685128	-0.078588497	0.122252451	0.043898661
3		흑인의 비율	히스패닉의 비율	아시안의 비율	나이 중간값	실업률	인당 수입(단위 1,000)
4	흑인의 비율	1	-0.403871459	-0.316749107	0.01042016	0.307911604	0.12571318
5	히스패닉의 비율	-0.40387146	1	0.00031961	-0.22077588	0.341240839	-0.297997244
6	아시안의 비율	-0.31674911	0.00031961	1	0.372940122	-0.000723651	0.374025581
7	나이 중간값	0.01042016	-0.22077588	0.372940122	1	-0.007288223	0.480486669
8	실업률	0.307911604	0.341240839	-0.000723651	-0.007288223	1	0.014132872
9	인당 수입(단위 1,000)	0.12571318	-0.297997244	0.374025581	0.480486669	0.014132872	1
10							
11	분산	1.523601193					
12	길이	1.00000					
13	PC 1 PC 2의 공분산	1.4386E-12					

그림 37-10 : 두 번째 주성분

영역 B2:G2에 PC2의 시험값을 입력하자. 그리고 다음 과정을 진행해보자.

1. 셀 B12에서 식 =SUMPRODUCT(B2:G2,B2:G2)으로 PC2의 길이를 계산하자.

2. 셀 B11에서 =MMULT(B2:G2,MMULT(B4:G9,TRANSPOSE(B2:G2)))를 배열 수식으로 입력하여 PC2의 분산을 계산하자.

3. 셀 B13에서 식(6)을 사용하여 PC1와 PC2의 공분산이 0이 되도록 하자. =MMULT(B2:G2,MMULT(B4:G9,TRANSPOSE(B1:G1)))을 배열 수식으로 입력하여 PC1과 PC2의 공분산이 0이 되도록 한다.

4. 그림 37-11과 같이 해찾기 창에서 PC2를 구한다.

그림 37-11 : 두 번째 주성분에 대한 해찾기 창

5. PC2의 길이가 1이고 PC2가 PC1과의 공분산이 0이어야 한다는 제한 조건에 따라 PC2의 분산을 최대화한다. 해찾기 창을 통해 PC2는 다음과 같이 주어진다.

$$PC2 = 0.73z_{흑인} - 0.48z_{히스패닉} - 0.47z_{아시안} - 0.08z_{나이\ 중간값} - 0.12z_{실업율} + 0.04z_{수입}$$

PC2의 처음 3개 계수는 대체적으로 값이 크고, 마지막 3개 계수는 값이 작다. 마지막 세 개 계수를 무시하면 여러분은 PC2가 흑인의 비중이 높으며 히스패닉이나 아시안이 별로 없는 요인이라는 것을 알 수 있다. 이것은 23장의 Memphis 군집과 일치한다. PC2는 데이터의 분산에서 1.52/6 = 25%만큼을 설명한다. PC1과 PC2를 합하면 32% + 25% = 57%로써 데이터의 분산의 57%를 설명한다.

각 주성분은 앞서 나온 주성분에 비해 분산에서 더 작은 부분을 설명한다. 왜 이것이 참인지 알아내기 위해, 만약 이것이 참이 아니라고 가정하고 주성분(PC2=두 번째 주성분이라고 하자)이 앞서 나온 주성분(PC1=첫 번째 주성분)보다 더 분산을 많이 설명한다고 해보자. 이것은 성립할 수 없는데, 만약 PC2가 PC1보다 분산을 더 많이 설명한다면, 해찾기는 PC1 이전에 우선 PC2를 선택해야 하기 때문이다.

PC3에서 PC6 찾아내기

`PC 3-PC 6` 워크시트에서는 PC3-PC6를 계산한다. PCi(i = 3, 4, 5, 6)를 계산할 때 다음 과정을 따라가보자.

1. 워크시트 `PCi-1`을 새 워크시트로 복사하자(다음 이 워크시트를 PCi라고 이름 붙인다).
2. PCi의 계수를 변수 셀로 설정한다.
3. PCi의 길이를 계산한다.
4. PCi의 분산을 계산한다.
5. PCi와 PCi-1, PCi-2, … PC1간의 공분산을 계산한다.
6. 해찾기를 사용하여 PCi의 길이는 1이 되도록 하고 첫 번째 주성분을 포함하는 표본 공분산이 0이 되도록 하는 제한조건을 만족하면서 PCi의 분산이 최소가 되도록 한다.

그림 37-12에서는 6개의 주성분을 나열하고 있으며 분산의 비율은 각 주성분에서 설명할 수 있다.

	A	B 흑인	C 히스패닉	D 아시안	E 나이 중간값	F 실업률	G 인당 소득	H 분산
2	PC 1	0.068	-0.385	0.429	0.557	-0.114	0.583	32.4%
3	PC 2	0.730	-0.476	-0.467	-0.079	0.122	0.044	25.4%
4	PC 3	0.237	0.420	0.151	0.145	0.835	0.162	21.0%
5	PC 4	-0.127	-0.033	-0.326	0.785	0.073	-0.504	9.2%
6	PC 5	-0.175	0.365	-0.639	0.073	-0.154	0.632	7.9%
7	PC 6	0.608	0.561	0.224	0.105	-0.501	-0.063	4.1%

그림 37-12 : 최종 주성분

주성분을 얼마나 많이 가져가야 하는가?

만약 변수가 n개 일 때, n개의 주성분은 데이터의 모든 분산을 설명한다. PCA를 수행하는 목적은 n개의 변수보다는 적은 수로 데이터를 설명하는 것이다. 주성분(PC)을 몇 개만 유지하면 되는지, 그림 37-13과 같이 각 요인에서 설명하는 분산으로 점을 찍어보자.

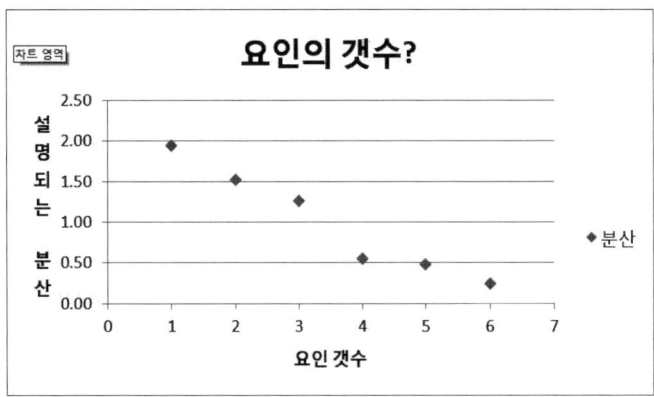

그림 37-13 : 각 주성분으로 설명되는 분산

그림 37-13에서 보면 네 번째 PC에서 변곡점이 발생하는 것을 알 수 있다. 이것은 세 번째 주성분 다음에는, 주성분들이 설명하는 부분이 약하다는 의미이다. 따라서 주성분을 3개만 사용해도 된다. 처음 세 주성분만으로 데이터의 분산에서 78%를 설명할 수 있다.

어떤 경우는 딱히 변곡점이 발생치 않을 수 있다. 다시 말하면 Y축상 '설명되는 분산'은 고유값으로 언급되며, 1보다 작은 고유값은 평균적인 주성분보다 분산을 적게 설명하는 주성분임을 가리킨다. 예를 들어 주성분이 6개일 때, 평균 주성분은 분산의 1/6을 설명하며 모두 합하면 (1/6) * 6 = 1이 된다.

공통성

만약 p<n 만큼의 주성분이 주어졌을 때(이 경우 p=3) 마케팅 분석가는 각 변수에서 분산의 몇 퍼센트가 p 요인으로 설명되는지 알고자 할 것이다. 주성분으로 설명되는 i번째 변수의 분산의 비율을 i번째 공통성(communality)이라고 한다. i번째 공통성은 처음 p성분의 각 i 변수의 적재의 제곱합이다. Communalities 워크시트(그림 37-14)에서는 세 주성분에 대한 공통성을 계산한다. 예를 들어 처음 세 주성분을 유지할 때 '흑인의 비율'에 대해 공통성은 $(0.067)^2 + (0.730)^2 + (0.237)^2 = 59.34\%$이다.

	A	B	C	D	E	F	G	H	I
1		흑인	히스패닉	아시안	나이 중간값	실업률	인당 소득	분산	
2	PC 1	0.067669844	-0.38495424	0.429365811	0.557219731	-0.113526417	0.582663759	32.4%	1.943443489
3	PC 2	0.729964737	-0.475718433	-0.466685128	-0.078588497	0.122252451	0.043898661	25.4%	1.523601193
4	PC 3	0.236504849	0.420329756	0.15094789	0.145490389	0.834977224	0.162019856	21.0%	1.260223561
5	PC 4	-0.099735932	0.213464198	-0.543411585	0.775599836	-0.076064046	-0.204571659	9.2%	0.550377974
6	PC 5	-0.154080378	0.301226755	-0.469221245	-0.24177931	-0.130284904	0.768063867	7.9%	0.475663727
7	PC 6	0.611	0.559	0.245	0.042	-0.502	-0.020	0.0%	0
8									
9	3요인의 공통성	59.34%	55.12%	42.49%	33.78%	72.50%	36.77%		
10	총합	1.00	1.00	1.00	1.00	1.00	1.00		

그림 37-14 : 공통성

B9의 식 =SUMPRODUCT(B2:B4,B2:B4)을 C9:G9에 복사해서 6개 공통성을 계산한다. 3개의 요인은 실업률 분산의 72.5%를 설명하지만 나이 중간값 분산의 34%밖에 설명하지 못한다. 나이 중간값의 대부분의 분산은 PC4가 설명할 수 있다.

Analysis 4 PCA의 다른 적용

Donald Lehman, Sunil Gupta, Joel Steckel(Marketing Research, Prenctice-Hall, 1997)은 PCA를 적용한 훌륭한 예를 보여준다. 소비자들에게 10개의 자동차 모델을 주고 다음 15가지 특성에 대해 1부터 5까지 점수를 매기도록 했다.

- 다른 사람에게 어필할 수 있는가?
- 고급스러운 외관
- 즐거운 느낌인가?
- 신뢰할 만한가?
- 기술적으로 신뢰할 만한가?
- 트렌드에 따르는가?
- 내구성이 좋은가?
- 럭셔리한가?
- 차별화되는 외관인가?

- 신뢰할 수 있는 브랜드인가?
- 보수적인 외관인가?
- 패밀리 카인가?
- 기본적인 기능인가?
- 품질이 높은가?

데이터의 각 열은 소비자가 주어진 자동차에 대해 평가한 15가지 점수로 되어 있다. 이 데이터를 사용하여 표본 상관 행렬을 계산한 다음 PCA를 수행해서 총 분산의 60%를 성명하는 처음 세 가지 주성분을 찾아내었다. 주성분 3가지는 다음과 같다.

- 트렌드를 따르는 요소
- 품질과 신뢰성 요소
- 기본적인 기능과 가족 친화적인 요소

여기서 여러분은 PCA를 통해 15가지의 다양한 변수를 추려낸 것을 알 수 있다. 또 다른 PCA 연구는 A. Flood외 1988년 American Journal of Clinical Nutrition의 논문에서 볼 수 있는데 이 연구에서는 미국 성인 500,000명의 식습관에 대해 조사했다. PCA를 사용한 결과 세 가지 식습관 요인을 찾아낼 수 있었다.

- 과일과 야채 요인
- 식이 조절 음식 요인
- 붉은 살코기와 감자 요인

저자는 과일과 야채 그리고 식이 조절에서 높은 점수를 받고, 붉은 살코기와 감자 요인에서 낮은 점수를 받은 사람이 과일과 야채 그리고 식이 조절에서 낮은 점수를 받고, 붉은 살코기와 감자 요인에서 높은 점수를 받은 사람에 비해 대장암에 걸릴 가능성이 낮은 것을 알아내었다.

Summary

이 장에서는 다음과 같은 사항을 알아보았다.

- 주성분 분석을 사용하여 변수가 많은 상황에서 분산을 요약해서 보여줄 수 있는 변수 몇 개를 찾아낼 수 있다.
- 이 장에서는 주성분 분석을 수행하기 전에 모든 변수를 표준화했다고 가정한다.
- 각 주성분의 길이(계수의 제곱합)는 1로 정규화된다.
- 주성분의 각 쌍은 0 표본 공분산을 가진다. 주성분의 분산의 합은 n, 즉 변수의 개수와 일치한다. 각 표준화한 변수의 분산은 1이므로, 이것은 주성분이 n개의 표준화된 변수의 총 분산으로 분해하게 된다.
- 앞서 주어진 제한 사항에서, 첫 번째 주성분은 가능한 최대 분산을 가지도록 선택한다. 첫 번째 주성분을 결정한 다음 두 번째 주성분을 선택하는데 이것은 첫 번째 주성분과는 직교이며 단위 길이의 최대 분산 선형 조합이 되도록 정한다. i = 3, ···, 4, n에 대해 i번째 주성분을 선택하며 최대 분산 선형 조합이 되고 처음 i-1번째 주성분과 직교가 되도록 한다.
- 각 주성분은 주성분의 가장 큰 적재를 보고 해석한다.
- 주성분으로 설명되는 분산을 가지고 차트를 만들어 보았을 때 어떤 주성분부터 필요 없는지 변곡점을 보고 알 수 있다.
- i번째 변수의 공통성은 주성분에서 설명할 수 있는 i번째 변수의 변동성의 비율이다.

Exercises

1. 파일 2012 Summer Olympics.xlsx에는 2012 올림픽 10종 경기에서 10가지 종복에 대한 점수가 나와 있다. 이 데이터를 사용하여 처음 세 가지 주성분을 찾아내고 해석하라.

2. PCstocks.xlsx 파일에는 JPMorgan, Citibank, Wells Fargo, Royal Dutch Shell, ExxonMobil의 주간 수익 간의 상관을 볼 수 있다. 이 데이터를 사용하여 처음 두 가지 주성분을 찾아내고 해석하라.

3. 미국 도시 예제에서 네 번째와 다섯 번째 주성분을 해석하라.

4. 23장의 파일 cereal.xls에는 아침 식사용 시리얼 43가지에 대해 온스당 칼로리, 프로테인, 설탕, 소디움, 식이섬유, 탄수화물 그리고 칼륨 정보 등이 실려있다. 필요한 주성분을 결정한 다음 해석하라.

5. 23장의 파일 NewMBAdata.xlsx에는 상위 MBA 프로그램 54개 학교의 평균 학부 GPA, 평균 GMAT 점수, 입학률 비율, 평균 시작 연봉 그리고 수업료 등을 볼 수 있다. 필요한 주성분을 결정한 다음 해석하라.

Multidimensional Scaling (MDS)

다차원 척도법(MDS)

Chapter 38

때때로 기업에서는 기업 브랜드가 자신의 브랜드와 가장 비슷하거나 비슷하지 않은지 알고자 한다. 이런 정보를 알아내기 위해 마케팅 분석가는 가망 고객들에게 질문해서 서로 다른 브랜드 간의 유사성에 대해 순위를 매겨달라고 부탁할 수도 있다. 다차원 척도법(MDS, Multidimensional scaling)을 통해 유사성 데이터를 변환해서 1차원, 2차원 혹은 3차원 맵으로 만들 수 있다. 이 맵을 통해 제품 유사성의 순위를 유지한다. 이런 맵을 통해 마케팅 분석가는 예를 들어 Porsche와 BMW는 비슷한 브랜드로 순위가 매겨지며 Porsche와 Dodge는 서로 아주 다른 브랜드로 순위가 매겨지는 것을 알 수 있다. MDS에서 1차원이나 2차원으로 생성하는 차트를 통해 소비자의 선호도를 이끌어내는 한 두 개의 성질을 알 수 있다.

이 장에서는 유사성 데이터를 수집하는 방법과 다차원 척도법을 사용하여 1차원이나 2차원 차트를 통해 제품의 유사성을 요약해서 보여줄 수 있는지 알아보겠다.

Analysis 1 유사성 데이터

유사성 데이터(Similarity Data)는 단순히 한 아이템이 다른 아이템과 얼마나 비슷한지 나타내거나 혹은 한 아이템이 다른 아이템과 얼마나 비슷하지 않은지를 나타내는 데이터이다. 이런 종류의 데이터는 시장 조사에서 매우 중요한데, 특히 신제품을 시장에 도입할 때 새 아이템이 기존에 있던 아이템과 너무나 유사한 게 아닌지 알아볼 때 중요하다.

만약 여러분이 시리얼 회사에서 일하고 있고, 새 아침 식사용 시리얼을 시장에 내놓을 것인지 결정하려 한다고 하자. 여러분은 제품의 어떤 특성이 고객의 선호도를 이끌어내는지 알지 못한다. 우선 가망 고객에게 현재 존재하는 n개의 아침 식사용 시리얼에 가장 유사한 것부터 덜 유사한 것 순으로 순위를 매겨달라고 요청해야 한다. 예를 들어 Post의 Bran Flakes와 All Bran은 매우 비슷하며 All Bran과 Corn Pops는 그다지 비슷하지 않을 것이다. n개의 제품으로부터 2개의 제품을 선택하는 방법은 n(n-1)/2가지가 있으므로 제품 유사성 순위는 1부터 n(n-1)/2까지가 될 것이다. 예를 들어 제품이 10가지가 있으면 유사성 순위는 1부터 45가 될 것이고 가장 비슷한 제품의 순위는 1이 되며 가장 덜 비슷한 제품의 순위는 45가 될 것이다.

유사성 데이터는 순서 데이터(ordinal data)이지 구간 데이터(interval data)가 아니다. 순서 데이터는 숫자이며 오직 순위만을 제공한다. 순위가 1인 상품과 2인 상품 간의 유사성과, 순위가 2와 3인 상품의 유사성 간에 어느 쪽이 좀 더 많이 다른지는 알 수 없다. 만약 유사성을 구간 데이터로 측정하면, 제품의 쌍과 관련된 숫자는 유사성의 순위뿐만 아니라 유사성의 차이도 나타낼 것이다. 이 장에서 MDS에 대한 논의는 순서 데이터로만 한정한다. 순서 데이터에 기반한 MDS를 비계량형 MDS(nonmetric MDS)라고 한다.

Analysis 2 미국 도시 거리에 대한 MDS 분석

MDS의 기본 아이디어는 낮은 차원(보통 2) 공간에 상품을 놓았을 때 이 낮은 차원에 함께 놓여있는 상품들은 서로 유사한 상품이며 낮은 차원에서 서로 멀리 떨어져있는 상품일수록 유사하지 않은 상품이 된다는 것이다. MDS는 Evolutionary 해찾기를 사용하여 상품의 유사성 순위에 맞게 2차원상에서 상품의 위치를 결정한다. 예제를 통해 이 과정을 보여주기 위해 29개 미국 도시 간의 거리에 기반한 데이터 집합에 MDS 데이터를 적용해보자. distancemds.xls 파일의 matrixnba 워크시트에서 29개 미국 도시 간의 거리 데이터가 주어져있다. 기준은 각 도시의 NBA 경기장이다(그림 38-1). 이 데이터에서 보면 모종의 이유로 동일한 도시 간의 거리는 0이 아니라 굉장히 큰 수(여기서는 100,000마일)로 설정되어 있다. 도시 간의 거리에 순위를 매긴 다음(Brooklyn과 New York간의 거리가 가장 짧고 Portland와 Miami간의 거리가 가장 길다) 각 도시를 2차원 공간에 둘 수 있다. 이때 각 도시 쌍간의 거리 순위가 작은 순서부터 높으며, 순위는 가능한 실제 거리의 순위와 가깝게 둔다.

따라서 2차원 공간상에서 Brooklyn과 New York은 가장 가까운 도시쌍이 되고, Portland와 Miami는 가장 멀리 떨어져있는 도시 쌍이 된다. 29개 도시에 대해 2차원으로 보여주는 방법에 대해 설명하기 전에 우선 MDS에서 많이 사용하는 함수인 OFFSET 함수를 살펴보자.

OFFSET 함수

OFFSET 함수의 문법은 `OFFSET(cellreference, rowsmoved, columnsmoved, height, width)`이다. OFFSET 함수는 cellreference에서 시작하여 rowsmoved에 기반하여 현재 위치를 올리거나 낮춰서 이동시킨다(예를 들어 rowsmoved = −2이면 2행 위로 이동하고, rowsmoved = +3이면 3행 아래로 이동한다). 다음 columnsmoved에 기반하여 현재 위치는 왼쪽이나 오른쪽으로 이동시킨다(예를 들어 columnsmoved = −2이면 왼쪽으로 2열 이동하고, columnsmoved = +3이면 오른쪽으로 3열 이동한다). 현재 셀 위치는 배열의 왼쪽 위 상단을 말하며 행의 개수 = height이고, 열의 개수 = width이다.

	I	J	K	L	M	N	O	P	Q	R	S
1											
2			Boston	Brooklyn	New York	Philadelphia	Washington	Toronto	Miami	Charlotte	Orlando
3	1	Boston	100000	190.5691	188.4525	273.4812	394.0321	430.2788	1255.3796	721.0678	1114.4964
4	2	Brooklyn	190.5691	100000	4.7776	82.9309	203.5415	344.4808	1087.3724	530.919	936.0813
5	3	New York	188.4525	4.7776	100000	85.3069	205.5803	340.8489	1091.3969	533.4217	939.7157
6	4	Philadelphia	273.4812	82.9309	85.3069	100000	120.9091	337.3232	1015.5591	448.1201	859.1819
7	5	Washington	394.0321	203.5415	205.5803	120.9091	100000	349.6821	922.4356	329.6312	756.0181
8	6	Toronto	430.2788	344.4808	340.8489	337.3232	349.6821	100000	1232.1383	585.9562	1046.7
9	7	Miami	1255.3796	1087.3724	1091.3969	1015.5591	922.4356	1232.1383	100000	651.7075	204.3463
10	8	Charlotte	721.0678	530.919	533.4217	448.1201	329.6312	585.9562	651.7075	100000	461.1162
11	9	Orlando	1114.4964	936.0813	939.7157	859.1819	756.0181	1046.7	204.3463	461.1162	100000
12	10	Cleveland	550.5289	406.4285	404.6595	359.3322	305.0689	189.287	1086.5083	434.9977	892.7242
13	11	Detroit	621.8399	498.9949	496.5655	462.0264	418.4346	205.971	1178.8073	531.3802	980.9449
14	12	Atlanta	936.7503	746.279	748.3021	663.5231	542.7399	733.4887	604.6091	226.7323	400.6274
15	13	Indiana	807.3053	646.7755	645.9692	583.9627	492.7929	440.7895	1023.5996	427.9271	819.5244
16	14	Chicago	852.8458	717.1072	715.2775	668.1119	598.0248	438.8869	1188.9912	589.2651	984.7548
17	15	Milwaukee	857.8858	736.5542	734.2535	695.286	636.9575	431.971	1267.7279	659.3097	1063.643
18	16	Memphis	1136.9348	956.1289	956.709	879.5221	764.8446	817.5461	871.8088	521.1129	681.9176

그림 38-1 : 미국 내 도시 간의 거리

그림 38-2(Offsetexample.xls 파일)에서는 OFFSET 함수를 사용하는 예를 보여준다. 예를 들어 식 `=SUM(OFFSET(B7,-1,1,2,1))`은 B7에서 시작하며 셀 위치 B7을 한 행 높여서 B6로 이동시킨다. B6에서 셀 위치는 한 열 오른쪽으로 이동하면 C6가 된다. 이제 셀 C6은 행2개 열 1개인 셀 영역의 왼쪽 상단이 된다. 영역(C6:C7) 안의 셀 값을 모두 더하면 8이 된다. 이제 B18과 H10의 식을 검증하면 각각 24, 39이다.

	A	B	C	D	E	F	G	H	I	J	K
1											
2											
3		Offset 예제									
4											
5											
6		1	2	3	4			1	2	3	4
7		5	6	7	8			5	6	7	8
8		9	10	11	12			9	10	11	12
9											
10	=SUM(OFFSET(B7,-1,1,2,1))	8					=SUM(OFFSET(H6,0,1,3,2))	39			
11											
12											
13											
14		1	2	3	4						
15		5	6	7	8						
16		9	10	11	12						
17											
18	=SUM(OFFSET(E16,-2,-3,2,3))	24									

그림 38-2 : OFFSET 함수의 예

거리 데이터에 MDS 설정하기

거리 예제에서 MDS의 목적은 2차원 공간상에 각 도시의 위치를 결정하여 도시들의 유사성을 가장 잘 나타내고자 한다. 우선 도시 간의 거리를 변환해서 유사성 순위로 바꿔야 한다. 가까운 도시 간에는 작은 유사성 순위가 해당되고, 먼 도시 간에는 큰 유사성 순위가 해당된다. 다음 Evolutionary 해찾기를 사용하여 2차원 공간상에 각 도시를 위치시켜서 도시 거리의 순위가 유사성 순위와 맞도록 한다.

거리 데이터에 대해 MDS를 수행하기 위해 다음 과정을 수행하자.

1. 영역 G3:H31에 2차원상 각 도시의 좌표 x, y로 시험값을 입력하자. 임의로 각 도시의 x, y 좌표는 0과 10 사이에 오도록 하자.
2. K34의 식 `=RANK(K3,distances,1)`을 K34:AM62에 복사해서 각 도시 쌍 간의 거리의 순위를 계산하자(그림 38-3). 이 식의 마지막 인자는 1인데 이를 통해 가장 짧은 거리(New York과 Brooklyn)는 순위가 1이 되도록 한다. RANK 행렬에서 대각선 항목은 813인데 이것은 여러분이 대각선 항목에 거리를 크게 입력했기 때문이다.

38 다차원 척도법(MDS) | 617

	J	K	L	M	N	O	P	Q	R	S	T	U
33		Boston	Brooklyn	New York	Philadelphia	Washington	Toronto	Miami	Charlotte	Orlando	Cleveland	Detroit
34	Boston	813	25	19	51	91	115	511	261	457	171	199
35	Brooklyn	25	813	1	7	27	73	439	157	357	97	143
36	New York	19	1	813	9	31	71	443	163	365	95	141
37	Philadelphia	51	7	9	813	13	67	407	127	313	83	131
38	Washington	91	27	31	13	813	75	347	61	277	55	101
39	Toronto	115	73	71	67	75	813	499	185	421	23	33
40	Miami	511	439	443	407	347	499	813	223	29	435	477
41	Charlotte	261	157	163	127	61	185	223	813	129	119	159
42	Orlando	457	357	365	313	277	421	29	129	813	335	385
43	Cleveland	171	97	95	83	55	23	435	119	335	813	11
44	Detroit	199	143	141	131	101	33	477	159	385	11	813

그림 38-3 : 미국 도시 간의 거리 순위

3. K66의 식 =IF($I66=K$64,10000000,(OFFSET($G$2,$I66,0,1,1)-OFFSET($G$2,K$64,0,1,1))^2+(OFFSET($H$2,$I66,0,1,1)-OFFSET($H$2,K$64,0,1,1))^2)을 K66:AM94에 복사하여 서로 다른 도시 쌍에 대해 2차원 거리의 제곱을 구한다. 식에서 OFFSET($G$2,$I66,0,1,1)항은 현재 행에서 도시의 x 좌표를 끌어내고 OFFSET($G$2,K$64,0,1,1)항은 현재 열에서 도시의 x 좌표를 끌어낸다. OFFSET($G$2,$I66,0,1,1)항은 현재 행에서 도시의 y 좌표를 끌어내고, OFFSET($H$2,K$64,0,1,1)항은 현재 열에서 도시의 y 좌표를 끌어낸다. 동일한 도시에 대해서 2번 할당한 경우는 거리를 크게 할당한다(10,000,000마일 쯤). 2차원 공간에서 거리의 부분집합은 그림 38-4와 같다.

	I	J	K	L	M	N	O	P	Q	R	S	T	U
64	2차원 거리		1	2	3	4	5	6	7	8	9	10	11
65			Boston	Brooklyn	New York	Philadelphia	Washington	Toronto	Miami	Charlotte	Orlando	Cleveland	Detroit
66	1	Boston	10000000.00	0.36	0.29	0.64	1.12	1.09	13.16	3.83	8.96	2.06	2.53
67	2	Brooklyn	0.36	10000000.00	0.00	0.04	0.24	0.70	9.29	1.86	5.77	0.99	1.55
68	3	New York	0.29	0.00	10000000.00	0.08	0.31	0.75	9.59	2.03	6.03	1.11	1.68
69	4	Philadelphia	0.64	0.04	0.08	10000000.00	0.08	0.64	8.21	1.33	4.88	0.70	1.26
70	5	Washington	1.12	0.24	0.31	0.08	10000000.00	0.56	7.23	0.83	4.03	0.37	0.86
71	6	Toronto	1.09	0.70	0.75	0.64	0.56	10000000.00	11.08	2.15	6.83	0.33	0.33
72	7	Miami	13.16	9.29	9.59	8.21	7.23	11.08	10000000.00	3.48	0.54	7.95	9.51
73	8	Charlotte	3.83	1.86	2.03	1.33	0.83	2.15	3.48	10000000.00	1.31	0.92	1.57
74	9	Orlando	8.96	5.77	6.03	4.88	4.03	6.83	0.54	1.31	10000000.00	4.38	5.53
75	10	Cleveland	2.06	0.99	1.11	0.70	0.37	0.33	7.95	0.92	4.38	10000000.00	0.12
76	11	Detroit	2.53	1.55	1.68	1.26	0.86	0.33	9.51	1.57	5.53	0.12	10000000.00

그림 38-4 : 미국 도시 간의 2차원 거리

4. 여러분의 전략은 해찾기가 도시들의 2차원 위치를 선택하도록 해서 2차원 공간상에서 거리의 순위가 실제 거리의 순위와 가깝게 매치되도록 하는 것이다. 이렇게 하기 위해 2차원 공간에서 거리의 순위를 계산해보자. K98의 식 =RANK(K66,twoddistances,1)을 K98:AM126에 복사하여 2차원 공간상에서 거리의 순위를 계산하자(그림 38-5). 예를 들어 G3:H31에서 2차원 공간은 Brooklyn과 New York이 가장 가까운 거리의 쌍이 된다.

	2차원 순위		Boston	Brooklyn	New York	Philadelphia	Washington	Toronto	Miami	Charlotte	Orlando	Cleveland	Detroit
98	1	Boston	813	35	23	61	109	105	541	275	453	175	201
99	2	Brooklyn	35	813	1	3	19	65	459	161	349	99	139
100	3	New York	23	1	813	7	25	69	469	171	357	107	151
101	4	Philadelphia	61	3	7	813	9	59	435	123	313	67	117
102	5	Washington	109	19	25	9	813	57	419	77	283	37	81
103	6	Toronto	105	65	69	59	57	813	507	183	397	27	29
104	7	Miami	541	459	469	435	419	507	813	249	55	431	467
105	8	Charlotte	275	161	171	123	77	183	249	813	121	95	143
106	9	Orlando	453	349	357	313	283	397	55	121	813	295	337
107	10	Cleveland	175	99	107	67	37	27	431	95	295	813	11
108	11	Detroit	201	139	151	117	81	29	467	143	337	11	813

그림 38-5 : 미국 도시 간의 2차원 거리의 순위

5. 셀 C3에서 원래 유사성 순위와 2차원 순위 간의 상관을 계산한다. 식은 =CORREL(originalranks,twodranks)이다. 영역 K34:AM62의 이름은 originalranks이라고 붙였고, 영역 K98:AM126의 이름은 twodranks라고 이름 붙였다.

6. Evolutionary 해찾기를 사용하여 2차원상에서 각 도시의 위치를 잡아 원래 순위와 2차원 순위 간의 상관을 최대화한다. 이런 방법으로 실제로 거리상 가까운 도시들이 2차원 공간에서도 가까워지도록 할 수 있다. 해찾기 창은 그림 38-6과 같다.

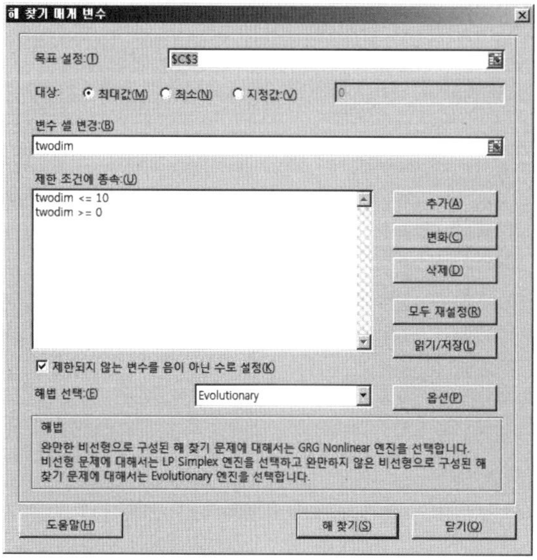

그림 38-6 : MDS 해찾기 창

해찾기는 각 도시에 대해 x와 y 좌표를 찾아서(변수 셀 영역을 2차원 영역으로 바꾸며 G3:H31에 해당한다) 원래 유사성과 2차원 거리 순위 간의 상관을 최대화한다. 다음 임의로

각 도시에 대해 x와 y의 좌표를 0과 10 사이에 오도록 한다. 2차원 공간상에서 각 도시의 위치는 그림 38-7과 같다.

그림 38-7의 셀 C3을 보면 원래 유사성 순위와 2차원 순위 간의 상관이 상당히 큰 수인 0.9964임을 알 수 있다. 그림 38-8에서는 2차원 공간상에 각 도시의 점을 찍어 보여주고 있다.

	C	D	E	F	G	H
1						
2	correlation				x	y
3	0.99642503			BO	3.02156	6.06834
4				BR	3.42992	5.63438
5				NY	3.37078	5.65782
6				PH	3.61082	5.52417
7				WA	3.88457	5.45415
8				TOR	4.06012	6.18356
9				MIA	4.89088	2.95989
10				CHA	4.49651	4.78239
11				ORL	4.83969	3.68956
12				CLE	4.41958	5.74069
13				DET	4.61183	6.03101
14				ATL	5.09447	4.57926
15				IND	5.12666	5.6031
16				CHI	5.20529	6.02497
17				MIL	5.19449	6.26493
18				MEM	5.91683	5.06224
19				NOH	6.21345	4.21237
20				MIN	5.67844	6.789
21				HOU	7.04241	4.50546
22				DAL	6.99154	5.01395
23				OKC	7.00367	5.46442
24				SAN	7.59632	4.72501
25				DEN	7.52406	6.70751
26				UTA	7.8262	7.84002
27				PHO	8.77209	6.96438
28				LAL	9.22797	7.82297
29				SAC	8.73713	8.87982
30				GSW	9.08242	8.74384
31				POR	8.13335	9.22375

그림 38-7 : MDS 해찾기 결과

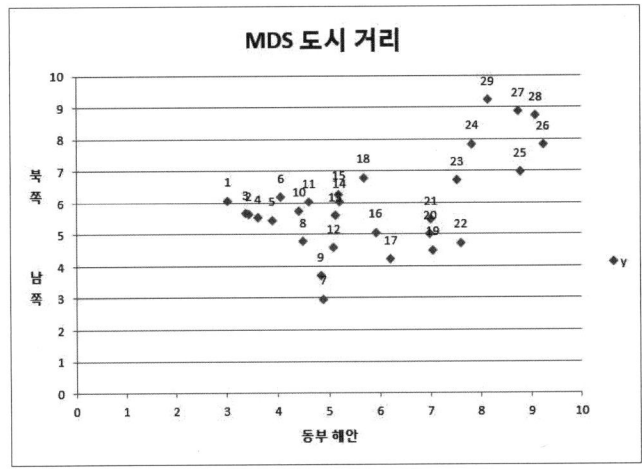

그림 38-8 : 2차원 도시 차트

차트상 오른쪽에 위치하는 도시들은 서부 해안에 위치하는 도시들이며 왼쪽에 위치하는 도시들은 동부 해안에 위치하는 도시들이다. 따라서 수평선은 동부 해안 요인이라고 해석할 수 있다. 차트상 위쪽에 위치하는 도시들은 북부 지역 도시들이고 차트상 아래쪽에 위치하는 도시들은 남부 지역 도시들이다. 따라서 수직선은 북부 지역 요인이라고 해석할 수 있다. 이 예는 MDS가 어떻게 시작적으로 유사성과 제품이나 도시 간의 차이를 결정할 수 있는지 보여준다. 현재 예제에서 거리는 두 확인한 요인인 동쪽-서쪽 거리(경도)와 북쪽-남쪽 거리(위도)를 통해 반복된다. 다음 절에서는 아침 식사에 대한 고객 선호도를 설명하는 두 요인을 찾아보겠다. 거리 예제와는 달리, 아침 식사를 구분하는 두 개의 핵심 요인은 확실하지 않다. 그리고 MDS를 통해 아침 식사를 구분하는 두 요인을 찾아보도록 하겠다.

Analysis 3 아침 식사에 대한 MDS 분석

Paul Green, Vithala Rao(Applied Multidimensional Scaling, Holt, Rinehart and Winston, 1972)는 아침 식사에 대한 고객 선호도를 이끌어내는 특성을 결정하고자 한다. Green과 Rao는 breakfast.xls 파일의 MDS 워크시트에서처럼 10가지 아침 식사를 선정한 다음 17가지 주제에 대해 각 아침 식사 쌍에 유사성에 대해 점수를 매기도록 했다. 1은 '가장 비슷하다'이고 45는 '가장 비슷하지 않다'이다(10개의 음식에서 2개를 선택하는 방법은 45가지이다). 평균 유사성의 순위는 그림 38-9에서 볼 수 있다. 순위가 0인 것은 아침 식사를 자기 자신과 비교할 때이다. 이렇게 하면 식사를 동일한 것끼리 비교할 때 해찾기에 영향을 주지 않는다.

	x	y	유사성	1 햄,달걀,홈메이드 프라이	2 팬케이크와 소시지	3 인스턴트 아침식사	4 페이스트리와 토스트	5 쩌거운 시리얼	6 홍제연어와 베이글	7 훈제연어와 베이글	8 베이컨와 달걀	9 차가운 시리얼	10 과일
상관 0.988148				1	2	3	4	5	6	7	8	9	10
	6.71	9.77	1 햄, 달걀, 홈메이드 프라이	0	2	45	30	16	5	21	1	31	40
	6.85	9.71	2 팬케이크와 소시지	2	0	43	32	18	6	24	3	28	42
	5.41	0.09	3 인스턴트 아침식사	45	43	0	17	22	33	35	41	8	9
	1.46	3.33	4 페이스트리와 토스트	30	32	17	0	25	38	14	44	10	15
	7.14	5.84	5 뜨거운 시리얼	16	18	22	25	0	7	29	11	13	27
	6.73	8.46	6 달걀	5	6	33	38	7	0	20	4	19	36
	1.00	8.38	7 훈제연어와 베이글	21	24	35	14	29	20	0	26	23	37
	7.37	9.51	8 베이컨와 달걀	1	3	41	44	11	4	26	0	34	39
	4.26	3.34	9 차가운 시리얼	31	28	8	10	13	19	23	34	0	12
	4.00	0.44	10 과일	40	42	9	15	27	36	37	39	12	0

그림 38-9 : 아침 식사 데이터

예를 들어 '햄, 달걀, 홈메이드 프라이'와 '베이컨과 달걀'이 가장 비슷하며 '인스턴트 아침식사'와 '햄, 달걀, 홈메이드 프라이' 간의 유사성이 가장 적었다.

> **유사성 데이터를 수집하기 위해 카드 정렬 사용하기**
>
> 이 시나리오에서 순위 범주에 넓은 범위를 사용하므로 많은 경우 10개의 아침 식사 쌍에 대해 1에서 45로 유사성 순위를 매기는 데 어려움을 겪을 수 있다. 과정을 편하기 진행하기 위해 마케팅 분석가는 각 음식의 쌍에 1부터 45까지 적은 카드를 할당하고 4개의 카드 분류 뭉치를 만들 수 있다. 4개의 분류는 '매우 비슷함', '약간 비슷함', '약간 안 비슷함', '아주 안 비슷함'으로 나눌 수 있다. 다음 파실험자에게 각 카드를 넷 중의 한 분류에 놓으라고 지시한다. 각 분류 뭉치에는 11개나 12개의 카드가 있으므로 각 파일을 가장 덜 비슷한 것에서 가장 비슷한 순으로 쉽게 정렬할 수 있다. 다음 '매우 비슷함'에서 정렬된 카드를 가장 상단에 놓고 다음 '약간 비슷함'에 있는 카드를 그 다음에 그리고 '약간 안 비슷함', '아주 안 비슷함'의 순서로 정렬된 카드를 놓는다. 물론 이러한 카드 정렬 방법은 컴퓨터로 쉽게 프로그래밍할 수 있다.

아침 식사 유사성을 2차원 표현으로 줄여서 표현하기 위해 도시 거리 예제에서 사용한 다음 과정을 되풀이한다.

1. 영역 C5:D14(location이라고 이름 붙인다)에서 2차원 공간상 각 아침 식사의 위치에 대해 시험값을 입력한다. 도시 거리 예제에서처럼 각 위치의 x와 y의 좌표를 0과 10 사이로 제한한다.

2. G18의 식 `=(INDEX(location,$E18,1)-INDEX(location,G$16,1))^2+(INDEX(location,$E18,2)-INDEX(location,G$16,2))^2`을 G18:P27에 복사하여(그림 38-10) 2차원상에서 각 음식 쌍 간의 거리의 제곱을 결정한다. (x와 y의 좌표가 주어졌을 때) OFFSET 함수를 사용하여 거리의 제곱을 계산할 수도 있지만, 여기서는 INDEX 함수를 사용하기로 했다. 예를 들어 27행 아래로 죽 복사했을 때 `INDEX(location,$E18,1)`항은 현재 행의 아침 식사에 대한 x 좌표를 끌어온다.

3. G31의 식 `=IF(G$29=$E31,0,RANK(G18,$G$18:$P$27,1))`을 G31:P40에 복사하여 2차원 공간상에서 각 아침 식사 쌍 간의 거리의 순위(그림 38-11)를 계산한다. 대각선 항목에 대해서는 0을 입력하여 5행부터 14행까지 대각선 항목에 일치하도록 한다.

	E	F	G	H	I	J	K	L	M	N	O	P
16			1	2	3	4	5	6	7	8	9	10
17		거리	햄, 달걀, 홈메이드 프라이	팬케이크와 소시지	인스턴트 아침식사	페이스트리와 토스트	뜨거운 시리얼	달걀	훈제연어와 베이글	베이컨와 달걀	차가운 시리얼	과일
18	1	햄, 달걀, 홈메이드 프라이	0	0.02	95	69	15.6	1.697	35	0.5	47	94
19	2	팬케이크와 소시지	0.02	0	95	69.8	15.1	1.565	36	0.3	47	94
20	3	인스턴트 아침식사	95.2	94.5	0	26.1	36	71.77	88	93	12	2.1
21	4	페이스트리와 토스트	69	69.8	26	0	38.6	54.13	26	73	7.8	15
22	5	뜨거운 시리얼	15.6	15.1	36	38.6	0	7.064	44	14	15	39
23	6	달걀	1.7	1.57	72	54.1	7.06	0	33	1.5	32	72
24	7	훈제연어와 베이글	34.6	36.1	88	25.7	44.2	32.86	0	42	36	72
25	8	베이컨와 달걀	0.51	0.31	93	73.2	13.6	1.519	42	0	48	94
26	9	차가운 시리얼	47.3	47.3	12	7.85	14.5	32.37	36	48	0	8.5
27	10	과일	94.3	94.1	2.1	14.8	39	71.83	72	94	8.5	0

그림 38-10 : 아침 식사 예제에 대한 거리의 제곱

	E	F	G	H	I	J	K	L	M	N	O	P
29			1	2	3	4	5	6	7	8	9	10
30		Ranks	햄, 달걀, 홈메이드 프라이	팬케이크와 소시지	인스턴트 아침식사	페이스트리와 토스트	뜨거운 시리얼	달걀	훈제연어와 베이글	베이컨와 달걀	차가운 시리얼	과일
31	1	햄, 달걀, 홈메이드 프라이	0	11	99	75	41	21	51	15	69	95
32	2	팬케이크와 소시지	11	0	97	77	39	19	57	13	67	93
33	3	인스턴트 아침식사	99	97	0	45	53	79	87	89	31	23
34	4	페이스트리와 토스트	75	77	45	0	59	73	43	85	27	37
35	5	뜨거운 시리얼	41	39	53	59	0	25	65	33	35	61
36	6	달걀	21	19	79	73	25	0	49	17	47	81
37	7	훈제연어와 베이글	51	57	87	43	65	49	0	63	55	83
38	8	베이컨와 달걀	15	13	89	85	33	17	63	0	71	91
39	9	차가운 시리얼	69	67	31	27	35	47	55	71	0	29
40	10	과일	95	93	23	37	61	81	83	91	29	0

그림 38-11 : 아침 식사 예제에 대한 2차원 거리 순위

4. B3의 식 =CORREL(similarities,ranks)은 피실험체의 평균 유사성과 2차원 거리 순위 간의 상관을 계산한다.

5. 이제 그림 38-12와 같은 해찾기 창을 이용하여 2차원 공간상에서 아침 식사의 위치를 잡는다. 해찾기는 각 아침 식사에 대해 피실험체의 평균 유사성 순위와 2차원상 거리의 상관(B3에 계산)을 최대화하도록 x, y 좌표를 선택한다. 해찾기는 아침 식사의 위치를 찾아준다(그림 38-9를 참고하시오). 최대 상관은 0.988이다.

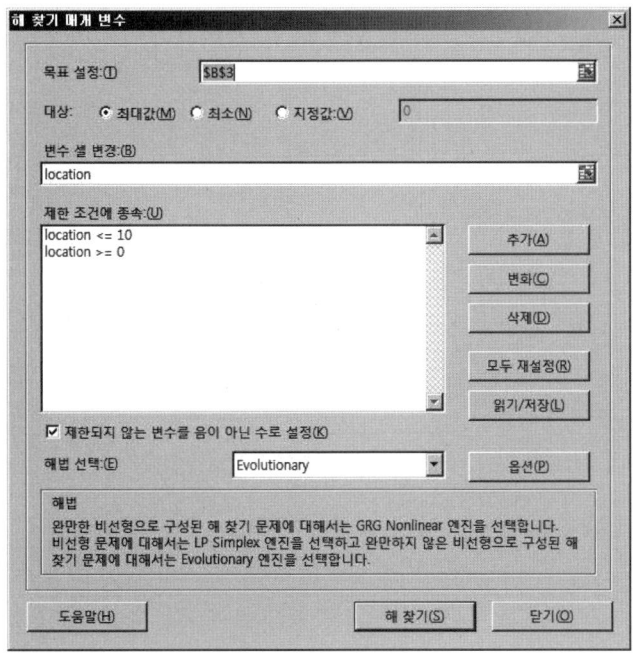

그림 38-12 : 아침 식사 MDS를 위한 해찾기 창

앞서의 도시 거리 관련한 MDS 예제와는 달리, 아침 식사 예제의 축에서 제목은 그다지 직접적이지 않다. 축에 제목을 붙일 때는 2차원 MDS 맵에 대해 좀 더 전체적인 시각이 필요하다. 이 경우 차트상 오른쪽에 위치한 아침 식사는 뜨거운 음식인 경향이 있고, 왼쪽에 위치한 아침식사는 차가운 음식인 경향이 있다(그림 38-13의 아침 식사 위치의 2차원 차트를 보자). 이것은 수평선상에서 차가운 음식인지 뜨거운 음식인지의 여부가 고객 선호도에 영향을 미친다는 의미이다. 오른쪽에 위치한 음식은 또한 왼쪽에 위치한 음식보다 더 영양이 풍부한 것으로 보이기 때문에, 수평선 또한 영양적인 요인으로 볼 수도 있다. 차트상에서 상단에 위치한 음식은 하단에 위치한 음식보다 준비 시간이 더 많이 걸리므로, 수직선은 준비 시간 요인을 나타낸다고 볼 수 있다. MDS 분석을 통해 고객 선호도에 영향을 주는 요인들의 성격을 구체화할 수 있다.

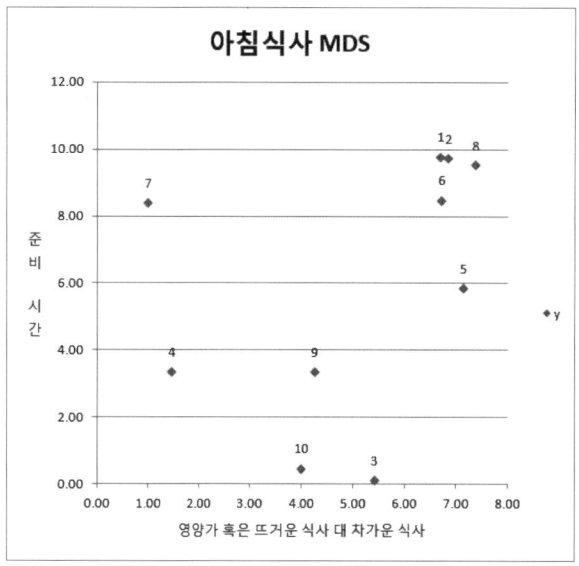

그림 38-13 : 아침 식사 MDS 차트

Analysis 4 고객의 이상점 찾아내기

시각적으로 고객 선호도를 보여주는 차트를 지각도(perceptual map)라고 한다. 지각도를 통해 마케팅 분석가는 제품과 경쟁 제품을 어떻게 비교할 지 결정할 수 있다. 예를 들어 그림 38-14와 같은 자동차 브랜드의 지각도가 있다고 하자. 이것은 '스포티' 대 '보수적' 요인, 그리고 '클래식' 요인 대 '적당하다'는 요인을 기반으로 되어 있다. 지각도에서는 Porsche를 상위 오른쪽 구석(매우 스포티하며 클래식한 느낌)에 놓고 있으며 이제는 출시되지 않는 Plymouth 브랜드를 왼쪽 아래 구석(매우 보수적이며 적당한 느낌)에 두고 있다.

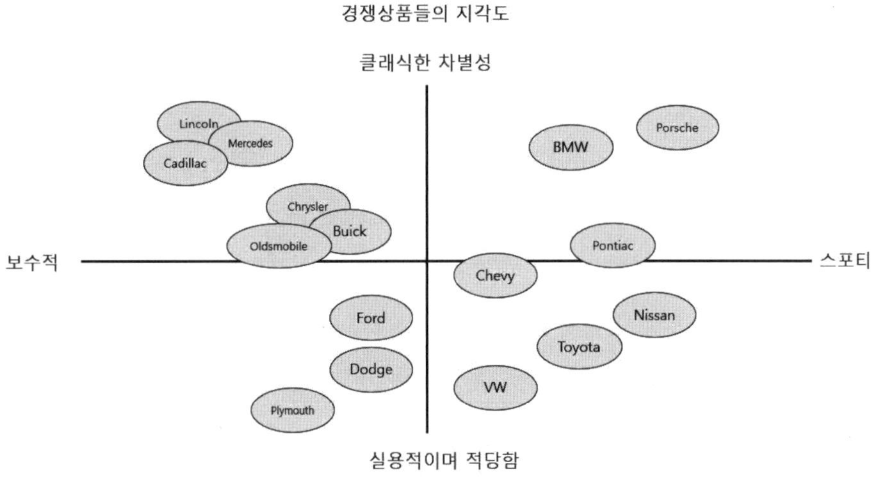

그림 38-14 : 자동차 브랜드 지각도

상품이나 브랜드의 개념도를 사용할 때, 마케팅 분석가는 제품의 각각의 순위를 사용해서 각각의 이상점(ideal point)이나 지각도상에서 가장 원하는 위치를 찾을 수 있다. 이 개념을 보여주기 위해, 저자는 부인인 Vivian에게 그녀가 가장 좋아하는 아침 식사 10개에 대해 선호도를 순위를 매겨달라고 부탁했다(그림 38-15. `breakfast.xls` 파일의 `Ideal Point` 워크시트). Vivian의 제품 선호도는 영역 D5:D14와 같다.

	A	B	C	D	E	F	G	H	I
1			이상점						
2	총 페널티		x	y					
3	10		6.05232	6.44210135					
4	페널티	거리 순위	거리	Vivian의 순위		x	y		유사성
5	2	5	11.4758	3	3	6.70891	9.765459	1	햄, 달걀, 홈메이드 프라이
6	1	4	11.3072	5	5	6.853417	9.707895	2	팬케이크와 소시지
7	0	10	40.7099	10	10	5.41282	0.093799	3	인스턴트 아침식사
8	1	8	30.7918	9	9	1.459466	3.328022	4	페이스트리와 토스트
9	0	1	1.55152	1	1	7.141222	5.837274	5	뜨거운 시리얼
10	2	2	4.54127	4	4	6.728649	8.462956	6	달걀
11	1	7	29.3031	8	8	0.996765	8.377155	7	훈제연어와 베이글
12	1	3	11.1755	2	2	7.374804	9.512376	8	베이컨와 달걀
13	0	6	12.8528	6	6	4.261007	3.336627	9	차가운 시리얼
14	2	9	40.2521	7	7	3.998366	0.439322	10	과일

그림 38-15 : 이상점 찾기

예를 들어 Vivian은 '뜨거운 시리얼'을 제일 선호하고 다음 '베이컨과 달걀'을 두 번째로 뽑았다. Vivian의 이상점을 찾아내기 위해 셀 영역 C3:D3에 이상점에 대한 x, y로 시험값을 입력한다. 이상점을 찾아내기 위해 Vivian이 가장 높은 순위에 둔 제품이 그녀의 이상점에 가장 가까이 있어야 한다. 그리고 Vivian이 두 번째로 높은 순위에 둔 제품이 그녀의 이상점에 두 번째로 가까이 있어야 한다. 이제 해찾기를 이용하여 Vivian이 선호하지 않는 제품은 이상점에서 가능한 멀리 떨어지도록 하는 점을 선택하자. 다음과 같이 진행한다.

1. C5의 식 =SUMXMY2($C$3:$D$3,F5:G5)을 C6:C14에 복사하여 이상점 시험 위치와 각 아침 식사의 거리의 제곱을 계산한다.
2. B5의 식 =RANK(C5,$C$5:$C$14,1)를 B6:B14에 복사하여 이상점으로부터 각 제품의 거리의 제곱의 순위를 매긴다.
3. A5의 식 =ABS(B5-D5)을 A6:A14에 복사하여 Vivian의 제품 순위와 이상점으로부터의 제품 거리의 순위 간의 차이를 계산한다.
4. 셀 A3에서 식 =SUM(A5:A14)를 사용하여 이상점으로부터의 제품 거리의 순위와 Vivian의 제품 순위 간의 편차의 합을 계산한다. 여기서 목적은 이 합계를 최소화하는 것이다.
5. 그림 38-16과 같은 해찾기 창에서 x, y의 값을 0과 10 사이로 제한하면서 A3을 최소로 하여 이상점(이상점이 반드시 하나일 필요는 없다)을 찾아낼 수 있다.

그림 38-17에서 Vivian의 이상점은 x = 6.06, y = 6.44이며 이것은 그녀의 두 가지 선호 음식 '뜨거운 시리얼'과 '베이컨과 달걀' 사이에 위치한다. 이상점으로부터 제품 거리 순위와 제품 순위 간의 편차의 합은 10이다.

이상점을 사용하여 신제품에 대한 기회를 결정할 수 있다. 한 100여 명되는 가망 고객의 이상점을 차트에 점으로 찍어본 다음 23장 "군집 분석"에서 사용한 방법을 이용하여 지각도상에서 이상점의 위치에 기반한 고객 선호도를 무리지을 수 있다. 다음 만약 어떤 제품도 이상점의 군집에 가까운 제품이 없으면, 바로 그것이 신제품의 기회가 될 수 있다. 예를 들어 그림 38-18과 같은 지각도상에서 보면 탄산음료의 유사성을 분석했을 때 아직 시장에는 '다이어트 7UP'이나 '다이어트 Sprite'에 해당하는 제품이 없는 것을 알 수 있다.

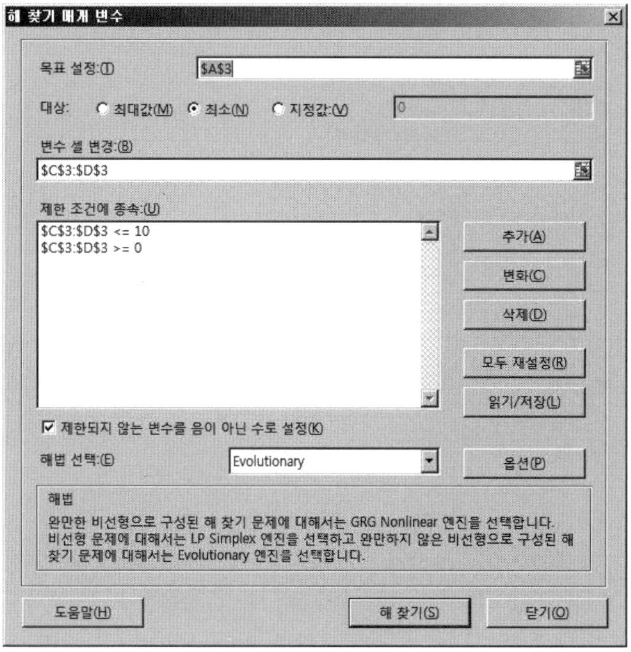

38 다차원 척도법(MDS)

그림 38-16 : 이상점을 찾아내기 위한 해찾기 창

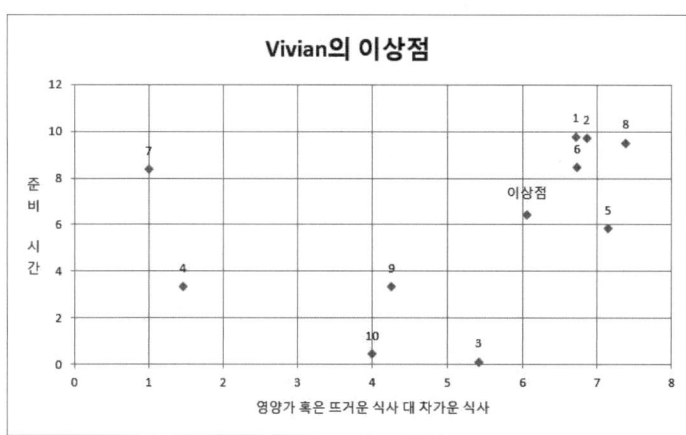

그림 38-17 : Vivian의 이상점

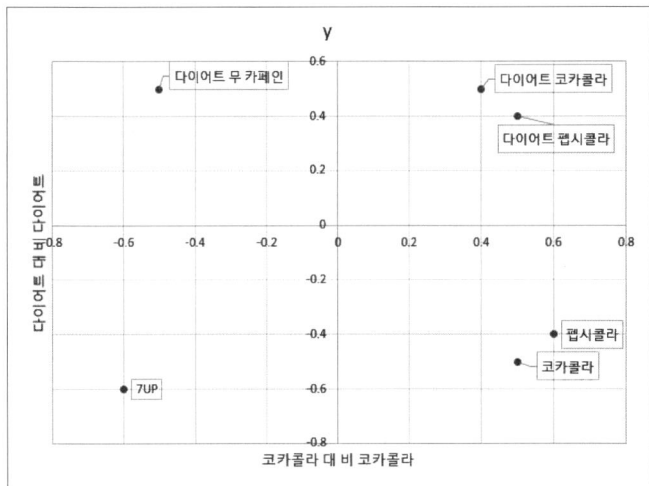

그림 38-18 : 탄산음료 지각도

여러분은 여기에서 두 가지 요인, 즉 코카콜라 대 비 코카콜라(x축) 그리고 다이어트 대 비 다이어트(y축)을 찾아볼 수 있다. 만약 '다이어트 무 카페인'이라고 이름표가 붙어있는 점에 가까운 고객 이상점 군집이 있다고 가정해보자. 현재 그 점에 가까운 제품은 없으므로 카페인을 포함하지 않는 새로운 다이어트 소다에 대한 시장 기회를 알 수 있다(예를 들어 다이어트 7UP이나 다이어트 Sprite).

Summary

이 장에서는 다음과 같은 사항을 알아보았다.

- ▶ 상품 유사성이 주어졌을 때, 비계량 MDS를 사용하여 사용자 선호도를 이끌어내는 몇 가지 특징(대부분 많아야 세 개)을 알아낼 수 있다
- ▶ Evolutionary 해찾기를 사용하여 지각도상에서 제품을 위치시킬 수 있다.
- ▶ Evolutionary 해찾기를 사용하여 지각도상에서 각 고객의 이상점을 결정하자. 이상점을 모으고 났을 때 만약 어떤 제품도 이 군집의 앵커에 가까운 제품이 없으면 바로 이것이 신제품의 기회가 될 수 있다.

Exercises

1. 40명의 고객에게 질문에서 6개의 다른 탄산음료 간의 유사성에 대해 순위를 매기도록 요청했다. 평균 유사성 순위는 그림 38-19와 같다. 이 데이터를 사용하여 탄산음료에 대한 2차원 지각도를 만들어보자.

	F	G	H	I	J	K	L
25		코카콜라	펩시콜라	다이어트 코카콜라	다이어트 펩시콜라	7UP	스프라이트
26	코카콜라	-	3	11	7	19	15
27	펩시콜라	3	-	11	7	19	15
28	다이어트 코카콜라	11	11	-	3	25	27
29	다이어트 펩시콜라	7	7	3	-	23	27
30	7UP	19	19	25	23	-	1
31	스프라이트	15	15	27	27	1	-

그림 38-19 : 소다의 지각도

2. 연습문제 1번에서 탄산음료의 순위는 다이어트 펩시, 펩시, 코카콜라, 7UP, 스프라이트 그리고 다이어트 코카콜라였다. 이상점을 결정하라.

3. `countries.xls`(그림 38-20) 파일에서는 18명의 학생에게 9개의 척도(9=매우 비슷하다, 1=매우 비슷하지 않다)에 따라 11개의 나라의 유사성에 대해 순위를 매기도록 한 다음 그 평균 순위를 보여주고 있다. 예를 들어 미국의 경우는 일본과 가장 비슷하다는 시각이 있으며, 콩고와는 거의 비슷하지 않다고 생각한다. 2차원 지각도를 만들고 해석해보자.

	A	B	C	D	E	F	G	H	I	J	K	L	M
1		Brazil	Congo	Cuba	Egypt	France	India	Israel	Japan	China	USSR	USA	Yugoslavia
2	Brazil	0.00	4.83	5.28	3.44	4.72	4.50	3.83	3.50	2.39	3.06	5.39	3.17
3	Congo	4.83	0.00	4.56	5.00	4.00	4.83	3.33	3.39	4.00	3.39	2.39	3.50
4	Cuba	5.28	4.56	0.00	5.17	4.11	4.00	3.61	2.94	5.50	5.44	3.17	5.11
5	Egypt	3.44	5.00	5.17	0.00	4.78	5.83	4.67	3.83	4.39	4.39	3.33	4.28
6	France	4.72	4.00	4.11	4.78	0.00	3.44	4.00	4.22	3.67	5.06	5.94	4.72
7	India	4.50	4.83	4.00	5.83	3.44	0.00	4.11	4.50	4.11	4.50	4.28	4.00
8	Israel	3.83	3.33	3.61	4.67	4.00	4.11	0.00	4.83	3.00	4.17	5.94	4.44
9	Japan	3.50	3.39	2.94	3.83	4.22	4.50	4.83	0.00	4.17	4.61	6.06	4.28
10	China	2.39	4.00	5.50	4.39	3.67	4.11	3.00	4.17	0.00	5.72	2.56	5.06
11	USSR	3.06	3.39	5.44	4.39	5.06	4.50	4.17	4.61	5.72	0.00	5.00	6.67
12	USA	5.39	2.39	3.17	3.33	5.94	4.28	5.94	6.06	2.56	5.00	0.00	3.56
13	Yugoslavia	3.17	3.50	5.11	4.28	4.72	4.00	4.44	4.28	5.06	6.67	3.56	0.00

그림 38-20 : 연습문제 3번 데이터

4. 다차원 데이터를 요약하기 위한 군집 분석과 MDS 간의 차이와 유사성을 설명하라.

5. 다차원 데이터를 요약하기 위한 주성분과 MDS 간의 차이와 유사성을 설명하라.

Classification Algorithms :
Naive Bayes Classifier and Discriminant Analysis

Chapter 39

분류 알고리즘 : 나이브 베이즈 분별과 판별 분석

마케팅과 다른 분야에서 분석가들은 때때로 한 객체를 분류하여 몇 가지 그룹(보통 2가지)으로 나누며 이때 몇 가지 독립 변수에 기반하게 된다. 예를 들어

- 성별, 나이, 수입, 거주 위치에 기반하여, 여러분은 소비자를 새 아침 식사용 시리얼의 사용자/비사용자로 나눌 수 있을까?
- 수입, 거주 형태, 크레딧 카드 대부등의 정보를 이용하여 이 소비자가 신용 위기 상태인지 아닌지 분류할 수 있을까?
- 재무 상황의 비율들을 이용하여, 어떤 기업이 파산 위기인지 아닌지 분류할 수 있을까?
- 콜레스테롤 수준, 혈압, 흡연 여부 등에 기반하여, 어떤 사람이 심장마비에 걸릴 확률이 높은지 분류할 수 있을까?
- GMAT 점수와 학부 학점에 기반하여, 지원자가 MBA 프로그램에 입학 허가를 받을 것인지 아닌지 알 수 있을까?
- 인구 통계 정보에 기반하여, 여러분은 사람들이 어떤 종류의 자동차 모델을 선호하는지 예상할 수 있을까?

이런 모든 경우 여러분은 독립 변수(때때로 속성, 특성이라고도 한다)를 사용하여 각각을 분류하고자 한다. 이 장에서는 분류의 2가지 방법, 나이브 베이즈 분별(Naive Bayes classifier)

과 선형 판별 분석(linear discriminant analysis)에 대해 살펴보겠다.

우선 이 장에서는 나이브 베이즈 분별을 이해하는데 필요한 기본 확률론(조건부 확률과 베이즈 이론(Bayes's Theorem))의 개념부터 살펴보겠다. 다음 나이브 베이즈 분별을 사용하여 독립 변수의 집합에 기반하여 관찰값을 분류하는 방법에 대해 살펴보자. 마지막으로 Evolutionary 해찾기를 사용하여(5장 "묶음 가격"에서 가장 먼저 다뤘었다) 잘못 분류된 관찰값의 수를 최소화할 수 있는 선형 판별 분석 규칙을 만들어보자.

Analysis 1 조건부 확률

조건부 확률(conditional probability)은 기본적으로 어떤 사건(A)가 발생할 확률을 다른 사건(B)가 발생할 것을 조건으로 해서 확률을 조정하는 것이다. 따라서 두 사건 A와 B가 주어졌을 때, P(A|B)는 사건 B가 발생한다는 것을 알고 있을 때 사건 A가 발생할 조건부 확률을 나타낸다. P(A|B)는 다음과 같은 식으로 다시 쓸 수도 있다.

$$(1) \quad P(A|B) = \frac{P(A \cap B)}{P(B)}$$

식(1)을 다시 쓰면 식(2)와 같다.

$$(2) \quad P(A \cap B) = P(B)P(A|B)$$

식(1)에서 P(A∩B)는 A와 B가 발생할 확률을 나타낸다. 조건부 확률의 개념을 보여주기 위해 모든 성인의 10%가 "The Bachelor[1]"를 시청한다고 가정하자. The Bachelor 시청자 중 80%는 여성이고 미국 성인의 절반은 남성이다. 다음과 같이 정의하자.

- B = 성인이 The Bachelor를 시청하는 사건
- M = 성인이 남성인 사건

---

[1] 2002년 미국 ABC에서 방송한 리얼리티 쇼. http://en.wikipedia.org/wiki/The_Bachelor_(U.S._TV_series)

- W = 성인이 여성인 사건
- NB = 성인이 The Bachelor를 시청하지 않는 사건

조건부 확률의 개념을 보여주기 위해 여러분은 주어진 남성이나 여성에 대해 그 사람이 Bachelor 시청자일 확률을 계산한다. 성인의 절반은 남성이라고 가정하자. 모든 성인은 다음 4가지 분류로 나뉠 수 있다. 여성 Bachelor 시청자, 남성 Bachelor 시청자, 여성 Bachelor 비시청자, 남성 Bachelor 비시청자. 이제 모든 성인이 이 4가지 분류에 해당할 확률을 계산해보자. 식(2)에서 다음과 같이 유도해낼 수 있다.

$$P(B \cap W) = P(B)P(W|B) = (0.10)(0.8) = 0.08$$

표 39-1에서 첫 번째 행을 모두 합하면 0.10이 되고 각각의 열을 합하면 0.5가 된다. 이제 모든 확률을 계산할 준비가 되었다.

표 39-1 : Bachelor 확률

	W	M
B	0.08	0.02
NB	0.42	0.48

조건부 확률에 대해 확실히 이해하기 위해 P(B|W)와 P(B|M)를 계산해보자. 표 39-1과 식(1)을 참고하면 다음과 같다.

P(B|W) = 0.08 / 0.50 = 0.16
P(B|M) = 0.02 / 0.50 = 0.04

다른 말로 하자면, 모든 여성의 16%와 모든 남성의 4%는 Bachelor 시청자이다. 다음 절에서는 베이즈 이론(Bayes' Theorem)이라고 하는 조건부 확률을 좀 더 확장한 개념을 이용하여 새로운 정보에 기반하여 조건부 확률을 갱신해보자.

Analysis 2 베이즈 이론

베이즈 이론은 18세기 영국의 성직자 Thomas Bayes에 의해 개발되었다.

> **Note**
>
> 만약 여러분이 베이즈 이론의 흥미진진한 역사에 대해 관심 있다면 Sharon McGrayne의 The Theory That Would Not Die (Yale University Press, 2011)를 읽어보기 바란다.

베이즈 이론을 소개하기 위해 의과대학에서 의대생들에게 보통 가르치는 예제를 사용해보자. 이것은 마케팅 자료는 아니다. 유방암을 찾아내기 위해 여성들에게 유방조영술을 행한다. 여기 40세의 여성이 있다고 가정하자. 이 여성은 유방암에 걸릴 위험 인자가 전혀 없다. 이 여성에게 유방조영술을 수행하기 전, 이 여성의 건강 상태는 다음 2가지 상태로 분류할 수 있다.

- C = 유방암이 있는 여성
- NC = 유방암이 없는 여성

C와 NC를 현재 상태라고 하자. 아무런 다른 정보가 없는 상태에서 P(C) = 0.004, P(NC) = 0.996라고 한다. 이 확률을 사전 확률(prior probability)이라고 한다. 이제 유방조영술을 받은 여성은 다음 두 가지 결과 중 하나의 결과가 발생하게 된다.

- + = 양성 검사 결과
- − = 음성 검사 결과

건강한 40대 여성이 유방조영술을 받았기 때문에, 양성인 결과가 나올 확률이나 40대 여성이 유방암이 있을 확률은 P(+|C) = 0.80과 P(+|NC) = 0.10로 주어진다.

베이즈 분석의 목표는 관찰된 정보에서(여기에서는 유방조영술 결과) 요인을 찾아내고 사전 확률을 갱신하여 유방조영술 결과를 반영하도록 사후 확률(posterior probability)을 결정하는 것이다. 이 예에서 여러분은 P(C|+)와 P(C|−)를 결정해야 한다.

베이즈 이론을 통해 여러분은 식(1)을 사용하여 가능성과 사후 확률을 계산하기 위한 사전 확률을 요인으로 나눈다. 예를 들어 P(C|+)을 계산하기 위해 식(1)을 사용하면 다음과 같다.

$$(3) \quad P(C|+) = \frac{P(C \cap +)}{P(+)}$$

식(3)의 분모를 계산하기 위해, + 검사 결과가 암이 있는 여성과 암이 없는 여성 모두에게서 관찰될 수 있음을 유의하자. 즉 P(+) = P(+∩C) + P(+∩NC)임을 의미한다. 다음 식(2)를 사용하여 P(+) = P(+|C) * P(C) + P(+|NC) * P(NC)임을 알 수 있다. 식(3)의 분모의 결과를 이 값으로 대체하면 다음과 같다.

$$P(C|+) = \frac{P(+|C)P(C)}{P(+|C) * P(C) + P(+|NC) * P(NC)} = \frac{.80 * .004}{.80 * .004 + .996 * .10} = 0.031$$

따라서 양성의 결과를 보았다고 하더라도 건강한 40대 여성이 암에 걸렸을 가능성은 약간이라도 존재한다. 의사에게 주어진 데이터에 대해 P(C|+)를 결정하라고 질문했을 때, 의사의 15%만이 올바르게 대답했다(W. Casscells, A. Schoenberger, T.B. Graboys, "Interpretation by physicians of clinical laboratory results," New England Journal of Medicine, 1978, pp. 999–1001).

P(C|+) = 0.031인 결과에 대해 좀더 직관적으로 알 수 있는 방법은 여기 10,000명의 여성이 있고 이들 중 얼마나 많은 사람들이 각각의 분류에 해당되는지 알아보자(암/+, 암/-, 암 아님/+, 암 아님/-).

- 10,000(0.004) = 40명의 여성이 암에 걸렸다.
- P(+|C) = 0.8이므로, 10,000명의 여성 중 80%, 혹은 32명의 여성이 암이 있으면서 검사에서 양성 반응이 나온다.
- 10,000(0.996) = 9,960 명의 여성은 암에 걸리지 않았다.
- P(+|NC) = 0.10이므로 9,960 * (0.10) = 996의 여성은 암에 걸리지 않았으며 검사에서 양성이 나온다.
- 32명의 여성이 암이 있으면서 검사 결과가 양성이고, 996명의 여성은 암에 걸리지 않았

으면서 검사에서 양성이므로 표 39-2의 첫 번째 행의 총합은 40이 되어야 하고, 두 번째 행의 총합은 9,960이 되어야 한다. 표 39-2를 완성해보자.

표 39-2 : 베이즈 이론을 이해하는 다른 방법

	양성 결과 검사(+)	음성 결과 검사(-)
암	32	8
암 아님	996	8,964

이제 P(C|+) = 32/(996+32) = 0.031임이 확실하다.

위양성(false positives)의 수가 많은 것이 양성 결과가 나온 다음 암의 사후 확률이 매우 작은 이유이다. 다음 절에서는 베이즈 이론의 지식을 사용하여 간단하지만 강력한 분류 알고리즘을 만들어보자.

Analysis 3 나이브 베이즈 분류

일반적인 분류에서 발생하는 문제는 다음과 같다. "각 관찰값은 클래스 $C_1, C_2, \cdots C_k$ 중의 한 클래스인 k에 속한다. 하지만 각 관찰값에 대해 이 관찰값이 어느 클래스에 속할지는 알 수 없다. 각 관찰값에 대해 속성 $X_1, X_2, \cdots, X_n$의 값을 알고 있다고 하자." 나이브 베이즈를 논의할 때 각 속성을 정성적 변수(qualitative variable, 어떤 사람이 '여성'인가 '남성'인가와 같이 성격을 나타내는 변수)이며 정량적 변수(quantitative variable, 사람의 키나 몸무게처럼 숫자를 값으로 가지는 변수)가 아니라고 가정한다. 속성에 대해 알고 있으면, 관찰값을 어떤 클래스에 할당해야 할까? 나이브 베이즈 분류가 어떻게 동작하는지 보여주기 위해, 우선 n = k = 2라고 가정하자. 다음 $P(C_1|X_1, X_2)$와 $P(C_2|X_1, X_2)$를 계산한 다음 클래스의 객체들을 더 큰 사후 확률로 분류한다. 나이브 베이즈를 사용하여 이런 확률을 어떻게 계산하는지 보여주기 전에 우선 식(4)를 통해 속성과 범주를 포함하는 결합 확률(joint probability)을 계산해보자.

(4) $P(C_1 \cap X_1 \cap X_2) = P(X_1 | X_1 \cap C_1) * P(X_1 | C_1) * P(C_1)$

식(1)을 식(4)의 우변에 2번 적용하면 식(4)의 오른쪽은 $\frac{P(X_2 \cap X_1 \cap C_1)}{P(X_1 \cap C_1)} * \frac{P(X_1 \cap C_1)}{P(C_1)} P(C_1) = P(C_1 \cap X_1 \cap X_2)$이 되며, 이것은 식(3)의 왼쪽 부분이다. 이것은 식(4)의 유효성을 증명한다. 이제 식(1)과 식(4)를 적용하여 다음을 보일 수 있다.

$$(5) \quad P(C_1 | X_1, X_2) = \frac{P(C_1 \cap X_1 \cap X_2)}{P(X_1 \cap X_2)} = \frac{P(X_2 | X_1 \cap C_1) * P(X_1 | C_1) * P(C_1)}{P(X_1 \cap X_2)}$$

나이브 베이즈의 핵심은 $P(X_2|X_1 \cap C_1)$을 계산할 때 이 확률이 조건부로 X_1과 독립적(X_1에 의존하지 않는다)이라고 가정할 수 있다는 것이다. 다른 말로 하면 $P(X_2|X_1 \cap C_1)$는 $P(X_2|C_1)$로 추정할 수 있다. 이 가정은 속성 간의 의존성을 무시하므로 약간 단순한(naive) 면이 있다. 따라서 '나이브 베이즈'라고 부른다.

다음 식(5)를 사용하여 각 클래스에 대한 사후 확률은 식(6)과 식(7)로 추정할 수 있다.

$$(6) \quad P(C_1 | X_1, X_2) = \frac{P(X_2 | C_1) * P(X_1 | C_1) * P(C_1)}{P(X_1 \cap X_2)}$$

$$(7) \quad P(C_2 | X_1, X_2) = \frac{P(X_2 | C_2) * P(X_1 | C_2) * P(C_2)}{P(X_1 \cap X_2)}$$

모든 클래스의 사후 확률의 합은 1이 되어야 하므로, 여러분은 식(6)과 식(7)의 분자를 계산한 다음 정규화해서 합이 1이 되도록 할 수 있다. 이것은 여러분이 사후 확률을 계산할 때 식(6)과 식(7)에서 분모를 무시할 수 있다는 의미이다. 다음 가장 큰 사후 확률을 가지는 클래스에 관찰값을 할당하자.

좀 더 일반적으로 말하면, 만약 여러분이 n개의 특성에 대해 알고 있다면 나이브 베이즈는 식(8)을 사용하여 클래스 C_i의 사후 확률을 추정한다.

$$(8) \quad P(C_i | X_1, X_2, \cdots X_n) = \frac{P(X_n | C_i) * P(X_{n-1} | C_i) * \cdots, P(X_1 | C_i) * P(C_i)}{P(X_1 \cap X_2, \cdots, \cap X_n)}$$

식(8)의 분모는 COUNTIFS 함수를 사용하여 각 표본 데이터로부터 각 클래스에 대해 쉽게 계산할 수 있다. 다음 각 관찰값을 가장 큰 사후 확률을 가지는 클래스에 할당한다. 아마 여러분은 식(8)의 분자를 정확하게 계산하기 위해 COUNTIFS 함수를 사용하지 않고 원하는 속성값을 가지는 클래스 C_i에 속하는 관찰값의 비율로 $P(X_1 \cap X_2, \cdots, \cap X_n \cap C_i)$을 추정하는지 궁금할 것이다. 이 방법의 문제는 만약 속성값은 많은데 주어진 속성값에 해당하는 관련 클래스에 관찰값이 거의 없거나 아에 없는 경우가 있을 수 있다는 것이다. 각 $P(X_k|C_i)$은 많은 관찰값에 기반하므로, 나이브 베이즈 분류는 이러한 문제를 피할 수 있다.

이제 나이브 베이즈 분류를 실제 예제에 적용해보자. ESPNBayes.xlsx(그림 39-1)은 미국 성인에 대해 다음과 같은 임의의 정보를 가지고 있다.

- **나이** : 젊은 성인, X 세대, 베이비부머 세대, 노인
- **성별** : 남성(M)/여성(F)
- **수입** : 낮음, 중간, 높음
- **거주 위치** : 시골, 도시, 교외
- 구독자(1)인지 구독자가 아닌지(0) 여부

여기서 목적은 어떤 사람의 나이, 성별, 수입, 거주 위치가 주어졌을 때 이 사람이 구독자일지 아닐지 사후 확률을 계산하는 것이다. 그림 39-2와 같이 다음과 같은 수를 계산해야 한다.

- 각 속성에 대해 속성의 확률은 그 사람이 구독자인지 아닌지에 따라 제한을 받는다. 예를 들어 성별에 대해서 여러분은 $P(M|S)$, $P(F|S)$, $P(M|NS)$, $P(F|NS)$을 계산해야 한다(여기서 M=남성일 확률, F=여성일 확률, S=구독자일 확률, NS=구독자가 아닐 확률).
- 구독자와 비구독자에 대해, 각 속성에 대해 각 사람의 값이 주어졌을 때 식(8)의 분자를 계산하자. 클래스 사후 확률(N이나 NS에 대해)에 클래스 값에 기반하여 각 속성의 조건부 확률을 곱한다.
- 각 클래스에 대해 식(8)의 분모를 정규화하여 사후 확률의 합이 1이 되도록 한다.

	A	B	C	D	E
1					
2					
3					
4	나이	성별	수입	지역	구독여부
5	노인	남성	낮음	시골	1
6	젊은 성인	남성	낮음	교외	0
7	X 세대	여성	낮음	교외	0
8	젊은 성인	여성	낮음	교외	0
9	X 세대	남성	높음	도시	1
10	X 세대	남성	낮음	도시	1
11	젊은 성인	여성	낮음	시골	0
12	젊은 성인	여성	낮음	도시	1
13	X 세대	여성	낮음	도시	0
14	젊은 성인	여성	중간	도시	1
15	젊은 성인	여성	낮음	교외	0
16	X 세대	여성	중간	도시	0
17	젊은 성인	여성	낮음	시골	0
18	젊은 성인	남성	중간	교외	1
19	젊은 성인	여성	중간	시골	0
20	베이비부머	여성	낮음	교외	0
21	젊은 성인	여성	낮음	도시	0
22	젊은 성인	남성	낮음	도시	0

그림 39-1 : ESPN 나이브 베이즈 분류 데이터

	F	G	H	I	J
4		젊은 성인	X 세대	베이비부머	노인
5	S	0.417582418	0.467032967	0.082418	0.03297
6	NS	0.443939394	0.396969697	0.09697	0.06212
7		남성	여성		
8	S	0.67032967	0.32967033		
9	NS	0.436363636	0.563636364		
10		낮음	중간	높음	
11	S	0.392857143	0.57967033	0.027473	
12	NS	0.453030303	0.515151515	0.031818	
13		시골	교외	도시	
14	S	0.123626374	0.458791209	0.417582	
15	NS	0.157575758	0.456060606	0.386364	
16					
17					
18					
19					
20	총합		1024		
21	구독자		364		
22	비구독자		660		
23		나이브 베이즈 추정	0.547964323	0.452036	
24		Numerator	0.026937711	0.022222	
25			S	NS	
26	나이	X 세대	0.467032967	0.39697	
27	성별	남성	0.67032967	0.436364	
28	수입	중간	0.57967033	0.515152	
29	위치	도시	0.417582418	0.386364	

그림 39-2 : X세대, 중간 수입, 도시 지역, 남성은 구독자로 분류된다.

이러한 계산은 다음과 같이 수행한다.

1. 셀 G21에서 식 =COUNTIF(E5:E1030,1)으로 구독자의 수(364)를 계산한다.
2. 셀 G22에서 식 =COUNTIF(E5:E1030,0)으로 비구독자의 수(660)를 계산한다.

3. 셀 G20에서 식 =SUM(G21:G22)으로 총 구독자의 수(1,024)를 계산한다.

4. G5의 식 =COUNTIFS($A$5:$A$1030,G$4,$E$5:$E$1030,1)/$G21을 G5:J6에 복사하여 각 클래스 나이 조합에 대해 주어진 클래스에서 나이의 조건부 확률을 계산한다. 예를 들어 셀 H5에서 P(GenX|S) = 0.467이다.

5. G8의 식 =COUNTIFS($B$5:$B$1030,G$7,$E$5:$E$1030,1)/$G21을 G8:H9에 복사하여 각 클래스 성별 조합에 대해 주어진 클래스에서 성별의 조건부 확률을 계산한다. 예를 들어 셀 H9에서 P(F|NS) = 0.564이다.

6. G11의 식 =COUNTIFS($C$5:$C$1030,G$10,$E$5:$E$1030,1)/$G21을 G11:I12에 복사하여 각 클래스 수입 조합에 대해 주어진 클래스에서 수입의 조건부 확률을 계산한다. 예를 들어 셀 I11에서 P(Middle|S) = 0.580이다.

7. G14의 식 =COUNTIFS($D$5:$D$1030,G$13,$E$5:$E$1030,1)/$G21을 G14:I15에 복사하여 각 클래스 거주 위치 조합에 대해 주어진 클래스에서 거주 위치의 조건부 확률을 계산한다. 예를 들어 셀 G14에서 P(Rural|S) = 0.124이다.

8. 셀 영역 G26:G29에서 드롭다운 상자를 사용하여 각 속성의 수준을 선택한다. 예를 들어 G26에 커서를 놓고 드롭다운 상자를 만들 수 있다. '데이터' 탭 → '데이터 유효성 검사'를 선택하여 만들자. 대화상자를 그림 39-3과 같이 설정하자.

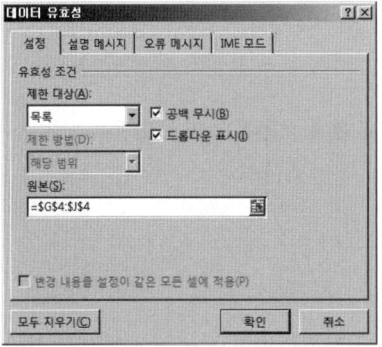

그림 39-3 : 나이에 대해 드롭다운 목록 만들기

9. H26의 식 =HLOOKUP($G26,INDIRECT($F26),2,FALSE)을 H26:H29에 복사하여 구독자가 주어졌을 때 각 속성에 대해 조건부 확률을 찾아보자. 예를 들어 H27에서 보면 모든 구독자의 67%가 남성이라는 것을 알 수 있다. 각 속성에 대해 찾아보는 영역은 각

각 age, gender, income, location이라고 이름 지었다. INDIRECT 함수와 영역 이름 정의를 함께 사용하면 각 속성의 이름에 기반하여 각 속성에 대해 영역을 쉽게 참조할 수 있다.

10. I26의 식 =HLOOKUP($G26,INDIRECT($F26),3,FALSE)을 I26:I29에 복사하여 비구독자가 주어졌을 때 각 속성에 대해 조건부 확률을 찾아보자. 예를 들어 I27에서 보면 모든 비구독자의 44%가 남성이라는 것을 알 수 있다.

11. H24의 식 =PRODUCT(H26:H29) * Non Subscribers/total으로 구독자의 각 분류에 대해 식(8)의 분자를 계산하자. 이 식의 PRODUCT 항은 각 사람이 구독자라는 가정 하에 각 속성의 조건부 확률에 식의 Subscribers/Total를 곱하여 어떤 사람이 구독자일지에 대한 확률을 추정한다.

12. I24에서 식 =PRODUCT(I26:I29)*Subscribers/total로 각 사람이 비구독자인 분류에 대해 식(8)의 분자를 계산한다.

13. H23의 식 =H24/SUM($H24:$I24)을 I23에 복사하여 식(8)의 분자를 정규화하여 사후 확률의 합이 1이 되도록 한다. 여러분은 중간 수입, 도시 지역, X세대 남성인 경우 나이브 베이즈로 추정해서 이 사람이 구독자일 확률은 54.8%이고 구독자가 아닐 확률은 45.2%이다. 나이브 베이즈에서는 비구독자인 경우보다 구독자일 때 더 높은 확률을 주므로 여러분은 이 사람을 구독자라고 분류할 수 있다. 그림 39-4에서는 낮은 수입, 시골, 젊은 성인은 구독자일 확률이 35.2%이므로 비구독자로 분류될 것이다.

나이브 베이즈 분류는 다음과 같은 여러 가지 분류 문제에 성공적으로 적용할 수 있다.

- 이메일 안에 포함된 단어에 따라 이메일이 스팸인지 아닌지 분류하기
- 게놈 유전자 구성 정보에 기반하여 이 사람이 알츠하이머에 걸릴지 아닐지 분류하기
- 비행편, 공항, 날씨 상태, 시간대, 요일에 기반하여 항공편이 정시 도착할지 지연될지 분류하기
- 인구 통계 정보에 기반하여 이 고객이 반품을 할 것인지 아닌지 분류하기

39 분류 알고리즘 : 나이브 베이즈 분별과 판별 분석

	F	G	H	I	J
4		젊은 성인	X 세대	베이비부머	노인
5	S	0.417582418	0.46703297	0.082418	0.03297
6	NS	0.443939394	0.3969697	0.09697	0.06212
7		남성	여성		
8	S	0.67032967	0.32967033		
9	NS	0.436363636	0.56363636		
10		낮음	중간	높음	
11	S	0.392857143	0.57967033	0.027473	
12	NS	0.453030303	0.51515152	0.031818	
13		시골	교외	도시	
14	S	0.123626374	0.45879121	0.417582	
15	NS	0.157575758	0.45606061	0.386364	
16					
17					
18					
19					
20	총합		1024		
21	구독자		364		
22	비구독자		660		
23		나이브 베이즈 추정		0.35156805	0.648432
24		Numerator		0.00483257	0.008913
25				S	NS
26	나이	젊은 성인		0.41758242	0.443939
27	성별	남성		0.67032967	0.436364
28	수입	낮음		0.39285714	0.45303
29	위치	시골		0.12362637	0.157576

그림 39-4 : 젊은 성인, 낮은 수입, 시골 지역의 남성은 비구독자로 분류된다.

이와 유사하지만 좀 더 심화된 예제에서 나이브 베이즈를 사용해서 마케팅 자원을 효과적으로 할당할 수 있다. 만약 ESPN The Magazine이 TV 광고 예산을 어떻게 할당할지 결정하려 한다고 하자. 각 TV쇼에 대해 Nielson[2]에서는 쇼의 시청 인구에서 인구 통계 정보를 ESPN 에게 제공할 수 있다. 다음 나이브 베이즈 분석을 사용하여 시청자 중 구독자의 수를 추정할 수 있다. 마지막으로 추정 구독자에 의해 광고당 시청 인구/비용의 순위로 어떤 쇼에 광고를 할 것인지 결정할 수 있다.

Analysis 4 선형 판별 분석

나이브 베이즈와 유사한 선형 판별 분석(linear discriminant analysis)을 사용하여 특정 특성에 기반하여 객체를 그룹에 분류하는데 사용할 수 있다. 하지만 나이브 베이즈는 객체를 주어진 독립 변수에 기반하여 분류하지만 선형 판별 분석에서는 변수의 선형 조합에 가중치를 두어 이것을 기반으로 관찰값을 분류한다.

선형 판별 분석을 다룰 때, X_1, X_2, ⋯, X_n의 n개의 연속된 값을 가지는 속성이 있으며 이것을 사용하여 관찰값을 둘 중 하나로 분류한다. 선형 판별 규칙은 각 속성에 대한 가중치 W_1, W_2, ⋯, W_n과 절사점(cutoff point) Cut으로 정의할 수 있다. 다음이 참이면 관찰값은 그룹 1에 속하도록 분류한다.

$$W_1(\text{속성 1의 값}) + W_2(\text{속성 2의 값}) + \cdots W_n(\text{속성 n의 값}) \geq \text{Cut}$$

만약 다음이 참이면 관찰값은 그룹 2로 분류된다.

$$W_1(\text{속성 1의 값}) + W_2(\text{속성 2의 값}) + \cdots W_n(\text{속성 n의 값}) < \text{Cut}$$

W_1(변수 1의 값) + W_2(변수 2의 값) + ⋯W_n(변수 n의 값)을 각각의 판별 점수(discriminant score)라고 부른다.

여기서 목적은 가중치과 절사점을 선택하여 잘못 분류된 관찰값의 개수를 최소화하는 것이다. 다음 예에서는 Evolutionary 해찾기를 사용하여 최적의 선형 분류 규칙을 어떻게 찾아내는지 살펴보겠다.

최적의 선형 분류 규칙 찾아내기

파일 WSJ.xlsx(그림 39-5)는 84명의 연간 수입과 투자 포트폴리오 규모(모두 단위는 $1,000)를 보여주고 있다. '0'은 해당 사람이 Wall Street Journal을 구독하지 않음을 의미하고 '1'은 구독함을 나타낸다.

	A	B	C	D	E	F	G	H	I
1					표준화	0.00774	0.049886565		
2	판별 분석: 두 그룹과 두 설명 변수					수입	투자	절사점	
3						0.115975	0.813589559	45.528966	
4	고객	WSJ 구독자?	수입	투자	실제	점수	다음으로 분류	틀렸는가? 오차	
5	1	No	66.4	26.9	0	29.58631	0	0	6
6	2	No	68	7.1	0	13.66279	0	0	
7	3	No	54.9	21.5	0	23.85921	0	0	
8	4	No	50.6	19.3	0	21.57062	0	0	
9	5	No	54.1	16.7	0	19.8612	0	0	
10	6	No	78.2	31.9	0	35.02276	0	0	
11	7	No	66.2	23.8	0	27.04098	0	0	Actual
12	8	No	43.9	12.4	0	15.17982	0	0	
13	9	No	41.9	5	0	8.927305	0	0	
14	10	No	61.1	25.2	0	27.58854	0	0	
15	11	No	64.5	11.8	0	17.08075	0	0	
16	12	No	59.4	27.3	0	29.09992	0	0	
17	13	No	45.9	16.8	0	18.99156	0	0	
18	14	No	59.7	14.9	0	19.0462	0	0	
19	15	No	76	41.9	0	42.90351	0	0	
20	16	No	89.9	46.2	0	48.014	1	1	
21	17	No	32.7	16.9	0	17.54205	0	0	
22	18	No	57.8	23.4	0	25.74136	0	0	
23	19	No	66.9	34.4	0	35.74622	0	0	
24	20	No	87.2	51	0	51.6061	1	1	
57	53	No	60.9	25.8	0	28.0535	0	0	
58	54	No	88.9	28.6	0	33.57885	0	0	
59	55	No	68.2	12.3	0	17.91666	0	0	
60	56	No	88.4	34.5	0	38.32104	0	0	
61	57	No	66.6	32.2	0	33.92153	0	0	
62	58	Yes	77.8	48.5	1	48.48196	1	0	
63	59	Yes	86.6	66.6	1	64.22815	1	0	
64	60	Yes	72.9	39.4	1	40.51002	0	1	
65	61	Yes	90.9	63.8	1	62.44915	1	0	
66	62	Yes	64.3	50.1	1	48.21804	1	0	
67	63	Yes	53.9	36.4	1	35.86572	0	1	

그림 39-5 : Wall Street Journal 구독자 데이터

수입과 투자 포트폴리오 규모를 사용하여, 여러분은 비구독자나 구독자를 잘못 분류하는 횟수를 최소화하는 선형 분류 규칙을 결정할 수 있다. 다음 과정을 따라가보자.

1. F3:G3에서 수입과 투자 가중치의 값으로 시험값을 입력하자. H3에서는 절사점(cutoff)의 시험값을 입력하자.

2. F5:F88에서 각 개인에 대해 '점수'를 계산하자. F5의 식 =SUMPRODUCT($F$3:$G$3,C5:D5)을 F6:F88에 복사한다.

3. G5:G88에서 각 개인의 점수와 절사점을 비교한다. 만약 점수가 절사점과 동일하거나 넘는다면, 해당 사람을 구독자로 분류한다. 그렇지 않으면 비구독자로 분류한다. G5의 식 =IF(F5>$H$3,1,0)을 G6:G88에 복사한다.

4. H5:H88에서 각 개인들을 올바로 분류했는지 결정하자. '0'은 올바르게 분류했음을 나타내고, '1'은 잘못 분류했음을 나타낸다. H5의 식 =IF(G5-E5=0,0,1)을 H6:H88에 복사하자.

5. I5에서 식 =SUM(H5:H88)을 사용하여 잘못 분류된 총 횟수를 구하자. H열의 숫자를 모두 더하면 된다.
6. 여러분의 스프레드시트에서는 비평활 함수(IF문)가 많이 포함되어있으므로 오차의 숫자를 줄이는 분류 규칙을 찾아내기 위해서는 Evolutionary 해찾기를 사용해야 한다. 해찾기 창은 그림 39-6과 같으며 오차의 수를 최소화하는 가중치과 절사점을 찾아낸다.

여러분은 가중치(F3과 G3)와 절사점(H3)을 조정하여 잘못 분류된 총 횟수(I5)를 최소화하고자 한다. Evolutionary 해찾기를 사용하려면 변수 셀에 가중치가 필요하다. 변수 셀에 범위를 얼마로 제한해야 할지 확실하지 않다. 절사점은 아무 숫자로나 설정할 수 있는데, 분류에서 핵심은 속성 가중치의 비율이기 때문이다. 일반성을 잃지 않으면서, 여러분은 각 가중치의 상한값은 1, 하한값은 −1로 제한할 수 있다. 예를 들어 만약 해찾기의 결과에 따르면 2 * (수입) + 5(투자 포트폴리오) >= 200일 때 구독자로 분류한다면, 이 식을 5로 나눠서 0.4 * (수입) + (투자 포트폴리오) >= 40로 다시 쓸 수도 있다.

위 두식은 동등하며 가중치는 −1과 +1 사이에 온다. 최대 수입이 100.7이고 최대 투자 포트폴리오가 66.6이므로, 각 개인의 최대 점수는 1 * (100.7) + 1 * (66.6) = 167.3이 될 것이다. 보수적으로 잡기 위해, 절사점은 200으로 설정했다. 모델에 IF문이 많기 때문에 Evolutionary 해찾기를 사용했다. 변이율을 0.5로 설정한 다음, 해찾기가 찾아낸 분류 규칙은 다음과 같다. 0.116 * (수입(단위 1,000)) + 0.814 * (투자 금액(단위 1,000)) ≥ 45.529일 때 구독자로 분류하고, 그렇지 않으면 비구독자로 분류한다. 전체에서 6%나 7.1%만이 잘못 분류된다. 오류로 6명을 잘못 분류하는 규칙은 여러 개가 있다. 따라서 최적의 분류 규칙은 유일한 것은 아니다.

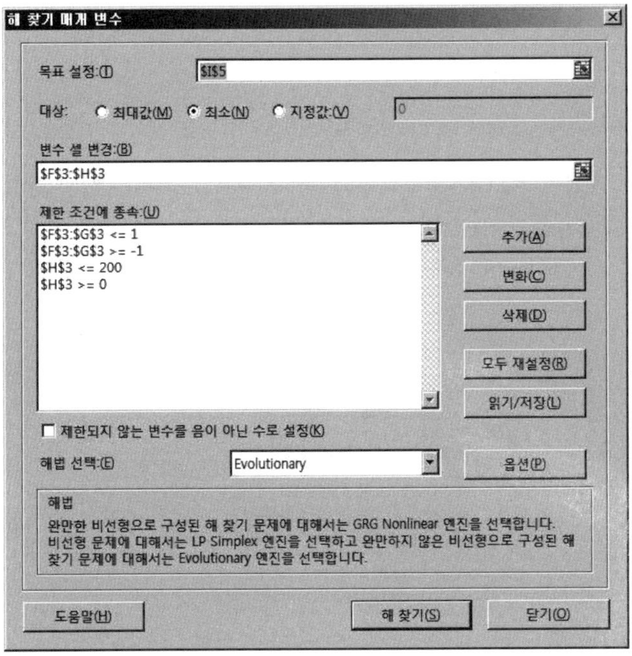

그림 39-6 : Wall Street Journal 예에 대한 해찾기 창

가장 중요한 속성 찾아내기

아마 여러분은 가장 가중치가 큰 속성(혹은 특성)이 분류에 가장 중요하다고 생각할 것이다. 이러한 생각에서 문제는 가중치가 단위에 따라 다르다는 것이다. 예를 들어 '투자 포트폴리오'를 달러로 측정했으면, '투자 포트폴리오'에 대한 가중치는 0.814/1,000이 될 것이다. 이것은 '수입'에 대한 가중치보다 매우 작은 값이다. 하지만 만약 각 속성에 대한 가중치를 속성값의 표준 편차로 나눠서 표준화한다면, 각 속성에 순위를 매길 수 있다. 이렇게 표준화한 가중치는 영역 F1:G1에 계산했으며, F1의 식 =F3/STDEV(C5:C88)을 G1에 복사했다. 표준화한 '투자 포트폴리오' 가중치는 표준화한 '수입' 가중치보다 훨씬 크기 때문에, 여러분은 어떤 사람이 Wall Street Journal을 구독하는지 여부를 분류하기 위해서는 '투자 포트폴리오'가 '수입'보다 훨씬 더 중요하다는 것을 알 수 있다.

분류 행렬

선형 판별 분석의 결과는 보통 분류 행렬(classification matrix)로 요약하는데, 이 행렬은 각 클래스에 대해 관찰값의 개수가 맞게 분류되었는지, 틀리게 분류되었는지 숫자로 나타낸다. Wall Street Journal 예에 대한 분류 행렬은 그림 39-7과 같다.

	J	K	L	M	N	O
8		분류 행렬	다음으로 분류됨			
9			1	0		
10			구독자	비구독자	맞음	틀림
11	1	구독자	23	4	85.19%	14.81%
12	0	비구독자	2	55	96.49%	3.51%
13			29.76%	70.24%		
14						
15		벤치마크				
16		58.19%				
17		맞은 수 합계				
18		92.86%				

그림 39-7 : Wall Street Journal 예제에 대한 분류 행렬

L11의 식 `=COUNTIFS(Actual,$J11,Classified,L$9)`을 L11:M12에 복사하여 분류 행렬을 계산할 수 있다. Actual이라고 이름 붙인 영역은 E5:E88이고, Classified 영역은 G5:G88이다. 각 클래스에 대해 올바르게 분류된 관찰값의 비율은 영역 N11:O12에서 계산했다. 따라서 모든 구독자의 85.19%는 올바르게 분류되었으며, 비구독자의 96.49%도 올바르게 분류했다.

분류 규칙의 품질 평가하기

Wall Street Journal 예제에서 모든 관찰값 중 79 / 85 = 92.86%가 올바르게 분류되었다. 선형 분류 규칙의 성능을 평가하기 위해서, 여러분은 벤치마크 분류율을 만들 수 있다. 만약 관찰값의 P_i만큼의 비율이 클래스 i의 멤버라고 가정해보자. 다음 간단한 분류 과정(비례 분류(proportional classification)라고 한다)은 각 관찰값을 임의로 P_1의 확률로 클래스 1에 분류하고 P_2의 확률로 임의로 클래스 2에 분류한다. 비례 분류를 사용했을 때, 올바르게 분류되는 관찰값의 비율은 다음과 같이 계산할 수 있다.

P_1 * (관찰값이 클래스 1로 분류될 확률) + P_2 (관찰값이 클래스 2로 분류될 확률) =

$$(P_1)^2 + (P_2)^2$$

Wall Street Journal 예제에서 비례 분류는 (0.2976)2 + (0.7024)2 = 58.19%만큼 분류하게 된다.

관찰값의 92.86%를 올바르게 분류한다고 하면, 비례 분류를 벤치마크로 삼았을 때 이 비율은 58.19%에 비해서 매우 훌륭한 것으로 보인다.

2개 이상의 그룹을 선형 분류하기

여러분은 2개 이상의 그룹이 있을 때 Evolutionary 해찾기를 이용하여 최적의 선형 분류 규칙을 쉽게 찾아낼 수 있다. 이 개념을 보여주기 위해, 우선 여러분은 MBA 지원자를 지원자의 GMAT 점수와 학부 학점 GPA를 기반으로 '입학 허가 가능', '입학 거부 가능', '근소하게 입학 가능' 등으로 분류하려 한다고 가정해보자. 변수 셀로 가중치는 W_1, W_2 그리고 절사점으로는 C_1, C_2를 삼는다. 분류 규칙은 아래와 같다.

- W_1 * GMAT + W_2 * GPA >= C_1이면 지원자는 '입학 허가 가능'이다.
- C_1 > W_1 * GMAT + W_2 * GPA > C_2이면 지원자는 '근소하게 입학 가능'이다.
- W_1 * GMAT + W_2 * GPA <= C_2이면 지원자는 '입학 거부 가능'이다.

여러분은 Evolutionary 해찾기를 사용하여 분류 오차 숫자를 최소화하는 W_1, W_2, C_1, C_2를 찾아낼 수 있다.

비선형성과 상호작용을 포함한 분류 규칙

비선형성(nonlinearity)과 상호작용(interaction)을 포함한 분류 규칙을 사용하여 분류 성능을 현저히 증가시킬 수 있다. Wall Street Journal 예제에서는 비선형성을 포함한 분류 규칙을 평가하는 법을 보여주고 있다. 10장 "다중 회귀를 사용하여 판매 예측하기"의 비선형성과 상호작용에 대한 논의에 따르면, 여러분은 분류 오차를 최소화하는 다음 분류 규칙에 대한 C, W_1, W_2, W_3, W_4, W_5을 선택할 수 있다.

만약 W_1*(수입) + W_2(투자 포트폴리오) + W_3(수입^2) + W_4*(투자 포트폴리오^2) + W_5*(수입*투자 포트폴리오)>=C이면 해당 고객을 구독자로 분류하고, 아니라면 비구독자로 분류한다. 이 분류 규칙(연습문제 4번)은 오차의 개수를 6개에서 5개로 줄인다. 개선되는 개수가 너무 미미해서 비선형성과 상호작용을 포함하는 이런 복잡한 규칙대신 차라리 간단한 선형 규칙을 사용하는 것이 나을 것 같다는 생각이 든다.

Analysis 5 모델 검증

사실 나이브 베이즈나 선형 판별 분석 같은 분류 모델은 '보정(calibration)'이나 '검증(validation)' 단계에서 사용한다. 이 모델은 데이터의 약 80%를 사용하여 보정하며, 남은 20%의 데이터를 사용하여 검증한다. 이 과정을 통해 분석가는 이 모델이 미처 알지 못하는 데이터에 대해 얼마나 잘 작용할지 결정할 수 있다. 예를 들어 Wall Street Journal 예제에서는 테스트 단계에서 관찰값의 95%가 올바르게 분류되었지만, 검증 단계에서는 75%만이 올바르게 분류되었다. 검증 단계에서 분류 규칙의 성능이 좋지 않으므로, 여러분은 새 관찰값에 이 규칙을 적용하는 것을 망설일 수 밖에 없을 것이다.

Analysis 6 나이브 베이즈의 엄청난 장점

분류할 때 선형 판별 분석에 로지스틱 회귀(17장 "로지스틱 회귀")와 신경망(15장 "신경망을 사용하여 판매 예측하기")을 추가할 수 있다. 이러한 모든 방법은 복잡한 최적화 기법을 모두 동원한다. 이에 비해 나이브 베이즈는 분류에 고등학교에서 배우는 확률 이론과 간단한 수학만을 사용한다. 하지만 나이브 베이즈는 다른 복잡한 분류 알고리즘의 성능을 능가하곤 한다(D.J.Hand, K. Yu, "Idiot's Bayes? Not so stupid after all?" International Statistical Review, 2001, pp. 385-99. 참고). 나이브 베이즈의 놀라운 성능은 아마도 속성 간의 의존성이 클래스 간에 균일하게 분포하거나, 혹은 분류했을 때 속성 간의 의존성이 서로서로를 상쇄하는 효과가 있기 때문일 것이다. 마지막으로 나이브 베이즈의 두 가지 장점을 살펴보자.

- 만약 여러분의 데이터가 엑셀 표 형식이고 여기에 새로운 데이터를 추가하면, 나이브 베이즈 분석은 자동으로 이를 갱신한다. 이에 비해 다른 분류 방법에서는 신경망, 로지스틱 회귀, 혹은 선형 판별 분석까지 모두 다시 수행해야 한다.
- 만약 분석에서 중요한 속성을 놓치면 신경망, 로지스틱 회귀, 선형 판별 분석에 기반한 방법에서는 성능이 크게 낮아진다. 하지만 나이브 베이즈에서는 중요한 속성을 빼먹었다고 해서 성능에 거의 영향을 주지 않는다.

Summary

이 장에서는 다음과 같은 사항을 알아보았다.

- 일반적인 분류 문제에서 여러분은 관찰값을 n개의 속성에 대한 지식에 기반해서 k개의 클래스 중 한 클래스로 관찰값을 분류한다.
- 속성에 대해 $X_1, X_2, \cdots, X_n$의 값이 주어졌을 때 나이브 베이즈는 다음을 극대화하는 클래스에 관찰값을 분류한다.

  $P(X_n|C_i) * P(X_{n-1}|Ci) * \cdots, P(X_1|C_i) * P(C_i)$

- 두 클래스에 대해 선형 분류 규칙은 각 속성에 대한 가중치와 분류 절사점으로 정의한다. 만약 다음이 참일 때 관찰값은 클래스 1로 분류된다.

  W_1 (속성 1의 값) + W_2 (속성 2의 값) + $\cdots$ W_n (속성 n의 값) ≥ Cut

  그렇지 않으면 클래스 2로 분류된다.

- Evolutionary 해찾기를 사용하여 분류 오차를 최소화하는 가중치와 절사점을 결정할 수 있다.

Exercises

1. 49개의 미국 도시에 대해, `Incomediscriminant.xlsx` 파일은 다음 정보를 가지고 있다.

- 수입 수준 : 하위, 중간, 상위
- 흑인, 히스패닉, 아시안의 비율

a. 데이터를 사용하여 각 도시의 수입을 하위, 중간, 상위로 분류하는 분류 규칙을 만들어보자.

b. 분류 행렬을 결정하라.

c. 여러분의 분류 규칙과 비례 분류 규칙의 성능을 비교하라.

2. Flighttimedata.xlsx 파일은 비행에 대해 다음 정보를 포함한다.

- 해당 항공편이 정시에 도착했는지? 아니면 연착했는지?
- 요일 : 1=월요일, 2=화요일, …, 7=일요일
- 시간대 : 1=6-9 AM, 2 = 9 AM-3 PM, 3 = 3-6 PM, 4 = 6 PM 이후
- 날씨가 좋았는지 나빴는지

a. 이 데이터를 사용하여 주어진 비행편이 정시에 도착할지 연착할 것인지 분류하는 나이브 베이즈 분류 규칙을 만들어보자.

b. 나이브 베이즈로 올바르게 분류한 항공편의 비율과 비례 분류로 올바르게 분류한 비율을 비교해보자.

3. Flighttimedata.xlsx data에 대한 선형 분류 규칙을 만들어보자. 이 규칙이 나이브 베이즈 분류보다 성능이 더 좋은가?

4. Wall Street Journal 데이터를 사용하여, 비선형성과 상호작용을 분류 규칙에 반영하라.

Analysis of Variance : One-way ANOVA

분산 분석 :
일원 ANOVA

Chapter 40

때때로 마케팅 분석에서는 한 요인(factor)을 변화시켰을 때 이것이 판매나 클릭율과 같은 마케팅 결과에 유의한 영향을 주는지 결정하고자 한다. 예를 들어 다음과 같은 상황을 고려해보자.

- 발렌타인데이 카드가 가게 선반에서 상단, 중단, 하단에 있는 경우 어떤 것이 더 잘 팔리는가?
- 배경색이 빨강, 초록, 파랑일 때 온라인 광고에서 창출된 사용자 클릭의 숫자가 영향을 받을까?
- 쿠키를 캔디 코너, 쿠키 코너, 시리얼 코너 중 어디에 배치할 때 판매가 더 잘될까?
- 컴퓨터 코너에서 컴퓨터 서적은 앞쪽, 뒤쪽, 중간 중 어디에 있을 때 판매에 영향을 받을까?

여기서 분석하고자 하는 요인(factor)은 선반 위치, 배경색, 배치 코너, 위치이다. 일원 분산 분석(ANOVA)을 통해 이러한 분석을 쉽게 할 수 있다. 이 장에서는 '데이터 분석' 추가 기능의 '분산 분석 : 일원 배치법'을 사용하여 위에서와 같이 한 가지 요인을 변화시켰을 때 이것이 마케팅 결과의 평균값에 영향을 주는지 결정해보겠다.

Analysis 1 그룹 평균이 서로 다른지 검증하기

일원 ANOVA(one-way ANOVA, single-factor ANOVA)에서 분석가는 단일 요인의 G개의 서로 다른 수준에 대해 응답 변수의 수준을 측정한다. 단일 요인의 서로 다른 수준들은 그룹(group) 혹은 처치(treatment)라고 부른다. 예를 들어 발렌타인데이 카드의 경우에서 G = 3이고, 그룹은 선반의 '상단', '중단', '하단'이다. 분석가들은 다음 가설 사이에서 선택하고자 한다.

- **귀무가설(Null Hypothesis)** : 모든 그룹의 평균은 동일하다. 예를 들어 발렌타인데이 카드의 경우에서 귀무가설은 '선반 세 곳 위치에서 평균 카드 판매는 모두 동일하다'이다.
- **대립가설(Alternative Hypothesis)** : 그룹의 평균 간에 통계적으로 유의한 차이가 있다. 예를 들어 발렌타인데이 카드의 경우에서 대립가설은 '선반에서의 카드 위치에 따라 카드 판매량이 통계적으로 유의하게 차이가 난다'이다.

마이크로소프트 오피스 엑셀에서 가설을 검정하기 위해 여러분은 '데이터 분석' 대화 상자에서 '분산 분석 : 일원 배치법' 옵션을 사용할 수 있다. 엑셀에서 계산한 p-값(p-value)이 작으면(보통 0.05 이하이면) 여러분은 대립가설이 참이라고 결론을 대릴 수 있다(즉 평균이 유의하게 차이 난다). 만약 p-값이 0.05보다 크면, 여러분은 귀무가설이 참이라고 결론을 내릴 수 있다. 즉 그룹 평균이 동일하다.

Analysis 2 일원 ANOVA의 예

Wiley 출판사는 컴퓨터 서적 코너에서 책을 앞쪽, 뒤쪽, 중간 어디에 배치했을 때 책이 잘 판매되는지 알아보고자 한다고 하자. 12개의 서점에서 주간 판매(단위 백 권)를 알아보았다. 서점 5곳에서는 책을 앞쪽에 배치했고, 4곳에서는 뒤쪽 그리고 3곳에서는 중간에 배치했다. 판매 결과는 OnewayANOVA.xlsx의 Signif 워크시트에서 볼 수 있다(그림 40-1). 이 데이터로 보아 책의 위치가 판매에 유의한 영향을 준다고 결론 내릴 수 있을까?

	A	B	C	D
1	일원 ANOVA			
2				
3		앞쪽	뒤쪽	중간
4		7	12	10
5		10	13	11
6		8	15	12
7		9	16	
8		11		

그림 40-1 : 귀무가설을 기각하는 서점 데이터

분석에서는 12곳의 서점이 비슷한 판매 패턴을 보이고 규모도 거의 비슷하다는 가정이 필요하다. 이러한 가정을 통해 여러분은 판매에 영향을 미치는 요인은 단지 한 개(컴퓨터 서적 코너에서 배치 위치)라고 정할 수 있으므로 일원 ANOVA를 사용할 수 있다(만약 가게 크기가 다르다면, 여러분은 이원 ANOVA를 사용해야 한다. 이원 ANOVA(two-way ANOVA)는 41장 "분산 분석 : 이원 ANOVA"에서 다룬다).

데이터를 분석하기 위해 '데이터' 탭 → '데이터 분석' → '분산 분석 : 일원 배치법'을 선택한다. 그리고 그림 40-2와 같이 대화상자를 설정한다.

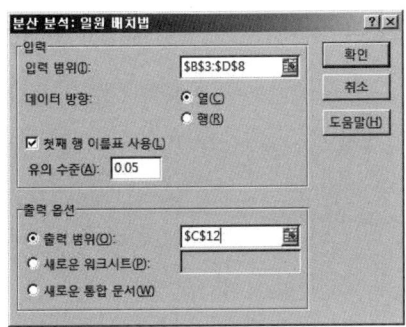

그림 40-2 : 서점 예에 대한 대화상자

다음과 같은 설정값을 사용하자(입력 영역에 사용하는 데이터는 셀 B3:D8의 이름표도 포함한다).

1. 입력 데이터에 이름표를 포함하므로, '첫째 행 이름표 사용'을 선택한다.
2. 데이터가 열별로 나뉘어 있으므로 '데이터 방향'을 '열'로 선택한다.
3. '출력 범위'의 왼쪽 상단을 C12로 선택한다.

4. '유의 수준'의 값은 중요하지 않으므로 디폴트 값을 사용한다.
5. '확인'을 클릭하면 그림 40-3과 같은 결과가 보인다.

분산 분석: 일원 배치법						
요약표						
인자의 수준	관측수	합	평균	분산		
앞쪽	5	45	9	2.5		
뒤쪽	4	56	14	3.3333333		
중간	3	33	11	1		
분산 분석						
변동의 요인	제곱합	자유도	제곱 평균	F 비	P-값	F 기각치
처리	55.66667	2	27.833333	11.386364	0.0034265	4.2564947
잔차	22	9	2.4444444			
계	77.66667	11				
추정 표준 오차	1.563472					

그림 40-3 : 귀무가설을 기각하는 서점 예의 ANOVA 결과

F16:F18에서 여러분은 배치 위치에 따른 평균 판매를 볼 수 있다. 컴퓨터 서적 코너에서 앞쪽에 배치했을 때 평균 판매는 900이었고, 코너의 뒤쪽에 배치했을 때는 1,400 그리고 중간에 배치했을 때 평균 판매는 1,100이다. p-값이 0.003(셀 H23)으로 0.05보다 작기 때문에 여러분은 이 평균은 통계적으로 유의한 차이가 있다고 결론 내리고, 그룹 평균이 동일하다는 귀무가설을 기각한다. p-값이 0.003이라는 것은 만약 그룹 평균이 동일하다면 1,000 중 3의 가능성으로 F 통계치가 관찰된 F 통계치만큼의 크기일 가능성이 있다는 뜻이다. 이렇게 낮은 확률에서는 그룹 평균이 동일하다는 가설을 기각할 수 밖에 없다.

Analysis 3 ANOVA에서 분산의 역할

Wiley 서점 예에서 평균이 유의하게 차이 나므로 귀무가설을 기각한다. 하지만 ANOVA는 일원 분산 분석을 의미하는 용어이지 일원 평균 분석이 아니다. 따라서 서점 예제의 데이터에 판매에서의 변동을 추가하면 결과는 바뀐다.

그림 40-4의 OnewayANOVA.xlsx 파일의 Insig 워크시트를 보자. 만약 이 데이터에 일원 ANOVA를 수행하면 그림 40-5와 같은 결과를 얻을 수 있다.

	E	F	G	H	I
12	분산 분석: 일원 배치법		전체 평균		
13			11.166667		
14	요약표				
15	인자의 수준	관측수	합	평균	분산
16	앞쪽	5	45	9	44
17	뒤쪽	4	56	14	90
18	중간	3	33	11	64

그림 40-4 : 귀무가설을 채택하는 서점 데이터

	E	F	G	H	I	J	K
21	분산 분석						
22	변동의 요인	제곱합	자유도	제곱 평균	F 비	P-값	F 기각치
23	처리	55.6666667	2	27.833333	0.436411	0.6593338	4.256492
24	잔차	574	9	63.777778			
26	계	629.666667	11				
28	추정 표준 오차	7.98609903					

그림 40-5 : 귀무가설을 채택하는 ANOVA 결과

가게들의 평균 판매는 이전과 동일하지만 p-값이 .66이므로 귀무가설을 채택하여 컴퓨터 책 코너에서의 배치 위치는 판매에 영향을 주지 않는다고 결론을 내려야 한다. 이러한 이상한 결론이 나오는 이유는 두 번째 데이터 집합에서 컴퓨터 책 코너 중 어디에 배치하느냐에 따라 판매의 변동이 커졌기 때문이다. 예를 들어 첫 번째 데이터 집합에서는 책을 앞쪽에 배치했을 때 판매의 변동은 700과 1,100 사이이다. 반면 두 번째 데이터 집합의 경우에서는 판매 변동이 200과 2,000 사이이다. 각 가게 간의 판매 변동(그림에는 '잔차 제곱합(Within Groups Sum of Squares)'이라고 되어 있지만, 좀더 일반적인 용어로 하면 '오차의 제곱합'이라고 한다)은 모든 관찰값과 각 그룹 평균의 차이의 제곱합으로 측정한다. 예를 들어 첫 번째 데이터 집합에서 잔차 제곱합은 다음과 같이 계산한다.

$(7-9)^2+(10-9)^2+(8-9)^2+(9-9)^2+(11-9)^2+(12-14)^2+(13-14)^2+$
$(15-14)^2+(16-14)^2+(10-11)^2+(11-11)^2+(12-11)^2=22$

이 값은 첫 번째 데이터 집합의 셀 D24와 두 번째 데이터 집합의 셀 F24에서 보인다. 첫 번째 데이터 집합에서 잔차 제곱합은 22밖에 안되지만 두 번째 데이터 집합에서 잔차 제곱합은

574이다. 두 번째 데이터 집합에서 잔차의 변동이 크기 때문에 처리(between the groups, 여기서는 앞쪽, 중간, 뒤쪽의 위치)의 변동을 가리게 되고, 따라서 두 번째 데이터 집합에서 서로 다른 가게에서 위치의 차이가 중요하다고 결론을 내리게 된다. 잔차의 변동은 귀무가설을 채택/기각하는데 있어서 결정적인 역할을 하기 때문에 통계학자들은 이 방법을 평균 분석이 아니라 분산 분석이라고 부른다.

> **Note**
> 만약 여러분이 그룹 평균에서 실제 차이(통계적 유의성을 검증하는 것이 아닌)를 결정하려고 하면 피벗테이블(1장 "피벗 테이블로 마케팅 데이터를 자르고 다지기")이나 엑셀의 AVERAGEIF, AVERAGEIFS 함수(3장 "엑셀 함수를 이용하여 마케팅 데이터 요약하기") 등을 이용할 수 있다.

Analysis 4 일원 ANOVA 예측하기

만약 처리 평균(between group means)에 유의한 차이가 있다면, 각 그룹에 대한 최선의 예측은 단순의 그룹의 평균이 된다. 따라서 `OnewayANOVA.xlsx` 파일의 `Signif` 워크시트에서 다음을 예상할 수 있다.

- 컴퓨터 책 코너에서 책을 앞쪽에 배치했을 때 판매는 주당 900권이다.
- 컴퓨터 책 코너에서 책을 뒤쪽에 배치했을 때 판매는 주당 1,400권이다.
- 컴퓨터 책 코너에서 책을 중간에 배치했을 때 판매는 주당 1,100권이다.

만약 처리 평균에서 유의한 차이가 없으면, 각 관찰값에 대한 최선의 예측값은 단순이 전체 평균이 된다. 따라서 두 번째 데이터 집합에서 책의 위치와 상관없이 주간 판매량은 1,1117권이라고 예상할 수 있다.

또한 예측의 정확성도 추정할 수 있다. 잔차(Within Groups) 제곱 평균(MS, Mean Square)은 일원 ANOVA로부터 예측의 표준 편차이다. 그림 40-6에서처럼 첫 번째 데이터에서 예측의 표준 편차는 146이다. 일원 ANOVA가 유효하기 위해서는 2가지 가정이 필요하다.

- 각 관찰값에 대한 잔차(residual, 실제 판매−예상 판매) 혹은 예측 오차가 정규분포 되어 있어야 한다.
- 각 그룹에 대한 잔차의 분산이 동일하다(이것은 10장에서 다룬 다중 회귀에서 등분산성 (homoscedasticity)의 가정과 비슷하다).

	C	D	E	F	G	H	I
12	분산 분석: 일원 배치법						
14	요약표						
15	인자의 수준	관측수	합	평균	분산		
16	앞쪽	5	45	9	2.5		
17	뒤쪽	4	56	14	3.3333333		
18	중간	3	33	11	1		
21	분산 분석						
22	변동의 요인	제곱합	자유도	제곱 평균	F 비	P-값	F 기각치
23	처리	55.66667	2	27.833333	11.386364	0.0034265	4.2564947
24	잔차	22	9	2.4444444			
26	계	77.66667	11				
28	추정 표준 오차	1.563472					

그림 40-6 : 예측의 표준 편차 계산하기

현재 예제에서 이러한 가정을 모두 만족한다고 가정한다. 정규 확률 변수에 따르면, 모든 관찰값에 대해 잔차의 절대값 68%가 1 표준 편차 안에 존재하며, 95%는 2 표준 편차 안에 존재한다. 이에 따르면 다음과 같다.

- 책을 컴퓨터 코너 앞쪽에 배치했던 주중 68%에서 주간 판매는 900-156=744권과 900+156=1056권 사이에 있게 된다.
- 책을 컴퓨터 코너 앞쪽에 배치했던 주중 95%에서 주간 판매는 900-2(156)=588권과 900+2(156)=1212권 사이에 있게 된다.

Analysis 5 대비

엑셀의 ANOVA 결과에 따르면 처리(between the group) 평균 사이에는 유의한 차이가 있다. 만약 처리 평균 간에 유의한 차이가 있으면, 마케팅 분석가는 좀 더 자세하게 조사해서 어떤 그룹 평균 때문에 귀무가설을 기각하게 되었는지 알아내려 할 것이다. 대비(contrast)에 대한 연구를 통해 처리 평균의 차이를 더 잘 이해할 수 있다.

만약 일원 ANOVA에 G개의 그룹이 있고, 그룹 g는 알려지지 않은 평균 μ_g를 가지고 있다고 가정하자. 마케팅 분석가는 $c_1\mu_1 + c_2\mu_2 + \cdots, c_G\mu_G$를 분석하고자 하며 이때 c_is를 모두 합하면 0이다. 그룹 평균의 이러한 선형 결합을 대비(contrast)라고 한다. 왜 대비를 분석하는 것이 중요한지 예를 들기 위해 반스앤노블(Barnes & Noble)[1] 서점이 동부 해안과 서부 해안의 서점에서 컴퓨터 서적이 서로 다른 비율로 판매되는지 알아보려 한다고 하자. 6월 한 달 동안 6개 도시(San Francisco, Seattle, Los Angeles, New York City, Philadelphia, Boston)의 8개 서점에서 컴퓨터 서적의 일일 판매량을 기록했다(CityANOVA.xlsx 파일의 final 워크시트, 그림 40-7 참고). 모든 서점은 비슷한 규모이며 과거 비슷한 판매 패턴을 보인 것으로 가정한다. 동부 해안과 서부 해안의 판매가 동일하다는 가정은 식(1)과 동일하다.

$$(1) \quad \frac{\mu_1 + \mu_2 + \mu_3}{3} - \frac{\mu_4 + \mu_5 + \mu_6}{3} = 0$$

식(1)의 왼쪽 변은 $c_1 = c_2 = c_3 = 1/3$과 $c_4 = c_5 = c_6 = -1/3$인 대비(contrast)이다.

	E	F	G	H	I	J	K	L	M	N
1	Ci^2/Ni	0.01388889	0.013888889	0.0138889	0.0138889	0.0138889	0.0138889			
2	Ci^2	0.1111111	0.1111111	0.1111111	0.1111111	0.1111111	0.1111111			
3	Ci	0.3333	0.3333	0.3333	-0.333333	-0.333333	-0.333333		∑CiMeani	-0.31458
4	Ni	8	8	8	8	8	8		∑Ci^2/Ni	0.083333
5	평균	51.66	51.335	51.24	51.6225	51.69875	51.8575			
6		SF	Seattle	LA	NYC	PHIL	BOS		Tstat	-3.30112
7		51.28	51.46	51.07	51.7	51.82	52.12		df	42
8		51.63	51.15	51.44	51.69	51.7	52.29		기각치	2.018082
9		51.06	51.21	50.91	52.12	51.25	51.42			
10		51.66	51.07	51.11	51.23	51.68	51.88		p-값	0.001971
11		52.2	51.84	50.77	51.51	51.76	52			
12		51.27	51.46	51.86	52.02	51.63	51.84			
13		52.31	51.5	51.22	51.36	51.61	51.57			
14		51.87	50.99	51.54	51.35	52.14	51.74			

그림 40-7 : 컴퓨터 책 판매

일단 대비를 계산한 다음 주어진 대비가 0으로부터 통계적으로 유의한지 검증해야 한다. 이 예에서 다음 가정을 해보자.

- **귀무가설** : 주어진 대비는 0이다. 이 예에서 귀무가설은 '평균 동부 해안 판매=평균 서부 해

[1] 미국 최대의 서적 소매업체

안 판매'가 된다.
- **대립가설** : 주어진 대비는 0이 아니다. 이 예에서 대립가설은 '평균 동부 해안 판매와 평균 서부 해안 판매는 동일하지 않다'가 된다.

이 가설을 검정하기 위해서 다음 검증 통계량(test statistic)을 계산해보자.

$$(2) \quad \frac{\sum_{i=1}^{i=G} (그룹\ i\ 표본\ 평균) * c_i}{s * \sqrt{\sum_{i=1}^{i=G} c_i^2 / n_i}}$$

식(2)에서 n_i=그룹 i에 속한 관찰값의 개수이며 s=$\sqrt{MSE}$이다.

이 가설에서 p-값은 엑셀의 식 =T.DIST.2T(ABS(Test Statistic), N-G)으로 대비=0을 계산할 수 있다. 이때 N=총 관찰값의 개수이다. 이 예에서 N=48, G=6이다.

데이터(그림 40-7)에 대해 일원 ANOVA를 수행하면, 결과는 그림 40-8과 같다. 셀 J35에서 MSE = 0.108976이고 셀 I18에서 s=$\sqrt{0.108976}$= 0.330115이다. 검증 통계량을 계산하는 과정은 그림 40-7에서 볼 수 있다. 다음 과정을 수행하여 대비가 0으로부터 유의하게 차이 나는지 아닌지 검증해보자.

1. 영역 F3:K3에 C_i값 각각을 입력한다. 처음 세 C_i = 1/3이고, 마지막 세 개는 = −1/3이다.
2. F4:K4에 각 N_i = 8을 입력한다.
3. F2의 식 =F3^2을 G2:K2에 입력하여 각 C_i^2를 계산한다.
4. F1의 식 =F2/F4를 G1:K1에 입력하여 각 C_i^2/N_i를 계산한다.
5. 셀 N3에서 식 =SUMPRODUCT(F3:K3,F5:K5)을 사용하여 ΣC_i*(그룹 i 표본 평균)를 계산한다.
6. 셀 N4에서 식 =SUM(F1:K1)을 사용하여 ΣC_i^2/N_i를 계산하자.
7. 셀 N6에서 식 =N3/(I18*SQRT(N4))으로 검증 통계량(이것은 자유도 N−G인 t−분포를 따르는 것으로 알려져 있다)을 계산하자.
8. 셀 N10에서 식 =T.DIST.2T(ABS(N6),42)으로 가설을 검정하기 위한 p-값을 계산해보자. p-값이 0.00197이므로 데이터에 따르면, 1,000분의 2의 가능성으로 동부 해안과 서부 해안의 평균 판매가 동일할 가능성이 있는 게 된다. 따라서 여러분은 귀무가설을 기각하고, 서부 해안의 컴퓨터 도서 판매가 동부 해안에 비해 유의한 수준으로 높다고 결론

을 낼 수 있다.

9. alpha = 0.05에 대해 엑셀에서 식 =TINV(.05,N-G)으로 귀무가설을 기각하기 위한 절사점, 혹은 기각치(critical value)를 계산한다. 이 경우 검증 통계량의 절대값이 2.02를 초과하면 귀무가설을 기각한다.

	G	H	I	J	K	L	M
16					유의수준 = .05에서		
17					서부 해안 평균=동부 해안 평균		
18		s		0.330115	가설을 기각한다		
19							
20	분산 분석: 일원 배치법						
21							
22	요약표						
23	인자의 수준	관측수	합	평균	분산		
24	SF	8	413.28	51.66	0.202229		
25	Seattle	8	410.68	51.335	0.078943		
26	LA	8	409.92	51.24	0.1272		
27	NYC	8	412.98	51.6225	0.103767		
28	PHIL	8	413.59	51.69875	0.06107		
29	BOS	8	414.86	51.8575	0.080707		
30							
31							
32	분산 분석						
33	변동의 요인	제곱합	자유도	제곱 평균	F 비	P-값	F 기각치
34	처리	2.1936604	5	0.438732	4.025955	0.004489	2.43769264
35	잔차	4.5769875	42	0.108976			
36							
37	계	6.7706479	47				
38							

그림 40-8 : 컴퓨터 책 판매의 ANOVA 결과

연습문제 3에서 대비를 포함하여 가설을 검정하는 연습을 더 해볼 수 있다.

Summary

이 장에서 여러분은 단일한 요인이 측정한 변수에 유의한 영향을 주는지 여부를 분석하는 방법에 대해 알아보았다.

▶ '데이터' 탭 → '분석' 그룹 → '데이터 분석' → '분산 분석 : 일원 배치법'을 선택하여 수행하면, p-값이 0.05보다 작을 때 측정한 변수의 평균에 유의한 영향을 미치는 요인이 무엇인지 결정을 내릴 수 있다.

▶ ANOVA의 p-값이 0.05보다 크면, 각 그룹의 예상 평균은 전체 평균과 동일하다. 반면 ANOVA의 p-값이 0.05보다 작으면, 각 그룹의 예상 평균은 그룹 평균과 동일하다.

$c_1\mu_1 + c_2\mu_2 +, \cdots, c_g\mu_g = 0$ 형태인 대비를 검증하기 위해서는, 식(2)를 사용하여 검증 통계량을 계산해야 한다.

$$(2) \quad \frac{\sum_{i=1}^{i=g} (\text{그룹 i 표본 평균}) * c_i}{s * \sqrt{\sum_{i=1}^{i=g} c_i^2 / n_i}}$$

엑셀에서 식 =T.DIST.2T(ABS(Test Statistic), N-G)으로 귀무가설에 대한 p-값을 계산할 수 있다. 만약 p-값이 0.05보다 작다면 귀무가설을 기각하고, 대비는 0으로부터 유의한 수준으로 차이가 난다고 결론 낸다. 그렇지 않으면 귀무가설을 채택한다.

Exercises

1. Usedcars.xlsx 파일에서 여러분은 중고차 영업사원 4명이 판매한 일일 중고차 판매기록을 볼 수 있다.

- 영업사원이 실적에서 유의한 차이를 보였는지 증명할 수 있는가?
- 다음의 빈칸을 채우시오.
  여러분은 영업사원 1이 판매한 중고차의 수가 __ 와 __ 대 사이에 있다고 95% 확신한다.
- 만약 처음 두 사람은 남성이고, 나중 두 사람은 여성이라고 하자. 남성 영업사원과 여성 영업사원의 실적 사이에 유의한 차이가 있는지 증명할 수 있을까?

2. 400도, 300도, 200도 오븐을 사용하여 케이크를 만들 수 있다. cakes.xlsx 파일에는 서로 다른 온도에서 케이크를 구웠을 때 케이크의 품질 수준에 대한 정보를 보여준다.

- 케이크 품질에 온도가 영향을 주는 것으로 보이는가?
- 200도 오븐으로 케이크를 만들었을 때, 95%로 신뢰할 수 있는 케이크 품질의 범위는 어느 정도인가?
- 만약 여러분이 사용한 오븐의 크기가 케이크 품질에 영향을 미친다고 생각하면, 이 분석이 여전히 유효한가?

3. Salt.xlsx 파일에서는 주간 소금 판매량(단위 파운드)를 보여준다. 이 소금은 Kroger's 수퍼마켓과 비슷한 가게에서 1중 포장, 2중 포장, 3중 포장으로 판매하고 있다.

- 포장의 개수가 소금 판매에 영향을 주는가?
- 2중 포장에 포장을 하나 더해서 3중 포장을 하면 판매가 유의한 수준으로 증가하는가?

4. 연습문제 3번에서 소금 판매는 월별로 차이를 보이는 것으로 보아 계절성을 띄는 것 같다. 일원 ANOVA를 사용해서 이 데이터를 분석해도 괜찮을까?

Analysis of Variance : Two-way ANOVA

분산 분석 :
이원 ANOVA

Chapter 41

40장 "분산 분석 : 일원 ANOVA"에서는 요인 한 개만이 종속 변수에 영향을 주는 일원 ANOVA에 대해서 살펴보았다. 하지만 종속 변수에 두 개의 요인이 영향을 줄 때는 이원 분산 분석(ANOVA)를 사용하여 요인 중 어떤 것이 종석 변수에 유의한 영향을 주는지 결정할 수 있다. 이 장에서는 이원 ANOVA를 사용하여 두 개의 요인이 종속 변수에 영향을 주는 상황을 분석해보자.

Analysis 1 이원 ANOVA 소개

많은 마케팅 상황에서, 마케팅 분석가는 관심 있는 종속 변수에 두 개의 요인이 영향을 준다고 생각할 수 있다. 다음은 예이다.

- '영업사원'과 영업사원의 '구역'이 판매에 어떻게 영향을 주는가?
- '가격'과 '광고'가 판매에 어떤 영향을 주는가?
- '버튼의 종류'와 '배너 광고의 형태'가 사용자 클릭율에 어떤 영향을 주는가?

두 개의 요인이 종속 변수에 영향을 줄 때 여러분은 이원 분산 분석(two-way analysis of variance(ANOVA))를 사용하여 두 요인 중 어떤 요인이 종속 변수에 영향을 주는지 알아낼 수 있다. 2원 ANOVA에서 종속 변수는 두 요인의 각 조합에 대해 동일한 횟수(k라고 한다)만큼 관찰되어야 한다. 만약 k=1이면 이 경우를 '반복이 없는 이원 ANOVA'라고 부르고, k>1

이면 이 경우는 '반복이 있는 이원 ANOVA'라고 부른다. k > 1일 때, 두 요인에 유의한 상호작용("상호작용이 있는 이원 ANOVA"절에서 더 자세하게 다룬다)이 있는지 알아봐야 한다. 예를 들어 '상품 가격'과 '광고 예산' 2가지 요인을 사용하여 판매를 예상하려 한다고 가정해보자. 만약 광고의 효과가 상품 가격에 의존한다면, '가격'과 '광고'는 유의한 수준으로 상호작용(interaction, 교호작용이라고도 한다)이 있는 게 된다. 상호작용은 10장 "다중 회귀를 사용하여 판매 예측하기"에서 다중 회귀와 함께 다루었다. 반복이 없는 이원 ANOVA에서는 상호작용의 유의성을 검증할 수 없다.

Analysis 2 분산 분석 : 반복 없는 이원 배치법

반복 없는 이원 ANOVA(two-way ANOVA without replication)에서 여러분은 각 요인의 가능한 조합을 한 번씩만 볼 수 있다. 하지만 상호작용의 유의성을 검증할 만큼 충분한 데이터가 없다. 하지만 반복 없는 이원 ANOVA를 사용하여 두 요인 중 어느 것이 종속 변수에 유의한 효과를 미치는지 결정할 수 있다.

만약 여러분이 '영업대표'와 영업대표에게 할당된 '영업구역'이 제품 판매에 어떤 영향을 미치는지 알아보려 한다고 해보자. 이 예에서 여기에 답하기 위해, 4명의 영업대표가 5개의 판매 구역에서 1달 동안 판매한 기록이 있어야 한다. 판매 결과는 `Twowayanova.xlsx` 파일의 `Randomized Blocks` 워크시트에서 볼 수 있으며 그림 41-1을 참고하자. 예를 들어 영업대표 1은 영업구역 4번에서 1달 동안 20개를 판매했다.

	C	D	E	F	G
4					
5		영업대표 1	영업대표 2	영업대표 3	영업대표 4
6	구역 1	1	3	10	12
7	구역 2	17	12	16	14
8	구역 3	17	21	22	25
9	구역 4	20	10	17	23
10	구역 5	22	21	37	32

그림 41-1 : 임의 블록 디자인

여기에서 두 요인('영업대표'와 '구역')이 잠재적으로 판매에 영향을 줄 수 있고 각 영업사원을 각각의 구역에 대해 쌍을 지었을 때 해당하는 값은 한 개밖에 없으므로 이 모델을 '반복 없는 이원 ANOVA'라고 부른다. 이 모델은 또한 임의 블록 디자인(randomized block design)이라고도 하는데 여러분은 임의로(결국은 순서대로 모두) 각 영업사원을 각각의 구역에 할당할 수 있기 때문이다. 다른 말로 하자면 영업사원 1이 구역 1에 배치된 달은 골고루 순번대로 돌아오게 된다. 이렇게 임의로 배치하면 분석에서 시간의 영향(시간이 지날수록 영업사원의 영업능력이 좋아지므로)을 최소화할 수 있다. 어떤 면에서는 여러분이 영업대표를 비교할 때 무작위, 임의화(randomization)로 판매에 미치는 시간의 영향을 고려함으로써 여러분은 구역의 효과를 차단하는 셈이다.

이 데이터를 마이크로소프트 오피스 엑셀에서 분석하기 위해, 우선 '데이터' 탭 → '분석' 그룹 → '데이터 분석'을 클릭한 다음 '분산 분석 : 반복 없는 이원 배치법'을 선택한다. 다음 그림 41-2와 같이 대화상자를 채운다. 다음 정보를 사용하여 분석을 의해 설정값을 채운다('입력 범위'는 C5:G10이다).

1. 입력 데이터의 첫 번째 행에 설명하는 이름표가 있으므로 '이름표'를 클릭한다.
2. '출력 범위'로 왼쪽 상단의 셀을 B12로 입력한다.
3. '유의 수준'은 중요하지 않으므로 디폴트 값을 그대로 사용한다.

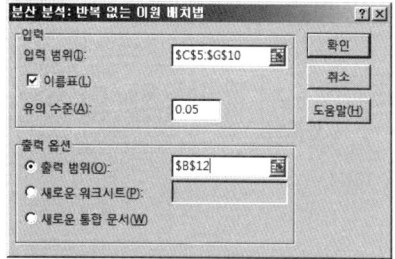

그림 41-2 : 임의 블록 대화상자 설정

출력 결과는 그림 41-3과 같다(G12:G24의 결과는 엑셀의 데이터 분석 추가 기능으로 만든 것은 아니다. 대신 이 셀에는 식을 입력했는데, 여기에 대해서는 이 절 나중에 설명하겠다).

	B	C	D	E	F	G	H
12	분산 분석: 반복 없는 이원 배치법					17.6	
13							
14	요약표	관측수	합	평균	분산		
15	구역 1	4	26	6.5	28.33333	-11.1	
16	구역 2	4	59	14.75	4.916667	-2.85	
17	구역 3	4	85	21.25	10.91667	3.65	
18	구역 4	4	70	17.5	31	-0.1	
19	구역 5	4	112	28	60.66667	10.4	
20						-17.6	
21	영업대표 1	5	77	15.4	69.3	-2.2	
22	영업대표 2	5	67	13.4	59.3	-4.2	
23	영업대표 3	5	102	20.4	104.3	2.8	
24	영업대표 4	5	106	21.2	67.7	3.6	
25							
26							
27	분산 분석						
28	변동의 요인	제곱합	자유도	제곱 평균	F 비	P-값	F 기각치
29	인자 A(행)	1011.3	4	252.825	15.87598	9.7E-05	3.25917
30	인자 B(열)	216.4	3	72.1333	4.529566	0.0241	3.49029
31	잔차	191.1	12	15.925			
32							

그림 41-3 : 임의 블록 결과

행 요인(구역)이나 열 요인(영업 대표)이 판매에 유의한 영향을 끼치는지 알아보려면 p-값을 보면 된다. 요인에 대한 p-값이 낮으면(0.05보다 작으면) 해당 요인은 판매에 유의한 효과를 미치고 있다. 행 요인의 p-값(0.0000974)과 열 요인의 p-값(0.024)은 모두 0.05보다 작다. 따라서 영업대표와 구역 모두 판매에 유의한 영향을 준다.

영업대표와 구역이 모두 판매에 유의한 영향을 줄 때, 다음 식(1)을 사용하여 1달 동안의 판매를 예상할 수 있다.

(1) 예상 판매 = 전체 평균 + (영업대표 효과) + (영업구역 효과)

이 식에서 만약 영업 대표 요인이 유의하지 않으면 '영업대표 효과'는 0이 된다. 만약 영업대표 요인이 유의하면, '영업대표 효과'는 주어진 영업대표에 대한 평균에서 전체 평균을 뺀 값과 동일하다. 같은 방법으로 영업구역 요인이 유의하지 않으면 '영업구역 효과'는 0이 된다. 만약 영업구역 요인이 유의하면, '영업구역 효과'는 주어진 구역에 대한 평균-전체 평균과 동일하다.

셀 G12에서 식 =AVERAGE(D6:G10)을 사용하여 전체 판매 평균(17.6)을 계산할 수 있다. G15의 식 =E15-$G$12을 G16:G24에 복사해서 영업대표와 영업구역의 효과를 계산할 수 있다. 예를 들어 구역 2에서 영업대표 4의 판매를 예상하는 식은 17.6 - 2.85 + 3.6 = 18.35

이다. 셀 D38(그림 41-4)에 식 =G12+G16+G24으로 계산한다. 만약 구역 효과는 유의하지만, 영업대표 효과는 유의하지 않다면 구역 2에 대한 영업대표 4의 예상 판매는 17.6 − 2.85 = 14.75이다. 만약 구역은 유의하지 않지만 영업대표 효과는 유의 하다면, 예상 판매는 17.6 + 3.6 = 21.2이 된다.

	C	D
34		
35		
36	구역 2	
37	영업사원 4 예측	
38	평균	18.35
39	하한선	10.3688
40	상한선	26.3312

그림 41-4 : 구역 2에서 영업대표 3의 판매 추정

일원 ANOVA에서처럼, 예측 오차의 표준 편차(3.99)는 오차 제곱 평균의 제곱근이며 셀 E31에서 볼 수 있다. 이 표준 편차는 셀 E32에서 식 =SQRT(E31)으로 계산한다. 따라서 여러분은 영업대표 4를 구역 2에 할당했을 때, 월간 판매는 18.35 − 2 * (3.99) = 10.37와 18.35 + 2 * (3.99) = 26.33 사이라고 95% 확신할 수 있다. 이러한 한계값은 셀 D39, D40에서 계산하며 식은 각각 =$D$38-2*$E$32와 =$D$38+2*$E$32이다.

Analysis 3 분산 분석 : 반복 있는 이원 배치법

열과 행 요인 각각의 조합에 관찰값이 한 개 이상으로 있을 때 '중복 있는 이원 ANOVA'를 수행한다. '중복 있는 이원 ANOVA'를 수행할 때 엑셀에서는 각 행-열 조합에 대해 관찰값의 개수가 동일해야 한다고 요구한다.

열 요인과 행 요인의 유의성을 검증하는데 추가하여 요인 간의 상호작용의 유효성을 검증할 수 있다. 예를 들어 여러분이 가격과 광고가 판매에 얼마나 영향을 주는지 알아보려고 하면 가격과 광고 간의 상호작용을 통해 광고의 효과는 가격 수준에 따라 바뀌는 것을 알 수 있을 것이다(혹은 가격의 효과는 광고 수준에 따라 바뀌는 것을 알 수 있다). 가격과 광고 간의 상호작용이 없으면 가격의 효과가 광고의 수준에 따라 바뀌지 않는다.

'중복이 있는 이원 ANOVA'의 예로, 여러분은 가격과 광고 수준이 비디오 게임 월간 판매에 어떤 영향을 주는지 알아보려 한다고 하자. Twowayanova.xlsx 파일의 Two Way ANOVA no interaction 워크시트에서 그림 41-5와 같은 데이터를 볼 수 있다. 석달 동안 광고의 수준은 '낮음'이고 가격은 '중간'일 때 21, 20, 16 단위가 판매되었다. 이 예에서 각 가격-광고 조합에 대해 3개의 중복을 볼 수 있다. 여기서 중복은 각각의 가격-광고 조합이 관찰된 석달을 나타낸다.

	B	C	D	E	F	G
1			평균			
			25.04			
2			가격			
3			낮음	중간	높음	효과
4		낮음	41	21	10	-5.5926
5	광고		25	20	11	
6			23	16	8	
7		중간	28	28	11	-1.8148
8			30	22	22	
9			32	18	18	
10		높음	35	26	21	7.40741
11			45	40	26	
12			47	32	20	
13		효과	8.963	-0.2593	-8.7	

그림 41-5 : 중복 없는 이원 ANOVA의 데이터

셀 D1에서는 식 =AVERAGE(D4:F12)으로 모든 관찰값에 대한 전체 평균(25.037)을 계산했다. 셀 G4, G7, G10은 모든 광고 수준의 효과를 계산한다. 예를 들어 광고 수준이 '낮음'일 때의 효과는 광고 수준이 '낮음'의 평균에서 전체 평균을 뺀 값이다. 셀 G4에서는 식 =AVERAGE(D4:F6)?$D$1으로 광고 수준이 '낮음'일 때의 효과 −5.59를 계산했다. 비슷한 방법으로 각 가격 수준에 대한 효과를 계산할 수 있다. D13의 식 =AVERAGE(D4:D12)?$D$1을 E13:F13에 복사하자.

이 데이터를 분석하기 위해 '데이터' 탭 → '데이터 분석'을 선택한 다음 대화상자에서 '분산 분석 : 반복 있는 이원 배치법'을 선택하자. 그림 41-6과 같이 대화상자 내용을 채운다.

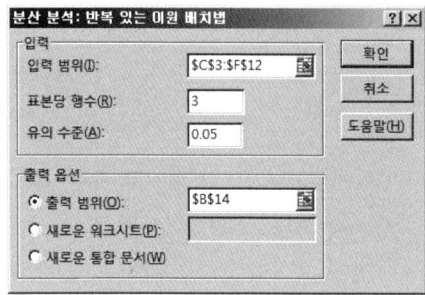

그림 41-6 : 반복 있는 이원 ANOVA를 수행하기 위한 '분산 분석 : 반복 있는 이원 배치법' 대화상자

다음 정보를 사용하여 분석 사항을 설정한다('입력 범위'는 이름표까지 포함하여 C3:F12이다).

1. 반복 있는 이원 ANOVA를 수행하려면, 엑셀에서는 입력 영역에 각 열에 대해 첫 번째 행에서는 각 열 효과의 수준에 대한 이름표가 필요하다. 따라서 셀 'D3:F3'에서 '낮음', '중간', '높음'으로 가격 수준의 가능한 값들을 나타낸다.
2. 입력 영역의 첫 번째 열에는 각 행 효과 수준에 대한 이름표가 있어야 한다. 각 열의 데이터 시작 부분에 이 이름표가 나와야 한다. 따라서 셀 C4, C7, C10에 광고 수준에 맞는 이름표 '낮음', '중간', '높음'이 있다.
3. 가격과 광고 수준의 각 조합에 중복이 3개이므로 '표본당 행수'에는 '3'을 입력한다.
4. '출력 영역'의 왼쪽 상위 셀로 B14를 입력한다.

결과에서 중요한 부분은 ANOVA 표이며 그림 41-7과 같다.

임의 블록의 경우처럼, p-값이 0.05보다 작을 때 효과(상호작용을 포함)가 유의하다. '인자 A(행)'(이 경우는 광고 효과에 대한 행)과 '인자 B(열)'(이 경우는 가격 효과에 대한 열, 열에 해당하는 이름표의 이름이다)는 모두 매우 유의하며 유의한 상호작용(교호작용)은 없다('교호작용'의 p-값은 0.79이다!). 따라서 여러분은 가격과 광고 모두 판매에 영향을 주며 판매에 대한 광고의 효과는 가격 수준에 의존하지 않는다고 결론을 내릴 수 있다. 그림 41-8에서는 가격과 광고가 유의한 교호작용을 나타내지 않음을 시각적으로 보여주고 있다. 이 차트를 만들기 위해 다음 과정을 따라가보자.

1. 셀 영역 I20:K22에서 각 가격과 광고 조합에 대한 평균 판매를 계산한다.
2. 영역 I19:K22를 선택한 다음 차트 옵션에서 '2차원 꺾은선형' 옵션을 선택한다.
3. '디자인' 탭에서 '행/열 전환'을 선택하여 광고 카테고리를 x-축 상에 놓는다.

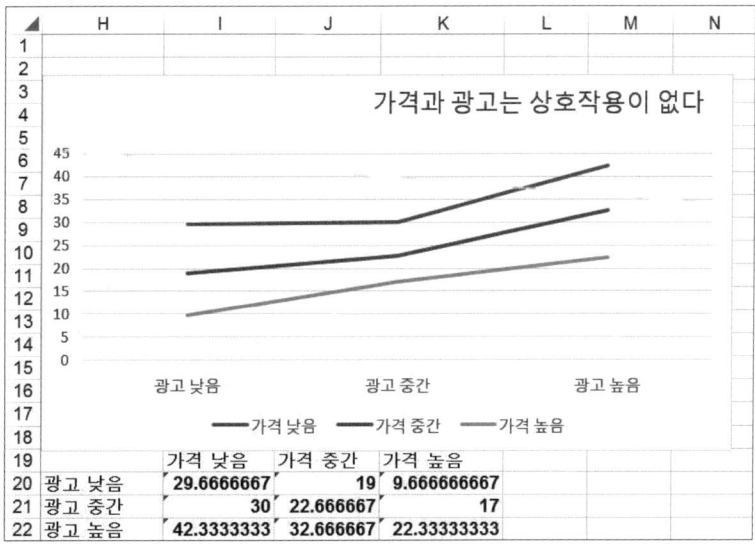

그림 41-7 : 중복 있는 이원 ANOVA 결과. 교호작용은 없다.

그림 41-8 : 이 데이터 집합에서 '가격'과 '광고'는 서로 관여하지 않는다

가격 수준에 상관없이 광고가 증가할수록 판매도 비슷한 정도로 증가하는 것에 주목하자. 세 직선이 모두 차트상에서 거의 평행한 것으로 알 수 있다.

교호작용이 없는 경우 판매 예측하기

유의한 상호작용이 없으면, 여러분은 '중복 없는 이원 ANOVA'에서 판매를 예측했던 것과 동일한 방법으로 '중복 있는 이원 ANOVA'의 판매를 예측할 수 있다. 다음 식(2)를 보자.

(2) 예상 판매 = 전체 평균 + [(유의하다면)행, 혹은 광고 효과] +
[(유의하다면)열, 혹은 가격 효과]

이 분석에서 '가격'과 '광고'만이 판매에 영향을 주는 요인이라고 가정한다. 만약 판매가 심하게 계절을 탄다면, 계절 요인도 분석에 고려해야 한다(계절 요인은 10장, 12~14장에서 다뤘다). 예를 들어 가격이 높고 광고는 중간이라면, 예상 판매는 25.037 + (−1.814) + (−8.704) = 14.52이다(그림 41-9의 셀 E54). 그림 41-5를 보면 전체 평균은 25.037, 광고 '중간'의 효과는 −1.814 그리고 가격 '높음'의 효과는 −8.704이다.

B	C	D	E	F	G	H	I
분산 분석							
변동의 요인	제곱합	자유도	제곱 평균	F 비	P-값	F 기각치	F 기각치
인자 A(행)	804.962963	2	402.4815	13.51617	0.00026	3.5546	3.55455715
인자 B(열)	1405.40741	2	702.7037	23.59826	9.32E-06	3.5546	3.55455715
교호작용	50.5925926	4	12.64815	0.424751	0.788777	2.9277	2.92774417
잔차	536	18	29.77778				
계	2796.96296	26					
			표준편차	5.456902			
			광고 중간				
			가격 높음				
			평균	14.51852			
			하한선	3.604715			
			상한선	25.43232			

그림 41-9 : 가격이 '높음'이고 광고가 '중간'일 때의 판매 예측

예측 오차의 표준 편차는 오차 내 평균 제곱의 제곱근과 일치한다. 이 예에서 예측 오차의 표준 편차는 $\sqrt{29.78}$ = 5.46으로 주어진다.

예측은 10.92 단위 내로 정확하다고 95% 확신할 수 있다. 다른 말로 하면, 가격이 '높음'이고 광고가 '중간'인 경우 1달 동안의 판매는 3.60와 25.43 단위 사이에 있다고 95% 확신할 수 있다. 이 간격은 너무나 넓기 때문에, 여러분이 광고나 가격의 수준을 알고 있다고 해도 판매가 어떻게 될지는 거의 알 수 없을 것이다.

상호작용이 있는 이원 ANOVA

`Two WAY ANOVA with Interaction` 워크시트는 이전 예제에서 사용했던 데이터를 수정했다(그림 41-10 참고). 중복 있는 이원 ANOVA를 수행한 다음 결과는 그림 41-11과 같다.

	C	D	E	F	G
1					
2				가격	
3					
4			낮음	중간	높음
5		낮음	41	21	15
6	광고		25	20	14
7			23	16	13
8		중간	28	28	14
9			30	22	13
10			32	18	12
11		높음	50	34	13
12			51	40	13
13			52	32	13

그림 41-10 : 가격과 광고 간에 교호작용이 있는 판매 데이터

	C	D	E	F	G	H	I
43	분산 분석						
44	변동의 요인	제곱합	자유도	제곱 평균	F 비	P-값	F 기각치
45	인자 A(행)	828.963	2	414.481	24.2229	7.9E-06	3.55456
46	인자 B(열)	2498.74	2	1249.37	73.0152	2.3E-09	3.55456
47	교호작용	509.926	4	127.481	7.45022	0.00101	2.92775
48	잔차	308	18	17.1111			
49							
50	계	4145.63	26				
51		표준 편차	4.13656				

그림 41-11 : 중복 있는 이원 ANOVA의 결과

이 데이터 집합에서 교호작용의 p-값은 0.001이다. 교호작용의 p-값(0.05보다 작다)이 낮으므로 행 요인과 열 요인의 p-값은 볼 필요도 없다. 어떤 가격과 광고 조합에 대한 판매 예측은 가격과 광고 조합을 포함하는 세 관찰값의 평균과 일치한다. 예를 들어 광고의 수준이 '높음'이고 가격은 '중간'인 달의 최선의 판매 예측은 다음과 같다.

$$\frac{30+40+32}{3} = 35.333 \text{ 단위}$$

예측 오차의 표준 편차는 잔차의 제곱 평균의 제곱근 $\sqrt{17.11} = 4.137$ 단위이다.
따라서 여러분은 판매 예측은 8.27 단위 안에 들어온다고 95% 확신할 수 있다.
그림 41-12에서는 왜 이 데이터에서 광고와 가격이 유의한 교호작용을 보여주는지 그림으로 보여준다. 가격이 낮거나 중간일 때, 광고를 늘리면 판매도 늘어난다. 하지만 가격이 높으면 광고를 늘려도 판매가 늘어나지 않는다. 이것은 유의한 교호작용이 있을 때 왜 식(2)를 사용하여 판매를 예측할 수 없는지를 설명한다. 결국 광고의 효과가 가격에 의존할 때 광고의 효과에 대해 어떻게 말할 수 있을까? 그림 41-8에서는 세 직선이 거의 평행인 모양을 보여주며

가격 수준에 상관없이 광고의 영향이 비슷하다는 것을 알 수 있었지만, 그림 41–12에서는 그렇지 않음을 알 수 있다.

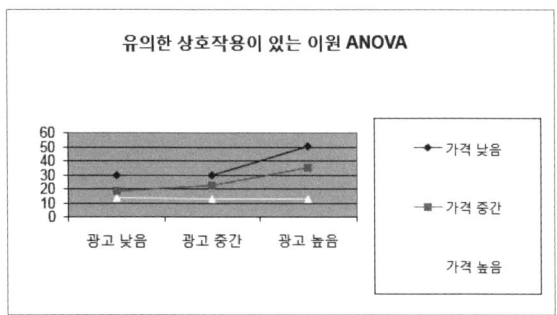

그림 41-12 : 이 데이터에서 가격과 광고는 우의한 교호작용을 보여준다.

Summary

이 장에서는 다음과 같은 사항을 알아보았다.

- 중복 없는 이원 ANOVA에서는 p-값이 0.05보다 작으면 요인은 유의하다.
- 중복 없는 이원 ANOVA에서 반응 변수(response variable)의 예상값은 식(1)로 계산할 수 있다.

  (1) 예상 판매 = 전체 평균 + (요인 1 효과) + (요인 2 효과)

- 식(1)에서 요인 효과는 요인이 유의하지 않을 때 0과 동일하다고 가정한다.
- 중복 있는 이원 ANOVA에서 교호작용 효과가 유의한지 우선 살펴본다. 교호작용의 p-값이 0.05보다 작으면 유의하다. 만약 교호작용이 유의하면 요인의 모든 조합에 대해 반응 변수의 예상값은 해당 요인 수준의 조합이 있는 관찰값의 평균과 동일하다.
- 만약 교호작용 효과가 유의하지 않으면, 중복 없는 이원 ANOVA와 같이 분석한다.

Exercises

1. 압력(높음, 중간, 낮음)과 온도(높음, 중간, 낮음)가 제품 생산의 결과에 영향을 미친다고 가정하자. 주어진 가정하에 Yield.xlsx의 데이터를 사용하여 다음 질문에 답해보자.

  a. Yield.xlsx 파일의 데이터를 사용하여 온도/압력이 생산 결과에 어떻게 영향을 주는지 알아보자.

b. 압력이 높고 온도가 낮을 때, 여러분이 95%로 확신할 수 있는 생산 결과 범위는 얼마인가?

2. 특정 영업 대표와 세일즈 콜(1번, 3번, 5번)의 횟수에 의해 의사가 처방하는 약의 수량(단위 $1,000)이 달라진다고 가정하자. Doctors.xlsx 파일의 데이터를 사용하여 다음 질문에 답해보자.

a. 영업대표와 세일즈 콜의 횟수는 판매 규모에 얼마나 영향을 줄 수 있을까?

b. 영업대표 3이 세일즈 콜을 5번 수행했을 때, 여러분이 95%로 확신할 수 있는 약 매출 범위는 얼마인가?

3. Doctors2.xlsx 파일의 데이터를 사용하여 연습문제 2번의 질문에 답해보자.

4. Coupondata.xlsx 파일은 쿠폰의 여부와 일요일자 신문의 광고 여부에 따른 주간 피넛버터 판매 데이터를 보여주고 있다. 쿠폰과 광고가 피넛버터 판매에 어떻게 영향을 주는지 알아보자.

PART 11

인터넷과 소셜 마케팅

INTERNET AND
SOCIAL MARKETING

Networks

네트워크

Chapter 42

아마 여러분은 페이스북의 초창기를 다룬 영화 소셜네트워크(2010년도 작)를 보았을 것이다. 보통 네트워크는 점(노드(node)라고 한다)과 점을 연결하는 링크(아크(arc)라고 부르는 경우도 있다)로 이루어져 있다. 여러분은 페이스북상에서 쉽게 네트워크를 이룰 수 있는데, 여기에서 노드는 페이스북에 가입해 있는 멤버들이고 두 노드 간(즉 두 사람 간)의 관계가 친구라면 링크가 존재하게 된다. 이 장에서 여러분은 마케팅 분석가가 어떻게 네트워크를 조직하고 페이스북같은 네트워크에서 통찰력을 얻는지 알아보겠다. 신제품을 내놓는데 네트워크를 어떻게 적용할지에 대해서도 다루겠다. 그리고 온라인상에서 각각 개인의 영향도를 측정하는 척도인 Klout 점수(Klout score)에 대해서도 간단히 다뤄보겠다.

Analysis 1 노드의 중요성 측정

네트워크상에서 노드나 링크의 중요도를 평가하는 방법이 필요하다. 예를 들어 인터넷상에서 구글, 빙, Amazon.com 등은 저자의 블로그 사이트(www.waynewinston.com)보다 훨씬 더 중요한 노드들이다. 마케팅 전문가들은 영향력을 평가하는 것을 매우 중요하게 생각하는데 영향력이 큰 사람을 찾아서 그 사람이 제품에 대해 언급을 해준다면 신제품을 더 잘 퍼뜨릴 수 있기 때문이다. 이 절에서는 세 개의 측정 지수(네트워크상에서 각 링크는 양방향(bidirectional)이라고 가정한다)에 대해 다루며, 이 지수로 노드의 중요성을 평가할 수 있다.

- 연결 중심성(Degree centrality)
- 근접 중심성(Closeness centrality)
- 매개 중심성(Betweenness centrality)

연결 중심성

모든 노드의 연결 중심성(Degree centrality)은 주어진 노드에 링크로 연결된 노드의 개수를 의미한다. 그림 42-1의 네트워크를 보자.

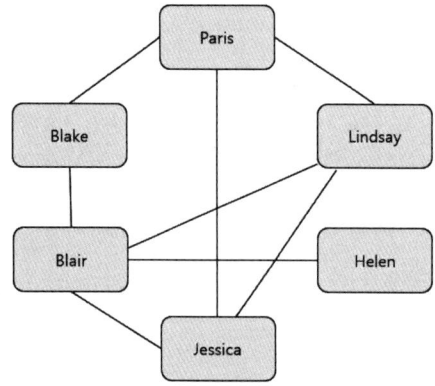

그림 42-1 : 단순 네트워크의 예제 [1]

표 42-1에서는 각 노드의 연결 중심성을 보여준다.

표 42-1 : 연결 중심성

노트	연결 중심성
Paris	3
Blake	2
Blair	4
Jessica	3
Helen	1
Lindsay	3

예를 들어 Lindsay의 연결 중심성은 3인데, Lindsay와 연결된 노드가 Paris, Blair, Jessica로 3개이기 때문이다. 또한 Helen의 연결 중심성은 1인데, Helen과 연결된 노드는 Blair밖에 없기 때문이다. 연결 중심성으로 보면 Blair가 가장 영향력이 크며 Jessica와 Lindsay보다 영향

---

[1] 네트워크상 노드의 이름들은 미국 드라마 '가십걸'의 인물들이다.

력이 약간 큰 것으로 보인다. 하지만 그림 42-1에서 보면 Blair는 Lindsay보다 영향력이 훨씬 더 큰 것으로 보인다. 예를 들어 네트워크상에서 Blair를 없애면 Helen으로 통하는 경로(path)가 없어진다. 여러분은 곧 매개 중심성("매개 중심성"절에서 다룬다)을 통해 네트워크상에서 Blair의 영향력을 확신할 수 있을 것이다. 연결 중심성만으로는 한 노드의 링크가 다른 노드로 연결되는 정도에 대해 측정할 수 없다.

근접 중심성

노드의 중요성을 보는 또 한가지 방법은 한 노드가 다른 노드에 근접하면 그 노드가 더 중요하다고 가정하는 것이다. 이 아이디어를 살펴보기 위해 노드 하나를 선택해서(여기에서는 Paris를 선택한다) 해당 노드에서 다른 노드까지 가장 최단거리를 찾는다. 그리고 그 경로의 길이들을 평균 내서 Paris 노드가 네트워크상 나머지 노드들 간에 얼마나 떨어져 있는지 측정한다. 상호 간의 평균 경로 길이(즉, 1 / 평균 경로 길이)가 여러분의 근접 중심성 측정값이 된다. 근접 중심성 측정값은 네트워크상에서 다른 노드와 가까이 있는 노드일수록 커진다. 그림 42-1의 네트워크에서 보면 Paris의 근접 중심성은 다음과 같다.

- Paris에서 Blake까지의 최단거리는 1이다.
- Paris에서 Blair까지의 최단거리(Paris-Blake-Blair)는 2이다.
- Paris에서 Jessica까지의 최단거리는 1이다.
- Paris에서 Helen까지의 최단거리(Paris-Lindsay-Blair-Helen)는 3이다.
- Paris에서 Lindsay까지의 최단거리는 1이다.
- 최단거리들의 평균값은 다음과 같다.

$$(1+2+1+3+1)/5=1.6$$

따라서 Paris의 근접 중심성은 1 / 1.6 = 5 / 8이다.
비슷한 방법으로 그림 42-1의 모든 노드에 대해 근접 중심성을 구하면 표 42-2와 같다.

표 42-2 : 그림 42–1의 근접 중심성

노드	근접 중심성
Paris	5 / 8 = 0.625
Blake	5 / 8 = 0.625
Blair	5 / 6 = 0.833
Jessica	5 / 8 = 0.625
Helen	5 / 10 =0.50
Lindsay	5 / 8 = 0.625

근접 중심성으로 보면 Lindsay와 Blake는 Blair만큼 중요하다. 하지만 노드의 근접 중심성값은 숫자의 면에서 보았을 때만 가깝다는데 주의하자. 커다란 네트워크상에서도 링크 몇 개를 추가하거나 지우면 근접 중심성은 크게 바뀔 수 있다. 근접 중심성이 큰 노드는 다른 노드에 가깝기 때문에, 근접 중심성이 큰 노드에서는 네트워크상에서 어떤 일이 일어나고 있는지 살필 수 있는 좋은 위치이기도 하다. 네트워크상에서 정보가 어떻게 흐를 것인지에 대해 해당 노드가 영향을 미칠 수 있는지에 대해서는 근접 중심성으로는 알 수 없다. 노드가 네트워크상에서 흐르는 정보에 얼마나 영향을 줄 수 있는지 측정하려면 매개 중심성(betweenness centrality)을 측정해야 한다.

매개 중심성

마케팅 전문가가 네트워크상에서 신제품에 대한 정보를 퍼뜨리려고 한다고 가정하자. 이때 전문가는 네트워크상에서 정보가 퍼지는데 가장 큰 영향을 행사할 수 있는 노드가 어떤 노드인지 알고 싶을 것이다. 노드의 정보 전파 영향력을 측정하는 매개 중심성(Betweenness centrality)을 보여주기 위해, Blair 노드를 살펴보자. Blair 노드의 매개 중심성을 계산하려면 다음 과정을 따른다.

1. Blair를 제외한 각각의 모든 노드 쌍에 대해, 노드 간에 최단경로를 찾는다. 예를 들어 Blake–Lindsay 쌍의 경우, 최단경로는 2개 존재한다(Blake–Paris–Lindsay, Blake–Blair–Lindsay).

2. 최단경로 중 Blair를 포함하는 경로의 비율을 계산한다. 이 경우 Blair를 포함하는 최단경로의 비율은 ½ = 0.5이다. 이제 Blair는 매개 중심성 점수 0.5를 얻는다.
3. Blair를 제외한 10개의 노드 쌍에 대해 Blair의 점수를 모두 합하면 Blair의 매개 중심성을 구할 수 있다.

Blair와 Paris의 매개 중심성을 구하는데 필요한 계산과 그 합은 표 42-3과 표 42-4에서 각각 볼 수 있다.

표 42-3 : Blair의 매개 중심성

노드 쌍	최단경로	Blair의 점수
Paris Blake	Paris-Blake	0 / 1 = 0
Paris Jessica	Paris-Jessica	0 / 1 = 0
Paris Helen	Paris-Blake-Blair-Helen, Paris-Lindsay-Blair-Helen	2 / 2 = 1
Paris Lindsay	Paris-Lindsay	0 / 1 = 0
Blake Jessica	Blake-Blair-Jessica	1 / 1 = 1
Blake Helen	Blake-Blair-Helen	1 / 1 = 1
Blake Lindsay	Blake-Paris-Lindsay, Blake-Blair-Lindsay	1 / 2 = 0.5
Jessica Helen	Jessica-Blair-Helen	1 / 1 = 1
Jessica Lindsay	Jessica-Lindsay	0 / 1 = 0
Helen Lindsay	Helen-Blair-Lindsay	1 / 1 = 1

표에서 마지막 열의 점수를 모두 합하면 Blair의 매개 중심성은 5.5이다.

표 42-4에서는 Paris의 매개 중심성을 구하는데 필요한 계산을 보여준다.

표 42-4 : Paris의 매개 중심성

노드 쌍	최단경로	Paris의 점수
Blake Blair	Blake-Blair	0 / 1 = 0
Blake Jessica	Blake-Blair-Jessica	0 / 1 = 0
Blake Helen	Blake-Blair-Helen	0 / 1 = 0
Blake Lindsay	Blake-Paris-Lindsay, Blake-Blair-Lindsay	1 / 2 = 0.5
Blair Jessica	Blair-Jessica	0 / 1 = 0
Blair Helen	Blair-Helen	0 / 1 = 0
Blair Lindsay	Blair-Lindsay	0 / 1 = 0
Jessica Helen	Jessica-Blair-Helen	0 / 1 = 0
Jessica Lindsay	Jessica-Lindsay	0 / 1 = 0
Helen Lindsay	Helen-Blair-Lindsay	0 / 1 = 0

이 표의 마지막 열을 모두 더하면, Paris의 매개 중심성은 0.5가 된다. 결과로 보아 Paris는 네트워크상에서 정보를 전달하는데 있어서 그다지 중요하지 않음을 알 수 있다. 사우스 아프리카에서 패리스 힐튼이 "나는 아프리카를 사랑해요. 사우스 아프리카와 웨스트 아프리카 모두 훌륭한 나라죠"라고 말한 것으로 보아 Paris가 네트워크상에서 정보를 전달하는 데 그다지 중요하지 않다는 것은 다행이라고 할 수 있다[2](http://www.foxnews.com/story/2008/03/25/paris-hilton-west-africa-is-great-country/).
표 42-5에서는 그림 42-1의 모든 노드에 대해 매개 중심성을 요약해서 보여준다.

표 42-5 : 그림 42-1에 대한 매개 중심성

노드	매개 중심성
Paris	0.5
Blake	2 / 3 = 0.67
Blair	5.5
Lindsay	2 / 3 = 0.67
Helen	0
Jessica	2 / 3 = 0.67

표 42-5에서 보아 네트워크상에서 정보가 퍼지는 데는 Blair의 역할이 가장 크다는 것을 알 수 있다.

---

[2] 웨스트 아프리카라는 나라는 없으므로, 저자는 여기서 패리스 힐튼이 무식하다고 비꼬고 있다.

Analysis 2 링크의 중요성 측정

노드에 대한 매개 중심성처럼, 링크 매개(link betweenness)를 통해 네트워크상에서 링크의 중요도를 측정할 수 있다. 이 개념을 보여주기 위해 Blake-Blair 링크의 링크 매개(표 42-6) 를 결정해보자.

1. 각 노드 쌍에 대해, 노드 쌍 간에 모든 최단경로를 찾아보자. 예를 들어 Blake-Lindsay 노드쌍에는 길이가 2인 최단경로가 2개 존재한다(Blake-Paris-Lindsay, Blake-Blair-Lindsay).
2. 이 중에서 Blake-Blair 링크를 포함하는 최단경로의 비율을 계산하자. 이 경우 Blair를 포함하는 최단경로의 비율은 ½ = 0.5이다. Blake-Lindsay 노드 쌍은 이제 Blake-Blair 링크의 링크 매개로 0.5점을 얻는다.
3. 모든 노드 쌍에 대해 점수를 합하면 Blake-Blair 링크의 링크 매개가 된다.

표 42-6 : Blake-Blair 링크의 링크 매개

노드 쌍	노드 쌍 간의 최단거리 개수	노드 쌍 간에 Blake-Blair 링크를 포함하는 최단거리 개수	링크 매개에 기여하는 점수
Blake-Blair	1	1	1 / 1 = 1
Blake-Jessica	1	1	1 / 1 = 1
Blake-Helen	1	1	1 / 1 = 1
Blake-Lindsay	2	1	1 / 2 = 0.5
Blake-Paris	1	0	0 / 1 = 0
Blair-Jessica	1	0	0 / 1 = 0
Blair-Helen	1	0	0 / 1 = 0
Blair-Lindsay	1	0	0 / 1 = 0
Blair-Paris	2	1	1 / 2 = 0.5
Jessica-Helen	1	0	0 / 1 = 0
Jessica-Lindsay	1	0	0 / 1 = 0
Jessica-Paris	1	0	0 / 1 = 0
Helen-Lindsay	1	0	0 / 1 = 0
Helen-Paris	2	1	1 / 2 = 0.5
Lindsay-Paris	1	0	0 / 1 = 0

표 42-6의 네 번째 열의 수를 모두 더하면 Blake-Blair의 링크 매개인 4.5를 구할 수 있다. 표 42-7에서는 Jessica-Blair 링크의 링크 매개를 계산해서 보여준다.

표 42-7 : Jessica-Blair 링크의 링크 매개 계산

노드 쌍	노드 쌍 간의 최단거리 개수	노드 쌍 간에 Jessica-Blair 링크를 포함하는 최단거리 개수	링크 매개에 기여하는 점수
Blake-Blair	1	0	0 / 1 = 0
Blake-Jessica	1	1	1 / 1 = 1
Blake-Helen	1	0	0 / 1 = 0
Blake-Lindsay	2	0	0 / 2 = 0
Blake-Paris	1	0	0 / 1 = 0
Blair-Jessica	1	1	1 / 1 = 1
Blair-Helen	1	0	0 / 1 = 0
Blair-Lindsay	1	0	0 / 1 = 0
Blair-Paris	2	0	0 / 2 = 0
Jessica-Helen	1	1	1 / 1 = 1
Jessica-Lindsay	1	0	0 / 1 = 1
Jessica-Paris	1	0	0 / 1 = 0
Helen-Lindsay	1	0	0 / 1 = 0
Helen-Paris	2	0	0 / 2 = 0
Lindsay-Paris	1	0	0 / 1 = 0

네 번째 열의 수를 모두 더하면 Jessica-Blair 링크의 링크 매개는 3이라는 것을 알 수 있다.

Analysis 3 네트워크 구조 요약

커다란 네트워크는 매우 복잡하므로, 네트워크 구조를 요약해서 보여줄 수 있는 간단한 지표가 필요하다. 3장 "엑셀 함수를 이용하여 마케팅 데이터 요약하기"에서 여러분은 커다란 데이터 집합을 2가지 수로 요약해서 보여줄 수 있음을 배웠다. 즉 평균이나 중간값처럼 전형적인 수와 표준 편차처럼 평균에서 데이터가 얼마나 퍼져있는지 측정하는 수로 요약할 수 있다. 이 절에서 여러분은 복잡한 네트워크의 구조를 다음 2가지 수로 요약할 수 있음을 알아보겠다.

- L = 네트워크 노드 간에 평균 거리의 측정
- C = 지역 클러스터 계수(Local Cluster Coefficient), 이 값은 여러분의 친구가 또 다른 사람의 친구로 연결되는지를 측정한다.

6단계 분리 이론

1967년 하버드의 사회학 교수 Stanly Milgram은 매우 흥미 있는 실험을 진행했다. Omaha, Nebraska의 주민 296명에게 편지를 보내서 Boston 교외에 살고 있는 주식 중개인의 이름과 주소를 알려주었다. 목적은 이 편지를 주식 중개인에게 최대한 적은 수의 우편으로 보내는 것이었다. 여기서 규칙은 편지를 보낼 때마다 이 주식 중개인의 주소에 가장 가까이 살 것 같은 친구에게 보내야 한다. Omaha 주민 217명이 편지를 보냈고, 64개의 편지가 결국 주식 중개인에게 도달했다. 우편을 한번 보내는 것을 '홉(hop)'이라고 불렀다. 평균적으로 주식 중개인에게 편지가 도달하기까지는 5.2 홉이 필요했다(10홉을 넘은 경우는 한번도 없다!). 그리고 홉의 중간값은 6이었기 때문에 이것을 '6단계 분리 이론(Six Degrees of Separation)'이라고 부른다.

6단계 분리이론의 또 다른 유명한 예로 배우 Kevin Bacon[3]의 6단계가 있다. 배우들로 이루어진 노드로 된 네트워크를 만들고 두 배우끼리 같은 영화에 출연한 적이 있으면 링크로 연결한다. 대부분의 배우가 6 링크 이내로 Kevin Bacon과 연결된다. http://oracleofbacon.org/ 사이트에서 특정 배우와 Kevin Bacon 간의 연결 고리를 알아볼 수 있다. 예를 들어 그림 42-2에서처럼 Cate Blanchett은 배우 John Goodman을 통해 Kevin Bacon에게 연결된다. 이 경우 Cate Blanchett의 Bacon 지수는 2라고 정의한다.

L의 정의와 계산

임의의 네트워크에 대해 L은 모든 노드 쌍에 대해 노드 간의 최단경로 길이의 평균값이라고

---

[3] 미국의 영화 배우

정의한다. L값이 작으면 임의로 선택한 노드 쌍에 대해 노드를 연결하는 최단거리가 매우 짧다는 의미이다. 다른 말로 하면 L값이 크면 네트워크상 임의의 노드들은 최단거리로 연결이 되지 않게 된다.

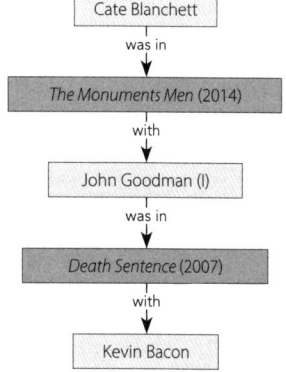

그림 42-2 : Cate Blanchett의 Bacon 지수

그림 42-1의 네트워크에 대해, L을 계산하면 표 42-8과 같다.

표 42-8 : 그림 42-1의 L값 계산

노드 쌍	노드 쌍간의 최단경로 길이
Blake-Blair	1
Blake-Jessica	2
Blake-Helen	2
Blake-Lindsay	2
Blake-Paris	1
Blair-Jessica	1
Blair-Helen	1
Blair-Lindsay	1
Blair-Paris	2
Jessica-Helen	2
Jessica-Lindsay	2
Jessica-Paris	1
Helen-Lindsay	2
Helen-Paris	3
Lindsay-Paris	1

두 번째 열의 값을 모두 더하면 24이며, L = 24 / 15 = 1.6이다. 예제 네트워크 자체가 크지 않기 때문에 L값이 작을 가능성이 더 높다. 하지만 영화 배우 네트워크 같은 경우 놀랍게도 L = 3.65이며 페이스북 친구 네트워크는 L = 4.7이고 미국만으로 한정했을 때 페이스북 친구 네트워크는 L = 4.3이다!

지역 클러스터 계수

네트워크의 지역 클러스터 계수(local cluster coefficient)는 0과 1 사이의 값이며 어떤 사람의 친구가 또 다른 사람의 친구일 가능성에 대해 측정한다. 여러분의 친구들은 대부분의 경우 서로 서로 알고 있기 때문에, 여러분은 대부분의 소셜 네트워크는 상대적으로 클러스터 계수가 높을 것으로 기대한다. 네트워크의 지역 클러스터 계수를 정의하기 전 우선 다음을 정의해 보자. 노드 n의 이웃 노드는 노드 n에 링크로 연결된 모든 노드를 말한다.

네트워크의 지역 클러스터 계수 C를 정의하기 위해, 우선 각 노드n에 대해 클러스터 계수 C_n을 정의해보자. 이 값은 노드 n의 이웃 노드 쌍과 각각 연결되어 있는 비율을 의미한다. 다음 모든 노드에 대해 C_n을 평균 내서 C를 구할 수 있다.

다음은 그림 42-1의 네트워크에 대해 C를 결정하는 과정을 보여준다.

- Paris는 친구 쌍이 세 개가 있다(Blake와 Lindsay, Blake와 Jessica, Lindsay와 Jessica). 그리고 이 쌍 중 하나(Lindsay와 Jessica)는 서로 연결되어 있다. 따라서 C_{Paris} = 1/3이다.
- Blake의 친구 쌍은 한 개(Paris와 Blair)이며 이들은 서로 연결되어 있지 않다. 따라서 C_{Blake} = 0이다.
- Blair는 4명의 친구(Blake, Jessica, Helen, Lindsay)가 있으며 따라서 친구 쌍은 6개(Blake와 Jessica, Blake와 Helen, Blake와 Lindsay, Jessica와 Helen, Jessica와 Lindsay, Helen과 Lindsay)가 된다. 6개의 친구 쌍 중 Jessica와 Lindsay만이 연결되어 있으므로 C_{Blair} = 1/6이다.
- Jessica의 친구 쌍은 세 개(Blair와 Lindsay, Blair와 Paris, Lindsay와 Paris)이다. Blair와 Lindsay, Lindsay와 Paris는 연결되어 있다. 따라서 $C_{Jessica}$ = 2/3이다.

- Helen은 친구 쌍이 없다. 따라서 각 노드에 대한 클러스터 계수 평균을 구할 때 Helen은 제외하자.
- Lindsay의 친구 쌍은 3개(Blair와 Jessica, Blair와 Paris, Paris와 Jessica)이다. Paris와 Jessica, Blair와 Jessica는 연결되어 있으므로 $C_{Lindsay} = 2/3$이다.

이제 다음이 참임을 알 수 있다.

$$C = \frac{\frac{1}{3} + 0 + \frac{1}{6} + \frac{2}{3} + \frac{2}{3}}{5} = \frac{11}{30} = 0.37$$

영화 배우 네트워크의 C는 0.79이다.

다음 두 절에서는 L과 C를 사용하여 실제 세계의 네트워크가 어떻게 만들어졌는지 보여주겠다.

Analysis 4 불규칙 네트워크와 규칙 네트워크

이 절에서는 불규칙 네트워크(random network)와 규칙 네트워크(regular network)를 살펴본 다음 Steven Strogatz와 Duncan Watts의 중요한 연구인 작은 세상 네트워크(small world network)에 대해 살펴보겠다("Collective Dynamics of 'small-world' networks," Nature, June 4, 1998).

불규칙 네트워크

n개의 노드가 있는 네트워크를 보자. 이 네트워크에서는 n * (n − 1) / 2개의 링크가 있을 수 있다. 다음 확률 p로 각각의 링크를 네트워크상에 포함시켜보자. 예를 들어 n=10, p=0.25일 때 그림 42-3과 같은 네트워크를 만들 수 있다.

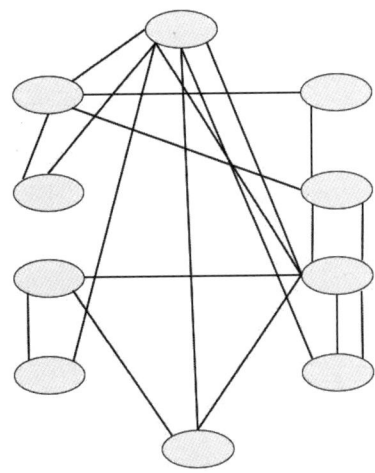

그림 42-3 : 불규칙 그래프의 예

일반적으로 불규칙 네트워크에서는 C와 L값이 작다. 예를 들어 영화 배우 네트워크의 경우에서 L = 3.65, C = 0.79이었다. Strogatz와 Watts는 시뮬레이션을 통해 영화 배우 네트워크와 동일한 수의 노드와 링크를 가지는 불규칙 네트워크를 반복해서 만들었다. 여기에서 찾아낸 L과 C는 L = 2.99, C = 0.08이다. 이 예에서 보듯이 임의로 생성한 네트워크는 L과 C값이 작다. 대부분의 소셜 네트워크(영화배우 네트워크 같이)의 경우에서는 L이 작고 C가 높다. 이러한 패턴을 임의로 연속해서 생성한 소셜네트워크와는 다르다.

규칙 네트워크

또 다른 종류의 네트워크로 규칙 네트워크(regular network)가 있다. 만약 모든 노드가 동일한 수의 노드로 연결되면 이 네트워크를 규칙적이라고 한다. 그림 42-4에서는 규칙 네트워크의 예를 보여주고 있다. 원상에서 각 노드는 이웃 노드가 모두 4개이다.

어떤 노드에서 네트워크를 보아도 동일하기 때문에, 그림 42-4와 같은 네트워크에서는 L과 C를 계산하기 쉽다. 따라서 노드 1을 선택한 다음 노드 1로부터 노드 2~12까지의 최단경로 길이의 평균을 구해서 L을 계산할 수 있다(표 42-9). 가운데 가장 상단에 있는 노드를 노드 1이라고 정한 다음 시계 방향으로 돌아가며 노드 번호를 매기자.

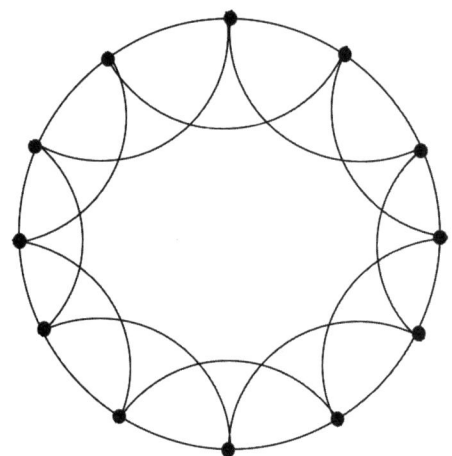

그림 42-4 : 규칙 네트워크

표 42-9 : 노드 1로부터 최단경로의 길이

노드	노드 1로부터 최단경로의 길이
2	1 (1-2)
3	1 (1-3)
4	2 (1-3-4)
5	2 (1-3-5)
6	3 (1-3-5-6)
7	3 (1-3-5-7)
8	3 (1-11-10-8)
9	2 (1-11-9)
10	2 (1-11-10)
11	1 (1-11)
12	1 (1-12)

두 번째 열의 경로 길이를 평균내면, L = 21 / 11이다. 네트워크가 대칭이기 때문에 C는 서로 연결되어 있는 노드 1의 친구 노드의 쌍의 비율로 구한다. 노드 1은 6개의 친구 쌍(11-12, 11-2, 11-3, 12-2, 12-3, 2-3)이 있다. 이 쌍 중 11-12, 12-2, 2-3는 연결되어 있으므로, C = 3 / 6 = 0.5이다. 만약 노드가 좀 더 많은 규칙 네트워크(노드가 한 1,000개라고 생각해보자)를 가정해보고 각 노드는 4개의 이웃이 있다고 하면, C는 여전히 1/2이고 L = 125.4이다(연습문제 9). 일반적으로 커다란 규칙 그래프의 경우에서는 L과 C 모두 값이 크다. 이것은 영화배우 네트워크 같은 소셜 네트워크는 규칙 그래프로 나타낼 수 없음을 의미한다. 31년 후

Milgram은 6단계 분리 이론을 만들어냈으며, Strogatz와 Watts는 대부분의 소셜 네트워크들이 L값이 작고 C값이 크다는 것에 대해 설명해냈다.

세상은 좁다!

Strogatz와 Watts는 그림 42-5와 같은 규칙 네트워크로부터 시작했다. 이 네트워크는 10개의 노드가 있으며 각각의 노드는 두 이웃 노드와 연결되어 있다.

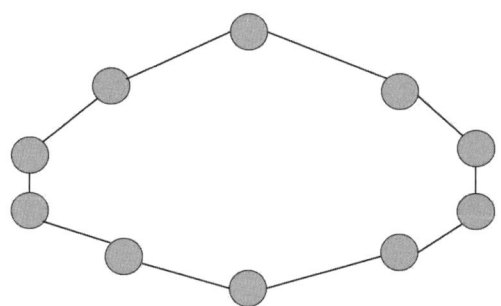

그림 42-5 : 10개의 노드가 있는 규칙 네트워크

Strogatz와 Watt의 연구를 통해 각 링크에 대해 링크가 삭제될 확률(PROB이라고 한다)을 정의할 수 있다. 다음 삭제한 링크는 임의로 선택한 노드를 연결하는 노드로 대체한다. 그림 42-6에서는 규칙 네트워크상에서 링크 2개를 삭제한 다음 다른 링크로 대체한 결과를 보여주고 있다.

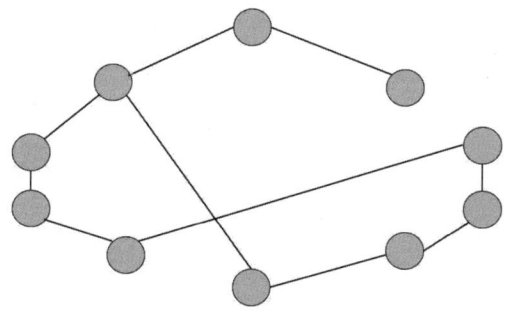

그림 42-6 : 링크 2개를 대체한 후 새로운 네트워크

원래 네트워크에서 노드 10은 노드 6으로부터 4 링크 떨어져있었다. 그림 42-6의 새 링크 때문에 노드 10에서 노드 6까지의 거리가 1로 줄어들었다. Strogatz와 Watts는 PROB값이 아무리 작다고 하더라고 이를 통해 새로 만들어진 네트워크는 규칙 네트워크보다 훨씬 작은 L값을 가지며 규칙 네트워크와 거의 비슷한 C값을 가진다는 것을 보여주었다. Strogatz와 Watts는 새 링크를 약한 결속(weak tie)이라고 불렀다. 대부분의 사람들의 경우에서 그들 친구의 대부분은 살고 있는 도시 안에 함께 살고 있을 것이다. 하지만 다른 도시에 살고 있는 몇몇 '약하게' 알고 있는 사람도 있을 수 있다. 이러한 약한 결속을 통해 L값이 작고 C값이 큰 네트워크(영화 배우 네트워크처럼)가 만들어지는 것을 설명할 수 있다.

Networks Illustrated(Edwiser Scholastic Press, 2013)에서 프린스턴 대학원생인 Chris Brinton과 프린스턴 교수인 Mung Chiang는 600개의 노드가 있고 각 노드에 6개의 링크가 있는 네트워크를 시뮬레이션했다. PROB값이 상대적으로 매우 작아도(한 0.1이라고 하자) L은 70% 줄어들고 C는 거의 바뀌지 않았다.

부자는 점점 더 부유해진다

구글(Google), 페이스북(Facebook), 유튜브(YouTube), 야후(Yahoo) 그리고 바이두(Baidu)는 세계에서 가장 많이 방문하는 상위 5개 사이트이다. 인터넷에서 몇몇 인터넷 사이트가 트래픽의 대부분을 차지하며 다른 사이트들이 트래픽의 일부만을 차지하게 되어버렸다. 인터넷을 하이퍼링크(hyperlink)로 정의되는 단방향 링크(unidirectional link)로 이루어진 네트워크라고 생각해보자. 예를 들어 여러분의 웹 사이트는 Amazon.com으로 연결되는 링크를 포함하고 있을 수 있지만 Amazon.com에서 여러분의 사이트로 연결되는 링크를 포함하고 있을 가능성은 매우 낮다. 인터넷상에서 노드를 URL이라고 정의해보자. 이 네트워크상에서 노드의 진입 차수(in-degree)는 주어진 노드로 연결하는 웹 사이트의 개수이다. 좀 더 자세하게 설명하면, x = '네트워크 URL의 진입 차수'라고 하고 y(x) = '진입 차수 x를 가지고 있는 URL의 개수'라고 하자. 그러면 x 대 y(x)의 그래프는 $y = cx^{-a}$인 거듭제곱 법칙(Power Law)을 따른다. 여기서 a는 2에 가까운 것으로 여긴다. 만약 여러분이 x와 y(x) 간의 관계를 그래프로 그리면 그림 42-7과 같다. 이 그래프는 거듭제곱 법칙을 따른다(x가 거듭제곱을 따르기 때문에 이렇게 부른다).

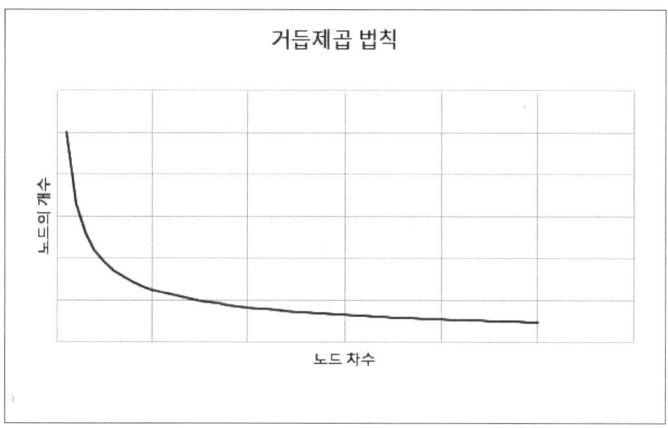

그림 42-7 : 네트워크의 거듭제곱 법칙

그림 42-7은 인터넷을 네트워크 측면에서 보았을 때 거듭제곱 법칙을 따르는 것을 보여준다. 작은 x값을 가지는 대부분의 URL은 해당 URL을 가리키는 가리키는 경우가 별로 없는 URL들을 나타낸다. x값이 큰 URL은 많은 노드들이 해당 URL을 가리키고 있다.

a=2인 거듭제곱 법칙은 다음을 의미한다.

- 사이트 중 1/4은 가리키는 노드가 1,000,000개 있으며 역시 가리키는 노드는 500,000개만큼 있다.
- 사이트 중 1/4은 가리키는 노드가 2,000,000개 있으며 역시 가리키는 노드는 1,000,000개만큼 있다.

임의의 정수 k > 0와 x > 0에 대해 다음의 비를 살펴보자.

$$\frac{\text{진입 차수 } kx \text{인 노드의 개수}}{\text{진입 차수 } x \text{인 노드의 개수}}$$

만약 네트워크가 거듭제곱 법칙을 따르면, 이 비는 x에 독립적이다(연습문제 11). 따라서 거듭제곱 법칙을 따르는 네트워크는 척도 없는 네트워크(scale-free network)라고도 알려져 있다.

불규칙 네트워크, 규칙 네트워크, 작은 세상 네트워크도 모두 거듭제곱 규칙을 따르지 않는다. 1976년 예일대의 D.J. Price는 거듭제곱 규칙을 따르는 네트워크 진화에 대해 논문

"A general theory of bibliometric and other cumulative advantage processes"(Journal of American Society of Information Sciences)에서 훌륭하게 설명해냈다. 다음 과정은 이 설명을 풀어서 보여주고 있다.

1. 그림 42-8과 같이 두 개의 노드와 링크 한 개로 된 네트워크부터 시작해보자.

그림 42-8 : 부자가 더 부자가 되는 과정 1

2. 각 단계에서 새 노드를 만들자. 새 노드는 기존 노드와 링크로 연결되며 기존 노드를 선택할 확률은 기존 노드에서 가지고 있는 링크의 개수에 비례한다. 그림 42-9에서는 노드 3을 추가했다. 노드 1과 2는 각각 링크가 한 개이므로, 노드 3이 노드 1이나 2로 연결될 확률은 50%이다. 그림 42-9에서 여러분은 새 링크가 노드 3과 노드 2를 연결한다고 가정한다.

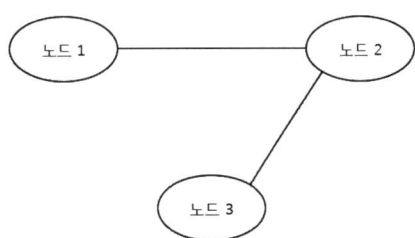

그림 42-9 : 부자가 더 부자가 되는 과정 2

3. 이제 노드 4를 추가해보자. 노드 2는 링크가 2개이고 노드 1과 노드 3은 링크가 한 개이므로, 노드 4가 노드 2와 연결될 확률은 50%이다. 그리고 노드 4가 노드 1과 연결될 확률은 25%, 노드 4가 노드 3과 연결될 확률은 25%이다. 이제 노드 4가 노드 2와 연결되었다고 가정해보자. 결과로 나온 네트워크는 그림 42-10과 같다.

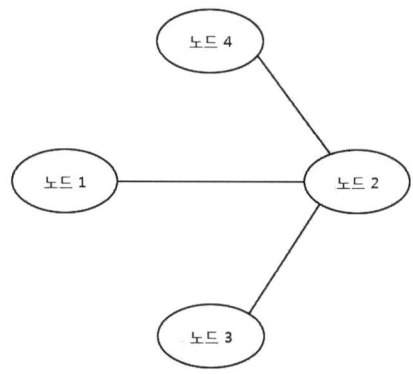

그림 42-10 : 부자가 더 부자가 되는 과정 3

만약 노드 5를 추가하면, 노드 5가 노드 2로 연결될 확률도 역시 3 / 6 = 50%이다.

링크가 많은 노드가 새 링크를 얻게 될 확률이 높기 때문에 이렇게 네트워크가 만들어지는 것을 '부자가 더 부자가 된다' 혹은 선호적 연결 원리(preferential attachment)라고 한다. Price는 부자가 더 부자가 되는 규칙에 따라 만들어진 네트워크가 거듭제곱 법칙을 따르는 것을 보였다.

부자가 더 부자가 되는 원칙을 통해 또한 하이테크 제품 시장이 때때로 한 공급자(마이크로소프트 오피스나 구글 검색 엔진)에 의해 지배되는지 이유도 설명할 수 있다. 오피스를 사용하는 사람들이 많아질수록 사무용 소프트웨어를 찾는 가망 고객에게 오피스가 점점 더 매력적인 상품이 된다. 이와 유사하게 검색엔진을 사용하는 사람들이 더 좋은 효과를 보게 될수록 사람들이 지배적인 위치에 있는 검색엔진을 사용할 가능성이 높아진다.

Analysis 5   Klout 점수

소셜미디어를 사용하는 사람이라면, 특히 마케팅 분석가의 경우에는 인터넷상의 게시물(post), 트윗 그리고 이 외의 인터넷상의 여러 활동들이 다른 사람의 의견에 어떻게 영향을 미치는지 알아냄으로써 여기에서 도움을 얻을 수 있다. Klout.com 사이트에서는 Klout 점수라는 것을 개발하여 트위터(twitter), 페이스북(facebook), 구글+(google+), 인스타그램

(Instagram)[4], 포스퀘어(foursquare)[5], 링크드인(linked-in)[6] 그리고 유튜브(youtube) 등을 통해 여러분이 만든 콘텐츠가 다른 인터넷 사용자들의 의견에 얼마나 영향을 주었는지 측정한다. 예를 들어 2013년 4월 점수의 기준은 0-100일 때, 버락 오바마의 Klout 점수는 99점이었고, 저자의 Klout 점수는 43이었다.

Klout 외부인은 이 점수가 어떻게 계산되는지 알 수 없지만, 다음의 몇몇은 사실이라고 알려져있다.

- 트위터, 페이스북, 인스타그램 등에서 팔로워의 수가 증가하면 Klout 점수가 증가한다.
- Klout 점수에서 핵심은 여러분의 행동이 많으면 반영이 될 가능성이 높다는 것이다. 예를 들어 페이스북이나 인스타그램에서 '좋아요'를 많이 누르면 Klout 점수가 높아지며 리트윗이 많이 될수록 Klout 점수가 높아진다.
- 여러분의 행동과 관련된 청중의 영향력에 의해 Klout 점수가 영향을 받는다. 예를 들어 여러분의 트윗을 Klout 점수 95점인 사람이 리트윗했을 때 이것은 Klout 점수가 2점인 사람 40명이 리트윗한 것보다 중요하다.
- Sean Golliher(www.seangolliher.com/2011/uncategorized/how-ireversed-engineered-klout-score-to-an-r2-094/[7] 참고)는 Klout 점수를 어떻게 계산하는지 역추적해서 알아내고자 했다. 99명의 사람에 대해 Golliher는 그들의 트위터 팔로워 수와 각각의 리트윗 수를 가지고 Klout 점수를 예상해냈다. Golliher는 다음과 같이 간단한 식으로 Klout점수 변동의 94%를 설명해낼 수 있었다.

Klout 점수 = 23,474− 0.109 * Log(트위터 팔로워 수) + 4.838 *Log(리트윗)

---

[4] 사진 공유 네트워크 서비스
[5] 위치기반 소셜네트워크서비스
[6] 구직 및 인적자원 정보 관련 소셜네트워크서비스
[7] 2014년 9월 현재 이 사이트는 연결되지 않는다.

Summary

이 장에서는 다음과 같은 사항을 알아보았다.

- 네트워크는 노드와 노드를 연결하는 링크로 구성된다.
- 노드의 중요성은 연결 중심성, 근접 중심성 혹은 매개 중심성으로 평가할 수 있다.
- 링크의 중요성은 링크 매개로 평가할 수 있다.
- 네트워크의 구조는 노드 간의 평균 거리를 측정하는 L 그리고 어떤 사람의 친구가 또 다른 사람의 친구인 경향을 측정하는 지역 클러스터 계수 C로 규정할 수 있다.
- 불규칙 네트워크는 L과 C가 모두 작다.
- 규칙 네트워크는 L과 C가 모두 크다.
- 대부분의 소셜 네트워크는 L값이 작고(아마 Strogatz-Watts 모델의 약한 결속이 원인일 것이다) C값이 크다.
- 부자가 더 부자가 되는 이론으로 인터넷상에서 상위 몇몇 노드가 트래픽의 대부분을 차지하는지 이유를 설명할 수 있다.
- 만약 x='네트워크 URL의 진입 차수'라고 하고 y(x) = '진입 차수 x인 URL의 개수'라고 하면, x 대 y(x)의 그래프는 거듭제곱 법칙을 따르며 이때 식은 $y = cx^{-a}$이고 a는 2에 가깝다.
- Klout 점수는 여러 채널에 걸쳐 특정인의 온라인상에서의 영향력을 측정한다.

Exercises

연습문제 1~3번에서 그림 42-11의 네트워크를 사용하라.

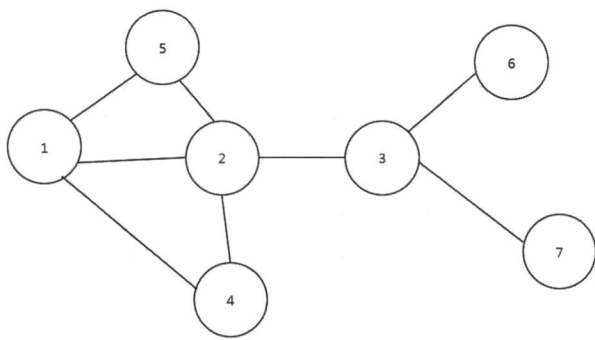

그림 42-11 : 연습문제 1~3 네트워크

1. 네트워크상 모든 노드에 대해, 3가지 중심성을 모두 계산하라.

2. 노드 1과 노드 2에 대해 링크 매개를 계산하라.

3. 그림 42-11의 네트워크에 대해 L과 C를 계산하라.

4. 원상에 12개의 노드가 있고 노드당 2개의 링크가 있는 규칙 네트워크에 대해 L과 C를 계산하라. 즉 노드 1은 노드 12, 노드 2와 연결된다.

5. 미국 전력망 네트워크를 가정해보자. 각 노드는 발전소, 변전소, 변압기이며 두 노드 사이에 송전선이 있을 때 노드가 연결된다. 이 네트워크는 L이 크고 C가 작을 것으로 예상된다. 이유를 설명하라.

6. 미시시피 강의 지류는 거듭제곱 법칙을 따른다. 각 축에 대해 어떤 변수가 들어가야 할지 설명하라.

7. Zipf의 법칙[8]에 따르면 영어 문장에 나타나는 단어의 횟수는 거듭제곱 법칙을 따른다고 한다. 각 축에 대해 어떤 변수가 들어가야 할지 설명하라.

8. 파레토 법칙(Pareto principle, 1장 "피벗 테이블로 마케팅 데이터를 자르고 다지기"에서 다룬 80-20 법칙)과 거듭제곱 법칙은 어떻게 연관되어 있을까?

9. 원 위의 규칙 네트워크를 가정해보자. 노드가 1,000개가 있고 각 노드는 4개의 이웃 노드와 연결되어 있다. L = 125.4임을 설명해보자.

10. 왜 트위터는 단방향 네트워크이고, 페이스북은 그렇지 않은지 설명해보자.

11. 거듭제곱 법칙을 따르는 임의의 네트워크에 대해 $\dfrac{\text{진입 차수 } kx \text{인 노드의 개수}}{\text{진입 차수 } x \text{인 노드의 개수}}$ 가 x에 독립적임을 설명해보자.

---

[8] 수학적 통계를 바탕으로 밝혀진 경험적 법칙으로, 물리 및 사회 과학 분야에서 연구된 많은 종류의 정보들이 지프 분포에 가까운 경향을 보인다는 것을 의미한다(http://ko.wikipedia.org/wiki/지프의_법칙 참고).

The Mathematics Behind The Tipping Point

Chapter 43

티핑포인트에 숨겨져 있는 수학

말콤 글래드웰의 저서 티핑포인트(Tipping Point) (Back Bay Books, 2000)는 전세계적으로 3백만 부가 팔렸다. 저서에서 글래드웰은 신제품이 시장에 출시되었을 때 이것이 성공할지 실패할지를 결정할 때 굉장히 작은 것이 커다란 영향을 미칠 수 있음을 설명하고 있다. 이 장에서는 42장 "네트워크"에서 논의한 내용을 기반으로 글래드웰의 핵심 아이디어를 밝혀줄 수 있는 두 가지 수학 모델에 대해 설명하겠다.

- 우선 고전적인 이론인 '네트워크 감염(network contagion)'부터 시작해보자. 이 이론은 통해 네트워크상의 모든 노드가 결국 켜질 것인지 결정할 수 있다. 감염 모델(contagion model)을 통해 신제품이 퍼져나갈 때 작은 일이 얼마나 큰 차이를 만들 수 있는지 알게 될 것이다.
- 다음 27장 'Bass 확산 모델'에서 다룬 상품 확산의 Bass 모델을 수정하여 글래드웰의 아이디어를 좀 더 자세하게 살펴보겠다.

Analysis 1 네트워크 감염

마케팅 분석가는 네트워크에 대한 지식이 그들의 신제품의 지식이 퍼져나가는데 어떤 도움을 주는지 알고 싶을 것이다. 제품을 구입할 가능성이 있는 사람을 네트워크상의 노드라고 가정해보자. 어떤 제품이 처음 출시되었을 때, 모든 노드는 신제품에 대해 모르고 있으므로 '꺼져있는 상태'라고 한다. 만약 어떤 노드가 '켜진 상태'라면 이것은 그 사람이 제품에 대해 알게 된 것이고 마케팅 전문가의 목적은 노드상의 모든 노드를 될 수 있는 대로 빨리 '켜는 것'이다. 이제 10개의 노드가 있는 원 네트워크를 가정해보자. 노드에는 링크가 2개씩 있다. 그림 43-1에서 네트워크를 볼 수 있다.

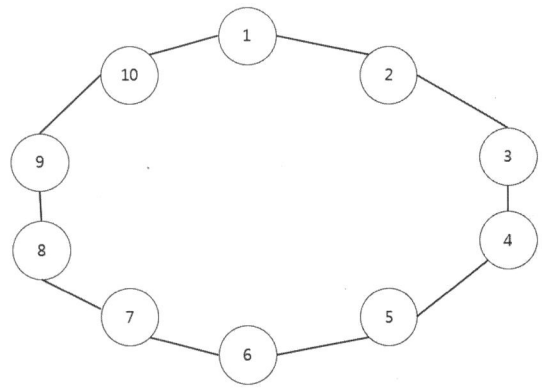

그림 43-1 : 링크마다 노드가 2개씩 있는 10 노드 네트워크

현재 네트워크상에서 노드 1만이 제품에 대해 알고 있다고 가정하자. 제품에 대해 알고 있는 사람에 대해서 해당 노드는 '켜진 상태'이고 제품에 대해 모르는 사람에 대해서 해당 노드는 '꺼진 상태'라고 하자. 제품에 대한 지식(질병이라고 가정해도 된다)이 확산되는 것을 모델링하기 위해 감염 모델(contagion model)에서는 한계 수준(Threshold level)(T라고 한다)을 가정한다. 이 값은 0과 1 사이에 있으며, 자신 주변의 이웃 노드들이 '켜진 상태'가 된 것들이 비율 T를 넘어가면 해당 노드는 '꺼진 상태'였다가 '켜진 상태'로 전환된다. T=0.5라고 가정했을 때, 다음과 같은 순서로 이벤트가 발생한다.

- 라운드 1 : 노드 2와 10이 켜진다.
- 라운드 2 : 노드 3과 9가 켜진다.
- 라운드 3 : 노드 4와 8이 켜진다.
- 라운드 4 : 노드 5와 7이 켜진다.
- 라운드 5 : 노드 6이 켜진다.

처음에는 제품에 대해 아는 사람은 단 한 명이라고 해도 곧 모든 사람들이 제품에 대해 알게 된다.

이제 T = 0.51이라고 가정해보자. 라운드 1에서 노드 2와 노드 10이 상태가 켜질 가능성이 있다. 노드 2는 이웃 노드가 켜질 확률이 50%이므로, 노드 2는 켜지지 않는다. 노드 10 또한 마찬가지이다. 따라서 다른 9개 노드도 전혀 켜질 가능성이 없다. 이 예에서는 한계(threshold)값이 조금만 올라갔을 뿐인데도 제품에 대해 알게 되는 결과가 전혀 달라짐을 보여준다. 글래드웰이 말했듯 "아주 작은 것이 큰 차이를 만들게 된다".

이제 T = 0.50이고 노드 2만이 원래 알고 있다고 가정할 때 그림 43-2의 네트워크에서 누가 최종적으로 제품에 대해 알게 되는지 알아보자. 켜진 노드는 그 다음 그림에서 숫자를 짙게 처리한다.

- **라운드 1** : 노드 1의 이웃이 켜진 확률은 50%이다(노드 2는 켜졌고, 노드 6은 꺼졌다). 따라서 노드 1은 켠다. 노드 5의 이웃이 켜진 확률도 50%이다(노드 2는 켜졌고, 노드 6은 꺼졌다). 따라서 노드 5도 켠다. 노드 3은 이웃 노드 5개 중 1개만 켜졌으므로 켜지 않는다. 노드 7도 이웃 노드 5개 중 1개만 켜졌으므로 켜지 않는다. 노드 4, 6, 8의 이웃은 아무도 켜져 있지 않으므로 이 노드들도 켜지 않는다. 라운드 1 이후, 네트워크는 그림 43-3과 같이 보인다(켜진 노드는 숫자에 회색 사각형을 칠했다).

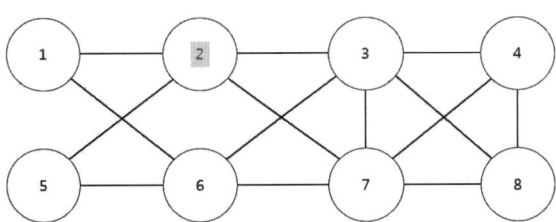

그림 43-2 : 처음에는 노드 2가 켜져 있다.

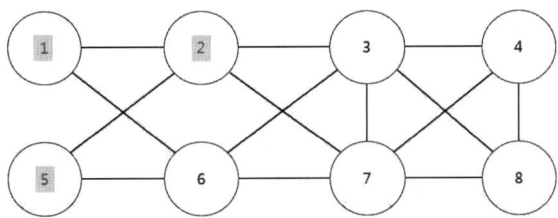

그림 43-3 : 라운드 1 : 노드 1, 2, 5가 켜진다.

- **라운드 2** : 노드 6의 네 이웃 중 2개가 켜져 있으므로, 노드 6을 켠다. 노드 3은 다섯 이웃 중 한 개만이 켜져 있으므로, 켜지 않는다. 노드 4와 8은 켜져 있는 이웃이 없으므로, 켜지 않는다. 노드 7은 이웃 다섯 중 한 개만이 켜져 있으므로 켜지 않는다. 이제 네트워크는 그림 43-4와 같이 보인다.

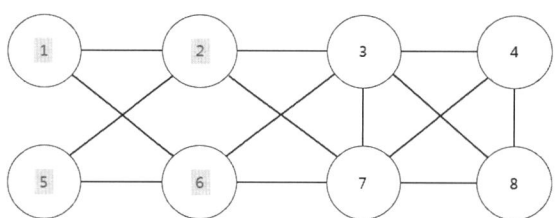

그림 43-4 : 라운드 2: 노드 1, 2, 5, 6이 켜진다.

- **라운드 3** : 노드 3은 다섯 이웃 중 2개만이 켜져 있으므로, 꺼진 상태로 둔다. 노드 4와 8은 이웃 중 켜져 있는 노드가 없으므로, 그냥 꺼진 상태로 둔다. 노드 7은 다섯 이웃 중 2개만이 켜졌으므로(40%) 노드 7도 꺼진 상태로 둔다. 현재 노드 3, 4, 7, 8은 전혀 켜지지 않는다.

이 간단한 예는 글래드웰의 아이디어와 연관 지을 수 있다.

- **연결자(Connectors)**(Tipping Point 책의 38-46페이지를 참고)는 여러 사람을 알고 있으며, 제품을 관리할 때 돌파구 역할을 할 수 있다. 예를 들어 노드 1이 좀 더 많이 연결되어 있고(노드 3, 5와 연결되어 있다고 가정하자) 노드 2는 노드 6과 연결되어 있다고 가정하자. 또한 T = 0.5이고 노드 1과 노드 2가 처음에 켜져 있다고 가정하다. 여러분은 연결자 노드 1, 노드 2의 영향력이 증가되었기 때문에 그림 43-5의 네트워크상의 모든 노드가 결국 켜지는 것을 알 수 있다(연습문제 3). 글래드웰의 연결자의 고전적인 예로 Paul Revere[1]가 퍼뜨린 "영국인이 온다"가 있을 수 있다. William Dawes는 이 말을 퍼뜨리려고 했지만, Revere가 더 나은 연결자였으며 소문을 퍼뜨리는데 성공했다. 마케팅 관련자에게 이 예가 주는 교훈은 잘 연결된 고객(well-connected)은 제품 출시의 성공과 실패를 가르는데 중요한 차이를 만들 수 있다는 것이다.

---

[1] 미국 독립혁명 지사. 1775년 4월 18일 보스턴에서 영국군이 쳐들어온다는 소문을 정확하게 퍼뜨려서 대비할 수 있게 하였다. 입소문으로 전염된 사례 중 유명한 사례

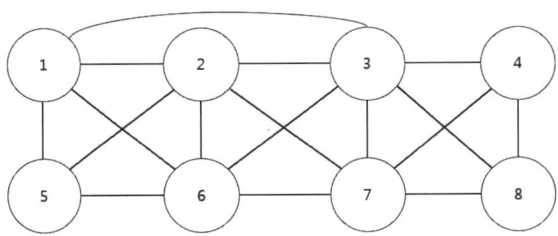

그림 43-5 : 모든 노드가 켜진다.

- 글래드웰은 또한 제품을 퍼뜨리는데 있어서 약한 연결(weak tie)의 중요성에 대해 다뤘다(54-55페이지). 42장의 Strogatz-Watts의 작은 세상 모델에서 몇 개의 약한 연결을 추가하면 네트워크상의 노드 간 평균 거리가 눈에 띄게 줄어든다는 것을 보였다. 약한 연결은 네트워크상에서 멀리 떨어져있는 사람들을 연결하는 링크에 해당한다. 많은 제품들(예를 들어 2000년 초반 Buick Rendezvous 같은 자동차)은 타임스퀘어에서 제품에 대한 소문을 퍼뜨리고 싶어한다. 타임스퀘어에 방문하는 사람들은 뉴욕에 살고 있지 않으면서 연결자가 되고, 이 사람들이 미국 오지에서부터 전세계에 살고 있는 사람들과 약한 연결을 가지고 있을 확률이 높기 때문이다.
- 전문가(mavens)(59-68페이지)는 제품에 대해 매우 잘 알고 있으며 다른 사람에게 제품에 대해 열성적으로 설득할 수 있는 사람들이다. 전문가를 통해 한계 T를 줄일 수 있다. 연습문제 2번에서 T를 0.4로 낮출 수 있으면 그림 43-2의 네트워크상 모든 노드가 결국 켜짐을 보이자.
- 훌륭한 영업사원(78-87페이지)은 제품 출시의 성공과 실패의 차이를 가를 수 있다. 훌륭한 영업사원은 가망 고객이 신제품을 시도해보는데 있어서 저항을 줄임으로써 T를 낮춘다.

Contagion.xlsx 파일에서는 8개 노드가 있는 임의의 네트워크에 대해 T, 네트워크상 링크를 바꿔보고, 어떤 노드가 켜지기 시작해서 순서대로 어떤 노드가 켜지는지 따라가 볼 수 있다. 처음 켜지는 노드를 시드 노드(seeded node)라고 정의한다. 그림 43-6에서처럼 네트워크상 각 링크에 대해 영역 D5:K12에 1을 입력한다. 그리고 셀 K2에 T값을 입력한 다음, 영역 D15:K15의 해당 초기 노드에 1을 입력한다. Initial Seeding 워크시트의 K24에서는 결국 4개 노드만이 켜진다. Seed 2 nodes 워크시트(그림 43-7)에서는 노드 2와 같이 노드

7이 커지면 결국 시장 안의 모든 노드를 켤 수 있음을 알 수 있다. 이 예에서는 시장 안에서 도달하기 어려운 부분에는 상품을 무료로 뿌리는 것 또한 도움이 될 것이라는 것을 보여준다.

	C	D	E	F	G	H	I	J	K	L
1										
2								한계(threshold)	0.5	
3	링크									
4		1	2	3	4	5	6	7	8	이웃
5	1		1				1			2
6	2	1		1		1		1		4
7	3		1		1		1	1	1	5
8	4			1				1	1	3
9	5		1				1			2
10	6	1		1		1		1		4
11	7		1	1	1		1		1	5
12	8			1	1			1		3
13										
14	라운드	1	2	3	4	5	6	7	8	라운드
15	1	0	1	0	0	0	0	0	0	1
16	2	1	1	0	0	1	0	0	0	2
17	3	1	1	0	0	1	0	0	0	3
18	4	1	1	0	0	1	1	0	0	4
19	5	1	1	0	0	1	1	0	0	5
20	6	1	1	0	0	1	1	0	0	6
21	7	1	1	0	0	1	1	0	0	7
22	8	1	1	0	0	1	1	0	0	8
23									총 켜진 수	
24										4

그림 43-6 : 노드 2에서 시작하면 노드 4개만 켜진다.

	C	D	E	F	G	H	I	J	K	L
1										
2								한계(threshold)	0.5	
3	링크									
4		1	2	3	4	5	6	7	8	이웃
5	1		1				1			2
6	2	1		1		1		1		4
7	3		1		1		1	1	1	5
8	4			1				1	1	3
9	5		1				1			2
10	6	1		1		1		1		4
11	7		1	1	1		1		1	5
12	8			1	1			1		3
13										
14	라운드	1	2	3	4	5	6	7	8	라운드
15	1	0	1	0	0	0	0	1	0	1
16	2	1	1	0	0	1	0	1	0	2
17	3	1	1	0	0	1	1	1	0	3
18	4	1	1	0	0	1	1	1	0	4
19	5	1	1	1	1	1	1	1	1	5
20	6	1	1	1	1	1	1	1	1	6
21	7	1	1	1	1	1	1	1	1	7
22	8	1	1	1	1	1	1	1	1	8
23									총 켜진 수	
24										8

그림 43-7 : 노드 2와 7이 켜지면 모든 노드가 켜진다.

Analysis 2 티핑포인트의 Bass 버전

글래드웰의 저서 12와 13 페이지에서는 티핑포인트의 몇 가지 예에 대해 보여주고 있다.

- 이웃의 흑인 비율이 20%를 넘어가면, 남아있는 대부분의 백인들은 갑자기 그 동네를 떠난다.
- 이웃의 십대 임신율이 5~40%일 때, 전문직의 비율은 상대적으로 일정하다. 하지만 이웃의 전문직 비율이 3.2%면 임신율은 2배가 된다.

티핑포인트의 중심 주제는 사회적인 의사 결정을 포함한 많은 부분에 있어 키 파라미터(파라미터 p라고 한다)가 되는 한계값(이 값은 한계 p^* 라고 한다)이 존재한다는 것이다. 따라서 p^* 주변으로 파라미터값을 조금이라도 이동시키면 커다란 반응이 발생할 수 있다. 첫 번째 예에서 p = '흑인의 비율'이고 $p > p^* = 0.20$이면 심각한 사회 변화가 발생한다(대부분의 백인들이 이사를 간다). 두 번째 예에서 p = '이웃의 전문직 종사자 비율'이고 $p < p^* = 0.05$ 이면 심각한 변화가 발생한다(십대 임신율의 증가).

만약 여러분이 어떤 집단의 개개인이 아프거나 건강한 상태라고 가정하면, 한계(threshold)의 개념을 쉽게 이해할 수 있다. p = '아픈 사람과 건강한 사람이 접촉했을 때 건강한 사람이 감염될 확률'이라고 가정하자. 이 경우 티핑포인트는 한계값 p^*의 존재에 해당하며, p값이 p^*를 약간이라도 넘게 되면 감염된 사람이 심각하게 늘어나게 된다. Bass 확산 모델(27장)을 사용하여 이 상황을 분석해보자. 이 모델은 p값이 약간 바뀌면 감염된 사람의 숫자가 크게 바뀔 수 있음을 보여준다. 이 모델은 `basstippoint.xlsx` 파일(그림 43-8)에서 볼 수 있다. 시간 t=0, 1, 2, …, 100에 따라 감염된 사람의 수와 건강한 사람의 수가 어떻게 바뀌는지 설명해보자.

	A	B	C	D	E	F	G
1				감염될 확률	0.0013		
2				나을 확률	0.2		
3				총 인원	1000		
4							
5			시간	회복된 수	접촉	감염 횟수	아프지 않음
6			0	0	0	0	1000
7			1	0.2	1000	1.3	998.7
8			2.1	0.42	2097.27	2.726451	995.97355
9			3	4.40645	0.8812902	4388.7086	5.7053212	990.26823
10			4	9.23048	1.84609641	9140.6531	11.882849	978.38538
11			5	19.2672	3.85344693	18850.781	24.506015	953.87936
12			6	39.9198	7.98396051	38078.676	49.502279	904.37709
13			7	81.4381	16.2876241	73650.77	95.746001	808.63108
14			8	160.896	32.1792996	130105.91	169.13768	639.4934

그림 43-8 : Bass 티핑포인트 모델

1. 총 1,000명의 사람이 있다고 가정한다(셀 E3). 그리고 시간 0에는 아픈 사람이 아무도 없다고 가정한다.

2. 셀 E1에 아픈 사람과 건강한 사람이 접촉해서 아픈 사람이 감염될 확률(0.0013)을 입력한다.

3. 셀 E2에는 아픈 사람이 그 기간 동안 나을 확률(0.2)을 입력한다. 이것은 아픈 사람이 평균 5일 정도 아프다는 것을 의미한다. 아픈 사람이 나으면 건강한 사람을 더 이상 감염시키지 않는다. 이것은 마케팅 측면에서는 소비자가 제품에 대해 '잊고' 더 이상 제품에 대한 소문을 퍼뜨리지 않음을 의미한다.

4. 시간 1에서는 1명이 아프다. 셀 D7에서 식 =C7*get_better로 시간 1 동안 병이 나을 사람의 수를 계산한다.

5. 식을 영역 D8:D106로 복사하여 남은 기간 동안 병에서 회복된 사람의 수를 계산한다.

6. 셀 E7에서 식 =C7*G6을 사용하여 t=1 동안 아픈 사람과 건강했던 사람이 접촉한 횟수를 계산한다. 이 식은 Bass 모델식에서 제품을 구매한 사람 수에 구매하지 않은 사람의 수를 곱하여 구전 마케팅 항을 모델링한 것과 비슷하다.

7. 이 식을 영역 E8:E106에 복사하여 남은 기간 동안 아픈 사람과 건강했던 사람이 접촉한 횟수를 계산한다.

8. 셀 F7에서 식 =infect*E7을 사용하여 t=1 동안 감염을 일으킨 접촉의 횟수를 계산한다.
9. 식을 영역 F8:F106에 복사하여 남아있는 기간 동안 새로운 감염 횟수를 계산한다.
10. 셀 G7에서 식 =MAX(G6-F7,0)을 사용하여 t=1 동안의 감염에 의해 아프지 않았던 사람의 수를 결정한다. 결과로는 기간 1이 끝날 때까지 아프지 않았던 사람의 수를 구할 수 있다.
11. 이 식을 영역 G8:G106에 복사하여 t = 2, 3, …, 100 동안 기간 t말까지 아프지 않았던 사람의 수를 구한다. MAX 함수를 사용하여 만약 모두 아프다면 아프지 않았던 사람의 수는 0이 되도록 한다.

그림 43-9에서는 이원 데이터 표를 보여주며 행 입력 셀='병에서 회복될 확률', 열 입력 셀='감염이 일어날 확률' 그리고 출력 셀은 Total-G107이며 t=100까지 아팠던 사람의 수를 측정한다.

기대했던 대로 나아질 확률이 증가하면 최종적으로 아픈 사람의 수는 줄어든다. 나아질 확률이 증가한다는 것은 아픈 사람이 건강한 사람을 감염시킬 시간도 줄어든다는 것을 의미하기 때문이다. 감염 확률이 늘어나면 최종적으로 아픈 사람의 수도 증가한다. 또한 모든 사람을 감염시키기 위해 필요한 감염 확률은 나아질 확률이 증가할수록 증가한다. 왜냐하면 사람들이 일종의 병균을 덜 운반한다면, 모든 사람을 감염시키기 위해서는 더 치명적인 질병이 필요하기 때문이다. 그림 43-10에서는 나아질 확률과 감염 확률에 대해 결국 병에 걸릴 사람의 수의 의존 관계를 차트를 그려서 보여주고 있다. 각 곡선에 대해 가파른 구간은 감염 확률의 티핑포인트를 나타낸다. 예를 들어 건강한 사람이 나아질 확률이 50%라면, 티핑포인트는 아픈 사람과 건강한 사람이 접촉할 확률이 새로 아픈 사람의 수가 0.005와 0.006 사이에 들어올 때 발생한다.

	J	K	L	M	N	O	P	Q	R	S	T	U
5				나을 확률								
6			999.949	0.05	0.1	0.15	0.2	0.25	0.3	0.35	0.4	0.45	0.5
7			0.0001	192.97	9.79	1.98	1.00	0.67	0.50	0.40	0.33	0.29	0.25
8			0.0002	973.86	757.52	243.72	18.63	3.94	1.99	1.33	1.00	0.80	0.67
9			0.0003	997.85	946.18	804.30	577.81	232.38	25.96	5.85	2.98	1.99	1.50
10			0.0004	999.81	984.63	922.30	809.10	652.71	458.29	207.34	31.62	7.70	3.96
11	감염		0.0005	999.99	995.67	967.92	906.35	812.26	690.05	544.39	378.30	183.20	35.76
12	확률		0.0006	1000.00	998.86	986.91	953.44	895.79	815.43	715.08	597.63	465.91	322.09
13			0.0007	1000.00	999.73	994.88	977.13	941.95	888.74	818.68	733.56	635.31	525.85
14			0.0008	1000.00	999.94	998.13	989.13	968.09	933.09	884.10	822.02	748.11	663.74
15			0.0009	1000.00	999.99	999.38	995.11	982.97	960.35	926.36	881.16	825.44	760.13
16			0.001	1000.00	1000.00	999.82	997.97	991.33	977.16	953.97	921.35	879.49	828.95
17			0.0011	1000.00	1000.00	999.96	999.25	995.88	987.40	972.01	948.85	917.71	878.80
18			0.0012	1000.00	1000.00	999.99	999.77	998.24	993.48	983.68	967.66	944.86	915.20
19			0.0013	1000.00	1000.00	1000.00	999.95	999.36	996.94	991.06	980.38	964.10	941.85
20			0.0014	1000.00	1000.00	1000.00	1000.00	999.83	998.78	995.55	988.82	977.59	961.30
21			0.0015	1000.00	1000.00	1000.00	1000.00	999.98	999.64	998.11	994.22	986.87	975.34
22			0.0016	1000.00	1000.00	1000.00	1000.00	1000.00	999.98	999.44	997.46	993.04	985.29
23			0.0017	1000.00	1000.00	1000.00	1000.00	1000.00	1000.00	999.98	999.28	996.96	992.13
24			0.0018	1000.00	1000.00	1000.00	1000.00	1000.00	1000.00	1000.00	999.92	999.08	996.56
25			0.0019	1000.00	1000.00	1000.00	1000.00	1000.00	1000.00	1000.00	1000.00	1000.00	999.09
26			0.002	1000.00	1000.00	1000.00	1000.00	1000.00	1000.00	1000.00	1000.00	1000.00	1000.00

그림 43-9 : 최종적으로 아프게 되는 사람의 수를 요약해서 표로 보여준다.

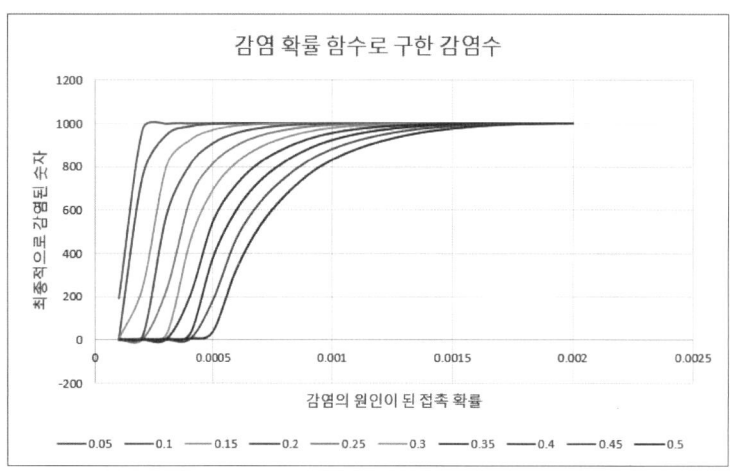

그림 43-10 : 감염 확률 함수에 따른 감염 수

마케팅적으로 보면 유행병 모델과 동일하다. 즉 감염이라는 것은 어떤 제품에 대해 알게 되는 것이고, 병에서 나은 것은 더 이상 그 제품에 대해 말하지 않게 되는 것을 의미한다. 마케팅 전문가의 목적은 결국 모두를 '감염'시키는 것이므로, 이 모델에서는 2가지 중요한 마케팅 통찰을 제공한다.

- 사람들의 여러분의 제품에 대해 이야기하는 시간을 늘릴수록(즉 건강해질 확률을 줄일수록) 여러분의 제품이 퍼져나가기 쉽다.
- 때때로 제품에 대해 설득력 있는 사람을 조금만 늘리거나 제품에 대해 부정적인 사람을 조금만 줄여도 제품 판매가 크게 나아질 수 있다.

Summary

이 장에서는 다음과 같은 사항을 알아보았다.

- ▶ 감염 모델에서는 노드의 이웃 중 최소 T만큼 켜지면 해당 노드로 켜진다고 가정한다.
- ▶ T에 약간이라도 변화가 있거나 혹은 초기 노드의 수에 변화가 있으면 결국 켜지는 노드 수에 큰 변화가 생길 수 있다.
- ▶ 연결자, 전문가 그리고 영업사원 등은 제품이 퍼져나가는데 추가로 에너지를 부여하여 시장에 제품이 100% 침투하도록 도와준다.
- ▶ 글래드웰 티핑포인트 모델의 Bass 버전은 사람들이 여러분의 제품에 대해 이야기하는 시간을 늘리면(건강해질 확률을 줄이면) 제품이 퍼져 나가는데 도움이 된다는 것을 알려준다. 또한 비소비자 가운데 제품에 대해 설득력 있는 사람을 조금만 늘리거나 제품에 대해 부정적인 사람을 조금만 줄여도 제품 판매가 크게 나아질 수 있다.

Exercises

1. 원상의 네트워크를 가정해보자. 각 노드는 가장 가까운 4개의 노드와 연결된다. 노드 1이 현재 켜진 상태라고 하고, T = 0.5일 때 결국 어떤 노드가 켜지게 될까? 만약 T = 0.3이라면 결국 어떤 노드가 켜지게 될까?

2. 그림 43-2와 같은 네트워크를 가정하고, T=0.4일 때 노드 2가 처음 켜져 있다고 하자. 모든 노드가 결국 켜짐을 보여라.

3. 그림 43-2의 네트워크를 수정하여 노드 1이 노드 3, 노드 5와 연결되도록 하고, 노드 2는 노드 6과 연결되도록 하자. T = 0.5이고 처음에는 노드 1과 노드 2만 켜져 있다고 가정하자. 노드 2가 처음에 켜져 있고 T = 0.5일 때 모든 노드들이 결국에는 켜짐을 확인하자.

Viral Marketing

바이럴 마케팅

Chapter 44

-
-
-
-

2010년 7월 14일, 올드 스파이스는 전 샌프란시스코 라인배커[1] Isaiah Mustafa을 기용하여 바이럴 비디오 캠페인을 시작했다(www.youtube.com/watch?v=owGykVbfgUE 참고). 이 비디오는 24시간 후 670만 명이 보았고, 36시간 후에는 2300만 명이 보았다. 유명한 '강남스타일' 비디오(www.youtube.com/watch?v=9bZkp7q19f0)는 거의 20억 뷰를 달성했다! 이러한 비디오에 대한 소문은 전염병처럼 번지므로, 이러한 성공적인 비디오에 대한 연구는 바이럴 마케팅(viral marketing, 입소문 마케팅)이라고 한다. 물론 유튜브에는 수많은 비디오가 올라가 있고(유튜브에는 저자의 몬테 카를로 시뮬레이션에 대한 비디오도 있다) 대부분이 뷰를 거의 받지 못한다. 이 장에서는 바이럴 마케팅의 두 수학 모델에 대해 다루고 비디오가 입소문을 타는지, 혹은 빨리 사그라드는지를 결정짓는 역학 관계를 모델링해보겠다.

간단하게 하기 위해 이 장에서 바이럴 캠페인은 비디오로 가정하며, 여러분은 비디오를 누가 보았는지 뷰 기록을 설명하고자 한다. 두 가지 수학 모델로 비디오를 보는 사람의 수가 시간이 지남에 따라 어떻게 증가했는지 설명하고자 한다. 첫 번째 기간($t = 1$)의 시작에는, N명의 사람이 비디오를 봤다고 가정한다.

- 첫 번째 모델(Watts 모델)은 Duncan Watts의 2007년 논문 "The Accidental Influentials"(Harvard Business Review, Vol. 85, No. 2, 2007, pp. 22–23)에 기반하고 있다. 이 모델은 비디오가 퍼져 나가는데 대해 간단히 설명해내고 있지만, Watts는 여러 사람이 비디오를 같은 사람에게 보낼 수도 있다는 사실을 무시하고 있다. Watts 모델은 두 파라미터에 기반하여 총 뷰 수를 예상한다. 두 파라미터는 N = '비디오를 본 사람의 초기 숫자', R = '비디오를 본 사람에 의해 창출되는 새 시청자의 기대 수'이다.

1 미식축구 포지션 중 하나

- 두 번째 모델은 Watts 모델을 발전시켰으며, 주어진 시간 동안에 보내진 비디오는 동일한 사람에게 보낼 수 있다는 사실을 반영했다.

Analysis 1 Watts 모델

Watts는 첫 번째 기간(t = 1)의 시작에 비디오 제작자는 N명의 사람이 이 비디오를 보게 함으로써 일종의 '씨'를 뿌리게 된다고 가정했다. 다음 각 기간 동안, 새 시청자는 비디오를 R명의 새 시청자에게 전달한다고 가정한다. 이것은 t=2 동안에 NR명의 새 시청자가 생기게 되고, t=3 동안에는 NR(NR) = NR^2명의 새 시청자가 생기게 된다. 그리고 t = 4에는 (NR^2) * NR = NR^3명의 새 시청자가 생긴다. 이것은 식(1)이 참일 때 총 S명의 서로 다른 시청자들이 생김을 의미한다.

$$(1)\quad S = N + NR + NR^2 + NR^3 + \cdots$$

만약 R >1이면, S는 무한이 되며 '입소문을 탄' 비디오가 된다. 물론 R이 영원히 1보다 클 수 없으므로, 어느 정도 시간이 지나면 R은 떨어지게 된다.

R이 1보다 작은 상수로 죽 유지된다고 가정하면, 고등학교 수학 시간에 배운 팁을 이용하여 S를 평가할 수 있다. 식(1)에 양 변에 R을 곱하면 식(2)와 같다.

$$(2)\quad RS = NR + NR^2 + NR^3 + \cdots$$

식(1)에서 식(2)를 빼면 S−RS = N이다. 식(3)에서는 S를 구하고 있다.

$$(3)\quad S = N/(1-R)$$

많은 경우 여러분은 S와 N을 알고 있으므로, 식(3)을 사용하여 R을 구하면 R=(S−N)/S이다.

Watts 모델을 사용하여 바이럴 마케팅 캠페인의 여러 예에 사용할 수 있다. 다음은 Watts가 관련된 모델 파라미터를 나열한 예이다.

- Tom의 청원[2]은 총기 규제에 대한 2004 청원이다. 이 청원은 R = 0.58, N = 22,582이다.
- P&G는 Tide Coldwater가 에너지를 절약하는 세제라는 캠페인을 시작했다. 이 캠페인은 N은 900,000에 가까운 값으로 시작했고, R = 0.041이다.
- Oxygen Network는 허리케인 카타리나[3]로 인한 성금을 모으는 캠페인을 시작했으며 N = 7,064, S = 30,608이고 R은 매우 큰 0.769였다.

Watts 모델은 초기 시드(N)와 새 시청자의 수(R) 모두 최종 비디오 뷰어를 결정하는데 중요하다는 것을 보였다. 하지만 Watts 모델은 시간 t에 다다른 사람들이 그 이전에는 절대로 이 시간에 다다른 적이 없다고 가정한다. 이것은 불합리한 가정이다. 예를 들어 여기 1,000,000명의 사람들이 있고 시간 t의 시작에 800,000명이 비디오를 보았다. 그러면 Watts 모델에서 시간 t에 창출하는 NR^{t-1}의 새 시청자가 그 이전에 비디오를 본적이 없는 사람일 가능성은 희박하다. 또한 R >= 1이라면, Watts는 무한대의 사람이 비디오를 볼 것이라고 예상했지만 이것은 말이 안 된다. 다음절에서 Watts 모델을 수정하여 이러한 문제를 해결해보자.

Analysis 2 좀더 복잡한 바이럴 마케팅 모델

Watts 모델을 개선한 버전은 viral.xlsx 파일의 basic 워크시트에서 볼 수 있다(그림 44-1). 이 모델은 다음과 같은 입력이 필요하다.

- 전체 인구 크기 N(이 변수는 pop이라고 이름 지었으며 C2에 입력한다) 최대 천만 명의 사람이 비디오를 볼 것이라고 가정한다. 1.00 + E + 07는 주로 과학 분야에서 표기하는

---

[2] 총기 규제를 청원하는 Tom Diaz의 청원
[3] 2005년 발생, 미국의 뉴올리언스가 침수되는 큰 피해를 입었다.

- 기법이며 $1*10^7 = 10,000,000$와 동일하다.
- 비디오를 본 사람이 이 비디오를 적어도 한 사람 이상에게 보낼 확률(영역 이름은 prob이며 C3에 입력한다). 이 확률은 0.1이라고 가정한다. 비디오를 받은 모든 사람들은 이 비디오를 본다고 가정한다. 연습문제 6번에서 이 가정을 수정해보자.
- 비디오를 보냈을 때, 비디오를 보내는 평균 사람 수(영역 이름은 people이며 C4에 입력한다). 평균 비디오를 20명에게 보낸다고 가정한다. Watts 모델에서 R = prob * people이다. 이 경우 R = (0.1) * 20 = 2이다. 이 경우 Watts 모델에서는 무한대의 사람들이 비디오를 볼 것이라고 예상한다. 하지만 이 모델에서는 10,000,000명의 가망 시청자 중 7,965,382명이 비디오를 볼 것이라고 예상한다.
- 셀 E5에 기간 1의 시작할 때 비디오 시청자 몇 명으로 시작했는지 입력한다. 여기서는 10,000명의 초기 시청자가 있다고 가정한다.

각 기간 t 동안, 모델은 다음 수를 추적한다.

- 기간 t가 시작할 때, 비디오를 본 사람의 수
- 기간 t − 1 동안 새로 유입된 비디오 시청자의 수와 기간 t 동안 비디오를 퍼뜨리는 가망 시청자
- 주어진 사람이 기간 t 동안 비디오를 받을 확률. 이 확률을 추정하려면 이항 확률 변수(binomial random variable)와 포아송 확률 변수(Poisson random variable)에 대해 알아야 한다.
- 기간 t 동안 새로 만들어진 비디오 시청자의 수
- 기간 t 말까지 비디오를 본 시청자의 수
- 기간은 총 400 기간이라고 가정한다.

	B	C	D	E	F	G	H	I
2	pop	1.00E+07						
3	prob	0.1						
4	사람	20	기간	시작	비디오를 퍼뜨리는 사람	이메일이나 문자를 받을 확률	새 시청자 수	최종 합계
5			1	10000	1000	0.0002	1997.8	11997.8
6			2	11997.8	1997.8	0.0003995	3990.01	15987.8
7			3	15987.81	3990.009	0.0007977	7964.08	23951.9
8			4	23951.89	7964.082	0.0015915	15877.4	39829.3
9			5	39829.26	15877.37	0.0031704	31578.1	71407.3
10			6	71407.35	31578.09	0.0062957	62507.6	133915
11			7	133915	62507.6	0.0124237	122573	256488
12			8	256488.2	122573.3	0.0242166	235955	492443
13			9	492443.1	235954.9	0.0460948	438249	930692
14			10	930692	438248.9	0.0839183	761081	1691773
15			11	1691773	761081.3	0.1411975	1173101	2864874
16			12	2864874	1173101	0.2091288	1492160	4357034
17			13	4357034	1492160	0.2580193	1455994	5813028

그림 44-1 : 발전된 바이럴 마케팅 모델

이 모델을 설명하는 식에 대해 설명하기 전에, 우선 이항 확률 변수와 포아송 확률 변수에 대해 알아보자.

이항 확률 변수와 포아송 확률 변수

이항 확률 변수(binomial random variable)를 사용하여 다음과 같은 상황의 확률을 계산할 수 있다.

- 각 시도의 결과는 성공/실패이며 이 시도를 N번 반복한다.
- 각 시도 성공 확률이 P인 경우
- 각 시도는 모두 독립적이다. 즉 주어진 시도의 결과가 성공이던 실패이던 간에 이전 시도 N-1의 결과에 의해 영향을 받지 않는다.

엑셀의 BINOMDIST 함수를 사용하여 다음 상황의 이항 확률을 계산할 수 있다.

- 식 =BINOMDIST(x, N, P, 1)을 셀에 입력하면, N번의 시도에서 성공이 <=x인 확률을 구할 수 있다.
- 식 =BINOMDIST(x, N, P, 0)을 셀에 입력하면, N번의 시도에서 성공 횟수가 x번인 확률을 구할 수 있다.
- 이항 확률 변수의 평균은 N*P이다.

BinomialandPoisson.xlsx 파일(그림 44-2)에서는 이항 확률을 계산하는 예를 보여주고 있다. 모든 사람 중 60%는 코카콜라를 마시고, 40%는 펩시콜라를 마신다고 가정하자. 여기서 '성공'은 코카콜라를 마시는 것에 해당한다. 셀 D4에서 식 =BINOMDIST(60,100,0.6,1)을 사용하여 그룹의 100명 중의 <= 60의 사람이 코카콜라를 마실 확률은 53.8%라고 계산할 수 있다. 셀 D5에서 식 =BINOMDIST(60,100,0.6,0)을 사용하여 코카콜라를 마시는 사람이 정확히 60명인 확률은 8.1%라고 계산할 수 있다.

	C	D	E	F	G	H	I
1	이항 확률 변수와 포아송 확률 변수						
2							
3							
4	60명 이하의 사람들이 코카콜라를 마실 확률					0.537924659	=binomdist(60,100,0.6,1)
5	정확히 60명이 코카콜라를 마실 확률					0.081219145	=binomdist(60,100,0.6,0)
6							
7						하루에 1000 중 1로 사고가 발생할 확률	
8						1년동안 사고가 0건일 확률	
9	이항 분포					0.694069887	=binomdist(0,365,0.001,0)
10	포아송 분포					0.694196651	=poisson(0,365*0.001,0)

그림 44-2 : 이항 확률과 포아송 확률의 예

포아송 확률 변수(Poisson random variable)는 이산 확률 변수이며 값은 0,1,2,...라고 가정한다. 포아송 확률 변수가 주어진 값을 가정할 확률을 경정하기 위해, 포아송 확률 변수의 평균(M이라고 한다)이 있어야 한다. 다음 엑셀식을 사용하여 포아송 확률을 계산할 수 있다.

- POISSON(x, M, 1)은 평균이 M인 포아송 확률 변수의 값이 ≤ x일 확률을 계산한다.
- POISSON(x, M, 0)은 평균이 M인 포아송 확률 변수의 값이 x일 확률을 계산한다.

포아송 확률 변수는 여러 가지 재미있는 상황(특히 큐잉 이론(queuing)이나 대기선 모델)과

관련되어 있지만 여러분의 목적에서는 N이 매우 크고 P는 매우 작으면, 이항 확률은 M = NP인 포아송 확률과 비슷해진다는 사실을 이용해보자. 이 개념을 보여주기 위해, 일일 십대 운전자의 사고 확률은 0.001이라고 가정해보자. 1년 동안 10대 운전 사고가 0일 확률은 얼마일까? 여기에서 "성공"은 하루에 사고가 나는 것으로 정의한다. 여기서 N = 365이고 P = 0.001이다. 셀 D9에 식 =BINOMDIST(0,365,0.001,0)을 입력하여 1년 동안 사고가 0일 확률(69.41%)을 구한다. 1년 동안 사고의 평균은 0.001(365) = 0.365이다. 포아송 근사가 이항 확률에 근사한다는 사실을 이용하여 식 = POISSON(0,365*0.001,0)으로 1년 동안 사고가 0번 일어날 확률의 근사값을 구할 수 있다. 결과는 69.42%이며 거의 정확히 근접한 값을 구하고 있다.

바이럴 마케팅 모델 만들기

이제 이항 확률 변수와 포아송 확률 변수를 알고 있으므로, 여러분의 모델을 사용하여 바이럴 비디오가 최종적으로 어느 수준까지 파고들 수 있는지 추정해보자.

기간 1에서 10,000명 중 10%가 비디오를 퍼뜨릴 것이다. 이 숫자는 셀 F5에서 계산하며 식은 =prob*E5이다.

이제 어려운 부분이다. 기간 1 동안 비디오를 본 10,000명의 사람 중 (.10)*10,000 = 1,000명이 비디오를 다른 사람에게 전달할 것이다. 이 1,000명의 사람들은 각자 평균 20명의 사람들에게 비디오를 보낸다. 따라서 기간 1 동안 이 비디오의 링크가 20,000번의 이메일이나 문자로 전달될 것이다. 하지만 이런다고 해서 20,000명의 새로운 사람들이 비디오를 보게 되는 것은 아니다(Watts 모델에서는 새로운 사람들이 비디오를 보게 된다고 가정했다). 왜냐하면 한 사람이 여러 사람들로부터 동일한 비디오에 대한 이메일이나 문자를 여러 번 받을 수 있기 때문이다.

이제 기간 1 동안 어떤 사람이 비디오를 받을 확률을 추정해보자. 기간 1 동안 주어진 사람에 대해 각 20,000번의 이메일과 문자 중 1/pop의 확률로 전달받게 된다. 따라서 주어진 사람은 기간 1 동안 평균 20,000/pop만큼의 이메일을 받게 된다. 그리고 어떤 사람이 비디오에 대한 이메일을 전혀 받지 않게 되는 확률은 약 =POISSON(0,F5people/pop,TRUE)이며 기간 1 동안 비디오에 대한 이메일을 적어도 한번은 받게 되는 확률은 셀 G5의 식

=1-POISSON(0,F5people/pop,TRUE)로 계산할 수 있다.

다음 과정을 통해 비디오를 본 사람의 수가 어떻게 바뀌는지 따라가볼 수 있다.

1. 아직 비디오를 보지 않은 사람 수 (pop − G5)에 0.0002를 곱해서 기간 1 동안 새로 비디오를 보게 된 시청자의 수를 계산한다. 식 =(pop-E5)*G5은 기간 1 동안의 새 시청자의 수(1,997.8)를 계산한다.
2. 셀 I5에서 식 =E5+H5을 사용하여 원래 시청자 10,000명에 새 시청자 1,997.8를 더해서 기간 1이 끝날 때 비디오 총 시청자수(11,997.8)를 구한다.
3. E6의 식 =I5를 E7:E404에 복사하여 기간 시작에 총 시청자 수를 구한다. 이전 기간 말의 시청자 수를 복사하면 된다.
4. F6의 식 =H5를 F7:F404에 복사하여 각 기간 동안에 비디오를 퍼뜨릴 가능성이 있는 사람의 수를 보여준다. 이 숫자는 단순히 이전 기간 동안의 새 시청자 숫자이다.
5. G6의 식 =1-POISSON(0,F6*prob*people/pop,TRUE)을 G7:G404에 복사하여 이항 분포로의 포아송 분포 근사를 이용하여, 현재 기간 동안 이전에 비디오를 보지 않은 사람이 비디오 관련 문자나 이메일을 받을 확률을 구한다.
6. H5의 식 =(pop-E5)*G5을 H6:H404에 복사하여 각 기간 동안 새 비디오 시청자 수를 구한다. 이 값은 아직 비디오를 보지 않은 사람의 수에 각 사람이 비디오를 볼 확률을 곱해서 구한다.
7. I5의 식 =E5+H5을 I6:I404에 복사하여 이전 기간까지 시청자 수에 이번 기간에서의 새 시청자 수를 더해서 총 시청자 수를 구한다.

최종 7,971,541명이 비디오를 보는 것으로 추정할 수 있다.

R을 변화시키기 위해 데이터 표 사용하기

여러분의 바이럴 마케팅 모델에서 prob와 People이 prob * People을 통해 그 비디오가 퍼져 나갈 효과를 예상해낸다. prob * People은 새 비디오 시청자가 비디오를 보낼 사람들의 예상 숫자이다. Watts는 prob * People= R이라고 설정했다. viral.xlsx 파일의 data table

워크시트에서는 R을 변화시킨다. 그림 44-3에서는 최종 시청자가 R에 따라 어떻게 달라지는지 보여준다. R이 1을 초과할 때까지 비디오는 입소문을 타지 않는다는 것에 주의하자. 예를 들어 R = 0.8일 때는 최종적으로 49,413만 명이 비디오를 보지만, R = 2가 되면 거의 8백만 명이 비디오를 보게 된다.

	Q	R	S
5	R	최종 시청자	신규 시청자
6	0.1	10110.98698	110.9869831
7	0.3	10427.94636	427.9463568
8	0.5	10997.90241	997.9024103
9	0.7	12324.67403	2324.674034
10	0.9	18871.73776	8871.737763
11	1.1	1762263.669	1752263.669
12	1.3	4225779.761	4215779.761
13	1.5	5824215.245	5814215.245
14	1.7	6908414.099	6898414.099
15	1.9	7669471.744	7659471.744
16	2.1	8218118.844	8208118.844
17	2.3	8622077.828	8612077.828
18	2.5	8924611.903	8914611.903
19	2.7	9154361.168	9144361.168
20	2.9	9330854.051	9320854.051
21	3.1	9467741.033	9457741.033
22	3.3	9574767.244	9564767.244
23	3.5	9659016.497	9649016.497
24	3.7	9725718.782	9715718.782
25	3.9	9778787.75	9768787.75
26	4.1	9821186.492	9811186.492
27	4.3	9855181.409	9845181.409
28	4.5	9882521.518	9872521.518
29	4.7	9904567.105	9894567.105
30	4.9	9922383.345	9912383.345
31	5.1	9936809.301	9926809.301

그림 44-3 : R에 따라 비디오가 퍼져나가는 것이 다르다.

Summary

이 장에서는 다음과 같은 사항을 알아보았다.

- N = '비디오의 초기 시청자 수', R='비디오에 의해 창출되는 새 시청자 비율'이라고 하자. R >1일 때, Watts 모델은 최종 시청자 수가 무한대라고 예상한다. 그리고 R < 1 이면 Watts 모델에서는 최종 시청자 수가 N/(1-R)이 된다고 예상한다.
- 시청자 수가 무한대가 된다는 것은 사실상 불가능하므로, Watts 모델에는 문제가 있다. 특히 문제가 되는 부분은 많은 사람들이 동일한 사람에게 비디오에 대해 알릴 수 있다는 점이다. 좀 더 복잡한 모델(이항 확률 변수로의 포아송 근사를 이용)을 사용하여 이 문제를 해결한다.

Exercises

1. Oxygen Network의 N = 7,064, S = 30,608이면 R = 0.769임을 계산해보자.

2. Watts 모델을 사용하여 Coldwater Tide 캠페인이 창출한 새 시청자의 수를 추정해보자. N = 900,000, R = 0.041을 사용하라.

3. 여러분의 새 바이럴 마케팅 모델을 Tide Coldwater 캠페인에 적용해보자.

4. 인구 크기가 10에서 1억 사이에서 변할 때, 인구 크기에 따라 비디오가 퍼져나가는 것이 어떻게 다른지 결정해보자.

5. Watts 모델을 사용하여 Tom의 청원의 최종 시청자 수를 추정해보자. 이 청원은 R = 0.58, N = 22,582이다.

6. 여러분의 비디오를 받은 사람이 비디오를 볼 비율 F < 1이라고 가정하자. 1−F는 비디오를 보지 않은 확률이다. 가정을 이렇게 바꾸면 Watts 모델을 어떻게 수정해야 하는가?

Text Mining

텍스트 마이닝

Chapter 45

매일매일 트위터(twitter)는 4억 개 이상의 트윗(tweet)을 처리한다. 가수 마일리 사이러스(Miley Cyrus)의 2013 VMA(video music award) 퍼포먼스[1]는 지금껏 17,000,000개 이상의 트윗에서 언급되었다. 이러한 트윗들은 상품, TV 프로그램, 광고 등에 대해서도 언급한다. 따라서 마케팅 전문가들에게 이러한 트윗들은 정보의 보고라고도 할 수 있다. 예를 들어 여러분이 슈퍼볼(Super Bowl)[2] 광고에 대한 모든 트윗을 읽어본다면 미국 시민들이 이 광고를 좋아하는지 싫어하는지 알아낼 수 있을 것이다. 물론 슈퍼볼 광고에 대한 모든 트윗을 읽어볼 필요는 없다. 여기서 필요한 것은 모든 트윗을 찾아보고 그 트윗으로부터 마케팅에 필요한 통찰력을 뽑아낼 수 있는 방법이다.

텍스트 마이닝(Text mining)은 통계적인 방법을 사용하여 구조화되지 않은 텍스트로부터 유용한 정보를 발라내는 과정을 말한다. 트위터 외에도 페이스북과 블로그 포스트, 영화, TV, 식당 리뷰, 뉴스 기사 등을 분석하기 위해 텍스트 마이닝을 사용할 수 있다. 텍스트 마이닝에서 얻은 데이터에서 의미 있는 통찰력을 얻어낼 수 있는 가능성은 무한하다. 이 장에서는 구조화되지 않은 텍스트로부터 의미를 얻어낼 수 있는 방법에 대해 기본적인 아이디어를 알아보자. 그리고 텍스트 마이닝에 사용할 수 있는 멋진 어플리케이션에 대해서도 알아보자.

이 책의 이 장 이전에 나왔던 데이터에서는, 모든 데이터 집합은 구조화되어 있었다. 각 행은 관찰값(판매 데이터, 가격, 월간 광고)이며 각 열은 변수(각 월의 판매, 각 월의 가격, 각 월의 광고 등)를 나타낸다. 텍스트 마이닝에서 가장 큰 유의점은 트윗, 뉴스 기사, 블로그와 같이 비구조화된 텍스트를 가지고 이것을 스프레드시트와 같은 구조화된 형태로 바꿔야 한다는 것이다. 이 장에서는 텍스트를 스프레드시트 형태의 데이터로 바꾸는 몇몇 간단한 방법에 대해 다뤄보겠다. 텍스트가 구조(structure)를 가지게 되면, 이전에 다룬 여러 기법(나이브 베이즈, 신경망, 로지스틱 회귀, 다중 회귀, 판별 분석, 주성분 분석, 군집 분석 등)을 적용하여 텍스트를 분석할 수 있다. 그리고 다음과 같은 중요한 몇몇 텍스트 마이닝 적용 사례를 소개하면서 이 장을 마무리하겠다.

- 영화 리뷰의 텍스트 내용을 사용하여 영화 리뷰가 긍정적인지 부정적인지 예상하기
- 트윗을 사용하여 고객이 항공 서비스에 만족하는지 여부를 알아내기
- 트윗을 사용하여 영화 매출 예상하기
- 트윗을 사용하여 주식 시장의 상승/하강 여부를 예상하기
- 트윗을 사용하여 슈퍼볼 광고에 대한 시청자 반응을 평가하기

Analysis 1 텍스트 마이닝 정의

텍스트 마이닝 관련 연구를 살펴보기 전에 우선 몇몇 정의를 알아보자.

- 코퍼스(corpus)는 관련된 문서의 집합이다. 예를 들어 여러분이 소피아 베르가라(Sofia Vergara)[3] 다이어트 펩시 광고의 효과를 평가하려 한다면, 여기서 코퍼스는 'Sofia Vergara diet pepsi'를 언급한 모든 트윗이 될 것이다.
- 문서(document)는 토큰(token)이라고 알려진 각각의 단어로 된 목록으로 이루어진다. 예를 들어 "Love Sofia in that Diet Pepsi ad"와 같은 트윗은 7개의 토큰으로 구성된다.
- 광고 관련된 트윗이라면, "ad"와 "ads"는 동일한 토큰으로 다뤄야 한다. 스테밍(stemming, 가지치기)은 관련된 토큰을 묶어서 한 개의 토큰으로 만드는 과정이다. 따라서 "ad"와 "ads"는 함께 묶어서 한 토큰 "ad"가 되어야 한다.
- "the"와 같은 단어는 문장상에서 자주 나타난다. 이렇게 자주 발생하는 일반적인 단어를 제외어(stopword)라고 한다. 제외어는 텍스트의 의미를 분석하는데 추가 의미를 부여하지 않으며, 오히려 문장을 처리하는 시간만 사용하게 만든다. 따라서 제외어는 삭제해야 한다. 이러한 과정을 스토핑(stopping)이라고 한다. Sofia Vergara 트윗의 예에서 제외어는 "in"과 "that"이 된다.

---

[1] 가수 마일리 사이러스가 2013년 MTV VMA 무대에서 선정적인 공연을 한 것으로 유명하다.
[2] 미국 프로미식축구 NFC 우승팀과 AFC 우승팀이 겨루는 챔피언 결정전. 경기는 매년 1월 말에서 2월 초의 일요일에 열리는데 이를 슈퍼선데이(Super Sunday)라고 부르며, 매년 TV 시청률 70% 이상을 기록한다.
[3] 콜롬비아 출신의 영화배우. 콜롬비아에서 펩시 광고 모델로 데뷔했으며 미국 드라마 '모던 패밀리'에 출연

- 감성 분석(Sentiment analysis)은 텍스트 내의 태도를 자동으로 분류하여 이것이 주제에 대해 찬성하는지 반대하는지 알아낼 수 있는 알고리즘을 만드는 것이다. 예를 들어 감성 분석을 사용하여 기계적으로 영화나 식당의 리뷰를 호의적/비호의적으로 나누는데 사용할 수 있다.

Analysis 2 구조화되지 않은 텍스트에 구조를 부여하기

비구조적인 텍스트에 어떻게 구조를 부여할 수 있는지 보여주기 위해, 다시 "Sofia Vergara in Diet Pepsi ads"와 관련된 트윗을 분석하는 문제로 돌아가보자. 우선 텍스트 마이닝 기능이 있는 통계 패키지(R, SAS, SPSS, STATISTICA 등)를 사용하여 트위터에서 모든 관련된 트윗을 끌어와야 한다. 관련된 모든 트윗을 끌어오는 작업을 그다지 쉽지 않다. 여러분은 "Sofia", "Vergara", "Diet", "Pepsi" 토큰을 포함한 모든 트윗을 끌어오면 될 것이라고 생각하겠지만, 그렇게 하면 그림 45-1에서 보이는 트윗을 잃어버릴 수 있다. 이 트윗들은 "Sofia"는 포함하지만 "Vergara"는 포함하지 않는다.

그림 45-1 : Sofia Vergara Diet Pepsi ad에 관한 트윗

여러분도 보면 알겠지만, 관련된 텍스트 문서를 끌어오는 일은 사소한 문제가 아니다. 텍스트 마이닝으로 텍스트에 어떻게 구조를 부여할 수 있는지 보여주려면, 다음과 같은 가이드라인을 사용하여 예제를 위한 준비 작업을 해줘야 한다.

- 코퍼스는 N개의 문서로 구성된다고 가정한다.
- 모든 문서에 대해 스테밍과 스토핑 작업을 마치고 나면, 코퍼스 안에는 총 W개의 단어만이 남는다고 가정한다.
- 스테밍과 스토핑 후, $i = 1, 2, \cdots, W$, $j = 1, 2, \cdots, N$에 대해 F_{ij} = "단어 i가 문서 j에 포함된 횟수"라고 정의한다.
- $j = 1, 2, \cdots, W$에 대해 D_j = "단어 j를 포함한 문서의 개수"라고 정의한다.

관련된 트윗의 코퍼스에 스테밍과 스토핑 처리를 한 다음, 각 문서에 대해 벡터 코딩 표시를 만들어야 하는데 이것은 코퍼스에서 각 W 단어값과 연관시킨다. 가장 널리 사용되는 벡터 코딩(vector coding)은 이진 코딩(binary coding), 빈도 코딩(frequency coding) 그리고 단어 빈도/역문서 빈도 점수(term frequency/inverse document frequency score, 줄여서 tf-idf라고 한다)가 있다. 이 세 가지 코딩은 다음처럼 정의한다.

> **Note**
> 각 문서를 코딩하기 전에 자주 등장하지 않는 단어는 보통 제거하고 시작한다.

- 이진 코딩은 문서 안에 단어가 나오는지 여부만을 기록한다. 따라서 j번째 문서-i번째 단어에 대해 이진 코딩은 j번째 문서에 i번째 단어가 나오면 1이고, 나오지 않으면 0이다.
- 빈도 코딩은 j번째 문서에서 i번째 단어가 나온 횟수를 세어 F_{ij}값으로 설정한다.
- 단어 빈도/역문서 빈도 점수(tf-idf)를 설명하기 위해, 단어 cat과 dog가 한 문서에서 10번 등장한다고 가정해보자. 코퍼스는 100개의 문서로 되어 있으며, 이 중 50개 문서는 단어 cat을 포함하고, 10개 문서는 dog를 포함한다. 한 문서에서 cat과 dog 단어는 10번 등장하지만, 문서에서 dog가 나타나면 cat보다 더 높은 가중치를 줘야 한다. 왜냐하면 코퍼스에서 dog는 cat보다 적게 등장하기 때문이다. 코퍼스에서 dog가 상대적으로 적게

등장하므로, cat이 등장할 때보다 dog가 등장하는 문서가 더 귀하다. T_j = "문서상 토큰의 횟수"로 정의하고 다음 식을 보자.

$$(1)\ tf - idf = (F_{ij} / T_j) * \log(N / D_j)$$

F_{ij} / T_j는 문서 j에서 단어 i의 상대 빈도를 나타내며, $\log(N / D_j)$는 단어 i가 포함된 문서 개수의 감소 함수를 나타낸다.

이러한 정의는 Peyton Manning에 대한 다음 세 문장으로 구성된 코퍼스를 통해 보여줄 수 있다(그림 45-2와 `Text mining coding.xlsx` 파일).

- 문서 1 : Peyton Manning is a great quarterback.
- 문서 2 : Peyton is a great passer and has a great offensive line.
- 문서 3 : Peyton is the most overrated of all quarterbacks.

스테밍과 스토핑 처리를 한 다음, 문서는 10-12행에 있는 텍스트로 바뀐다. 이제 3가지 텍스트의 벡터 코딩으로 처리해보자.

	C	D	E	F	G	H	I	J	K	L	M	N
2	원래 텍스트											
3	1	Peyton Manning is a great QB										
4	2	Peyton is a great passer and has a great offensive line										
5	3	Peyton is the most overrated of all QBs										
6												
7	스테밍과 스토핑을 거친 다음											
8												
9	문서											
10	1	Peyton	Manning	great	QB							
11	2	Peyton	great	passer	great	offensive	line					
12	3	Peyton	most	overratec	all	QB						
13	이진 코딩											
14	문서	Peyton	Manning	great	most	passer	overrated	QB	all	offensive	line	총합
15	1	1	1	1	0	0	0	1	0	0	0	4
16	2	1	0	1	0	1	0	0	0	1	1	5
17	3	1	0	0	1	0	1	1	1	0	0	5
18	문서의 수	3	1	2	1	1	1	2	1	1	1	
19	빈도 코딩											
20	문서	Peyton	Manning	great	most	passer	overrated	QB	all	offensive	line	단어 총합
21	1	1	1	1	0	0	0	1	0	0	0	4
22	2	1	0	2	0	1	0	0	0	1	1	6
23	3	1	0	0	1	0	1	1	1	0	0	5
24	tf-idf 코딩											
25	문서	Peyton	Manning	great	most	passer	overrated	QB	all	offensive	line	
26	1	0.0000	0.1193	0.0440	0.0000	0.0000	0.0000	0.0440	0.0000	0.0000	0.0000	
27	2	0.0000	0.0000	0.0587	0.0000	0.0795	0.0000	0.0000	0.0000	0.0795	0.0795	
28	3	0.0000	0.0000	0.0000	0.0954	0.0000	0.0954	0.0352	0.0954	0.0000	0.0000	

그림 45-2 : 텍스트 마이닝 코딩의 예제

이진 코딩

행 15-17에서 세 문서의 이진 코딩을 보여준다. 문서 안에 해당 단어가 있으면 1이고 없으면 0이다. 예를 들어 문서 2가 단어 "great"를 포함하므로 셀 F16의 값은 1이고, 문서 2가 단어 "most"를 포함하지 않으므로 셀 G16의 값이 0이다.

빈도 코딩

21-23행은 세 문서에 대한 빈도 코딩을 보여준다. 각 문서에서 해당 단어가 나타나는 횟수를 세면 된다. 예를 들어 문서 2에서 "great"는 2번 등장하므로 셀 F22에 2를 입력한다. 문서 2에서 "most"라는 단어는 나타나지 않으므로 셀 G22에 0을 입력한다.

단어 빈도/역문서 빈도 점수 코딩

D26의 식 =(D21/$N21)*LOG(3/D$18)을 영역 D26:M28에 복사하여 식(1)을 수행한다. 이 식에서 D21이 F_{ij}를 나타내며, $N21은 문서에서 단어의 개수, 3은 코퍼스 안의 문서의 개수 그리고 D$18은 관련 단어를 포함하는 문서의 개수를 나타낸다. 여기서 $ 기호를 사용하여 식을 복사했을 때 각 문서에서의 단어 개수와 관련 단어를 포함하는 문서의 개수를 알맞은 셀에서 가져온다. tf-idf 코딩은 문서 2의 "great"보다 문서 3의 "overrated"와 "all"에 더 많은 유의성을 부여한다. 이유는 "great"가 "overrated"나 "all"보다 더 많은 문서에 나오기 때문이다.

실제 세계 시나리오에 텍스트 마이닝 적용

이제 여러분은 텍스트 문서에 어떻게 구조(structure)를 부여하는지 배웠으므로, 책에서 이전에 다뤘던 여러 도구들은 텍스트 마이닝에 어떻게 적용할 수 있는지 알아보자. 이 절에서는 텍스트 마이닝을 사용하여 문서를 문석하고 여러 가지 다양한 상황을 예상할 수 있는지 예를 보겠다.

Analysis 3 텍스트 마이닝과 영화 리뷰

코넬과 IBM의 Pang, Lee, Vaithyanathan의 논문 "Thumbs up? Sentiment Classification using Machine Learning Techniques"(Proceedings of EMNNP, 2002, pp. 79-86)에서는 나이브 베이즈(39장 "분류 알고리즘 : 나이브 베이즈 분별과 판별 분석")와 다른 기법들을 적용해서 2,053개의 영화 리뷰를 분석했다. 여기에서는 이 리뷰들의 텍스트 문맥을 기계적으로 분류하여 이 리뷰가 영화에 대해 긍정적인지 부정적인지 알아내려 했다.

저자는 이 과정에서 우선 영화를 본 사람들이 부여한 별점의 숫자를 긍정, 부정, 중립으로 분류했다. 다음 각 리뷰에 빈도 코딩과 이진 코딩을 적용했다. 여러분들도 짐작할 수 있겠지만 리뷰에 "brilliant", "dazzling", "excellent"와 같은 단어들이 들어있으면 긍정적인 리뷰이고, "bad", "stupid", "boring"과 같은 단어들을 포함하면 부정적인 리뷰이다.

또한 영화 리뷰를 분류하는데 있어 이진 코딩에 기반한 나이브 베이즈(39장)를 사용했다. 39장에서 사용한 표시 방법에 의하면 C_1 = "긍정적 리뷰", C_2 = "부정적 리뷰", C_3 = "중립적 리뷰"이다. 다음 n개의 속성 $X_1, X_2, \ldots, X_n$은 주어진 단어가 리뷰 안에 포함되어 있는지 여부를 가리킨다. 예를 들어 X_1이 나타내는 단어가 "brilliant"라면 여러분은 $P(C_1|X_1 = 1)$은 매우 크고 $P(C_2|X_1 = 1)$은 매우 작을 것으로 기대할 것이다.

다음 저자는 머신 러닝(machine learning)(15장 "신경망을 사용하여 판매 예측하기"에서 사용한 신경망을 좀 더 일반화)으로 빈도 코딩을 사용하여 각 리뷰를 분류했다.

놀랍게도 저자는 간단한 나이브 베이즈 방법으로 모든 리뷰의 81%를 제대로 분류해낼 수 있었다. 이에 비해 좀 더 복잡한 머신 러닝 방법은 나이브 베이즈보다 약간 좋은 82% 정도를 제대로 분류해 낼 수 있었다.

항공 트윗의 감성 분석

Cambridge Aviation Research의 Jeffrey Breen(Practical Text Mining, by Elder et. al, 2012, Academic Press의 133-150페이지 참고)은 항공 서비스에 대해 언급한 수천 개의 트윗을 수집했다. Breen은 이 트윗에서 긍정적 감정과 관련된 단어 그리고 부정적 감정과 관련된 단어의 수를 세어서 긍정/부정으로 분류했다(긍정적 단어와 부정적 단어의 예는 `http://www.wjh.harvard.edu/~inquirer/Positiv.html`와 `http://www.wjh.harvard.edu/~inquirer/Negativ.html`를 참고).

다음이 참이면 트윗은 긍정으로 분류한다.

    긍정 단어의 수 - 부정 단어의 수 >= 2

다음이 참이면 트윗은 부정으로 분류한다.

    긍정 단어의 수 - 부정 단어의 수 <= -2

Breen은 JetBlue(긍정 트윗 84%)와 Southwest(긍정 트윗 74%)가 긍정적 평가를 받고 있는 항공사라는 것을 알아냈다. Breen이 각 항공사의 점수와 American Consumer Satisfaction Index(ACSI)에서 수행한 항공사 서비스 전체 평가와의 상관관계를 비교해본 결과 놀랍게도 각 항공사의 ACSI 점수와 긍정적 트윗의 비율 간에는 0.90의 상관관계가 있었다. 트윗은 실시간으로 쉽게 모니터링 할 수 있으므로, 항공사는 긍정적 트윗의 비율을 추적해서 서비스 품질이 향상되고 있는지 하향되고 있는지 빨리 알아낼 수 있다.

트위터를 사용하여 영화 매출 예상하기

HP연구소의 Asu와 Huberman은 트윗을 사용하여 영화 매출을 정확하게 예상할 수 있는 방법에 대해 논문을 작성했다. 2010년 논문 "Predicting the Future with Social Media"(`www.hp1.hp.com/research/sc1/papers/socialmedia/socialmedia.pdf`에서 PDF로 다운로드 받을 수 있다)을 참고하자.

저자는 24개의 영화에 대해 영화가 개봉하기 전 일일 트윗의 수를 7일 동안 조사했다. 그리고 이 숫자와 영화가 개봉한 영화관의 수를 가지고 각 영화가 개봉한 주의 매출을 예상했다. 분석 방법은 단순히 다중 회귀(10장 "다중 회귀를 사용하여 판매 예측하기")를 사용했으며 앞서 언급한 독립 변수만을 가지고 영화가 개봉한 주의 매출을 예상했다. 회귀 분석 결과 수정 R^2은 97.3%였다. 수정 R^2(결정 계수)값은 10장에서 다른 R^2값을 회귀 분석에서 사용한 독립 변수의 숫자에 대해 조정한다. 만약 상대적으로 그다지 중요하지 않은 독립 변수를 회귀 분석에 추가했으면, R^2은 줄어들지 않지만, 수정 R^2은 줄어든다. 수정 R^2의 값은 다음과 같이 계산할 수 있다.

$$1 - (1 - R^2)*(n - 1) / (n - k - 1)$$

여기서 n = '관찰값의 개수', k = "독립 변수의 개수"이다.

저자는 이 예상값과 Hollywood Stock Exchang(www.hsx.com/)의 예상을 비교했다. HSX는 예측시장이며 여기에서는 영화의 개봉 첫 주 매출과 총 매출에 대한 예상을 기반으로 거래가 이루어진다. HSX 예측과 개봉 극장 수를 독립 변수로 사용하여 다중 회귀를 수행하면, 수정 R^2값은 개봉 첫 주 매출 변동의 96.5% 결과를 보여준다. 따라서 저자가 개봉 첫 주 매출을 예상하기 위해 트위터를 사용한 결과는 HSX 예측보다 훨씬 더 정확했다.

두 번째 주 동안의 영화 매출을 예상하기 위해, 저자는 감성 분석(sentiment analysis)을 수행했다. 감성 분석에서는 각 트윗을 긍정, 부정, 중립으로 분류한다(자세한 사항은 논문을 참고하자). 다음 PNratio(긍정 대 부정의 비율)를 긍정 트윗의 개수/부정 트윗의 개수로 정의했다. 두 번째 주의 매출을 예상하기 위해 그전 7일 동안의 트윗의 비율을 사용하여 회귀 분석을 수행한 결과 수정 R^2은 0.84였다. 반면 PNratio를 독립 변수로 추가하면 수정 R^2은 0.94로 증가했다. PNratio값이 크면 소문이 긍정적으로 난 것이라는 예를 보여주기 위해, 산드라 블록이 오스카 여우 주연상을 수상한 영화 'The Blind Side'를 예로 들어보자. 영화 개봉 전 주에, 이 영화의 PNratio는 5.02였지만, 1주 뒤 영화의 PNratio는 9.65로 치솟았다. 놀랍게도 'The Blind Side'의 두 번째 주 매출은 4천만 불로 첫 주의 수입인 3천 4백만 불을 초과했다. 대부분의 영화는 두 번째 주에 수입이 급감한다. 따라서 'The Blind Side'의 경우는 긍정적인 입소문이 영화의 앞으로의 매출에 어떤 영향을 주는지 보여주는 예라고 볼 수 있다.

트위터를 사용하여 주식 시장 예상하기

인디애나 대학과 맨체스터 대학의 Bollen, Mao, Zheng은 논문 "Twitter Mood Predicts the stock market,"(Journal of Computational Science, Volume 2, 2011, pp. 1-8)에서 다우존스 지수가 올라갈 것인지 내려갈 것인지 예상하기 위해 최근 트윗으로 표현되는 집합적 "분위기(mood)"를 사용했다. 우성 감성 분석을 통해 9백 8십만 개의 트윗을 분류하여 경제에 대해 긍정적인 분위기를 반영하는 트윗과 부정적인 분위기를 반영하는 트윗으로 나눴다. t일에 대해 PN_t = "긍정적인 트윗 대 부정적인 트윗의 비율"이라고 정의하고 D_t = "t일 종료 후 다우존스 지수 − (t−1)일 종료 후 다우존스 지수"라고 정의했다.

저자는 PN_{t-1}, PN_{t-2}, PN_{t-3}, D_{t-1}, D_{t-2}, D_{t-3}을 통해 D_t를 예상하고자 했다. 신경망(15장 "신경망을 사용하여 판매 예측하기")을 통한 예상으로 다우존스 지수의 84%의 방향을 올바르게 예상했다. 이것은 굉장히 놀라운 결과인데 효율적인 시장 가설에 따르면 매일매일의 시장 지수가 어느 방향으로 움직일지 예상하는 정확도는 50%를 넘을 수 없기 때문이다.

트윗을 사용하여 슈퍼볼 광고 평가

2013년 기업들은 약 3백만 불을 30초 짜리 슈퍼볼 광고에 투자했다. 단연히 광고주들은 막대한 돈을 투자한 광고가 그럴만한 가치가 있었는지 알고 싶어할 것이다. 조지아 대학 교수 Piyush Kumar는 2011년 슈퍼볼 광고를 언급한 트윗 백만 개 이상을 분석했다. 광고에 대해 감성 분석을 수행해서 Kumar는 2011년 Bud Light 광고(www.youtube.com/watch?v=I2AufnGmZ_U)는 매우 유쾌한 광고라는 평을 얻었다는 것을 알아냈다. 하지만 자동차 제조사 광고 중에는 오직 Volkswagen 광고(http://www.youtube.com/watch?v=9H0xPWAtaa8)만이 많은 트윗에서 언급되었다. 다른 자동차 회사의 광고는 별로 언급되지 않았다는 것은 이 광고들이 슈퍼볼 시청자들에게 그다지 큰 인상은 남기지 않았음을 의미한다.

Summary

이 장에서는 다음과 같은 사항을 알아보았다.

- 텍스트로부터 어떤 통찰력을 얻어내기 위해서, 텍스트에 구조를 부여해야 한다. 텍스트에 구조를 부여할 때는 벡터 표현을 사용하여 텍스트에 등장하는 단어를 기반으로 한 코딩을 만들어야 한다.
- 이진 코딩은 단순히 문서에 해당 단어가 등장했는지 여부만을 기록한다.
- 빈도 코딩은 문서상에 단어가 등장한 횟수만을 센다.
- 단어 빈도/역문서 빈도 점수 코딩은 단어의 빈도 코딩을 조정하여 많은 문서에서 등장하는 단어의 중요성을 감소시킨다.

Exercises

1. 다음 세가지 짧은 텍스트를 살펴보자.

- The rain in Spain falls mainly in the plain.
- The Spanish World Cup team is awesome.
- Spanish food is beyond awesome.

이 세 문장에 대해 스테밍과 스토핑을 거치고 난 다음, 다음 작업을 완료해보자.

a. 각 문장에 대해 이진 코딩을 만들자.
b. 각 문장에 대해 빈도 코딩을 만들자.
c. 각 문장에 대해 `tf-idf` 코딩을 만들자.

2. 여러분이 가장 선호하는 검색엔진을 사용하여 "Amazon mechanical Turk"의 정의를 찾아보라. 만약 여러분이 텍스트 마이닝 연구를 하고 있다면, Amazon mechanical Turks를 어떻게 이용할 수 있을까?

3. 텍스트 마이닝을 사용하여 식당 리뷰를 선호나 비선호로 기계적으로 어떻게 분류할 수 있을까?

4. 텍스트 마이닝을 사용하여 의회 멤버의 트윗을 이용하여 의원이 보수 성향인지 자유 성향인지 어떻게 알아낼 수 있는지 설명하라.

5. 텍스트 마이닝을 사용하여 뉴욕 타임즈의 기사를 국제 뉴스, 정치 뉴스, 연예 뉴스, 경제 뉴스, 과학/기술 뉴스, 오락 뉴스, 부고, 스포츠 뉴스 별로 어떻게 분류할 수 있는지 설명해보자.

6. Alexander Hamilton, John Jay, James Madison은 The Federalist Papers(연방주의론)를 작성했다. 이 문서는 85개의 에세이로 미국 헌법을 비준하기 위한 이유를 나열하고 있다. 에세이 중 73개의 저자에 대해서는 논란의 여지가 없지만, 다른 12개에 대해서는 저자가 알려져 있지 않다. 텍스트 마이닝을 사용하여 Federalist Papers의 저자가 알려져 있지 않은 에세이의 저자를 어떻게 알아낼 수 있을까?

7. 여러분이 Lean Cuisine의 브랜드 매니저라고 가정해보자. 텍스트 마이닝을 사용하여 트윗으로부터 새 제품이 성공할지 여부를 어떻게 예상할 수 있을까?

8. 동일한 날에 David Beckham과 Sofia Vergara 다이어트 펩시 광고가 서로 다른 쇼에서 방송되었다. 앞으로 두 TV 쇼 중 어디에 광고를 해야 할 지 어떻게 의사 결정을 내릴 수 있을까?

9. 두 단어로 된 구를 바이그램(bigram)이라고 한다. 바이그램으로 코딩을 했을 때 텍스트 마이닝으로부터 얻어내는 통찰력을 어떻게 향상시킬 수 있을까? 바이그램을 쓰면 어떤 문제가 발생할 수 있을까?

인덱스 | Index

2부 가격제 • 154
6단계 분리 이론 • 683

A
Adaptive/Hybrid Conjoint Analysis • 321
ADBUDG 곡선 • 536
Adstock 모델 • 555
AdWords Auction • 584
Alternative Hypothesis • 218
Autocorrelation • 236
average • 93
AVERAGE • 98
AVERAGEIFS의 문법 • 102
AVERAGEIF의 문법 • 102

B
Bass 모델 • 476
Bid Simulator • 588

C
CART 알고리즘 • 458
Choice-Based Conjoint Analysis • 321
cluster analysis • 424
coefficient of determination • 202
Collaborative filtering • 439
combination chart • 56
conditional probability • 631
conjoint analysis • 301
Copernican Principle • 490
CORREL 함수 • 208

COUNTIF • 98
COUNTIFS의 문법 • 102
crosstabs analysis • 49
Customer Value template • 370

D
discrete choice analysis • 344

E
error • 201
error term • 213
Estimated Clicks per Day • 582
Estimated Cost per Click • 582
Evolutionary 알고리즘 • 144
Evolutionary 엔진 • 121
experience curve • 168

F
FREQUENCY • 87
FREQUENCY 함수 • 87
full profile conjoint • 320

G
GETPIVOTDATA • 50, 80
GETPIVOTDATA 함수 • 81
Global Seek 명령 • 118
Gompertz curve • 471
Gompertz 곡선 • 471, 536
GRG(Generalized Reduced Gradient) 비선형 엔진 • 121

H
histogram • 87
HLOOKUP 함수 • 129

I
IFERROR • 68
inflection point • 463
interaction • 230
INTERCEPT • 204

K
Klout 점수 • 693

L
LARGE(range,k) 함수 • 98
learning curve • 168
Linear demand curve • 115
linear discriminant analysis • 641

M
MAD(Mean Absolute Deviation) • 548
MAPE • 548
MATCH 함수 • 68
maximum likelihood method • 330
MDS • 613
mean • 93
median • 93
Mixed Bundling • 140
mode • 93
moving averages • 263
multicollinearity • 242

Multidimensional scaling • 613

N
NeuralTools • 292
Null Hypothesis • 218

P
PCA(principal component analysis) • 594
PERCENTRANK • 97
PERCENTRANK.EXC 함수 • 97
Power demand curve • 115
price bundling • 137
price elasticity • 114
price skimming • 169
Pure Bundling • 139

Q
Quantity discount • 154

R
RANDBETWEEN 함수 • 400
random utility theory • 344
RANK 함수 • 72
residual • 201
Residual • 201
RFM(recency, frequency, monetary value) 분석 • 509
RISKOptimizer • 575

S
SCAN*PRO 모델 • 521
S curve • 463
slicer • 35
SLOPE • 204
SMALL(range,k) 함수 • 98
SolverTable • 129
SSE(Sum of Squared Error) • 548

StatTools • 333
STDEV 함수 • 96
SUM • 98
SUMIF • 98
SUMIFS의 문법 • 102
S 곡선 • 463

T
TEXT 함수 • 68
TRANSPOSE • 87
TRANSPOSE 함수 • 87
TREND 함수 • 246
Two-part tariff • 154

V
VAR 함수 • 96
viral marketing • 708
VLOOKUP • 38

W
Watts 모델 • 709
Winter's 방법 • 279

ㄱ
가격 탄력성 • 114
거듭제곱 곡선(Power curve) • 536
거듭제곱 수요 곡선 • 115
결정계수 • 202
경험 곡선 • 168
계수 • 217
계절 지수(Seasonal Index) • 267, 270
고객 가치 템플릿 • 370
군집 분석 • 424
귀무가설 • 218
규칙 네트워크 • 687
근접 중심성 • 677
기간당 유지율 • 370

기간당 할인율 • 370
기저(Base) • 267

ㄷ
다중공선성 • 242
다중 선형 회귀 • 213
다중 선형 회귀식 • 215
다차원 척도법 • 613
단순 LP(Simplex LP) 엔진 • 120
단순 선형 회귀 • 195
대립가설 • 218

ㄹ
로지스틱 곡선 • 466
로지스틱 회귀 모델 • 329
리포트 필터 • 35

ㅁ
매개 중심성 • 678
묶음 가격 • 137

ㅂ
바이럴 마케팅 • 708
베이즈 이론 • 633
변곡점 • 463
변환율(Conversion Rate) • 583
불규칙 네트워크 • 686
비선형 관계 • 229

ㅅ
사용자 기반 협업 필터링 • 439
상호작용 • 230
선택 기반 컨조인트 분석 • 321
선형 수요 곡선 • 115
선형 판별 분석 • 641
수량 할인 • 154
수요 곡선의 형태 • 115
스파크라인 • 76
슬라이서 • 35

ㅇ

아이템 기반 필터링 • 445
연결 중심성 • 676
오차 • 201
오차의 비종속성 • 236
오차의 제곱합 • 548
오차항 • 213
완전 묶음 • 139
이동 평균 • 263
이산 선택 분석 • 344
이원 분산 분석(two-way analysis of variance(ANOVA)) • 662
일원 분산 분석(ANOVA) • 651
일일 추정 클릭 • 582
임의 효용 이론 • 344

ㅈ

자기상관 • 236
잔차 • 201
적응/하이브리드 컨조인트 분석 • 321
전체 프로파일 컨조인트 • 320
절대 평균 편차 • 548
조건부 확률 • 631
중간값 • 93
지역 클러스터 계수 • 685

ㅊ

초기 고가 가격 • 169
최대 우도 추정법 • 330
최빈값 • 93
추세(Trend) • 267, 270

ㅋ

컨조인트 분석 • 301
코페르니쿠스 원칙 • 490
콤보 차트 • 55
크로스탭 분석 • 49
클릭당 추정 비용 • 582

ㅍ

파레토의 80-20 법칙 • 33
판매당 평균 이익(Average Profit per Sale) • 583
펄 곡선 • 466
평균 • 93
표본 분산 • 96
표준 편차 • 96

ㅎ

학습 곡선 • 168
협업 필터링 • 439
혼합 묶음 • 140
히스토그램 • 87